묵자는 살아있다!
『묵자와 민주주의』

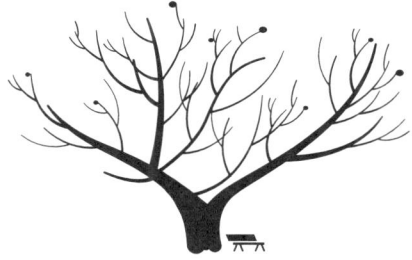

지은이 박진우 약력

전남 진도 출신으로 대학에서 정치외교학을 전공하였고, 한양대 교육대학원에서 「사회문제에 관한 사회복지적 고찰」로 석사학위를, 원광대 동양학대학원에서 「사주명리와 질병의 상관성 연구」로 석사학위를 받았다. 젊은 시절 석사학위를 받은후 40년 만에, 「묵자 사상의 전제주의적 해석에 관한 비판적 연구」로 순천대 인문고전학과에서 철학 박사학위를 받았다.

학술지 게재 논문으로는 『민족문화총론』의 「묵자 철학의 핵심은 天志인 義다」와 『대동철학』의 「곽말약의 묵자론비판」이 있다

《묵자 사상의 핵심어》

百姓爲人	인민주권론
天下無人	평등론
虧人自利	자유론
兼愛 交利	정치적 평등과 상호부조론
義(天志)	정의사회구현
上告制와 尙同	민주정치론
尙賢	인재 등용론
安生生 社會	대동 사회

위의 용어들은 묵자 사상의 핵심 되는 용어들이다.
이 책은 위 용어들을 중심으로 쓰인다.

【책을 쓰는 목적】

 인간이 공동체 생활을 하면 많은 갈등이 발생한다. 이 갈등의 근본 원인은 무엇일까 하는 문제는 사람마다 여전히 다양한 견해가 존재한다.
 묵자는 공동체인 사회가 혼란스러운 원인을 사람마다 서로 다른 義에서 찾았다. 즉 사람마다 각각 주장하는 바가 다르므로 혼란이 생긴다는 것이다. 그러므로 묵자는 어질고 능력 있는 현능자를 선택해, 제각각인 여론을 하나로 통합시켜야 혼란이 진정되고 안정이 이루어진다고 주장한다. 필자는 묵자(墨子)의 사상이 '유가의 종법 질서를 비판하고, 겸애와 교리에 기초한 안생생한 대동 사회를 지향했다'라고 하는 일반적인 평가와 더불어 묵자 철학이 민주적인 요소를 많이 내포하는 이론으로 이해한다.
 묵자 사상 특히 상동론에서의 '상고제'를 전제군주의 전체주의적인 통치 방식으로 이해하는 학자도 많다. 하지만 묵자 사상의 전체적인 맥락을 통해 살펴보면, 묵자 사상은 天志에서 연유된 '義'를 바탕으로, 겸애와 교리를 실천 강령으로 하는 '섬김'과 '나눔'을 실천하려고 했던 민주주의의 원형을 품고 있는 민주주의적인 사상임을 알 수 있다. 필자는 이 책에서 묵자 사상이 민주주의 사상임을 입증하고자 한다.
 그래서 '상동'이라는 정치제도를 인민이 주인인 사회, 즉 인민이 주체적으로 최고정치지도자를 선택하고, 또 최고 지도자는 상고제를 통해 인민의 실상을 파악해 정치에 반영하는 사람으로서, 인민에 의해 선택되었으므로 인민에 의해 퇴출당하는 현대적 의미의 민주주의 이론에도 부합하는 정치제도로 자리매김한다.

묵자의 상동 체제는 하늘의 뜻인 義를 실현하기 위한 제도로서, 상동 체제는 천지, 법의, 귀의, 겸애 비명 비악 등 묵자가 주장한 이론을 바탕으로 탄생한 것이다.

또 상동을 구성하는 천자 삼공 제후 등도 엄격한 신분 계급 질서에서의 고정된 지위가 아니고, 일의 효율성을 높이기 위해 업무 분담에 따른 제도이다. 따라서 일의 성과에 따라 그 직위는 변경될 수 있다는 것이다.

그런데 일부 학자들은 상동의 근간인 상고제를 해석하는데 천자의 명령을 아랫사람에게 강제하기 위한 제도로 이해한다. 그래서 이 책에서는 묵자 사상이 전제군주의 전체주의적인 명령을 수행하기 위해 만들어진 이론이 아니라, 인민의 뜻을 수렴해서 통합된 하나의 기준(上下同義)을 만들어서 혼란한 세상을 안정시키기 위한 제도적 장치로써 만들어진 이론이라는 점에 중점을 둔다. 곧 묵자 사상은 현대 민주주의의 본질에 가깝다고 하겠다.

이와 같은 주장을 뒷받침하기 위해, 먼저 '百姓爲人'(백성위인)을 '인민주권'으로 해석할 수 있는가 하는 문제를 살펴본다. 인민주권 의식은 백성들이 자신을 주인이라 여기면서 삶의 터전인 공동체와 개인의 삶이 함께 공존 번영할 수 있는 존재라는 자의식에서 나온 것이고, 이에 따라 정치 최고 지도자인 천자의 선출도 스스로가 주인이라는 의식을 가진 인민들이 생각하기를, 세상이 이렇게 혼란한 것은 서로 각각 다른 기준(法)을 가진 인민들의 뜻을 하나로 통합시킬 지도자가 없기 때문이라는 것을 자각하고, 천하의 뜻을 하나로 통합시켜 천하의 혼란을 극복하고 안정된 사회를 이루기 위해 자발적으로 천자를 선택했다는 것이다. 둘째 묵자의 상고제와 언론관은 민주주의론에 부합한 지 여부를 살펴보니, 上告制 즉 "以告其上 上之所是 必皆是之 所非 必皆非之"는 지도

자들이 상하의 소통을 통해 민중의 의견을 듣고 實情을 파악하는 제도이다. 그런데 이 문장에 대해 해석을 '윗사람이 행하는 것이 옳으면 반드시 모두 옳다고 하고, 행하는 것이 그르면 반드시 모두 그르다고 하라'고 해석하지 않고, '윗사람이 옳다고 하면 모두 다 옳다고 여겨 따라야 한다'는 전체주의적인 해석을 하는 데 문제가 있어, 이 책에서는 전자를 긍정하고 후자를 부정하였다. 또 묵자는 '지도자들이 잘못하면 규간해야 하며, 아랫사람이라도 일을 잘하면 널리 추천해야 한다'고 주장하면서, '신하(민중)가 생각하는 것과 군주의 뜻과 다르면, 이를 정정당당하게 諫(간)해야 나라가 보존될 수 있다'라는 것이다. 그러면서 '자유로운 의견 개진을 통해서 의견을 나누고 진지하게 논쟁해야만 나라가 튼튼히 보존할 수 있다'라는 언론관을 적시하고 있다.

　이와 같은 상하 소통을 위한 상고제와 언론관은 현대 민주주의와 비교해도 뒤지지 않는 이론이다. 셋째 묵자의 상동론은 민주주의에 부합하는 제도인지를 살펴보면, 나라가 융성하려면 어진 인재를 가까이 두어야 하며, 간언하는 신하가 자유롭게 간쟁하는 분위기가 되어야 사직이 보존될 수 있다. 또 양자강이나 황하처럼 자기와 뜻이 다르더라도 道理가 같다면 등용하는 포용력 있는 지도자가 있어야 한다. 그런 지도자가 '사람마다 의롭다고 여기는 기준을 달리해서 다툼이 생겨 혼란스러우면, 이를 통합해 하나로 통일시킬 政長이다. 이 정장은 인민을 위해서 충분히 능력 발휘를 할 수 있어야 하며, 이에는 신분과 관계없이 등용해야 함을 주장했다. 그러면서 서로서로 평등하게 각자가 잘할 수 있는 일에 종사함으로써 그 분야에 전문가가 되어 협업을 통해 서로에게 부족한 부분을 채워주면서 공동체를 위해 일하는 것이 협업을 통한 화동(和同)하는 사회라는 것이다. 이처럼 尙同은 자신의 재능에 적합한 일을 함으로써 협업이 가능한 사회를 염두에 둔 것이다. 넷째 상동의 구성원인 현능자들은 어떤 사람들인지에 대해서 살펴본다. 묵자는 '尙賢은 尙同을 이루어가는 기본 바탕이다'라고 했다. 어질고 능력 있는 인재가 없이는 상동이라는 체제를 이루어서 궁극적으로 겸애 교리를 실행할 수 없기 때문이다. 그러면서 현능자에게 부하고 귀하며 행정 명령권을 주어서 자기 능력껏 일할 수 있는 대우와 분위기를 조성해야 한다. 또 능력이 출중하면 승진시키고 그렇지 못하면 퇴출한다는 것이다. 즉 현능자는 겸애 교리를 가치 기준으로 삼아, 오직 각각 다른 義를 가진 민중의 義를 하나로 통합시키는 자로서 그들이 각 분야에서 민중의 實情을 제대로 파악하여 서로서로 소통시킴으로써 나라가 부유해지고, 인민의 수가 많아지며, 형정이 제대로 지켜져서 백성들이 모두 안생생한 삶을 살 수 있도록 하는 자이다.

마지막으로 '上下不同義는 民始生未有正長之時 同也.' 즉 '윗사람과 아랫사람이 뜻이 일치하지 못한다면, 이는 인민이 처음 생겨나서 정장이 없던 때와 같다'라고 했다. 이 글 뜻은 온 인민의 뜻을 하나로 수렴해서 그 뜻을 기준으로 정치를 해야 한다는 민주주의를 말하고 있다. 그렇지 못하고, 즉 뜻이 흩어진다면 인민이 처음 생겼을 때의 혼란 상태와 같다는 것이다. 이는 군주의 명령으로 인민들의 의사를 하나로 통일시키는 전제군주의 전체주의적인 행태가 아닌, 상하 소통을 통한 '상향식'의 민주적 방식을 언명하고 있다.

묵자 사상을 근현대의 뛰어난 서양 민주주의 이론가인 토크빌과 로버트 달의 민주주의 이론과 대비시키면, 묵자 사상이 이들이 주장하는 민주론을 상당 부분 포용하고 있다는 점을 발견한다. 그런 점에서 묵자 사상은 인민이 주체적인 의지를 갖고 자기 삶을 일구어가는 '민주주의 사상이다'라는 결론을 내리지 않을 수 없다.

※ 이 책 전부를 읽기에 시간에 없는 분들은 ① 묵자의 생애와 사상의 태동 배경 부분과 결론인 ② 종합편, 그리고 마지막 차례인 ③ 대화편만 읽어도 묵자 사상의 대강을 알 수 있을 것으로 생각한다.

『묵자와 민주주의』

【 목 차 】

I 묵자의 생애와 묵자 사상의 태동 배경
1. 묵자의 생애 ·· 9
2. 묵자 사상의 시대적 배경 ··· 11

II 묵자 사상은 민주주의인가?
1. 묵자의 '百姓爲人'을 '인민주권'으로 해석할 수 있는가? ············ 13
   1) 묵자의 '百姓爲人'과 '인민주권'이란? ································· 13
      ① '百姓爲人'이 등장하게 된 시대적 배경과 사상 ············· 19
         (가) '百姓爲人'이 '인민주권'으로 해석될 수 있는 시대적 배경 ····· 19
         (나) '百姓爲人'의 사상적 바탕 ··· 24

   2) '百姓爲人'을 '인민주권'으로 해석함에서 논쟁점 ··············· 38
      ① '百姓爲人'의 '人'을 '통치의 객체'로 보는 관점 ············· 38
      ② '百姓爲人'의 '人'을 통치의 주체로 보는 관점 ··············· 46

   3) 민주론적 관점에서의 판단 ··· 54

2. 묵자의 上告制와 언론관은 민주주의론에 부합하는가?
   1) 묵자의 상고제와 언론관에 대해서 ····································· 79
      ① 上告制란? ··· 79
      ② 묵자의 언론관 ··· 85

   2) 묵자의 上告制와 언론관에 대한 논쟁점 ····························· 88
      ① 전체주의적 통치를 위한 수단이라는 관점 ····················· 90
      ② 인민의 여론 수렴을 위한 민주적 수단이라는 관점 ········ 97

『묵자와 민주주의』

    3) 민주론적 관점에서의 판단 …………………………………………… 106

3. 묵자의 「尙同」은 민주주의에 부합한 제도인가?
    1) 상동이란? ……………………………………………………………… 120
       ① 天志 ………………………………………………………………… 126
       ② 法儀 ………………………………………………………………… 129
       ③ 兼愛 ………………………………………………………………… 130
       ④ 義 …………………………………………………………………… 133

    2) 상동론에 대한 논쟁점 ………………………………………………… 135
       ① 전체주의적 통치를 위한 제도라는 관점 ………………………… 135
       ② 민주적 의견소통을 위한 제도라는 관점 ………………………… 144
    3) 민주론적 관점에서의 판단 …………………………………………… 155

4. 묵자의 尙賢論은 民主主義의 바탕인가?
    1) 상현이란? ……………………………………………………………… 167
       ① 현량자의 조건 ……………………………………………………… 172
       ② 현량자의 역할 ……………………………………………………… 187

    2) 상현론에 대한 논쟁점 ………………………………………………… 190
       ① 전체주의적 통치를 위한 관료 등용론이라는 관점 ……………… 191
       ② 인민의 의견 통일을 위한 조정자라는 관점 …………………… 195

    3) 민주론적 관점에서의 판단 …………………………………………… 202

『묵자와 민주주의』

5. 종합 …………………………………………………… 214

III 묵자 인민주체성의 배경론
1. 非樂篇 ………………………………………………… 235
2. 非命論 ………………………………………………… 247
3. 兼愛篇 ………………………………………………… 273

IV 묵자의 정치론
1. 尙賢篇 ………………………………………………… 310
2. 尙同篇 ………………………………………………… 354
3. 묵자의 논법 …………………………………………… 404
  1) 大取篇 ……………………………………………… 404
  2) 小取篇 ……………………………………………… 425

V 對話篇
1. 耕柱 …………………………………………………… 434
2. 貴義 …………………………………………………… 455
3. 公孟 …………………………………………………… 470
4. 魯問 …………………………………………………… 493
5. 公輸 …………………………………………………… 519

【참고문헌】 ……………………………………………… 524

Ⅰ. 묵자의 생애와 묵자 사상의 태동 배경

1. 묵자의 생애

淸 나라 말기에 이르러 필원과 손이양에 의해 다시 조명받기 시작한 묵가 사상. 하지만 묵가 사상을 창시한 墨子에 대해서는 구체적인 傳記가 하나도 전해지지 않고 있다.
　사마천 (B.C145~B.C86)의 『史記』「맹자순경열전」의 끝머리에 '묵적(墨翟)은 송나라 대부로서 성을 방위하는 기술이 뛰어났고 물자를 절약하여 쓸 것을 주장하였다. 혹은 공자(B.C551~B.C479)와 같은 시대라기도 하고, 혹은 공자의 후세 사람이기도 하다.'라는 24 字로 된 기록이 있을 뿐이다.
　묵자는 姓이 墨이고, 이름은 翟(적)으로 알려져 있다. 또 공자와 같은 노나라 사람이라고도 하며, 사마천의 『사기』나 한서의 『예문지』 등에서는 宋나라 사람이나 楚나라 사람이라고도 하나, 양계초가 고증하였듯이 魯나라 사람으로 宋나라의 후예로 알려져 있다. 묵자는 대체로 B.C479~ B.C 381경 사람으로 전국시대 초기의 사람이라 할 수 있을 것이다.
　또 宋의 정초(鄭樵 : 1102~ 1162)가 지은 『通志』「氏族略」에 의하면 묵씨는 孤竹國(고죽국)의 후손으로 본래 墨胎氏인데 뒤에 묵씨로 고쳤으며, 전국시대 宋 나라 墨翟이 책을 짓고 『墨子』라 했다고 기록되어 있다. 고죽국은 齊나라 환공에 의해 B.C 650경에 멸망한 나라로 동이족이 세운 나라 중의 하나라 한다.
　그러나 『墨子』 원문을 통해서 볼 때나, 『呂氏春秋』 『淮南子』

등의 기록을 통해 볼 때, 그가 노나라를 중심으로 활동했음을 알 수 있다. 이를 근거로 그는 魯나라 출신일 것이다.

 출신지가 중요한 의미가 있는 것은 묵자의 학문적·사상적 배경이 되는 지역이기 때문이다. 魯나라는 周 왕조의 기반을 닦은 周公의 봉지로서, 역사적으로 周의 문물을 가장 잘 보존한 나라이다. 공자도 노나라 출신으로서 유학의 태두가 되었고, 묵자 역시도 노나라 출신으로 유학을 배우면서 六經에 통달했다고 한다. 그래서 『墨子』에도 『詩經』과 『書經』이 자주 인용되고 있다. 묵자가 공자와 유학을 배우면서 유가들의 관념적이고 형식적인 형태를 비판하고, 춘추전국시대의 난국을 극복할 방법으로 실용적인 묵자 사상을 드러내게 되었다.

 묵자의 출신에 대해서도 정확한 기록이 없다. 그래서 여러 가지 설이 많다. 다만 그가 목수 출신으로 방어 무기를 발명하고 제작한 과학자요, 기술자였던 것만은 확실하다. 이는 公輸편을 참고하면 될 것이다.

 묵자의 노동관이 확실히 정립된 것도 그가 수공업자이거나 노동자 출신임을 짐작하게 한다. 그는 봉건적인 사회계급이나 왕공대인들의 지나친 낭비를 강하게 비난하면서, 모두가 부지런히 일하고 물자를 아껴 쓸 것을 내세운 것도 그의 출신에서 비롯된 듯하다.

 묵자는 '天下 無人'이라는 글에서 알 수 있듯이, 세상 사람들은 누구나 남이 아닌, 서로 평등한 존재로서 힘써 일하고 힘써 도우며 살아가야 한다고 말하고 있다. 그런 사상을 전파하는 묵자는 '앉은 자리가 따스해질 틈도 없이' 행동하고 일했으며, '묵자네 집 굴뚝은 검어질 수가 없다'라고 할 만큼 (『呂氏春秋』·『淮南子』) 검소한 생활을 몸소 실천하면서, 온 천하의 사람들이 자기 노동을 통해 그 당시의 삼환에서 벗어나게 하려고 온 일생을 바쳤다. 즉 묵자는 실천하는 사상가였다.

2. 묵자 사상의 시대적 배경

 묵자가 활동하던 시대적 배경을 탐구하는 것은 그 시대적 배경 상황을 알아야 그가 주장하는 이론에 대한 보다 정확한 해석을 할 수 있기 때문이다.
 묵자는 대략 B.C479 ~ 381년경에 생몰 했던 인물로 알려져 있다. 공자보다는 늦고 맹자보다는 이른 시기에 활동했다.[1] 그가 활동하던 B.C5~3세기는 주나라의 종법 질서는 해체되어 가고 새로운 통일제국의 질서는 아직 확립되지 않았던 과도기였다.
 이런 혼란이 극심해지는 와중에도 농업이 발달하게 된 까닭을 살펴보면, 몇 가지 이유가 있는데 그 중 중요한 것은 **牛耕(우경)**을 포함한 농사법과 **철기 문명의 발달** 등을 들 수 있다. 춘추시대 이후 각 제후국 간의 싸움이 빈번해지면서 양민을 군사로 수용하는 것이 증가하게 됨에 따라 노동력이 부족하게 된 상태에서 무엇보다 중요한 것은 경작의 효율성이었다. 여기에 마침 땅을 깊이 팔 수 있는 철기의 보급과 더불어 인력을 줄이고서도 농업의 생산성을 높일 수 있는 우경이 본격적으로 행해지게 된 것이다.[2] 이처럼 농업에 철기와 소를 이용한 牛耕法이 함께 이용되므로 농업 생산성은 비약적으로 늘어나게 되었다.
 이와 함께 수공업 및 유통업을 통한 상업의 발전도 비약적으로 발전하게 되어 대지주와 대상인들이 출현하였다.[3] 周 왕조 내부

---
1) 정재현, 『묵가 사상의 철학적 탐구』, 서강대 출판부, 2012, 32쪽.
2) 허진웅, 『중국 고대사회』, 지식산업사, 1997, 97쪽.
3) 김인규, 「묵자의 정치사상과 대동 세계」, 『동양고전연구. 제15집』, 2001, 209쪽.

의 권력 다툼에 따른 왕조 체제의 약화로 제후국 간의 경쟁적인 패권 다툼이 생기고, 이에 따라 춘추전국시대가 열리게 되면서, 혈연에 따른 종법제가 붕괴하기 시작하였다. 이로 인한 계급 신분질서가 무너지면서 사회 전 부분에 걸쳐 많은 변화를 가져오게 되었다.

 각종 수공업자가 점점 독립된 사회계층으로 성장하는 등, 귀족이 아닌 사람이 사적 이익을 통하여 부를 형성하고 이를 통하여 새로운 세력으로 권력에 접근하게 됨으로써, 빈부 격차의 심화와 함께 봉건시대 신분질서를 붕괴시키는 역할도 하였다. 이렇게 성장한 농민과 수공업자계층 가운데도 특출하게 뛰어난 자들은 학문을 갈고닦아 士 계급으로 성장하였으며, 이들 중에는 벼슬길에 오르고 정치무대에 등장한 이도 있었다. 秦始皇을 만들었다는 呂不韋(여불위)가 대표적인 인물이라 하겠다.

 이렇듯 周 왕실이 몰락하면서 상대적으로 각 제후국이 높은 생산력과 생산성을 바탕으로 독자적인 세력으로 부상하는 등 사회 정치적인 변혁기에 접어들었다. 이와 같은 사회적 변혁기에 민중은 三患에서 벗어나기 어려운 지경에 이르러, 굶어 죽고 얼어 죽는 등 민중의 참상은 이루 헤아릴 수 없을 정도였다. 묵자는 이러한 혼란이 지속하는 것은 天志의 참뜻인 의로움을 알지 못하고, 서로 不相愛하는데 있다고 보았다.

 그래서 묵자는 이와 같은 어려움을 극복하는 방법으로 하늘의 意志인 兼愛하면서 交利 하는, 즉 서로서로 아끼고 사랑하면서 여유 있는 자가 어려운 자를 돕는 겸애 교리를 방법론으로 제시하였다.

Ⅱ. 묵자 사상은 민주주의인가?

1. 묵자의 '百姓爲人'을 '인민주권'으로 해석할 수 있는가?

1) 묵자의 '百姓爲人'과 '인민주권'이란?

 인민주권이란 일반적으로 군주주권과 대비되는 개념으로, 한 국가를 운영하는 주체가 '군주'가 아닌 '인민'이라는 뜻일 것이다. 즉 인민이 주권을 가진다는 것은 국가의 운명을 인민들 스스로 결정하는 권리를 갖고 있음을 의미한다.
 인민주권을 논하는 데는 먼저 '인민'을 정의할 필요가 있다. "인민은 인민대중의 준말로, 영어의 '커먼 피플(common people)' 사례에서처럼 나/너를 포함한 우리 주변에서 흔히 볼 수 있는 보통사람들을 지칭한다. 이때 인민, 곧 보통사람들의 의미는 현대사회에서 개별성에 기초하여 사회적 삶을 영위해가는 다중 혹은 대중을 표현한다."[4] 즉 자기 운명을 스스로 결정하는 주체 의식을 가진 개인 또는 대중을 포괄하는 개념으로써, "인민 개념에는 개별적임과 동시에 전체적인, 전체성과 함께 개별성을 담지 한 사회 주체로서의 개인의 의미가 한데 결합하여 있는 것"[5]이다. 곧 평등한 권리 주체들의 연합, 인민 권리의 총합이 바로 인민주권 개념의 핵심이라고 할 수 있다.

---

4) 최형익, 「민주 공화정의 정치이론」, 『민주사회와 정책연구』: 통권 25호, 2014, 151쪽.
5) Ibid., 152쪽.

인민이 주권을 가진다는 것은 국가를 통치하는 천자 이하 모든 관리로부터 마을 촌장뿐만 아니라 일반 백성에 이르기까지 인민 개개인이 서로 '평등하다'라는 전제가 바탕을 이루고 있을 때 가능하다고 본다. 『禮記』「禮運」6)편에서의 대동의 同은 平과 和의 뜻이고, 대동 사회는 평등·평화사회를 의미하며, 『예기』에서의 대동 사회는 '天下爲公' 즉 천하는 어느 가문의 사물이 아니고 만민의 공물이라는 것이다.7) 여불위가 편찬한 『呂氏春秋』에서, 대동이란 "천지 만물이 일심동체라는 뜻이며, 천하는 한 사람의 것이 아니라 천하 만인의 것이다."라고 설명했다.

> 천지 만물은 한 사람의 몸과 같다. 이것을 일러 大同이라 말한다.8)

> 옛 선왕들이 천하를 다스림은 반드시 모두 함께하는 공평을 앞세웠다. 공평하면 천하가 평등하고, 평등하면 공평하다. (…)
> 천하는 한 사람의 천하가 아니라 천하 모든 사람의 천하이다.9)

위의 인용문에서 알 수 있듯이, 여불위가 『呂氏春秋』를 편찬할 당시에도 '인민'들이 '천하의 주인'이라는 인민 주권론이 활발히 논의되던 시대였고, 이 시기는 대동사상 즉 상동과 겸애를 주장하는 묵가들이 활동하던 시기였다. 또한, 묵자는 지위나 신분에 구애됨이 없이 능력에 따라 평등하게 신분이 이동되어야 함을 주장하였다. 이는 인민이 주권자라는 의식이 바탕이 되어있기에 가능한 주장이었다.

---

6) 『禮記』의 大同사상이 누구 작품인지는 아직 정설이 없다.
7) 기세춘, Ibid., 272쪽.
8) 『呂氏春秋』, 「有始」, "天地萬物一人之身也 此之謂大同"
9) 『呂氏春秋』, 「貴公」, "昔先聖王之治天下也 必先公, 公則天下平矣 平得於公. … 天下非一之天下也, 天下之天下也"

> 신분 이동. 아랫사람을 찾아 윗자리로 오르기를 청한다. 봉록에 대해서 말하는 것이다. 자리의 높고 낮음을 취하는 것은 善 . 不善에 따라 헤아려야 한다. 산과 못처럼 항상 높고 항상 낮은 것이 아니다. 아래에 처했다 해도 윗사람보다 善 하면 아랫사람을 윗자리로 청해야 한다.10)

위의 글들에 비추어보면 천하의 주인은 인민이며, 또한 주인인 인민들이 각각의 능력에 따라 신분 이동이 되어야 함이 묵가의 주장임을 알 수 있다.

즉 묵자는 인간이 주체적인 의지를 가진 존재이며, 서로 동동한 존재로 평등하다고 說하고 있다. 兼은 아우름(共同體), 평등의 뜻이다. 兼의 반대는 개체와 차별이다. 그리고 겸애의 실천을 교리로서 하며, 겸애 교리를 하늘의 뜻이라 생각하고 있다. 그러면서 평등의 정치를 '義政'이라 하며 차별의 정치를 '力政'이라 한다. 묵자가 설한 평등에 관한 주장은 다음 글을 통해서 보면 명료해진다.

> 하늘의 뜻을 순종하는 자는 두루 평등하고 하늘의 뜻을 배반하는 자는 차별한다. 평등을 道로 하는 것은 의로운 정치요, 차별을 道로 하는 것은 폭력의 정치이다.11)

> 명칭을 나누어 분명히 해보자. 천하에 남을 이롭게 하고 사랑하는 것은 평등주의인가, 차별주의인가? 반드시 평등주의라고 말할 것이다. 그런즉 서로를 평등하게 아우르는 것이 과연 천하에 큰 이로움을 주는 것이 아닌가? 그러므로 묵자는 겸이 옳은 것이라고 말한 것이다.12)

---
10) 『墨子』, 「經說下」, "取下以求上也 說在澤 取高下 以善不善爲度 不若山澤 處下善於處上 下所請上也"
11) 『墨子』 「天志下」, "順天之意者兼也 反天之意者別也 兼之爲道也 義政 別之爲道也 力政"
12) 『墨子』 「兼愛下」, "分名乎天下愛人而利人者 別與? 兼與? 卽必曰 兼也. 然卽之交兼者 果生天下之大利者與. 是故 子墨子曰 兼是也."

평등주의자는 남을 위함도 자기 위함과 같기 때문이다.
남의 가문을 위하기를 제 가문같이 한다면
대저 누구 제 가문을 온통 들어 남의 가문을 어지럽게 하겠는가?
이들은 남을 위함이 자기를 위함과 같기 때문이다. (…)
사람과 가문이 서로 해치고 어지럽히지 않는다면
이것은 천하에 해로운가 이로운가?
반드시 천하에 이롭다고 말할 것이다.[13]

오직 평등하게 아우르는 길만이 바른길이다.
이로써 귀 밝은 장님과 눈 밝은 귀머거리가 협동하면 장인도 볼 수 있고 귀머거리도 들을 수 있으며, (…) 그리고 자기가 가진 道를 널리 펴서 서로서로 가르쳐주면 모두 깨우칠 수 있을 것이다.
이러한 평등사상이 있음으로써 처자가 없는 늙은이도 부양받을 수 있어 수명을 다 할 수 있고, 부모가 없는 어리고 약한 고아들도 의지하여 살 곳이 있어 장성할 수 있다.
오로지 두루 아우름으로 정사를 펴는 것은 바로 이처럼 서로에게 두루 이롭기 때문이다.[14]

이상에서 묵자는 인민 개개인이 주체적인 의지를 가진 평등한 존재로서 '천하의 주인'임을 밝히고, 이러한 사상이 바탕이 되어 政事를 펴야 백성들이 이롭다는 것이다. 묵자가 추구하는 것은 오로지 인민들의 安生生한 삶을 목적으로 하고 있다. 즉 백성들에게 이롭지 않은 것은 추구해서는 안 되고, 이는 하늘의 뜻이 아니기에 배척해야 한다는 것이다. 그러므로 백성에게 이로운 사회는 백성 스스로가 만들어야 한다. 이것이 바로 "인민이 주인이라는 인민 주권론"[15]이다.

---

[13] 『墨子』「兼愛下」, "兼者也, 爲彼猶爲己也. 爲人之家 若爲其家, 夫誰獨擧其家以亂人之家者哉, 爲彼猶爲己也. 然卽國都 不相攻伐, 人家 不相亂賊, 此天下之害與? 天下之利與? 卽必曰 天下之利也."
[14] 『墨子』「兼愛下」, "以兼爲正. 是以 聰耳明目 相爲視聽乎. 是以 股肱畢强 相爲動宰乎, 而有道 肆相敎誨. 是以 老而無妻子者 有所侍養以終其壽, 幼弱孤童之無父母者 有所放依以長其身. 今唯母以兼爲正, 卽若其利也."

그렇다면 '百姓爲人'이 무엇인가에 대해서도 개괄해보고자 한다. 먼저 가장 난해한 것이 '百姓爲人'을 이라는 문장을 어떻게 이해하느냐이다. 즉 「尙同下」에 있는 '百姓爲人'을 어떻게 해석하는 문제가 묵자의 주장이 전제군주의 전체주의적 통치에 부합하는 사상인지 아니면, 인민들의 민의에 따른 정치인 민주주의에 부합하는 사상인지를 판단하게 하는 데 있어 중요하다. 더불어 天子라는 최고 통치자를 선정하는 주체가 하늘인지 아니면 인민들에 의한 선택인지에 대한 해석을 하는 데도 매우 중요한 문제이다. 즉 이 '百姓爲人'에 대한 해석이 묵자 철학이 전제군주의 전체주의적 통치를 위한 이론인지 아니면, 인민들의 주체적인 의사 즉 民意에 따른 민주주의를 추구하는 이론인지를 판가름하는 중요한 기준이 된다고 하겠다. 이는 『묵자』「상동」에 기술된 다음 문장을 어떻게 이해하느냐에 달려있다고 본다.

> "古者에 天之始生民하여 未有正長也엔 '百姓爲人' 若苟百姓爲人이면, 是는 一人一義요 十人十義요 百人百義요 千人千義요 逮至人之衆하여 不可勝計也면, 則其所謂義者도 亦不可勝計라 此皆是其義而非人之義라, 是以로 厚者엔 有鬪하고 而薄者엔 有爭 是故로 天下之欲同一天下之義也, 是故로 選擇賢者하여 立爲天子하니라."

위 문장의 주요 내용은 "옛날에 하늘이 처음으로 백성을 내어 아직 政長이 없을 때는 '백성들이 제각각'이었다. 그래서

---

15) 서양 철학자 홉스는 국가의 발생을 '자유롭고 평등한 개인들의 자발적인 계약'으로 설명하고 인민주권론의 중요한 토대를 마련했다. 즉 그는 자연상태에서의 인간들은 '만인에 대한 만인의 투쟁' 상태에 놓여 있기에, 인간들이 '자기 보호'를 위해 불가피하게 국가를 형성하게 되었다는 것이다. 그러면서 그는 '개인들 간의 합의'로 국가를 형성했으며, 이는 '개인을 계약의 주체'로 상정했다는 점에서 그 의미가 크다고 하겠다.
로크도 『통치론』에서 "개인은 오직 자신의 동의에 의해서만 지배받으며 부당한 권력에 대해서는 저항할 수 있는 권리가 있다"고 주장했다. 홉스와 로크는 근대철학사에서 인민 주권론을 최초로 주장한 정치가이자 철학자들이다.

사람들의 의견이 서로 달라서 이를 조정 통합할 政長이 필요했기에, 현량한 자를 가려 뽑아 세워 천자로 삼았다"라는 것이다. 문제는 이 문장의 주어 즉 주체가 명확하지 않은 데 있다. 혹자는 하늘인 天이 주어라 하고, 다른 사람들은 또 天下를 천하 사람들로 이해해서 천하 인민들이 주어라고도 한다. 이에 대한 異論이 분분하다. 이에 대해서는 다음 단락에서 살펴보고자 한다.

먼저 '百姓爲人'에 대해, 김학주는 "백성들이 사람으로서의 자기 욕구만을 위하였다."[16]고 해석하여 홉즈의 '만인에 대한 만인의 투쟁'을 연상시키면서, 사람들이 자기 욕구만을 채우기 위해 투쟁하기 때문에 하늘이 이를 통제할 전제군주를 선출했다고 느끼게 한다. 둘째로 손이양이 校注한 『墨子閒詁』를 공동 번역한 이상하는 "'百姓爲人'에 대해, '백성들이 제각각'이었다"[17]고 번역하고 있다. 이와 같은 번역은 '인민들이 각기 다른 기준을 가지고 있었다.'라고 이해할 수도 있다. 즉 서로 다른 기준을 가지고 있기에 이를 조정 통합할 政長이 필요했다는 것이다. 셋째 김승석은 '百姓爲人'에 대해, 백성들은 독립적인 개인이었다고 해석하면서, "묵자의 정치사상에서 "是故天下之欲同一天下之義也 是故選擇賢者 立爲天子"는 매우 중요하다. 앞의 天下를 天으로 보면 왕권신수설이 되고(필원, 손이양), 天下之人으로 보면 민약론이 되어(양계초) 논쟁이 되는 지점이다"[18]고 하였다. 여기서 '백성들은 독립적인 개인'이라는 해석은 인민들의 주체성을 인정하는 듯하다. 기세춘은 '百姓爲人'에 대해, "인민들이 주권자이다."[19]로 해석하면서 다음과 같이 주장한다. "人(인)= 人은

---

16) 김학주, 『묵자』, 명문당, 2014, 228쪽.
17) 손이양, 이상하 외2, 『墨子閒詁』, 전통문화연구회, 2018, 23쪽.
18) 김승석, 『묵자읽기』, 북코리아, 2019, 166쪽.
19) 기세춘, Ibid., 481쪽.

、의 誤..、는 主의 古字. 主는 主君 또는 宰也, 宗也. 그러나 지금까지는 人을 自己로 해석하는 억지를 부려 묵자의 인민 주권론을 부정하고 전체주의자로 왜곡시켰다."[20]고 주장하고 있다. 이처럼 위 인용문의 해석에 대해서 다양한 견해가 존재한다.

그러므로 위에서 인용된 『묵자』「상동하」의 글을 어떤 관점에서 해석하느냐에 따라 묵자 사상이 전제군주를 위한 이론인지 아니면, 인민 주권설에 기반한 민주주의를 위한 이론인지를 판가름할 수 있다 할 것이다.

① '百姓爲人'이 등장하게 된 시대적 배경과 사상

(가) '백성위인'이 '인민주권'으로 해석될 수 있는 시대적 배경

여기서 '百姓爲人'이 '인민주권'으로 해석될 수 있는 시대적 배경을 살펴보는 것이 무엇보다도 중요하게 여겨진다. 묵자가 활동하던 때는 기원전 4세기에서 3세기경으로 춘추 말 전국 초일 것이다. 이 시기는 周 왕실 내부의 권력 다툼으로, 周 왕실의 기강이 해이해지고 결속이 약화하는 때였다. 더불어 농업 생산의 변화에 따른 제후국 간의 싸움이 周 왕실의 붕괴를 가속했다고 보인다. 즉 철기문화와 우경법의 발달이 농업 분야에서 획기적인 변화를 일으켜 농업 생산성이 월등히 높아지는 결과를 가져왔다. 또 종래의 모든 토지는 씨족 공동체의 소유로, 함께 경작함으로써 생산성이 높지는 않았으나, 씨족 공동체가 해체되고 새로운 경작지가 확대됨에 따라 공동체적 농업에서 벗어나 소규모 가족 단위의 토지 소유와 경작을 할 수 있게 되었다. 이는 집단 농업보다는 소규모 가족 간 경작이 생산성을 높이는 데는 기여했으나, 소규모

---

[20] Ibid., 481쪽 주석.

가족 단위로 농사를 짓는 데는 철제 농기구와 우경을 위한 소(牛)를 소유하기 어려워서, 토지 소유 규모에 따른 불평등이 심화되고 결국에는 대토지 소유자와 대상인에게 예속되는 결과를 초래하게 되었다. 이는 결과적으로 새로운 신분 계급 질서로 나타나게 된다. "철제 농기구의 소유와 소를 이용한 우경법을 이용할 수 있는 대토지 소유자가 출현함에 따른 부의 편중 현상으로 지주가 된 계층은 풍요로운 생활을 하지만, 당시 생산을 담당하는 대부분 계층은 굶주리고 헐벗고 일하고도 쉴 곳이 없는 등, 三患에 시달렸다. 빈부의 격차가 매우 커서 이를 해결하려는 것을 묵자는 당면과제로 삼는다."21)

이와 함께 "수공업 및 유통업을 통한 상업의 발전도 비약적으로 발전하였다. 이에 따라 대지주와 대상인들이 출현하였다."22) 이렇듯 周 왕실이 서서히 몰락하면서 상대적으로 각 제후국이 높은 생산력과 생산성을 바탕으로 독자적인 세력으로 부상하는 등 사회정치적인 변혁기에 접어들었다. 또 제후국들 또는 대부들 사이에서도 다툼과 전쟁이 격화되었다. 다시 말해서 묵자가 활동하던 춘추 말 전기 초에는 각 제후국이 제후국 간의 패권 쟁취를 위해 겸병 전쟁이 활발하던 때였다. 그가 『묵자』에서 기술하듯이, "나라와 나라가 서로 공격하고 집안과 집안이 서로 찬탈하고 사람과 사람이 서로를 해치고 임금과 신하는 은혜를 베풀고 충성하지 않고, 아버지와 자식은 자애롭고, 효도하지 않고, 형과 아우는 서로 잘 어울리지 못하면서",23) 또 "강한 자는 반드시 약한 자를 업신

---

21) 권혁우, 「전기 묵가의 철학 체계와 문제점에 관한 연구」, 『철학 논구 제37집』, 2009, 53쪽.
22) 김인규, 「묵자의 정치사상과 대동세계」, 『동양고전연구 제15집』, 2001, 209쪽.
23) 『墨子』「兼愛中」, "今若國之與國之相攻 家之與家之相篡 人之與人之相

여기고, 부자는 가난한 자들을 능멸하며, 귀한 자들은 천한 자들에게 오만하게 굴며, 간사한 자들은 어리석은 자들을 속이는 등,24) 서로서로 믿지 못하고, 자기의 이익만을 도모하는 虧人自利(휴인자리)하는 겸병 전쟁이 일상화된, 그로 인해 민중이 핍박받는 혼란한 시대였다.

또, "왕공대인으로서 정치를 담당하는 자들도, 尙賢使能하지 않고, 공로도 없는 가까운 친척을 부리고 아첨 잘하는 자들을 등용한다. 만약 이들에게 나라를 다스리게 한다면 이것은 곧 지혜도 없는 자들이 나라를 다스리는 것이 된다. 즉 나라의 혼란은 이미 알 수 있는 일이다."25) 이렇듯 상현사능한 자를 등용하지 않고 가까운 혈연이나 아첨 잘하는 자들을 등용하니 나라가 잘 다스려질 리가 없다는 것이다. 이토록 묵자는 가족 간에도 사회적 그리고 정치적으로도 올바른 법도가 행하여지지 않는 혼란한 시대에 활동하였다.

즉, 각 제후국의 겸병 전쟁을 통한 패권 다툼으로 인해 민중은 三患에서 벗어나기 어려운 지경에 이르러, 굶어 죽고 얼어 죽는 등 민중의 참상은 이루 헤아릴 수 없을 정도였다.

묵자는 이러한 혼란이 지속하는 것은 天志의 참뜻인 의로움을 알지 못하고, 서로 不相愛하는데 있다고 보았다. 그래서 묵자는 이처럼 민중의 피폐함이 극에 이르렀던 시기에, 天志를 내세워 '겸애 교리'를 강령으로 해서 민중의 삼환을 해결하자고 주장한다. 서로서로 두루두루 아끼고 사랑한다면 어찌 싸움이 발생하겠느냐, 또한 서로를 공격하지 않는다면 막대한 사회적 낭비를 없앨 수 있다고 주장한다. "묵자의 사상

賊 君臣不惠忠 父子不慈孝 兄弟不和調"
24) 『墨子』 「兼愛中」, "強必執弱 富必侮貧 貴必敖賤 詐必欺愚"
25) 『墨子』 「尙賢中」, "親戚 則使之 無故富貴 面目佼好 則使之 夫無故富貴 面目佼好 則使之 豈必智且有慧哉 若使之治國家 則此使不智慧者 治國家已 國家之亂 旣可得而知已"

과 실천 활동으로 인해, 민중은 서서히 자신의 위치와 역할에 대해 각성하는 계기가 되었다"26)고 본다. 兼愛는 곧 非攻이요 평화론이다. 그러면서 전쟁은 강국이나 약소국이나 서로에게 이익이 되지 않고 손해라는 주장을 강하게 피력하고 있다.

> 지금 군사를 일으키려 하는데 겨울에 동원하자니 추위가 두렵고 여름에 동원하자니 더위가 두렵다. 이래서 겨울이나 여름에는 군사를 일으킬 수가 없는 것이다. 봄에 일으키면 곧 백성들의 밭 갈고 씨뿌리는 농사일을 망치게 되고 가을에 일으키면 곧 백성들의 추수를 망치게 된다. 지금 오직 한 철을 망치기만 하면 곧 백성들의 굶주리고 헐벗어 얼거나 굶어서 죽는 자가 얼마나 많을지 이루 다 헤아릴 수가 없다.
> 지금 시험 삼아 군대 동원을 계산해 보자 화살·깃발·장막·갑옷·방패·큰 방패·칼집이 전쟁에 나가서 부서지고 썩어서 다시 가지고 돌아오지 못할 것이 얼마나 많을지 이루 헤아릴 수가 없다. 또 세모창·갈라진 창·긴 창·칼·수레 등도 전쟁에 가지고 나가 부서지고 망가져서 되가지고 돌아오지 못할 것이 얼마나 많을지 이루 헤아릴 수가 없다. 또 소나 말도 살찐 놈이 나갔다가 말라서 돌아오거나
> 죽어서 돌아오지 못하게 될 것이 얼마나 많을지 이루 다 헤아릴 수가 없다. 또한, 가는 길이 멀어 양식의 운반이 끊겨서 공급이 안 되어 백성들이 죽는 자가 얼마나 많을지 이루 다 헤아릴 수가 없다. 또 사는 곳이 불안하고 밥을 아무 때나 먹게 되고 굶주림과 배부름이 조절되지 않아서 백성들이 길에서 병이나 죽는 자가 얼마나 많을지 이루 다 헤아릴 수 없다.
> 싸우다 죽는 군사가 많은 것도 이루 다 헤아릴 수 없다. 전멸하는 군사가 얼마나 되는지도 이루 다 헤아릴 수 없다. 그러면 그를 위하여 제사 지내 줄 사람까지도 잃는 귀신도 역시 이루 다 헤아릴 수 없이 많다.27)

---

26) 이운구 · 윤무식, 『墨家哲學의 硏究』, 성균관대 대동문화연구원, 1995, 16~17쪽.
27) 『墨子』 「非攻中」, "今師徒唯母興起 冬行恐寒,夏行恐暑 此不可以冬夏爲者也. 春則廢民耕稼樹藝, 秋則廢民穫斂 今唯母廢一時, 則百姓飢寒凍餒

만약 군사를 일으킨다면 지휘관급[君子] 수백 명에 사관급[庶人]은 반드시 수천 명이 있어야 하고 병졸[徒]은 수십만이 있어야만 군사행동을 할 수 있을 것이다. 그리고 오래 갈 적에는 수년, 빨라도 수개월은 걸리는데, 이 사이 임금은 정치를 할 겨를이 없고, 관리들은 그의 벼슬 직책을 다스릴 겨를이 없고, 농부는 농사지을 겨를이 없고, 부인은 실 뽑고 길쌈할 겨를이 없을 것이다. 곧 이것이 나라는 일손을 잃게 되고 백성들은 할 일을 바꾸게 되는 원인이 되는 것이다.28)

이렇듯 전쟁은 온 나라를 뒤흔들어 강국이나 약소국 모두에게 이익이 되지 않으니 해서는 안 되는 것이란 점을 非攻論을 통해 강력히 주장한다. 이와 같은 사회의 격변기에 등장한, 묵자의 兼愛交利와 非命論으로 인해, 민중은 삶의 주인이 자신이라는 것을 점차 각성하게 된다. 즉 묵자의 兼愛交利 주장을 통해 알 수 있듯이 민중의 평등한 정치참여와 자기가 생산한 재화 등, 자기 몫에 대한 공평하고 공정한 분배를 요구하는, 자신의 주체 의식을 강화해 갔다.

이러한 것은 『묵자』「상현상」에 적시된 대로 "관리는 항상 귀하지만은 않고, 백성도 끝내 관리가 될 수 없는 것은 아니다. 능력이 있으면 관리로 등용되고, 능력이 없으면 좌천된다."29)는 글귀를 통해서 민중의 희망과 요구사항이 증가하고 있음을 알 수 있다. 묵자의 주장도 그 시대의 반영이라 할

而死者 不可勝數. 今嘗計軍上 竹箭羽旄幄幕, 甲盾撥劫 往而靡獘腑冷不反者, 不可勝數 又與矛戟戈劍乘車, 其列住碎折靡獘而不反者 不可勝數. 與其牛馬肥而往 瘠而反, 往死亡而不反者, 不可勝數 與其涂道之脩遠, 糧食輟絶而不繼, 百姓死者, 不可勝數也. 與其居處之不安 食飯之不時 飢飽之不節 百姓之道疾病而死者 不可勝數 喪師多不可勝數 喪師盡不可勝計 則是鬼神之喪其主后 亦不可勝數.

28) 『墨子』「非攻下」, "若使中興師 君子庶人也必且數千 徒倍(十)萬, 然後足以師而動矣. 久者數歲 速者數月 是上不暇聽治 士不暇治其官府 農夫不暇稼穡 婦人不暇紡績織紝 則是國家失卒 而百姓易務也"
29) 『墨子』, 「尙賢上」, "官無常貴,而民無終賤,有能則擧之,無能則下之"

수 있기 때문이다. 결국 "철제 농기구의 사용과 소를 이용한 우경법으로 인해 생산력과 생산성의 발달은 즉 사회적 생산력의 가속적 증대가 자신의 욕구를 추구하고 향유할 동등한 권리주체로서의 인민의 등장을 추동했다고 해도 그리 틀린 말은 아닐 것이다."30) 곧 민중은 생산 활동의 변화가 민중의 이익이 되지 않고 기득권층의 이익 증대로만 귀결되는 결과에 자신들의 몫에 대해 성찰을 하게 되는 계기가 되었다고 본다.

전국시대의 겸병 전쟁으로 피폐해진 민중은 '민중 스스로가 서로 섬기고 나누는 주체' 즉, 겸애 교리 하는 주체가 되지 않고서는 살아갈 수 없다는 깨달음이 민중의 저변에서 점점 확산하여가는 있었을 것이다.

이러한 시대적 흐름 속에서 「상동」에서의 '百姓爲人'라는 '인민주권설'이 등장할 수 있는 환경이 조성되었다고 생각한다.

(나) '百姓爲人'의 사상적 바탕론

묵자가 묵자 사상의 중심인 '兼愛交利'를 몸소 실천하면서 강력히 주장하는 동기는 민중의 삼환 해결을 통한 안정적인 삶이다. 즉 나라와 백성의 부를 풍요롭게 하며, 인민의 수를 많게 하고, 형정이 안정적으로 다스려지는 安生生 社會다.

묵자가 安生生 社會를 이루기 위해서, 평등론인 겸애를 제시한 시기가 바로 계층 간의 신분 변동의 유동성이 커지고, 왕권의 쇠퇴로 토지의 공유제도가 무너지고 토지 사유제가 인정되면서 신흥지주층이 생기게 되어, 이에 생산수단인 토지와 농노를 쟁탈하기 위한 겸병 전쟁이 시작된 춘추 말 전국 초기이다.

그리고 이 과도기적 혼란을 안정시킬 방안으로 묵자는 천

---

30) 최형익, Ibid., 147쪽.

지 비명을 바탕으로 한 10론을 제시하였다. 그는 세상이 혼란한 이유로, 첫째 서로 사랑하지 않아서, 둘째 각각의 義를 하나로 통일시킬 政長이 없어서, 셋째 상제와 귀신에 대한 의심 때문이라고 했다.

이에 묵자는 各自爲心(각자위심) 하는 이기적 대립을 극복하고, 가치 기준을 겸애 교리로 통일하여, 평등한 사회를 실현하고자 '역할에 따라 서로 협동'하는 상동 체계를 꿈꿨으며, 치자나 피치자와 상관없이 능력 중심의 사회를 만들고 검소하게 자기의 일에 최선을 다하고 서로 차별 없이 사랑하고 돕는 대동 사회를 이룩하려 했다. 또 전쟁이 없고 사회질서가 유지되는 가운데 누구나 기회를 실현할 수 있고 서로 더불어 이익을 나누고 사랑을 실천하는 '겸애 교리'가 실현되는 대동 사회를 그렸다. 대동(大同)은 '安生生 社會'로서 만인이 평등하고 다툼이 없는 하나의 이상사회이다. 理想의 바탕에는 '天下無人'(천하무인)이 자리한다. 묵자는 춘추 말 전국 초의 겸병 전쟁으로 피폐해진 민중의 삶을 目睹하면서 이를 해소할 방안으로 하늘의 뜻인 겸애를 중심으로 하는 10론을 펼친 것이다.

춘추전국시대는 혼란한 정국을 안정시키기 위한 해법으로, 百家爭鳴이 있었다. 『漢書』「藝文志」, 「諸子略」에 따르면, "先秦時期에 여러 학파가 있었지만, 그중에서도 가장 영향력 있었던 학파는 儒家 墨家 道家 法家의 四家였다. 당시에 百家爭鳴이라 불렸던 각 학파의 是非 논쟁은 표면상으로는 옳고 그름에 대한 논쟁으로 보이지만, 또 다른 측면에서 보면 서로 다른 계급과 계층 간 이익의 다툼이며, 사회의 발전 방향에 대한 나름의 시각을 드러낸 것이라고 할 수 있다."[31]

---

31) 李雲九 · 尹武學, 『墨家哲學硏究』, 成均館大 大同文化硏究院, 1995, 15~16쪽.

그중에서 겸애 교리를 통한 '민중의 평등'을 주장한 사상가는 오직 묵자밖에 없었다. 묵자보다 400여 년 전에 활동한 齊나라의 재상 관자가 주장했다는 글인 『管子』의 「立政九敗解」를 보면, "군주가 친소 원근의 구별 없이 모두를 평등하게 사랑하면, 군주는 천하의 백성을 자기 백성처럼 여기고, 다른 나라 보기를 자기 나라 보듯이 한다. 이러면 다른 나라를 겸병하고 약탈하려는 마음이 없어지고, 적군을 치거나 적장을 베는 일이 없어진다. (…) 내가 다른 사람을 공격하지 않을 수는 있지만, 다른 사람이 나를 공격하지 않게 할 수는 없다. 그러므로 '모두 고르게 사랑하자는 주장이 우세하면, 병사가 싸우지 않는다.'라고 한다."[32)]하면서 민중을 평등하게 사랑하면 나라가 멸망한다는 논조를 펴고 있음을 볼 때, 군주가 백성을 평등하게 사랑하는 것조차도 부정적으로 인식하는데, 군주뿐만 아니라 누구나 사람이라면 '모두 다 평등하다'라는 묵자의 주장은 그 당시의 시대상으로 보면 가히 혁명적이라 할 수 있다.

묵자 사상 중에서 兼愛論과 非樂論 그리고 非命論을 통해 보면, 겸애의 서로 아끼고 두루두루 사랑하자는 주장과 정해진 운명은 없기에 자기 운명은 자기 노동과 노력을 통해 개선해 나가야 한다는 주장은 당시 周 나라의 근간인 宗法制를 통한 신분 계급사회를 근본적으로 뒤흔드는 이론이며 주장이라 할 것이다. 이와 같은 묵자의 주장이 '百姓爲人'을 인민주권설로 해석할 수 있는 바탕론이라 할 것이다.

즉 묵자의 兼愛하는 것은 서로 다른 我他가 상생하는 것, 서로 아끼고 돕는 것이다. 그래서 同과 異는 상보적이라고 보았다. 그러므로 和同은 서로 다른 것들이 함께 한길을 가는 것이라고 말한다.

---

32) 김필수 외3 옮김, 『관자』, 소나무, 2006, 641쪽.

> 同과 異는 상보한다. 유와 무와는 다르다.
> 同과 異가 함께 모여 하나가 된 것이다.
> 異가 있어야 同도 있을 수 있다.33)

 곧 대동은 小異들이 한 무리로 모이는 것이다. 전체가 하나로 용해되어 없어지는 것이 아니라 각자의 주체성은 유지하면서 하나로 통일되는 것이다. 다양성을 유지하면서 보편성을 가지는 통일이다. 이것이 和同이며 協同인 尙同이다.
 "묵자의 중심 사상은 이처럼 서로 다른 주체들이 서로 아끼고 사랑하는 '兼愛'이다. 이는 친소 원근의 차별 없이 서로서로 아끼고 사랑해야 한다는 것으로 어떤 사람이든 가리지 않고 함께 대할 수 있는 서로의 평등한 사랑이다."34) 곧 겸애란 "남 사랑하기를 자신을 사랑하듯 하고, 남의 어버이나 형 또는 아우 자식 보기를 그 자신 보듯 하고, 임금이나 신하들 보기를 그 자신 보듯 하고, 남의 집이나 남의 몸 남의 나라 보기를 자기의 집이나 자기 몸이나 자기나라 보듯 하는 것"35)이다.「大取」에서도 "남의 어버이 사랑하기를 자기 어버이 사랑하듯 한다."36)하였다. 따라서 "'兼'이란 자기와 남을 똑같이 생각하는 것, 자기와 남을 구별하지 않는 것, 사람들을 차등을 두지 않고 똑같이 대해 주는 것 등을 의미한다."37) 그래서 겸애하는 것의 대전제는 '사람들 개개인이 서로 평등하다'라는 것이 전제된다. 서로가 상호 평등하지 않다

---

33)『墨子』「經說」, "同異交得 放有無, 同異而俱於之一也."「大取」, "有其異也 爲其同也"
34) 이운구 · 윤무학, Ibid., 45쪽.
35)『墨子』「兼愛上」, "愛人若愛其身 視父兄與君若其身 視弟子與臣若其身 故視人之室若其室 視人家若其家 視人國若其國"
36)『墨子』「大取」, "愛人之親 若愛其親"
37) 김학주, Ibid., 155쪽.

면 이는 서로서로 사랑하는 것은 '힘 있는 자가 약자를 시혜하는 것에 불과하다.' 서로의 권리나 권한이 평등하기에, 이는 民主 바탕이 된다는 것이다. 그러면 『墨子』「兼愛」에서 묵자가 하고자 하는 말을 살펴본다.

> 혼란이 일어나는 원인을 살펴보면 그 이유는 서로 사랑하지 않기 때문이다.38)

> 天下가 두루 평등하게 서로 사랑하면 다스려지고, 서로 차별하고 미워하면 어지러운 것이다.39)

> 평등주의가 낳은 것은 천하의 큰 이로움이요, 차별주의가 낳은 것은 천하의 큰 해로움이다. 그래서 묵자가 이르기를 차별은 그른 것이요, 평등은 옳은 것이라고 한 것이다.40)

> 남을 그르다고 하는 사람은 반드시 그것을 대신할 수 있는 옳은 것이 있어야 한다.41)

> 말은 메아리가 없을 수 없고, 德은 보답이 없을 수 없다네.
> 내가 봉숭아를 던져주면 그는 자두로 갚는다네!42)

이상의 글에서 가장 빈번하게 나오는 글은 '兼'字이다. 즉 평등을 나타내고 있다. 시대를 불문하고 사회의 가장 큰 문제는 '불평등'에 있었다. 이는 정치적 불평등뿐만 아니라 경제적 문화적 등 모든 영역에서 불평등이 문제였다. 그래서

---

38) 『墨子』「兼愛上」, "察亂何自起 起不相愛"
39) 『墨子』「兼愛上」, "天下兼相愛則治 交相惡則亂"
40) 『墨子』「兼愛下」, "非人者 必有以易之"
41) 『墨子』「兼愛下」, "今吾本原兼之所生 天下之大利者也 吾本原別之所生 天下之大害者也 是故 子墨子曰 別非而兼是者"
42) 『墨子』「兼愛下」, "無言而不讎 無德而不報 投我以桃 報之以李"

묵자가 兼愛와 交利를 주장하는 이유는 서로 함께 동등하게 아끼고 사랑하며, "이익은 공유하는 것"43)이 아니라, 많이 가진 자는 덜 가진 자에게 재물을 나눔으로써 三患으로부터 벗어나자는 것이다. 그러면서 묵자는 古典을 인용하여 「兼愛」이론의 성립이 상호 雙務의 원리에 입각한 것임을 천명하였다. "복숭아를 나에게 던져주면 나는 그것을 자두로 보답하겠다."라고 읊어진 "『詩經』의 詩 일부는 공동체 생활 속의 평등 의식을 잘 나타낸 것이라 할 것이다."44) 묵자는 공동체 생활에서 不義는 '虧人自利' 즉 남의 이익을 해쳐서 자기의 이익으로 삼는 것으로 생각했다. 그래서 '攻'에서 誅伐만을 인정한 것이다.

여기서 '義'와 '不義'의 개념을 분명히 나누어 파악할 필요가 있다. "孔孟이 말하는 '義'는 '利'와 대립하는 별개의 것"45)이었으나, "묵자는 '義, 利也'라고 했다. 이는 남이 이룩한 노동의 성과를 그의 소유로 존중하고 利를 보장해 주는 것이다. 반드시 노동을 통해서 그 '利'를 획득해야 한다는 주장이 바로 소유권의 인정이었으며 이와 같은 소유권의 인정을 '義'라고 본 것이다."46)

또 묵자가 겸애를 주장했던 목적은 그것을 바탕으로 피폐해진 민생고를 극복하고, 더불어 혼란스러운 정국을 안정시켜, 함께 잘 사는 대동 사회를 이루고자 함에 그 목적을 두었다. 이와 같은 사회를 이루기 위해서는 사람들 모두가 서로서로

---

43) 『墨子』「非命」, "與其百姓, 兼相愛, 交相利 移則分." 이 글을 통해 보면, 묵자의 사상은 이익을 공유하자는 주장이 아니고, 백성들과 더불어 두루 평등하게 사랑하고 서로를 이롭게 하며, 남는 것을 서로 나누었다. 즉 여유가 있으면 나눈다는 것이다. 여유가 없는데도 무조건 주변 이웃들과 나누는 것이 아니라, 여유가 있으면 나눈다는 점을 강조하고 있다.
44) 이운구 · 윤무학, Ibid., 46쪽.
45) 『論語』「里仁」, "君子喩於義 小人喩於利"
46) 이운구 · 윤무학, Ibid., 48쪽.

사랑하고 아끼지 않으면 이루어질 수 없다는 것이다. 즉 전제군주가 전체주의적 이념으로 강제적으로 시킨다고 해서 겸애할 수는 없고, 인민 개개인이 주체적으로 함께 잘 사는 대동 사회를 건설하겠다는 의지가 있을 때만 이룰 수 있다. 이 의지가 바로 민주 의식이다. 고로 묵자의 兼愛交利는 民主主義적 성향이 강하다고 하겠다.

묵자는 겸애만이 겸병 전쟁으로 피폐해진 민중을 살리고 살기 좋은 세상을 만들어 주는 것이라고 강조한다. 즉 개개인이 주체적으로 서로서로 사랑하고 아끼는 것, 이것만이 세상을 혼란에서 구하고 안생생 사회를 이룬다고 말하고 있다. 곧 『묵자』「兼愛中」에 기술된 "남을 사랑하면 남도 따라서 반드시 나를 사랑할 것이며, 남을 이롭게 하면 남도 따라서 반드시 나를 이롭게 할 것이다"47)라는 글이다. 이 글귀는 먼저 率先垂範(솔선수범)함을 말하고 있다. 곧 "힘 있는 자는 힘써 약자를 돕고, 가진 자는 없는 자를 도우며, 깨친 자는 불초한 자를 가르치라"48)는 것이다. 이 솔선수범함이 바로 겸애 교리의 실천이라고 본다. 인민은 주인이기에 공동체를 위해서 솔선수범할 수 있다. 인민이 통치의 대상인 객체라면 솔선수범할 수 있겠는가?

또한 「法儀」의 "사람은 어리고 나이 먹고 貴하고 賤 하고를 불문하고 모두가 하늘의 신하이다."49)라는 글을 바탕으로, "겸애하는 사회는 사람마다 하는 일이 다르고 성격이나 능력도 서로 다르지만 모든 조건이나 생활 여건은 평등하다."50)라고 했다.

위의 인용문은 民은 누구나 하늘 아래 동등한 존재이지만,

---

47) 『墨子』「兼愛中」, "愛人者 人必從而愛之 利人者 人必從而利之"
48) 『墨子』「尙賢下」, "有力者疾以助人 有財者勉以分人 有道者勸以敎人"
49) 『墨子』「法儀」, "人無幼長貴賤 皆天之臣也"
50) 김학주, Ibid., 168쪽.

개개인의 여건이나 능력에 따라 다른 직업을 갖는 것이기에 직업에 따른 귀천도 없다는 것이다. 필자는 묵자 사상은 곳곳에서 '인민이 주인'이라는 民主 의식과 평등론을 설파하고 있다고 여긴다. 다만 묵자 사상을 해석하면서 춘추 말 전국 초라는 시대성이 주는 선입견으로 인해 어떻게 그 당시에 이런 평등성과 민주성을 바탕으로 사상을 전개했겠느냐는 의구심을 갖는 것이 문제라고 본다. 그래서 묵자 사상이 시대를 뛰어넘는 혁명적 이론을 전개하는 특출한 사상이라는 것이다.

 민주주의에 대한 뛰어난 이론가인 로버트 달은 그의 『민주주의』에서 "적당한 조건들이 갖추어진다면 언제라도 민주주의는 독립적으로 출현하며, 또 출현할 수 있다고 생각한다. 그리고 그러한 조건들은 상이한 시간과 상이한 장소에서 존재하여 왔다고 믿는다."[51] 그러면서 로버트 달은 "민주주의적 체제의 형성에 유리한 조건들을 갖고 있던 오래전 선사시대의 부족 통치체제에서도 일종의 민주주의 체제가 존재하였을 가능성이 큰 것으로 판단하고 있다."[52]고 언급하고 있다. 이와 같은 로버트 달의 견해에 따르면, 춘추전국시대라 해서 민주론을 주장할 수 없다는 견해는 적절치 못한 것이 된다.

 '百姓爲人'이 '인민주권'으로 해석될 수 있는 기저에는 인민의 삶은 스스로 해결한다는 주체적인 생각이 깔려있다. 이는 묵자의 非命論에 나타나는데, 즉 '인간이 자신의 실존과 미래를 자유롭게 선택할 수 있는 존재인가'라는 주체성의 문제이다. 묵자에 의하면 운명론은 지배자들이 지어낸 술책이라는 것이다. "동서양을 막론하고 노예제 혹은 농노제 사회 이전에는 인간은 자기 운명의 주인은 자기 자신이라는 것을

---
51) 로버트 달 저, 『민주주의』, 김왕식 외2역, 동명사, 1999, 31쪽.
52) Ibid., 31~32쪽.

의심하지 않았다."53) 자기 운명의 주인은 자기 자신이라는 것을 자각하고 있었기에, 그래서 各自爲心로 인해 다툼과 전쟁이 발생했다. 그래서 사람들은 그 다툼과 전쟁을 방지하기 위해서 정치적 지도자인 政長을 두었다. 그러면서 묵자는 非命論에서 운명론은 폭군이 지어낸 거짓 술책일 뿐이며 인간은 자기 운명의 주인이라고 주장한다.

> 일찍이 선왕들께서 복은 청할 수 있는 것이 아니고, 재앙은 피할 수 없는 것이며, 공경해도 이롭지 않고 포악해도 해가 없다고 말한 적이 있었던가?54)

> 禍福이 정해진 것이 아니라는 것이다. 그러면서 김공은 운명론을 비난하면서 다음과 같이 말했다.

> 삼가라! 천명이란 없다. 나는 민중을 존숭하므로 결코 운명론 같은 헛된 말을 지어내지 않는다. 운명은 하늘에서 내려준 것이 아니라 나 스스로 만드는 것이다. 우 임금과 탕 임금께서는 운명이란 폭군이 지어낸 것이라고 말씀하셨다.55)

또 묵자는 지배자들이 우리가 우리의 주인으로서의 의로운 자를 지도자로 선출하는 것을 막으려는 술책으로 운명론을 지어낸 것이라고 주장한다.

> 오늘날 운명론자들은 천하 만민의 의로운 공론을 뒤엎을 자들이다. 천하의 공론을 뒤엎는 이런 사람들은 백성을 매도하는 자들이다. 이처럼 백성을 멸시하고 매도하는 자들은 천하 만민을 멸망시

---

53) 기세춘, 『우리는 왜 묵자인가』, 초당, 1995, 108쪽.
54) 『墨子』「非命上」, "先王之書亦嘗有曰 福不可請 而禍不可諱 敬無益 暴無傷者乎"
55) 『墨子』「非命中」, "於召公之執命 亦然 曰敬哉! 無天命 惟予二人而無造言 不自降天之哉 得之 在於 商夏之詩書曰 命者 暴王作之"

키려는 자들이다. 운명이 있다면 의로운 사람을 지도자로 선출하려는 민중의 열망은 과연 무엇이란 말인가?56)

묵자에게는 역사란 운명이 만들어내는 것이 아니라 인간이 만들어내는 것이다. 그러므로 "역사는 운명이 만들어낸다는 거짓말은, 민중이 가난하게 된 잘못을 지배자들의 책임이 아니고 운명의 탓으로 돌리기 위한 술책일 뿐이다."57) 만약 운명론자들의 주장대로 인간이 운명의 꼭두각시일 뿐 자유의지를 가진 주체성을 가지지 않았다면 악행을 저질러도 아무도 그에게 책임을 묻지 못할 것이다. 왜냐하면, 그는 운명이 정해진 대로 행동했기 때문이다.

묵자 사상에서 非命論이 중요한 것은 묵자 사상이 민주성과 평등성을 지향한다는 것을 논증하는 데 있어 꼭 필요한 부분이다. 유가가 주장하는 天命사상은 천자를 임명하는 것은 하늘의 命이라는 것이다. 그래서 이 사상은 王權神授說과 유사하다. 그러나 묵자의 사상은 天子를 하늘이 임명한 것이 아니라, 인민 중에서 어질고 능력 있는 자를 선출한다는 民選論에 있어 - 民選論은 민중의 평등성과 民主性이 그 바탕을 이루고 있다 - 非命論은 그 핵심을 이룬다.

모든 사람이 운명에 집착하여 運 정해 진대로 산다면, 왕공대인들은 맡은바 정무를 게을리하고, 농부와 부인들도 농사와 길쌈을 소홀히 할 것이니 세상에 재물이 부족하게 되어 사람들의 삶이 피폐해진다는 것이다. 즉 아무리 노력하여도 정해진 運命에 따라 가난하여질 운명이면 가난해질 텐데 구이 애써 노력할 필요가 있겠냐는 것이다. 그러므로 운명론에

---

56) 『墨子』「非命上」, "今用執有命者之言 是覆天下之義 ... 然則所爲欲義ㅅ在上者何也."
57) 『墨子』「非命中」, "安危治亂在上之發政也 則豈可謂有命哉 ... 繁飾有命以敎衆愚樸人久矣."

집착하는 것은 세상에 재앙을 가져온다는 것이다.
 그래서 묵자는 "철저히 '命'을 물리치고 자기 스스로가 책임질 수 있는 자발적이며, 주체적인 '强'의 노력을 강조"58)하고 있다. 그러면서 세습 귀족들의 불로소득은 '虧人自利'라는 것으로, 이는 철저히 배척되어야 한다는 것이며, 불로소득은 불평등을 조장하는 것으로 여겼다.
 묵자는 非樂篇에서 인간의 본질을 노동으로 파악하여, 모든 인민이 생산노동에 종사할 것을 강조하였다. 그래서 사회적 '義'는 인간 모두가 노동을 통하여 생산된 富를 가지고 사회적 약자를 돕는 것이라 주장했다. 그래서 묵자는 인간의 숙명적 운명론을 배격하고, 주체적 인간의 실천 의지, 즉 '力'을 강조하고 있다. 인간 사회의 모든 문제는 숙명적인 천명에 있는 것이 아니라, 인간의 노력 여하 즉 强·不强의 문제로 보았다. 따라서 그는 인간은 스스로 자기 문제의 해결을 위하여 힘을 써야(强) 한다면서 특히 인간의 '실천적 노력'을 강조하였다. "묵자는 고대 사상가 중에서 유일하게 '인간만이 노동하는 동물'임을 발견하였다."59) 이것은 혁명적인 발견이었으며, 인간이 자주적인 존재라는 선언이었다. 즉 인간만이 자유의지에 따라 노동하는 존재라는 것이다. 곧 인간은 자기 운명의 주인이며 민중은 역사의 주인이다.
 그래서 인간은 자기 의지에 따라 스스로 선택하고 창조하는 것이며, 그러기에 인간은 서로 간에 義가 다를 수 있다는 것이다. 그래서 서로 다른 의견을 조정하여 다툼을 피하고 공존하는 지혜를 발휘할 수 있는 존재라는 것이다.

　　　나는 나를 부린다.

---
58) 『墨子』「非命下」, "被以爲强必富 不强必貧 强必飽 不强必飢"
59) 기세춘, Ibid., 156쪽.

내가 나를 부리지 못하면 남 역시 나를 부린다.60)

　묵자의 非樂論과 非命論에서 일을 하는 데 있어 자발적이고 주체적인 노력과 노동을 강조하는 것은 이것이 바로 민주적이며 평등적인 의미를 함축하고 있다. 그래서 비명론은 민주론이며 평등론의 바탕이 된다는 것이 필자의 주장이다. 그런데 "지배층이 민중의 올바른 사회의식을 희석하고 정치투쟁을 무력하게 만들 목적으로 편향 해석하여 동원된 것이 바로 숙명론"61)이다.
　묵자가 주장하고자 하는 바는, '天下無人'으로써 세상 사람들이 똑같이 평등한 존재이므로 누구나 각자가 노력함으로써 부귀해질 수 있다는 논리이다. 非樂論과 非命論에서 인민들이 노력함으로써 부귀해질 수 있다는 것은 절대적 평등론을 주장하는 것이 아니라, 사람의 재능과 노력에 따라 부와 귀해질 수 있다는 것으로 단지 '기회균등'을 주장하고 있다.
　또 묵자가 강조하는 것은 인민들이 天志에 따라 의롭게 살아가기를 바라지만, 의롭게 살고 의롭게 살지 않고의 문제는 인민들의 자유의지에 따른 선택사항이지 운명론적인 당위가 아니라는 것이다. 그래서 자기 삶을 이롭게 하기 위해서는 힘써 노동해야 한다는 것이다. 인민들의 자유의지가 발현된다는 것은 결국 민주성이 발휘된다는 것이다. 그렇지 않다면 묵자의 非命論은 의미가 없는 주장이 될 것이다.
　묵자의 사상이 유가의 천명론처럼 천자를 모든 가치의 주체로 보고, 천자를 절대자로 경배하며 계급 차별을 옹호하는 것과는 달리, 인민을 주권자로 보고 그들의 선택에 따라 천자를 선출해야 한다는 것이며, 인민들의 뜻을 하나로 모아

---

60) 『墨子』 「經說下」, "我使我 我不使亦使我"
61) 이운구 · 윤무학, Ibid., 151쪽.

서로 협동하고 화동하는, 그렇게 함으로써 위아래가 평등한 신분적 질서하에서 그 역할에 따른 和同과 協同을 해서 인간이 인간답게 살아가는 安生生한 대동 사회를 건설하고자 하였다.

묵자의 學이 봉건 군주의 전제적 전체주의의 통치 지배이념이었다면, 秦漢시대에 지배이념이 되지 못하고 퇴출당하여 역사 속으로 사라질 수 있었겠는가?

묵자의 非命觀에 대해 정리하면 다음과 같다. 이를 통해 보면, 역사의 주체는 물질이나 神이 아닌 민중임을 알 수 있다.

첫째, 묵자는 천명을 부인하고 인간의 운명과 역사는 인간 스스로 만들어 가는 것으로 이해한다.

> 삼가라! 천명은 없다. 우리 두 사람은 헛된 말을 만들어내지 않는다. 하늘로부터 운명이 내려지는 것이 아니라 모든 결과는 자신이 만드는 것이다.[62]

인간의 운명은 자기 스스로 만드는 것이니, 나의 노력과 노동으로부터 얻을 뿐이니 삼가고 노력하라는 것이다.

둘째, 묵자는 역사의 배후에 있는 하늘의 뜻을 인정하지만, 세상이 바뀌고 사회가 개혁되는 것은 하늘의 뜻이 아니라 그 뜻을 실천하는 민중의 뜻과 주체적인 힘이라고 이해한다.

> 옛날 폭군 桀이 어지럽힌 것을 湯임금이 다스렸고, 폭군 紂가 어지럽힌 것을 武王이 다스렸던 것은 세상이 변하고 인민이 바뀐 것이 아니고, 지도자가 政事를 변경했고 인민이 교화를 바꾼 것이다. 탕임금과 무왕에게 맡기면 잘 다스려질 천하가 폭군인 桀紂에 맡기면 어지러워졌으니 안정과 위험, 다스림과 어지러움은 '지도자의 정치

---

[62] 『墨子』「非命中」, "敬哉 無天命 惟予二(上)人無造言 不自天降 自我得之"

에 달린 것'이다.63)

셋째, 운명관에서 말하듯이 "인간의 운명은 하늘이 결정하는 것이 아니라 민중 자신이 결정한다. 그래서 묵자는 운명론을 폭군이 지어낸 술책이라고 한다."64)

넷째, 묵자의 하늘은 역사에 있어 수동적일 뿐 역사의 주체는 민중이었다.

> 하늘은 의로움을 바라고 不義를 싫어한다. 그래서 천하 백성을 이끌고 의로움에 힘쓰면 곧 내가 하늘이 바라는 것을 하는 것이다.
> 내가 하늘이 바라는 것을 하면 하늘도 역시 내가 바라는 것을 해준다. 하늘은 義를 바라고, 不義를 싫어하지만 내가 하늘이 바라는 義를 행하면 하늘도 내가 바라는 것을 해주신다.65)

묵자의 하늘은 적극적으로 나서서 인간의 행위를 통제하는 것이 아니고, 인간의 행위 결과로 상과 벌을 내리는 측면에서 수동적이라 할 수 있다. 그래서 하늘의 뜻을 따르고 따르지 않고는 인간이 스스로 결정할 문제라는 것이다. 이것은 인간의 운명은 스스로 결정한다는 '자기 결정론'이다. 묵자에게 성왕들도 경배의 대상은 아니었다.

> 내가 천하를 위하여 우 임금을 떠받든 것은 물론 우 임금을 위한 것이다. 그러나 우 임금이 사람들을 사랑했기 때문이다. 우 임금의 행위를 떠받드는 것은 천하에 보탬이 되는 것이지만 우 임금 자신

---

63) 『墨子』 「非命中」, "昔者桀之所亂 湯治之 紂之所亂 武王治之 此世不渝 而民不改 上變政而民易敎. 其在湯武則治 其在桀紂則亂 安危治亂 在上之發政也"
64) 『墨子』 「非命中」, "在於商夏之詩書曰 命者, 暴王作之."
65) 『墨子』 「天志上」, "天欲義而惡不義 然則率天下之百姓 以從事於義 則我乃爲天之所欲也 我爲天之所欲 天亦爲我所欲"

을 떠받드는 것은 천하에 보탬이 되지 않는다.[66]

묵자는 인민이 중심이 되어 그 구성원들 모두가 함께, 능력껏 협동하는 인간이 인간답게 살아가는 안생생한 대동 사회를 추구하였다. 그러기에 비명론에서 인간의 운명이 정해져 있다는 운명론을 비판하면서 자기 주체적인 노력을 통한 삶을 강조한 것이다. 묵자의 非命論은 공동체 구성원들의 평등성과 그들이 각각 자유의지로 자기의 주체성을 지닌 인민들의 민주성에 바탕을 두고 있다고 보인다. 즉 인간의 운명은 인민들 스스로가 만들어 가는 것이며, 그래서 역사를 만들어 가는 것도 사회를 이끌어가는 것도 天命을 받았다는 지배층이 아니라, '인민 자신들'이라는 것이다. 결국 역사의 주체는 민중들이라는 것이다.

2) '百姓爲人'을 '인민주권'으로 해석함에서의 논쟁점

묵자의 '百姓爲人'에 대한 해석에서 중요한 점은 인민이 통치의 주체이냐 아니면 객체이냐 하는 점으로, 인민을 통치의 주체로 보는 견해와 절대군주를 통치의 주체로 보는 견해로 나누어진다.

① '百姓爲人'의 '人'을 '통치의 객체'로 보는 관점

墨子는 "'百姓爲人'을 백성이 통치의 주체가 아닌 객체로서 설정하고 있다'라고 보는 견해가 있다. 이 견해에 따르면, "'百姓爲人'의 '人'을 人偶의 의미로 읽는다."[67] 즉 '백성들이 제각각이었다'로 해석하여 백성을 삶의 주체가 아닌 꼭두

---

[66] 『墨子』「大取」, "爲天下厚禹 爲禹也 爲天下厚愛禹 乃爲禹之人愛也 厚禹之爲 加於天下 而厚禹不可於天下."
[67] 손이양 저, Ibid., 23쪽.

각시로 보아서, 그래서 끼리끼리 패거리 지어서 서로의 義를 다툰다는 의미가 된다. 또 "'백성들은 모두 자기만을 위하였다'로 해석"68) 하기도 한다. 이와 같은 주장은 사람들이 ― 어질고 능력 있는 賢能者에 의해 통치되어야만 하는 禽獸와 같은 존재로서 전제 군주의 통치가 불가피하다고 여기는 것으로 ― 전제 군주의 전체주의적이며 통치의 대상이라는 의미이다.

이런 주장을 펴는 학자로서 국내 학자로서는 김학주가 있는데, 그는 "'百姓爲人'을 인민주권으로 해석하지 않고 '백성들은 모두 자기만을 위하였다'로 해석"69)하여 백성들이 모두 금수와 같이 이기적인 존재로 파악하고 있다. 김학주는 『墨子』「尙同」의 다음 글귀에서 묵자의 주장을 파악한 것 같다.

> 옛날 백성이 처음으로 생겨나고 형벌과 정치제도가 생겨나기 전 (…) 온 세상은 마치 짐승들의 상태처럼 혼란스러웠다. 세상의 무질서가 생겨나는 까닭이 정장(지도자)이 없는 데서 생겨난다는 것을 잘 알므로 세상에서 현명하고 유능한 사람을 뽑아 그를 천자로 세웠다.70)

> 백성들을 이끌어 천하의 義를 하나로 통일해줄 정장(지도자)이 없어서 세상이 무질서에 빠진 것이 분명하므로 세상의 어질고, 똑똑하고, 명석한 사람을 선택하여 천자로 세우고, 그에게 천하의 義를 하나로 통일하는데 종사하도록 한다.71)

이런 연유로 천하에서 천하의 의를 하나로 통일하고자 하며, 현자를 선택하여 천자로 세운다. 천자는 자신의 지력만으로는 천하를 다스리

---

68) 김학주, Ibid., 228쪽.
69) Ibid.,
70) 『墨子』「尙同上」, "古者民始生未有刑政之時……天下之亂若禽獸然.夫明乎天下之所以亂者, 生於無政長, 是故選天下之賢可者, 立爲天子."
71) 『墨子』「尙同中」, "明乎民之無政長以一同天下之義而天下亂也, 是故選擇天下賢良 `聖知 `辨慧之人, 立爲天子, 使從事乎一同天下之義."

기 부족하다고 생각하므로 그 아랫사람을 뽑아서 삼공으로 세운다. 삼공 또한 자신들의 지력만으로는 천자를 보좌하기 힘들다고 생각하여 나라를 나누어 제후를 세운다. 제후 역시 자신들만의 역량으로는 사방의 국경 안을 다스리기에는 미흡하다고 생각하여 그 아랫사람을 뽑아서 경지재로 세운다.
경지재 또한 자신만의 역량으로는 군주를 보좌하기 힘들다고 여겨 그 아랫사람을 뽑아 향장, 가군으로 세운다.[72]

천자는 원래 천하의 어진 사람이다.[73]

비록 농업이나 상공업에 종사하는 천한 사람이라도 능력이 있으면 그들을 등용했고, 벼슬을 높여주고, 녹을 무겁게 주어 그에게 정사를 맡기되 명령을 결단하도록 권한을 위임했다. (…) 유능하면 곧 등용되며 무능하면 곧 쫓겨났다. (…) 따라서 관리라 해서 언제까지 귀한 것이 아니고, 백성이라 해서 언제까지나 천하지는 않았다.[74]

오직 어진 자라면 누구든지 등용하여 높여주며, 부유하고 고귀하게 해주어 관장으로 삼았다. 한편 어질지 못한 자는 누구든지 등용을 막고 그만두게 하여 가난하고 천하게 하여 보졸의 임무를 맡겼다.[75]

    그는 以上의 『묵자』「상동」의 글에서, 묵자의 중심 사상이며 바탕 이론인 '兼愛交利'를 인민들이 주체가 되어, 서로 평등하게 아끼고 사랑한다는 개념으로 파악하지 않고, '백성들로 하여금' 서로 아끼고 사랑하게 한다는 '주체'를 '天子'라

---

72) 『墨子』「尙同中」, "是故天下之欲同一天下之義也, 是以選擇賢者立爲天子.天子以其知力爲未足治天下, 是以選擇其次立爲三公 ; 三公又爲其知力爲未足獨左右天子也, 是以分國建諸侯 : 諸侯又以其知力爲未足獨治其四境之內也,是以選擇其次立爲卿之宰 ; 卿之宰又以其知力爲未足獨左右其君也, 是以選擇其次而立爲鄕長 `家君."
73) 『墨子』「尙同中」, "天子者 固天下之仁人也"
74) 『墨子』「尙賢上」, "雖在農與工肆之人 有能則擧之 高予之爵 重予之祿 任之以事 斷予之令 官無常貴 而民無終賤 有能則擧之 無能則下之"
75) 『墨子』「尙賢中」, "賢者 擧而上之 富而貴之 以爲官長 不肖者 抑而廢之 貧而賤之 以爲徒役"

보고, 즉 절대군주가 백성들을 위해서 백성들이 서로 '兼愛交利'하게끔 해야 한다는 것이 묵자의 주장이라는 것이다.

이와 같은 주장은 정치의 주체를 天子로 보고, 천자가 "어질고 능력을 갖춘 자라면 신분에 상관없이 부귀하게 해주며, 그 능력을 발휘하도록 해주며, 또한 능력이 못 미치거나 어질지 못하면 내쫓았다"라는 것이다. 그래서 "是故天'下'之欲同'天下之義"에서 '天下'에서 '下'를 불필요한 췌언76)이라 여겨, 天을 하늘이라고 이해하게 한다.

또 중국학자인【곽말약】은 묵자의 상동설을 군권신수설이라고 그 성격을 규정하고, "상동(尙同)과 존천(尊天)은 서로 맞대응하며, 상현(尙賢)과 명귀(明鬼)가 서로 맞대응한다."77)라고 한다. 이 주장 또한 "是故天'下'之欲同'天下之義"에서 '天下'에서 '下'를 불필요한 췌언78)이라 여겨, 이 문장에서의 '天下'를 하늘 '天'이라고 이해하는 것에 바탕을 둔 주장이다.

【방수초】도 "天子를 선택하는 자는 하늘인 天으로서, 이것은 왕권신수설(王權神授說)에 해당한다고 주장한다."79) 결국 하늘인 '天이라는 주체'가 천하 사람들의 뜻이 여러 갈래로 흩어져 있으니 나라나 고을이 혼란스럽다. 이에 하늘인 天이 천자를 어진 사람 중에서 골라 그를 천자로 삼아 즉 하늘 天의 위임을 받은 天子가, 세상의 혼란을 다스리도록 했다는 것으로 곽말약이나 방수초 등의 주장에 따르면 왕권신수설이라 할 만하다.

요컨대 묵자의 '百姓爲人'에 대한 해석에서 중요한 점은 인민이 통치의 주체이냐 아니면, 하늘 天의 위임을 받은 天子

---

76) "저본에는 '下'가 있으나, 孫詒讓의 注에 의거하여 衍文으로 처리하였다."
77) 郭沫若: 郭沫若全集 歷史編第二卷 十批判書. 孔墨的批判, 人民出版社, 1982年9月版, 第112頁
78) "저본에는 '下'가 있으나, 孫詒讓의 注에 의거하여 衍文으로 처리하였다."
79) 方授楚: 墨學源流, 中華書局, 1986年版, 第84頁.

의 통치 객체이냐 하는 점이다.

"是故選天下之賢可者 立以爲天子"이 글귀에서 "천하 사람 중에서 어진 사람을 가려내어 세워 天子로 삼았다."라고 해석할 수 있는데, 여기서 다툼이 있는 것은 어질고 능력 있는 사람을 누가 '選'하느냐이다. 즉 '天選'과 '民選'이 두 학설의 논쟁은 상동 원문 중의 '選'의 주어를 정리하고 이해하는 데서 시작한다. 묵자「尙同」의 세 가지 판본은 대동소이(大同小異)하고, 또한 尙同上 과 尙同中 중의 두 구절에는 '모두 주어가 없다.' 주어가 '天'이어야 하는지 아니면 '民'(혹은 '천하')이어야 하는지가 논쟁의 전제가 되었다. 천자(왕)를 하늘이 선택했는지 아니면 民이 선택했는지의 논쟁이 유발된 것은 문장에 주어가 없기 때문이다.

　요컨대 "是故天'下'之欲同'天下之義"이 문장의 주어를 天下로 볼 것인지 天으로 볼 것인지에 대한 견해가 다양한데, 중국학자인 【馬騰】(마등)은 "是故天'下'之欲同'天下之義"의 문장에서 주어는 天下가 아닌 天이 되어야 하는 까닭을, "묵학 연구의 태두(泰斗)인 손이양(孫治讓)이 첫 번째 '하(下)' 자는 연문(衍文)이며, 이것은 "이런 까닭에 천이 천하의 의를 동일하게 하고자 한다. (是故天之欲同一天下之義)"로 고쳐야 한다고 생각하며, 또한 선유(先儒)인 필원(畢沅)이 "문선주(文選注)에서 '옛날에 천하는 천의 뜻과 같다. (古者（天下）同天之義)'라고 인용하고 있다"라는 관점을 증거로 삼고 있다. 손이양의 注는 줄곧 묵자의 권위 있는 주석본으로 줄곧 공인 받아왔으므로, "天이 군주를 선택한다(天選君主)"는 것이 묵가 정치사상의 기본적 인식이다."[80]라고 설명하면서 자기주장을 뒷받침하고 있다. 그러면서 양계초의 주어가 '天'이 아니라 '천하'라는 주장은 적합하지 않다고 다음과 같이 주장한

---

80) 마등 저, 김용수 역, Ibid., 115쪽.

다. "양계초가 말한바 '전체의 이론으로 추론해 보건대, 아마도 선거로부터 나온 것 같다.'라는 것은 사실상 추측성의 해석이다. 그가 예비적으로 깔고 있는 전제는 묵자가 '새로운 사회를 조직하는 방법(新社會 組織法)'을 말할 때 천자로부터 가장(家長)에 이르기까지의 '선택'이 동일한 주체라는 것이다. 양계초는 이 '동일한 주체'(同一 主體)가 '인민(人民)'이라고 보는 것이 더욱 논리에 부합한다고 생각하고 있다.

 이로 따라 그 뒤 『묵자학안』의 '당연히 인민이다'라는 표현 방식이 생기게 되었다. 그러므로 천자로부터 가장에 이르기까지의 '選'은 동일한 주체이며, 이것이 양계초설의 기본적인 출발점이다."[81] 즉 양계초의 주장은 천자에서부터 향장까지의 長을 선출하는 주체를 인민으로 보는데 이는 잘못된 것이라는 의미이다.

 그러면서 마등은 줄곧 양계초의 주장에 대해 비판하고 있다. 즉 「尙同下」에서, 天子, 삼공, 제후, 경지재가 각각 分句마다의 주어이며, 그에 상응하여 '삼공', '제후', '경지재', '향장, 가군'을 누가 선택하는지에 주의를 약간만 기울인다면 그 답을 더 물을 필요가 없을 것이다. 양계초는 각각의 주어가 층층이 번갈아 나오고 있다는 것을 전혀 고려하지 못하고, 선(選)'의 주어를 일률적으로 '민'(民)이라고 정리한 것은 그 의미를 상실한 것임이 분명하다. 더욱이 구절마다 주어를 자세히 살펴보면 주어가 상급에서 하급으로 점차로 강등하고 있다는 규칙을 얻게 된다. 그렇다면 그것은 바로 '삼공'은 '천자'가 선택하며, '天子'는 '天'이 선택한다는 것이다. 그러므로 양계초는 말의 의미 분석에서도 분명 주도면밀하지 못하였음을 알 수 있다. "공경제후향장리가군(公卿諸侯鄕長裡長家君)" 등 각급 통치 구성원은"거의 모두 선거로부터 유래

---

81) Ibid., 114쪽.

한다(殆一出於選舉者也)"라는 주장은 근본적으로 원문의 논리를 위배하고 있다. 천자 이하의 "향장가군(鄕長家君)"에 이르기까지 모두 위에서 아래로 상일급의 통치자가 층층이 선택하며, 결코 선거라는 의미는 없다. 이런 규율을 소급해 보면 天子는 마땅히 그 상급의 '天'이 '뽑아 세워야(選立)' 한다."82)고 주장하고 있다.

즉 마등은 손이양과 필원의 주장을 인용하고, 양계초의 주장을 비판하면서, 天子 선택은 '主'는 天인 '하늘'이라는 것이며, 天子 선택의 '主'를 '주체적인 인민'이라고 보는 것은 묵자의 주장에 부합하지 않는다는 것이다.

그러면서 마등은 『묵자』에서 '선(選)'의 주어로 알 수 있는 문장이 끊임없이 나온다. 이것은 일찍이 곽말약의 연구를 보면, '選'을 전체적인 맥락에서 결론을 내릴 수 있다는 것이다. 즉 다음의 여러 문장을 보면 天子를 세운 주체가 누구인지 알 수 있다는 것이다.

옛날 하느님과 귀신이 나라와 도읍을 건설하고 정장인 우두머리를 세웠다.83)

그런 까닭에 하늘과 귀신이 상을 주어서, 그를 세워 天子로 삼았다. 그렇게 함으로써 인민의 부모가 되게 하였다.84)

옛 성왕이신 우탕문무는 천하의 백성들을 평등하게 아끼고 사랑해서, 하늘을 높이고 귀신을 섬기도록 이끌어서 그 이로움이 인민들에게 많게 했다. 그래서 하늘은 복을 내려 그들을 天子로 삼았다.85)

---

82) 마등 저, 김용수 역, Ibid., 115쪽.
83) 『墨子』 「尙同中」, "古者上帝鬼神之建設國都, 立政長也."
84) 『墨子』 「尙賢中」, "是故天鬼賞之, 立爲天子, 以爲民父母."
85) 『墨子』 「法儀」, "昔之聖王禹湯文武, 兼愛天下之百姓, 率以尊天事鬼.其利人多, 故天福之, 使立   爲天子"

그렇다면 부귀하면서도 현명함으로써 상을 받았던 사람으로는 누가 있는가? 그것은 옛날 삼대 성왕이신 요·순·우·탕·문왕·무왕 같은 분들이다.
그들이 상을 받았던 까닭은 무엇이었던가? 그것은 그들이 천하의 정치를 함에 있어서 아울러 평등하게 모든 사람을 사랑하고 그에 따라 모두를 이롭게 해주었으며, 또 천하의 만백성들을 거느리고서 더욱 하늘을 존경하고 귀신을 섬겼으며, 만백성을 사랑하고 이롭게 해주었기 때문이다. 그런 까닭에 하늘과 귀신이 그들에게 상을 내리어 그를 세워 天子로 삼아 백성들의 부모가 되게 해주었다.[86]

삼대 성왕이신 탕·우·무왕, 그들이 하는 일을 위로는 하늘을 높이고, 가운데로는 귀신을 섬기고, 아래로는 인민들을 사랑하였다. 그러므로 하늘의 뜻은 '이들은 내가 사랑하는 것을 모두 아울러 사랑해 주고, 내가 이롭게 하는 것은 모두 아울러 이롭게 해 준다.'(…) 그러므로 그들이 귀하기로는 天子가 되게 하고, 부유하기로 말하면 천하를 갖도록 하여 자손만대토록 한다.[87]

내가 하늘이 인민을 사랑하고 그들을 후덕하게 하는 자라는 것을 알기 때문에, 하늘이 왕공대인들 시켜서 어진 사람은 상주고 난폭한 자는 벌을 주게 함을 안다.[88]

　以上은 묵자 각 편에 散見되어 있는 '選'과 관련된 표현 중 그 주어가 각기 '상제귀신, 천귀, 天, 鬼, 天意'인 것이다. 곽말약은 "묵자는 극단적 신권론자이며, 그의 '天志'는 그가 본받고자 하는 것(法儀)이자 자신의 척도(規矩)라고 지적한

---

86) 『墨子』「尙賢中」, "然則富貴爲賢以得其賞者誰也？曰：若昔者三代聖王堯舜禹湯文武是以. 所以得其賞何也？曰：其爲政乎天下也, 兼而愛之, 從而利之；又率天下之萬民, 以尙尊天事鬼, 愛利萬民. 是故天 `鬼賞之, 立爲天子, 以爲民父母."
87) 『墨子』「天志上」, "三代聖王禹 `湯 `文 `武……其事上尊天, 中事鬼神, 下愛人, 故天意曰：此之我愛所兼而愛之, 我所利兼而利之(…)故使貴爲天子而富有天下, 業萬世."
88) 『墨子』「天志中」, "吾所以知天之愛民之厚者有矣, 曰(…)爲王公侯伯使之賞賢而罰暴."

다."89) 그래서 【마등】은 以上의 문장을 통해, 묵자의 주장은 기본적으로 天子 혹은 政長을 '天이 선출하여 세운다'는 것으로 하늘의 위임 혹은 선택받은 천자나 군주가 인민들을 통치하는 주체라는 것이다.

이상에서 살펴보았듯이 묵자의 '百姓爲人'이 뜻하는 것은 인민들은 모두 금수와 같이 이기적인 존재이기 때문에 서로 각자의 이익만을 위해서 살아가기에 세상이 혼란하다는 것이다. 그래서 하늘인 天이 天子라는 통치자를 선택해서 인민들을 의롭고 이롭게 살아가도록 했다는 것이다. 결국 절대군주인 天子가 인민을 통치하는 주체라는 것이고 인민들은 통치의 객체로서 존재한다는 주장들이다.

② 百姓爲人90)의 人을 통치의 주체로 보는 관점

이에 반해, 묵자의 '百姓爲人'을 '인민주권설'로 해석하는 학자들의 견해가 있다. 「尙同下」에 있는 '百姓爲人'을 어떻게 해석하는 문제가 묵자의 주장이 전제 군주의 전체주의적 통치에 부합하는 사상인지 아니면, 인민들의 민의에 따른 정치에 부합하는 사상인지를 판단하게 하는 데 있어 중요하다고 생각하기 때문이다.

묵자는 '만인에 대한 만인의 투쟁'을 종식하고자, 지도자 즉 통치자를 선출하였으므로 "주권은 인민에게 있고, 나라와

---

89) 郭沫若: 郭沫若全集 歷史編, 第一卷, 靑銅時代·墨子的思想 , 人民出版社, 1982年版, 第464頁.
90) '百姓爲人' 이는 '百姓爲主人'의 문장에서 한문의 관례대로 '主'가 생략되어 통용됨을 알 수 있다. 그래서 '백성이 주인이었다.'는 인민주권설로 해석할 수도 있다. 이와 같은 용례를 『묵자』에서 살펴보면, "五穀盡收 則五味盡御於主"에서 '主'는 '君主'를 가리킨다. 즉 主 앞에 君이 빠졌으나 '君主'로 해석한다. 또 다른 용례로 "今王公大人 亦欲效人以尙賢使能爲政"에서 效 '人'은 문맥상 '聖人'을 가리킨다. 이처럼 중국의 문법에는 그 문맥상의 앞말을 생략하는 경우가 많다.

인민을 부유하게 하고 인민의 수를 늘리며, 행정이 잘 다스려져서 혼란을 종식할 통치자를 필요로 했다."91)는 것이 '묵자의 주장이다'라고 해석할 수 있으려면, 이 문장 중에서 '百姓爲人'의 해석을 '백성이 주권자'라는 주장이 입증되어야 한다.

　국내학자로서 【기세춘】은 "'百姓爲人'의 '人'을 '主'로 바꿔 '百姓爲主'로서 '백성이 주인 즉 주권자가 된다.'"92)로 해석하여, 묵자는 세상의 주인을 '인민'으로 여기는 민주정치의 근본을 說 하고 있다고 해석한다. '백성들이 제각각이었다.', '백성들은 모두 자기만을 위하였다', '백성은 독립적인 개인', '백성이 주인 즉 주권자가 된다.'와 같은 해석들도 모두 인민들이 자유의지를 가진 주체적 인간들임을 바탕으로 하고 있음을 알 수 있다.

　그래서 인민들이 각각 자유의지를 가진 주체적 인간이기에 "天(下)之欲同一天下之義也"의 문장을 해석하는 데 있어, '天(下)'에서 손이양(孫詒讓)의 주장대로 '하(下)'자를 연문(衍文)으로 보지 않고, 문장 그대로 天下를 천하 사람들 혹은 세상 사람들이라 해석하는 것이 옳다는 것이다. 그러므로 "天下之欲同一天下之義也"의 문장의 주어는 天이 아닌 천하, 즉 세상 사람들이 되어, '세상 사람들이 세상의 흩어진 뜻이나 기준을 하나로 통일시키기를 바란다.'라고 해석되어야 옳다는 것이다. 이렇게 되면 "是故選天下之賢可者 立以爲天子"의 글귀에 대한 해석도 자연스럽게 '주어가 天下'가 되어 세상 사람들이 주체적으로 어질고 능력 있는 사람 중에서, 그중에서 선택하여 그를 세워 天子 즉 지도자로 삼았다고 해석할 수

---

91) 『墨子』 「尙同下」, "百姓爲人", 「尙賢上」, "皆欲國家之富 人民之衆 刑政之治"
92) 기세춘, Ibid., 200쪽.

있다.

또 ‘民無終賤'(민무종천)에서의 ‘民'은 피지배층이라도 어질고 능력이 있으면 등용될 수 있는 인민들을 지칭한다고 봐야 한다. 그러므로 "묵자 사상의 전반에 흐르는 맥락은 骨肉親親(골육친친) 하는 혈연적 폐쇄성에 구속되지 않는, 봉건 체제로부터 庶民의 해방을 의미한다."93) "周 나라의 기둥인 宗法制的 통치체제를 벗어나, 민중에 의해서 선출된 ‘政長'이 天子이다."94) 즉 "君, 臣萌通約也"(신맹통약야)95)이라고 했다. 현대적인 표현에 따르면 사회계약론과 흡사하다.

묵자는 「非命」에서 전통적인 것, 운명적인 것에 의존하지 않는 독립된 인간을 자각하고 오로지 인간의 능력만을 자부하게 된다. 자기 능력에 대한 확신과 노력을 통하여 富와 壽가 보장된다. 즉 "'一人一義', '十人十義'의 異見이 百出 하되 거기에 구속받지 않고 자기 책임하에 상호 이익을 위한 협동"96)하는 인간을 설정하고 있다. 여기서 자기 책임 하에 상호 이익을 위한 협동이 의미하는 바는 주체적이고 독립적인 인민을 전제로 한 것으로 여겨진다.

결국 인민주권설은 자유의지를 지닌 주체적인 인민이 정치의 주인이라는 것인데, 이는 공동체를 이끌어갈 지도자 즉 천자를 누가 주체가 되어 選定하느냐 하는 문제로 귀결된다고 본다. 공동체를 이끌어가는 주체가 인민인지 아니면 하늘이 선택한 천자인지는 매우 중요한 문제이다. 이는 인민 개개인이 평등한 주권자로서 자기들 운명을 누가 책임져야 하는지의 문제가 생기기 때문이다.

앞에서 천자를 선정하는 주체를 天으로 보고, 天이 천자를

---

93) 이운구 · 윤무학, Ibid., 53쪽.
94) 이운구 · 윤무학, Ibid., 54쪽.
95) 『墨子』「經上」, "君, 臣萌通約也"
96) 이운구 · 윤무학, Ibid., 54쪽.

선정한다고 주장하는 것이 묵자의 주장이라고 말하는 여러 학자의 견해를 살펴보았다.
 이편에서는 지도자인 천자를 선정하는 것은 '天이 아닌 主人된 인민들'이라고 묵자는 說 하고 있다고 주장하는 학자들의 견해를 좀 더 구체적으로 살펴본다.

> 백성들을 이끌어 천하의 의를 하나로 통일해줄 정장(지도자)이 없어서 세상이 무질서에 빠진 것이 분명하므로 세상의 어질고, 똑똑하고, 명석한 사람을 선택하여 천자로 세우고, 그로 하여금 천하의 義를 하나로 통일하는데 종사하도록 한다.97)

> 비록 농업이나 상공업에 종사하는 천한 사람이라도 능력이 있으면 그들을 등용했고, 벼슬을 높여주고, 녹을 무겁게 주어 그에게 정사를 맡기되 명령을 결단하도록 권한을 위임했다. (…) 유능하면 곧 등용되며 무능하면 곧 쫓겨났다. (…) 따라서 관리라 해서 언제까지 귀한 것이 아니고 백성이라 해서 언제까지나 천하지는 않았다.98)

 이상의 『묵자』 「상동」의 글에서 핵심적인 글귀는 "어질고 능력을 갖춘 자라면 신분에 상관없이 부귀하게 해주며, 즉 天子로도 선출하여 그 능력을 발휘하도록 해주며, 또한 능력이 못 미치거나 어질지 못하면 내쫓았다"라는 것이다. 여기서 묵자가 천자의 선출에 대해 명백히 밝히지 않았지만, 이 글귀 등을 통해서 묵자의 의도를 충분히 알 수 있을 것이다. 곧 묵자는 천하 사람들이 어질고 능력 있는 사람을 가려 뽑아서 天子로 세웠으며, 그 天子가 무능해서 백성들에게 이로움을 주지 못할 때 그만두게 하였다는 것이다.

---

97) 『墨子』 「尙同中」, "明乎民之無政長以一同天下之義而天下亂也, 是故選擇天下賢良 `聖知`辨慧之人, 立爲天子, 使從事乎一同天下之義."
98) 『墨子』 「尙賢上」, "雖在農與工肆之人 有能則擧之 高予之爵 重予之祿 任之以事 斷予之令 官無常貴 而民無終賤 有能則擧之 無能則下之"

요컨대 위의 인용된 「尙同」의 글 중에서 "賢者擧而上之 (…) 不肖者抑而廢之.", "故官無常貴 而民無終賤, 有能則擧之 無能則下之"는 천자가 民選에 의해 선출되어도 능력이 있으면 職이 유지될 수 있지만, 無能하면 교체될 수 있다는 것을 암시한 강력한 주장이며, 곧 민주정치의 핵심주장이라는 것이다.

『呂氏春秋』에서도 "무릇 군주가 세워지게 되는 이유는 민중에게서 나온다. 즉 군주는 민중이 혼란을 극복하기 위한 지혜로부터 나온다는 것이다. 그런데 군주가 이미 세워졌다고 그 민중을 버린다면 이는 말단을 취하고 그 근본을 잃게 되는 꼴이다."99)고 하는 글이 있다. 이 또한 나라를 다스리는 최고 통치자는 민중에게서 나온다는 의미로 이해된다.

중국학자【양계초】는 "묵자의 '상동'이 서양의 민약설과 서로 유사하다고 생각한다면서, 첫째 천자는 온 백성이 선택하여 세운다. 천자는 백성들의 선택에 의할 뿐만 아니라, 천자 이하 각급의 통치자도 모두 백성에 의해 선택된다. 그것이 말하는바 제후(諸侯), 공경(公卿), 향장(鄕長), 이장(里長), 가장(家長)이라는 것은 과연 윗사람이 명령한 것일까? 그것이 아니라면 아랫사람이 뽑은 것일까? 원문만으로는 불분명하므로 그것을 전체 이론을 통해 추론해 보면 대부분 선거로부터 나온다."100) 둘째, "묵자가 말하는 바는 유럽 초기의 '민약설'과 흡사하다. (…) 그 학설의 정당성 여부는 그 자체 다른 문제에 속하며, 중국 2000년 전의 묵자는 참으로 그들과 견해가 일치하고 있다."101) 또 그는 말한다. 묵자는 "천하의 혼

---

99) 『呂氏春秋』「用衆」, "凡君之所以立 出乎衆也 立已定而舍其衆 是得其末而失其本"
100) 梁啟超 : 『子墨子學說』 飮冰室合集 專集 三十七, 中華書局, 1989年版, 第41頁.
101) 梁啟超 : 『先秦政治思想史』 , 天津古籍出版社, 2004年5月版, 第152頁.

란이 발생하는 것은 정장(正長)이 없는 데서 생겨나는 것이 분명하므로, 성현(聖賢)을 선택하여 천자로 세우고(요순 우의 선양) 그로 하여금 일동(一同)에 종사하도록 해야 한다. 어떤 사람이 "밝게 알아야 하는가(明)"? 그것은 당연히 백성(인민)들이 밝게 알아야 한다. 어떤 사람에 의해 "선택되어야 하나?" 그것은 당연히 인민(人民)이 선택해야 한다. 어떤 사람이 '세우고', 어떤 사람이 '부릴 것인가'? 그것은 당연히 백성들이 세우고 부려야 한다. 이런 견해는 "하늘이 백성을 내고 그들을 위해 군주를 세운다(天生民而立之君)"라는 일파의 신권기원설(神權起源說)이나 "국의 근본은 家에 있다(國之本在家)"라는 일파의 가족기원설(家族起源說)과도 모두 서로 다르다. 그는 국가는 인민이 이룩하는 것이라고 말하며 이것은 민약설과 동일한 입각점에 서 있다."102) 이처럼 양계초는 인민의 주권은 인민에게서 나오는 것으로 지도자인 天子를 선택하는 것도 인민들 자신이라는 것이다.

【왕동령】도 儒墨의 같음과 다름(儒墨之異同)에서 국가의 기원 문제에 대하여, "유가는 국가가 가족에서 기원한다고 주장하며, 묵가는 국가가 백성의 뜻(民意)으로 말미암아 발생한다고 주장하여, 서양의 민약론, 심지어 구미(歐美) 공화국 정치체제와도 은밀히 부합한다고 생각한다. (…) 이와 같은 이상은 오늘날 구미에서 행하고 있는 공화국 체재와도 은밀히 일치한다."103))라고 말한다.

또 【첨검봉】(詹劍鋒)은 "'통약'에 관한 두 종류의 해석을 통일하여 '약(若)'에 새로운 의미를 부여하였다.

---

102) 梁啟超: 『墨子學案』 第五章 墨子新社會之組織法 飲冰室合集 專集三十九, 中華書局, 1989年版.
103) 王桐齡: 儒墨之比較 (政治觀念之比較 一章 對於國家及主權者之觀念 一節), 上海書店, 1992年10月版, 第60頁.

『경상(經上)』에서 "군(君), 신맹통약야(臣萌通約也.)"
(萌은 氓과 통함.)라고 한다.

『經說』은 "군(君) : 이약민자야(以若民者也.)"(若은 順이다) 라고
푼다.

　약(約)은 약정(約定)이며, 약속(約束)이기도 하다. 한번 약정을 맺기만 하면 곧 약속의 힘을 나타낸다. 그러므로 "군, 신민통약"이라는 것은 곧 신맹(臣氓)이 임금을 세워 "일동천하지의(一同天下之義)"하기로 서로 약속을 맺게 되면 군부의 경우 "천하동일적(天下同一的) 대의"를 실행하여 헌령을 발포하여 신민의 자유를 제한하며, 이에 신민은 반드시 헌령을 준수하고 약속에 복종하여야 한다. 「經說」은 군주가 헌령을 발포하는 것은 백성들의 바람을 따라서라는 것을 분명하게 설명하고 있다. 「상동중」(尙同中篇) 에서도 "무릇 나라를 세우고 도읍을 설립하게 되면 이에 후왕, 군공이 일어나며, (…) 장차 이로써 뭇 백성들을 위해 이로움을 일으키고 해로움을 제거하며, 빈곤한 자를 부귀하게, 인구가 적은 곳을 많게, 위태로운 곳을 안전하게, 무질서한 곳을 질서가 잘 유지되는 곳으로 만든다. 그러므로 옛날 성왕들의 정치적 행위는 이와 같았다."라고 지적함으로써, '군주는 이로써 백성의 뜻을 따르는 자이다.'"[104]를 증명한다.

　마등이 곽말약 등의 이론을 빌려, 천자를 임명하는 것은 天이라고 하는 주장에 대해, 양계초와 첨검봉 등은 다음과 같이 天子를 등용하는 주체는 '天'이 아닌 '天下 사람들'이라는 주장을 한다. 즉 「墨經」 중의 "신맹통약(臣萌通約)"과 "이약명자(以若名者)"에 대한 해석을 하면서, 양계초는 민약론을

---

104) 詹劍鋒 : 『墨子的哲學與科學』, 人民出版社, 1981年版, 第71頁.

상동설에 비견시키고, 『자묵자학설(子墨子學說)』, 『선진정치사상사』(先秦政治思想史), 『묵자학안』(墨子學案) 에서 언급하였을 뿐만이 아니라, 또한 『묵경교석』(墨經校釋) 에서 『묵경』에 대한 주석을 구체화하였다. 『묵경』 가운데 두 구절은 다음과 같다.

군주, 백성들의 일반적인 계약이다.105)

군주란 무리가 선출하여 이름을 붙인 것이다.106)

즉 그는 "『묵경교석』에서 '통약(通約)'은 공동의 약속이며, '약(若)'은 '약(約)'의 의미로 해석하며, 『묵자』「경상」(經上)의 "군(君), 신맹통약야(臣萌通約也)"가 바로 민약(民約)의 의미라고 여긴다."107) 그래서 양계초는 이를 서구의 사회계약론과 유사하여 민약론이라 불렀다. 즉 天子를 등용하여 임명하는 주체는 '天'이 아닌 '民'이라는 것으로 민약론의 바탕을 이룬다.

또 조선조의 대학자인 다산【정약용】은 "백성은 목자를 위해 생긴 것인가? 아니다. 오히려 목자가 백성을 위해 존재하는 것이다. 먼 옛날 처음에는 백성뿐이었지 어찌 목자가 존재했겠는가? 백성들이 무리 지어서 모여 살게 되었고, 한 사내가 이웃과 다툼이 생겼는데 해결이 나지 않자. 한 노인이 공평한 말을 잘하여 그에게 가서 바로 잡았다. 사방의 이웃들이 감복하여 함께 그를 추대하고 존경하며, 마을의 바름, 즉 里正이라 불렀다."라면서, 이와 같은 논리로 마을의 바름을 里正, 씨족의 바름을 黨正이라 불렀다면서, 또한 "黨이

---

105) 『墨子』 「經上」, "君：臣萌(同氓) 通約也."
106) 『墨子』 「經說上」, "君：以若名者也."
107) 마등 저, 김용수 역, Ibid., 117쪽.

감복하여 한 사람을 추대하여 그를 '州長'이라 불렀고 이에 여러 주장이 한 사람을 추대하여 우두머리로 삼고 '나라의 군주'라 부르게 되었다."108)라고 하면서 결국 백성들 한 사람 한 사람의 의지가 결집하여 군주를 선출하게 되었다는 논리를 전개했다.

이와 같은 주장은 묵자가 說 하는 천자선출론과 그 맥락이 비슷한 것으로 생각한다. 곧 백성들의 의지, 인민의 뜻에 따라 나라가 운용되고 이의 수단이 되는 천자를 선출하게 된다는 것이다.

3) 민주론적 관점에서의 판단

이상에서 묵자의 『尙同』에서의 '百姓爲人이 인민주권'으로 해석될 수 있는지와 天子를 선택하는 주체는 누구인지에 대해 相異한 주장들을 살펴보았다. 그래서 묵자의 『尙同』에 나오는 百姓爲人을 인민주권으로 긍정하고, 인민은 개개인이 주권을 가진 주권자로서 인민의 대표인 지도자 즉 천자를 선택한다고 생각하는 여러 학자의 견해와 서구의 뛰어난 민주사상가인 토크빌과 로버트 달의 민주적 관점이 상호 부합하는지를 살펴본다.

중요한 것은 국가라는 공동체를 운영하는 주체가 누구인가 하는 문제와 결부되어 있다. 묵자의 핵심 사상은 '天志'를 실행하는 것이다. 하늘의 뜻을 실천하고 하지 않고는 '인간의 의지'에 달려있다는 것이지, 반드시 하늘의 뜻을 사람들이 실천해야 한다는 강제적인 것은 아니다. 즉 하늘이 바라는 바를 실천하는 것, 하늘이 바라는 것은 사람들이 서로서로 아끼고 사랑하면서 돕는 '義'를 실천하는 것이다. 이 義를 실천

---

108) 기세춘, 『실학사상』, 바이북스, 2012, 729~730쪽. (여유당전서/一集詩文集, 10권, 原牧 참조)

하는 것은 바로 兼愛交利를 행하는 것인데, 이는 개개인이 각각 평등한 가운데 서로 아끼고 사랑하며 서로를 위해 이롭게 행동하는 것을 말한다. 즉 "힘이 있는 자는 힘써 힘이 없는 약자를 돕고, 재물이 넉넉한 자는 힘써 가난한 자에게 나누어 주고, 빨리 깨친 사람은 깨치지 못한 자들을 가르쳐 주어야 한다는 것이다."109) 이와 같은 '겸애 교리를 실천하는 주체는 인민들 개개인이 되어야 한다'는 것이 묵자의 생각이라고 본다.

그래서 "古者 天之始生民 未有正長也, 百姓爲人 此皆是其義而非人之義, 是以 厚者 有鬪 而薄者 有爭. 是故 天下之欲同一天下之義也 是故 選擇賢者 立爲天子." 이 「尙同下」에 실린 문장 해석을, "옛날 하느님이 처음으로 인민을 낳아 통치자가 없을 때는 '인민들이 주권자'였다. 이에 모두가 자기의 義는 옳다고 하고 남의 義는 그르다고 함으로써 심하게는 전쟁이 일어나고 적게는 분쟁이 일어났다. 그리하여 천하 인민은 천하의 義를 화동 일치시키고자 어진 이를 선출하여 천자로 삼았다."110)라고 해석하는 데 공감하면서, 이는 세상의 주인을 '인민'으로 여기는 민주주의의 근본을 說 하고 있다고 생각한다.

그러므로 필자는 '百姓爲人'과 '天下之欲同一天下之義也'를 '백성들을 주체적인 인민으로 여겨 세상 사람들이 천하 사람들의 흩어진 義(기준)를 하나로 통합되기를 바란다.'라고 해석한다.

곽말약과 마등 등은 묵자의 이론을 天이 주도하여 天子와 政長 등을 세운다는 것이고, 양계초와 첨검봉 등의 주장은

---

109) 『墨子』 「尙賢下」, "有力者 疾以助人 有財者 勉以分人 有道者 勸以敎人."
110) 기세춘, 『묵자』, 바이북스, 2009, 481쪽.

묵자의 사상에서, 세상을 주도하는 것은 民으로써 즉 '天下無人'으로 누구나 평등한 존재로서 '民이 주체적으로 세상을 이끌어 간다.'라는 것이다.

그래서 『묵자』「尙同」에서 사람들은 각자 義가 달라 서로 다툰다고 했다. 또 이를 수습할 政長이 필요하다는 것이다. 이 말은 천하 사람들이 천하의 義가 통합되기를 바란다는 뜻이다. 즉 하늘(天)도 천하 사람들이 의롭게 살기를 바라지만, 그것은 인민들 스스로가 선택할 문제이다. 또 상동편(尙同篇) 중에서 묵자는 "옛날 백성이 처음으로 생겨나고, 지도자(政長)가 아직 있지 아니할 때[111]"라는 초민사회(初民社會)의 형태를 묘사한다. "한 사람은 한 사람의 義가 있으며, 열 사람은 열 사람의 義가 있다. 하나의 옳음은 자신의 義를 옳다고 여기는 것이지 다른 사람의 義가 아니다. 그러므로 서로서로 틀렸다고 한다. (…) 안으로 부자나 형제 사이에 원한이 발생하여 서로 흩어지게 되어 서로 화합하지 못한다. 천하의 백성들은 모두 독약이나 물불을 가지고 서로를 해하고 무너뜨린다.[112]" 묵자의 말을 이용하면 "천하가 크게 무질서하여 마치 금수와 같았다."[113]로 귀결된다. 이것은 민약론자 홉스의 원시 상태에 대한 가정과 기본적으로 일치한다.[114] 이 문장 중에서 '십인십의(十人十義)'나 '교상비(交相非)'라는 글에 대해 마등은 "묵자가 인류사회의 원시상태에 대한 인식에서 구체적으로는 사회 도덕·윤리의 '義'에 대한 판단에 있어, 단

---

111) 『墨子』「尙同上」, "古者民始生, 未有正長之時"
112) 『墨子』「尙同上」, "一人則一義, 十人則十義, 一是以是其義, 而非人之義, 故交相非也…… 內者父子兄弟作怨惡離散, 不能相和合；天下之百姓皆以毒藥水火相虧害."
113) 『墨子』「尙同上」, "天下大亂, 若禽獸焉."
114) 홉스는 原始時代 國家가 존재하기 이전에는 사람들이 서로 투쟁하는 자연 상태에 처해 있으며, 이것은 마치 호랑이나 늑대 사이의 투쟁과 흡사하다고 생각한다.

지 그 다름만을 논하고 그 같음은 보지 못하고 있으며, 실제적으로는 이론 가설의 극단성으로서 현실 경험상에 아마도 존재하는 다름 가운데 같음의 상태를 가리고 있다는 것을 나타낸다. 따라서 묵자의 '십인십의'는 사람들이 이성으로 근본 문제에 있어 공통의 인식에 도달할 가능성을 말살하고 있다."라고 보고 있다. 이는 그 당시 義가 서로 달라 투쟁할 때의 민중들은 자유의지나 주체성이 부족한 금수와 같은 사람들을 전제로 한다. 그래서 서로 다른 義를 통합할 능력이 없기에 하늘 天에 의해서 천하의 義를 통일하기를 원한다는 논리이다. 이것이 하늘의 뜻인 天志편의 내용이라는 것이다.

하지만 天志의 뜻을 따르고 따르지 않고는 인민들 스스로가 선택할 문제이며, 이 선택에 따라서 하늘과 귀신이 상을 주고 벌 줄 수 있다는 것이 묵자의 주장이다. 따라서 묵자의 '십인십의'는 사람들이 이성으로 근본 문제에 있어 공통의 인식에 도달할 가능성을 말살하고 있다고 보인다는 주장은 '사람들이 이성적인 존재이기에 서로 다른 의견을 가질 수 있다'라는 점을 무시하고, '사람은 禽獸와 같아서 天에 의해서만 서로 다른 義를 통합 조정할 수 있다'라는 주장으로 이는 묵자 사상의 핵심을 파악하지 못한 것으로 이해된다. 또 焉騰의 주장은 개인의 자유의지를 부정한 것으로 인간이 주체적으로 살아가는 존재가 아닌 객체가 되어 살아가는 존재라는 선입견이 바탕을 두고 있다.

그래서 필자는 묵자의 "是故天'下'之欲同'天下之義" 글을 천하 사람들(民衆)은 천하의 義가 하나로 통일되기를 원했다고 해석해야 한다고 생각한다. 왜냐하면 태초의 인류도 자유의지를 가진 주체성이 있는 인간들이었기 때문이다. **주체성이 없는 인간들이라면 서로의 利나 義를 두고 다툼이 없었을 것이다.** 요컨대 세상 사람들이 각각 자유의지를 가진 주체적인 인간이기에 서로 義나 利를 가지고 다툴 수도 있는 것이며, 이런 다툼이 궁극적으로는 개개인에게 실질적인 도움이 되지 않는다는 것을 사람들이 아는 지혜를 갖게 되어 천하의 義가 하나로 통일되기를 바랐을 것이다. 또 義에 대한 해석이 분분한데,

> 옛날 인민이 처음 태어나 법과 정치가 없었을 때는 말하는 사람마다 義가 달랐다.115)

이 글귀에서 사람마다 '義를 달리했다'라는 '義'를 '의로움'으로 해석한다면, 사람마다 '의롭다고 여기는 기준을 달리했다'라고 해석할 수도 있다. 서로 의롭다고 여기는 기준이 달라서 서로 다툼이 생겨 혼란스러우니, 이 기준(義)을 통합할 政長이 필요했다. 묵자는 法度 기준을 天志인 義로 삼았다. 그래서 '義'가 '기준'이다. 상동도 이런 관점에서 해석해야 한다. 義를 실현하는 것이 묵자의 주장이다.

묵자는 "하늘의 뜻에 大同할 것을 주장하면서, 또 한편 가치의 다양성을 인정한 민주주의자였다. 그는 同과 異를 상보적인 것으로 보았고, 大同은 小異들이 한 무리로 모이는 것이라고 말했다. 그러므로 그는 言路를 열 것과 신분 이동을 보장할 것을 주장했다."116)

> 천자는 정령을 펴고 교화를 실시한다. 이르기를 무릇 착한 것을 보고 들으면 반드시 윗사람에게 고하도록 하며 착하지 못한 것을 들어도 역시 반드시 윗사람에게 고하도록 하며, 윗사람이 옳으면 반드시 옳다고 말하고 윗사람이 그르면 반드시 그르다고 말하도록 했다. 또 아랫사람이 착하면 그것을 널리 천거하고 윗사람에게 허물이 있

---

115) 『墨子』 「尙同上」, "古者民始生 未有刑政之時 蓋其言 人異義"
116) 기세춘, Ibid., 266~267쪽.

으면 그것을 감시하고 간하여 바로 잡았다.[117]

비록 농업이나 상공업에 종사하는 천한 사람이라도 능력이 있으면 그들을 등용했고, 벼슬을 높여주고, 녹을 무겁게 주어 그에게 정사를 맡기되 명령을 결단하도록 권한을 위임했다. (…)
유능하면 곧 등용되며 무능하면 곧 쫓겨났다. (…) 따라서 관리라 해서 언제까지 귀한 것이 아니고 백성이라 해서 언제까지나 천하지는 않았다.[118]

자리의 높고 낮음을 취하는 것은 善 不善에 따라 헤아려야 한다.
산과 못처럼 항상 높고 항상 낮은 것은 아니다. 아래에 처했다 해도 윗사람보다 善하면 아랫사람을 윗자리로 청해야 한다.[119]

위 상동 원문에서 나타나듯이 묵자는 신분의 이동과 言路의 개방을 요구하였던 것을 알 수 있다. 이는 묵자의 중심 사상이라 할 수 있는 '天志'와 이를 통해 추구하는 겸애 사상은 그 바탕이 평등을 추구하는 것으로, 이는 자유로운 신분 이동을 전제로 한 것이다. 그래서 "是故選天下之賢可者 立以爲天子 및 是故天'下'之欲同天下之義"의 주어는 하늘인 '天'이 아니라 '民'이라는 것이다. 즉 '民'이 어짊과 능력에 따라 天子로 선출될 수도 있고, 능력이 미치지 못하면 내쳐질 수도 있다는 것이다. 이는 그 당시의 天命論에 따른 군주의 등용이 아닌, '民'에 의한 선출을 묵자는 갈망했음을 알 수 있다.
또 "천하의 大國과 小國을 막론하고 모두 하늘의 고을이며, 사람은 長幼와 貴賤을 막론하고 모두 하늘의 신하이다."[120]

---

117) 『墨子』「尙同中」, "天子爲發政施敎 曰 凡聞見善者 必以告其上 聞見不善者 亦必以告其上 上之所是 必亦是之 上之所非 必亦非之 己有善 傍薦之 上有過 規諫之"
118) 『墨子』「尙賢上」, "雖在農與工肆之人 有能則擧之 高予之爵 重予之祿 任之以事 斷予之令 官無常貴 而民無終賤 有能則擧之 無能則下之"
119) 『墨子』「經說下」, "取高下 以善不善爲度 不若山澤 處下善於處上 下所請上也."

이 글귀는 인간이 사는 땅이나 사람들은 모두 하늘의 소유로서 누구나 평등하다는 의미를 함축하고 있다. 이 평등한 자유의지를 가진 인민들이 서로 뜻을 모아서 어진 사람을 천자로 선출한다는 것이다.

묵자의 사상이 인민은 누구나 평등하게 주권이 개개인에게 있고, 따라서 天子라는 지도자를 인민의 주권 행사로 선택한다는 주장이 설득력이 있다는 전제하에서, 서양의 철학자 토크빌과 로버트 달의 민주주의에 대한 정의를 알아보고, 이들의 민주주의에 대한 견해가 묵자의 百姓爲人을 인민주권설로 해석하는 범주 내에서 서로 부합하는지를 살펴본다.

첫째, "토크빌의 민주주의에 대한 인식은 그가 플라톤의 영향을 받아서인지 민주주의의 틀 안에서 숙련된 전문가가 더욱 큰 역할을 해야 한다고 주장하고, 토크빌은 다수의 압제를 준열하게 나무랐다."[121] 또 그는 플라톤이 아테네의 민주주의를 민중, 즉 다수의 어리석은 사람들 집단이 행하는 중우정치로 인식하고, 철인 정치 즉 수호자층에서 정치해야 한다는 주장에 영향을 받아 민주주의의 약점인 부정적인 면을 부각하기도 했다. 플라톤이 민주주의를 못마땅해했던 것은 사실이다. 그가 보기에 "민주주의는 사람들의 차이를 인정하지 않는다. 평등의 이름으로 대중이 주인 행세를 한다. 그는 사람들의 차이를 인정하지 않는 '무차별 평등'이 '멋대로 자유'로 이어지며 끝내 폭정을 부르고 말 것이라고 경고했다"[122]고 말한다.

플라톤은 무차별적인 평등보다는 능력에 따른 계급사회가 더 안정적이라고 생각했다. 그래서 "정치는 수호자 계급에,

---

120) 『墨子』 「法儀」, "今天下無大小國 皆天之邑也 人無幼長貴賤 皆天之臣也"
121) 서병훈, 『민주주의』, 아카넷, 2020, 7쪽.
122) Ibid., 13쪽.

전쟁은 전사계급에, 생산은 일반 농민들에게 맡겨서 각각의 계급에 따른 정치체제를 선호했으며, 정치란 '인민들의 좋은 삶을 영위할 수 있게 도와주는 행위'라 보았다."[123]

다시 말하자면 플라톤은 인민의 삶을 위한 민본주의적 의식이 있다고 보인다. 이는 맹자의 '與民同樂'하는 정치를 민본이라 여기는 것과 같이, 백성들을 위하는 정치를 좋은 정치라 본 것이다. 플라톤은 절차적 수단은 어찌 되었든 '인민들만을 위한 정치라면 본질적으로 좋은 정치'라는 것이다.

토크빌은 『아메리카의 민주주의』에서 "'평등'이 곧 '민주주의'라고 말했다. 민주주의라는 말을 다양한 각도에서 이해할 수 있겠지만, 그는 '조건들의 평등'을 민주주의의 가장 중요한 특징으로 규정한다."[124]

둘째, 로버트 달도 "어떠한 국가도 민주적 과정의 기준을 완전히 충족시킬 것 같지는 않다."[125]고 하면서, "민주주의의 바람직함이 정치적 평등의 바람직함을 전제한다."[126] 즉 민주주의는 구성원들의 평등을 전제로 하지 않으면 성립되지 않는다는 것이다. "태생적인 능력에 따른 차이(불평등)는 정치적 사회적 불평등과는 다른 문제이다."[127]

모든 인간의 가치는 본질적으로 다른 사람들의 가치와 동등한 것으로 간주하여야만 한다. 이는 도덕적 판단(moral judgement)이다. "로버트 달은 이러한 도덕적 판단을 본질적 평등의 원칙으로 부르고자 한다."[128] 모든 사람에게 평등한 배려를 보장하는 과정이 바로 당신이 당신의 목표를 달성

---

123) Ibid., 14쪽.
124) Ibid., 45쪽.
125) 로버트 달 지음, 김왕식 외3 옮김, 『민주주의』, 동명사, 1999, 73쪽.
126) Ibid., 75쪽.
127) Ibid., 105쪽.
128) Ibid., 105쪽.

하는데 협력이 필요한 모든 다른 사람들의 동의를 보장해 낼 가능성이 훨씬 커질 것이라는 결론을 합당하게 내릴 수 있을 것이다. 이러한 관점에서 보게 되면, "본질적 평등의 원칙은 아주 중대한 설득력이 있게 된다"129)고 하면서, 그는 "민주적 참여의 촉발은 우리가 흔히 이야기하는 평등의 논리(logic of equality)로부터 이루어진다는 것이다."130) 그리고 평등의 논리의 대상인 민중이라는 의미의 데모스(demos)와 통치라는 의미의 크라토스(kratos)로부터 데모크라시(democracy), 혹은 데모크라찌아(demokratia)라는 용어를 만들어 낸 사람들은 그리스인 (아테네인들)이다. "아무튼, 아테네에서 데모스라는 단어가 보통 모든 아테네인을 의미하면서도 때때로 보통사람 혹은 가난한 사람들을 의미했다는 것은 흥미로운 일이다."131)

결국은 민중에 의한 통치를 의미한다. 이 두 사람 토크빌과 로버트 달은 근본적으로 '민주주의'는 '인민의 평등'을 전제로 하고 있음을 말하고 있다. 그러면 묵자의 사상을 기록한 『묵자』에서 묵자가 말하는 '평등'을 살펴보자.

> 하늘의 뜻을 순종하는 자는 두루 평등(兼)하고, 하늘의 뜻을 배반하는 자는 차별(別)한다. 평등을 道로 하는 것은 의로운 정치요, 차별을 道로 하는 것은 폭력의 정치이다.132)
>
> 삼대의 성왕들이 종사한 일은 무엇인가?
> 이들이 종사한 일은 '평등(兼)'이었고, '차별(別)'이 아니었다.
> (…) 삼대의 폭군들은 어떤 일을 했는가?

---

129) Ibid., 109쪽.
130) Ibid., 32쪽.
131) Ibid., 34쪽.
132) 『墨子』「天志下」, "順天之意者兼也 反天之意者別也. 兼之爲道也義正 別之爲道也力正."

>이들이 종사한 일은 차별이었으며 평등이 아니었다.133)
>
>명칭을 나누어 분명히 해보자.
>천하에 남을 미워하고 남을 해치는 자들은
>평등주의자들인가, 차별주의자들인가?
>반드시 차별주의자라고 말할 것이다.
>(…) 명칭을 분명하게 나눈다면
>천하에 남을 이롭게 하고 사랑하는 것은 차별주의자인가?
>평등주의자인가? 반드시 평등주의자라고 말할 것이다.
>(…) 그러므로 묵자는 차별은 그른 것이고 兼(평등)은 옳은 것
>이라고 말한 것이다.
>옛날 문왕과 무왕의 정치는 고르게 나누고, 어진 이에게 상을 주고
>포악한 자에게 벌을 주고, 친척이나 측근에게 사사로움이 없었으니
>이것은 곧 문왕과 무왕의 평등한 아우름이다.
>묵자가 말한 평등주의도 문왕과 무왕을 본받은 것이다.
>兼(평등하게 아우르는 것)은 성왕의 도리이며
>왕공대인이 편안할 수 있는 수단이며, 만민의 의식주가 풍족할 수 있는 수단이다. (…) (따라서 兼은) 만민에게 이로운 길이다.134)

以上에서 알 수 있듯이 묵자 정치사상의 특징은 '평등론'이라 할 수 있다. 토크빌이 언급한 대로 평등이 곧 민주주의라고 규정한다면, 묵자의 사상은 평등을 바탕으로 한 민주주의임이 틀림없다. 묵자 사상을 한마디로 정의한다면 '겸애'라고 할 수 있다. 兼은 '아우름(共同體)', '평등'의 뜻이다. 兼의 반대는 개체와 차별이다. 그리고 겸애의 실천을 교리 즉 서로 이롭게 하는 것이라고 말하고, 이 겸애 교리의 실천이 하늘

---

133) 『墨子』「天志中」, "堯舜禹湯文武 焉所從事, 曰 從事兼 不從事別. … 桀紂幽厲 焉所從事 曰 從事別 不從事兼."
134) 『墨子』「兼愛下」, "分名乎天下惡人而賊人者 兼與 別與 卽必曰 別也. … 分名乎天下愛人而利人者 別與 兼與 卽必曰 兼也. … 是故 子墨子曰 兼是也. 古者文武爲正 均分 賞賢罰暴. 勿有親戚弟兄之所何 卽此文武兼也. 雖子墨子之所謂兼者 於文武取法焉. … 故兼者聖王之道也 王公大人之所以安也. 萬民衣食之所足也. … 而萬民之大利也."

이 바라는 바인 '天志'이다고 할 수 있다. 그래서 天志의 뜻인 겸애 교리를 실천하는 정치적 방식이 尙同으로서의 정치와 행정체계인 것이다.

묵자는 평등론의 근원을 하늘의 뜻인 天志에 두는 天賦人權論을 주장한다. 그러므로 그의 평등론은 신분, 빈부로 인해 차별받지 않는 기회의 평등이다. 즉 그의 평등론은 인권의 평등이지 소득의 평등을 지향하는 것은 아니다.135) 이는 개인별 능력에 다른 빈부의 차이를 긍정하고 있음을 말해준다. 그러나 어진 사람은 겸애로써 교리함으로 힘이 없는 약자나 가난한 자, 배우지 못한 자들을 잘 인도해야 한다는 것이다. 이것이 義로운 행위로서 하늘의 뜻인 天志를 실천하는 것이다.

묵자는 天志편에서 사람들이 하늘이 추구하는 바인 의롭게 살아야 한다면서, 하늘이 사람들을 평등하게 골고루 사랑하듯이 서로 돕고 사랑하기를 바란다. 즉 하늘이 사람들을 평등하게 대하듯이 세상 사람들도 서로 평등하게 대해야 한다는 것이다.

> 하늘이 천하 인민을 사랑한다는 것을 무엇으로 알 수 있는가?
> 하늘은 인민을 평등하게 비춰주기 때문이다. 무엇으로 하늘이 두루 평등하게 비춰주는 것을 아는가? 하늘은 인민을 평등하게 두루 보존해 주기 때문이다.
> 무엇으로 하늘이 인민을 평등하게 두루 보존해 줌을 아는가? 하늘은 인민을 평등하게 두루 먹여주기 때문이다. 무엇으로 하늘이 인민을 평등하게 두루 먹여줌을 아는가? 온 세상에 곡식을 먹는 인민들은 누구나 소와 양을 치고, 개와 돼지를 기르고 젯밥과 술을 깨끗하게 마련하여 하느님과 귀신에게 제사를 올리기 때문이다.
> 하늘은 고을과 인민을 보존해 주시는데 어찌 사랑하지 않겠는가!136)

---

135) 기세춘, Ibid., 260쪽.
136) 『墨子』「天志上」, "然則何以知天之愛天下之百姓 以其兼而明之 何以知

하늘은 춥고 더운 것이 절도가 있어 사시가 조화롭고 햇볕과 그늘과 비와 이슬을 때에 따라 내린다. 이에 오곡은 여물고 가축이 자라며 질병과 재난, 역병과 흉년은 오지 않는다. (…) 하늘은 천하를 평등하게 아울러 그들을 사랑하고 만물을 서로서로 자라게 하여 이롭게 하고 있다. 털끝 하나라도 하늘의 하심이 아닌 것이 없으며 백성들은 그것을 얻어 이롭게 하는 것인즉 참으로 크다 할 것이다. (…) 하늘이 백성을 사랑하심이 돈후한 까닭을 알고 있다. 하늘은 일월성신을 갈마들게 하여 밝게 비추어 인도하고 사시를 마련하여 춘하추동으로 질서를 삼고 눈과 서리와 비와 이슬을 내려 오곡과 삼실을 자라게 하여 백성들이 그것을 얻어 재화로 이용하기 때문이다.[137]

하늘은 천하 만민을 소유하시고 평등하게 사랑하신다.[138]

하늘은 그들이 자기가 사랑하는 자를 평등하게 사랑하였고, 자기가 이롭게 하고자 하는 이에게 평등하고 이롭게 하였다고 생각하신 것이다.[139]

하늘의 뜻을 순종하는 자는 천하 인민을 평등하게 사랑한다.
이같이 평등한 사랑을 실천하는 사람이 바로 성인이다.[140]

성왕이란 평등을 실천했고, 폭군은 차별을 시행한 자이다.[141]

其兼而明之 以其兼而有之 何以知其兼而有之 以其兼而食焉 何以知其兼而食焉 曰 四海之內의 粒食之民 莫不犓牛羊 豢犬彘 潔爲粢盛酒醴 以祭祀於上帝鬼神 天有邑人 何用弗愛也"
137) 『墨子』 「天志中」, "天之爲寒熱也節 四時調 陰陽雨露也時 五穀孰 六畜遂 疾菑戾疫凶饑則不至 (···) 今夫天兼天下而愛之 撽(遂)[逐]萬物以利之 若豪之末 [無]非天之所爲也 而民得而利之 則可謂(否)[后]矣 (···) 吾所以知天之愛民之厚者有矣 曰 以(磨)[曆]爲日月星辰 以昭道之 制爲四時春秋冬夏以紀綱之 (雷)[賈]降雪霜雨露 以長遂五穀麻絲 使民 得而財利之"
138) 『墨子』 「天志上」, "天有邑人 何用不愛也 以其兼而明之 以其兼而有之 以其兼而食焉"
139) 『墨子』 「天志上」, "故天意 曰 此之我所愛兼而愛之 我所利兼而利之"
140) 『墨子』 「天志下」, "順天意者 兼愛天下之人, 名之曰聖人"
141) 『墨子』 「天志中」, "聖王焉所從事兼 不從事別 暴君焉所從事別 不從事兼"

하늘의 뜻을 따르는 것은 평등이요, 하늘의 뜻을 배반하는 것은 차별이다. 평등을 道로 하는 것은 義로운 정치요, 차별을 道로 하는 것은 힘의 정치이다.142)

以上에서 기술하였듯이 하늘은 천하 만민을 평등하게 사랑하고, 義를 바라고 不義를 싫어하며, 하늘이 인민들을 돕듯이 인민들도 서로 돕기를 바라고 있다. 곧 의로움은 하늘에서 나온다고 묵자는 말하고 있다. 또 그는 하늘의 뜻에 따라 차별 없이 서로 평등하게 살아가면 하늘로부터 상을 받을 것이며, 그렇지 못할 경우는 벌을 받게 된다는 것이다. 또 천하 인민을 두루두루 평등하게 사랑을 실천한 사람들이 성왕이며, 그들이 행한 정치가 의로운 정치로서 하늘의 상을 받는다는 것이다.

묵자의 사상에는 天志, 즉 하늘의 뜻을 통해서, 하늘이 지향하는 바가 곧 평등이라는 점을 밝히고 있다. 인민들이 서로서로 평등한 가운데 아끼고 돕고 살라는 메시지이다.

【이해영】은 "묵자가 天志의 논리를 내세운 것은 겸애의 보편성과 실효성을 보증하기 위해서였으며, 그것은 겸애를 실현하기 위해서 天에 대한 민중의 소박한 신앙을 이용했다."143)라는 것이다. 또 "실제로 天志는 민의가 반영된 것으로 겸애를 평등에 대한 민중의 의지로 인식해야 한다."144)고 주장한다.

묵가에 있어 '義'는 '겸애 교리'를 뜻하므로 義를 기준으로 하는 尙賢은 신분 계층의 차별을 두지 않는 겸애 교리이며,

---

142) 『墨子』「天志下」, "順天之意者兼也 反天之意者別也 兼之爲道也義政 別之爲道也力政"
143) 이해영, 『전국시대 비판철학』, 도서출판 문사철, 2009, 142쪽.
144) Ibid., 155쪽.

이것이 天志이기도 하다. 『묵자』「天志上」에 기술되어 있듯이, "힘이 있는 사람은 신속히 다른 사람을 도와야 하고 재물이 있는 사람은 힘써 다른 사람에게 나누어주어야 하고, 道가 있는 사람은 힘써 가르침을 베풀어야 한다."145) 이것이 天志이다. 곧 義이다. 즉 함께 노동하고 서로 나누어 갖고 서로 가르쳐주어야 한다. 이것이 天志이요, 義이며 겸애 교리의 실체이다. 이는 곧 하늘의 뜻이 평등성을 함축하면서 서로서로 돕는 사회를 이루어가라는 것이라고 묵자는 말하고 있다. 이런 의미에서 天志는 평등한 사회를 지향한다고 본다. 이 평등한 사회는 곧 민주사회로서 인민 개개인이 주체적인 권리를 갖는 인민주권설의 바탕을 이루고 있다.

'天下無人'은 '세상에 남이란 없다' 또는 '세상 사람들은 누구나 평등한 존재'라는 뜻으로, 이는 百姓爲人이 인민 주권설로 해석되는 바탕을 이루고 있다고 할 것이다. 또 묵자의 중심 사상인 겸애 교리는 인간 상호 관계가 평등하다는 대전제에서 나온다. 불평등한 관계 속에서 겸애 교리 할 수는 없다. 권력 가진 자가 힘없는 자에게 베푸는 것은 시혜이지, 겸애 교리일 수가 없다.

> 천하의 사람들을 보편적으로 사랑(兼愛)하는 일이다. 천하의 사람들을 보편적으로 사랑한다는 것을 무엇으로 알 수 있는가?
> 똑같이 먹음으로써(알 수 있다). 무엇으로써 똑같이 먹음을 알 수 있는가?
> 예부터 지금까지 멀리 떨어져 있는 나라 할 것 없이, 모두 소나 양, 개나 돼지를 기르고, 사육하고 깨끗하게 술과 감주를 담아 상제나 산천 귀신에게 공경스럽게 제사를 지내는데, 이것으로써 똑같이 먹음을 알 수 있다.

---

145) 『墨子』「尙賢下」, "有力者 疾以助人 有財者 勉以分人 有道者 勸以敎人"

진실로 똑같이 먹는다면, 반드시 보편적으로 사랑할 것이다.146)

　위의 글에 기술된 대로 묵자는 이 혼란한 사회를 안정시킬 방법은, 하늘의 뜻인 天志를 따라 모든 사람이 겸애 교리 즉 서로 사랑하고 이로움을 주는 방법 외에는 달리 방법이 없으며, 이의 실천은 天志가 의미하는 하늘 아래 모두가 평등한 가운데 실현되어야 한다는 것이다. 또 하늘의 의지나 하늘의 뜻이라고 하는 것이 실제로는 인간의 의지나 인간의 뜻을 의미한다고 하는 사실이다.
　묵자와 여타의 제자백가 모두는 마찬가지로 인간의 삶에 반드시 규범이 있고, 서로 돕고 사랑할 수 있을 때 비로소 안정과 평화로운 상태에 도달할 수 있다고 보았다. 묵자는 이와 같은 사람들 공동의 이상 즉 "삶의 규범(義: 兼愛交利)이 하늘에서 비롯되었음"147)을 강조했으며, 이를 통해 서로를 두루두루 아끼고 도움이 되는 평등한 대동 사회를 추구하고 있다.
　또 묵자의 '天下無人'148) 곧 '세상에는 남이 없다.'라는 주장 속에는 천하의 人民百姓이 兼愛하는 주체로서 동등하다는 평등관이 바탕을 이루고 있다. 그는 출신이 士 계급이 아닌 천한 工人이었기에 兼愛로서 평등을 강조한 것으로 보인다. 사마천의 『史記』「맹자순경열전」에 "묵적은 宋나라 大夫였다"149)는 기록이 있으나, 묵자가 벼슬했다는 기록은 찾기 어렵다. 묵자는 스스로도 자신이 천한 사람이라고 칭했다. 그러

---

146) 『墨子』「天志下」, " 順天之意, 何若? 曰: 兼愛天下之人. 何以知兼愛天下之人也? 以兼而食之也. 何以知其兼而食之也? 自古及今無有遠靈孤夷之國, 皆犓豢其牛・羊・犬・彘, 絜為粢盛酒・醴, 以敬祭祀 上帝, 山川鬼神, 以此知兼而食之也. 苟兼而食焉, 必兼而愛之."
147) 『墨子』「天志中」, "然則義果自天出矣."
148) 『墨子』「大取」, "天下無人"
149) 『史記』「孟子荀卿列傳」, "蓋墨翟 宋之大夫 善守御 為節用"

면서 묵자는 하늘 아래 모든 인간은 평등하다고 주장하였다.

> 사람은 장유 귀천이 없이 모두 천의 신하이다.150)

> 비록 하늘은 가난한 자와 부유한 자, 귀한 자와 천한 자, 먼 자와 가까운 자, 친한 자와 소원한 자를 차별하지는 않지만 어진 이는 들어 높이고, 어질지 못한 자는 들어 내친다.151)

> 천하의 크고 작은 모든 나라는 모두 하늘의 고을이다. 사람은 어린이나 어른이나 귀하거나 천하거나 모두 하늘의 신하이다.152)

> 하늘은 진실로 사람을 두루 평등하게 보전해주고 먹여준다.153)

묵자에게 있어 사람은 누구나 평등한 존재이며, 심지어 天子도 타고난 존재가 아니라, 선출된 사람이라는 것이다.

> 이러한 것으로 천하에 어질고 훌륭하고 성스럽고 지혜롭고 분별력 있는 사람을 '선택하여 천자로 세워' 천하의 義를 하나로 화동시키는 일을 맡도록 하였다.154)

이렇듯 묵자에게 있어 민중은 세상을 살아가는 주체이지 객체, 즉 통치의 대상이 아니다. 그는 인민 백성을 정치의 대상이 아닌 주체로 인식하는 진정한 의미에서의 民主 정치를 강조하였다. 다시 말해 천하에 남이 없고, 모두 동등한 인격체로서의 존재이므로 서로서로 아끼고 사랑할 수 있다는 것이

---

150) 『墨子』 「法儀」, "人無長幼貴賤, 皆天之臣也"
151) 『墨子』 「尙賢中」, "雖天亦不辯貧富貴賤遠邇親疏 賢者擧而尙之 不肖者抑而廢之"
152) 『墨子』 「法儀」, "今天下無大小國 皆天之邑也. 人無幼長貴賤 皆天之臣也."
153) 『墨子』 「法儀」, "天苟兼而有食之"
154) 『墨子』 「尙同」, "是故選擇天下賢良聖知辯慧之人 立以爲天子 使從事乎一同天下之義."

다. 이것이 바로 兼愛이다.

> 인민을 사랑하는 것은 자기를 저버리는 것이 아니다. 자기도 그 사랑하는 인민 속에 있는 것이다. 자기가 사랑하는 속에 머물러 있다는 것은 그 사랑이 자기에게도 이로운 것이다. 차별 없이 자신을 사랑하면 인민을 사랑하는 것이다.155)

또 묵자의 非命論에서의 삼표론 제2조를 보면, "백성들이 보고 들은 사실을 근원으로 삼아야 한다."고 하는데, 이는 인민 백성이 통치의 대상이 아닌 주체라는 것이며, 그들의 與論을 중시해야 한다는 의미로 춘추전국시대에는 감히 생각하지도 못할 민주주의의 참모습을 느끼게 한다.

> 무엇을 세 가지 기준이라 하는가? (…) 근본을 마련하는 것, 근원을 따지는 것, 실용하는 것이다.
> 무엇에다 근본을 마련하는가? 위로 옛날 성왕들의 일에 근본을 둔다. 무엇에서 근원을 따지는가? 백성들이 듣고 본 사실에서 근원을 따져야 한다. 무엇에 실용을 두는가?
> 형법과 행정을 시행하여 국가와 백성의 이익에 부합하는가를 보는 것이다. 이것이 바로 말에 세 가지 표준이 있는 것이다.156)

以上에서와 같이 묵자는 '天下無人' 정신으로, 서로 兼愛하면서 또 '天下爲公'의 자세로 인민 백성이 주체가 되어 자기 삶을 이끌어가는 공동체적 삶을 이상사회로 여겨 추구하였다. 그러면서 이런 안생생한 대동 세계를 이루기 위해서 묵자는 겸애 교리를 가치 기준으로 하는 상현과 상동을 통한

---

155) 『墨子』「大取」, "愛人不外己 己在所愛之中 己在所愛 愛加於己 倫列之 愛己 愛人也."
156) 『墨子』「非命上」, "故言必有三表 何謂三表 子墨子言曰 有本之者 有原之者 有用之者 於何本之 上本之於古者聖王之事 於何原之 下原察百姓耳目之實 於何用之 廢以爲刑政 觀其中國家百姓人民之利 此所謂言有三表也."

이상적인 정치체제를 주장하였다.

또 묵자는 민주 평등주의자이기에 「非命」과 「非樂」을 통해 자기 운명은 자기의 노동과 노력을 통해 개척해야 한다고 강조한다. 이는 인민 개개인이 주체적인 존재라는 의식이 바탕에 깔려있다고 본다. 이와 같은 주체적인 의식을 그의 주장인 「非命」과 「非樂」을 통해 살펴본다. 묵자는 사람이 금수와 다른 점은 스스로 노동하지 않으면 살아가기 어렵다고 하면서 생존을 위해서는 부지런히 노동해야 한다고 주장하였다.

> 오늘날 사람은 진실로 금수, 큰사슴과 노루, 새와 벌레 등과 다르다. 오늘날 금수, 큰사슴과 노루, 새와 벌레 등은 자신의 날개와 털에 의지해서 사람의 의복처럼 체온을 유지하고, 자기의 발굽과 손톱으로 사람의 발처럼 이동하며, 물과 풀을 자기 음식으로 삼는다. 그러므로 비록 수컷이 곡식을 갈거나 채소를 심지 않고, 암컷 역시 실과 베를 짜지 않아도 입고 먹을거리가 이미 갖추어져 있다.
> 오늘날 사람들은 이와 다르다. 스스로 힘써 일하는 자는 살고, 힘써 일하지 않는 자는 살지 못한다.[157)]

> 힘쓰면 반드시 다스려지고 힘쓰지 않으면 반드시 어지러워지며, 힘쓰면 안녕하지만 힘쓰지 않으면 반드시 위태로워지기에 감히 게으름을 피우지 않는 것이다.
> (…) 힘쓰면 반드시 귀해지고 힘쓰지 않으면 반드시 천해지며, 힘쓰면 반드시 영광을 얻고 힘쓰지 않으면 반드시 욕될 것이기에 감히 게으름을 피우지 않는 것이다.
> (…) 힘쓰면 반드시 부유해지고 힘쓰지 않으면 반드시 가난해지며, 힘쓰면 반드시 배부르고 힘쓰지 않으면 반드시 굶주리게 되므로 감히 게으름을 피우지 않는 것이다.
> (…) 힘쓰면 반드시 부유해지고 힘쓰지 않으면 반드시 가난해지며,

---

157) 『墨子』 「非樂上」, "今人固與禽獸麋鹿蜚鳥貞蟲異者也. 今之禽獸麋鹿蜚鳥貞蟲 因其羽毛以爲衣裘 因其蹄蚤 以爲絝屨 因其水草 以爲飮食. 故唯使雄不耕稼樹藝 雌亦不紡績織絍 衣食之財 固已具矣. 今人與此異者也. 賴其力者生 不賴其力者不生."

힘쓰면 반드시 따듯해지고 힘쓰지 않으면 반드시 헐벗게 되기 때문에 감히 게으름을 피우지 않는 것이다.158)

이상의 묵자 주장은 묵자가 소득 불평등의 차이를 긍정하고 있음을 보여준다. 즉 묵자는 스스로 부지런히 노동과 노력을 통해 富를 쌓아가기를 바라고 있다. 그러나 어진 자는 약자를 도와야 한다는 것이다. 이렇듯 묵자는「非命」에서 말하기를, 인간은 누구나 하늘 아래 평등하여, 미리 정해진 운명은 없고, 자기의 노력으로 삶을 발전시키는 주체로서 살아가야 한다고 주장한다.

그리고 天命에 따른 운명론을 부정하면서, 근검절약 정신으로 인간의 능력과 노력을 긍정하였기에 그 누구보다도 자기 주장을 철저히 실천했다. 결론적으로 다음과 같은 글로「비명」을 정리한다.

삼가라! 천명은 없다. 나는 오직 사람을 높이고, 말을 지어내지 않는다. 禍福은 하늘이 내리는 것이 아니고 스스로 얻는 것이다.
商과 夏의 詩書에 이르기를 운명론이란 폭군이 지어낸 것이라고 했다.159)

이처럼 묵자는 스스로 힘써 노력하면 貴 해지고 富 해지며, 게으름을 피우면 貴 해지지 않고 가난해지며 굶주리게 된다고 강변하고 있다.

묵자는 인간의 본질을 노동으로 파악하여, 모든 인민이 생

---

158) 『墨子』「非命下」, "彼以爲强必治 不强必亂 强必寧 不强必危 故不敢怠倦. (···) 彼以爲强必貴 不强必賤 强必榮 不强必辱 故不敢怠倦. (···) 彼以爲强必富 不强必貧 强必飽 不强必飢 故不敢怠倦. (···)彼以爲强必富 不强必貧 强必煖 不强必寒 故不敢怠倦."
159) 『墨子』「非命中」, "敬哉! 無天命, 惟予二人而無造言. 不自天降自我得之, 在於商夏之詩書 曰 命者暴王作之."

산 노동에 종사할 것을 강조하였다. 그래서 사회적 '義'는 인간 모두가 노동을 통하여 생산된 富를 가지고 사회적 약자를 돕는 것이라 주장했다. 그래서 묵자는 인간의 숙명적 운명론을 배격하고, 주체적 인간의 실천 의지 즉 '力'을 강조하고 있다.

인간 사회의 모든 문제는 숙명적인 천명에 있는 것이 아니라, 인간의 노력 여하 즉 强·不强의 문제로 보았다. 따라서 그는 인간은 스스로 자기 문제의 해결을 위하여 힘을 써야 (强) 한다면서 특히 인간의 '실천적 노력'을 강조하였다. 묵자는 고대 사상가 중에서 유일하게 '인간만이 노동하는 동물'임을 발견하였다.[160] 이것은 혁명적인 발견이었으며, 인간이 자주적인 존재라는 선언이었다. 즉 인간만이 자유의지에 따라 노동하는 존재라는 것이다. 곧 '인간은 자기 운명의 주인이며 민중은 역사의 주인'이다. 그래서 인간은 자기 의지에 따라 스스로 선택하고 창조하는 것이며, 그러기에 인간은 서로 간에 義가 다를 수 있다는 것이며, 서로 다른 의견을 조정하여 다툼을 피하고 공존하는 지혜를 발휘할 수 있는 존재라는 것이다. 이와 같은 주장 역시도 인민 개개인이 평등한 존재로서 자기 운명을 스스로 결정짓는 자기 결정권을 가진 존재라는 것으로 '인민 주권설'을 설파하는 것으로 본다.

묵자는 "교육에서도 차별을 두지 않고, 심지어 사회적으로 소외된 사람들마저도 교육의 대상으로 설정하고, 周遊天下하면서 자신의 신념과 철학을 전수하는 일에 열중하였다."[161] 즉 교육을 통해 사회적으로 소외된 사람들마저도 교육의 대상으로 삼아 누구나 능력을 갖춰나갈 수 있도록 했다.

묵자는 공동체적 삶을 위해서는 사람마다 각각 그 재능이

---
160) 기세춘, Ibid., 156쪽.
161) 황성규, 『묵가와 동양사상』, 도서출판 문사철, 2018, 72쪽.

다르므로, 자기 능력껏 자기가 잘 할 수 있는 것을 택해서 이를 바탕으로 협업을 통해 나라와 개인의 이익을 도모하자는 것이다. 그러면서 사람이면 누구나 교육을 통해 저마다의 소질과 재능을 계발해야 한다고 주장한다. 그러면서 공부하기를 권한다.

> 묵자의 문하를 따르는 자들에게 묵자가 말했다. "너희들은 어찌하여 배우지 않는가?" 그들이 대답했다. 우리 집안사람들은 배운 자가 없습니다. 묵자가 말했다. 그렇지 않다. 대저 아름다워지기를 좋아하는 자가 어찌 우리 집안사람들은 미인을 좋아하지 않으므로 나도 미인 되지 않겠다고 말하겠는가? 또 부귀를 바라는 자가 어찌 우리 집안사람들은 그것을 바라지 않으므로 나도 부귀를 바라지 않겠다고 말하겠는가?
> 아름다워지기 좋아하고 부귀를 바라는 자는 남의 눈치를 보지 않고 오히려 그것을 위해 힘쓸 것이다. 대저 의로운 일은 천하의 가장 큰 보배다. 어찌 남의 눈치를 보고 힘쓰지 않을 것인가?162)

공부는 남의 눈치를 볼 것도 없이 마땅히 힘써 행해야 한다는 것으로, 이는 義를 행하는데도 남의 눈치를 볼 것 없이 마땅히 행해야 한다는 주장이다. 또 묵자는 개개인이 능력에 맞는 일을 택해서 세상에 기여해야 한다고 말한다.

> 몇 사람의 제자들이 묵자에게 활쏘기를 배우겠다고 말했다.
> 묵자가 말했다. 불가하다. 대저 지혜로운 자는 자기 역량이 능히 해낼 수 있는가를 헤아려 일에 종사한다. 나라의 전사가 전쟁하면서 아울러 인민을 보호하는 건 할 수 있는 일이 아니다. 지금 그대들은 나라의 전사가 아니다. 어찌 능히 학문도 이루고 또 활쏘기도 잘 할 수 있겠는가?163)

---

162) 『墨子』「公孟」, "有游於子墨子之門者 子墨子曰 盍學乎? 對曰 吾族人無學者. 子墨子曰 不然 未好美者 豈曰吾族人莫之好 故不好哉? 夫欲富貴者 不視人 猶强爲之 夫義 天下之大器也 何以視人 不强爲之?"
163) 『墨子』「公孟」, "二三子有復於子墨子 學射者 子墨子曰 不可. 夫知者

묵자는 제자들에게 각자 '능력에 따른 전문가'가 되어야지, '모든 일을 겸할 수 없다'라고 지적하고 있다. 또 교육이란 인간을 변화시키는데 그 궁극적인 목적이 있다고 묵자는 말한다. 그래서 교육을 바탕으로 사회를 변혁시켜나가고자 하였다. 그는 「所染」에서 교육은 마치 실을 물 들이는 것과 같이 어떤 물감으로 물들이냐에 따라 결과가 다르게 나타난다고 하면서 교육의 중요성. 그리고 교육에 신중하지 않을 수 없음을 力說한다.

> 墨子께서 실을 물들이는 자를 보고 탄식하여 말하기를 "푸른 염료에 물들이면 푸르게 되며, 노란 염료에 물들이면 노랗게 되니, 담는 데가 변하면 실의 색깔도 변한다. 다섯 번 염료통에 담그기를 마치니 五色이 되었구나!
> 그러므로 물들이는 것을 신중하게 하지 않아서는 안 된다."라고 하였다.164)

묵자는 사람들의 교육이 중요한 것은 배움을 통해 사회 즉 공동체의 발전에 이바지할 수 있다는 것이다. 그러면서 「魯問」에 묵자에게 교육받은 후, 전쟁에 나가서 생명을 잃은 자식을 둔 부모가 묵자에게 항의하자. 이에 묵자는 말한다.

> 그대가 아들을 나에게 맡겨 가르침을 청하니, 내 모든 것을 다 전수하였다. 그런데 전쟁에서 희생되니 나를 원망하는구나. 이는 곧 식량을 팔려고 나갔다가 다 팔리자 분노하는 이치와 같으니 어찌 황당하다고 하지 않겠는가?165)

必量亓力所能至 而從事焉. 國士戰且扶人猶不可及也. 今子國士也 豈能成學又成射哉."
164) 『墨子』「所染」, "子墨子言見染絲者而歎 曰 染於蒼 則蒼 染於黃 則黃 所入者變 其色亦變 五入必 而已 則爲五色矣 故 染不可不愼也."

이글을 통해서, 묵자는 학문을 한다는 것은 개인의 영화와 부귀를 추구하는 데 그 목적이 있는 것이 아니라, 공동체를 위해서 이바지하는 데 그 목적을 두고 있음을 알 수 있다. 묵자는 자신의 安心立命(안심입명)만을 위하여 올바른 道理를 감추고 다른 사람에 대하여 가르침을 펼치지 않는 것은 천하를 혼란시키는 의롭지 못한 일이며, 이는 마치 禽獸의 세상에서나 있을 수 있는 일이라고 보았다.

> 훌륭한 道를 감추고 서로 가르치지 않음으로써 천하가 어지러워 마치 금수 같았다.166)

곧 "교육이란 동물의 세계에서는 찾아볼 수 없는 오직 인간만이 행할 수 있는 것"167)이다. 묵자는 배움을 통해 다다른 참된 지성인은 "침묵할 때는 생각을 하고, 말할 때는 가르쳐 인도하고, 움직이면 의로워야 한다."168)면서, 또 "말은 실천될 수 있어야 귀하고 실천되지 않는 말은 귀하게 여기지 않는다. 실천될 수 없는 말을 숭상하는 것은 망언이다."169)고 하면서, 지성인의 자세와 행동의 표준을 제시하기도 했다.

묵자는 배움이 없다면 세상의 어려움을 극복하기 어렵다면서, '배우지 않으면 인간으로서 제구실할 수 없다'라는 인식을 하고, 사회를 개선하고 발전시키는 데 있어 배움을 통한 인재 양성의 중요성을 강조하였다.

---

165) 『墨子』「魯問」, "子欲學子之子 今學成矣 戰而死 而子慍 是猶欲糶 糶讎則慍也 豈不費哉."
166) 『墨子』「尙同上」, "隱匿良道 不以相敎 天下之亂 若禽獸然."
167) 황성규, Ibid., 79쪽.
168) 『墨子』「貴義」, "嘿則思 言則誨 動則義."
169) 『墨子』「貴義」, "言足以遷行者常之 不足以遷行者勿常 不足以遷行而常之 是蕩口也."

묵자가 교육을 이처럼 중시하는 것은 민주 평등사회를 이루는 데는 지식과 지혜가 꼭 필요하다는 것이다. 누구나 평등한 존재로서 사회적 대우를 받으려면, 배우지 않으면 안 된다는 것이다. 왜냐하면 인재가 되어야만 공동체적 삶에 기여할 수 있기 때문이다. 그리고 '萬事莫貴於義'라 하여 '義'에 대한 교육을 통해 정의롭고 평등한 세상이 열리길 고대했을 것이다. 즉 義에 대한 교육으로 사회적 병리 현상을 극복하고 평등한 대동 사회를 이루고자 하였다. 그래서 교육된 인재를 대우하는 사회적 제도가 마련되어야 한다고 주장하였다.

> 벼슬하는 사람이라고 언제까지나 貴할 수 없으며, 백성이라고 끝내 천할 수는 없다. 능력이 있으면 등용하고 능력이 없으면 내처져야 한다.170)

즉 능력이 있으면 등용되어 승진하고 능력이 미치지 못하면 퇴출당할 수 있다는 것이다. 이와 같은 글귀에서 묵자의 평등사상이 드러난다. 관직 등의 신분이 세습되지 않고, 누구나 능력에 따라 선택받으면 등용이 되고, 또 성과에 따라 승진되기도 하지만, 그렇지 못하면 퇴출당하기도 한다는 것이다. 토크빌은 '평등'이 곧 '민주주의'라고 말했다. 토크빌의 견해에 따른다면 "묵자의 관직에 등용되었다고 해서 지속해서 귀하지도 않고, 그렇다고 일반 백성이라고 해서 언제나 천하지도 않다."라는 말은 평등이 전제된 표현이기에 민주주의에 대한 표현이라 할 것이다.

묵자의 인재 등용 원칙은 당시의 종법제 사회에서는 상상하기 힘든 매우 진보적인 사상이다. 즉 개개인의 주체적인 노

---

170) 『墨子』「尙賢上」, "官無常貴 而民無終賤 有能則擧之 無能則下之."

력을 통해 능력을 갖추면 등용되고, 그렇지 못하면 물러나는 기회 균등에 초점을 맞춘 기준을 제시하고 있다.

또 토크빌은 "'조건의 평등'에서 당당하고 정당한 평등은 사람들이 강하고 존경받는 존재가 되어 자극을 준다."171)고 했다. 이 표현은 『묵자』「尙賢」에서, "어질고 능력 있는 인재에 대한 대우를 말하면서, 반드시 그들을 富하게 해주고 貴하게 해주며 그들을 공경하고 명예롭게 해주어야 한다는 것이다. 그들을 이렇게 대우하는 것은 그들을 위하는 것보다도 그들이 능력을 발휘하게 해서 민중을 이롭게 하기 위함이라는 것"172)이다. 묵자의 이런 말은 "토크빌이 당당하고 정당한 평등은 사람들이 강하고 존경받는 존재가 되어 자극을 준다"라고 말한 것과 相通한다고 하겠다. 즉 '官無常貴 而民無終賤 有能則擧之 無能則下之'에서 말하고 있듯이 貴하고 賤한 신분에 차별 없이 누구나 평등하게 능력이 되면 등용되어서 승진도 하고 퇴출도 되는 사회라면, 또 사회적으로 富하고 貴하게 되는 대우를 받게 된다면, 이와 같은 평등은 토크빌의 표현대로 강하고 존경받는 존재가 되어 사회에 강한 자극을 줄 것이다. 이처럼 묵자 사상의 곳곳에는 사회적으로 차별받음이 없이 누구나 어질고 능력이 있게 되면 등용되기도 하고, 또 자기 운명을 스스로 주체적으로 헤쳐 나가야 한다는 평등사상이 만개하여 있다.

"토크빌이 말하는 '평등'이 곧 '민주주의'라는 주장과 로버트 달이 주장하는 민주주의의 바람직함이 정치적 평등의 바람직함을 전제한다."173) 그리고 로버트 달은 "인민주권, 평등

---

171) 서병훈, Ibid., 46쪽.
172) 『墨子』「尙賢上」, "列德而尙賢. 雖在農與工肆之人, 有能則擧之, 高予之爵, 重予之祿, 任之以事, 斷予之令 曰 爵位不高 則民弗敬 蓄祿不厚 則民不信 政令不斷 則民不畏. 擧三者 授之賢者 非爲賢賜也 欲其事之成."
173) 서병훈, Ibid., 75쪽.

한 정치참여, 다수 지배 원리를 중심으로 한 민주주의의 가치를 수용하고 있다."174) 즉 민주주의는 구성원들의 평등을 전제로 하지 않으면 성립되지 않는다는 그들의 주장과 묵자의 평등사상이 一脈相通한다고 생각해서, 묵자가 「尙同」에서 말하고 있는 '百姓爲人'은 '인민주권'으로 해석할 수 있고, 또 이를 바탕으로 '천자도 인민이 선택한다.'라고 묵자의 주장을 해석할 수 있다. 곧 兼愛 사상은 '평등론'이기에 이는 '민주론'이라고 볼 수도 있다.

2. 묵자의 上告制와 언론관은 민주주의론에 부합하는가?

1) 묵자의 상고제와 언론관에 대해서
① 上告制란?

묵자가 활동하던 시기는 분열된 사회체제로부터 통합을 갈망하는 시대적 배경을 안고 있었다. 각 세력 간의 겸병 전쟁으로 민중의 삶이 피폐해져 왔기에 전쟁이 끝나서 통일된 국가가 세워지기를 바랐던 것이다. 이에 묵자도 겸애 사상을 바탕으로 한 尙同으로서 통일된 중앙집권적 정치체계를 바랐다. 이런 중앙집권적 국가체계가 바로 상동 체계이다.

그런데 묵자가 추구하는 것은 '天志인 義의 실현'에 있으므로, 소통의 본질은 義이다. 천하에 의가 있으면 살고, 의가 없으면 죽고 의가 없으면 가난하다는 것을 강조한다. 즉 묵자는 "義를 利로 여겼기 때문에"175) 묵자가 소통을 통해 추

---

174) Ibid., 286쪽.
175) 『論語』「憲問」에 "曰 今之成人者 何必然, 見利思義" 즉 지금의 완성된 사람은 어찌 굳이 그러할 것이 있겠는가? 이(利)를 보고 의(義)를 생각하기만 해도 훌륭한 인간이라는 뜻이다. 또 인간세에서 리는 항상 충돌을 불러온다. 따라서 그 충돌을 조화시킬 수 있을 때만이 리는 진정한 리가 될 수 있는 것이다. 리는 義를 전제로 하지 않으면 가치를 상실한다. 『주역』「문언」에 利者, 義之和也. 이 말은 리는 義라는 사회적 가치를 전제

구하는 것은 의로움이다. 이것이 백성들에게 도움이 되기 때문이다. 사람마다 義가 일치하지 않아서 천하가 혼란하므로, 이 義를 하나로 통일하기 위해서 '上告制'란 제도가 필요했다. 이 제도를 통해 인민들이 의로움에 물들게 할 수 있고, 이로써 하나의 통일된 기준을 만들 수 있다.

그러므로 묵자 사상을 論 하면서 尙同의 上告制에 대한 이해는 필수적이라 생각한다. 상고제가 인민의 여론을 상향식으로 수렴하는 민주적인 여론 수렴제도로 인식되지 않고, 군주의 명령을 인민들에게 하향식으로 전달하는, 또는 밀고를 조장하는 제도로 인식되기도 한다. 즉 '皆以告其上'(개이고기상)이 글을 이해하는데 있어서, 인민의 여론 수렴을 통해 인민들의 이익을 위한 결정을 하기 위한 상향식 민주주의적인 제도라는 관점과 군주의 통치를 원활하게 하는 밀고제라는 관점도 있다.

상고제란 기본적으로 상하 간의, 즉 최고지도자 등 나라의 직책을 맡은 관리들과 인민들 간의 의사소통을 어떻게 하느냐의 문제이다. 묵자의 소통 논리는 백성들의 이익을 최우선으로 하는 실리주의[176]를 기반으로 하고 있다. 또 묵자가 활동하는 궁극적인 목적은 겸병 전쟁 등으로 피폐해진 민중의 삶을 어떻게 개선하느냐가 관건이었다. 그래서 인민들이 삼환의 고통에서 벗어나게 하는 것에 그의 사상은 초점이 맞추

로 해야만 利인 것이다. 利를 얻으면 약자를 도와줄 줄을 알아야 한다. 利는 개인적 가치가 아니라, 사회적 가치라는 것을 알아야 한다. (김용옥, 『도올주역강해』, 통나무, 2022, 139쪽.) 『논어』 「헌문」에서의 義와 利에 대한 관계와 『주역』 「문언」에서의 義와 利에 대한 설명은 묵자의 '義'와 그 의미가 같다고 본다. 곧 묵자의 利는 사회적 가치를 말하는 것으로, 이 또한 義의 범주 안에서의 利이다.

[176] 『墨子』 「魯問」, "利於人 謂之巧, 不利於人 謂之拙" 묵자는 이 글귀에서 실리주의를 강조하고 있다. 전쟁 무기는 아무리 좋은 것이라도 인민의 삶에 이롭지 않은 것이므로 아무리 훌륭한 기술이라도 졸렬하다는 것이다.

어져 있다고 본다.

 그러므로 상고제는 인민들의 삶을 개선하기 위해 주장하는 '상하 간의 소통'을 위한 제도이다. 즉 정치 지도자인 천자가 인민들과 소통하는 목적은 소통을 통해 인민들의 삶을 개선하려는 데 있다. 이것이 하늘의 뜻인 義의 실현이기 때문이다. 이를 위해 그는 옛 성왕들이 행한 역사적 사실과 인민들의 눈과 귀를 통해 얻은 경험적 사실, 그리고 인민들에게 이로운가, 그렇지 아니한가를 기준으로 사회현상을 판단해야 한다는 것이다. 결국, 열린 정치, 언로가 개방된 정치를 통해서 인민에게 이로운 義政이 가능하다는 주장이다. 묵자의 상고제는 언로가 개방되어 인민들의 의견이 상향식으로 수렴되어 최선의 정책이 수립되게 하는 '義政'을 위한 제도적 장치라 할 것이다.

 묵자 사상의 바탕에는 하늘의 뜻인 '義'가 깔려있다. 묵자 철학은 이 義를 실현해 인민들이 안생생한 사회에서 살게 되기를 바라면서, 그의 십론을 전개한 것이다. 그래서 상고제의 바탕에도 이 義가 있다. 묵자 사상에서 義의 실현만큼 소중한 것은 없다. 이것이 하늘의 뜻이기 때문이다. 곧 '萬事莫貴於義'라는 것이다.

> 그러므로 옛 성왕은 오직 尙同함으로써 正長으로 선출되었던 것이다. 이로써 상하의 마음이 뚫리어 소통했으므로 윗사람이 은밀한 사업으로 인민에게 이익을 끼쳐주면 인민들도 그것을 알고 윗사람을 이롭게 했으며, 아랫사람에게서 원한이 자라고 폐해가 쌓이면 위에서는 그것을 알고 제거해 준다. 이로써 수만 리 밖에서 선한 일을 행한 사람이 있으면, 집안사람조차 모르고 마을에서도 두루 알지 못하나 천자는 그것을 알고, 그에게 상을 내려 (…) 다만 인민의 귀와 눈을 부려 천자의 보고 듣는 것을 돕게 했으며, 인민들의 입술이 천자의 말을 돕게 하고, 인민들의 마음으로 하여금 임금의 사려를 돕게 하고 인민들의 팔다리를 부려 임금의 동작을돕게 했을 뿐이

다.177)

 이러한 실제 사실들은 "백성들이 듣고 본 것으로써" 임금과의 소통을 이루고, 임금의 사려를 통해 정치적 판단을 신속하게 할 수 있도록 도움을 주었으며, 백성들의 팔다리는 임금의 움직이는 동작을 도와 임금께서 하고자 하는 일을 빨리 이루게 도움을 준다. 소통적 언로를 펼치기 위해서는 누구나 자기가 보고 들은 선악과 시비를 천자나 기타 통치자에게 말할 수 있어야 한다. 옳음과 그름의 잣대를 분명하게 하여 통치자를 비난할 수 있어야 하며 과오가 있으면 규찰하여 바로잡도록 간하고 주위에 선한 자가 있으면 천거할 수 있어야 한다. 이로써 옛날 성왕은 天意에 의한 정치를 민의의 도움을 받아 신속하게 성취하게 되어 공을 세워 백성들에게 그 이익을 돌려주게 한다. 옛날 성왕은 이렇게 위아래 實情이 소통하는 이로운 정치를 했다.
 묵자는 소통적 언로를 상의하달식과 하의상달식의 의사전달 방법을 택하여 통치자는 하의상달식 소통적 언어로 형정을 펼쳐나가야 하며, 통치자의 눈과 귀는 항상 열려있으면서 백성의 실정을 정확히 알아야 한다. 그럼으로써 언로가 활짝 열려 성왕들의 눈과 귀는 神과 같이 밝아지게 된다는 것이다.
 조선 중기 실학자라는 【이익】도 그의 저서 『성호사설』에서, "漢 나라 때 鹽鐵(염철)에 관한 논의는 천하 문사들을 불

---

177) 『墨子』 「尙同中」, "故古者聖王唯而審以尙同 以爲正長 是故 上下情請爲通 上有隱事遺利 下得而利之下有蓄怨積害 上得而除之, 是以 數千萬里之外 有爲善者 其室人未徧知 鄕里未徧聞 天子得而賞之數千萬里之外 有爲不善者 其室人未徧知 鄕里未徧聞 天子得而罰之. 是以 擧天下之人皆恐懼振動惕慄 不敢爲淫暴 曰 天子之視聽也神 先王之言 曰 非神也 夫唯能使人之耳目 助己視聽 使人之吻 助己言談 使人之心 助己思慮 使人之股肱 助己動作."

러 승상 어사와 함께 서로의 난점을 반성하고, 백 가지로 강구하여 논박이 궁하게 되고 대답이 구비된 연후에야 시행할 것인지 말 것인지를 결단했으니, 이것이 가장 모범적인 정책 결정 방법이다. 이렇게 한다면 어찌 실정에 맞지 않아 중도에 폐지하는 걱정이 있겠는가? 아직도 그 글이 『염철론』이라는 책으로 남아있으니, 군주가 시행할 모범 사례로 삼아야 할 것이다."[178]라고 주장하면서 제한적이기는 하지만 국가 경영의 민주성과 개방성을 역설하면서 상하 간의 소통을 중시해야 한다고 했다. 이와 같은 주장도 백성들의 이익에 초점을 둔 것이다.

더불어 19세기 조선 말기 학자인 혜강【최한기】는 천지 운화는 백성의 눈과 귀로 보고 들어야 한다면서, 그의 저서 『人政』에서, "눈은 자기를 보는 데는 부족하므로 백성을 거울로 삼아 자기를 보고, 지혜는 자기를 아는 데는 부족하므로 백성에게 들어 자기를 안다. 백성을 거울로 삼으면 잘못 보는 죄가 없고, 백성을 귀로 삼으면 잘못 듣는 원망이 없게 된다. 자와 저울이 동일하지 않으면 장당 경중에 의혹이 생기기 마련이니, 황차 견문과 지식이 백성과 부합하지 않는다면 어찌 치안을 바라겠는가?"[179]라면서, 백성의 눈과 귀를 통한 여론의 중요성을 언급하고 있다. 즉 백성의 눈과 귀를 통한 여론을 취합하여 정치한다면 정책의 잘잘못이 줄어들 것이라는 것이다.

위의 인용문에서 보듯이 묵자의 소통적 이론의 實은 백성들이 실제로 보고 듣고 경험한 일들이다. 이것은 다스림을 통해 백성들의 걱정거리가 해결되는 것, 즉 이로움을 주는 것

---

178) 기세춘, 『실학사상』, Ibid., 230쪽. (성호사설/권11/人事門/ 鹽鐵論 참고)
179) Ibid., 952쪽. (人政/권24/用人門/見知於民 참조)

이 최종 목적이다. 특히 묵자 非樂論의 삼표론 제2조인 '인민이 보고 들은 것을 근원으로 삼는다.'라는 것은, 묵자의 '상고제'가 '여론 정치'를 표방하고 있음을 알게 해 준다. 또한, 아래로부터의 民意는 천자의 義와 화동케 되며, 천자는 하늘의 법도에 의해 義를 행하여 천하를 다스림으로써, 민의에 따른 정치를 하게 됨으로써 하늘의 뜻인 백성들을 이롭게 해야 한다는 것이다.

결국 묵자는 인민들 상하 간의 의견소통이 인민을 이롭게 하는 데 매우 중요하다는 점을 說 하면서, 천자는 상고제와 같은 소통방식을 통해 자기의 뜻을 넓게 펼칠 수도 있고, 멀리 있으나 가까이 있으나 인민들의 實情을 정확히 살펴 賞과 罰을 공정하게 집행할 수 있다는 것이다.

> 만약 이같이 상하가 (소통되지 못해서) 뜻을 같이할 수 없다면 위에서 내리는 상훈과 기림은 아랫사람의 착한 행실을 권면할 수 없고, 형벌은 아랫사람의 포악한 행실을 막을 수 없을 것이다.[180]

이 인용문은 '상고제'를 통한 '소통'의 중요성을 말하고 있다. 또 묵자는 상고제를 통한 소통의 효과에 대해서 다음과 같이 말하고 있다.

> 상·하의 마음이 뚫리어 소통했으므로 윗사람이 은밀한 사업으로 인민에게 이익을 끼쳐주면 인민들도 그것을 알고 윗사람을 이롭게 했으며, 아랫사람들에게 원한이 자라고 폐해가 쌓이면 위에서는 그것을 알고 제거해 준다.
> 이로써 수만 리 밖에서 선한 일을 행한 사람이 있으면, 집안사람조차 모르고 마을에서도 두루 알지 못하나, 천자는 그것을 알고 그에게 상

---

[180] 『墨子』「尙同中」, "上下不同義, 若苟上下不同義 賞譽不足以勸善 而刑罰不足以沮暴."

을 내리며 또 수만 리 밖에서 악을 행한 자가 있으면 집안사람들도 모르고 마을에서도 두루 알지 못하지만
천자는 그것을 알고 벌을 내린다.181)

이처럼 '상고제'를 통한 언로의 소통은 인민들의 뜻을 화동 일치시킴으로써 인민들의 삶을 이롭게 한다.

② 묵자의 언론관
고대 군주들의 언론관은 대체로 '민심은 곧 천심'이라 여겨, 민심을 잘 살펴 민심의 흐름에 군주는 반드시 따를 것을 말하고 있다.

> 하늘은 민중을 긍휼이 여기시니, 민중이 하고자 하면 하늘은 반드시 따를 것이다.182)

> 하늘이 보는 것은 민중을 통하여 보는 것이며, 하늘이 듣는 것은 민중을 통하여 듣는 것이다.183)

> 내가 들은 바로는, 나라가 흥하려면 민중에게 듣고 망하려면 神에게 듣는다고 했다.184)

위 인용된 글에서 알 수 있듯이, 옛 군주들은 백성들의 보고 듣는 데서 그 민심을 파악하여 政事를 펼쳤음을 알 수 있다.
"묵자도 고대 군주들이 '민심을 천심으로 여겨야 한다.'라

---
181) 『墨子』「尙同中」, "上下情請爲通 上有隱事遺利 下得而利之 下有蓄怨積害 上得而除之. 是以 數千萬里之外 有爲善者 其室人未徧知 鄕里未徧聞 天子得而賞之 數千萬里之外 有爲不善者 其室人未徧知 鄕里未徧聞 天子得而罰之."
182) 『書經』「周書:泰誓上」, "天矜于民 民之所欲 天必從之"
183) 위의 책, 「泰誓中」, 天視自我民視 天聽自我民聽"
184) 『左傳』「莊公32년」, "吾聞之 國將興聽於民 將亡聽於神"

는 그 취지를 계승하여 그의 언론관을 피력하고 있다. 그는 사실 판단과 가치 판단을 구분하고, 사실 판단은 '민중의 이목에 따라야 한다.'라고 주장했다. 이것은 경험만이 사실 판단의 기준이 된다는 것으로 경험론을 말하고 있다."185)

> 이것은 아마도 천하에 있고 없음을 밝혀 (…) 반드시 여러 사람의 눈과 귀로 보고 들은 것을 근거로 있고 없음을 판단하는 표준으로 삼아야 한다.186)

이는 묵자의 경험론적 언론관을 밝히는 것으로, 민중이 보고 들은 사실이 아니면, 판단의 기준으로 삼아서는 안 된다는 것이다. 그러면서 여론이란 인민들의 다양한 의견이 상존하고 있음을 전제로 한다.

> 같음과 다름은 상보한다. 유무처럼 모순이 아니다.187)

> 화동 서로 다른 것들이 한 길로 동반하는 것이다.188)

> 다른 것이 있기에 무엇이 같다고 말할 수 있다.189)

묵자는 政長의 역할 중에서 상하 간의 소통을 원활하게 하도록 하는 것을 중시하면서, 또 비판적인 여론의 수렴에도 적극적이어야 한다고 강조한다.

---

185) 기세춘, Ibid., 204쪽.
186) 『墨子』「明鬼下」, "是與天下之 所以察知有與無之道者 必以衆之耳目之實 知有與亡爲儀者也"
187) 『墨子』「經上」, "同異交得 放有無"
188) 『墨子』「經上」, "同, 異而俱於之一也"
189) 『墨子』「大取」, "有其異也 爲其同也"

> 천자는 정령을 펴고 교화한다. 이르기를, 무릇 착한 것을 보고 들으면, 반드시 윗사람에게 고하도록 하며, 착하지 못한 것을 들어도 역시 반드시 윗사람에게 고하도록 하며, 윗사람이 옳으면 반드시 옳다고 말하고 윗사람이 그르면, 그르다고 말하도록 했다. 또한, 아랫사람들이 착하면 그것을 널리 천거하고, 윗사람에게 허물이 있으면 그것을 감시하고 간하여야 한다.190)

이처럼 상고제를 통하여 윗사람의 의견이 옳으면 옳다고 분명히 밝히고, 윗사람의 의견이 옳지 못하면 반드시 옳지 못하다고 밝혀야 한다는 것이다. 이는 윗사람에게 허물이 있는데도 아랫사람들이 올바로 간하지 않음으로써 政事가 인민의 이익과 배치되는 방향으로 진행되는 것을 방지하자는 묵자의 주장이다. 그러면서 묵자는 "군주에게는 반드시 군왕의 뜻에 거슬리는 간쟁으로 나라와 사직을 보전하는 신하가 있어야 하고, 윗사람에게는 정정당당히 곧은 말을 하는 부하가 있어 의논을 나누며 진지하게 논쟁하고 서로 경계해 주고 송사하고 논단해야만 오랫동안 나라를 보전할 수 있다191)"라고 했다.

또 비판 여론에 대해서도, "비판, 악한 행실을 밝히는 것이다."192) "비판을 그르다 함은 모순이다. 그른 것이 아닌 것에 대해 말하는 것이다. 비판을 그르다 함은 자기에 대한 비판을 그르다 하는 것이다. 비판을 그르다 할 수 없으며 그른 것을 옳다 하는 것이 도리어 그른 것이다. 옳지 않은 것을 그르다고 말하는 것은 그른 비판이라고 할 수 없다."193)라고

---

190) 『墨子』 「尙同中」, "天子爲發政施敎 曰 凡聞見善者 亦必以告其上 聞見不善者 亦必以告其上 上之所是 必亦是之 上之所非 必亦非之 己有善 傍薦之 上有過規諫之."
191) 『墨子』 「親士」, "君必有弗弗之臣 上必有詻詻之下 分議者延延하고 而 (支苟)[交敬]者詻詻 焉可以長生保國"
192) 『墨子』 「經上」, "誹, 明惡也"
193) 『墨子』 「經下」, "非誹者 誖 說在弗非, 非誹 非己之誹也 不非誹 非可

말하면서 지도자는 비판 여론에 대해서도 적극적으로 수용하는 자세로 政事를 펼쳐야 한다고 했다.
 묵자의 언론관은 춘추전국시대 인물의 생각이라고 말하기 어려울 정도로 개방적이며 비판적인 언론에 대해서도 수용하는 '열린 언론관'을 주장했다. 이와 같은 언론관을 정치 지도자가 갖고 정사를 펼쳐야, 인민의 이익에 부합하고 하늘의 뜻인 의로운 정치를 할 수 있다는 것이다.

2) 묵자 上告制와 언론관에 대한 논쟁점

『묵자』「尙同」에 기술된, "皆以告其上 上之所是 必皆是之 所非 必皆非之 上有過則規諫之 下有善則傍薦之" 이 문장은 어떻게 해석하느냐에 따라, 전제군주의 전체주의적 통치를 지향하는 이론이라는 주장과 인민이 주권자로서 민주주의를 위한 제도적 장치라는 주장으로 나뉜다. 즉 전제군주의 일방적인 명령을 하향식으로 전달하여 전체 인민이 모두 따르게 하기 위한 묵자의 理論이라고 해석하는 학자들과 이에 반해 자유의지를 지닌 인민들의 자기 결정권에 따른 인민의 의지를 상향식으로 결집하는 방식에 관한 묵자의 理論이라고 해석하는 학자들로 나누어진다. 이에 『묵자』「尙同上」의 원문을 검토해 본 다음, 이에 대한 논쟁점을 살펴본다.

> "正長旣已具 天子 發政於天下之百姓 言曰 聞善而不善 皆以告其上 上之所是 必皆是之 所非 必皆非之 上有過則規諫之 下有善則傍薦之 尙同而不下比者"

> 천자와 군주들과 인민들의 우두머리가 정해지면 천자는 정령을 펴서 교화를 실시한다. 이르기를 무릇 착한 것을 보고 들으면 반드시 윗사람에게 고하도록 하며, 착하지 못한 것을 들어도 역시 반드시

非也 不可非也 是不非誹也"

윗사람에게 고하도록 하며 윗사람이 옳으면 반드시 옳다고 말하고, 윗사람이 그르면 그르다고 말하도록 했다. 또 아랫사람들이 착하면 그것을 널리 천거하고 윗사람에게 허물이 있으면 그것을 감시하고 간하여 바로잡아, 윗사람을 따라 의리를 화동시키고
아랫사람들이 파당을 지어 편벽된 마음이 없도록 했다.[194]

천자도 역시 천하 인민에게 법령을 발하여 말할 것이다.
만일 천하의 인민을 사랑하고 이롭게 하는 자를 보거든 반드시 고하고 만일 천하 인민을 미워하고 해치는 자를 보거든 이것 역시 반드시 고하라! (…)
그러므로 옛날 성왕들이 천하를 다스림에 있어 언론을 선택하는 일을 보좌하는 자들은 모두 어진 사람이며, 또한 밖에서 보좌하는 사람들도 그를 도와 民情을 보고 듣는 자가 많았다.
그러므로 인민들에게 일을 도모케 하지만 인민들보다 앞서 그것을 알고 인민들에게 일을 일으키게 하지만 인민들보다 먼저 그것을 이루는 것이므로 영광과 명성은 인민들 위에 드러났다.
오로지 인민들의 언론을 펴게 하고, 그 인민들의 뜻에 따라 政事를 처리함으로써 이같이 이롭게 되는 것이다.[195]

그래서 군주에게는 반드시 군왕의 뜻을 거스르는 간쟁으로 나라와 사직을 보전하는 신하가 있어야 하고, 윗사람에게는 정정당당히 곧은 말을 하는 부하가 있어, 의논은 나누며 진지하게 논쟁하고 서로 경계해 주고 송사하고 논단해야만 오랫동안 나라를 보전할 수 있다. 신하가 그의 벼슬과 녹을 소중히 여겨 간쟁하지 않으면 가까운 신하는 벙어리가 되고 멀리 있는 신하는 입을 봉해버릴 것이니 백성의 마음에 원망이 쌓이는 것이다.
아첨하는 자들이 곁에 있어 좋은 의론이 막혀버리면 나라가 위태로

---

[194] 『墨子』 「尙同中」, "天(子)[下]諸侯之君 民之正長 旣已定矣 天子爲發政施敎 曰 凡聞見善者 必以告其上 聞見不善者 亦必以告其上 上之所是 必亦是之 上之所非 必亦非之 己有善 傍薦之 上有過 規諫之 尙同(義)[乎]其上 而毋有下比之心"

[195] 『墨子』 「尙同下」, "天子 亦爲發憲布令於天下之衆 曰 若見愛利天下者 必以告 若見惡賊天下者 亦以告 (···) 故 古之聖王治天下也 其所差論以自左右羽翼者 皆良 (外爲)之人 助之視聽者衆 故 與人謀事 先人得之 與人擧事 先人成之 光譽令聞 先人發之 唯信身而從事 故 利若此"

운 것이다.196)

① 전체주의적 통치를 위한 수단이라는 관점

위 문장을 "正長이 이미 갖추어지면, 天子는 天下의 百姓에게 政令을 발하여 말하기를 "善과 不善을 들으면, 모두 윗사람에게 고하도록 하라! 즉 윗사람이 옳다고 여기면 모두 옳다고 말하고, 윗사람이 그르다고 하면 모두 그르다고 여겨야 한다. 윗사람에 허물이 있으면 이를 간하여 바로잡고, 아랫사람이 착한 일을 하면 그를 널리 천거하여 윗사람과 함께 하면서 아랫사람끼리 패거리를 이루지 않아야 한다."로 해석하면서, 전제군주의 명령을 하향식으로 전달해서 하나로 통일시키게 하는 전체주의적 통치를 지향하는 이론이라고 주장하는 학자들이 있는데, 이 중에는 ㉠【곽말약】은 "왕의 의지로써 천하의 의지를 통일하고 왕의 시비로써 천하의 시비를 통일한다."라고 이해한다. ㉡【마등】도 위의 글에는 사상 언론의 자유가 전혀 없으며, "사람들의 개성이 말살되어야 하는 절대군주 전체주의이다"라고 주장한다. ㉢【김인규】도 윗글을 "모든 개개인이 각자의 주장을 버리고 윗사람의 주장에 동조할 것을 주장한 것이다. ㉣【김형진】과【서양중ㆍ서영곤】ㆍ【문한샘】등도 역시 '上告制'를 '집단적 감시체계'로 인식하여, 윗사람의 명령이 준수되고 있는지를 살피는 도구로 이해하고 있다.

以上 학자들의 주장은 대체로 "上之所是 必皆是之"을 해석하는 데 있어, 임금이 옳다고 하면 인민은 반드시 그것을 옳다고 해야 한다'라고 解 하여 묵자의 주장은 전체주의적 경향이 강하다고 한다. 또 중요한 부분은 "上有過則規諫之"에

---

196)『墨子』「親士」, "君必有弗弗之臣 上必有詻詻之下 分議者延延 而(支苟)[交敬]者詻詻 焉可以長生保國 臣下 重其爵位而不言 近臣則喑 遠臣則唫 怨結於民心 諂諛在側 善議障塞 則國危矣"

대한 이해인데, 이 글귀도 '전제군주가 허물이 있어도 규간하는 정도에 머문다.'라는 제한적인 의미로 해석하는 경향이 있다. 먼저 "皆以告其上 上之所是 必皆是之 所非 必皆非之 上有過則規諫之 下有善則傍薦之" 이 글귀가 전제군주의 통치권 강화를 위한 글귀라는 연구자들의 주장을 살펴본다. 즉 "위가 옳다 하는 것을 반드시 모두 옳다 하고, 그르다고 하는 것을 반드시 모두 그르다 하라."197) "묵가의 상동이 전체주의적 사상을 드러낸다고 주장하는 연구자들은 이러한 대목이 그 증거가 된다고 본다. 상동은 아랫사람이 윗사람에게 무조건 복종한다고 하는 뜻을 함축한다는 것이다."198) 이처럼 주장하는 학자들의 주장을 구체적으로 살펴본다.

먼저【곽말약】은 "왕권은 천하의 義를 동일하게 한다. 즉 윗사람이 옳다고 한 것을 반드시 옳다고 하며, 윗사람이 그르다고 한 것은 또한 반드시 그르다고 한다. 윗사람과 함께 하면서 아랫사람과 어울리지 않는다."199)라고 한 것을 근거로 해서, "上之所是 必皆是之 所非 必皆非之" 이 글은 절대적인 신권통치를 위한 글이며, 상동론은 왕의 권력 강화를 위한 전체주의적 이론이라는 것이다. 곧 묵자의 尙同을, "왕의 의지로써 천하의 의지를 통일하고 왕의 시비로써 천하의 시비를 통일한다."200)로 이해한다. 또 그는 묵자의 上告制를 "군주는 절대로 자리를 비울 수 없으며 반드시 힘써 행하고 몸소 실천해야 한다면서, 천하의 눈과 귀를 하나로 하기 위해서는 "淫僻을 보고도 그것을 고하지 않은 자는 그 죄가 음

---
197)『墨子』「尙同上」, "皆以告其上 上之所是 必皆是之 所非 必皆非之"
198) 정재현,『묵가사상의 철학적 탐구』, 서울: 서강대학교출판부, 2012, 129쪽.
199)『墨子』「尙同上」, "一同天下之義, 上之所是, 亦必是之, 上之所非, 亦必非之, 上同而不下比"
200) 郭沫若,『十批判書』,「孔墨的批判」, 人民文庫 : 人文科學 · 撰著, 2012, 85쪽.

벽한 자와 같다"201)고 하면서, 무엇보다도 밀고를 장려하고 연좌율을 강행해야 한다."202)로 이해하고 있다.

 이와 같은 【곽말약】의 주장에 따르면, 묵자의 사상은 전제군주의 전체주의적인 통치를 위해 제공된 이론이며, 이는 왕권의 절대성을 인정하는 것으로 여기에는 인민의 자유의지에 따른 언론의 자유는 배제된다는 것이다. 오로지 전제군주의 전체주의적 통치를 위해 신하와 인민들은, 군주의 눈과 귀가 되어 군주에게 절대 충성하는 허수아비 같은 존재라는 인식이 바탕을 이루고 있다. 둘째로, 【마등】에 의하면, "尙同은 '윗사람과 아랫사람 사이의 소통'일 수도 있지만, 본질적으로는 '군주 전제(專制)주의적 중앙 집권'이며, 정교 합일적인 통치이다. 여기에서는 사상 언론의 자유가 전혀 없으며, 사람들의 개성이 말살되어야 하는 절대군주 전제주의이다."203) 셋째, 【김인규】도 "上之所是 必皆是之 所非 必皆非之" 이 글을 "모든 개개인이 각자의 주장을 버리고 윗사람의 주장에 동조할 것을 주장한 것이다. 천하가 혼란한 원인은 서로가 자신의 주장만을 옳다고 여기고 남의 주장을 그르다고 하는 데서 기인한다고 하였다."204) 넷째, 【김형진】은 "이는 '군주 1인의 가치 체계가 강력하게 관철되는', '군주의 전제적인 통치'이며, '군주의 자의적인 독단이 견제될 수 있는 체제적인 장치가 마련되지 않은, 군주 한 사람에게 힘이 집중되는' 전체(全體)주의이다. 여기에서 전체의 이익을 위한 무고한 개인의 희생은 당연한 선택이다."205)고 기술하고 있다.

---

201) 郭沫若 著, 조성을 역, 위의 책, 130쪽.
202) Ibid.,130쪽.
203) Ibid., 127쪽.
204) 김인규, Ibid., 218쪽.
205) 김형진, 「묵자에 대한 전체주의적 해석의 단초」, 『한국철학회, 철학104집』, 2010, 29쪽.

또 【서양중 · 서영곤】은 그의 논문에서 "묵자는 상동을 통해서, 피라미드식 위계질서를 이루고 있는 정치체계 속에서 하급자는 상급자에게 복종해야 하고, 복종시키는 요체는 선악 간에 상급자에게 보고케 하여 이에 따라 賞罰을 내리는 데 있다."206)고 기술하고 있으며, "묵자는 천자를 중심으로 諸의견이 통일된 국가를 생각하였고, 천자에게 절대복종할 것을 요구하였지만 천자에게 최고의 권위를 부여한 것은 아니었다. 그는 최고의 권위자로서 天을 설정하였고, 天이야말로 義, 道德의 근거라고 생각하였다. 그리하여 天의 뜻을 따르는 것이 道이며, 정치도 이 天의 뜻에 따라 행해져야 한다고 주장하였다. 또 【문한샘】의 주장은 "善이나 不善에 대해 상급자에게 보고하라는 것은 궁극적으로는 의(義)의 통일을 위해서이지만, 좀 더 가깝게는 형벌을 명확히 하기 위함이다."207)라고 해석한다.

> 위아래가 그 의를 같이하지 않는다면 상과 명예가 선을 권하기에 부족하고 형벌이 포악을 막기에 부족할 것이다.208)
>
> 몇 천만 리 밖에 불선을 행한 자가 있어 그 집안사람이 모두 알지 못하고 향리 사람도 모두 듣지 못하더라도 천자가 이를 찾아서 벌할 수 있었다. 이런 까닭에 천하 사람들은 모두 다 두려워하고 몸을 부들부들 떨며 감히 포악한 짓을 하지 못하였다.209)

---

206) 서양중 · 서영곤, 「묵자 정치사상의 본질과 한계」, 『慶尙大學校人文系編 26집 2호』, 1987, 228쪽.
207) 문한샘, 「묵가의 정치적 합리성」, 『철학연구 제121집』, 2018, 251쪽.
208) 『墨子』 「尙同中」, "上下不同義 若苟上下不同義 賞譽不足以勸善 而刑罰不足以沮暴"
209) 『墨子』 「尙同中」, "數千萬里之外 有爲善者 其室人未徧知 鄕里未徧聞 天子得而賞之 數千萬里之外 有爲不善者 其室人未徧知 鄕里未徧聞 天子得而罰之 是以 擧天下之人皆恐懼振動惕慄 不敢爲淫暴"

즉 "상동에서 윗사람에게 보고하는 것을 강조하는 것은, 포상과 형벌의 체계가 제대로 작동하여 백성들이 그것을 두려워하고, 이를 통해 질서 유지를 도모하는 측면을 포함한다."210) 또 선왕의 글을 인용하며 "사람들아, 간악하고 교활한 일을 보면 바로 알려라. 말하지 않아 발각되면 죄가 같을 것이다."211)라고 하여, 보고하지 않는 일에 대해서도 책임을 묻는 내용을 담고 있다. 이 역시 이러한 집단적 감시체계를 잘 작동시키기 위한 것으로 볼 수 있다. 여기에서 보듯 의(義)의 통일을 위해 묵가에서 이야기하고 있는 것은 '합리적 소통'이 아니며, 오히려 德 있는 윗사람을 중심으로 한 의견 통일이자, 보고체계와 감시체계를 통한 상벌제도의 확립이라고 할 수 있다고 주장한다. 문한샘의 주장 역시 "皆以告其上 上之所是 必皆是之 所非 必皆非之" 문장에 대한 해석에서, 上告制를 집단적 감시체계로 인식하여, 윗사람의 명령이 준수되고 있는지를 살피는 도구로 이해하고 있다.

그러면서도 그는 "위에 허물이 있다면 간하여 이를 바로잡고 아래에 선함이 있다면 널리 이를 추천하라. (上有過則規諫之 下有善則傍薦之)"와 같은 부분에는 전제주의적이지 않은, 말하자면 민주적인 주장이 함축되어 있다고 할 수 있으

---

210) 다음의 구절들에서도 확인할 수 있다. "성왕은 가서 보지도 못하고 가까이서 듣지도 못하다. 그런데도 천하의 난을 일으키고 도둑질하는 자가 천하를 두루 돌아다녀도 발붙일 데가 없게 하는 것은 무엇인가? 그것은 상동을 하고 정치함이 좋았기 때문인 것이다." 『墨子』 「尙同中」, "군주가 정치를 함에 있어 아래 민의 실정을 파악한다면 다스려지고, 아래 민의 실정을 파악하지 못한다면 어지러워진다는 것이다. (···) 군주가 정치를 함에 있어 아래 민의 실정을 파악한다면 바로 이는 민간에 있어 선과 악이 분명해진다는 것이다. 만약 민간에 있어 선과 악이 분명해지지 못한다면, 선량한 사람을 찾아 상 주지 못하고 포악한 사람을 찾아 벌할 수 없을 것이다. [···] 정치함이 이와 같다면 국가는 반드시 어지러워질 것이다." 『墨子』 「尙同中」.
211) 『墨子』 「尙同下」, "小人 見姦巧 乃聞 不言也 發罪鈞"

며, 이는 분명 "묵가의 정치사상에 대해 무조건 위를 따르는 것이 아니라 모종의 합리성을 통해 최선의 것을 도출하고자 하는 시도로 볼 수 있는 여지를 준다."212)고 하면서 다음 구절들을 제시한다.

> 이장이 里의 백성에게 행정명령을 발하여 말하기를, "선이나 불선을 들으면 반드시 그 향장에게" 고하라. 향장이 옳다 하는 것을 반드시 모두 옳다 하고, 향장이 그르다 하는 것을 반드시 모두 그르다 하라. 향장이 향의 백성에게 행정명령을 발하여 말하기를, "선이나 불선을 듣는 자는 반드시 그 국군에게 고하라. 국군이 옳다 하는 것을 반드시 모두 옳다 하고, 국군이 그르다 하는 것을 반드시 모두 그르다 하라." 국군이 정치 명령을 발하여 말하기를, "선이나 불선을 들으면 반드시 천자에게 고하라. 천자가 옳다 하는 것을 모두 옳다 하고, 천자가 그르다 하는 것을 모두 그르다 하라.213)

이러한 글을 통해 보면, 善이나 不善에 대한 판단을 상급자의 판단에 맡기는 것이 아니라, 차상급자의 판단에 맡김으로써, 상급자의 독단을 방지하려는 조치로 보인다는 것이다. 또 우선 윗사람이 잘못을 저지르면 아랫사람이 간하라고 하는 내용이 묵가의 텍스트에 들어있는 것은 사실이다. 그러나 그러한 부분은 상동에 관해 서술하는 내용 중 일부이며, 그런 만큼 상동 전체의 뜻을 이끌어갈 만큼의 중요성을 부여하기는 힘들어 보인다며, 상동 전체의 틀은 윗사람의 좋은 점을 배우라는 것이며, 그러한 과정에서 윗사람에게 잘못이 있거든 그것을 바르게 하도록 諫(간)하라는 정도로 이해된다. 그

---

212) 문한샘, Ibid., 253쪽.
213) 『墨子』 「尙同上」, "里長 發政里之百姓 言曰 聞善而不善 必以告其鄕長, 鄕長之所是 必皆是之 鄕長之所非 必皆非之. (···) 鄕長發政之百姓 言曰 聞善而不善 必以告其國君, 國君之所是 必皆是之 國君之所非 必皆非之. (···) 國長發政之百姓 言曰 聞善而不善 必以告其天子 天子之所是 必皆是之 天子之所非 必皆非之."

리고 이러한 정도의 서술이라면 이는 "묵자의 체제가 '무조건적인 전체주의는 아니라'는 의견을 뒷받침할 수는 있어도, 묵자의 상동이 윗사람과 아랫사람의 '의견 통일'이라고 표현하기는 어려워 보인다. 의견 통일이라고 할 수 있다고 해도 그것은 어디까지나 윗사람을 중심으로 한 의견 통일이라고 해야 한다."214) 고 주장하고 있다. 그러면서 【문한샘】은 결론적으로 "묵자의 상동은 의(義)의 통일을 위해서는 현명하고 德 있는 윗사람의 뜻을 따르는 것이 효과적이고, 윗사람이 잘못되면 아랫사람이 諫하여 바로잡으라는 것은 부차적이다. 윗사람과 아랫사람이 동등한 자격으로 의(義)의 통일을 위해 의사소통한다고 하는 것은 고대 중국의 묵가에게는 어울리지 않는다."215)고 주장한다. 【박종우】는 "묵자의 상동은 민주적 요소와 전제적 요소의 성격을 모두 가지고 있으며, 각 행정 단위의 장이 백성의 의견을 청취한다는 것은 민주적 요소이고, 행정단위 장의 결정에 대해 백성은 자신의 의견이나 이익을 배제하고 무조건 따라야 한다는 점은 전제적 요소"216)라 할 수 있다고 보는 것이다. 以上의 문한샘과 박종우의 주장은 묵자의 상동론이 전체주의적인 요소와 민주적 요소가 분리되지 않은 채 혼용되고 있다는 뜻이다.

　以上의 주장과 같이 묵자의 상동론을 전제군주의 전체주의적 통치를 위한 이론이라고 주장하는 학자들은, 묵자가 천하의 질서를 확립하기 위해서 天을 정점에 설정함으로써 결과적으로 그가 구상한 정치구조란 하향식 정치로서 民이 정치권에서 소외되는 것이었고, 소위 민권론 또는 주권재민론과는 공통점을 결코 발견할 수 없다. 물론 겸애가 곧 하늘의

---

214) 문한샘, Ibid., 243쪽.
215) Ibid., 250쪽.
216) 박종우, 「민주집중제의 전제성에 대한 비판적 고찰」, 『중국학연구 제78집』, 2016, 145쪽,

뜻이며. 능력 위주의 정치를 주장했다는 점에서 民의 지위가 天의 개념에 완전히 매몰된 것은 아니지만, 이러한 사상형태는 치자들에게 독재권의 행사를 정당화시켜주는 근거로 작용할 위험성이 있다."[217]고 주장하였다. 이들의 주장은 묵자가 상동에서 주장하는 것은 "하향식 정치로서 백성은 그 중심이 아닌 객체"[218]라는 것이며, 상동은 '군권신수설' 혹은 '왕권신수설'에 해당[219]하는 것이다.

② 인민의 여론 수렴을 위한 민주적 수단이라는 관점

이에 반해, 尙同의 "正長旣已具 天子 發政於天下之百姓 言曰 聞善而不善 皆以告其上 上之所是 必皆是之 所非 必皆非之 上有過則規諫之 下有善則傍薦之 尙同而不下比者"이라는 문장을 "正長이 이미 갖추어지면, 天子는 天下의 百姓에게 政令을 발하여 말하기를 "善과 不善을 들으면, 모두 윗사람에게 고하도록 하라! 즉 '윗사람이 옳은 길'로 가면 모두 옳다고 말하고, '윗사람이 그른 길'로 가면 모두 그르다고 말할 것이다. 이로써 윗사람에 허물이 있으면, 이를 간하여 바로잡고 아랫사람이 착한 일을 하면 그를 널리 천거하여, 윗사람과 아랫사람은 같음을 숭상하고, 아랫사람은 사벽되지 않을 것이다"로 해석하여, 인민이 주권자로서 인민의 의견을 상향식 여론 수렴 과정인 민주주의적 소통을 위한 제도라고 주장하는 학자들로, ㉠ 【기세춘】은 "上之所是 必皆是之"에 대한 해석을 "'임금이 '옳은 것은 옳다' 말하고, '그른 것은 그르다'고 말할 수 있어야 한다.'는 뜻으로 언론을 보장해야 한다는 뜻이다."라고 해석하며, 이는 '下意上達'(하의상달)을 말하고

---

217) 서양중 · 서영곤, Ibid., 228쪽.
218) 문한샘, 「묵가의 정치적 합리성」, 『철학연구 제121집』, 2018, 238쪽.
219) Ibid.

있다고 주장한다. ⓒ【정재현】은 가장 좋은 방안은 윗사람의 의견이 아니라, 보다 많은 사람의 의견을 고려해서 만들어진 방안이다. 이런 점에서 백성들과의 소통을 강조하는 체제일 뿐이다. 또 이런 점에서 묵자의 상동은 '민주적이면서 민본적인 제도이다'라고 주장하고 있다. ⓒ【손영식】은 사람들은 자기 의견을 가지고 義와 利를 다툴만한 자유의지를 가진 존재로 보고 있다. ⓔ【황성규】는 묵자의 상동 체계를 하향식이라 주장하는 것은 묵가학파의 상동 사상을 제대로 간파하지 못한 데서 오는 편견이며, 상동 사상이 추구하고자 하는 본질과는 상당한 거리가 있다고 주장한다.

이처럼 尙同論을 자유의지를 지닌 인민들의 자기 결정권에 따른 인민의 의지를 상향식으로 결집하는 방식에 관한 묵자의 이론이라고 해석하는 학자들의 주장을 구체적으로 살펴본다.

역시 위의 문장 중에서 특히 논란이 되는 것은 "上之所是 必皆是之"에 대해 해석이다. 이를 上下의 소통을 위해 언론에 의해 적극적인 통제와 조화를 이룬다고 해석하는 학자들이 있다. 먼저【기세춘】은 위 문장을 '임금이 옳다고 하면 인민은 반드시 그것을 옳다고 해야 한다'라는 일반적인 해석에서 벗어나, "'임금이 옳은 것은 옳다 말하고, 그른 것은 그르다고 말할 수 있어야 한다.'는 뜻으로 언론을 보장해야 한다는 뜻이다."[220]고 해석하며, 그는 묵자는 상동편에서 "下意上達을 통하여 통치자는 인민의 義와 實情을 정확히 알아야 하며, 통치자의 눈과 귀는 귀신과 같이 인민의 실정에 밝아야 했다. 언로가 열려있었기 때문에 성왕들의 눈과 귀는 神과 같이 밝았다."[221]고 해석하고 있다. 그러므로 정치는 그

---

[220] 기세춘, Ibid., 464쪽.
[221] 『墨子』「尙同中」, "天子之視聽也非神 夫唯能使人之耳目 助己視聽 天

통치자가 "인민의 實情을 잘 알면 잘 다스려지고 인민의 실정을 모르면 어지러워지는 것이다."222) 이처럼 "묵자의 언로는 下意上達이었으며 인민의 통치자에 대한 감시였다"223)고 주장한다.

그러면서 기세춘은 周의 무왕이 殷 나라 주왕을 정벌하면서 내세운 논리인 '自下而上'論을 다음과 같이 기술하고 있다.

> 天志는 만물의 부모요, 사람은 만물의 영장이니 진실로 총명해야 천자가 될 수 있고 민중의 부모가 된다. 지금 상나라 왕 受는 위로 하늘을 공경하지 않음으로써 아래로 백성에게 재앙을 내리게 하고 있다. 이것은 상나라의 죄가 넘쳐 하늘이 벌주라고 명하는 것이다. 내가 하늘의 명을 따르지 않는다면, 나도 상나라 왕의 죄와 똑같이 天命을 어기는 것이다. 나는 하늘에 제사를 올리고 토지 신에게도 제사를 지내 여러분과 함께 하늘의 벌을 내리기로 맹세했다. 하늘은 민중을 긍휼히 여기시니 '민중이 하고자 하면 하늘은 반드시 따를 것이다.'
> 그대들에게 바라노니 나를 도와 온 세상을 영원히 맑은 세상으로 만들자. 때는 왔습니다. 때를 놓치지 맙시다.224)
>
> (…) 상나라를 치면 반드시 이길 것이다.
> 하늘이 보는 것은 민중을 통하여 보는 것이며,
> 하늘이 듣는 것은 민중을 통하여 듣는 것이다.225)

子之視聽也神"
222)『墨子』「尙同下」, "上之爲政得下之情則治 不得下之情則亂"
223) 기세춘, 「천하에 남이란 없다」, 나루, 1995, 204쪽.
224)『書經』「泰誓上」, "惟天地萬物父母 惟人萬物之靈. 亶聰明作元后 元后作民父母 今商王受 不敬上天 降災下民 商罪貫盈 天命誅之 予不順天 厥罪惟鈞 予小子 類于上帝 宜于冢土 以爾有衆 底天之罰. 天矜于民 民之所欲 天必從之. 爾尙弼予一人 永淸四海 時哉 不可失."
225)『書經』「泰誓中」, "戎商必克 天視自我民視 天聽自我民聽"

이 周 무왕의 연설문을 살펴보면, 고대국가에서도 '自下而上의 논리' 즉 민중의 뜻이 존중되고 있었음을 알 수 있다. 즉 天心은 民心이라는 것이다. 이 논리는 묵자의 「비명」에 기술된 삼표론의 제2조에 해당하는, '민중의 여론'을 중시함이 고대로부터 이어져 내려온 논리임을 알게 한다. 또 기세춘은 "묵자가 하늘의 뜻인 天志에 따를 것을 주장했으나, 한편 가치의 다양성을 인정한 열린 민주주의라는 것이다."226) "그는 同과 異를 상보적인 것으로 보았고, 大同은 작은 다름(小異)이 한 무리로 모이는 것이라고 말했다. 그러므로 그는 言路를 열 것과 신분의 이동을 보장할 것을 주장했다."227)는 것이다. 이는 다음의 『묵자』 기록을 통해 알 수 있다.

> 그래서 군주에게는 반드시 군왕의 뜻을 거스르는 간쟁으로 나라와 사직을 보전하는 신하가 있어야 하고, 윗사람에게는 정정당당히 곧은 말을 하는 부하가 있어, 의논은 나누며 진지하게 논쟁하고 서로 경계해 주고 송사하고 논단해야만 오랫동안 나라를 보전할 수 있다. 신하가 그의 벼슬과 녹을 소중히 여겨 간쟁하지 않으면 가까운 신하는 벙어리가 되고 멀리 있는 신하는 입을 봉해버릴 것이니 백성의 마음에 원망이 쌓이는 것이다.
> 아첨하는 자들이 곁에 있어 좋은 의론이 막혀버리면 나라가 위태로운 것이다.228)

천자는 정령을 펴고 교화를 실시한다. 이르기를 무릇 착한 것을 보고 들으면, 반드시 윗사람에게 고하도록 하고, 착하지 못한 것을 보고 들어도 역시 반드시 윗사람에게 告하도록 하며, 윗사람이 옳으면 반드시 옳다고 말하고, 윗사람이 그르면 그르다고 말하도록 했다. 또 아랫사람들이 착하면 그것을 널리 천거하고 윗사람에게 허물이

---

226) 기세춘, Ibid., 266쪽.
227) Ibid., 266~267쪽.
228) 『墨子』「親士」, "君必有弗弗之臣 上必有詻詻之下 分議者延延 而(支苟)[交敬]者詻詻 焉可以長生保國 臣下 重其爵位而不言 近臣則喑 遠臣則唫 怨結於民心 諂諛在側 善議障塞 則國危矣"

있으면 그것을 감시하고 바로 잡았다.229)

비판, 악한 행실을 밝히는 것이다.230)

비판을 그르다 함은 모순이다.
그른 것이 아닌 것에 대해 말하는 것이다.231)

옛 성왕들이 정사를 다스릴 때는 德 있는 자를 벼슬자리에 앉히고 어진 이를 숭상했다. 비록 농업이나 상공업에 종사하는 천한 사람이라도 능력이 있으면 그들을 등용했다. (…) 따라서 관리라 해서 언제까지나 귀한 것이 아니고, 백성이라 해서 언제까지나 천하지는 않았다.232)

자리의 높고 낮음을 취하는 것은 善·不善에 따라 헤아려야 한다.
산과 못처럼 항상 높고 항상 낮은 것은 아니다.
아래에 처했다 해도 윗사람보다 善하면, 아랫사람을 윗자리로 청해야 한다.233)

  이와 같은 묵자의 주장을 통해 보면, 묵자는 윗사람과 아랫사람 간의 활발한 의견소통을 통한 의견 수렴을 통해 국정이 운영되어야 하며, 인민들 개개인의 신분이 평등한 가운데 능력에 따른 등용이 되어야 한다고 주장했다는 것이다.
  두 번째로, 【정재현】이 묵자의 상동을 이해하는 방식을 살펴보면 다음과 같다.

---

229) 『墨子』「尙同中」, "天子爲發政施敎 曰 凡聞見善者 必以告其上 聞見不善者 亦必以告其上 上之所是 必亦是之 上之所非를 必亦非之 己有善 傍薦之 上有過 規諫之"
230) 『墨子』「經上上」, "誹, 明惡也"
231) 『墨子』「經下下」, "非誹者 誖 說在不非"
232) 『墨子』「尙賢上」, "故古者聖王之爲政 列德而尙賢 雖在農與工肆之人 有能則擧之 … 故官無常貴 而民無終賤"
233) 『墨子』「經說下」, "取高下 以善不善爲度 不若山澤 處下善於處上 下所請上也"

천志가 왕의 뜻을 가리키지 않는다는 것은 아랫사람과 윗사람이 상이한 견해를 가질 수 있고, 아랫사람이 항상 통합된 견해를 내기 위해 그들의 견해를 바꾸는 것이 아니라는 사실에서 알 수 있다.234)

윗사람이 어떤 잘못을 저지르면 아랫사람은 그것을 바르게 간하여 주며 (…) 235)

(위아래의 뜻이 같지 않다면) 윗사람이 상주는 사람에 대하여 인민들은 그를 비난하게 될 것이다. (…) 윗사람이 벌주려는 사람에 대하여 인민들은 칭찬하게 될 것이다.236)

"묵자가 위 구절에서 말하려는 것은 윗사람으로서의 복종 강요가 아니라 윗사람과 아랫사람과의 의견 통일이다. 군주의 생각이 절대적으로 받아들여졌다면 군주의 생각은 '한 사람이 그 자신의 고유한 생각들을 가지고 있는 것'에 불과했을 것이다. 묵가가 통합된 의견을 강조한 것은 인간을 동물과 다르게 구별 지었기 때문이다. 묵자는 오직 인간만이 통합된 의견을 가질 수 있다고 보았다."237)
"묵가는 처음부터 통합된 의견은 위로부터의 지시를 통하지 않고, 대중의 의견들을 모으는 과정을 통해 이루어진다는 것을 믿었다. 왕은 결코 神的 존재가 아니기에 그는 국가를 다스리기 위해 백성들의 지혜와 그를 도와줄 힘을 끌어들일 필요가 있었다."238) 『墨子』「상동」에서도 "정치는 전문가 집단에 의해 이루어지는 것"239)이라고 했다. 묵가의 상동 주장에

---

234) 정재현, Ibid., 137쪽.
235) 『墨子』「尙同上」, "上有過則規諫之"
236) 『墨子』「尙同中」, "上之所賞 則衆之所非 (・・・) 上之所罰 則衆之所譽"
237) 정재현, Ibid..
238) Ibid., 139쪽.
239) 『墨子』, 「耕柱」, "能談論者談論 能說書者說書 能從事者從事 然後義

는 권위주의 정치라기보다는 '전문가에 의한 정치'가 강조되고 있다. 즉 상동의 방식은 무조건적인 의견의 통일이 아니라, 가장 좋은 방안으로서의 의견의 통일이다. 가장 좋은 방안은 윗사람의 의견이 아니라, 보다 많은 사람의 의견을 고려해서 만들어진 방안이다. "상동의 정치란 이런 점에서 백성들과의 소통을 강조하는 체제일 뿐이다. 또 이런 점에서 묵자의 상동은 민주적이면서 민본적인 제도이다."[240]

요컨대 정재현은 묵자의 상동 사상에는 어떤 민주적 요소가 들어있으며, 따라서 묵가의 정치사상은 권위적이라기보다 민주적이며 민본적인 요소를 포함하는 것으로 간주해야 한다는 주장을 편다.

【손영식】은 묵자의 상동의 "人是其義 以非人之義 故 交相非也"에서 "사람들이 자기의 義는 옳다고 여기고, 남의 義는 그르다고 여겨 서로 비난한다"라고 하는 글귀에서, 각 개인은 '자유의지를 가진 주체'로서의 인식을 가진 존재라는 것이다. 이런 바탕에서 손영식은 다음과 같이 주장한다.

> 천자 이하 윗사람이 정해지면, 각 개인은 그들의 명령에 절대 복종해야 한다. 위가 옳다 하는 바를 반드시 모두 옳다 하고, 그르다 하는 바를 반드시 모두 그르다 한다. 아래로 나란하고 위와 같아질 수 없는 것, 이는 위가 벌하는 바이고, 백성이 헐뜯는 바이다. 위가 이로써 상과 벌로 삼는다.[241]

> 위가 옳다고 하는 바를 또한 반드시 옳다고 하고, 위가 그르다고 한 바를 또 반드시 그르다고 하라. 의로움을 위로 그 윗사람과 같아지고, 그리고 아래로 나란히 하려는 마음을 갖지 말라.[242]

成也"
240) 정재현, Ibid., 142~143쪽
241) 『墨家』「尙同上」, "上之所是 必皆是之. 所非 必皆非之. 下比 不能上同者. 此上之所罰. 而百姓所毀也. 上以此爲賞罰."

사람들이 최초의 상태의 혼란을 벗어나기 위해서, 천자 이하 국가 기구를 만들면, 각 개인은 국가 권력에 복종해야 한다. 그 이유는 자신의 '자기 결정권'을 위에 넘겼기 때문이다. 위는 그 권력을 받아야 각 개인의 '이익 주장'의 충돌을 막고, 각 개인과 사회의 이익의 극대화를 이룰 수 있다.

下比는 태초의 혼란 상태의 원인이다. 모든 개인이 각자의 '이익 주장'을 하면서, 서로 나란히 서고 무리 지어서, 서로 싸우는 상황이다. 尙同에 의해서 국가가 건설되면, 下比는 엄격하게 금지되어야 한다."243)

위의 글에서 손영식은 태초에도 사람들은 자기 의견을 가지고 義와 利를 다툴만한 자유의지를 가진 존재로 보고 있다. 그래서 그는 금수처럼 사람들이 利를 놓고 다투는 것은 현명하지 못하기에 이를 조정해서 공동의 이익과 개인의 이익을 동시에 충족시킬 수 있는 政長이 필요했다고 해석하고 있다. 그래서 어질고 능력 있는 사람 중에서 천자를 선출하고 또 그 이하 관료들을 선출해서 자유의지를 가진 悶들이 뜻을 하나로 모을 수 있는 제도적 장치를 묵자는 상동편에서 설파하고 있다고 본 것이다.

또【황성규】는 "상동론이 획일적이고 전체적인 사회를 지향하거나 아랫사람은 반드시 윗사람의 견해를 추종해야 한다는 것으로 비추어질 수 있으나, 이는 묵가학파의 상동 사상을 제대로 간파하지 못한 데서 오는 편견이며, 상동 사상이 추구하고자 하는 본질과는 상당한 거리가 있다면서, 묵자의 상동론은 통치자의 주관적 의사에 의해서 국가가 좌지우지되는 불합리한 현상을 최소화할 수 있는 제도적 장치를 수립하자

---

242) 『墨家』 「尙同中」, "上之所是, 亦必是之. 上之所非, 亦必非之. 尙同義其上, 而母有下比之心."
243) 손영식, 「묵자의 국가론」, 『대동철학, 제76집』, 2016, 202쪽.

는 것이다. 물론 묵자가 제시한 제도적 장치라는 것은 통치자가 시행하고자 하는 방향과 백성의 뜻이 하나가 되는 것, 혹은 백성의 소망과 위정자인 왕공대인의 정책이 어김없이 맞아떨어지는 것 등을 보장하기 위한 하나의 수단이 된다고 주장한다."244)

"상동의 체계로 보면 천자도 상동해야 하므로 하늘이 선정해야 한다고 보는 것이 타당하지만 묵가에서 天의 意志는 정치적 평등과 경제적 정의인 겸애 교리이고, 天의 의지는 실제에 있어서 民의 의지가 투영된 것이므로 民에 의해서 選定된다고 할 수 있다."245) "'尙'은 또한 '上'과 통한다."246)고 하는데, 여기에는 두 가지 의미가 내포되어 있다고 본다. 하나는 '尙同'은 同, 즉 같음(평등)을 숭상했다는 측면과 上同 즉 윗사람과 뜻을 같게 했다는 측면이다. 이는 윗사람의 지시에 따랐다는 의미도 된다. 왜냐하면, 윗사람은 현명한 사람이기 때문이다.

그래서 尙同은 同, 즉 같음(평등)을 숭상했다는 측면을 강조하면 윗사람과 아랫사람이 동등함을 뜻하는 것으로 서로 소통을 통해 의견(기준)을 하나로 통일하자는 의미가 강하다. 그러나 上同으로 윗사람과 뜻을 같게 한다는 측면을 강조하면 윗사람의 의견을 추종한다는 의미로 전체주의적 색채를 지니게 된다. 그래서 전자의 측면으로 해석하면 '不下比'도 서로 다른 기준(義)을 윗사람과 아랫사람이 서로 소통함으로써 하나로 통일하였으므로 불필요하게 따로 파당을 지어 다른 의견을 내세우지 말라는 뜻이 되고, 이는 민주주의적인 색채가 강하다. 후자의 측면을 따르면 윗사람의 의견에 동조

---

244) 황성규, 「묵자의 상현과 상동 편에 내재된 정치이론 고찰」, 『동양철학, 제31집』, 2009, 157쪽.
245) 이해영, Ibid., 142쪽.
246) 손이양 저, 이상하 외 2 역, Ibid., 331쪽.

하고 불필요한 파당을 짓지 말라는 전체주의적 색채를 띠게 된다. 그래서 이 논문에서는 '尙同을 상하 소통을 통한 기준 (義)을 하나로 통일해서 民意가 하나로 모아지는 것을 묵자는 주장했다'라고 해석하는 것이다.

> 그러므로 옛날 성왕들은 오직 尙同하는가만을 살펴서 (그런 사람을) 政長으로 삼았다. 이런 까닭에 위아래의 情이 통하였다.247)
>
> 옛 성왕은 천하의 의리를 통일, 화동할 수 있기에 정치의 수장으로 선출되었던 것이다.
> 따라서 상하의 마음이 뚫리어 소통했으므로
> 윗사람이 은밀한 사업으로 인민에게 이익을 끼쳐주면
> 인민들도 그것을 알고 윗사람을 이롭게 했으며
> 아랫사람들에게 원한이 자라고 폐해가 쌓이면
> 위에서는 그것을 알고 제거해 준다.248)

위의 글귀들은 正長의 임무나 역할은 위아래의 소통을 잘 시키는 능력이 있는지 여부도 중요한 능력으로 보았다는 것이고, 정장 또한 위아래가 소통이 잘 되어서 온 인민의 뜻을 하나로 통일시키는 데 역점을 두고 있음을 알 수 있다.

3) 민주론적 관점에서의 판단

이 장에서는 묵자의 '상고제'와 '언론관'이 토크빌이나 로버트 달의 언론관과 부합하는지를 살펴본다.

묵자의 '百姓爲人이 인민주권으로 해석되어야 한다.'는 주장과 또 이는 천자선출 문제에서도, 자유의지를 지닌 '인민들의

---

247) 『墨子』 「尙同中」, "故古者聖王唯而審以尙同 以爲正長 是故 上下情請 爲通"
248) 『墨子』 「尙同中」, "故古者聖王唯而審以尙同 以爲正長 是故 上下情請 爲通 上有隱事遺利 下得而利之 下有畜怨積害 上得而除之."

주체적인 자기 결정권에 따른 선택이다'라는 주장을 긍정한다면, 묵자의 '百姓爲人'이 '인민 주권론'과 부합되고, 이에 따라 '천자 선택권'이 인민들에게 있다는 주장들을 긍정하는 바탕에서, "皆以告其上 上之所是 必皆是之 所非 必皆非之 上有過則規諫之 下有善則傍薦之 上同而不下比者"에 대한 해석을, 인민 개개인의 의견이 군주의 명령에 따라 통일되는 하향식 의견 결집이 아닌, 인민의 의견들이 '상향식으로 결정된다'는 주장들이 설득력이 있게 된다. 즉 尙同의 上告制은 인민이 주권자로서 인민의 의견을 상향식 여론수렴 과정인 민주주의적 소통을 위한 제도라는 것이다.

이에 토크빌과 로버트 달의 언론관과 대비시켜가면서 묵자의 사상이 민주주의적인 경향이 있는지를 살펴본다. 토크빌은 "개인들은 권력의 대표자를 선출하는 등 중요한 사안에서 '자신의 자유의지'를 활용할 수 있다"라면서[249], 인민 개개인이 주권자로서 최고지도자를 선출할 수 있는 것이 민주주의라고 말하고 있다. 또 "민주주의는 정치적 권리를 가장 낮은 계층의 시민들에게까지 확산시킨다."[250]고 하면서. "그는 적당한 시간 안에 최대 다수가 지배하는 평화로운 제국을 건설하지 못하면, 멀지 않아 단 한 사람이 지배하는 무한 권력의 지배 아래 놓이게 되고 말 것이라고 단언하였다."[251] 이와 같은 토크빌의 주장은 민중이 지배하는 정치체제를 갖추지 못하면 결국 전제군주가 지배하는 전체주의 국가가 될 것을 염려하고 있다. 또 토크빌은 "민주주의의 폐단을 막고 민주주의를 진작시킬 수 있는 것으로 '언론의 역할'을 들었다. 언론의 자유가 보장되면 평등이 초래하는 문제점 대부분을 치

---

249) 서병훈, Ibid., 66쪽.
250) Ibid., 76쪽.
251) Ibid., 80쪽.

유할 수 있다고 믿는다. 그래서 그는 언론을, 자유를 보장하는 가장 중요한 민주적 도구라고 규정한다. 다른 어떤 곳보다 민주주의 사회에서 언론의 자유가 소중하다고 강조한다."252) 그리고 그는 참여를 통한 민주주의 확대를 추구했다.253)

이와 같은 언론의 자유와 민중의 정치참여만이 민주주의의 폐단을 막고, 민주주의를 발전시킬 수 있다고 강조한다. 토크빌은 플라톤이 민주주의를 민중 즉 다수의 어리석은 사람들 집단이 行 하는 중우정치로 인식하고, 철인 정치 즉 수호자층에서 정치해야 한다는 주장에 영향을 받아서, 민주 시대의 전제정치(민주 독재)를 특히 두려워했다. 이는 토크빌이 "민주 독재가 평등사회의 '내재적 징후'임을 날카롭게 지적한 다음 그것을 극복할 수 있는 것은 정치참여의 확대라고 주장한다."254) 그러면서 그는 평등민주주의는 민주 독재를 태생적으로 내포하고 있다고 주장한다. 그래서 그는 특히 언론의 자유와 민중의 정치참여를 강조한 것이다.

이와 같은 토크빌의 주장에 따라, 묵자의 사상 중에서 토크빌의 언론관과 부합하는 주장과 민중의 정치참여와 관련된 글귀가 『묵자』에 어떤 형태로 표현되고 있는지 살펴본다.

묵자도 언론의 중요성을 『묵자』「친사」에서 다음과 같이 강조하고 있다.

> 군주에게는 반드시 군왕의 뜻에 거슬리는 간쟁으로 나라와 사직을 보전하는 신하가 있어야 하고 윗사람에게는 정정당당히 곧은 말을 하는 부하가 있어 의논을 나누며 진지하게 논쟁하고 서로 경계해 주고 송사하고 논단해야만 오랫동안 나라를 보전할 수 있다.255)

---

252) Ibid., 115쪽.
253) Ibid., 126쪽.
254) Ibid.

이 문장에서 묵자는 정정당당히 자기 의견을 펴는 것이 政事의 근본임을 설파하고 있다. 그렇게 함으로써 나라가 오랫동안 보전될 수 있다는 것이다. 자유로운 토론과 의견 수렴을 통해 여론을 형성하는 것이 매우 중요함을 묵자는 말하고 있다. 그러면서 여론이 어떻게 형성되는지를 비유적으로 표현하고 있다.

> 장강과 황허의 물은 한 근원에서 나온 물이 아니며, 천 냥의 값진 가죽옷은 한 마리의 여우가죽이 아니다. 대저 어찌 도리가 같은 자를 취하지 않고 자기에게 동조하는 신하만을 기용한다면 널리 아우르는 임금의 도리가 아니다.[256]

즉 여러 사람의 각기 다른 의견들이 취합되어서 하나의 통일된 여론이 형성된다는 것이다. 그래서 언론은 자유롭게 토론과 간쟁할 수 있도록 해야 한다는 것이 이 문장에서 묵자가 주장하는 것이다. 묵자가 윗글에서 비유로 든 장강과 황허의 물과 가죽옷은 특별한 사람들을 비유로 든 것이 아니라, 보통 평민에서부터 지배층에 이르기까지 널리 모든 인민을 아우른다고 본다. 이는 민중의 평등한 정치참여를 독려하는 의미이다.

> 천하의 크고 작은 모든 나라는 모두 하느님의 고을이다.
> 사람은 어린이나 어른이나 귀하거나 천하거나 모두 똑같은
> 하느님의 신하이다.[257]

---

255) 『墨子』「親士」, " 君必有弗弗之臣 上必有詻詻之下 分議者延延하고 而 (支苟)[交敬]者詻詻 焉可以長生保國"
256) 『墨子』「親士」, "江河之水는 非一源之水也요 千鎰之裘 非一狐之白也 夫惡有同方取不取同而已者乎 蓋非兼王之道也."
257) 『墨子』 「法儀」, "今天下無大小國 皆天之邑也며 人無幼長貴賤히 皆天

즉 모두가 하늘의 소유이고 하늘의 신하이다. 그래서 하늘이 평등하게 존재케 하며 평등하게 먹여준다는 것이다. 이는 유가의 혈연에 따른 長幼와 貴賤에 따른 종법제의 신분제를 극복하고, 인간은 누구나 하늘 아래 평등하다는 것을 주장하고 있다. 평등하기에 상현론에 따라 누구라도 어질고 능력이 인정되면 민중으로부터 선택되어 등용될 수 있다는 것이다. 묵자의 이런 주장은 "토크빌의 민주주의는 정치적 권리를 가장 낮은 계층의 시민들에게까지 확산시킨다."258)에서 말하듯이 "어떤 직업에 종사하더라도 즉 도성에서 멀리 떨어진 시골구석의 신하들과 궁정의 관리들은 물론이고 도성 안의 백성들과 변방의 비천한 백성들까지도"259), 능력이 출중하면 등용해야 한다는 주장으로 그 당시 사회의 기존 계급 질서를 부정하는 혁명적인 선언이다. 이는 어떻게 보면 이와 같은 방식이 인민의 여론을 한데 모아, 즉 지역 대표인 국회의원을 선출해서 궁극적으로 하나 된 의견을 형성하는 것과 비슷하다. 그렇게 해서 천자는 분분한 의견을 하나로 통합시키는 역할을 한다고 할 수 있다. 즉 인민의 여론과 정치참여를 통해, 천자로 선택되기도 하고, 퇴출당하기도 한다는 것이다. 또 벼슬자리를 얻었다 하더라도 언제까지나 귀하기만 하지 않았고, 백성들이라 하더라도 끝까지 천하지 않았다고 선언하는 것은 그 시대에 귀족들에게만 독점되었던 벼슬자리를 능력 본위로 온 백성들에게 해방하라는 주장이다.

　묵자가 이처럼 여론 및 그 형성과정의 중요성을 설하는 이유는 인민의 여론을 통해서 하나의 의견으로 통합함으로써,

---

之臣也"
258) 서병훈, Ibid., 76쪽.
259) 『墨子』 「尙賢上」, "逮至遠鄙郊外之臣과 門庭庶子 國中之衆 四鄙之萌人"

굶주리고, 헐벗고 일하고 쉴 곳조차 없는 三患의 질곡에서 벗어날 수 있는 지름길이라 생각했기 때문이라고 본다. 이는 곧 인민이 평등한 존재로서 자기 의사를 개진하면서 정치에 참여하게 되면 이것이 서로에게 이익이 되기 때문이라는 것이다. 이 말이 뜻하는 것은 사람마다 의롭게 여기는 기준이 다르기에 토론에 참여해서 그 기준을 통일하면 서로 간에 다툼이 조정되어 상호 이익이 된다는 것이다. 즉 묵자의 글인 「尙同上」의 "人異義"에 대한 해석에 대해서도 사람마다 '義를 달리했다'라는 '義'를 '의로움'으로 해석한다면, 사람마다 '의롭다고 여기는 기준을 달리했다'라고 해석할 수도 있다. 서로 의롭다고 여기는 기준이 달라서 서로 다툼이 생겨 혼란스러우니, 이 기준(義)을 통합할 政長이 필요로 했다.

 묵자의 주장 중에서 매우 중요한 것 중 하나가 바로 '차이'를 인정한다는 것이다. 묵자는 서로 다르기에 상호 의사소통의 필요성을 말하고 있으면 상동과 협동을 해야 한다고 말한다.

> 평등하게 아우르는 길만이 바른길이다. 이로써 귀 밝은 장님과 눈 밝은 귀머거리가 협동하면 장인도 볼 수 있고 귀머거리도 들을 수 있으며, 팔 없는 사람과 다리 없는 사람이 서로 협동하면 모든 동작을 온전하게 할 수 있을 것이다. 그리고 자기가 가진 道를 널리 펴서 서로에게 가르쳐주면 모두 깨우칠 수 있을 것이다. 이러한 평등사상이 있음으로써 처자가 없는 늙은이도 부양받을 수 있어 수명을 다 할 수 있고 부모가 없는 어린 고아도 의지하여 살 곳이 있어 장성할 수 있다.
> 오로지 두루 아우름으로 정사를 펴는 것은 바로 이처럼 서로에게 두루 이롭기 때문이다.[260]

---

260) 『墨子』「兼愛下」, "以兼爲正 是以 聰耳明目 相爲視聽乎, 是以 股肱畢強 相爲動(宰)[擧]乎 而有道 肆相敎誨, 是以 老而無妻子者 有所(侍)[持]養 以終其壽 幼弱孤童之無父母者 有所放依以長其身 今唯母以兼爲正 卽若其利也"

이상에서 뜻하는 것은 사람들은 서로 다른 의견을 가질 수 있기에, 자유로운 언론의 소통을 통해서 서로에게 이롭게 하는 방법이 무엇인지를 찾을 수 있다는 것이다. 즉 세상에 홀로 모든 능력을 갖춘 존재는 없으므로 협동하지 않으면 안 된다는 것이다. 이 견해는 서로 다른 능력과 품성을 지닌 사람들 즉 인민들이 서로의 각기 다른 견해를 소통해서 하나의 통일된 기준을 만들어 나가야 한다는 것이다. 이것은 서로 동등한 사회적으로 평등한 존재로서, 공동체를 위한 정책에 참여해야 함을 말하고 있다. 이와 같은 주장은 토크빌이 말하고 있는 언론과 민중의 정치참여 주장과 그 맥이 통하고 있다고 본다.

묵자는 '上告制' 즉 "皆以告其上 上之所是 必皆是之 所非必皆非之 上有過則規諫之 下有善則傍薦之 上同而不下比者"를 통해서, 인민의 여론과 實情을 살핀다.

> 수천만 리 밖에서도 착한 일을 한 사람이 있으면, 그 집안사람들도 그 마을 사람들도 알지 못하고 듣지 못했을 적에도 천자는 그것을 알고서 그에게 상을 내린다.
> 착하지 못한 일을 한 자가 있을 때도 아무도 모르지만, 천자가 알고서 벌을 내린다.[261]
>
> 천자가 이렇게 할 수 있는 것은 사람들의 귀와 눈을 잘 부리어 자기가 보고 듣는 것을 돕게 하고, 사람들의 입을 잘 부리어 자기의 말을 돕게 하며, 사람들의 맘을 잘 부리어 자기의 생각을 돕게 하고, 사람들의 팔다리를 부리어 자기의 움직임을 돕게 했기 때문이다.[262]

---

[261] 『墨子』「尙同中」, "數千萬里之外 有爲善者 其室人未徧知 鄕里未徧聞 天子得而賞之, 數千萬里之外有爲不善者 其室人未徧知 鄕里未徧聞 天子得而罰之"

옛날 성왕이 천리 밖까지 직접 가보지도 못하고 직접 듣는 것도 아니지만, 천하의 혼란을 일으키고 도둑질하는 자들이 온 천하를 두루 돌아다녀 보아도 두 번 거듭 발들어 놓을 곳이 없게 하는 것은 어째서인가? 그것은 윗사람을 받들고 뜻을 함께하여 정치를 잘하기 때문이다.263)

묵자의 주장은 이처럼 上告制를 통해 인민의 여론과 實情을 살피는 것은 이것이 인민들을 잘 다스리는 법이기 때문이라고 말한다. 그러면서 明鬼편에서 귀신도 여론 수집을 성인보다도 잘한다고 했다.

성인이 어진 신하를 모으고 훌륭한 재상들과 도모했으나 어찌 수백 년 후의 일을 알겠는가? 그러나 귀신은 그것을 알았다. 그러므로 귀신의 밝음은 성인보다 지혜로운 것이다. 마치 총명한 사람을 귀머거리와 봉사에 비교하는 것과 같다.264)

이는 귀신의 역할을 통해 보고 듣는 정보 즉 실정(민심) 파악이 성인보다 낫다는 것으로 그만큼 묵자는 정치를 함에 여론을 중시한 사상가라 할 수 있다. 그는 심지어 귀신의 존재 유무 등조차도 민중의 耳目을 중시한다. 여론을 통해서 있다고 하면 있는 것이다.
묵자는 지도자의 역할을 언급하면서, 윗사람과 아랫사람들과의 소통을 잘 시키어 민원을 잘 해결하는 사람이라고 한다.

---

262) 『墨子』「尙同中」, "夫唯能使人之耳目 助己視聽 使人之吻 助己言談 使人之心 助己思慮 使人之股肱 助己動作"
263) 『墨子』「尙同下」, "聖王 不往而視也, 不就而聽也, 然而使天下之爲寇亂盜賊者 周流天下 無所重足者 何也. 其以尙同爲政善也"
264) 『墨子』「耕柱」, "使聖人聚其良臣 與其桀相而謀 豈能智數百歲之後哉. 而鬼神智之. 是故曰 鬼神之明 智於聖人也. 猶聰耳明目之與聾瞽也"

> 옛 성왕은 오직 잘 살펴서 상동(화동)하니, 그를 정장(지도자)로 삼았다. 이런 까닭에 상하 간에 서로 소통이 되었다. 윗사람은 은밀하게 아랫사람이 이익 되도록 했으며, 아랫사람도 이를 알고서 윗사람에게 이롭게 했다. 또 아랫사람들에게 원해가 쌓이면 윗사람이 알고서 이를 제거해 주었다.[265]

이는 곧 위아래가 和同함으로써 소통하여 서로의 마음을 읽으니 서로에게 도움이 되었다는 것이다. 그래서 尙同은 '上下情請爲通' 즉 상하가 소통하여 각각의 사정을 잘 알아서 서로에게 도움을 준다는 것으로, 민주적인 평등한 관계 속에서 대동 사회를 이루는 것이다. 결국 '上告制'는 전국의 행정 조직을 통한 민원 해결제도라고 할 수도 있다.

정치 지도자는 인민들의 주체적인 선택을 받아서 선출된 사람이기에, 그 지도자가 퇴출당하지 않고 민중을 지속해서 다스리기 위해서는, 인민들이 바라고 원하는 것이 무엇인지를 정확히 파악하는 것, 즉 민중의 여론을 잘 살피는 능력이 필요하다. 그래서 묵자는 다음과 같이 기술하고 있다.

> 윗사람이 정치를 함에 있어 아랫사람의 實情을 파악하면 다스려지고 인민의 실정을 모르면 어지러워진다. 실정을 파악하는 것은 곧 인민들이 잘하고 잘하지 못하는 것을 밝히는 것이다.[266]

그러면서도 묵자는 올바른 여론과 그릇된 여론을 살피는 것도 기준이 설정되어야 한다고 주장한다. 그는 이 기준으로 세 가지를 들었는데, 곧 삼표법이다. 그는 삼표론에 따라서

---

[265] 『墨子』 「尙同中」, "故古者聖王唯而審以尙同 以爲正長 是故 上下情請爲通 上有隱事遺利 下得而利之 下有蓄怨積害면 上得而除之"
[266] 『墨子』 「尙同下」, "上之爲政 得下之情 則治 不得下之情 則亂 則是明於民之善非也"

만백성의 여론을 파악하여 나라의 정치를 하고, 인민들을 돌보고 보살펴 주어야 한다는 것이다. 이것은 파악된 여론을 認識하는 기준이다.

> 이것은 아마도 천하에 있고 없음을 밝혀낼 방법으로는 반드시 여러 사람의 눈과 귀로 보고 들은 것을 근거로 있고 없음을 판단하는 표준으로 삼아야 할 것이다. 누군가 실제로 보고 들었다면 반드시 있다고 생각하고 보고 들은 일이 없다면 반드시 없다고 생각해야 한다.[267]

이 인식 기준으로 삼표법을 주장하면서, 묵자는 "옳고 그르고 이롭고 해로운 것의 분별을 밝게 가려낼 수 없다. 따라서 말에는 반드시 세 가지 표준이 있어야 한다. 즉 근원과 원인과 실용이 그것이다. 옛날 성왕들의 사적에 근원을 두어야 하고, 백성들의 귀와 눈으로 보고 들은 사실에 기인하여 추구하고, 나라와 인민들에게 이로운가를 살펴보아야 한다."[263]고 했다. 이 글귀에서 특히 중요한 것은 삼표법 2조인 '인민들의 눈과 귀를 통해 듣는 실정'이다. 곧 여론을 중시한다는 것이며, 이런 여론도 삼표법으로 걸러서 좋고 올바른 여론을 지도자는 채택해야 한다는 것이다.

그러면서도 그릇된 여론을 조성하는 세력으로 유가의 운명론을 비판한다. 즉 이 운명론을 신봉하는 자들은 자기 운명을 주체적으로 개척하고자 하는 사람들이 아닌, 미리 정해진 운명에 따라 곧 신분 계급 질서에 순종해야 한다는 것이다. 묵자의 사상은 운명이 정해진 것이 아니라, 자기 노력과 노

---

267) 『墨子』 「明鬼下」, "是與(擧)天下之 所以察知有與無之道者 必以衆之耳目之實 知有與亡爲儀者也 請惑聞之見之 則必以爲無"
268) 『墨子』 「非命上」, "是非利害之辨 不可得而明知也 故言必有三表 有︿之者 有原之者 有用之者 上本之于古者聖王之事 下原 '察百姓耳目之實' 發以爲刑政 觀其中國家百姓人民之利"

동을 통해서 자기 삶을 주체적으로 살아가야 삼환의 질곡에서 벗어날 수 있다는 것이므로 유가의 운명론을 폭군들이 지어낸 것이며, 궁박한 자들이 따르는 것으로 깎아내린다.

> 유가들은 운명론을 고집하며 말하기를 오래 살고 일찍 죽고 부유하고 가난한 것 편안하고 위태한 것 태평하고 어지러운 것 이것들은 본래부터 하늘이 정한 운명이어서 덜하거나 더할 수 없는 것이며, 곤궁하고 영달하며 상을 받고 벌을 받는 것 행·불행도 이미 정해져 있는 것이므로 사람의 지혜나 힘으로는 어찌할 수 없다고 말한다. 그러나 관리들이 이것을 믿으면 맡은 직분에 태만하고 서민들이 이것을 믿으면 종사하는 일을 태만히 할 것이다. 관리들이 다스리지 않으니 어지럽고 농사를 게을리하니 가난할 것이다.
> 가난과 어지러움은 정치의 근본에 어긋나는 것이다. 그러니 유가들이 道라고 가르치는 것은 천하 인민을 해치고 있다.269)

이와 같은 운명론 주장은 인민들의 자유의지에 따른 여론 형성을 호도하거나 배척하기 위한 수단이기에 이를 부정해야 한다는 것이 묵자의 주장이다.

그러면서 묵자는 운명론을 믿는 자들의 말은 묵자 사상의 중심 가치인 '義'를 제거한다고 한다.

> 운명론자들의 말을 채용한다면 이는 천하의 義를 제거하자는 것이다. 천하의 義를 제거하려는 자들은 운명론을 퍼뜨려 백성들이 실망하도록 유세한다. 백성들이 실망하도록 유세하는 것은 어진 사람을 없애버리자는 수작이다.270)

---

269) 『墨子』「非儒下」, "有强執有命以說議曰 壽夭貧富 安危治亂 固有天命 不可損益 窮達賞罰幸否 有極 人之知力 不能爲焉, 羣吏信之 則怠於分職 庶人信之 則怠於從事 吏不治則亂 農事緩則貧 貧且亂 倍政之本 而儒者以爲道教 是賊天下之人者也"
270) 『墨子』「非命上」, "今用執有命者之言 是覆天下之義 覆天下之義者 是立命者也 百姓之諱也 說百姓之諱者 是滅天下之人也"

그러면서 운명론은 '민중에게는 재앙이다'라고 언급하고 있다.

> 지금 운명론자의 말을 따른다면 위에서는 정사를 다스리지 않고 아래에서는 일하지 않을 것이다. 고로 운명론은 위로는 하늘에 이롭지 않고 가운데로는 귀신에 이롭지 않으며, 인민들에게도 이롭지 않다. 이는 포악한 자의 道인 것이다. 이처럼 천하에 커다란 재앙이다.271)

결국 묵자는 운명론을 강력히 배격하고 있다. 왜냐하면 이 운명론이 민중이 서로 사랑하고 서로를 이롭게 하는 이론이라면 묵자는 이에 동조했을 것이다. 그런데 운명론이란 사람의 운명은 이미 정해졌다는 이론으로 폭군들이나 궁박한 자들의 당시의 종법제에 따른 신분질서를 유지하는 수단으로 이용하고 있고, 이를 통해서는 삼환의 질곡을 벗어나 보다 나은 삶을 민중에게 제공할 수 없다고 묵자는 생각했다.

묵자의 이와 같은 주장의 배경에는, 非樂論(노동)과 非命論(운명)을 통해서 사람들이 말과 글을 하고 쓸 때는 삼표론을 근거로 해서 표준에 맞게 해야 하며, 그 당시의 삼환을 극복하기 위해서는 운명론을 배격하여 자기 노력을 통한 노력으로 운명을 개척해야 한다고 묵자는 강조하고 있다. 그래서 天命은 없다는 것은 정해진 운명이 없다는 것으로 신분 차별이 정해진 것이 아니라 자기 노력에 따라 신분은 항상 바뀔 수 있다는 그 당시로는 혁명적인 선언을 하고 있다. 그래서 노동과 노력으로 자기 계발을 하여 생산성을 높여서 삼환을 극복하자는 묵자의 주장이 있다.

결론적으로 좋은 일이나 좋지 못한 일을 보고 들었을 때는

---

271) 『墨子』「非命上」, "今用執有命者之言 則上不聽治 下不從事" "故命 上不利於天 中不利於鬼 下不利於人 而暴人之道也 此天下之大害也"

모두 윗사람에게 告하도록 하라. 윗사람이 옳은 길로 가면 모두 옳다고 말하고 윗사람이 그른 길로 가면 모두 그르다고 말한다. 이로써 윗사람에게 허물이 있으면 이를 간하여 바로 잡고 아랫사람이 착한 일을 하면 그를 널리 천거하여 윗사람은 화동하고 아랫사람은 사벽되지 않을 것이다.272) 이 문장은 言論을 上告制라는 제도를 통해서 수렴하는 것으로, 묵자 사상에서 핵심론이라 할 수 있는 天志의 義에 이를 수 있는 가장 효과적인 방법이라고 묵자는 說하고 있는 것이다. 묵자의 兼愛사상은 평등사상이 전제된 사상이다.

 인민들 하나하나가 모두 평등하기에 여기에서 民主라는 개념도 나올 수 있다는 것을 이미 서양 철학자 토크빌도 주장하고 있다. 그래서 묵자는 옛 성왕들도 여론 정치를 했다면서 다음과 같이 기술하고 있다.

> 옛날 성왕들이 천하를 다스림에 있어, 언론(여론)을 선택하는 일을 보좌하는 자들은 모두 어진 사람이며 또한 밖에서 보좌하는 사람들도 그를 도와 民情을 보고 듣는 자가 많았다. 그러므로 인민들에게 일을 도모케 하지만 인민들보다 앞서 그것을 알고 인민들에게 일을 일으키게 하지만 인민들보다 먼저 그것을 이루는 것이므로 영광과 명성은 인민들 위에 드러났다. 오로지 인민들의 언론을 펴게 하고 그 인민의 뜻에 따라 정사를 처리함으로써 이같이 이롭게 되는 것이다. 옛날 속담에 '한 눈으로 보는 것은 두 눈으로 보는 것만 못하고, 한 귀로 듣는 것은 두 귀로 듣는 것만 못하며 한 손으로 잡는 것은 두 손으로 잡는 것만 굳세지 못하다'라고 했다.
> 대저 오로지 인민의 언론을 펴 정사를 다스리므로 이같이 이롭게 되는 것이다.
> (…) 성왕은 몸소 가서 보는 것도 아니며, 몸소 나아가 듣는 것도 아니다. 그런데 쳐들어오는 침략자, 난을 일으키는 반역자, 도둑질하는 자, 남을 해치는 자들이 천하를 두루 다녀보아도 다시 발붙일 곳

---

272)『墨子』「尙同上」, "聞善而不善 皆以告其上 上之所是 必皆是之 所非必皆非之 上有過則規諫之 下有善則傍薦之 上同而不下比者"

이 없는 것은 무엇 때문인가?
그것은 화동을 숭상하는 것으로 정치를 훌륭하게 하기 때문이다.273)

이와 같은 묵자의 기술을 통해서 알 수 있듯이, 인민에 의해 선택된 최고지도자는 '상고제'를 통해 여론 수렴함으로써 인민들의 實情을 효과적으로 파악할 수 있고, 몸소 현장에 나가지 않더라도 상 받을 자와 벌 받을 자를 알 수 있어서 이를 정사를 펴는 데 반영함으로써 효과적인 국정 수행이 가능하다는 것이다. 또 군주에게는 "반드시 군왕의 뜻을 거스르는 간쟁으로 나라와 사직을 보전하는 신하가 있어야 하고, 윗사람에게는 정정당당히 곧은 말을 하는 부하가 있어, 의논은 나누며 진지하게 논쟁하고 서로 경계해 주고 송사하고 논단해야만 오랫동안 나라를 보전할 수 있다. 신하가 그의 벼슬과 녹을 소중히 여겨 간쟁하지 않으면 가까운 신하는 벙어리가 되고 멀리 있는 신하는 입을 봉해버릴 것이니 백성의 마음에 원망이 쌓이는 것이다. 아첨하는 자들이 곁에 있어 좋은 의론이 막혀버리면 나라가 위태로운 것"274)으로 여기는 언론관은, "토크빌의 민주주의는 정치적 권리를 가장 낮은 계층의 시민들에게까지 확산시킨다."275)는 주장과 유사하게도 자유로운 언론을 통해서 모든 인민의 언로까지도 확장되

---

273) 『墨子』「尙同上」, "故古之聖王治天下也 其所 '差論' 以自左右羽翼者 皆良(外爲)之人 助之視聽者衆, 故與人謀事 先人得之 與人擧事 先人成之 光譽令聞 先人發之 唯 '信身' 而從事 故利若此, 古者 有語焉 曰 一目之視也 不若二目之(視)[睹]也 一耳之聽也 不若二耳之(聽)[聰]也 一手之操也 不若二手之彊也. 夫唯能 '信身' 而從事 故利若此. (···) 聖王 不往而視也 不就而聽也, 然而使天下之爲寇亂盜賊者 周流天下 無所重足者 何也 其以尙同爲政善也"

274) 『墨子』「親士」, "君必有弗弗之臣 上必有謞謞之下 分議者延延 而(支苟)[交敬]者謞謞 焉可以長生保國 臣下 重其爵位而不言 近臣則喑 遠臣則唫 怨結於民心 諂諛在側 善議障塞 則國危矣"

275) 서병훈, Ibid., 76쪽.

어야 한다는 의미로 생각될 수 있다.
　이처럼 묵자의 상고제와 언론관은 상향식 여론 수렴을 통해 인민들의 의사가 자유롭게 결집하게 하는 민주적인 제도라 하겠다.

3. 묵자의「尙同」은 민주주의에 부합한 제도인가?

　1) 尙同이란?
　기원전 5세기에서 3세기에 걸쳐 활동했던 墨家에게 '상동'은 어떤 의미였을까? 또 墨家의 창시자 묵자가 활동하던 시기는 춘추 말 전국 초로 周 나라의 종법 체제가 붕괴하기 시작하면서 각 제후 세력들 간의 끊임없는 겸병 전쟁으로 민중들의 삶이 피폐해질 대로 피폐해진 상태였다. 제자백가 중에서도 특히 묵자는 '자신은 賤한 사람이다'라고 자인했던 사상가였다. 그래서 그는 더욱더 자신을 포함한 민중의 관점에서 핍박받고 피폐한 민중의 삶을 두고 고뇌했을 것이다.
　묵자가 추구하는 사상은 인민들이 굶주리고 헐벗고 쉴 곳조차 없는 즉 '三患'의 질곡에서 벗어나게 하는 데 초점이 맞춰져 있다. 그래서 그의 사상은 '인민에게 이롭지 않은 것은 의로운 것이 아니다'고 할 정도로 인민의 利에 중점을 두고 있다. 그래서 인민의 利를 해치는 행위, 즉 虧人自利를 철저히 배척하였다. 묵자의 兼愛와 交利에서 '교리'는 자기의 정당한 행위나 노동을 통해 획득한 재물에 대해 공정하게 취득할 자유를 가지며, 또 이렇게 형성된 자산을, 이 資産이 정신적인 자산이건 물질적인 자산이건 관계없이, "'있으면' 나누어야 한다는 주장"276)이다. 즉 묵자는 "현자가 되는 길은

---
276)『墨子』「非命」, "與其百姓, 兼相愛, 交相利 移則分." 이 글 중에서 '移則分'이 중요한 의미가 있는데, 이는 재물을 똑같이 나누어서 분배하

힘이 있으면 부지런히 인민을 돕고, 재물이 있으면 힘써 인민에게 나누어 주고, 도리가 있으면 권면하여 가르치는 것이다"277)고 했다.

이렇듯 묵자는 겸애와 교리 정신으로 '섬김'과 '나눔'을 강조한 사상가이며 활동가였다. 이와 같은 사상을 바탕으로 묵자가 理想으로 꿈꾸었던 사회는 인민 모두가 함께 편안한 사회인 安生生 社會였다. 이런 사회를 이루기 위해 정치적인 제도가 꼭 필요한데, 이를 위해 주장한 것이, 어질고 능력이 있다면 누구나 기존 신분에 상관없이 관리로 등용될 수 있어야 한다는 상현론과 상현론을 바탕으로 한 위아래 민중들이 상호 소통을 통해서 다양하게 형성된 개개인의 의견을 하나로 통일 결집할 수 있는 정치제도인 상동론을 제안하게 된 것이다.

묵자가 가장 우려했던 것은 큰 나라, 큰 집단, 강자가 작은 나라, 작은 집단, 약자를 공격하고 침해하며 억압하는 일과 임금이 은혜롭지 못하고, 신하가 충성스럽지 못한 것, 아버지가 자식을 사랑하지 않으며, 자식이 효성스럽지 못한 것이었다. 이와 같은 행위는 결국 공동체 사회의 義와 利를 해치기 때문이다. 이렇게 上下가 서로를 해치는 것은 서로 뜻이 같지 않기 때문이며, 즉 하나의 통일된 '기준'을 갖지 못하기 때문으로 묵자는 생각했다.

> 지금 어찌 된 일인지 윗사람은 아랫사람을 다스리지 못하고 아랫사람은 윗사람을 섬기지 않으며 위아래가 서로 죽이고 해치는 까닭은

는 것이 아니라, 각자의 노력에 따라, 각각 맡은 바 일이 다른 상태에서, 재물이 늘어나면, 이를 많이 가지게 된 사람이 복지적 차원에서 '서로 돕는 것이지, 무조건 나누라는 것은 아니다'라는 것이다. 즉 묵자는 '차이'를 인정하지만, 차별을 그르다고 한 사상가이다.
277) 『墨子』「尙賢下」, "爲賢之道 有力者 疾以助人 有財者 勉以分人 有道者 勸以敎人"

무엇인가? 그것은 의리가 같지 않기 때문이다.278)

그래서 묵자는 이 각각 다른 뜻을 가진 위아래 사람들이 서로 소통을 통해 하나로 의견을 결집하는 제도로서 '尙同'이라는 제도를 제안했다. 이렇게 되면 위아래 사람들이 서로의 實情을 비교적 정확하게 알기에 하나의 기준을 설정하는 데 도움이 되어 인민들에게 이로운 정치를 할 수 있을 것이라 보았다.

> 윗사람이 정치를 함에 있어 아랫사람의 實情을 파악하면 다스려지고 인민의 실정을 모르면 어지러워진다. 실정을 파악하는 것은 곧 인민들의 착하고 착하지 않은 것을 밝히는 것이다.279)

그래서 상동은 정치 지도자가 인민들의 實情을 제대로 파악하기 위한 소통방식이고, 또 인민들의 민원을 해결하는 제도이기도 하다.

> 그러므로 옛날 성왕들이 천하를 다스림에 있어 언론(여론)을 선택하는 일을 보좌하는 자들은 모두 어진 사람이며 또한 밖에서 보좌하는 사람들도 그를 도와 民情을 보고 듣는 자가 많았다. 그러므로 인민들에게 일을 도모하게 하지만, 인민들보다 먼저 그것을 알고, 인민들에게 일을 일으키게 하지만 인민들보다 먼저 그것을 이루게 하는 것이므로 영광과 명성은 인민들 위에 드러났다.
> 오로지 인민들의 언론을 펴게 하고 그 인민들의 뜻에 따라 정사를 처리함으로써 이처럼 이롭게 되는 것이다. 옛날 속담에 '한 눈으로 보는 것은 두 눈으로 보는 것만 못하고, 한 귀로 듣는 것은 두 귀로 듣는 것만 못하며, 한 손으로 잡는 것은 두 손으로 잡는 것만 굳세

---

278) 『墨子』 「尙同下」, "今此何爲人上而不能治其下 爲人下而不能事其上 則是上下相賊也 何故以然 則義不同也"
279) 『墨子』 「尙同下」, "上之爲政 得下之情 則治, 不得下之情 則亂 則是明於民之善非也"

지 못하다'고 했다. 대저 오로지 인민의 언론을 펴 정사를 다스림으로 이같이 이롭게 되는 것이다. (…) 성왕도 몸소 가서 보는 것도 아니며, 몸소 나아가 듣는 것도 아니다. 그런데 처들어오는 침략자, 난을 일으키는 반역자, 도둑질하는 자, 남을 해치는 자들이 천하를 두루 다녀보아도 다시 발붙일 곳이 없는 것은 무엇 때문일까? 그것은 和同을 숭상하는 것으로 정치를 훌륭하게 하기 때문이다.280)

이와 같은 정치 효과는 政長이 상고제를 통해 인민들의 여론을 제대로 파악해서 여론에 따른 정치를 하기 때문이다. 또한 이 '상동'이라는 정치제도를 인민에게 이롭게 운용할 政長이 필요했다. 아무리 훌륭한 정치제도를 갖추었다고 하더라도 그것을 운용할 지도자가 어질고 유능하지 못하고 포악하고 무능하다면 이는 공염불이 될 것이기 때문이다.

묵자의 상동론은 또한 '업무분장에 따른 역할을 체계화'281) 한 점이 특징이라 하겠다. 묵자는 위아래 직급에 따른 소통을 중시해서 이를 체계화하였다. 첫째 善한 것이든 不善한 것이든 반드시 윗사람에게 고하는 보고체계를 갖추었고, 둘째 윗사람이 잘한 것은 잘한다고 하고 윗사람이 잘못한 것에 대해서는 잘못한다고 간해야 하며, 셋째 아랫사람 중에서 뛰어난 자를 천거하여야 하며 윗사람의 잘못에 대해서는 간해야 한다. 넷째 아랫사람과 윗사람은 서로 和同해야 한다. 이

---

280) 『墨子』「尙同下」, "故 古之聖王治天下也 其所 '差論' 以自左右羽翼者 皆良(外爲)之人 助之視聽者衆 故 與人謀事 先人得之 與人擧事 先人成之 光譽令聞 先人發之, 唯 '信身' 而從事 故 利若此, 古者 有語焉 曰 一目之視也 不若二目之(視)[睹]也 一耳之聽也 不若二耳之(聽)[聰]也 一手之操也 不若二手之彊也 夫唯能 '信身' 而從事 故 利若此 ... 聖王 不往而視也 不就而聽也 然而使天下之爲寇亂盜賊者 周流天下 無所重足者 何也 其以尙同爲政善也."

281) 『墨子』「尙同中」, "夫建國設都, 乃作后王君公, 否用泰也, 卿大夫師長, 否用佚也. 維辯使治天下均" 이 문장을 통해 알 수 있듯이 묵자의 상동체계는 업무 분장(維辯)에 따른 위계질서이다.

는 천하의 모든 뜻을 하나로 모으기 위한 것으로 천자에게도 해당한다. 천자 역시 하늘의 뜻을 이어받아 천하를 다스리는 데 불과하며, 천자도 하늘과 和同해야 하는 의무가 있다.

尙同'282)이란 '무엇을 말하는가'에 대해, 尙同은 위와 和同한다. 즉 "윗사람을 받들고 뜻을 함께하면서 따른다는 것으로, 세상의 평화로운 질서를 위하여서는 천자를 정점으로 하는 정치적인 계급과 제도를 확립하여 만백성들이 그들의 통치자를 따라 천자와 하늘의 명령에 한결같이 따라야 한다"283)는 것이라고 해석하는 경우도 있고, 또 상동이란 위로 義를 같게 하여 의기투합하며 동조하는 것284)이라고 주장하는가 하면, 상동이란 국가를 통치하는 데 있어서 원칙과 기준을 설립하고 그것을 통하여 일관성 있게 국가를 통치함으로써 정치에 대한 백성들의 신뢰를 확보하고 사회의 질서를 회복하고자 하는 이론이다.285) 라고 하는 주장, 즉 윗사람과 아랫사람 간의 소통을 통해서 흩어진 의견을 하나로 통일하기 위한 제도라고 해석하는 경우도 있다. 이처럼 상동에 대한 견해가 다양하다. 하지만 상동을 한마디로 정의한다면, "

---

282) 김승석 역주, 『墨子읽기』, 북코리아, 2019, 145쪽 참조. "「상동」편은 묵자가 전국시대의 정치적·사회적 혼란을 방지할 수 있는 국가권력의 수립이라는 시대적 요구를 반영하고 있다. 상동이라는 용어는 이중적 의미가 있다. 먼저 同(같아짐)의 내용을 보면 우선 '다른 사람과 의로움(義)이 같아져야 한다'는 의미를 내포하고 있으며, 이 경우 '같아짐을 숭상한다'로 읽힌다. 또 하나는 나아가 의로움을 같게 하기 위해서는 반드시 일정한 사회(정치)조직이 필요한데, 묵자는 현명한 사람을 존중하여 그들에게 정치를 '위임하여야 한다'고 주장한다. 이러한 전제 위에서 '윗사람과 같아져야 함'을 강조하고 있다. 이 경우에는 尙同은 上同이라는 의미를 동시에 내포하고 있다. 따라서 尙同=上同으로만 보는 견해는 한 면만을 보는 단순하고도 기계적인 도식에 불과하다." 는 것이 김승석의 해석이다. 즉 尙同에는 두 가지 의미를 이중적으로 포괄하고 있다는 것이다.
283) 김학주, Ibid., 190쪽.
284) 이상하 외2 역주, Ibid., 331쪽.
285) 황성규, Ibid., 100쪽.

귀 밝은 장님과 눈 밝은 귀머거리가 협동하면, 장님도 볼 수 있고 귀머거리도 들을 수 있으며 팔 없는 사람과 다리 없는 사람이 서로 협동하면 모두 동작을 온전하게 할 수 있을 것이다. 그리고 자기가 가진 道를 널리 펴서 서로서로 가르쳐 주면 모두 깨우칠 수 있을 것이다. 이러한 평등사상이 있음으로써 처자가 없는 늙은이도 부양받을 수 있어 수명을 다할 수 있고, 부모가 없는 어리고 약한 고아들도 의지하여 살 곳이 있어 장성할 수 있다. 오로지 두루 아우름으로 정사를 펴는 것은 바로 이처럼 서로에게 두루 이롭기 때문이다."286) 라고 할 수 있다.

즉 尙同은 和同이며 協同이다. 이 상동의 바탕에는 겸애와 교리의 정신이 깔려있기 때문이다. 그래서 상동을 이해하기 위해서는 먼저 상동의 바탕을 이루고 있는 사상인 천지(法儀)과 겸애 그리고 '궁극적 가치인 義'를 살펴보아야 한다. 상동은 이와 같은 사상의 바탕 위에 세워졌기 때문이다. 즉 하늘의 뜻인 의로움을 지상에서 이루기 위해서는 서로 아끼고 사랑하는 정신이 선행되어야 하고, 또 서로 겸애하면서 서로를 해치기 위한 전쟁을 할 수는 없으므로 겸애와 비공은 동전의 양면과 같다. 즉 하나의 사상으로 이해되어야 한다. 또 겸애는 서로 평등한 가운데 아끼고 사랑하는 것으로, 이는 尙同과 바로 연결된다. 상동도 서로 평등한 가운데, 즉 역할에 따른 지위는 다르지만, 각자의 능력에 따라 서로 和同하고 협동하여 천하의 뜻을 하나로 모아서 천하를 안정시키자는 주장이기 때문이다. 묵자는 「상동」에서 "상하가 뜻이 같지 않다면', 이는 인민이 처음 생겨나서 '정장이 없을 때와 같다

---

286)『墨子』,「兼愛下」, "聰耳明目 相爲視聽乎 是以 股肱畢强 相爲動(宰)[擧]乎 而有道 肆相敎誨 是以 老而無妻子者 有所(侍)[持]養以終其壽 幼弱孤童之無父母者 有所放依以長其身 今唯毋以兼爲正 卽若其利也"

."287)고 했다.「상현」에서 말하고 있는 현량자인 관리는 윗사람과 아랫사람이 의사소통을 원만히 하게 해서 인민의 뜻이 하나로 같게 해야 하는 자로서 민주적인 의사 수렴을 말하고 있다. 이에 상동의 기저 사상인 천지와 법의 그리고 겸애와 비공에 대해서 살펴본다.

① 天志

묵자는 天志論에서 "곧 天意는 따르지 않을 수 없으니, 天意를 따른다고 하는 것은 서로 아끼며 사랑하고 서로 이익을 나누는 것 즉 '兼相愛交相利'이다"288) 라고 했다. 묵자가 세상이 안정되지 못하고 겸병 전쟁으로 혼란이 심한 까닭을 세상 사람들이 서로를 사랑하지 않고, 자기의 뜻만 옳다고 하고 남의 뜻은 그르다고 여기기 때문이라 생각했다. 이에 묵자는 이와 같은 혼란은 세상의 義가 정립되지 못해서 그런 것이라 여겨, 天志論을 주장하였다.

하늘의 뜻 天志는 하늘이 인간에게 의롭듯이 인간도 이를 본받아 서로 의롭게 살라는 것이다. 곧 인간이 義를 실천하는 방법은 겸애 교리로 하라는 것이다. 그런데 겸애 교리는 인간 상호관계가 평등하다는 대전제에서 나온다. 불평등한 관계 속에서 겸애 교리 할 수는 없다. 권력 가진 자가 힘없는 자에게 베푸는 것은 시혜이지, 겸애 교리일 수가 없다. 곧 동등한 사람들 속에서라는 것은 '평등한 民'이 중심이 된다. 그러므로 民主 사상이다. 그러므로 天志는 義요, 이를 실현하는 방법은 겸애 교리이며, 이는 서로 평등한 관계 속에서 실행될 수 있기에, 여기서 民主 주의가 그 근본 바탕이 된다.

---

287)『墨子』「尙同下」, "上下不同義(···)民始生未有正長之時 同也."
288)『墨子』「天志上」, "當天意而不可不順 順天意者 兼相愛交相利"

이렇듯 겸애는 상호 간의 평등이 전제되는 주장이다. 그래서 겸애를 바탕으로 세워진 尙同도 그 상동 체계는 상호 간의 평등한 관계가 전제되는 조직 구성일 수밖에 없다. 즉 직책의 역할에 의한 직위의 구분이지, 신분 계급에 따른 고정적인 조직체계는 아니다. 이는 묵자의 주장인 '官無常貴 民無常賤 有能而擧之 無能而退之'의 문장을 통해서 알 수 있다. 즉 '관직에 등용된다고 하더라도 세습적으로 평생 귀하지만은 않고, 아직 관직이 없는 평민이라고 해서 평생 관직에 오르지 못하리라는 법도 없으며, 능력이 입증되면 관직에 오르고 능력이 출중하지 못하면 관직에 등용된다 하더라도 퇴출당할 수 있다'라는 것이다.

그러면서 묵자는 천지론을 통해서 인민들의 평등성을 說 하고 있다.

> 하늘은 천하 만민을 소유하시고 평등하게 사랑하신다.[289]

> 하늘이 천하 인민을 사랑한다는 것을 아는 것은, 하늘은 인민을 평등하게 비춰주고, 인민을 평등하게 두루 보존해 주고, 인민을 평등하게 두루 먹여주기 때문이다.[290]

또, 하늘은 하늘이 이렇게 사람을 두루두루 평등하게 사랑하듯이, 사람들도 서로서로 사랑하면서, 서로를 위해 '의로운 일'하기를 바란다.

> 하늘은 무엇을 바라고 무엇을 싫어하는가? 하늘은 의로움을 바라고 不義를 싫어한다. 그래서 천하 백성을 이끌고 의로움에 힘쓰면 곧

---

[289] 『墨子』「天志上」, "天有邑人 何用不愛也 以其兼而明之 以其兼而有之 以其兼而食焉"
[290] 『墨家』「天志上」 "知天之愛天下之百姓 以其兼而明之, 以其兼而有之, 以其兼而食焉"

내가 하늘이 바라는 것을 하는 것이다. 내가 하늘이 바라는 것을 하면, 하늘도 역시 내가 바라는 것을 해준다.291)

그 결과 하늘은 사람들이 富하고 편안하며 안정되게 살기를 바란다.

천하에 의로움을 얻으면 살고 의로움이 없으면 죽으며, 의로움을 얻으면 부하고 의로움이 없으면 가난하며 의로움을 얻으면 다스려 태평하고 의로움이 없으면 어지럽기 때문이다. 그런즉 하늘은 사람들을 살리기를 바라고 그들을 죽이는 것을 싫어하며 富하기를 바라고 가난한 것을 싫어하며 태평하기를 바라고 어지러운 것을 싫어한다.292)

결론적으로 하늘의 뜻은 하늘이 사람들을 사랑하듯이 사람들도 아울러 서로를 사랑하며, 하늘이 이롭게 여기는 바를 아울러 이롭게 하는 것으로, 구체적으로는 大國에 살면서 小國을 攻伐하지 않고 大家에 살면서 小家를 侵奪치 않으며, 強한 자는 弱한 자를 겁박하지 않고 貴한 자는 賤한 자를 업신여기지 않으며, 교활한 자는 어리석은 자를 속이지 않는 것이다. 즉 하늘의 뜻은 '의롭게 사는 것'이다. 현대적 의미로는 正義社會 구현이다. 강자가 약자를 사랑으로 돕는 것 즉 겸애 교리이다. 이렇게 하면 刑政은 다스려지고 萬民은 화합하며, 國家는 부강해지고 財用은 충족되어, 백성들이 모두 따뜻하게 옷 입고 배불리 먹을 수 있어 편안하고 근심이 없게 된다고 하였다. 즉 겸애 교리를 강자, 지도자가 솔선수범한다면 안생생 사회를 이뤄 대동 사회가 된다는 것이다.

---

291) 『墨家』 「天志上」 "天 亦何欲何惡 天欲義而惡不義 然則率天下之百姓以從事於義 則我乃爲天之所欲也 我爲天之所欲 天亦爲我所欲"
292) 『墨家』 「天志上」 "天下有義則生 無義則死 有義則富 無義則貧 有義則治 無義則亂 然則天欲其生而惡其死 欲其富而惡其貧 欲其治而惡其亂"

묵자가 「천지」에서 강조하는 것이 正義社會 구현이며, 이를 이루기 위한 정치체계가 상동체계이다. 상동 구성원들 간의 상호 평등한 가운데 서로 和同를 하면서 協同하는 것이 상등이라는 것이다.

② 法儀

> 천하의 일하는 자들이 표준이 없이 〈일해서는〉 안 되니, 표준 없이 그 일을 잘 이루어내는 자는 없다. 비록 士가 장수나 재상이 되는 데 있어서도 모두 법도가 있게 마련이며, 비록 工人들이 일을 하는 데 있어서도 모두 법도가 있게 마련이다. 공인들은 곱자[矩]로 각을 만들고 그림쇠[規]로 원을 만들며, 먹줄[繩]로 직선을 맞추고 추를 매단 줄[縣]로 수직을 맞춘다.
> 솜씨가 뛰어난 工人 이건 그렇지 못한 工人 이건 간에 모두 이 다섯 가지를 표준으로 삼는다. 솜씨가 뛰어난 자는 〈생각한 대로〉 들어맞게 할 수 있으며, 솜씨가 뛰어나지 못한 자는 비록 들어맞게 할 수는 없더라도 〈이 다섯 가지 工具를 가지고〉(…) 이제 크게는 천하를 다스리고, 그 버금으로는 대국을 다스리면서 기준으로 삼는 표준이 없다면, 이는 공인들이 〈工具를 가지고〉 정확하게 재느니만 못한 것이다.[293]

묵자는 위 인용문에서 세상에서는 무슨 일을 하든지 반드시 본받아야 할 기준이나 표준이 있어야 하며 더욱이 천하 인민을 다스리는 데 있어 명백한 기준(法度)이 반드시 있어야 한다는 것이다. 그러면서 묵자는 이 본받을 만한 표준으로 하늘이 바라는 天志를 법도로 삼아야 한다고 기술하고 있다.

---

293) 『墨子』「法儀」, "天下從事者 不可以無法儀 無法儀而其事能成者 無有也 雖至士之爲將相者 皆有法 雖至百工從事者 亦皆有法 百工爲方以矩 爲圓以規 直以繩 正以縣 無巧工不巧工 皆以此五者 爲法巧者 能中之 不巧者 雖不能中 放依以從事 猶逾已 故百工從事 皆有法所度 今大者治天下 其次治大國而無法所度 此不若百工辯也"

> 부모와 스승과 군주는 다스리는 법도로 삼을 수 없다. (…) 하늘을 법도로 삼는 것보다 더 좋은 것은 없다고 한다. 하늘의 道는 넓고 사사로움이 없으며 베풂은 크지만, 德이라 자랑하지 않고 밝음은 영원하여 쇠함이 없다.
> 하늘을 법도로 삼는다면 모든 행실과 다스림은 반드시 하늘을 표준으로 해야 할 것이다. 그래서 하늘이 바라는 것은 그것을 하고 하늘이 바라지 않는 것은 금지했다. 하늘은 반드시 사람들이 서로 사랑하고 서로 이롭게 하기를 바란다.294)

'하늘은 義로움을 추구하기 때문에, 하늘을 법도로 삼는 것만큼 공평함은 없다'라면서, 묵자가 天을 표준으로 삼아야 한다는 것은 天은 無私해서 공평하기 때문이다.

③ 兼愛

묵자가 추구하는 것은 겸병 전쟁의 혼란으로 인해 피폐해진 민중의 삶을 정상적으로 회복시키는 데 있다. 묵자는 이 혼란의 원인을 '不相愛'에서 비롯된 다툼과 전쟁에서 그 원인이 있다고 생각했다.

> 모든 천하의 재난과 남의 것을 빼앗는 짓과 원한이 일어나는 까닭은 서로 사랑하지 않는 데서 생겨나는 것이다. 그래서 어진 사람들은 그것을 비난한다. 그것을 비난한다면 무엇으로써 이를 대신해야 하는가? 모두가 아울러 사랑하고 모두가 서로 이롭게 하는 방법으로써, 이에 대신해야 한다고 묵자는 말한다.
> (…) 어진 사람들은 그것(겸애)을 칭송하는 것이다.295)

---

294) 『墨子』 「法儀」, "父母學君三者는 莫可以爲治法 (・・・) "莫若法天 天之行 廣而無私 其施 厚而不德 其明 久而不衰" "旣以天爲法 動作有爲必度於天 天之所欲 則爲之 天所不欲 則止" "天必欲人之相愛相利""
295) 『墨子』 「兼愛中」, "凡天下禍篡怨恨 其所以起者 以不相愛生也 是以 仁者非之 旣以非之 何以易之 以兼相愛交相利之法 易之"(・・・)"凡天下禍篡怨恨 可使毋起者 以相愛生也 是以 仁者譽之"

묵자는 이처럼 서로가 서로를 사랑하지 않는 데서 세상의 혼란이 생기니, 이를 해결하기 위해서는 서로 사랑(겸애)하고 서로 나누어야(교리) 한다는 것이다. 이를 위해서는 천하의 군자들이 먼저 솔선수범해야 한다고 말한다.

> 오늘날 천하의 군자들이 진실로 천하가 부유하기를 바라고 가난을 싫어한다면, 또한 천하의 태평을 바라고 혼란을 싫어한다면 마땅히 두루 평등하게 서로 사랑하고 이롭게 해야 한다. 반드시 힘쓰지 않으면 안 된다.296)

그러면서 묵자는 남의 의견을 비판하려면 반드시 그 대안을 제시해야 하고, 평등으로써 차별을 대체해야 한다. 곧 남을 위하는 것이 자기를 위하는 것이 된다는 것이다.

> 남을 그르다고 하는 사람은 반드시 그것을 대신할 수 있는 옳은 것이 있어야 한다. 만약 남을 비난하면서 그 대안이 없다면 비유컨대 물로써 물을 그치게 하고, 불로써 불을 끄는 것과 같다. 그러니 그들의 주장도 옳다고 할 수 없을 것이다. 그래서 묵자는 차별을 평등으로 바꿀 것을 주장한다. 그러면 차별을 평등으로 바꾸는 이유는 무엇인가? 만약 남의 나라를 위하기를 자기 나라처럼 한다면 대체 누가 제 나라를 온통 들어 남의 나라를 공격하겠는가? 남의 나라를 위함이 자기 나라를 위함처럼 하기 때문이다.297)

묵자의 이와 같은 주장은 남의 의견을 비판하면서 다른 대안을 제시하지 않는다는 것은 결국 다툼의 원이요, 이것은

---

296) 『墨子』 「兼愛上」, "今天下之君子가 忠實欲天下之富 而惡其貧하고 欲天下之治而惡其亂하면 當兼相愛交相利 不可不務爲也"
297) 『墨子』 「兼愛下」, "非人者 必有以易之 若非人而無以易之 譬之猶(以水救火)[以水救水以火救火]也 其說將必無可焉 是故 子墨子曰 兼以易別 然卽兼之可以易別之故 何也 曰 藉爲人之國 若爲其國 夫誰獨擧其國以攻人之國者哉 爲彼者由爲己也"

서로에 대한 사랑이 아니라는 것이다. 그러면서 묵자는 겸애 교리의 실천은 나부터 선행해야 한다고 강조한다.

> 내가 먼저 남의 어버이를 사랑하고 이롭게 하고 다음에 남이 내 부모를 사랑하고 이롭게 하기를 바랄 것인가? 아니면 내가 먼저 남의 부모를 해치고 미워한 다음에 남이 내 부모를 사랑하고 이롭게 하기를 바랄 것인가?
> 만약 효자라면 반드시 내가 먼저 남의 부모를 사랑하고 다음에 남도 내 부모를 사랑하기를 바랄 것이다. 그러므로 효자는 서로 남의 부모에게 효자 노릇을 하는 것이 부득이한 것이다. 말은 메아리가 없을 수 없고 德은 보답이 없을 수 없다네.
> 내가 봉숭아를 던져주면 그는 자두로 갚는다네. 곧 이 말은 남을 사랑하는 자는 사랑을 받고 남을 미워하는 자는 미움을 받는다는 것을 이르는 말이다.298)

이 인용문을 통해서, 묵자는 내가 먼저 겸애하면 반드시 남도 나를 겸애할 것이라 확신하고 있다. 이것이 서로 간에 이익을 준다는 것이다. 이것은 겸애가 公平의 원칙이라는 것을 밝히고 있다. 또 묵자의 이러한 공평의 원칙은 일정한 상호 관계에 기초해서 세워지는 것이다.

> 남을 사랑하면 남도 따라 반드시 사랑할 것이며, 남을 이롭게 하면 남도 따라 반드시 나를 이롭게 할 것이며, 남을 미워하면 남도 따라서 반드시 미워할 것이며, 남을 해치면 남도 따라서 반드시 나를 해칠 것이다.299)

---

298) 『墨子』 「兼愛下」, "若我先從事乎愛利人之親 然後 人報我[以]愛利吾親乎 意我先從事乎惡[賊]人之親 然後 人報我以愛利吾親乎 卽必吾先從事乎愛利人之親 然後 人報我以愛利吾親也 然卽(之)交孝子[之]者 果不得已乎" "無言而不讎 無德而不報 投我以桃 報之以李" "卽此言愛人者必見愛也 而惡人者必見惡也"
299) 『墨子』 「兼愛中」, "夫愛人者 人必從而愛之 利人者 人必從而利之 惡人者 人必從而惡之 害人者 人必從而害之"

이처럼 겸애는 天志에 부합하며, 곧 義의 실행이며, 尙同의 기반으로서 세상을 크게 이롭게 하는 묵자 사상의 실천 강령이라 하겠다.

④ 義

겸애나 상동이 모두 天志에 근거하고 있음을 앞서 살폈고, 義 또한 하늘이 바라는 것으로서, "하늘은 義를 바라고 不義를 싫어한다."300)고 했다. 이는 사람들이 義로서 하늘과 뜻을 함께해야 한다는 것이다. 義는 하늘이 바라는 것이고 하늘이 인간이 실행하기를 바라는 德目이다. 묵자 사상의 맥은 義의 실천이요 실현에 있다. 그래서 묵자는 '萬事莫貴於義'라면서 義를 중심으로 그의 사상을 전개한다.

> 사람들이 말 한마디로 다투며 서로를 죽이는 것은 무엇 때문인가?
> 이것은 의로움을 사람의 목숨보다도 귀중히 여기기 때문이다.301)

위 인용문과 같이 묵자가 義를 세상에서 가장 귀하게 여긴 것은 "천하에 義가 있으면 살고, 義가 없으면 죽으며, 義가 있으면 다스려지고 義가 없으면 어지러워지기 때문이다. 그러니 그들의 삶을 바라고 죽음을 싫어한다. 그들의 부유함을 바라고 가난을 싫어하며 그들의 다스림을 바라고 어지러움을 싫어한다. 이로써 天은 義를 바라고 不義를 싫어하는 줄을 안다."302)

이런 맥락을 통해서 보면, 겸애도 義이고, 尙同도 義이다.

---

300) 『墨子』 「天志上」, "天欲義而惡不義"
301) 『墨子』 「貴義」, "爭一言 以相殺 是貴義於其身也"
302) 『墨子』 「天志上」, "天下有義則生 無義則死 有義則富 無義則貧 有義則治 無義則亂 然則天欲其生而惡其死 欲其富而惡其貧 欲其治而惡其亂"

또 상동의 체계는 묵자가 義를 실현하기 위한 정치체계로서, "하늘의 뜻에 따라 정치인들이 의로운 정치를 하면 이것이 義政이며, 이에 따르지 않는 것이 바로 力政이다."303) 또 義政이란 "大國에 살면서 小國을 攻伐하지 않고 大家에 살면서 小家를 侵奪치 않으며, 强한 자는 弱한 자를 겁박하지 않고 貴한 자는 賤한 자를 업신여기지 않으며, 교활한 자는 어리석은 자를 속이지 않는 것"304)이다. 이것이 바로 聖王의 정치이며 하늘과 귀신과 사람 모두를 이롭게 하는 정치라고 설명하고 있다.

그래서 墨子는 "義로써 정치를 하면 인민은 많아지고 형정은 반드시 다스려지고 사직은 반드시 안정될 것이다. 귀하고 좋은 보배는 백성을 이롭게 한다. 義도 사람을 이롭게 한다. 그러므로 義는 천하에서 가장 좋은 보배이다."305)

이상에서 상동의 의미와 그 바탕을 이루는 천지 겸애 義와의 관계를 살펴보았다. 결국은 천지와 겸애 그리고 義와 상동은 그 맥락을 같이 한다고 보인다.

그러면 이상에서 살펴본 점을 바탕으로 '尙同'이 전제군주의 전체주의적 통치를 위한 이론인지 아니면, 아랫사람과의 의견을 소통해 하나의 의견으로 결집하는 민주주의적 제도인지를 살펴보고자 한다. 곧 상동이란 첫째, 윗사람의 명령에 아랫사람은 절대복종하라는 의미, 둘째, 윗사람은 아랫사람의 의견을 잘 수렴해서 흩어져서 어지러운 義를 하나로 통일하라는 의미, 이 두 가지로 대별할 수 있다. 첫째의 경우는 상

---

303) 『墨子』「天志下」, "順天之意者兼也 反天之意者別也 兼之爲道也 義政 別之爲道也 力政"
304) 『墨子』「天志上」, "不欲大國之攻小國也 大家之亂小家也 强之暴寡 詐之謀愚 貴之傲賤"
305) 『墨子』「耕住」, "今用義 爲政於國家 人民必衆 刑政必治 社稷必安. 所爲貴良寶者 可以利民也 而義可以利人 故 曰義天下之良寶也"

동을 전제군주의 전체주의적 행위를 위한 체제로 인식할 수도 있으며, 둘째의 경우는 아랫사람의 의견을 소통해 하나의 의견으로 결집하는 민주적이고 민본적 제도로 인식할 수도 있는 주장이다. 이 논쟁점에 관한 주장들을 살펴본다.

2) 상동론에 대한 논쟁점

① 전체주의적 통치를 위한 제도라는 관점

먼저 묵자의 상동이 전제군주를 위한 전체주의적 성격이 강하다고 주장하는 학자 중에서, 중국 문필가이며 철학자인 【곽말약】306)은 묵자의 尙同을 절대적인 왕권 통치를 위한 제도라고 주장한다. 그는 하늘을 존중하는 것은 이미 절대적인 神權통치이며 상동은 곧 절대적인 왕권 통치이다. 왕권은 하늘이 부여한 것이다. 천하의 義를 동일하게 한다. 윗사람이 옳다고 한 것을 또한 반드시 옳다고 하며 윗사람이 그르다고 한 것을 또한 반드시 그르다고 한다. 윗사람과 함께하면서 아랫사람과 어울리지 않는다. 왕의 의지로써 천하의 의지를 통일하고 왕의 是非로써 천하의 是非 판단을 통일한다. 당연히 왕의 위에는 또 하늘이 있으며 왕도 위로 하늘처럼 한다. 그러나 하늘이란 무엇인가? 하늘은 왕의 그림자에 불과하다. 따라서 결과적으로 왕의 의지는 곧 시비 판단이다. 다시 돌이켜보면 이른바 '하늘의 뜻'은 실지로는 왕의 뜻에 불과하다. 당연히 왕도 義를 행하고 不意를 행하지 말아야 한다. 이것은 是非와 善惡의 표준이다. 義와 不義의 표준은 또 어디에서 오는가? "義는 어리석고 천한 자에게서 나오지 않으

---

306) 곽말약은(1892~1978) 중국 사천성 출신으로, 작가, 역사가로서 사회 활동가이며, 또한 항일투쟁가이다. 모택동 정권의 중화인민공화국에서 모택동주의 사상과 문학의 조타수 역할을 한 인물이다.

며 반드시 귀하고 지혜로운 자에게서 나온다."307) 이런 까닭에 "귀하고 지혜로운 자가 어리석고 천한 자에게 정치를 베풀면 잘 다스려지고 어리석고 천한 자가 귀하고 지혜로운 자에게 정치를 베풀면 어지러워진다."308) 그러면 "누가 귀한 자이며 누가 지혜로운 자인가? 하늘이 귀한 자이며 하늘이 지혜로운 자이다".309) 하늘은 또 무엇인가? 하늘은 알고 보면 왕을 달리 표현한 것이 아닌가? 따라서 이렇게 저렇게 말했지만 다름 아니라 한 사람의 의지가 곧 천하 사람의 의지라고 생각하고 한 사람의 시비 판단이 곧 천하 사람의 시비 판단이라고 생각한 것이다.310) 왕권은 천하의 義를 동일하게 한다. 즉 "윗사람이 옳다고 한 것을 반드시 옳다고 하며, 윗사람이 그르다고 한 것은 또한 반드시 그르다고 한다. 윗사람과 함께하면서 아랫사람과 패거리 짓지 않는다."311)

곽말약이 말하고자 하는 것은 묵자의 상동은 왕권통치를 위한 제도적 장치로서 하늘의 뜻은 결국 왕의 뜻이 되고, 왕의 자의적인 是非 判斷이 곧 하늘의 是非 判斷이 되어, 묵자 사상의 진정한 의도가 절대적 전제왕권의 구축에 이론을 제공하고 있다고 해석하고 있다. 또 그는 묵자의 尙同을, "왕의 의지로써 천하의 의지를 통일하고 왕의 시비로써 천하의 시비를 통일한다. 당연히 왕의 위에는 또 하늘이 있으며 왕도 위로 하늘처럼 한다. 그러나 하늘이란 무엇인가? 하늘은 왕의 그림자에 불과하다. 따라서 결과적으로 왕의 의지는 곧

---

307) 『墨家』 「天志中」 "義不從愚且賤者出, 必自貴且知者出"
308) 『墨家』 「尙賢中」 "自貴且知者爲政乎 愚且賤者則治 自愚且賤者爲政乎 貴且知者則亂"
309) 『墨家』 「天志中」 "然則孰爲貴? 孰爲智? 曰 天爲貴 天爲智而矣."
310) 곽말약 저: 조성을 역, 『중국고대사상사』, 서울: 까치, 1991, 129~130쪽.
311) 『墨子』 「尙同上」, "一同天下之義, 上之所是, 亦必是之, 上之所非, 亦必非之, 上同而不下比"

시비 판단이다. 그래서 하늘의 뜻은 결국 실지로는 왕의 뜻에 불과하다. 당연히 왕도 義를 행하고 불의를 행하지 말아야 한다. 이것은 시비와 선악의 표준이다. "義와 不義의 표준은 또 어디에서 오는가?"312) 즉 곽말약의 주장은 天志는 天子의 의지이며, 천자의 의지에 따른 명령을 아랫사람들은 반드시 복종해야 한다. 이러한 정치구조를 기술한 것이 상동론이라는 것이다.

또 묵자의 상동이 궁극적으로 인민들의 흩어진 민심을 하나로 통일시켜나가는 과정이 아닌, 전제군주의 일방적인 명령을 전달하는 피라미드식 정치체계라는 주장도 많은데, 이 중에 【이성규】는 "묵자의 상동에 대한 논의가 결국 전제군주가 백성들의 지배 체제를 실현하는데 합리적인 논리 혹은 이념을 제공하는 것이며, 墨家는 법가 못지않게 군주권의 절대화와 철저한 上命下服式支配의 원리를 제시하였을 뿐만 아니라 그 勸力의 정당성에 대한 이론을 精緻(정치)하게 갖추고 있었다."313) 고 주장하였다. "墨家가 天을 全知全能한 인격적 존재, 모든 도덕의 근원 및 인간 행위에 대한 상벌권을 행사하며 그 실천을 요구하는 초월적인 존재로 주장한 것은 분명하다. 그들은 현실의 정치 질서를 庶人→ 士 → 大夫 → 諸侯 → 三公 → 天子 → 天의 累層的인 구조를 제시함으로써, 天이 최고의 통치자임을 역설하였고,"314) 지상의 군주는 天이 직접 임명한 존재임을 주장했다. 천자의 '兼愛萬民' '愛利萬民'도 결국 천하의 兼有 兼食 兼明 이란 천자의 일원적인

---

312) 郭沫若, 『十批判書』, 「孔墨的批判」, 人民文庫 : 人文科學 · 撰著, 2012, 85쪽.
313) 이성규, 『중국고대제국성립사연구』, 일조각, 1989, 260쪽.
314) 『墨家』 「天志下」 "是故庶人不得次己爲正 有士不得次己爲正 有大夫正之 大夫不得次己爲正 有諸侯正之 諸侯不得次己爲正 有三公正之 三公不得次己爲正 有天子正之 天子不得次己爲正 有天者正之."

지배를 의미하는 것에 불과하다. 특히 상동 편에서도 나오지 않는 극단적인 上命下服의 支配方式, 즉 "義는 正이다. 하급자가 상급자를 바로 잡은 일이 없으며, 반드시 상급자가 하급자를 바로 잡아야 한다."는 주장이 천지 편에 나온다는 사실, 또 "천자에게 天이 벌을 내렸을 경우 천지는 단지 沐浴齋戒(목욕재계)하고 정성껏 天에 제사를 지내면 그만이라는 식의 주장 등"315)을 볼 때, "아무리 墨家가 天子에 대한 상벌권을 강조하고 聖王의 法天을 주장하였다 하더라도,"316) 天志論은 사실상 天子의 無制約性을 보증하는 논리라고 해석하지 않을 수 없을 것이다. 결국 "墨家의 天志論은 주로 尙同論의 근거로 제창된 것 같으며,"317) 이는 "군주의 절대군주권을 강화시키는 논리의 전개에 적합한 이론이라 하겠다."318) 兼愛論과 天志論도 결국 君權의 절대화 논리로 연결되고, 尙同論은 이 점을 더욱 직설적으로 주장하고 있다. 『墨子』「상동」편에서 정치질서는 天→ 天子→ 三公→大夫→鄕長→里長으로 체계를 이룬다. "天子는 天이"319) 국군제후는 天子가 그 이하는 國君 諸侯가 각각 임명하는 것으로 되어있다. "이것은 일견 墨家가 군현제 대신 봉건 질서를 주장하는 듯한 인상을 주지만, 上告制를 통해 수천 리 밖에 떨어져 있는 백성들의 선행을 알고 상을 주고, 벌을 주는 것을 볼 때, 墨家의 天子는 향리는 물론 家內部까지도 권력을 침

---

315) 『墨家』「天志中」 "天子爲善 天能賞之 天子爲暴 天能罰之 天子有疾病禍祟 必齋戒沐浴 潔爲酒醴粢盛 以祭祀天鬼 則天能除去之."
316) 『墨家』「法儀」, "天之行 廣而無私 其施 厚而不德 其明 久而不衰 故 聖王法之."
317) 渡邊卓, 『고대중국사상의 연구』, 1973, 동경, pp.661~664.
318) 이성규, Ibid., 264쪽.
319) 양계초는 尙同上의 "(···)是故選 天下之賢可者 立以爲天子"에서 選의 주어를 民으로 보고 있으나(『묵자학안』(1936, 초판, 1971, 臺3판, 28쪽), 이성규는 天으로 본다.

투시켜 만민을 직접 통치하는 존재가 분명하다."320) 天子와 民 사이에 위치한 행정관의 자율성과 주체성을 일체 부정하고, '天子所是 皆必是之 天子所非 皆必非之'와 같은 철저한 天子의 일방적인 지배를 주장한 것은 당연한 일이었다. 이것은 "사실상 君主가 제정한 法에 만민이 일방적으로 복종하는 정치체제를 의미한다."321) 墨家는 "天子가 仁人·賢人일 것을 전제하였고, 天子에 대한 天의 감독도 강조하였으며, 天子의 天에 대한 상동을 '天下旣已治 天子又總天下之義以尙同於天'으로 의무화하기도 하였다".322) 또 '上有過則規諫之'라 하여 상급자에 대한 하급자의 간쟁권도 언급한 것은 사실이다. 그러나 "上所是 皆必是之 上所非 皆必非之'라는 상황에서 하급자의 간쟁권은 처음부터 불가능한 것이다."323)

묵자는 天災를 백성의 '不尙同於天'으로 돌림으로서 天子의 절대권력을 天과 결부시키면서도 天子에 대한 天의 감독·상벌권을 사실상 배제하고 있다. 따라서 "墨家의 尙同論은 결국 天子 - 官僚 - 民으로 구성되는 정치질서의 기원론을 전개하면서 天子와 官僚의 존재의미 및 天子에 대한 만민의 절대복종을 주장하기 위한 논리이며, 특히 이것을 보증하기 위해 告奸制度 및 不下比을 강조했다."324) 이와 같은 이성규의 묵자 상동론에 대한 견해를 종합해 보면, 墨家의 尙同은 철저한 上命下服式 체계를 통해 군주의 의견을 백성들에게 전달해서 복종하게 하는 이론이고, 天에 의한 天子의 규제는 형식적인 논리이며, 천자가 民의 의견을 수렴하여 민의를 통일하는 上告制를 천자의 통치를 위한 告奸制로 이해하고 있

---

320) 이성규, Ibid., 266쪽.
321) Ibid., 267쪽.
322) Ibid., 267쪽.
323) Ibid., 267쪽.
324) 이성규 ,Ibid., 268쪽.

다. 결국 尙同論은 절대군주의 권력 집중을 위한 수단이라는 것이 이성규의 해석이다.

이와 같은 주장에 동조하는 학자로, 중국 철학자인 【馬騰】(마등)은 尙同에 대해, '상동'은 묵학 '십론(十論)'325) 가운데 하나이며, 묵가 정치관의 주요 내용이다. '상동'설은 정치적 측면에서 절대적 권위를 지닌 전제군주를 새로운 통일질서의 상징으로 요구하며, 묵자는 그것이 소생산 노동자의 이익에도 부합한다고 여긴다.

『묵자』「상동」을 전체적으로 살펴볼 때, 상동설은 최소한 아래의 세 가지 함의를 지닌다. 첫째, '상동(尙同)'은 곧 상동(上同)이다. "천자는 천하 백성에게 명령을 내며", 이장(里長), 향장(鄕長) 등 각급 관원은 "천자의 정치에 순종하고 그 고을(리)의 의를 하나로 통일하며", "그 마을(향)의 義를 하나로 통일한다." "의견의 통일을 중시하며 아랫사람과 그 의견을 나란히 하지 않는다." 일체 모든 것은 천자에게서 의견이 하나로 통일되기를 숭상한다. 이것은 묵자 상동설에 나타나는 '전제주의적 색채'가 짙은 핵심 관념이다. 둘째, "하늘과 그 뜻이 같아지기를 숭상함"은 상동설의 최종적 귀결점이다. "천하의 백성은 모두 위로 천자와 그 뜻을 한결같이 하며, 하늘과 그 뜻이 같아지기를 높이지 않는다면 재앙이 여전히 떠나지 않을 것이다."326) 상동설은 '天'과 긴밀한 관련성이 있다. '天'은 상동설을 '천지(天志)'설이나 종교관과 소통시켜 준다. 장차 천자에게 있어서의 상동을, 하늘에서의 상동으로 상승시키며, "하늘의 뜻을 세워 이로써 그 본보기로 삼으며", 천자의 행위를 평가하는 척도로 삼는다.327) 셋째, 아랫

---

325) 馮友蘭, 中國哲學史新編 (上卷), 人民出版社, 1998年12月版, 第229頁을 참고할 것.
326) 『墨子』「尙同上」, "天下之百姓 皆上同于天子 而不上同於天 則菑猶未去也"

사람의 생각이 윗사람과 소통되는 것이다. "과거의 성왕들은 오로지 뜻이 같아지기를 숭상하는 일을 깊이 살피고 정장을 만들었다. 이런 까닭에 위와 아래의 생각이 서로 통하기를 구하였다. 윗사람이 일을 숨기고 이익을 져버리게 되면 아랫사람은 그를 이롭게 할 수 있었으며, 아랫사람이 원한을 품고 해악을 쌓고 있으면 그것을 제거할 수 있었다."328). "하정상달(下情上達)"과 "윗사람과의 의견 일치를 숭상함(尚同於上)"은 "윗사람과 아랫사람 사이의 소통(上下通情)"을 구성하였다. 이것은 소생산자 계층이 집정자(執政者)에 대해 자신의 이익을 요구하고 있는 표현을 나타낸다. 그러나 "상동"과 "민주" 또는 "민본(民本)"은 여전히 본질적인 구별이 존재한다. 그것은 단지 소생산자를 대표하는 묵자가 전제군주를 위해 제출한 선정(善政)을 위한 '좋은 방안일 따름'이다. "상동"은 정치관 상의 "하늘과 의견을 같이하기를 숭상함(尚同於天)", "위와 아래가 일사불란하게 뜻이 통함(上下通情)"처럼, 전제주의적 중앙집권의 특징을 지니고 있다.329) 마등의 상동에 관한 주장을 정리하면, 묵자의 상동론은 천자가 결정한 명령이 일사불란하게 전 인민에게 전달되어 천자의 뜻에 전 인민이 복종하도록 하기 위한 自上而下의 소통 방식이라는 것이다. 또 묵자의 의도는 이렇게 함으로써 단지 소생산자를 대표하는 묵자가 그들의 이익을 위해 천자의 善政을 바라는 취지에서 제안한 방안이라는 것이다.

이와 같은 基調에 일부 동조하는 학자로 【이택후】를 들 수

---

327) 墨子는 역사를 거울로 삼아, 삼대의 성왕과 폭군의 정면과 반면의 예를 그 증거로 삼는다. 墨子·法儀 : "昔之聖王禹湯文武, 兼愛天子之百姓, 率以尊天事鬼, 其利人多, 故天福之, 使立爲天子, 天下諸侯, 皆賓事之."
328) 『墨子』「尙同上」, "古者聖王唯而審以尙同 以爲正長 是故上下情請爲通 上有隱事遺利 下得而利之 ; 下有蓄怨積害 上得而除之"
329) 馬騰 著, 김용수역, Ibid., 127쪽.

있는데, 그도 역시 墨家를 소생산자 노동계급을 대표하는 집단으로 생각했으며, 상동론 또한 그 집단에 이념을 제공하는 이론으로 여겼다. 그러면서 묵자의 사상에서 상동과 겸애 그리고 천지와 비명 등에서 상호 모순된 주장이 보인다는 것이다. 즉 "한편으로는 현명하고 유능한 사람을 등용할 것을 요구하고 다른 한편으로는 '상동' 복종을 강조하였으며, 한편으로는 겸애, 평균을 추구하고, 다른 한편으로는 전제 통치를 주장하며, 한편에서는 '강력', '매명(賣命)'을 강조하고, 다른 한편에서는 귀신, '천지'를 숭상한다. 이것은 보기에 모순된 것 같지만 오히려 분산되고 취약한 소생산 노동자의 이중적 성격을 상당히 전형적으로 보여주고 있다."330)는 것이다.

결국 이택후는 '겸애론'을 평균을 추구하는 이론으로, '상동'을 '전제 통치론'으로 보았다.

묵자 사상 특히 尙同論을 절대군주를 위한 전체주의적 이념을 제공하는 이론으로 論하는 【김형진】의 주장도 살펴보면, 그는 『墨子』의 사상에 대한 연구자들의 대부분이 다음 세 가지 유형으로 묵자 사상을 이해하고 있다고 기술하고 있다.

"첫째, 墨子 사상의 요지는 자발적 이타주의의 실천을 지향하는 '兼愛'라는 견해, 둘째, 墨子 사상의 핵심은 공리주의의 실현에 있다고 보고 겸애 역시 利를 좀 더 확대하려는 방편에 불과하다는 견해. 셋째, 『墨子』의 의도는 결국 절대 군주제적 전체주의의 실현에 있었다는 견해들이다."331)

그가 이와 같은 세 유형으로 묵자 사상을 해석하는 까닭을

---

330) "一方面要求擧賢任能, 另方面强調尙同服從；一方面追求兼愛 `平均, 另方面主張專制統治；一方面强調 '强力' ` '賣命', 另方面尊尙鬼神 ` '天志' —這看來似乎矛盾, 卻相當典型地表現了作爲分散 `脆弱的小生産勞動者的雙重性格 °" 李澤厚《中國古代思想史論》, 人民出版社, 1985, p64. 재인용, 60쪽.

331) 김형진,「묵자에 대한 전체주의적 해석의 단초」,『한국철학회, 철학 제104집』, 2010, 2쪽.

『墨子』의 '전체 체계를 일관된 논리로 엮어내기가 쉽지 않다는 사실에 있다'라고 말하고 있다. 그는 「겸애」를 순수한 이타주의 실천으로 해석한다면, 엄격하고 강압적인 전제군주제적 이론으로 이해할 수 있는 「尙同」과의 정합적인 설명이 곤란해질 듯하다고 본다. "나아가 묵가의 사상은 피치자 중심의 평등을 지향하는가? 아니면 통치자 중심의 전체주의 실현이 목적인가? 기본적으로 '피치자 중심의 평등을 지향하는 사상과 '통치자 중심의 전체주의'는 표면적으로 양립하기 어려워 보인다."332)고 주장하고 있다.

그는 『墨子』의 이론을 전체주의적 관점에서 이해함으로써 서두에 제기한 '전체를 위한 개인의 희생'의 문제에 대한 적절한 해석을 시도하고 있다. 그의 주장에 따르면, 상동은 "군주 1인의 가치 체계가 강력하게 관철되는 군주의 전제적인 통치"이며, "군주의 자의적인 독단이 견제될 수 있는 체제적인 장치가 마련되지 않은, 군주 한 사람에게 힘이 집중되는" 전체(全體)주의이다. 여기에서 "전체의 이익을 위한 무고한 개인의 희생은 당연한 선택이다."333) 즉 묵가의 兼愛 개념은 '공동체 전체의 이익을 보장하는 원칙'으로 이해될 수 있다면서, 이때 이익 계산의 출발점은 언제나 '개인'이 아닌 '전체'이다. 그리고 "이는 엄격한 상벌제도의 시행을 통한 군주 일인의 가치 체계가 강력하게 관철되는 형태의 상동적 국가체제라는 바탕 위에서 국가의 이익을 최대치로 보장해 주는 원칙으로 작동하게 된다."334)는 것이다. 그러면서 "묵자의 겸애론도 공동체 전체의 이익 증대라는 목적을 위한 수단"335)으로 작용한다고 본다. 결국 절대군주의 중앙집권적 통치를 위

---

332) Ibid., 3쪽.
333) Ibid., 29쪽.
334) Ibid., 15쪽.
335) Ibid., 29쪽.

한 수단이 상동론이며, 이 이론을 뒷받침하는 것이 또한 '겸애론이다'라는 것이다.

마지막으로 국내 연구가인 【김학주】는 "상동을 '위와 和同한다' 또는 윗사람을 받들고 뜻을 같이한다.'· '위와 함께한다.'라는 뜻으로, 세상의 평화로운 질서를 위하여서는 天子를 頂點으로 하는 정치적인 계급과 제도를 확립하여 만백성들이 그들의 통치자를 따라 天子와 하늘의 명령에 한결같이 따라야 한다는 것으로 해석하고 있다."336) 또 【김인규】는 "상동이란 '숭상하고 화동한다'라는 뜻 이외에 '상위자에게 同調한다'라는 뜻으로 모든 개개인의 각자 주장을 버리고 윗사람의 주장에 동조할 것을 주장한 것이다. 천하가 혼란한 원인은 서로가 자신의 주장만을 옳다고 여기고 남의 주장을 그르다고 하는 데서 기인한다고 하였다."337)

지금까지 묵자의 겸애와 이를 바탕으로 하는 '상동 체제'가 절대군주의 전체주의적 통치를 위한 수단이라고 주장하는 곽말약, 이성규, 마등, 이택후, 김인규, 김학주 그리고 김형진 등의 주장을 살펴보았다.

② 민주적 의견 소통을 위한 제도라는 관점

尙同체계는 인민 개개인이 자유의지를 가진 평등한 주체로서의 행위를 통해 다양한 여론을 수렴하는 民主主義的 색채가 매우 강한 당시로써는 혁명적인 이론이라고 주장하는 학자 중에서, 【손영식】은 "상동(尙同)은 겸애(兼愛)와 천지(天志)를 함축하고 있다고 보면서, 다음과 같이 이 셋을 개괄적으로 설명하고 있다."338) 즉 尙同은 '위와 같아지라', 혹은

---

336) 김학주, Ibid., 190쪽.
337) 김인규, Ibid., 218쪽.
338) 손영식, Ibid., 195쪽.

'같아짐을 숭상하는 것이다'라는 뜻이다. 백성이 지배자(관리)에게 복종해야 하는 이유, 내지는 국가 권력의 구성 원리를 설명한다. 백성의 자발적 복종. 이것이 상동이다.

　상동의 이유로 묵자는 개인들의 서로 상충하는 이해관계의 조절을 든다. 兼愛는 '전체를 사랑함', 兼은 전체를 뜻한다. 겸애는 일반적으로 사랑 이야기이다. 이를 국가구성 원리로 보면, 지배자 관리가 백성 전체를 사랑하는 것이다. 반대로 말하자면 소외시키는 백성이 없어야 한다. 통치자 관료의 사랑(겸애)과 백성의 복종(상동)의 맞교환의 계약, 이것이 국가 구성의 기본원리이다. 天志는 하느님의 뜻이며, 사람은 하느님의 뜻에 따라 살아야 한다. 하느님과 인간의 관계는 일종의 계약 관계이다. 하느님과 인간 모두 자유의지를 갖추고 있다.

　자유의지를 가진 존재들이 상호 얽히고, 권리와 의무, 지배와 복종의 관계를 맺기 위해서는 계약이 필요하다. 유일신론은 계약론과 표리의 관계를 맺는다. 이런 계약은 국가에서 지배자와 백성 사이에 적용된다. 그러면서 묵자의 상동론은 절대군주의 강압에 의한 복종이나 의견 통일이 아닌, 백성들의 자유의지에 따른 자발적인 복종이고 또한 의견 결집은 개인들 간의 의견소통을 통해 상충하는 異見을 조율하는 것이라고 주장한다. 또 그는 백성들은 자유의 의지를 통해 주체성을 가지고 서로 다른 의견을 조정해 나가는 능력을 지녔으며, 이를 가능케 하는 과정이 상동이라는 것이다. 이는 아래로부터의 의견 수렴을 통해 의견 통일로 가는 '民主 그 자체이다'라고 할 수 있다. 또 손영식은 묵자가 尙同을 주장하는 이유를 다음과 같이 정리한다.

　묵자가 상동을 주장하면서, '백성이 왜 위와 같아져야 하며, 국가 권력에 복종해야 하는가?'라면서 묵자는 상동할 조건을 따진다. 상동(尙同)은 백성 각 개인의 이익 주장(利=義)의 실현 과정이다. 당시 유가 법가 도가는 모두 군주의 입장에 선다. 정복 전쟁의 와중에서, 국가를 보존하고 남을 정복할 강력한 힘을 갖기 위해서 군주는 어떻게 백성을 다루어야 하는가? 여기에 초점을 맞춘다. 백성은 수단이다. 군주제는 철기시대의 정복 전쟁의 산물이다. 군주 1인의 강력한 지도력이 그런 전쟁에 대처하는데 가장 알맞다. 군주의 전제(專制)는 이들의 사상에 어울리며, 상동 사상과는 정반대이다. "묵자는 개인의 이익이라는 측면에서 국가와 군주의 기원을 따진다. 이런 발칙한 생각은 서양의 경우 홉스 이래 나타난다. 묵자는 정복 전쟁 시대에 하명(下命) 대신 상동(尙同)을 따진다. 상동(尙同)은 그런 점에서 혁명적이다."[339] 곧 묵자가 상동을 주장하는 이유는 尙同이 백성 각 개인의 이익 주장(利=義)의 실현 과정이며, 상동제 하에서는 군주의 이익보다는 전체 백성들 개개인의 이익을 우선시하기 때문에, 尙同論이 절대군주의 위로부터 명령하고 복종하는 체제가 아니고 아래로부터 민의를 수렴해서 공동체 구성원들의 이익을 보장하기 위한 수단이요 과정이라는 것이다. 그런 점이 그 당시 절대군주제 하에서 혁명적인 발상이라는 것이다.

 이처럼 묵자의 상동론을 해석하면서 손영식은 "묵자의 '상동' 이론은 홉스의 이론과 거의 비슷하다. 단지 로크처럼 묵자의 이론을 발전시킨 사람이 나오지 않았을 뿐이다. 철기시대, 정복 전쟁의 시기에 그런 이론을 전개했다는 것은 시대를 너무 과도하게 앞서간 것이다. 묵자를 계약론이라 한다면 약간 틀렸다.

 그러나 "묵자를 '군주전제, 전체주의'라 한다면, 그것은 완전한 오류이다."라고 까지 묵자의 상동론을 평가한다."[340] 손

---

339) 손영식, Ibid., 203쪽.

영식의 주장은 곽말약이 '상동체제를 절대적인 왕권 통치를 위한 제도로써, 하늘은 왕의 그림자에 불과한 것으로 왕의 뜻이 是非 判斷의 기준이 된다고 주장하는 것'과는 정반대로, 묵자의 尙同 체계는 절대군주가 위로부터 명령하고 복종하는 체제가 아니고, '아래로부터 민의를 수렴하여 하나로 통일시켜가는 과정'이라고 주장한다.

이와 유사한 주장을 하는 학자로 【황성규】는, 묵자가 제시한 정치사상의 핵심은 상동론에 있다면서 다음과 같이 묵자의 상동론이 民主主義를 설파한 핵심이라는 주장을 한다. 즉 상동이란 국가를 통치하는 데 있어서 원칙과 기준을 설립하고 그것을 통해서 일관성 있게 국가를 통치함으로써 정치에 대한 백성들의 신뢰를 확보하고 사회의 질서를 구축하고자 하는 이론이다. 자칫 "상동론이 획일적이고 전체적인 사회를 지향하거나 아랫사람은 반드시 윗사람의 견해를 추종해야 한다는 것으로 비추어질 수 있으나, 이는 묵가학파의 상동 사상을 제대로 간파하지 못한 데서 오는 편견이며, 상동 사상이 추구하고자 하는 본질과는 상당한 거리가 있다."[341] 묵자는 통치자의 주관적 의사에 의해서 국가가 좌지우지되는 불합리한 현상을 최소화할 수 있는 제도적 장치를 수립하자는 것이다.

물론 "묵자가 제시한 제도적 장치라는 것은 통치자가 시행하고자 하는 방향과 백성의 뜻이 하나가 되는 것, 혹은 백성의 소망과 위정자인 왕공대인의 정책이 어김없이 맞아떨어지는 것 등을 보장하기 위한 하나의 수단이 된다."[342]

그는 묵자의 상동론이 획일적이고 전체주의적 사회를 지향

---

340) Ibid., 207쪽.
341) 황성규, Ibid., 157쪽.
342) 황성규, Ibid., 158쪽.

하고, 윗사람의 견해를 아랫사람에게 강제하는 이론이 아니라, 위아래 사람들이 서로 소통을 통해 의견을 하나로 통일해가는 과정을 설명한 것으로 이해하고 있다. 또 상동론의 정부 구조도 통치자의 자의적인 의사로 국가의 정책을 좌지우지하는 것을 최소화하기 위한 제도적 장치라는 것을 설파하고 있다. 그러면서 그는 '천자는 곧 백성이 결정하고 백성에 의해 유지된다는 논리는 가능한 것인가?', 혹은 '천자와 백성의 관계는 계약적 관계라고 보아도 무방한 것인가'라면서, 『墨經』에 다음과 같이 기술되어 있다면서 "제34조 「경상」: 천자(君), 신하와 백성은 모두 약속이다."343)고 적고 있다.

이와 같은 글을 통해 보면, 황성규도 묵자의 상동론이 절대군주의 통치를 위한 획일적이고 전체주의적인 이론이라기보다는 백성의 의사를 수렴해가는 民主政治論에 가깝게 보는 것 같다. 그러면서 그는 묵자는 상동론을 통해, "궁극적으로 사회적 폐단과 핍박의 도가니에서 백성을 구하고자 하였으며"344), 상동이란 정치 활동에 있어서 통일된 견해, 다시 말해 국론 통일을 숭상한다는 의미를 지니고 있다. "묵자는 '국론이 통일된 나라가 바로 질서가 잡히고 통치가 잘 되는 나라'라는 인식을 하고 있었다고 주장했다."345)

묵자는 국가의 역량을 하나로 집중시키고 통일시키는 것이 필요하다고 믿었으며, 이러한 통일은 반드시 民意를 기초로 하여 형성되어야 한다고 보았다. 따라서 "통치자와 백성의 是非 善惡은 하나로 일치되어야 하고 백성이 바라는 바와 이익에 따라 일을 처리해야 하며, 이렇게 한 후에 비로소 백성

---

343) "君, 臣萌通約也" 여기서 萌은 氓과 통하며, 民을 의미한다.
344) 황성규, Ibid., 174쪽.
345) Ibid.

들은 윗사람에 대하여 신뢰, 즉 통치자의 뜻에 수긍하며 따르게 된다는 것이다."346)

 이처럼 묵자의 상동편을 이해하는 것은 묵자의 사상이 결코 절대군주의 통치권 강화를 위한 논리론이 아니라, 백성을 국가구성의 근간으로 보는 民本주의에 바탕을 둔 民主 이론이라고 주장한다. 또 "묵자가 국론 일치를 위해서는 자신의 견해에 반대하는 의견에 대해서도 신중하게 접근해야 하며, 천박한 신분을 지닌 자들의 주장도 함부로 묵살해서는 안 됨을 주장했다"347)라고 다음 글을 인용한다.

> 江河의 물줄기도 한 근원에서 나온 물이 아니며, 갖옷도 한 마리의 여우로 만들 수 있는 것이 아니다. 그러니 어찌 자기와 같은 생각을 하는 사람은 버리고, 자기 입맛에 맞는 자만을 취하겠는가.348)

 위 원문에서 언급되는 것처럼 尙同은 제각각 자기 능력에 따른 직업을 가진 사람들이 자기 영역에서의 역할에 따라 서로 협동하여 하나의 통일된 실체를 형성해가는 것이다. 상동론은 협동론이라고 할 수도 있을 것이다.
 또 묵자는 '兼愛와 交利'가 실현되는 理想사회를 위해 尙同이라는 정치제도를 주장하였다. 묵자는 백성에서부터 하늘에 이르기까지 평화적인 절차에 의해 상이한 견해를 하나로 일치시킬 수 있다면 천붕지괴와도 같은 천하의 혼란은 쉽게 잠식될 것이라고 보았다. "묵자에 의하면 진정한 상동이란 통치자의 권위나 의도에 맹목적으로 추종하는 일사분란의 상태가 아닌, 반드시 민의에 기초하여 국론을 집중시키고 그것으

---

346) Ibid., 179쪽.
347) Ibid.,180~181쪽.
348) 『墨子』「親士」, "是故江河之水, 非一源之水也, 千鎰之裘, 非一狐之白也, 夫惡有同方不取而同己者乎."

로 원칙과 기준으로 삼는 것이다. 왜냐하면 묵자에게 있어서 백성의 뜻은 곧 하늘의 뜻이기 때문이다."349) 곧 '民心은 天心이다'는 것이다.

　중국 철학자인 【후외로】(候外盧)도 그의 저서 『중국철학사』에서 다음과 같이 기술하고 있다. "묵자는 尙賢論 에서의 고대 민주 理想의 기초로 '尙同'을 주장하였으며, 民이 동의한 바의 통치자야말로 墨家의 理想을 실천할 수 있다고 생각했다. 또 이러한 理想으로, '천하를 하나로 같이하는 뜻'이라 하고, 따라서 尙同으로써 上下相賊(상하상적) 에 대체하였다. 한편 그는 이러한 理想의 실현을 사회 외부의 환상적인 힘에 의존하였다. 천상의 권위에 의해 지상의 통치자가 영향을 받으니, 民은 반듯이 天志를 체현한 天子에 복종해야 자신의 이익을 실현할 수 있다고 보았다. 이러한 환상 속에서 묵자는 자신이 제시한 '백성의 눈과 귀로 들은 사실에 근거하여 살핀다(原察百姓耳目之實)'라고 하는 객관적 지식의 표준을 위배하고, "위에서 옳다고 하는 바는 반듯이 옳다고 하고 위에서 그르다고 하는 것은 반듯이 그르다."350)라고 제창하였다. 또 주관적인 참다운 소망과 "위에서 같게 하면 아래에서 비교하지 않는다."(上同而不下比)라고 하는 '강제변법'으로써 천하를 하나로 같이하는 뜻을 구하려고 하였으며, 上天의 권위와 통치자의 仁慈에 의지하여 사회를 개혁하려고 하였다."351)

　위의 글에서 '民이 동의한' 통치자란 어휘를 사용하고 있는데, 이 글의 바탕에는 인민 즉 백성들을 '자유의지를 가진 주체'로서 인식하고 있음을 알 수 있다. 이것은 묵자 사상을 이

---

349) 황성규, Ibid., 186쪽.
350) 『墨子』 「尙同中」, "上之所是 必皆是之 所非 必皆非之"
351) 候外盧, 양재혁 역, Ibid., 73쪽.

해하는 데 매우 중요한 인식으로 본다. 즉 인민을 정치의 주체로 보느냐 아니면 객체 즉 대상으로 보느냐는 매우 중요한 개념이다. 이글에서 후외로는 천지의 초월적인 의지와 삼표론 2조의 백성의 耳目을 통해서 살핀다는 객관적 사실 접근에서 상호 일치되지 않는 점을 발견한다.

> 묵자는 "命을 믿으면 부자도 가난해질 수 있고, 命을 안 믿으면 가난한 자도 부자가 될 수 있다"라고 하는 反 명제를 제시하여 인위적인 노력을 강조하였다.
> 그는 부귀와 빈천은 命으로부터 정해지는 것이 아니라, 인간의 주관적 '힘써 행함'(强力而爲)에 의해서 결정된다고 생각하였다.352)

후외로가 묵자의 非命論을 해석함에, "묵자는 인간의 주체적인 노력을 강조한다는 점을 피력한 것은 고대 세계의 평민 계층이 씨족 귀족의 '然故富貴'함을 반대한 일종의 '자유경쟁 학설이다'"353)라고 평가하고 있다. 이는 묵자의 근본 바탕인 만민의 평등함을 전제로 사상을 전개하고 있음을 알게 해주고, 尙同論도 이런 관점에서 해석해야 한다는 점을 피력하고 있다. 즉 天子와 백성은 고정된 계급 신분에서 차이가 나는 것이 아니고, 유동성 있는, 어짐과 능력 면에서 '차이를 인정'하는 그래서 누구나 賢良하면 천자가 될 수도 있다는 것이다. 후외로는 묵자 사상 중, 외재적인 요인인 天志와 내재적인 인간의 의지를 강조하는 비명론의 주장 그리고 삼표법 제2조의 백성의 이목을 중시한다는 이론상에 '일부 불일치'한다고 주장한다. 그러면서도 그는 묵자 사상의 근본 바탕이 만민의 평등을 전제로 한 사상이기에, 상동론도 이와 같은 바탕에서 해석되어야 한다고 주장하였다.

---

352) Ibid., 63쪽.
353) Ibid., 66쪽.

묵자의 상동론은 민주론이라고 주장하는 학자로서, 이해영과 기세춘이 있는데,【이해영】은 尙同을 다음과 같이 주장한다. 상동은 윗사람의 뜻을 숭상하고 함께하는 것이지만 무조건 윗사람에 복종하는 상의하달의 의미만을 지니는 것은 아니다. 윗사람과 아랫사람이 가치 판단의 기준을 하나로 통일하여 온 천하가 겸애 교리의 이상에 도달해가는 과정이기도 하다. 윗사람은 항상 겸애와 교리의 실천 능력을 지닌 현자이어야 하고 천하의 이익을 일으켜야 한다. 그 전제로서 현명한 사람이라는 것에 따라서, 리의 정장인 이장은 里 전체의 의견을 수렴 통일하여 鄕長에게 상동하고, 향장은 정장에게, 정장은 군주에게, 군주는 천자에게 천자는 天에 상동해야 한다. 이것은 가치 기준(義)이 아래에서 위로 통일되어 가는 과정이고, 民의 평등의식인 겸애 교리가 공평한 天에 투영되어 온 천하에 실현되어 가는 과정이기도 하다. 그래서 이처럼 "상동이 실현되었던 옛 성왕시대에는 윗사람과 아랫사람의 실정이 잘 통하여 사회 전체가 그 뜻이 하나로 통일되어, 상하가 대립하지 않고 화합되는 사회였다"354)고 한다. 上下가 소통되는 사회, 즉 上告制는 상하가 소통하기 위한 제도라는 것이다. 이와 함께【기세춘】은 묵자의 사상을 다음과 같이 평가한다.

> 묵자는 단편적이지만 국민주권론, 민약론, 민선론 등을 주장한 인류 최초의 민주 사상가라 할 것이다.355)

기세춘은 또 만인의 만인에 대한 투쟁을 종식하고자 즉 통치자를 선출하였으므로 主權은 인민에게 있었다고 해석한다.

---

354) 이해영, Ibid., 156쪽.
355) 기세춘, 『천하에 남이란 없다』, 나루, 1995, 195쪽.

즉 통치자가 없었을 때는 백성이 주권자였고 온 인민 각자가 주인이므로 자기의 이익은 옳다 하고 남의 이익은 그르다 하여 전쟁과 투쟁이 생겼다. 그리하여 "천하의 義를 화동 일치시키고자 어진 자를 선출하여 천자로 삼았다."356)

그는 「尙同下」의 '古者天之始生民有未正長也, 百姓爲主'를 해석하는데, 다른 학자들은 "百姓爲主'를 '백성들은 독립된 개인이었다.",357) 또는 "백성들은 자기만을 위하였다"358)로 해석하는 것과 달리 '백성이 주권자'였고 온 인민 각자가 주인'이라고 해석하여 묵자 사상이 백성을 主權者로 인식하면서 이 사상을 편 것으로 이해하고 있다.

기세춘은 『묵자』에서의 통치자 선출은

> 신분의 차별을 두지 않고 농사꾼, 노동자, 장사치 중에서 어진 자를 선출했었다. 이렇게 선출된 군주가 요·순·우 등의 임금이며 탕임금과 문·무임금도 백성들의 지지를 얻어 왕권을 차지했던 것이다. (…) 따라서 성왕들은 모든 제후, 경대부 등 정치지도자들이 어진 자이면, 빈부귀천의 차별 없이 등용해야 한다.359)

> 그래서 묵자는 군주를 선출할 때는 반드시 평등주의자(兼君)를 선출해야 한다고 강조한다.360)

학자 대부분이 '兼'字를 두루두루 사랑하는 식으로 해석하는 데 비해서, 기세춘은 '兼'字를 '평등'으로 해석한다. 그는

---

356) 기세춘, Ibid., 200쪽.
357) 김승석 역주, Ibid., 165쪽.
358) 김학주 역저, 『묵자』, 명문당, 2014, 228쪽.
359) 『墨子』「尙賢上」, "故古者 聖王之爲政 列德而尙賢, 雖在農與工肆之人 有能則擧之"
360) 『墨子』「兼愛下」, "必擇兼君是也"

묵자의 상동론에서 말하는 국가의 목적(국가의 임무)을 백성들의 義를 和同一致시키는 것으로 이해한다. 義는 관념론자들에게는 道義, 正義 등 불변의 관념으로 인민의 선택이나 인민의 결정이 아니다.

그러나 경험론자인 묵자에게는 義는 利였다. 즉 인민에게 이로운 것이었다. "묵자는 국가를 포함하는 모든 문화와 제도를 물적 토대인 재화 소비의 모습으로써 파악한다."361) 따라서 국가의 목적은 인민의 利를 통합하는 것이었다. "백성들이 천자와 제후와 공경대부들을 선출하여 세운 것은 그들을 부유하고 편안하게 놀고먹으라고 한 것이 아니며, 천하 인민을 평등하게 다스리고자 함이다. 그리하여 만민을 위하여 이익을 일으키고, 해로운 것을 제거하여 가난한 사람을 부유하게 하며, 위태로운 자를 안락하게 하고, 어지러운 것을 태평하게 다스리고자 함이다."362) 즉 국가의 임무는 천자와 제후와 공경대부들을 선출하여 그들을 놀고먹게 하고자 함이 아니라 백성들의 정신적 물질적 이익을 위해 열심히 노력하도록 하고자 하는 것이다. 또 "국가는 어진 이에게 賞이 돌아가야 하고 포악한 자에게는 罰이 내려지도록 해야 한다. 그리하여 善이 권장되고 惡이 저지되어야 한다."363) 또 "굶주린 자는 먹여주고, 헐벗은 자는 입혀주고, 피로한 자는 쉬게 하며, 어지러운 것을 태평하게 다스려 인민이 안락한 삶을 살게 하는 것이 국가의 역할이요 임무이다."364)

---

361) 기세춘, Ibid., 201쪽.
362) 『墨子』 「尙同中」, "夫建國設都 乃作后王君公 否用泰也 (輕)[卿]大夫師長 否用佚也 維辯使治天均 則此語古者上帝鬼神之建設國都 立正長也 非高其爵厚其祿 富貴[遊]佚而錯之也 將以爲萬民興利除害 (富貴貧寡)[富貧衆寡] 安危治亂也."
363) 『墨子』 「尙賢上」, "聖王之爲政 言曰 不義不貴 不義不富"
364) 『墨子』 「尙賢下」, "若此 則飢者得食 寒者得衣 亂者得治 若飢則得食 寒則得衣 亂則得治 此安生生"

그러면서 묵자는 나라에는 일곱 가지 재앙(七患)이 있다고 했다. 첫째, 성곽과 해자보다도 궁궐을 더 치장하는 낭비. 둘째, 침략당했을 때 이웃이 구원해주지 않는 고립. 셋째, 인민의 노동력을 낭비하고 재물을 낭비하는 노동착취. 넷째, 법이 무서워 윗사람을 거슬러 비판할 수 없는 언론탄압. 다섯째, 자만하여 신하에게 묻지 않고 대비하지 않는 독재. 여섯째, 인민들에게 충직하지 못한 자들을 신임하는 측근정치. 일곱째, 벌을 두려워하지 않고, 상을 기뻐하지 않는, 인민의 뜻과 어긋난 정치와 법률 등. 묵자는 「七患」에서 통치자들이 저지르기 쉬운 일곱 가지 행태를 열거하면서 경고한다.

위에서와같이 【기세춘】이나 【이해영】은 상동을 계급 신분질서에 따른 하향식 정치구조로 보지 않고 상향식 의견 수렴 과정으로 보고 있다. 이는 개개인이 주권자로서 자유의지를 가진 존재이기에, 각각은 동등한 존재라는 바탕에서 상동을 이해하기 때문이다.

以上으로 묵자의 '尙同'이 전제군주의 전체주의적 통치를 돕는 이론인지, 아니면 인민의 의견수렴을 돕는 민주주의적 장치인지에 대한 해석에 있어서, 크게 두 가지 관점으로 이해하는 주장들에 대해서 살펴보았다.

3) 민주론적 관점에서의 판단

尙同은 인민들이 자유의지를 가진 '독립된 주체'로서 소통을 통해 서로 화합하고 협동하여 안생생한 사회를 이루어가는 정치제도라는 주장을 긍정하는 바탕에서 이 상동 체계가 근현대 뛰어난 민주주의 이론가인 토크빌이나 로버트 달 등의 민주론에 부합하는지 살펴본다.

'百姓爲人'은 인민 주권론으로 해석할 수 있으며, 이에 따라 天子 즉 지도자 선출의 주체도 자유의지를 가진 인민으로서 권리라는 점을 긍정하면서, 또한 이를 바탕으로 上告制에 의한 여론 형성을 통해, 인민들 각각 흩어진 의견을 하나로 통일시키는 것이 지도자들 즉 천자 이하의 각각의 지도자들이 해야 할 역할이라는 것을 묵자는 尙同論에서 설파하고 있다.

토크빌은 "민주주의는 사람들의 차이를 인정하지 않는다. 평등의 이름으로 대중이 주인 행세를 한다. 즉 사람들의 차이를 인정하지 않는 '무차별 평등'이 '멋대로 자유'로 이어지며 끝내 폭정을 부르고 말 것이라고 경고했다."[365] 또, 그는 『아메리카의 민주주의』에서 "평등한 사회에서는 다수가 힘을 가지는 것은 당연하다. 문제는 그 다수가 생각이 다른 소수를 억압할 수 있다는 것이다. 그는 다수의 압제를 경계하고 있다. 그는 참여를 통해 대중이 주체적 인간으로 거듭남으로써 '다수의 소수 압제라는 재앙'이 극복되기를 기대했다."[366]

묵자의 尙同이 개개인이 동등한 주권자로서 서로 다른 의견을 통일시키기 위한 정치체계인 것과 같이, "토크빌의 민주론은 대중민주주의를 언급하면서도, 평등민주주의가 자칫 민주 독재(민주전제)로 귀결되는 것을 가장 경계하고 있다."[367] 그는 평등민주주의는 민주 독재를 태생적으로 내포하고 있다고 주장한다. 그러면서 토크빌은 『아메리카의 민주주의』에서 "'평등'이 곧 '민주주의'라고 말했다. 민주주의라는 말을 다양한 각도에서 이해할 수 있겠지만, 그는 '조건들의 평등'을 민주주의의 가장 중요한 특징으로 규정"[368]하면서, 그는 "'조건의 평등'에서 당당하고 정당한 평등은 사람들이 강하고 존경받는 존재가 되어 자극을 준다."[369]라고 말하고 있다.

---

365) 서병훈, 『민주주의』, 아카넷, 2020, 13쪽.
366) Ibid., 17쪽.
367) Ibid., 31쪽.
368) Ibid., 45쪽.
369) Ibid., 46쪽.

이와 같은 토크빌의 견해는 묵자의 상현론의 다음 주장과
흡사하다. 즉 인재의 평등한 등용으로, 어질고 능력 있는 자
라면 신분의 조건과 관계없이 등용하여 성과가 높으면 승진
도 시키고 그렇지 못하면 퇴출도 시키었다.

> 도성에서 멀리 떨어진 시골구석의 신하들과 궁정의 관리들은 물론이
> 고 도성 안의 백성들과 변방의 비천한 백성들까지도,370) 즉 농민이
> 나 상공업에 종사하는 천한 사람이라도 능력이 있으면 그들을 등
> 용하고 벼슬을 높여주고 녹을 무겁게 주어 그에게 정사를 맡기되
> 명령을 결단토록 권한을 위임했다.371)

> 그러면서도 관리라 해서 언제까지나 귀한 것이 아니고 백성이라 해
> 서 언제까지나 천하지는 않았다. 유능하면 등용되며 무능하면 곧 쫓
> 겨났다.372)

이와 같은 민주적 인재 등용 제도를 시행한다면, "온 나라
의 비천한 사람들까지도 義를 실천하기 위해서 애쓴다."373)
는 것이 묵자의 주장이다. 이는 토크빌이 말하는 '조건의 평
등'에서 당당하고 정당한 평등은 사람들이 강하고 존경받는
존재가 되어 자극을 준다는 주장과 그 맥락을 같이 한다고
생각된다.
 더불어 토크빌은 민주주의를 인민주권의 틀 안에서 규정하
면서, 민주주의를 인민의 뜻에 따라 지배하는 정치체제로 이
해했다. 그는 『아메리카의 민주주의』에서 민주 정부를 '최더
다수 사람의 의지에 의존하는 정부'라고 불렀다. 이와 같은
토크빌의 주장은 묵자 상동론에서 "상동이란 통치자의 권위

---

370) 『墨子』 「尙賢上」, "逮至遠鄙郊外之臣 門庭庶子 國中之衆 四鄙之萌人"
371) 『墨子』 「尙賢上」, "雖在農與工肆之人 有能則擧之 高予之爵 重予之祿
 任之以事 斷予之令"
372) 『墨子』 「尙賢上」, "官無常貴 而民無終賤 有能則擧之 無能則下之"
373) 『墨子』 「尙賢上」, "四鄙之萌人 聞之 皆競爲義"

나 의도에 맹목적으로 추종하는 일사분란의 상태가 아닌 반드시 민의에 기초하여 국론을 집중시키고 그것으로 원칙과 기준을 삼는 것이다. 왜냐하면 묵자에게 있어서 백성의 뜻은 곧 하늘의 뜻이기 때문이다."374) 라는 주장과 같다고 본다. 즉 토크빌의 '최대 다수의 인민의 뜻'과 묵자의'민의에 기초하여 국론일치'는 그 의미가 같다고 생각된다.

로버트 달은 민주주의란 무엇인가에 대해 2,500년 동안 간헐적인 토의가 있어서 왔는데, 싫든 좋든 간에 합의는 이루어지지 않았다. 이는 "민주주의가 상이한 시간과 상이한 장소에서 상이한 사람들에게 상이한 의미를 지녀왔기 때문이다"375)고 했다. 다시 말해서 時空間을 떠나 적당한 조건들이 갖추어진다면, 언제라도 민주주의는 독립적으로 출현하며, 또 출현할 수 있다고 생각한다. 그리고 그러한 조건들은 상이한 시간과 상이한 장소에서 존재했다고 믿는다. 그러면서 로버트 달은 "민주주의적 체제의 형성에 유리한 조건들을 갖고 있던 오래전 선사시대의 부족 통치체제에서도 일종의 민주주의 체제가 존재하였을 가능성이 높은 것으로 판단하고 있다."376) 결국 로버트 달은 민주주의는 고대 그리스의 아테네와 로마 공화정이 아니더라도 즉 어떠한 곳이더라도 적당한 조건들이 갖추어진다면 민주주의는 가능하다는 것이다.

그렇다면 춘추 말 전국 초의 묵자가 활동했던 중국에서도 적당한 조건이 충족되었다면 민주주의가 가능할 수도 있었다는 주장이다. 그러면서 그는 "우리 중에서 '가장 유능하고 식견 있는 몇몇 사람들'에게 우리의 중요한 모든 결정을 위임하는 법을 우리는 원하는가? 이는 그러한 법이 더욱 현명한

---

374) 황성규, Ibid., 186쪽.
375) 로버트 달 지음, 김왕식 외3 옮김, Ibid., 23쪽.
376) Ibid., 31~32쪽.

결정을 보장할 수도 있을 뿐만 아니라, 나머지 우리들로 하여금 많은 시간과 노력을 절약할 수 있게 하는 가능성도 있다. 하지만 구성원들은 압도적으로 이러한 종류의 해결을 거부할 것이라고 주장한다. 왜냐하면 심의하고 토론하고 나서 정책에 관한 결정을 내리는 것이 바로 우리가 공동체를 형성한 하나의 이유이다. 우리는 모두 쟁점에 관한 토론과 우리의 공동체가 따라야 할 정책 결정에 참여할 동등한 자격이 있다. 우리의 법은 우리 모두에게 공동체의 결정에 '참여할 수 있는 권리를 보장'해야만 한다. 아주 평범하게 말한다면 우리는 모두 동등한 자격이 있으므로 우리는 민주적으로 우리 자신을 통치해야만 하는 것이다."377)

이와 같은 로버트 달의 주장을 정리하면, 공동체를 위해서 식견 있고 능력 있는 몇몇 대표자에게 개개인의 권리를 위임하는 것이 많은 시간과 노력을 절약하는 방법이 되기도 하지만, 이는 공동체라는 단체를 결성한 구성원들의 취지에 어긋나기 때문에, 즉 공동체라는 단체를 위한 정책 결정에 직접 참여할 권리를 위임함이 없이 스스로 직접 통치하는 것에 反하기에 구성원들이 거부할 것이라고 주장한다. 즉 직접 민주정치를 말하고 있다.

이에 대해 묵자의 尙同論은 로버트 달의 주장처럼, '모두 동등한 자격이 있기에 민주적으로 자신을 통치해야 한다.'라고 명시적으로 주장하고 있지는 않지만, 인민들이 스스로 정치를 한다는 것은 윗사람과 아랫사람 간의 의견 수렴을 거쳐 하나의 통일된 의견(法)을 만드는 것과 그 의미가 같다고 본다. 즉 로버트 달이 주장하는 민주 평등정치는 결국 묵자의 尙同論에 따른 의견 통일과 흡사한 것이다.

---

377) 로버트 달 지음, 김왕식 외3 옮김, Ibid., 64쪽.

묵자는 『墨子』「尙同中」에서 다음과 같이 기술하고 있다.

오늘날의 시대에 옛날 백성이 처음으로 생겨나 아직 正長이 없던 때를 돌이켜보건대 대개 그 당시 말에 '천하의 사람들이 저마다 義가 달랐다.'라 하였다. 이런 까닭에 한 사람이면 한 가지 義가 있었으며, 열 사람이면 열 가지 義가 있었으며, 백 사람이면 백 가지 義가 있었으니, 그 사람의 수가 많아질수록 그 이른바 義라는 것 역시 더 많아졌다. 이런 까닭에 사람은 자기의 義를 옳다 여기고 남의 義를 그르다고 하였다.
그러므로 서로를 그르다고 여겼다. 안으로는 父子와 兄弟가 원수가 되어 모두 뿔뿔이 헤어져 살 마음을 가져서 서로 화합하지 못하다가 심지어는 남는 힘을 버려두더라도 서로 일을 거들어주려 하지 않았으며, 좋은 方道를 숨기더라도 서로 가르쳐주지 않았으며, 財物이 남아돌아 썩을지라도 서로 나누어주지 않는 지경에까지 이르렀으니, 천하가 어지러운 것이 마치 禽獸들이 살아가는 것과 같았다. 그리하여 君臣·上下·長幼 간의 節度와 父子·兄弟 간의 禮가 없었으니, 이런 까닭에 天下가 어지러웠던 것이다. 백성에게 正長이 없어 이 때문에 天下의 義를 하나로 같게 하지 못하여 천하가 어지러워진 것임이 분명하도다!"
이런 까닭에 천하의 賢良한 자를 가려 뽑아 그중 聖知와 辯慧를 갖춘 사람을 세워서 天子로 삼고 그로 하여금 天下의 義를 하나로 같게 하는 데 從事하도록 하였다. 天子가 세워졌더라도 오직 그의 귀로 듣고 눈으로 보는 實情만으로는 홀로 天下의 義를 하나로 같게 할 수 없다고 여겼다. 이런 까닭에 天下에서 뽑아 올릴 만한 賢良을 가려 뽑아 그중 聖知와 辯慧를 갖춘 사람을 두어 三公으로 삼고 그와 더불어 天下의 義를 하나로 같게 하는 데 從事하였다.
天子와 三公이 이미 세워졌더라도, 天下는 넓고 커서 山林이나 먼 땅에서 살아가는 백성들까지 하나로 같게 할 수는 없다고 여겼다. 이런 까닭에 천하를 잘게 쪼개어 세워 수많은 諸侯와 國君으로 삼고서 그들로 하여금 자기 나라의 義를 하나로 같게 하는 데 從事하도록 하였다.
國君이 이미 세워졌더라도 또 오직 그의 귀로 듣고 눈으로 보는 실정만으로는 그 나라의 義를 하나로 같게 할 수 없다고 여겼다. 이런 까닭에 그 나라의 어진 자를 가려내어, 이들을 두어서 左右의 將軍

과 大夫로 삼고 鄕里의 長에까지 미치어 더불어 그 國의 義를 하나로 같게 하는 데에 從事하도록 하였다.378)

위와 같은 묵자의 주장은 세상 사람들이 각각 의롭다고 여기는 바가 서로 달라서 분쟁이 생기게 되니, 즉 사람마다 주장하는 바가 달라서 이들의 의견을 수렴해서 하나의 통일된 法이나 정책으로 만들 필요가 있다는 것이다. 이를 위한 제도적 장치가 소위 '尙同의 上告制'이다. 이는 인민들의 실정을 정확히 파악해서 그 다툼을 없애기 위해 고안된 아래로부터의 민주 민본적 색채를 지닌 제도라고 생각된다.

尙同은 天志의 의로움의 실천인 겸애 교리를 위해 최적화된 정치제도라 본다. 상동은 단순히 한 개인에게 복종하는 것이 아니라 모두를 위한 기준을 따르는 것이다. 모든 사람이 이기심에 근거하여 자기의 이익만을 추구한다면 결국 강한 자만이 이익을 얻고, 약한 자는 손해를 입게 되며, 그것은 혼란의 원인이 된다. 그러므로 자신의 이기심을 극복하고 공동체 전체의 이익을 추구하기 위해서 다른 사람의 이익에 대한 적극적인 배려가 필요하고 실현되어야 한다. 이러한 배려, 즉 겸애 교리가 실천되느냐에 따라 사람과 금수가 결정된다. "묵가는 개인의 이기심을 극복하고 공동체 전체의 이익을 실

---

378) 『墨子』・「尙同中」, "方今之時 復古之民始生 未有正長之時 蓋其語曰 天下之人 異義 是以 一人一義 十人十義 百人百義 其人數玆衆 其所謂義者 亦玆衆 是以 人是其義 而非人之義 故 相交非也 內之父子兄弟作怨讐 皆有離散之心 不能相和合 至乎舍餘力 不以相勞 隱匿良道 不以相敎 腐朽餘財 不以相分 天下之亂也 至如禽獸然 無君臣上下長幼之節 父子兄弟之禮 是以 天下亂焉 明乎 民之無正長以一同天下之義 而天下亂也, 是故 選擇天下賢良聖知辯慧之人 立以爲天子 使從事乎一同天下之義, 不能獨一同天下之義 是故 選擇天下贊閱賢良 聖知辯慧之人 置以爲三公 與從事乎一同天下之義 天子三公旣已立矣 以爲天下博大 山林遠土之民 不可得而一也, 是故 (靡)[歷]分天下 設以爲萬諸侯國君 使從事乎一同其國之義 國君旣已立矣 又以爲唯其耳目之(請)[情] 不能一同其國之義 是故 擇其國之賢者 置以爲左右將軍大夫 以(遠)[逮]至乎鄕里之長 與從事乎一同其國之義"

현할 수 있는 강력한 의지의 지도자가 필요하다고 보고, 그 지도자를 政長이라고 하여 그가 제시한 기준을 따르고자 한 것이다."379) 곧 尙同은 겸애 교리를 가치 기준으로 삼는 현능한 자를 골라 세워 평등한 만민을 다스리는 정치체계라는 것이다.

또 묵자의 상동론은 현대적 의미로 해석하면, 民意를 수렴하여 의회에서 法을 제정하는 것과 같은 맥락이라고 보인다. 이런 해석에서 묵자의 상동론이 군주를 위한 전체주의적인 주장이라는 말이 끼어들 틈이 있겠는가? 묵자의 尙同論을 계급 신분질서에 따른 하향식 정치구조로 보지 않고 상향식 의견 수렴 과정으로 보는 학자들은, 묵자 사상의 바탕은 평등론인 겸애 교리이며, 이것은 곧 天志인 義의 실천이며 '가치기준이다'는 것이다. 또 尙同의 天子에서부터 말단인 里長에 이르기까지 그 신분 계급은 계급 신분에 따른 職이 아니고, 업무에 따른 역할이다. 현대 사회의 공적 사적 조직이 강압적인 명령구조가 아닌 민주적인 소통을 통한 의견 통일 과정이듯이 묵자가 주장한 尙同도 같은 역할을 하는 조직체계인 것이다.

요컨대「尙同」은 상하존비를 넘어서서 능력과 현명함을 갖춘 사람을 관리로 선출해서 이를 통해 義를 결집해서 天子에 이르게 한다. 즉 尙同을 통해 윗사람과의 義를 통일 취합하는 과정에서 아랫사람들은 자신들의 실정을 통치자에게 상세히 보고해야 할 의무가 있다. 이를 통해 賞罰을 시행한다. 묵자는 이처럼 상동을 통해야 국가와 백성에게 이익을 가져온다고 보았다.

尙同은 윗사람의 義를 강요해서 무조건 아랫사람이 따르게 하는 것이 아닌, 각각의 역할과 능력에 따라 義(기준)를 하나

---

379) 이해영, Ibid., 154쪽.

로 만들기 위해 협동하는 것이다. "비유하자면 五音의 수치는 宮과 商과 角과 徵(치)과 羽에 불과하다. 그러나 다섯 줄의 거문고는 탈 수가 없다. 반드시 가는 줄과 굵은 줄의 화합이 있고 난 뒤에 곡조를 이루는 것이다."380) 이처럼 위아래 사람들이 서로 평등한 가운데, 가치 기준을 하나의 義로 만들기 위해 각각의 역할에 따라 협동함으로써 묵자가 이루고자 하는 안생생한 대동 사회가 이루어질 수 있다는 것이다. 또 尙同은 和同으로 본다. 즉 윗사람과 아랫사람 간의 역할에 따른 균형과 조화라는 것이다.

그래서 상호 간의 상극보다는 상생을 강조한다. 그래서 同과 異는 상보적이라고 보았다. 그러므로 和同은 서로 다른 것들이 함께 한길을 가는 것이라고 말한다.

> 同과 異는 상보한다. 유와 무와는 다르다.
> 同과 異가 함께 모여 하나가 된 것이다.
> 異가 있어야 同도 있을 수 있다.381)

즉 대동은 소이들이 한 무리로 모이는 것이다. 전체가 하나로 용해되어 없어지는 것이 아니라 각자의 주체성은 유지하면서 하나로 통일되는 것이다. 다양성을 유지하면서 보편성을 가지는 통일이다. 이것이 和同이며 協同인 尙同이다. 그럼으로써 尙同론은 전제군주의 전체주의적 통치를 위한 이론이 아니라, 주체 의식을 가진 '인민들의 평등성에 바탕을 둔 민주론'이라는 것이다.

다시 말해서 "사람들이 각각 자기가 잘하는 일을 맡게 하면

---

380) 『淮南子』 「要略訓」, "夫五音之數 不過宮商角徵羽 然而五弦之琴不可鼓也 必有細大駕和 而後可以成曲"
381) 『墨子』 「經說」, "同異交得 放有無, 同異而俱於之一也." 「大取」, "有其異也 爲其同也"

세상의 모든 일이 잘될 것이다. 사람들이 나누어 맡은 직분이 고르면 세상의 모든 일이 뜻대로 된다. 모든 사람이 좋아하는 일을 하게 하면 세상의 모든 일이 제대로 된다. 강하고 약한 사람들이 자기 분수에 따라 일을 하게 되면 세상의 모든 일이 이루어진다."382) 이것이 묵자가 「耕柱」편에서 '義'를 비유하면서 주장하는 바와 같다.

> 인민을 의롭게 하는 義를 실천하려면 무엇을 가장 힘써야 할까요?
> 비유를 들면 담장을 쌓는 것과 같다. 흙을 잘 다지는 사람은 흙을 다지고, 흙을 잘 운반하는 사람은 흙을 잘 나르게 하고 흙을 잘 파는 사람은 삽질을 시켜 제각기 능한 일로 협동해야 담장을 쌓을 수 있다.
> 의로운 일을 행하는 것도 이와 같아서 변론을 잘하는 사람은 변론을 하고 글을 잘 설하는 자는 글을 설하게 하고 일을 잘 처리하는 자는 일을 관리토록 하여 제각기 능한 일을 해내면 의로운 일이 이루어진다.383)

이상의 글귀에서 알 수 있듯이, 묵자가 현대적인 분업 정신을 지니고 있었다는 것은 놀라운 일이다. '겸애 정신'은 서로 제각기 능한 일을 해서, 서로 부족한 부분은 메꿔주는 협동을 강조한다. 그래서 묵자는 누구나 자기 적성에 맞는 일을 해야 능률이 오르므로, 귀천과 관계없이 부지런히 일해서 삼환을 극복하는 것을 최우선으로 하고 있다.

로버트 달이 "모든 구성원은 정치적으로 평등한 존재로 간주하여야 하고, 정책 결정에 모든 성원이 동등한 참가 자격이 있다는 조건을 충족시켜야 한다고 했듯이,"384) 묵자도 인

---

382) 『墨子』「雜守」, "使人各得所長 天下事當 鈞其分職 天下事得 皆其所喜 天下事備 强弱有數 天下事具矣."
383) 『墨子』「耕柱」, "爲義孰爲大務? 譬若築牆然, 能築者築, 能實壤者實壤, 能欣者欣, 然後牆成也. 爲義猶是也. 能談辯者談辯, 能說書者說書, 能從事者從事, 然後義事成也."

민들이 서로서로를 불평등하게 對하는 것은 虧人自利로서, 즉 다른 사람에게 손해를 입혀서 자기의 이익을 취하는 것으로서 이는 취할 바가 아니라고 하면서, 사회 구성원들의 평등을 강조하고 있다.

> 나는 두루 평등하게 사랑할 수 없다. 고로 저는 남을 희생시켜 저를 이롭게 할 수는 있어도 저를 희생시켜 남을 이롭게 할 수는 없다. 천하가 모두 그대의 뜻에 따라 행동한다면 천하 인민이 모두 그대를 죽여서라도 자기들의 이익만을 도모할 것이다. 한편 어떤 사람이 그대의 뜻에 동조하지 않는다면 그들도 그대를 죽이려 할 것이다. 왜냐하면 그대는 이익을 위해서는 남을 죽이는 상서롭지 못한 말을 하는 자라고 생각할 것이기 때문이다.385)

이 글귀는 사람들이 친한 사람들 간에만 친하게 지내려 하고, 친하지 않은 사람들과는 서로 아끼고 도와주려는 마음이 없는 것을 질책하는 글이다. 이처럼 '親親而不相愛'한다면 이는 불평등을 조장하는 행동으로써 사회적 분란만을 일으킨다는 뜻이다.

모든 구성원이 서로 뜻이 달라도, 이 말은 사회 공동체의 구성원들은 태어나면서부터 각각 다른 환경에서 태어나기에 생각하는 바가 똑같을 수 없다. 그래서 이들의 생각하는 바의 공통점을 추출하는 절차의 민주성이 보장되어야 하고, 각 구성원이 모두 평등한 조건에서 이 절차에 참가해야 한다는 것이 로버트 달의 "모든 구성원은 정치적으로 평등한 존재로 간주하여야 하고, 정책 결정에 모든 성원이 동등한 참가 자격이 있다는 조건을 충족시켜야 한다."는 것과 일치한다고 본다.

---

384) 로버트 달 지음, 김왕식 외3 옮김, Ibid., 66쪽.
385) 『墨子』「耕柱」, "我不能兼愛, 故我有殺彼以利我 無殺我以利彼, 天下說子 天下欲殺子 以利己. 一人不說子 一人欲殺子, 以子爲施 不祥言者也"

이는 바로 묵자가 尙同論에서 말하고 있는 것과 유사하다 할 것이다. 즉

> 장강과 황허의 물은 한 근원에서 나온 물이 아니며, 천 냥의 값진 가죽옷은 한 마리의 여우 가죽이 아니다.386)

장강과 황하의 물의 근원이 각각 다르나, 결국 하나의 강을 이루듯이, 인민들 개개인들이 가진 서로 다른 의견들을 각각 동등한 가치를 가진 것으로 간주하여, 이를 수렴하여 통일된 의견을 만들어야 한다는 것이다. 이 글은 묵자 사상의 평등론과 민주론을 說하고 있다고 생각한다. 또 묵자는 사람들이 서로서로 평등하게 여겨 각자의 능력을 존중하는 세상이 모두 함께 잘 사는 대동 세계를 열 수 있다고 강조한다.

> 평등하게 아우르는 길만이 바른길이다. 이로써 귀 밝은 장님과 눈 밝은 귀머거리가 협동하면 장인도 볼 수 있고 귀머거리도 들을 수 있으며 팔 없는 사람과 다리 없는 사람이 서로 협동하면 모든 동작을 온전하게 할 수 있을 것이다. 그리고 자기가 가진 道를 널리 펴서 서로서로에게 가르쳐주면 모두 깨우칠 수 있을 것이다.
> 이러한 평등사상이 있음으로써 처자가 없는 늙은이도 부양받을 수 있어 수명을 다 할 수 있고 부모가 없는 어린 고아도 의지하여 살 곳이 있어 장성할 수 있다. 오로지 두루 아우름으로 정사를 펴는 것은 바로 이처럼 서로에게 두루 이롭기 때문이다.387)

尙同論과 兼愛論은 '不二'이다. 결국 한 사상의 두 측면이라 하겠다. 자기능력에 따라 자기가 잘하는 분야를 선택해서

---

386) 『墨子』 「親士」, "江河之水 非一源之水也, 千鎰之裘 非一狐之白也"
387) 『墨子』 「兼愛下」, "以兼爲正 是以 聰耳明目 相爲視聽乎, 是以 股肱畢强 相爲動(宰)[擧]乎 而有道 肆相敎誨 是以 老而無妻子者 有所(侍)[持]養以終其壽 幼弱孤童之無父母者 有所放依以長其身 今唯毋以兼爲正 卽若其利也라"

그 분야의 전문가가 되어 세상의 일에 서로 협동하는 것이 義의 실천이며, 자기의 능력에 따른 역할을 잘 수행하자는 것이 尙同의 근본 취지이자 목적이다. 尙同함은 신분 계급사회에서의 강압적인 전제군주의 전체주의적 통치가 아닌, 인민들의 자발적인 협동 속에서 의사소통하여 하나로 뜻을 모으자는 것이며 和同이며 尙同이다.

토크빌의 『아메리카의 민주주의』에서 평등이 곧 민주주의라는 말, 즉 동등한 참여 민주론과, 민주주의를 '조건이 평등한 사회상태'로 규정하면서, 뛰어난 사람을 제대로 대우해주는 '당당하고 정당한 평등'을 민주주의에서 기대한다는 말과 그 맥이 상통한다고 하겠다. 더불어 로버트 달이 주장하는 "민주는 평등의 논리로부터 이루어진다."[388)]는 것과 정책 결정 과정에 모든 구성원이 평등한 존재로 간주하여야 한다는 것 등은 묵자의 尙同論에서 주장하는 신분에 차별을 두지 않는 각자의 능력에 따른 분업 곧 協同論으로 공동체를 이끌어가는 한다는 점에서 표현방식은 다를지언정, 그 본래의 뜻은 일맥상통한다고 하겠다. 그래서 묵자의 '尙同論'은 '민주론'이라고 해도 손색이 없는 이론이라고 볼 수도 있다.

4. 묵자의 尙賢論은 民主主義의 바탕인가?

1) 상현이란?

묵자의 상현사상은 현량한 사람들에 의한 정치를 의미한다. 그래서 세습 귀족에 의한 관직의 독점을 비판하고, 신분제 철폐를 통해 오직 개인의 품성과 능력을 기준으로 기회 균등한 가운데 현량한 인재를 등용해서 나라와 백성들의 삶을 풍족하게 해야 한다는 것이다. 이러한 주장은 "기원전 10세기

---

388) 로버트 달 지음, 김왕식 외3 옮김, Ibid., 32쪽.

후반 周 나라 穆王(목왕)의 제도개혁에서 비롯되었다. 세습을 통해 혈연관계에만 의존하던 정치를 바꿔 세습 신분이 없더라도 지식과 기술을 갖춘 사람들을 등용하는 방향으로의 개혁이 시작되었다."389) 특히 묵자 사상에서 상현이 중요한 것은 天志의 뜻인 '겸애 교리'를 '가치 기준'으로 삼은 사람을 등용해야 한다는 점이다.

이와 같은 점이 유가의 '尊賢制'와는 확연히 다르다. 즉 묵자의 상현이 유가의 尊賢과 다른 점은 묵자의 상현은 신분 차별이 없는 가운데 어질고 능력 있는 인재를 등용하자는 데 반해, 유가의 尊賢은 종법질서를 바탕으로 한 신분 차별의 범주 내에서, 현인을 높여서 인재로 등용해야 한다는 것이다. 또 공맹의 현인은 기본적으로 수기(修己)를 한 '군자'여야 한다. 공자는 '君子不器'란 말로 군자는 특정한 분야의 전문가가 아니라 즉 특정한 기술이나 기능으로 제한되는 것을 매우 경계한다.

> 그릇이란 각기 그 용도에만 적합한 것이어서 서로 통할 수가 없다. 그러나 덕을 완성한 사(士)는 본체에 갖추어지지 않은 것이 없으므로, 운용에 두루하지 않음이 없어서 한 가지의 재주나 기예 따위에 특정되지 않는다.390)

그러나 묵자가 말하는 賢人은 유가에서 말하는 '군자'와는 다른 개념이다. 즉 묵자에게 있어 현인이란 특정한 기술을 보유했든, 그 기술을 보유한 이들을 관장할 줄 알든, 기본적으로 어떤 능력을 갖췄거나 발휘할 수 있어야 한다.

---

389) 안핑 친 著, 김기협 역, 『공자평전』, 돌베개, 2010, 60쪽.
390) 『論語集注』 , 卷1, 「爲政」, "器者, 各適其用, 而不能相通. 成德之士, 體無不具, 故用無不周, 非特爲一才一藝而已."

지금의 왕공대인들은 한 마리의 소나 양도 죽일 수 없으면 필히 좋은 '요리사'를 찾고, 하나의 의복도 만들 수 없으면 꼭 좋은 '재봉사'를 찾는다. 왕공대인들은 이러한 때를 당하여서는, 비록 골육지친이 있거나, 공도 없이 부귀를 누리는 사람이 있거나, 얼굴이 아름다운 사람이 있더라도, 그들이 실제로 (요리사나 재봉사 같은) 일을 할 수 없음을 알기에, 부리지 않을 것이다. 이것은 무엇 때문인가? 재물이 망가질까 두려운 까닭이다.
왕공대인은 이러한 때를 당하여서는 상현과 사능(使能)을 잊어버리지 않고 있는 것이다.391)

위 인용문에서와같이 묵자는 아픈 말을 치료하는 데는 좋은 '수의사'가 필요하고, 고장 나서 당기기 어려운 활을 고치는 데는 좋은 '기술자'가 요청된다고도 하였다. 정치 영역에서의 상현 사능을 논의하는 와중에, 그가 굳이 요리사·재봉사·수의사·기술자 등을 비유로 들어 주장하고 싶었던 점은 현인은 '유능(有能)'해야 한다는 것이다. 그리고 그 능력을 적극적으로 발휘해, 쓸데없는 전쟁을 벌이지 않고서도[非攻], 국가와 백성에게 이익을 마련해 주어야 한다는 것이다. 빈부귀천에 상관없이 관직을 높여주고, 녹봉을 늘려주며, 단호한 명령권을 제공하는 것은 이 유능함이 전제된 이후에야 가능한 일이다. 이렇게 기술(器)과 유능함 등으로 요약되는 묵자의 현인관이다. 묵자는 「경주」편392)에서도 밝혔듯이 개개인

---

391) 『墨子』 「尙賢下」, "今王公大人, 有一牛羊之財不能殺, 必索良宰, 有一衣裳之財不能制, 必索良工. 當王公大人之於此也, 雖有骨肉之親, 無故富貴, 面目美好者, 實知其不能也, 不使之也. 是何故. 恐其敗財也. 當王公大人之於此也, 則不失尙賢而使能"
392) 『墨子』 「耕柱」, "譬若築牆然, 能築者築, 能實壤者實壤, 能欣者欣, 然後牆成也. 爲義猶是也. 能談辯者談辯, 能說書者說書, 能從事者從事, 然後義事成也." 즉 비유를 들면 담장을 쌓는 것과 같다. 흙을 잘 다지는 사람은 흙을 다지고, 흙을 잘 운반하는 사람은 흙을 잘 나르게 하고 흙을 잘 파는 사람은 삽질을 시켜 제각기 능한 일로 협동해야 담장을 쌓을 수 있다. 의로운 일을 행하는 것도 이와 같아서 변론을 잘하는 사람은 변론을 하고 글을 잘 설하는 자는 글을 설하게 하고 일을 잘 처리하는 자는 일

이 나름대로 잘 할 수 있는 분야에서의 전문가가 되어 서로 화동하면서 협동하는 자를 현량자라 한다. 결국 "공자의 현인관은 '불기(不器)·有德'에, 묵자의 현인관은 '기(器)·有能'에 초점을 맞추고 있다는 점에서 차이가 있다."393)

民主主義 국가나 전체주의 국가나 전제주의 국가나 할 것 없이 뛰어난 관료가 필요하다는 것은 공통된 인식일 것이다. 尙賢이란 賢人을 숭상하자는 것이다. "현인이란 단순히 재능이 많다거나 도덕적으로 착한 행위를 할 수 있는 사람만을 가리키는 것이 아니라, 실제로 정책을 국정에 반영하여 많은 사람을 이롭게 할 수 있는 사람이다."394) 또 周 나라 체제가 붕괴되어 가는 전국시대이기에, 신분의 유동성이 심하던 때일지라도 여전히 대노예주사회의 農奴 상태에서 벗어나지 못한 대부분의 사람들에게 있어, 어질고 능력만 갖추면 관료로 등용될 수 있다는 묵자의 상현에 대한 주장은 불같은 공감을 얻었을 것이다.

조선조 중기의 학자인 【허균】은 조선의 인재 등용제를 '신분 계급 질서의 틀' 속에서 인재를 등용하면서도 인재의 부재를 한탄한다면서, "천지가 인재를 낼 때는 원래 한 시대에 쓰기 위한 것이다. 사람이 태어날 때 명망가와 귀족에게는 풍부하게 부여하고 미천한 자에게는 그 품부가 인색한 것이 아니다. (…) 하늘이 부여한 재주는 이처럼 고르건만, 세족들

을 관리토록 하여 제각기 능한 일을 해내면 의로운 일이 이루어진다. 묵자의 이 글을 통해서 현대적 의미의 분업과 협업을 강조하고 있다. '겸애정신'은 서로 제각기 능한 일을 해서, 서로 부족한 부분은 메꿔주는 협동을 강조한다. 그래서 묵자는 누구나 자기 적성에 맞는 일을 해야 능률이 오르므로, 귀천에 관계없이 부지런히 일해서 삼환을 극복하는 것을 최우선으로 하고 있다.
393) 김민재, 「공자와 묵자 사상의 동이점(同異點) 고찰과 도덕 교육적 시사점 연구」, 『동양철학연구:제105집』, 2021, 162쪽.
394) 이강수, 『중국고대철학의 이해』, 서울: 지식산업사, 1999, 171쪽.

과 과거 급제로 한정하니 마땅히 인재가 없다고 항상 걱정할 수밖에 없다. (…) 스스로 벼슬길을 막아 놓고 인재가 없다고 한탄하는 꼴이다. 하늘이 낳은 것인데 사람이 그것을 버리는 것이니 이는 하늘을 거역하는 것이다. 하늘을 거역하면서 천명이 오래가기를 기도하는 것은 있을 수 없는 일이다."395)고 말한다.

즉 신분질서에 얽매인 조선 인재 등용제를 비판 한 것이다. 또 조선 중기 실학사상가인 【이익】은 『성호사설』에서, "지금 세상은 막힌 것이 많다고 하겠다. 세상이 인재를 천대하므로 현명 유능한 사람들은 물러나고 문벌을 숭상하여 서민 서자와 중인은 관직에 오를 수 없다."396)하면서 어질고 능력 있는 현량자들이 신분질서에 얽매여 관직에 등용되지 못함으로써 국정의 운영이 원만치 못해, 결국 백성들 대다수가 피폐해지는 현상을 보고 인재 등용의 폐쇄성에 대해 비판했다.

조선의 과학자라 불리는 【홍대용】은, 그는 「임하경륜」에서 "사농공상과 관계없이 놀고먹는 자에 대해서는 관에서 벌칙을 마련하여 세상에서 큰 치욕을 주어야 한다. 재주 있고 배움이 있는 자는 농사꾼 장사치의 자제라도 묘당에 앉아야 하고 이것을 참월하다 하면 안 되며, 재주 없고 배움이 없는 자는 공경의 자제라도 수레를 끄는 하인 되어야 하며, 이를 한탄할 것이 아니다. 위아래가 힘을 다해 자기 직분을 다하되 부지런하고 게으름에 따라 상벌을 시행해야 한다."397)고 주장하면서 인재 등용에서의 평등을 강력히 주장하였다.

조선조 학자들의 주장에는 근본적으로 주자학적 세계관을

---

395) 기세춘, 『實學思想』, 바이북스, 2012, 84~85쪽. (惺所覆瓿藁(성소부부고)/권11/ 遺才論 참고)
396) 기세춘, Ibid.,219쪽. (성호사설유선/권3/下/決鬱 참고)
397) 기세춘, Ibid., 343쪽. (담헌서/내집/권4/ 보유/임하경륜 참고)

바탕으로 하고 있다는 점에서, 묵자의 '天下無人'에 바탕한 신분 차별 없는 공평하고 공정한 인재 등용론인 「상현」과는 다소 차이가 있겠지마는 그래도 班常의 신분질서가 엄존한 주자학 세계에서, 인재 등용의 문제점을 들어 파격적인 주장을 한 것은 주목할 만한 변화상이라 할 것이다. 그러나 조선조 중기 이후의 위와 같은 주장은 묵자가 활동하던 시대와 비교하면 1,800여 년이 흐른 뒤에 나온 주장들이다. 이에 비하면 묵자의 상현론이 시대를 뛰어넘는 사상임을 가름할 수 있을 것이다.

① **현량자의 조건**

현량자는 하늘이 바라는 바인 '義'를 가장 귀하게 여기는 자이여야 한다. 또 義를 천하의 인민들을 위해서 '실천'에 옮기는 자이어야 한다. 묵자는 제자들에게 "내 말은 반석과 같으니 깨뜨릴 수 없다."고 외치며 "義를 위해 '목숨'을 버리라"고 요구했다.

> 천하에 의로움보다 더 귀한 것은 없다. (…) 그대에게 천하를 줄 것이니 그 대신 그대의 목숨을 버리라하면 그렇게 하겠는가? 반드시 그렇게 하지 않을 것이다.
> (…) 하지만 사람들이 말 한 마디로 다투며 서로를 죽이는 것은 무엇 때문인가?
> 이것은 의로움이 사람의 목숨보다도 귀하게 여기기 때문이다.[398]

> 말은 실천될 수 있어야 귀하고 실천되지 않는 말은 귀하게 여기지 않는다. 실천될 수 없는 말을 숭상하는 것은 망언이다.[399]

---

398) 『墨子』「貴義」, "萬事莫貴於義 … 予子天下 而殺子之身 子爲之乎 必不爲 … 爭一言以相殺 是貴義於身其身也"
399) 『墨子』「貴義」, "言足以遷行者常之 不足以遷行者勿常 不足以遷行而常之 是蕩口也"

내 말은 충분히 실용적인 것이다.
그럼에도 내 말을 버리고 다른 생각을 한다는 것은
마치 추숫감을 버려두고 이삭이나 좁쌀을 줍는 격이다.
다른 말로 내 말을 비난하는 것은
마치 달걀로 바위를 치는 격이다.
천하의 계란을 모두 던진다 해도
나의 말은 반석과 같아 깨지지 않을 것이다.[400]

대저 義로움을 버리고 祿을 숭상한 자는 내 일찍이 들었으나
녹을 버리고 의로움을 숭상한 자는 이 사람 고석자에게서
보았구나![401]

이상의 인용문에서 보듯이 묵자는 현량자란 하늘과 귀신과 무엇보다도 인민의 이익을 위해서 봉사할 사람이기에 무엇보다도 하늘의 뜻인 義를 알고 '실천'에 옮길 수 있어야 한다고 강조하면서 목숨까지도 바쳐야 함을 說 하고 있다. 즉 "한 사람을 죽여 천하가 보존됐다 해도 살인은 천하를 이롭게 하는 것이라 할 수 없다. 그러나 자기를 죽여 천하가 보존됐다면 자기를 죽인 것은 천하를 이롭게 한 것이라고 말할 수 있다"[402]고 한 것이다.

그러면서 묵자는 "오늘날 선왕을 칭송하는 것은 천하 만민의 오늘의 삶을 영위하는 도구로써 칭송하는 것이다. 그러므로 기려야 할 것을 기리지 않는 것은 도리가 아니다."[403] 이 말의 의미도 결국 묵자의 생각은 온통 삼환의 질곡에서 허덕

---

400) 『墨子』 「貴義」, "吾言足用矣 舍吾言革思者 是猶舍獲 而攮粟也 以仳言非吾言者 是猶而卵投石也 盡天下之卵 其石猶是也 不可毁也"
401) 『墨子』 「耕柱」, "夫倍義 而鄕祿者 我常聞之矣 倍祿而鄕義者 於高石子焉見之也"
402) 『墨子』 「大取」, "殺一人以存天下 非殺一人以利天下也. 殺己以存天下 是殺己以利天下"
403) 『墨子』 「耕柱」, "今譽先王 是譽天下之所以生也 可譽而不譽 非仁也"

이는 민중의 삶을 개선하기 위해서는, 민중의 의식 개혁이 필요하기에, 이를 위한 도구로써 선왕 하늘 귀신 등 모든 것을 차용하고 있다. 또 "천하를 위해 우임금을 후대하는 것은 우임금이 인민을 사랑한 것을 위해 주는 것이다. 임금이 한 일을 후대하는 것은 천하에 이익이 되지만(…)"404) 이는 우리가 우임금을 본받자고 하는 것은 우 임금 그 자체라기보다는 그 업적을 기리고 따르자는 것이다. 인민들을 위해 관개수로 공사에 성공했기 때문이다. 즉 인민에게 이롭게 했기에 기리는 것이다. 묵자는 인민들의 삶을 개선하기 위해서는 어질고 능력 있는 인재가 등용되어야 함을 반복적으로 되풀이하면서 강조하고 있다. 결국 인간의 삶을 인간답게 살아가도록 하는 주체는 인간이라고 생각하기 때문이다. 그러면서 "의로운 사람이 임금으로 선출되면 천하는 반드시 다스려지고(…) 인민은 큰 이익을 얻을 것이다."405)고 주장했다.

묵자 상현의 근본 요지는 "萬事莫貴於義"로서 의롭지 않은 자는 부귀를 누리지 못하게 하고 가까이 두고 친하게 지내서는 안 된다는 것이다. 또 능력에 따라 관직에 등용하고 노고에 따라 賞을 정하며, '관료로 등용되었다고 해서 항상 귀한 것도 아니고, 백성이라고 해서 항상 賤(賤은 관직이 없다는 의미) 한 것도 아니다'라는 것이다. 곧 능력이 있으면 등용되고 능력이 미치지 못하면 내쳐진다는 것이다. 결국 의롭고 능력이 있어야 한다. 더불어 상현 한다는 것은 天과 귀신과 백성에게 利가 되어야 하며 이것이 政事의 근본이라는 것이다. 그래서 묵자가 상현에서 주장하는 것은 세습적인 관직 보유와 祿에 반대하였다. 어진 사람을 존중하여야 한다는 주

---

404) 『墨子』「大取」, "爲天下厚愛禹 乃爲禹之人愛也 厚禹之爲 加於天下 而厚禹 不加於天下"
405) 『墨子』「非命上」, "義人在上 天下必治 … 萬民被其大利"

장은 다른 제자백가들의 글에서도 흔히 발견되는 말이지만, "농업이나 상공업에 종사하는 사람들이라 하더라도 능력이 있으면 곧 이들을 등용한다."라는 얘기는 사회의 기존 계급질서를 부정하는 혁명적인 선언이다.406)

이와 같은 사상은 齊 나라 환공과 함께 춘추시대 첫 패권시대를 열게 했던 관중의 철학에서도 볼 수 있다. 『管子』 「立政」은 국가를 다스리는 세 가지 근본에 대해 다음과 같이 적고 있다.

> 군주가 살펴야 할 것은 세 가지이다. 하나는 德이 그 사람의 지위와 맞는지 살피는 것이다. 둘은 공이 녹봉과 맞는지 살피는 것이다. 마지막으로 능력이 그 자리에 맞는지 살펴야 한다.407)

위 「입정」의 글은 지위와 실력이 일치하는가? 지위에 비해 실력이 좋지 않으면 자리를 내놓아야 하며, 실력이 출중하나 지위가 낮으면 승진해야 한다는 것으로 묵자 사상과 흡사하다. 묵자 사상의 연원이 아닌가 생각하게 한다. 관중이나 묵자 사상의 관점은 오직 백성들의 풍요로운 삶에 초점을 두었다는 것을 알 수 있다. 그러면서 묵자는 이와 같은 풍요로운 삶을 위해서는 지배층의 각성도 필요하지만, 민중 스스로도 검소한 생활을 해야 하고, 제도적으로도 이 삼환을 극복할 방안이 있어야 한다는 생각에서 상현과 상동론이 제시되었다.

이것은 관중의 분업을 통한 협업과 같이 묵자도 어질고 유능한 사람이 이끌어 주고, 각자의 분야에서 자기 능력껏 최선을 다해서 서로 '겸애 교리'하는 자세로 이 어려움을 극복

---
406) 김학주, Ibid., 143쪽.
407) 『管子』「立政」, "君之所審者三: 一曰德不當其位 二曰功不當其祿 三曰能不當其官"

해야 한다고 주장했다. 이는 민중 스스로가 주인이 되어 해결할 문제이지 지배층의 시혜로 해결할 문제가 아니라는 점을 그 당시 묵자는 통찰했다.

묵자는 기회 균등한 사회를 염원하였고, 이것이 계급의 평준화나 귀족의 賤人化(천인화)를 의미하지는 않는다. 그는 재능의 조건에 따라 신분을 결정하자는 것이었다. 신분은 개인의 사회적인 지위나 자격을 말하는 것으로, 이는 어질고 유능한 정도에 따라 변하는 유동적인 사회를 만들자는 것이다. 그래서 관리로서 등용되는 것도 세습이 아닌 자기의 재능에 따라 결정되는 사회를 추구하였다.

지도자로 선출되는 자는 세상에서 가장 현명한 자이다. 의(義)를 통일시킬 임무는 이러한 뛰어난 자에게 부과되는 것이다. 또 삼공과 제후와 관리를 선출함에 있어 삼공은 천자에 버금가는 이라 하며, 제후는 삼공에 버금가는 이이다. 이는 삼공과 제후 역시 뛰어난 자이지만 윗사람이 더욱 덕을 갖춘 이라는 것을 말해준다. 尙同이 위아래 간의 소통을 강조하는 것으로 볼 수 있다고 해도, 이는 윗사람이 기본적으로 더 뛰어난 자임을 전제로 하는 것이다.

그렇다면 어떤 사람이 현량지사인가? 묵자가 가장 바라는 것은 백성들이 三患에서 벗어나게 하는 데 그 목적이 있다. 그러기 위해서는 어떻게 해야 하는가에 초점을 두었다. 또 세상을 보는 시각도 각 개인의 義가 서로 달라 혼란이 생긴다고 보고, 이를 조정할 政長이 필요하다고 생각한 것이다. 그래서 개개인의 義를 모아서 하나로 義로 통일시킬 수 있는 현량한 자를 필요로 한 것이다. 왕의 의견을 하향식으로 命해서 억지로 통합시키는 지도자가 아닌 상향식 지도력을 요구한 것이다.

결국 賢人은 '賢良·聖知·辯慧之人'를 칭하는데, 묵자는 이들을 뽑아서 천자 국군(國君) 향장(鄕長) 이장(里長)으로 삼았다. 이들의 임무는 각자의 영역 안에서 개인들의 이익 주장(利=義)의 충돌을 막고, 개인과 전체의 이익을 극대화하는 것이다. 묵자에게 있어 현량한 자는 겸애 교리를 가치 기준으로 삼고 이를 현실에서 실천하는 자이다. 여기서 "'兼'은 '전체'를 의미한다."408) '兼愛'는 '전체를 사랑함'이다. 어떤 부분을 차별하거나 편애하지 않는 무차별적 무조건적 사랑이다. 두루두루 차별함이 없이 평등하게 아끼고 사랑하는 것을 의미한다.

다시 말해, 모든 개인이 자기의 '이익 주장'을 현자에게 넘길 때는 현자가 자신의 이익을 차별하지 않는다는 것을 전제한다. 겸애는 자기를 포함에서 모두의 이익을 전체적으로 평등하게 고려하는 사랑의 능력이다. 그런 능력을 갖춘 자가 현자이다.

> 만약 천하가 전체(兼)적으로 서로 사랑하면, 나라와 나라가 서로 공격하지 않고, 집안과 집안이 서로 유린하지 않을 것이며, 도둑이 해침이 있지 아니하고, 임금과 신하, 아버지와 자식이 모두 효도하고 자애할 수 있다. 이와 같다면 천하가 다스려질 것이다.409)

'兼相愛' 즉 남과 나를 차별하지 않고, 전체를 두루두루 서로를 평등하게 사랑한다면 천하는 질서가 잡히고 평화로울 것이다. 그러나 그 당시 사회는 반대였다.

큰 나라가 작은 나라를 공격하고, 큰 집안이 작은 집안을 유린하고,

---

408) 『墨家』, 「經上」, "개체(부분)는 전체에서 나누어진 것이다." 體 分於兼 也.
409) 『墨家』「兼愛上」, "若使天下兼相愛, 國與國不相攻, 家與家不相亂, 盜賊無有, 君臣父子皆能孝慈, 若此則天下治. 故聖人以治天下為事者, 惡得不禁惡而勸愛？"

강함이 약함을 겁탈하고, 다수가 소수에게 사납고, 속이는 자가 어리석은 이를 (사기 치려고) 도모하고, 귀족이 천민에게 오만한 것 같은 것, 이것이 천하의 손해이다.410)

또 사람의 임금 된 자의 은혜롭지 못함, 신하 된 자의 충성스럽지 못함, 아비 된 자의 자애롭지 못함, 자식 된 자의 효도하지 못함도 더불으니, 이것이 또 천하의 손해이다.
또 이제 사람의 천한 자들이 그 무기와 칼날, 독과 약, 물과 불을 잡고, 그로써 서로 얽혀 해치고 망침도 더불어 하니, 이것이 또 천하의 손해이다.411)

이 상황은 확실히 「상동」에서 말하는 태초의 혼란한 상태 아닌가? 이런 상황을 종식하기 위해서는 '兼相愛, 交相利'(겸애 교리를 가치 기준으로 삼는 현자)하는 현자가 필요하다는 것이다.
지금까지 혼란한 천하를 안정시키기 위해서 묵자는 현량지사가 필요하고, 또 그들에 합당한 대우를 해주어야 하며, 그들은 어떤 신념을 가지고 백성들을 다스려야 하는지를 살펴보았다.
이제는 현량지사 즉 통치 지도자는 어떤 자질을 갖추어야 하는지에 대해 묵자는 다음과 같이 말한다.
첫째, "厚乎德行으로서 德과 行實이 두텁고 둘째, 辯乎言談으로서 언변이 논리적이며 셋째, 博乎道術로서 도리와 술수에 해박해야 한다는 것이다."412) 이 세 가지 자질은 소위 현량지사를 가늠하는 조건이요 기준이 된다.

---

410) 『墨家』「兼愛上」, "若大國之攻小國也, 大家之亂小家也, 强之劫弱, 衆之暴寡, 詐之謀愚, 貴之敖賤, 此天下之害也"
411)『墨家』「兼愛下」"又與爲人君者之不惠也, 臣者之不忠也; 父者之不慈也, 子者之不孝也, 此又天下之害也. 又與今人之賤人, 執其兵刃、毒藥、水火, 以交相虧賊, 此又天下之害也."
412) 『墨子』,「尙賢上」, "有賢良之士 厚乎德行 辯乎言談 博乎道術者乎"

묵자는 이 세 가지를 겸비한 사람이 "국가의 진정한 보배요, 사직의 기둥이라고 하면서 이들을 반드시 부유하게 하며 귀하게 여기고 공경하며 명예롭게 해야 한다"413)고 말한다. 이 세 가지 자질을 구체적으로 살펴보면, 첫째, 厚乎德行은 德行은 마땅히 현자가 갖추어야 할 기본적인 자질이다. 현인이란 백성을 이롭게 하고 해로움을 제거하는 사람이며, 즉 興利除害하는 사람이다. 이것이 묵자가 말하는 天志의 뜻인 의로움을 실천하는 것이다.

> 義가 없으면 부유하게 해주지 말고, 義가 없으면 귀하게 해주지 말고, 義가 없으면 親하지도 말며, 義가 없으면 가까이도 말라.414)

묵자 사상에서 "義"를 실천하는 것은 가장 큰 덕목을 실천하는 것이다. 그래서 현인이 義를 실천하면 安生生 사회가 이루어진다.

> 힘이 있으면 재빨리 남을 돕고, 재산이 있으면 힘써 나누어주고, 道를 깨친자는 부지런히 가르침을 베푼다. 이처럼 하면 주린 자는 먹을 것을 얻을 수 있고, 추운 자는 옷을 입을 수 있을 것이요, 혼란한 자는 안정을 되찾게 될 것이다.415)

현자는 백성을 위해서는 의롭고 이로운 덕행을 행하면서도 윗사람인 임금을 섬기는 데도 아랫사람으로서의 道理를 다한다.

현자는 오직 명군을 찾아 그를 섬겼으며 힘을 다하여 군주를 섬기는

---

413) 『墨子』,「尙賢上」, "此固國家之珍 而社稷之佐也 亦必且富之 貴之 敬之 譽之"
414) 『墨子』,「尙賢上」, "不義不富 不義不貴 不義不親 不義不近"
415) 『墨子』,「尙賢下」, "有力者 疾以助人 有財者 勉以分人 有道者 勸以敎人 若此 則飢者得食 寒者得衣 亂者得治 若飢則得食 寒則得衣 亂則得治"

일에 종신토록 게으르지 않았다. 만약 아름답고 훌륭한 일이 있으면 임금께 돌리니, 이로써 아름답고 훌륭한 것은 모두 임금에게 있고, 원망받고 비방 받는 일은 신하에게 있으며 안녕과 즐거움은 군주에게 있고, 근심과 걱정은 신하에게 있었다.416)

요컨대 현인이란 천하의 이로움을 구하고, 해로움을 제거하는 것을 목적으로 하는 사람으로 오직 천하의 "義"로써 백성들의 三患을 극복하도록 애쓰는 사람이다. 둘째, 辯乎言談은 언변을 통해 是非利害를 가릴 줄 아는 자질을 현인이라면 갖추어야 한다는 것이다. 즉 모든 현상의 기준을 정하고 이의 是非利害를 판별하는 데는 언어적 소양이 필요하므로 현인은 말을 통해 변별력을 갖추어야 한다는 것이다. 또 묵자는 제자들이 각 제후국에 가서 군주를 설득하여 墨家의 주장을 설파해야 하므로 더욱 더 언어적 소양이 필요하다고 보았다.

> 오늘날 군자들이 언담을 배우고 표현하는 것은 혀를 이롭게 하고자 하는 것이 아니다. 장차 국가 백성들에게 정치를 펼치기 위함이다.417)

묵자는 언어적 소양이 시비이해를 가리는데 뿐만 아니라, 논쟁이 발생했을 때 어떤 것이 옳은 의견이냐 하는 시비 판단의 기준은 어떤 것이 더 타당한 견해인가에 그 기준점을 두어야 한다고 본다. 따라서 "현자는 변론의 과정에서 개인의 이해관계가 아닌 객관적이고 실체적인 것에 부합하는 진술을 해야 한다."418) 현자가 등용되는 데는 상대방의 말을

---

416) 『墨子』, 「尙賢中」, "賢人唯毋得明君而事之 竭四肢之力 以任君之事 終身不倦 若有美善 則歸之上 是以 美善在上 而所怨謗在下 寧樂在君"
417) 『墨子』 「非命下」, "今天下之君子之爲文學出言談也 非將勤勞其喉舌 而利其脣吻也 中實將欲爲其國家邑里萬民刑政也"
418) 황성규, Ibid., 168쪽.

잘 알아듣는 능력과 함께 是非利害를 정확하게 변별해서 말할 줄 아는 능력이 필요하다는 것이다. 셋째로, 博乎道術의 자질이다. 묵자는 德과 行實이 두텁고, 언변이 논리적이며 도리와 술수에 해박한 사람을 현인이라 부르면서, 이러한 세 가지 자질을 갖춘 사람이 현인으로서 등용되어 나라와 백성을 이롭게 하기를 바란다. 도리와 술수에 해박하다는 것은 세상일을 두루두루 박식하여, 그 역량이 많다는 것으로 이해된다. 그래서 묵자는 역량 있는 자들이 관직을 맡아 통치해야 한다고 말한다.

> 국가를 영도할만한 인재는 국가를 통치하게 하고, 장관으로서 역량을 발휘할 수 있는 사람은 장관으로 삼고, 읍을 관리할 수 있는 사람은 읍을 다스리게 하였는데 국가와 관청 그리고 읍을 관리하는 자는 모두 현자였다.419)

세습이 아닌, 사람 마다의 역량에 따라 관직을 맡아야 한다는 묵자의 주장은 신분 종법 사회에서는 가히 상상하기 어려운 발상이다. 곧 윗사람의 주관적 관점에 의해서 개인의 역량을 고려함이 없이 관직을 맡기는 현상에 대해서 묵자는 다음과 같이 비판하고 있다.

> 백 명도 다스릴 수 없는 자를 천 명을 다스리는 자리에 앉히고, 천 명도 다스릴 수 없는 자를 만 명을 다스리는 자리에 앉힌다. 이것은 열 배가 넘는 관직을 주는 것이다. (…) 이는 곧 열 개 중에서 한 개만을 다스리고 아홉 개는 버린 것이다. 비록 밤낮을 가리지 않고 관직을 수행한다고 해도 다스려질 수 없다.420)

---

419) 『墨子』 「尙賢中」, "故可使治國者治國 可使長官者使長官 可使治邑者使治邑 凡所使治國家 官府 邑里 此皆國之賢者也"

420) 『墨子』 「尙賢中」, "不能治百人者 使處乎千人之官 不能治千人者 使處乎萬人之官 …… 而予官什倍 則此治一而棄其九矣 雖日夜相接 以治若官 官

以上의 글을 『묵자』「尙賢」에서 다시 정리하면 대략 賢者 등용, 신분 세습 반대, 평등론 이다. 물론 이 세 글의 바탕에는 사람들이 모두 동등하다는 '天下無人' 사상이 깔려있음을 알 수 있다.

> 옛 성왕들은 政事를 함에는 德 있는 자를 벼슬자리에 앉히고 어진 이를 숭상했으며, 비록 농업이나 상공업에 종사하는 천한 사람일지라도 능력이 있으면 그들을 등용했고 벼슬을 높여주고, 녹봉을 많이 주어 그에게 정사를 맡기되 명령을 결단하도록 권한을 위임했다. 왜냐하면 작위가 높지 않으면 백성들이 공경하지 않고 녹봉이 많지 않으면 백성들이 믿지 않고 정령이 한결같고 단호하지 않으면 백성이 두려워하지 않기 때문이라고 했다.
> 이 세 가지를 어진 사람에게 주는 것은 어진 사람에 대한 은사가 아니고, 政事를 성공시키고자 한 때문이다. 德에 따라 벼슬을 주고 관직에 따라 정사를 복무하며 노력에 따라 상을 정했고, 공적을 헤아려 녹을 분별했다.
> 따라서 관리라 해서 언제나 귀한 것이 아니고 백성이라 해서 언제까지나 천하지는 않았다. 유능하면 곧 등용되며 무능하면 곧 쫓겨났다.421)

> 옛날 성왕들은 어진 사람을 매우 숭상하고 능력 있는 사람을 임명하여 부렸으니, 부모와 형제라도 사사로움이 없었고 부귀하다고 치우치지 않았으며 아첨하는 자를 편애하지 않고 오직 어진 자라면 누구든지 등용하여 높여주며 부귀하고 고귀하게 해주어 관장으로 삼았다.
> 한편 어질지 못한 자는 누구든지 등용을 막고 그만두게 하여 가난

猶若不治."
421)『墨子』「尙賢上」, "故 古者聖王之爲政 列德而尙賢 雖在農與工肆之人 有能則擧之 高予之爵 重予之祿 任之以事 斷予之令 曰 爵位不高 則民弗敬 蓄祿不厚 則民不信 政令不斷 則民不畏 擧三者 授之賢者 非爲賢賜也 欲其事之成 故 當是時 以德就列 以官服事 以勞殿賞 量功而分祿 故 官無常貴 而民無終賤 有能則擧之 無能則下之"

하고 천하게 하여, 보졸의 임무를 맡겼다.422)

당연히 왕공대인들도 이 일에 대해서는 비록 골육을 나눈 부모 자식이나 자기 노력 없이 상속으로 부귀하게 된 자나 용모가 예쁜 자라도 그들은 능력이 없는 줄을 잘 알고 그들에게 일을 맡기지 않는다. 이것은 무엇 때문인가? 그것은 그의 재물이 잘못해서 망가질까 걱정하기 때문이다.423)

 요컨대, 위의 글에서 묵자의 관료 등용 원칙을 읽을 수 있다. 즉 신분제도에 얽매이지 않고 어질고 능력만 있다면 등용해서 부귀하게 하고 행정명령권을 주어서, 그들이 능력껏 백성을 이롭게 하게끔 해야 한다는 것이고, 만약에 도중에 능력이나 자질이 부족하게 되면 내쳐야 한다는 것이다. 이것은 백성들에게 도움이 되지 않기 때문이라는 것이다.
 이글들에서 중요한 점은 천자는 어질고 유능한 사람 중에서 선발된 사람이다. 이런 천자일지라도 백성들을 이롭게 이끌지 못하게 되면 내쳐야 한다는 것이다. 이런 묵자의 사상은 나중에 맹자의 '역성혁명론'으로 이어졌다고 볼 수 있다. 관자도 "聖人을 성인으로 여기는 이유는 백성들에게 (재원을) 잘 나누어주기 때문이다. 성인이 백성에게 나누어줄 수 없다면 백성과 다르지 않다."424)고 하면서, 묵자의 仁者 요건으로 힘이 있으면 힘써 돕고 재물이 있으면 나누고 깨달음이 있으면 힘써 가르친다는 주장과 같은 맥락의 주장을 하고 있다. 그러면서 관자는 인재 활용법을 말하면서, "인재는 높은

---

422) 『墨子』 「尙賢中」, "古者 聖王甚尊尙賢而任使能 不黨父兄 不偏貴富 不嬖顔色 賢者 擧而上之 富而貴之 以爲官長 不肖者 抑而廢之 貧而賤之 以爲徒役"
423) 『墨子』 「尙賢下」, "當王公大人之於此也 雖有骨肉之親 無故富貴 面目美好者 實知其不能也 不使之也 是何故 恐其敗財也"
424) 김필수 외3 옮김, 『관자』, 소나무, 2006, 70쪽. (관자/제5권 乘馬篇 참고))

명예를 주어 천거하고, 중요한 관직을 주어 높이고, 그 재능에 따라 책임을 주어야 한다"425)고 한다. 또 "임무를 제대로 수행하지 못하는 관원을 발견하면 강등시켜서 백성과 동등하게 처우하고, 좋은 명성을 얻은 사람을 선택하여 백성의 관리로 삼는다."426)면서 "조정에서 관리들의 등급 질서와 종족 친척의 위계 구분은 공과 재능에 따라 선후를 정한다."427)고 말했다. 관자의 이와 같은 주장은 300여 년 후 묵자의 인재 등용법에서 재현되고 있음을 볼 때, 묵자 사상도 관자 사상의 일부를 흡수하여 그 시대에 맞게 다듬어진 것이 아닌가 한다.

묵자는 인민들을 이롭게 할 현량자가 많아져야 한다면서, 그들을 많아지게 할 방책으로 그들에 대한 대우를 높여야 한다고 했다. 그렇게 하면 등용된 관리들은 각기 맡은 바 일에 충실하게 된다는 것이다.

> 어진 사람이 나라를 다스릴 때는 아침 일찍 나와 저녁 늦게 물러나서 訟事를 들어주고 정무를 처리하니, 이런 까닭에 국가가 다스려지고 형벌과 법령이 바르게 된다. 어진 사람이 관청의 장관이 되었을 때는 밤늦게 자고 새벽 일찍 일어나 關市와 山林, 저수지에서 생기는 이익을 세금으로 거두어서 관청의 창고를 채우니, 이런 까닭에 관청의 창고가 차고 재물이 낭비되지 않는다.
> 어진 사람이 읍을 다스릴 때에는 아침 일찍 나와 저녁 늦게 돌아가 밭 갈고 씨 뿌리고 심고 가꾸게 하여 곡물을 거두니, 이런 까닭에 곡물이 많아져서 인민들의 식량이 풍족해졌다.
> 그러므로 국가가 다스려지면 형벌과 법령이 바르게 되고, 관청 창고가 가득 차면 모든 인민이 부유해진다. 위로는 깨끗하게 술과 祭物을 마련하여 하늘과 조상에 제사 지낼수 있고, 밖으로는 폐백을 마련하여 사방의 이웃 제후들과 교류할 수 있고, 안으로는 주린 자를

---

425) Ibid., 398쪽. (관자/제12권/侈靡篇 참고)
426) Ibid., 400쪽.
427) Ibid., 404쪽.

먹이고 지친 자를 쉬게 할 수 있어서 萬民을 기르고 천하의 어진 사람을 품었다.
이런 까닭에 위로는 하늘과 조상이 그를 부유케 하고 밖으로는 제후들이 그와 함께하며 안으로는 만민이 그를 친애하고 어진 사람들이 그를 따른다. 이로써 일을 계획하면 제대로 되고 일을 행하면 잘 이루어지며, 안에서 지키면 견고하고, 밖으로 나가서 정벌하면 강대해진다.428)

이처럼 어질고 현명한 자를 등용하면 국가는 튼튼해지고 사방의 다른 나라들과의 관계도 돈독해지며 萬民들이 풍족해지고 편안한 삶을 누리게 된다. 이것이 묵자가 말하는 현인을 등용한 효과이다.

결과적으로 묵자가 「상현」에서 말하고자 하는 것은 "올바른 통치라는 것은 백성들의 억울함을 없애고 그들의 삶을 윤택하게 하는 것이며, 이러한 올바른 통치를 이루기 위해서는 역시 현자를 가려 등용해야 한다는 것이다."429) 재능 있는 사람을 쓰는 것에 대한 중요성을 자주 언급하고 있다. 무릇 작은 일에는 그 일에 적합한 재주 있는 사람들을 쓰지만 정작 크고 중요한 일은 세습된 신분에 의해서 관록을 부여하는 현실은 불합리하며 백성들로부터 그 정당성을 부여받기도 힘들다고 보았다. 따라서 "묵자는 객관적 기준에 의해 선발된 능력 있는 사람을 적재적소에 배치하여 그들이 제대로 국가를 통치하게 하자는 것이다."430) 묵자의 상현사상은 현량한

---

428) 『墨子』 「尙賢上」, "賢者之治國也 蚤朝晏退 聽獄治政 是以 國家治而刑法正 賢者之長官也 夜寢夙興 收斂關市山林澤梁之利 以實官府 是以 官府實而財不散 賢者之治邑也 蚤出莫入 耕稼樹藝 聚菽粟 是以 菽粟多而民足乎食 故 國家治則刑法正 官府實則萬民富 上有以絜爲酒醴粢盛 以祭祀天鬼 外有以爲皮幣 與四隣諸侯交接 內有以食飢息勞 將養其萬民 懷天下之賢人 以此 謀事則得 擧事則成 入守則固 出誅則彊"
429) 황성규, Ibid., 172쪽.
430) 황성규, Ibid., 173쪽.

사람들에 의한 정치를 의미한다.

그래서 세습 귀족에 의한 관직의 독점을 비판하고, 신분제 철폐를 통해 기회 균등한 가운데 현량한 인재를 등용해서 나라와 백성들의 삶을 풍족하게 해야 한다는 주장이다.

하지만 『묵자』「공맹」에서, 유가인 공맹자와의 대화에서 말하기를 "공자는 『시경』과 『서경』에 해박하고 예악에 밝으며 만사를 깊이 안다고 하면서 천자가 되어야 할 분"431)이라고 공맹자가 말하자, 묵자는 "이는 남의 장부를 보고 자기가 부자라고 착각하는 것입니다."432) 대답했다. 이 말은 현량자는 '책을 통해서만 아는 지식인보다는 앎을 실천에 옮기는 자여야 한다'는 묵자의 지론이다. 알기만 하고 그 앎을 실천에 옮기지 않으면 안다고 할 수 없다는 것이다.

그는 또한 "참된 군자는 힘써 일하며 날마다 분발하고 (…) 가난할 때는 청렴함을 보여주고(…) 자기 자신을 먼저 반성해야 한다."433) 더불어 현량자는 道가 행하여지지 않는 곳을 찾아가 道가 행해지도록 노력하는 사람이다. 이것이 하늘의 뜻인 겸애교리를 실천하는 것이다면서, 비유컨대 "두드리지 않아도 울어야 한다."434) "오늘날 義를 행하는 사람이 없는데 (…) 어찌 나를 말리는가?"435)

결론적으로 현량자는 인민을 이롭게 하기 위해서는 솔선수범을 보이며 실천에 옮기는 자이다. 즉 獨行義와 勸義하는 자. 이런 者이어야 만이 인민의 이익을 위하는 자이며, 현량자가 될 수 있다는 것이 묵자의 주장이다.

---

431) 『墨子』「公孟」, "孔子博於詩書 察於禮樂 詳於萬物 而曰 可以爲天子"
432) 『墨子』「公孟」, "是數人之齒 而以爲富"
433) 『墨子』「修身」, "君子之道也 貧則見廉 富則見義 生則見愛 死則見哀 四行者 不可虛假 反之身者也."
434) 『墨子』「公孟」, "雖不扣 必鳴者也"
435) 『墨子』「貴義」, "今天下莫爲義, 則子如勸我者也 何故止我"

② 현량자의 역할

현량자의 역할은 무엇보다도 의로운 행동을 통해 인민의 이익을 창출하는 것이 그 목적임을 묵자는 墨子書를 통해서, 반복적으로 말하고 있다.

> 나라의 현명하고 좋은 선비가 늘어나면 나라의 정치는 안정되고, 현명하고 좋은 선비가 줄어들면 나라의 정치는 불안해진다. 그래서 더인은 현명한 선비가 늘어나는 것에 힘써야 한다.436)

> 또 왕공대인은 나라가 부유해지고 인민의 수가 많아지고 형정이 잘 다스려지기를 원한다.437)

이와 같은 역할을 기대하기 위해서는 인재에 대한 대우도 특별해야 한다는 것이다. 묵자는 상현론을 통해 신분 계급에 구애되지 않는 차별 없는 인재 등용을 주장하면서도 그들의 업적에 따른 '대우에 차이가 있어야'함을 강조하였다.

> 비유하건대 만약 그 나라에 활 잘 쏘고 말을 잘 모는 무사를 많게 하고자 한다면, 반드시 장차 그를 부유하게 하고 귀하게 하며 그를 존경하고 찬양한 연후에, 나라의 활 잘 쏘고, 말 잘 모는 무사가 장차 많아질 것이다.438)

> 옛 성왕들은 높은 작위를 주고 많은 녹봉을 주었으며, 일을 맡길 대 단호하게 명령을 할 수 있게 하였다.439)

---

436) 『墨子』 「尙賢上」, "是故 國有賢良之士衆 則國家之治厚 賢良之士寡 則國家之治薄 故 大人之務 將在於衆賢而已"
437) 『墨子』 「尙賢上」, "王公大人爲政於國家者 皆欲國家之富 人民之衆 刑政之治"
438) 『墨子』 「尙賢上」, "譬若欲衆其國之善射御之士者 必將富之 貴之 敬之 譽之 然后 國之善射御之士"
439) 『墨子』 「尙賢中」, "古聖王 高予之爵 重予之祿 任之以事 斷予之令"

제후가 나라를 다스리며 나는 장차 우리나라에서 활을 잘 쏘고 말을 잘 타는 선비에게 상을 주고 귀하게 대접하며, 그렇지 못한 선비에게 죄를 물어 천하게 대접하겠다고 말한다.440)

요컨대 나라에 훌륭한 인재를 등용하기 위해서는 현인에 대해 富하고 貴 하게 하며 행정명령권을 주어서 소신 있게 정치를 하도록 해야 한다. 이 모든 것이 등용된 관리를 위해서가 아니라 백성들의 삶이 편리해지도록 하기 위함이다.

묵자는 인민들의 세 가지 어려움인 굶주림과 헐벗음, 그리고 쉴 곳을 마련하기 위해서 인민들 상호 간에 서로 아끼고 사랑하면서 물질적 정신적 자산을 함께 나눌 수 있는 '겸애와 교리' 정신이 인민들에게 배양되도록 현량자는 노력해야 한다고 주장한다.

백성들이 삼환의 질곡에서 벗어나게 하려면 현량한 관리는, 첫째 겸애 교리를 가치 기준으로 삼아 天志인 義를 실천하는 자여야 하며, 둘째 대안을 제시하지 않고 함부로 남을 비난하지 않는 자이며, 셋째 무릇 나라를 다스림에 화급히 힘쓸 일을 선택하여 종사해야 하는 자이다. 즉 "나라가 혼란하면 어진 인재와 화동일치를 말해주고, 나라가 가난하면 절용과 절장을, 나라가 음악과 술에 빠져 있으면 非樂과 非命을 말해주고, 나라가 음란하고 禮가 없으면 尊天事鬼를 말하고, 다른 나라를 속이고 약탈하고 침략하고 능욕하려 하면 겸애와 非攻을 말하는 등 화급한 일을 먼저 선택해서 종사해야 한다"441)는 것이다.

---

440) 『管子』「立政」, "君之所審者三: 一曰德不當其位 二曰功不當其祿 三曰能不當其官"
441) 『墨子』「魯問」, "必擇務而從事焉, 國家昏亂 則語之尙賢尙同, 國家貧 則語之節用節葬, 國家憙音湛湎 則語之非樂非命, 國家淫僻無禮 則語之尊天事鬼 國家務奪侵凌 卽語之兼愛非攻, 故曰擇務而從事焉"

이와 같은 자세로 현량한 관리가 政事에 임한다면 백성들이 삼환의 아픔에서 벗어나는 안생생한 사회가 되리라는 것이다.

묵자는 인민이 안심하고 편안하게 살 수 있는 안생생한 사회를 만들기 위해서는 정치지도자인 현량자들이 인민 상호간에 겸애하고 교리하는 자세로 살아가도록 인민들을 교화시키고, 또 전쟁으로 남의 나라를 병탄하고 남의 군대를 뒤엎고 인민을 살상시키면서 민중의 삶을 피폐하게 하지 않도록 하기 위해서는, "위로는 하늘을 존중하며 귀신을 섬기고, 아래로는 인민을 사랑하고 이롭게 하며, 후하게 예물을 갖추고 외교사령을 겸손히 하여 사방의 제후들과 예로써 두루 사귀는 것 외는 방법이 없다."442)라고 말했다.

그러면서 현량한 관리는 인민들이 운명론에 젖지 않고 자기 운명을 스스로 개척하도록 권해야 한다는 것이다. 즉 인민들이 운명론이나 숙명론에 빠지면 자기 행동에 대해 책임지지 않고 생업을 게을리하게 되므로 이를 방지하는 것도 현량자의 역할이라는 것이다. 즉 "운명론자의 말을 따른다면 위에서는 정사를 다스리지 않고 아래서는 일을 하지 않을 것이다. 고로 운명론은 위로는 하늘에 이롭지 않고 가운데로는 귀신에 이롭지 않으며, 인민들에게도 이롭지 않다."443) 그러므로 현량자의 역할이 중요시된다는 것이다. 그래서 현량한 관리는 "정해진 운명이란 없다. 나의 노력과 노동으로부터 얻을 뿐"444)이니 삼가고 노력하라고 권면해야 한다는 것이다.

결국 현량자들의 역할은 인민들이 운명론에 빠져 나태해지

---

442) 『墨子』 「魯問」, "上者尊天事鬼 下者愛利百姓 厚爲皮幣卑辭令 亟徧禮 四鄰諸侯 非此 顧無可爲者."
443) 『墨子』 「非命上」, "用執有命者之言 則上不聽治 下不從事" "故命 上 不利於天 中不利於鬼 下不利於人"
444) 『墨子』 「非命上」, "無天命 惟予二(上)人無造言 不自天降 自我得之"

는 것을 예방하고, 자신의 운명은 자신의 노동으로 개선될 수 있음을 인민들이 깨우치도록 애쓰며, 이웃 주변국들과도 선린으로 외교 하여 궁극적으로 민중의 삶을 피폐하게 하는 전쟁을 방지하는 것이 가장 주된 역할이라는 것이다. 그래서 묵자는 겸애로써 서로 아끼고 사랑하며 교리로써 물질적 정신적 도움을 주면서, 당시의 겸병 전쟁으로 피폐해진 민중의 삶이 개선될 수 있도록 하기 위해서는 어질고 능력 있는 인재의 역할이 크다는 점을 강조하고 있다.

또 묵자의 尙賢論에서 기술하고 있는 현량자는, 다른 諸家들이 현자를 정치의 보조자 또는 조언자의 지위에서 우대해야 한다는 관점과는 분명히 다르다. 묵자는 『묵자』 전편에서 현량자의 지위를 '실질적인 통치자'로 규정하고 있다. 다시 말해서 천자에서부터 리장에 이르기까지 '賢'의 정도에 따라 각각 그 직책을 수행하도록 해야 한다는 것이다. 그래서 묵자는 "尙賢은 爲政의 근본이다"[445] 하고, "貴하고 지혜로운 자가 어리석고 천한 자를 다스리면 잘 다스려질 것이고, 어리석고 천한 자가 귀하고 지혜로운 자를 다스리면 그 나라는 혼란에 빠진다"[446]고 하여 尙賢이 정치의 근본임을 역설한 것이다.

이와 같은 묵자의 주장은 인민들이 어질고 능력 있는 현량자를 잘 골라 선택해야 정치가 바르게 된다는 주장이기도 하다.

2) 상현론에 대한 논쟁점

묵자의 尙賢論에 대한 해석에 있어 賢良者를 '전제군주의 전체주의적 통치에 이바지하는 존재로 해석해야 한다는 학자

---

[445] 『墨子』 「尙賢中」, "尙賢之爲政本也"
[446] 『墨子』 「尙賢中」 "自貴且智者 爲政乎貴且賤者則治 自愚賤者 爲政乎貴且智者則亂"

들과 이에 반해서, 尙賢과 尙同이 다양한 의견을 통일시키는 조정자 역할로서 賢良者가 필요하며, 이 이론은 민주민본적인 색채가 강조되는 주장이라고 해석하는 학자들이 있다.

前者는 주로 곽말약, 이성규 등이 있고, 後者의 입장을 취하는 학자들로서는 양계초, 후외로, 손영식, 기세춘 등이 있다. 이들의 주장을 중심으로 묵자의 尙賢論이 민주주의에 적합한 理論인지를 論 하고자 한다.

① 전체주의적 통치를 위한 관료 등용론이라는 관점

먼저 【곽말약】은 묵자의 尙賢論을 어떻게 평가하는지 살펴본다. 그는 "인격적인 하늘의 존재는 지상 왕의 반영이다. 대노예소유주가 지상의 통제자가 되어 절대적인 왕권을 발휘하게 되자, 이 왕권을 공고히 하기 위해 그것을 '터부'로 만들어 사람들이 감히 침범하지 못하게 하여 외형적인 상벌로써 사람의 육체를 지배함과 동시에 형태 없는 상벌로써 사람의 정신을 지배하였다."447)면서, 天志論은 절대왕권을 공고히 하기 위해 설정된 이론에 불과하다는 것이다.

그러면서 "하늘은 알고 보면 왕을 달리 표현한 것이 아닌가? 따라서 한 사람의 의지가 곧 천하 사람의 의지라고 생각하고 한 사람의 시비판단이 곧 천하 사람의 시비 판단이라고 생각한 것이다."448) 또 "토지 재산의 사유권이 이미 법적으로 성립되었으므로 사유권의 보호를 강조하지 않을 수 없었다."449) 그리고 "묵자 시대에는 천하의 악당과 도적이 여기저기 나타난 발디딜 곳이 없다."450)라고 하면서 "묵자가 왕

---

447) 郭沫若, 『十批判書』, 「孔墨的批判」, 人民文庫 : 人文科學 · 撰著, 2012, 86쪽.
448) 郭沫若, Ibid., 86쪽.
449) Ibid.
450) 『墨子』 「尙同下」, "天下之爲寇亂盜賊者, 周流天下無所重足"

공대인을 위해 생각한 것은 어떻게 사직을 중심으로 국가를 다스리며 닦고 지켜 잃지 않도록 하는가?", 또 전하여 후손 자손에 남겨주는가?" 또 "만세의 業으로 하는가?"451)에 있었다. "사직은 왕의 사직이며 국가는 왕의 국가이고 인민은 왕의 인민이다. '士君子' 따위는 곧 왕의 권위에 의거하여 왕의 사유재산을 보위한다. 왕을 위해 사유재산을 잘 보호해 주고 음란하고 포악한 자를 제거하고, 악당과 도적을 없애는 자는 또한 현자이다."452)

요컨대 곽말약의 현자에 대한 인식은 왕권이나 사직을 보위해주는 호위병에 불과하다는 것이다. 그의 주장은 절대권력에 의지하여 그 절대권력의 사직이나 재산을 악당이나 도적으로부터 보호해 주는 것이 소위 현자의 역할인데, 여기에 신분제 타파나 평등론을 통한 기회균등의 이론이 제기되는 것은 묵자의 이론이 아니라는 것이다. 후세 이론가들의 해석이 그릇되었다는 것이다. 또【이성규】도 묵자의 상현론을 관료제도와의 관계 속에서 살펴보면서 다음과 같이 주장한다.

> 묵자는 정치의 궁극적인 목적을 "겸애"의 구현으로 보았기 때문에, 정치상의 賢能도 그것을 실천할 수 있는 구체적인 능력으로 규정하였다.453)

따라서 묵가는 유능한 관료의 확보가 곧 정치의 성패를 좌우하는 關鍵임을 강조하였고,454) 이것을 위해 현능자에 대한 우대455)와 철

---

451) 『墨子』「天志上」, "業萬世"
452) 郭沫若, Ibid., 87쪽.
453) 『墨子』「尙賢下」, "爲賢之道 將奈何 曰 有力者 疾以助人 有財者 勉以分人 有道者 勸以敎人"
454) 『墨子』「尙賢上」, "是故國有賢良之士衆 則國家之治厚 賢良之士寡 則國家之治薄, 故 得士 則謀不困 體不勞 名立而功成 美章而惡不生 則由得士也"
455) 『墨子』「尙賢上」, "然則衆賢之術 將奈何哉 ..... 子墨子曰 ..... 亦必且

저한 능력본위의 관료선발,456) 철저한 능력심사를 기초로 한 적소배
치를 주장하였으며,457)

특히 任官 이후의 치적을 엄격히 考課, 賞罰을 가함으로써
'官無常貴' '民無常賤'의 사회를 구현해야 한다고 역설하였다.458)

이성규의 위와 같은 주장은 "묵자의 주장이 귀족 세습정치
를 반대하고, 관료들을 흡수하여 전체주의를 강화해가는 신
흥 군주들에게 관료제도를 운영하는 기본 방향과 원리를 제
공하고 있다는 것이다."459)

그러면서 尙同論에서 언급되고 있는 국가구조를 上命下服
式의 지배논리로 해석하며, 이를 뒷받침하기 위해서 아랫사
람들이 승복하기 위해서는 윗사람의 현능이 전제되어야 한다
는 것이다. 그래서 "묵자는 상동론을 전개하면서 천자를 비
롯한 각급 관장의 賢 · 仁을 강조하였고,"460) "상동체제를
賤者 · 愚者에 대한 賢者 · 知者의 지배로 설명하였다"461)면
서 尙賢論은 尙同論을 이론적으로 보강하기 위한 것으로 해
석하고 있다.

이와는 다소 다른 관점에서 【손영식】은 묵자가 「상현」에서
주장하는 것은 개인들이 서로의 이익 주장(利=義)으로 생기

富之 貴之 敬之 譽之"
456) 『墨子』 「尙賢上」, "雖在農與工肆之人 有能則擧之 高予之爵 重予之祿
任之以事 斷予之令"
457) 『墨子』 「尙賢上」, "聽其言 迹其行 察其所能 而愼予官 ..... 故 可使治國
者 使治國 可使長官者 使長官 可使治邑者 使治邑"
458) 『墨子』 「尙賢上」, "故 當是時 以德就列 以官服事 以勞殿賞 量功而分
祿 故 官無常貴 而民無終賤 有能則擧之 無能則下之"
459) 이성규, Ibid., 270쪽.
460) 『墨子』 「尙同上」, "選天下之賢 可者 立以爲天子 (···) 又選擇天下之賢
可者 置立之以爲三公 (···) 又選擇其國之賢 可者 置立之以爲正長"
461) 『墨子』 「尙同中」, "自貴且智者爲政干愚且亂者則治 自愚且賤者爲貴且
智者則亂"

는 혼란을 극복하기 위해서, 개인들이 '자기 처분권'(자기결정권)을 윗사람(현자)에 위임함으로써 국가가 구성되고, 따라서 자기 권한을 위임한 개인들은 현자에게 절대복종(尙同)을 해야 한다. 이와 같은 손영식의 주장은 "서양 철학자 홉스의 사회계약설에 따른 리바이어던"462)에 대한 권한 위임과 같은 주장이라 할 수 있다. 즉 인민의 주권을 절대군주에게 양도함으로써 인민의 안전을 확보한다는 것이다.

반대로 현량자는 통치의 대상인 개인들을 전부 차별 없이 사랑(兼愛)해야 한다. 그러면서 묵자는 모든 사람이 자유의지가 있음을 강조한다. 백성들에게 상과 벌을 내림, 혹은 '운명론의 부정'(非命)이 그것이다. "어떤 이에게 상과 벌을 내린다는 것은 그가 자율적인 주체라는 말이다. 자율적으로 자유의사에 따라 행위 했기 때문에, 그것에 책임을 묻는다. 상과 벌이 그것이다."463) 즉 자기의 義와 다르므로 서로 다툰다는 것은 개개인이 자기결정권을 가진 자유의지의 주체라는 인식을 하고 있다는 것이다. 또 운명론은 개인의 자유의지를 부정한다. "어떤 식으로 행위 해도 운명으로 귀결된다면, 자유의지와 자율적인 주체성은 아무런 의미도 없게 된다."464)

그래서 묵자는 비명론을 주장한다면서, 상동과 상현 겸애 비명론은 서로 서로가 바탕을 이루고 있는 연관성 있는 이론이라는 것이다. 그는 묵자 사상은 전체적인 맥락에서 이해해야 한다면서, 각론에 있는 기술을 부분적으로 이해해서는 묵자의 철학을 일그러뜨린다고 한다. 손영식의 주장은 인민들이 자기의 주권을 자의적으로 현량한 자에게 위임함으로써 국가가 형성되기 때문에 현량자들에 의해 운영되는 국가가

---

462) 리바이어던은 '인민의 권한 양도'에 의해 생긴 절대군주에 대한 표상으로서, 인민들의 생존을 보장하는 절대적인 권력의 소유자이다.
463) 손영식, Ibid., 218쪽.
464) Ibid.,

내린 결정, 즉 상과 벌 등에 인민들은 승복해야 한다는 것이다.

② 인민의 의견 통일을 위한 조정자라는 관점

곽말약의 주장과는 달리, 【양계초】는 묵자의 尚賢論을 다음과 같이 설명하고 있다. 그는 묵자의 尚賢論에서 묵자의 사회주의적 성격을 발견하였다. 그는 "묵자의 상현론이 유가들에 의해 지지가 되었던 '親貴'를 바탕으로 하는 사회적 계급제도에 반발하여 생겨난 것이라고 설명한다."465) 즉 '親'이란 혈연관계를 의미하고, '貴'란 신분을 의미하는 것으로, 혈연과 신분의 차이를 바탕으로 차별을 정당화하는 계급제도를 뒷받침하는 것으로 이는 儒家들이 지지하는 尊賢論이라는 것이다.

그러나 "묵자에게 있어서 '親貴'를 바탕으로 하는 당시의 유가들에 의해 지지되었던 사회제도는 사적 이익의 추구를 극대화하는 체계일 뿐이었다."466) 이와 같은 양계초의 주장은 곽말약이 묵자의 상현론을 왕공대인들을 보전하기 위한 이론이라고 비난했던 점과는 확연한 차이가 있다. "묵자에게 있어서, 사적 이익 추구는 분쟁을 낳고 사회적 혼란을 야기하는 것일 뿐이다. 그러므로 묵자는 사적 이익의 추구를 부정하고 '겸상애교상리'의 보편적 사랑과 공적 이익의 추구를 주장함으로써 사회를 안정시키고자 했다"467)고 양계초는 해석한다.

결국 "묵자의 상현설은 물론 유가가 지배하던 구사회의 계급 질서를 근본부터 부정하는 것이며, 舊사회의 계급 질서는

---

465) 김현주, 「묵자에 대한 양계초의 이해」, 『대동문화연구, 제73집』, 2011, 266쪽.
466) Ibid.
467) Ibid.

능력이 아니라 혈연과 신분에 의해 결정되는 계급사회였기 때문이다. 그런데 묵자가 추구하는 이상사회는 신분과 혈연이 아니라 '利'를 중심으로 구성된 평등한 사회이다. 그래서 양계초는 묵자의 상현설이 개인의 이익이 아닌 공적인 사회의 이익을 옳고 그름의 기준으로 삼고 있으며, 그러한 공적 이익을 도덕적으로 善한 것으로 옹호한다"468)고 묵자의 상현론을 이해한다.

그러나 양계초는 묵자의 '공적 이익 추구가 결국 개인의 이익으로 귀결될 것으로 생각하고 전개한 주장이다'라고 이해하면서도 그것은 경쟁을 감소시키는 결과를 초래할 수 있다는 것이다. 이와 같은 양계초의 비판은 그의 자유주의적인 입장에서 나온 주장으로, 그는 개인의 이익 추구 그리고 그것을 위한 경쟁은 사회적 진화에 있어서 꼭 필요한 것 즉 양계초가 원하는 사회는 개인의 이익을 자유롭게 추구하게 함으로써 경쟁을 통해 자연스럽게 사회의 진화가 이루어지는 그런 체제였다.

그런데 묵자의 상현설은 자유경쟁을 제한한다고 생각해서 이는 세계 진화에 적합하지 않다고 본 것이다. 양계초는 묵자의 경제학을 한마디로 겸상애교상리로 축약될 수 있는 공적 이익의 추구로만 이해한 것이다. 양계초의 이와 같은 인식의 바탕에서 묵자의 상현설은 개인적 이익에 대한 부정인 동시에 사유재산에 대한 부정으로 보면서, 묵자의 경제학이 사회주의 학설과 부합하다고 생각하였고, 자유보다는 평등을 강조하는 묵자 사상은 평등보다 자유를 갈망하는 그로서는 무조건 묵자 사상을 긍정할 수는 없었다.

"양계초의 사상적 입각점은 개인과 개인의 이익이었으며, 그것을 출발점으로써 사유재산의 보장과 개인적 이익에 대한

---
468) Ibid.

자유로운 추구를 통한 경쟁을 보장하는 사회를 추구했다고 볼 수 있다."469) 결론적으로 양계초는 묵자 사상을 해석하는 데 있어, 묵자 상현론이 개인의 이익을 추구하는 것보다는 사회적인 공적 이익 추구에 있다는 점에서 그의 개인적 자유주의 관점과는 일치하지 않는다는 점에서 비판한다.

그러면서 묵자가 주장하는 利를 정신적인 이로움과 물질적인 이로움을 동시에 추구한다고 보지 않고, 주로 묵자 사상은 물질적인 이로움을 추구하는 유물론적이라고 평하고 있다. 더불어 이의 연장 선상에서 경제적으로 사회주의적인 요소가 짙다는 해석이다. 또 양계초는 묵자의 경제사상이 공적 이익 추구에 초점이 맞춰져 있기에, 개인의 사유재산제를 부정한다고 주장하고 있다. 이는 곽말약이 묵자는 기존 지배층의 재산을 약탈과 도적으로부터 보전하기 위해서 상현설을 주장한다고 하는 점과는 정면으로 배치된다. 곽말약은 묵자의 사상이 왕권 강화를 위해 설정된 사상이라 비난하고, 양계초는 묵자 경제론에 있어서 공동의 이익을 우선으로 하는 그래서 개인의 사유재산제를 부정하는 이론이라고 비판한다. 하지만 【候外盧】가 묵자의 상현론을 해석하는 관점은 양계초와도 다소 차이가 있다. 즉 그는 묵가 학설의 요지를 '兼相愛 交相利'로 정리하면서, 墨家들은 당시 수공업자와 기타 평민계층으로 사회관계에 있어서 개혁을 요구하였다. 즉 "정치적 지위의 상승, 사유재산과 개인 자유의 보장, 생산을 보호하고 겸병 전쟁을 반대한 것이다. 이것이 바로 씨족 귀족의 이익을 유지하려는 유가의 학설에 대한 墨家의 강한 비판이다."470)고 하면서, 묵자는 富貴와 貧賤은 運命으로부터 정해지는 것이 아니고, 인간의 주관적인 '힘써 행함(强力而爲)'

---

469) 김현주, Ibid., 166쪽.
470) 候外盧 著, 양재혁 옮김, 『중국현대철학사』, 일월총서, 1985, 64~65쪽.

에 의해서 결정된다고 생각하였다. 이러한 墨家의 '强'·'力'의 주장과 非命의 관점은 墨家의 개혁사회사상의 표현이었다. 墨家의 '强力論'이 비록 주관적으로는 貧富·貴賤·智愚의 대립을 합리적인 전제로 긍정하고 있지만, 객관적으로는 人爲의 투쟁을 강조하였다.
"이것은 고대 세계의 평민계층이 씨족 귀족의 '然故富貴'(연고부귀)함을 반대한 일종의 자유경쟁 학설이다."[471] 이는 墨家 사상의 바탕에는 현대적 의미의 '자유주의'가 흐르고 있음을 암시한 것이다. 즉 墨家사상의 능력에 따른 기회균등론, 이는 자유주의 상황에서 평등한 기회를 얻자는 것으로 이해된다.
후외로는 또 묵자는 고대적 형식의 평등원칙을 '兼'이라는 개념으로 표현하여, '兼以易別'(겸이이별)로서, "氏가 귀천을 분별하는 근거"라는 씨족 혈연의 등급(別)에 대해 맹렬한 공격을 가하였다. 묵자는 '血肉之親'에 기초하여 근거 없이 부귀한 世卿世祿制度(세경세록제도)가 暴王을 만들고, 폭정과 사회국가 혼란의 원인이라고 생각하였다.
따라서 그는 사회관계를 개혁하는 데서 출발하여 "어진 자를 숭상하고 능력자를 임용할 것"을 제창하였으며, "관이 항상 귀한 것이 아니고, 백성이 끝내 천한 것도 아니다"라고 주장하면서, 親疏·遠近·貧富·貴賤의 전통적 등급 한계의 타파를 주장하였다. 그래서 그는 天子·三公·諸侯에서 鄕里의 長에 이르기까지, 모두 현능한 사람을 천거해야 한다고 주장하였다. 여기서 賢能한 者는 묵자가 찬양한 强者·力者·兼者이다. 賢·能의 조건에 의해서 재산과 권력을 분배하였으니, 이것은 고대의 평민계층이 자신의 역량과 이익에 대하여 자각한 언론이다.

---
471) Ibid., 66쪽.

"공자도 일찍이 '親親而尊賢'할 것을 말하였으나, 이러한 절충주의적 尙賢論과 묵자의 '兼以易別'하는 尙賢論을 비교해 본다면, 묵자는 고대 민주적 색채를 풍부히 띠고 있다."472)

　以上에서 기술된 대로, 【후외로】는 묵자의 사상을 현대적 의미로 자유경쟁을 역설하고 신분적 계급 질서를 타파하여, 자신의 노력과 능력 여하에 따라 빈부귀천 등의 차이가 생기며, 또 현량 지사라면 이 차이를 공동체 전체를 위해서 적절히 조정하는 능력을 갖춘 자일 것이라고 평하고 있다. 후외로와 양계초의 주장에는 다소 차이가 있다. 즉 양계초는 묵자의 사상이 공동체적 이익을 우선하는 사회주의적 기조가 강하여 자유보다는 평등을 강조하고 있다고 해석하는 반면, 후외로는 인민들 개개인이 자신의 역량에 따른 자유 경쟁론이라고 이해하고 있다.

　『墨子』의 「상현」과 「상동」이 묵자의 '민주론'이라고 주장하는 학자로서, 【기세춘】은 "인민들이 통치자를 선출하는 것은 만인에 대한 만인의 투쟁을 종식하기 위한 것으로 主權은 인민에게 있었다."473) 이런 주장을 하게 된 배경은 묵자에게 있어 만민은 평등하므로, 상위 통치자라 할지라도 인민보다 상위의 인격이 아니라는 것이다.

> 통치자가 없었을 때는 백성이 주권자였고 온 인민 각자가 주인이므로, 자기의 이익은 옳다 하고 남의 이익은 그르다고 하여 전쟁과 투쟁이 생겼다.
> 그리하여 천하의 義利를 화동 일치시키고자 어진 자를 선출하여 천자로 삼았다.474)

---

472) 候外盧 著, 양재혁 옮김, Ibid., 68쪽.
473) 기세춘, 「천하에 남이란 없다」, 나루, 1995, 199쪽.
474) 『墨子』「尙同下」, "古者 天之始生民 未有正長也 百姓爲人 ... 此皆是其義而非人之義 是以 厚者 有鬪 而薄者 有爭 是故 天(下)之欲同一天下之義也 是故 選擇賢者 立爲天子"

그러므로 군주와 인민과의 관계는 계약 관계일 뿐이다.475)

그리고 "통치자의 선출은 신분의 차별을 두지 않고 농사꾼, 노동자, 장사치 중에서 어진 자를 선출했었다. 즉 정치지도자를 어질고 능력이 있으면 빈부귀천의 차별 없이 등용해야 한다."476)는 것이다. 그러면서 "묵자는 군주를 선출할 때는 반드시 평등주의자를 선출해야 한다고 강조한다."477) 그리고 묵자는 선거에 있어 운명론을 퍼뜨리는 것은 인민을 낙담시켜 인민의 편에 선 의로운 자를 파멸시키기 위한 폭군들의 공작이므로 이러한 함정에 빠지지 않도록 의식 개혁에 대한 강조를 잊지 않는다. "만일 운명론에 물들면 의로운 사람을 군주로 선출하려는 인민들의 욕구는 어찌 될 것인가?"478) 또 정치지도자 즉, 통치자를 民選한다는 것은 세습을 반대하는 것이다. "세습이야말로 어진 자를 높이고 불초한 자를 내치며, 善한 자에게 상을 주고 악한 자에게 벌을 준다는 군주를 세운 목적과는 어긋난다. 그 爵이 세습되면 신분 계급이 생겨나고 祿이 세습되면 사적으로 빈부의 격차가 생겨 불평등의 요인이 된다."479) 그래서 묵자는 "관리란 항상 귀한 것이고 백성은 항상 천하다는 인식을 거부한다."480) 그러므로 "선출되어 통치자가 되었다고 해도 그 직위가 세습되어서는 안 되며, 백성을 위하는 일에 유능하면 빈부귀천, 골육 친척,

---

475) 『墨子』 「經說上」, "君, 臣萌通約也"
476) 『墨子』 「尙同上」, "故古者 聖王之爲政 列德而尙賢, 雖在農與工肆之人 有能則擧之"
477) 『墨子』 「兼愛下」, "必擇兼君是也"
478) 『墨子』 「非命上」, "命者暴王之作之 今用執有命者之言 是覆天下之義 說百姓之怿者 是滅天下之人 然則所爲義人在上者何也"
479) 기세춘, 위의 책, 201쪽.
480) 『墨子』 「尙賢上」, "故官無常貴 民無終賤 有能則擧之 無能則下之"

피부 안색을 가리지 않고 등용하며 무능하면 물러나게 하고 가난하고 천하게 하여 노역에 종사케 해야 한다."481)

【기세춘】의 주장은 백성 한 사람 한 사람은 주권자로서 자유의지를 가진 존재로 누구나 평등하다는 것이다. 그래서 그 평등한 인민 가운데서 최고통치자부터 하급관리들을 선출하여 백성에게 이롭게 하는 능력이 되면 등용하고 그렇지 못하면 강등시킨다는 것이다. 이와 같은 주장은 현대적 의미의 민주적이고 민본적인 정치체제와 하등 차이가 나지 않는다. 이는 로버트 달의 "적당한 조건들이 갖추어진다면 언제라도 민주주의는 독립적으로 출현하며, 또 출현할 수 있다고 생각한다. 그리고 그러한 조건들은 상이한 시간과 상이한 장소에서 존재했다고 믿는다."라면서, "민주주의적 체제의 형성에 유리한 조건들을 갖고 있던 오래전 선사시대의 부족통치체제에서도 일종의 민주주의 체제가 존재하였을 가능성이 큰 것으로 판단하고 있다."482)고 한 주장처럼, 춘추전국시대라 해서 민주주의 사상이나 그 실체가 존재하지 말라는 법은 없다고 본다.

그래서 춘추전국시대임에 이런 민주민본적인 사상이 표출됐다는 점은 로버트 달의 관점이라면 하등에 이상한 것이 없다는 것이다. 이는 묵자 사상의 뛰어남을 말하고 있다.「尙賢」에서는 "情實 人事를 배척하면서 능력 본위로 현명한 사람을 뽑아 쓸 것을 주장하는 점에서, 불평등과 계급의 차별을 배척하는 현대적인 평등사상과 무차별 주의가 느껴진다."483) 묵자는 참된 지도자라면, "아랫사람일지라도 일을 잘하면 봉

---

481) 『墨子』「尙賢中」, "故 古者 聖王甚尊尙賢而任使能 不黨父兄 不偏貴富 不嬖顔色 賢者 擧而上之 富而貴之 以爲官長 不肖者 抑而廢之 貧而賤之 以爲徒役"
482) 로버트 달 지음, 김왕식 외2 옮김, Ibid., 31~32쪽.
483) 김학주, Ibid., 189쪽.

록이 많은 윗자리로 승진시켜야 한다고 말하면서, 비유하기를 산과 못처럼 항상 높고 낮은 것이 아니다. 아래에 처했다 해도 윗사람보다 善 하면 아랫사람을 윗자리로 청해야 한다."484) 즉 지위의 높고 낮음은 善과 不善을 기준으로 삼아야 한다는 것이다.

그래서 일을 잘하면 승진되고 일을 못 하면 물러나게 해야 한다는 것이다. 그는 以上과 같은 것이 '묵자의 상현론과 상동론의 주된 주장이다'라는 것이다. 묵자는 "상현 하는 것이야말로 정사의 근본이다"485)고 강조하였다.

3) 민주론적 관점에서의 판단

묵자의 尙賢論은 민주주의 바탕인가에 대해서, 토크빌과 로버트 달의 민주론의 관점에서 살펴본다. 상현은 어질고 능력 있는 인재를 선발하여 등용해야 하며, 이것이 政事의 근본이라는 이론이다. 또 신분 계급에 상관없이 누구나 어질고 능력이 되면 등용되어서 성과를 보이면 승진되기도 하고, 그렇지 못하면 퇴출당하기도 해야 한다는 것이다. 묵자의 이와 같은 주장은 등용되어야 하는 인재는 성품이 어질어서 존경받아야 하기도 하면서도 전문가의 능력도 갖추어야 한다는 것이다. 동양사상의 人材象은 근본적으로 성품이 어질면서도 능력 있는 인물을 상정하고 있다. 하지만 로버트 달은 인재를 '유능하고 식견 있는' 사람이라고만 되어있다. 즉 단순히 전문가만을 언급하고 있다. 묵자도 天志인 義를 이루기 위해서는 각자가 잘 할 수 있는 분야의 전문가가 되어 서로 협력해야 한다고 주장했다. 하지만 묵자 사상의 바탕은 의로운

---

484) 『墨子』 「經 · 經說下」, "取下以求上也. 說在澤. 取高下 以善不善爲度. 不若山澤 處下善於處上 下所請上也."
485) 『墨子』 「尙賢上」, "夫尙賢者 政之本也"

인간이다.

  그래서 義를 실천할 수 있는 '兼愛交利'라는 이념을 갖춘 인재가 尙賢論에서 말하는 인재이다. 즉 兼愛交利를 행동 강령으로 삼은 사람만이 尙賢論에서 말하는 인재이다. 그러면서 묵자는 현량자는 率先垂範하는 의로움을 갖추어야 한다고 기술하고 있다.

> 지금 여기에 불이 났다고 하자. 한 사람은 물을 들고 그것을 끄려고 하고, 한 사람은 그것을 더 타오르게 하려 한다면 결과는 모두 나타나지 않았지만 그대는 두 사람 중에서 누구를 貴히 여기겠는가? 나도 역시 나의 뜻을 옳게 여기고, 그대의 뜻을 잘못이라 생각한다.[486]

  위의 글귀와 같이 묵자는 존경받는 지도자의 자질을 결과가 나타나지 않았지만, 솔선수범해서 먼저 義를 실천하려는 사람을 들고 있다. 또 묵자는 훌륭한 인재는 "내가 보아도 일을 하고, 보지 않을 때도 일하는 사람을 귀하게 여긴다."[487]고 하면서, 각 분야에서 자기 능력을 잘 발휘할 수 있는 사람을 현량자로 보아서 尙賢한다는 것이다. 묵자가 「경주」편에서 어질고 유능한 인재를 다음과 같이 기술하고 있다.

> 인민을 이롭게 하는 義를 실천하려면 무엇을 가장 힘써야 할까요? 비유를 들면 담장을 쌓는 것과 같다. 흙을 잘 다지는 사람은 흙을 다지고, 흙을 잘 운반하는 사람은 흙을 잘 나르게 하고 흙을 잘 파는 사람은 삽질을 시켜 제각기 능한 일로 협동해야 담장을 쌓을 수 있다. 의로운 일을 행하는 것도 이와 같아서 변론을 잘하는 사람은 변론을 하고 글을 잘 설하는 자는 글을 설하게 하고 일을 잘 처리

---

[486] 『墨子』, 「耕柱」, "今有燎者於此 一人奉水將灌之 一人火將益之 功皆未至 子何貴於二人? … 吾亦是吾意 而非子之意也."

[487] 『墨子』, 「耕柱」, "我貴其見我亦從事 不見我亦從事者"

하는 자는 일을 관리토록 하여 제각기 능한 일을 해내면 의로운 일이 이루어진다.488)

묵자는 현대적 의미의 분업을 통한 협동 정신을 위의 글귀에서는 강조하고 있다. 즉 겸애 정신은 서로 제각기 능한 일을 해서, 서로 부족한 부분은 메꿔주는 협동을 강조한다. 그래서 묵자는 누구나 자기 적성에 맞는 일을 해야 능률이 오르므로, 귀천과 관계없이 부지런히 일해서 삼환을 극복하는 것을 최우선으로 하고 있다. 이와 같은 행동이 尙賢論에서 강조하는 인재상이다.
"토크빌은 민주주의의 틀 안에서 '숙련된 전문가'가 보다 큰 역할을 해야 한다."489)고 주장하면서도, 깨우친 전문가들인 '수호자 계급'이 정치를 전담하는 것이 옳다고 생각하며, "지혜는 없고 욕심만 가득한 아테네 대중이 정치의 주체 행세를 하는 것을 보고 참을 수가 없었다."490)고 하는 플라톤의 우려에 공감하기도 한다.
토크빌의 이와 같은 주장은 민주주의를 '인민의 뜻'에 따라 지배하는 정치체제로 이해하면서도 민주주의가 평등의 이름으로 민주 독재가 되지 않을까 하는 우려에서다. 즉 플라톤이 민중에 의한 衆愚(중우)정치를 혐오하듯이, 토크빌도 민주주의를 선호하면서도 중우정치를 우려했다. 이는 묵자 상동의 정치제도 하에서 상향식 의견 수렴을 거쳐 어질고 능력 있는 현량자를 선택하는 것(尙賢)과는 미묘한 차이가 있다. 즉 토크빌은 '숙련된 전문가'를 말하고 있고, 묵자는 '어질고

---

488)『墨子』「耕柱」, "爲義孰爲大務? 譬若築牆然, 能築者築, 能實壤者實壤, 能欣者欣, 然後牆成也. 爲義猶是也. 能談辯者談辯, 能說書者說書, 能從事者從事, 然後義事成也."
489) 서병훈, Ibid., 7쪽.
490) Ibid., 15쪽.

능력 있는 현량자'를 말하고 있다는 것이다.

또 "로버트 달은 아테네의 민주주의는 공적 의무를 수행하기 위한 시민을 선출하는 방법이었던 아테네식의 추첨제 선발제도가 있었다."491)고 하면서 아테네 민주주의는 현량자를 선출하기 위해서 추첨제를 선호했다고 말하고 있다. 그러면서도 그는 '가장 유능하고 식견 있는 몇몇 사람들'에게 - 토크빌식의 '숙련된 전문가'에게 - 우리의 중요한 모든 결정을 위임해서는 안 된다는 것이다.

왜냐하면 "우리는 모두 동등한 자격이 있기 때문에 우리들은 민주적으로 우리 '자신을 통치'해야만 하는 것이다."492)고 주장한다. 즉 그가 "민주주의의 특징으로 생각하는 정치 제도들은 국가의 정부를 민주화하는 수단으로 개발되었다."493)

다시 말해서 우리 스스로 통치하기 위한 수단으로서 유능한 인재를 등용한다는 것이다. 그러면서 "전문가들이 당신 대행자의 역할을 할 수 있는 자격이 있다고 해서, 이들이 당신의 통치자의 역할을 담당할 수 있는 자격이 있는 것은 아니다."494) 성인들 가운데 국가의 통치에 대한 완전하고 최종적인 권위를 맡겨야만 할 정도로 통치에 있어 다른 사람들보다 아주 단정적으로 더 뛰어난 자격을 지녔다고 할 수 있는 사람은 없다. "만약 우리가 '수호자들에 의한 통치'를 거부하여야 한다면, 누구에 의한 통치를 받아들여야 하는가? 그것은 바로 우리 '자신들에 의한 통치'를"495) 받아야 한다고 주장한다. 결국 이는 현량자나 숙련된 전문가는 우리 스스로를 통치하기 위한 수단으로서 '자문관 역할을 하는 자'란 것이다. 토크

---

491) 로버트 달 지음, Ibid., 35쪽.
492) Ibid., 64쪽.
493) Ibid., 72쪽.
494) Ibid., 116쪽.
495) Ibid., 64쪽.

빌과 로버트 달은 '숙련된 전문가'에 대한 인식에 차이가 있음을 알 수 있다.

"토크빌은 衆愚정치를 경계하면서도 인민의 평등이 민주라는 관점에서도 '숙련된 전문가'의 역할을 인정하면서 민주주의가 뛰어난 사람을 제대로 대우해주는 '당당하고 정당한 평등'을 기대하였다."496) 이에 반해, 로버트 달은 '아테네식의 추첨제 선발제도'가 지향하는 직접 민주정치를 선호하면서, '숙련된 전문가'는 민주주의를 위한 하나의 수단으로서의 제도에서 그 역할을 제한해야 한다는 것이다. 그는 민주주의를, "기본적으로 인민 다수의 권력이 실현되는 체제로서, 이상주의적이고, 추상적인 인민 총의의 개념이 삭제된 민중적 민주주의라고 이해"497)하고 있다.

以上과 같은 〈토크빌과 로버트 달의 관점〉과 〈상현과 상동이라는 제도를 통해서 다양한 의견을 통일시키는 조정자 역할로서 賢良者가 필요하며, 이는 묵자 사상의 민주성을 나타내고 있다고 해석하는 학자들의 관점〉이 매우 흡사하다고 생각한다. 묵자는 현량한 자의 역할로, 아랫사람 중에서 즉 인민 대중들에게서 어진 선비를 골라 관리로 등용시키는 것만큼 중요한 일이 없다고 말한다.

> 옛말에 이르기를 나라에 보물을 바치는 것은 나라에 어진 이를 천거하고 선비를 등용시키는 것만 못하다고 하는 것이다.498)

또, 인간의 이중성을 지적하면서 현량한 관리는 이와 같은 人性에 대한 조정자의 임무를 수행할 수 있어야 한다는 것이다.

---

496) 서병훈, Ibid., 92쪽.
497) Ibid.,240쪽.
498) 『墨子』「親士」, "故로 曰 歸國寶는 不若獻賢而進士"

말로는 평등을 비난했지만, 행동은 평등을 선택할 것이다.
즉 이것은 말과 행동이 어긋나는 것이다.[499]

묵자가 추구하는 인재는 天志가 지향하는 義를 실천하는 사람이다. 그래서 그는 '萬事莫貴於義' 즉 세상사에서 가장 貴한 것이 義라고 했다. 그의 사회관은 '의로운 사회'를 이룩함으로써 인민 백성이 다 같이 安生生한 생활을 하게끔 하는 데 그 목적을 두었다. 의로운 사회는 공정하고 공평한 사회를 추구한다.

묵자는 겸애와 교리의 실천을 天志라 했고, 이는 天下無人의 安生生 사회의 도덕적 기준이 되는 행동 강령이라 본다. 兼愛를 서로서로 아끼고 사랑하는 정신이라 한다면, 交利는 겸애의 현실적이고 구체적인 실천 원리로서 작용한다. 이 교리를 실천하는 데는 일정한 기준이 있어야 한다. 인간은 누구나 好利惡害 하는 존재이다. 이로움을 좋아하고 害로움을 싫어하지만, 利와 害가 조화를 이루지 못하고 한쪽으로 偏重된다면 바로 다툼이 생기고, 이것이 확대되면 전쟁으로 비화하기도 한다.

묵자는「대취」·「소취」편에서 이 문제에 대해 자세히 언급하는데, '大取'는 '이익은 큰 것을 취한다.'라는 원칙이며, '소취'는 '해로운 것은 작은 것을 취한다.'라는 원칙이다. 즉 "자유와 평등은 이로운 것이므로 최대로 해야 하며, 차별과 차등은 해로운 것이므로 최소로 해야 한다는 것이다. 이것이 바로 묵자의 공평 정의의 원칙이다."[500] 이와 같은 관점에서 보면, "묵자의 大取小取論은 正義論이다."[501] 묵자는 "義는

---

499) 『墨子』「兼愛下」, "言而非兼 擇卽取兼 卽此言行費也"
500) 기세춘, Ibid., 234쪽.
501) Ibid.

곧 利이다." 곧 '利는 義요, 害는 不義'이므로 不義는 최소화 하는 것이 하늘의 뜻이라는 것이다. 그러면서 묵자는 "害 중에서 작은 害를 취하는 것은 義를 구하고자 함이며 利를 위한 것은 아니다."라고 말했다.

> 義는 利이다. 義는 뜻으로써 천하를 아름답게 하고, 능히 인민을 이롭게 하는 것이다. 반드시 쓰이는 것은 아니다.[502]
>
> 利란 그것을 얻으면 기뻐하는 것이요, 害는 그것을 얻으면 싫어하는 것이다.[503]
>
> 兼을 나눈 개체들 가운데는 輕重이 있기 마련이다. 경중을 헤아리는 것을 저울이라 한다. 저울은 옳다고 말할 수도 없고 그르다고 말할 수도 없지만, 저울은 공정한 것이다.[504]

사람 살아가는 삶에 있어 저울(權)을 공정하고 공평하게 다는 것은 쉬운 일이 아니다. 즉 세상을 다스리자면 이익과 해를 올바로 저울질하여 의롭고도 이로운 방법을 택해야 한다. 실리주의적 측면에서도 이것은 결코 쉬운 일이 아니다. 그래서 묵자는 不義(害) 중에서 작은 것을 취하라고, 義 중에서 큰 것을 취하며, 不義로써 義를 취하지 말며, 두루 이로운 것(公義)을 취하라고 말한다.

> 손가락을 잘라서 팔뚝을 보존할 수 있었다면 이익 중에서 큰 것을 취했고, 害 중에서 작은 것을 취한 것이다. 害 중에서 작은 것을 취

---

502) 『墨子』 「經上」, "義, 利也. 義, 志以天下爲芬 而能利之 不必用."
503) 『墨子』 「經上」, "利 所得而喜也. 害 所得而惡也."
504) 『墨子』 「大取」, "於所體 輕重之中 而權輕重之謂權. 權非爲是也 亦非爲非也. 權正也."

한 것은 害를 취한 것이 아니고, 利를 취한 것이다. 그것을 취하는 것은 사람마다 결정할 일이다.505)

하늘이 인민을 사랑하는 것은 성인이 인민을 사랑하는 것보다 두루 넓고 크다. 하늘이 인민을 이롭게 하는 것은 성인이 인민을 이롭게 하는 것 보다 두루 넓고 크다.506)

그러므로 부모와 스승과 군주는 다스리는 法度로 삼을 수 없다.
그러면 무엇으로 다스리는 법도로 삼아야 옳은가? 예부터 이르기를 하늘의 뜻을 법도로 삼는 길밖에 없다.
하늘은 그 행함이 크고 사사로움이 없으며, 후하게 베풀고 자랑하지 않으며 그 밝음은 영원하여 쇠함이 없다. 그러므로 성왕은 하늘을 법도로 삼아 (…) 하늘이 하고자 하는 바를 행하고 하늘이 바라지 않는 일을 금했던 것이다.507)

노예를 사랑하는 것은 진정 인민을 사랑하는 것이니, 노예에 대한 사랑을 버려 천하가 이롭다 해도 노예에 대한 사랑을 버릴 수는 없다.
한 사람을 죽여 천하가 보존된다 해도 한 사람을 죽인 것은 천하를 이롭게 한 것이 아니다. 그러나 자기를 죽여 천하를 보존했다면 자기를 죽인 것은 천하를 이롭게 한 것이다.
일하는 가운데 利害의 輕重을 가리는 것은 욕구라 할 수 있다.
욕구대로 하는 것은 옳다고 할 수도 없고 그르다고 말할 수 없다.
해로운 것 중에서 작은 것을 취한 것은 義를 구하고자 함이지 利를 위한 것이 아니다.508)

---

505) 『墨子』「大取」, "斷指以存腕 利之中取大 害之中取小也. 害之中取小也 非取害也 取利也. 其所取者　人之所執也."
506) 『墨子』「大取」, "天之愛人也 博於聖人之愛人也 其利人也 厚於聖人之利人也."
507) 『墨子』「法儀」, "故父母學君三者 莫可以爲治法 然則奚以爲治法而可 故曰 莫若治天 天之行廣而無私 其施厚而不德 其明久而不衰 故聖王法之. (・・・) 天之所欲則爲之 天所不欲則止."
508) 『墨子』「大取」, "乃愛獲之愛人也 去其愛而天下利 弗能去也 殺一人以存天下 非殺一以利天下也　殺己以存天下 是殺己以天下. 於事爲之中 而權輕重之謂求 求爲之 非謂是也. 害之中取小 亦非爲非　也 求爲義 非爲利也."

묵자가 추구하는 正義로운 사회는 인민이 두루두루 평등함 속에서 차별 없이 자신의 노동을 통해 삶을 개척해 가는 것이다. 그러므로 그의 평등론은 신분, 빈부로 인해 차별받지 않는 기회의 평등이다. "그는 인권의 평등, 이른바 '자유의 평등'을 주장한 것이지 '소득의 평등'을 주장한 것이 아니다."509)

> 천하의 크고 작은 모든 나라는 모두 하늘의 고을이다. 사람은 어린이나 어른이나 귀하거나 천하거나 모두 똑같은 하늘의 신하이다.510)

> 옛날 성왕들이 잘 살펴 어진 이를 찾아 숭상하고 능한 이를 부려 정사를 다스린 것은 하늘을 본받아 그렇게 했던 것이다. 비록 하늘은 가난한 자와 부유한 자, 귀한 자와 천한 자, 먼 자와 가까운 자, 측근자와 소원한 자를 차별하지는 않지만 어진 이는 들어 높이고 어질지 못한 자는 억누르고 내친다.511)

> 옛 성왕들이 정사를 다스릴 때는 德 있는 자를 벼슬에 앉히고 어진 이를 숭상했다. 비록 농업이나 상공업에 종사하는 천한 사람이라도 능력이 있으면 그들을 등용했다. (…) 따라서 관리라 해서 언제까지나 귀한 것이 아니고 백성이라 해서 언제까지나 천하지는 않았다.512)

이상과 같은 묵자의 평등론은 당시 지배 계층에게는 상상도

---

509) 기세춘, Ibid., 260쪽.
510) 『墨子』「法儀」, "今天下無小大國 皆天之邑也. 人無幼長貴賤 皆天之臣也."
511) 『墨子』「尙賢 中」, "故古聖王以審以尙賢 使能爲政 而取法於天 雖天亦不辯貧富貴賤 遠邇親疏 賢 者擧而尙之 不肖者抑而廢之."
512) 『墨子』「尙賢 上」, "故古聖王之爲政 列德而尙賢 雖在農與工肆之人 有能則擧之 (･ ･ ･) 故官無常貴 而 民無終賤."

할 수 없는 혁명적인 주장이었다. 그래서 유가의 위기를 느낀 맹자는 평등론을 주장하는 묵가들을 부모도 모르는 禽獸라고 비난했다.

> 맹자는 비난했다. 양자는 爲我主義이므로 털 하나를 뽑으면 천하가 이롭다 해도 하지 않는다. 묵자는 兼愛主義이므로 머리끝에서 발끝까지 닳아 없어지더라도 천하가 利롭다면 한다.513)

> 양자의 爲我主義는 군주가 없고, 묵자의 겸애주의는 부모가 없다. 부모가 없고 군주가 없다면 금수일 뿐이다.514)

周 왕조가 붕괴하기 시작해서 신분질서가 다소 유동적이라 해도 춘추 말 전국 초의 사회는 여전히 신분 계급 질서가 맹위를 떨치던 시기였다. 그런데 묵자는 근대적 사회계약설과 유사한 주장을 한다.

> 군주는 백성들의 일반적인 계약이다.515)

> 임금으로 옹립되어 나라를 다스리는 경우, (…) 그러므로 옛 성왕은 오직 尙同으로써 살피고자 정치의 수장으로 선출되었고, 이로써 上下의 마음이 뚫리어 소통하기를 기대했다.516)

또 묵자는 왕공대인은 인민들의 實情을 잘 파악해서 천하의 뜻이 하나로 통일되게끔 소통되도록, 言路가 개방되어야 한

---

513) 『孟子』「盡心 上」, "孟子曰 楊子取爲我 拔一毛而利天下 不爲也. 墨子兼愛摩頂致踵 而利天下爲   之."
514) 『孟子』「滕文公 下」, "楊氏爲我 是無君也 墨氏兼愛 是無父也 無父無君是禽獸也."
515) 『墨子』「經 上」, "君, 臣萌通約也."
516) 『墨子』「尙同 中」, "上唯毋立而爲政乎國家 … 唯而審以尙同 以爲正長. 是故上下情請爲通."

다고 주장한다. 이는 서구의 민주주의 이념과 부합하는 주장
이다.

> 군주 반드시 군왕의 뜻에 거슬리는 諫諍(간쟁)으로 나라와 사직을 보전하는 신하가 되어야 하고 윗사람에게는 정정당당히 곧은 말을 하는 부하가 있어, 의논을 나누며 진지하게 논쟁하고 서로 경계해 주고 송사하고 논단해야만 오랫동안 나라를 보전할 수 있다.[517]

> 천자는 정령을 펴고 교화를 실시한다. 이르기를 무릇 착한 것을 보고 들으면 반드시 윗사람에게 告하도록 하며 착하지 못한 것을 들어도 역시 반드시 윗사람에게 고하도록 하며 윗사람이 옳다고 하면 반드시 옳다고 말하고 윗사람이 그르다고 하면 반드시 그르다고 말하도록 했다.
> 또 아랫사람들이 착하면 그것을 널리 천거하고 윗사람에게
> 허물이 있으면 그것을 감시하고 간하여 바로 잡았다.[518]

> 비판, 악한 행실을 밝히는 것이다.[519]

> 비판을 그르다함은 모순이다. 그른 것이 아닌 것에 대해 말하는 것이다.[520]

> 자리의 높고 낮음을 취하는 것은 善 不善에 따라 헤아려야 한다. 산과 못처럼 항상 높고 낮은 것은 아니다. 아래에 처했다 해도 윗사람보다 善하면 아랫사람을 윗자리로 청해야 한다.[521]

이상과 같이 묵자는 상하의 소통을 통해, 천하의 뜻이 하나

---

517) 『墨子』 「親士」, "君必有弗弗之臣 上必有詻詻之下, 分議者延延 而(支苟)[交敬]者詻詻 焉可以長生保國."
518) 『墨子』 「尙同 中」, "天子爲發政施敎 曰 凡聞見善者 必以告其上. 上之所是 必亦是之 上之所非 必亦非之. 己有善 傍薦之 上有過 規諫之."
519) 『墨子』 「經 上」, "誹, 明惡也"
520) 『墨子』 「經 下」, "非誹者 誖 說在不非."
521) 『墨子』 「經說 下」, "取高下 以善不善爲度 不若産澤 處下善於處上 下所請上也"

로 모일 수 있음을 역설하고, 言路의 개방을 통한 소통의 중요성과 능력에 따른 신분의 이동을 말하고 있다. 그러면서 上告制를 통해 지도자는 민중의 실정을 제대로 파악할 수 있음을 설파하고 있다. 일부 학자들은 "윗사람이 옳다고 하면 반드시 옳다고 해야 한다"는 글을 잘못 해석하여, 전체주의적 통치를 위한 '密告制'로 인식하고 있는 경우도 있지만, 이는 묵자가 겸애 교리를 통한 평등론을 설파하는 묵자 사상의 전체적인 맥락을 잘못 이해하는 데 따른 해석이라고 생각한다.

> 옛 성왕은 천하의 義利를 통일, 화동할 수 있기에 정치의 수장으로 선출됐던 것이다. 따라서 상하의 마음이 뚫리어 소통했으므로 윗사람이 은밀한 사업으로 인민에게 이익을 끼쳐주면, 인민들도 그것을 알고 윗사람을 이롭게 했으며, 아랫사람들에게 원한이 자라고 폐해가 쌓이면 위에서는 그것을 알고 제거해 준다.522)

以上에서 묵자가 주장하는 것과 같이 현량자는 尙同이란 제도를 통해서, 서로 다른 다양한 의견을 하나로 통일시킬 수 있는 역량을 갖춘 자여야 한다는 것이다. 이와 같은 현량자만이 묵자가 주장하는 天志의 義를 실천하여, 下意上達로 인민의 여론의 實狀을 파악하여 하나의 통일된 의견을 수립할 수 있다는 것이다.

이처럼 尙賢과 尙同의 정치제도는, 토크빌이 민주주의라고 규정하고 있는 '조건이 평등한 사회상태'와 인민의 뜻에 따라 지배하는 정치체제523), 그리고 뛰어난 사람을 제대로 대우해 주는 '당당하고 정당한 평등'을 기대할 수 있는524) 제도라고

---

522) 『墨子』 「尙同 中」, "故 古者聖王唯而審以尙同 以爲正長 是故 上下情 請爲通 上有隱事遺利 下得而利之 下有蓄怨積害 上得而除之."
523) 서병훈, Ibid., 88쪽.

생각할 수도 있다. 또 로버트 달의 주장과 같이 민주주의는 민주주의에 대한 수많은 복잡하고 다양한 정의들과 이를 구성하는 여러 요소 그리고 그 실천적 제도적 다양성에도 불구하고 민주주의의 핵심은, 고대 그리스 아테네에서 유래하는 말뜻 그대로 데모크라시 즉 시민의 공동체를 가능하게 하는 하나의 지배 체제로서 '인민의 힘을 실현하는 것' 내지는 '인민 스스로 통치'를 말한다.525)와 같이 묵자「尙賢」에서 주장하는 점도 현량자의 역할은 서로 다른 기준으로 인하여 분열된 인민의 의견을 하나로 통합할 수 있도록 해주는 조정자라는 것이며, 민주주의는 "민주주의의 제도적 틀 안으로 폭넓은 사회적 요구와 힘이 투입되고 참여하는 것을 중시한다."526)고 규정하는 로버트 달의 주장처럼, 묵자의 尙賢論도 上告制와 尙同 체제를 통해서 많은 인민이 정치적 의견 형성에 참여토록 한다는 점에서 유사할 수 있다고 생각한다.

5. 종합

이상으로『묵자』에 기록된 내용을 통해서, 비록 묵자 사상이 시대적 한계를 극복하지 못하고, 秦漢 통일시대를 거치면서 서서히 滅絶되었다가 1,800여 년이 지난 淸代에 이르러서야 다시 재조명되고 있었지만, 묵자의 사상이 전제군주의 전체주의적 통치에 이바지한 것이 아니고, '天下無人'을 바탕으로 한 평등적 민주주의를 지향하고 있음을 논증하였다. 묵자 사상이 춘추전국시대의 상황에서 그 시대에 적합지 않은 근대적인 성격을 지닌 민주주의를 포태하고 있었다는 점은 묵

---

524) Ibid., 92쪽.
525) 로버트 달 지음, Ibid., 221쪽.
526) Ibid., 229~230쪽.

자 사상의 독특한 특징이기는 하지만, 秦漢 시대 절대 왕정의 통치자가 선택하기에는 부담스러운 정치사상이라는 점에서 결국 채택되지 못하고 소멸하였다고 생각된다.

필자는 묵자의 사상이 그 당시에 유가와 더불어 顯學(현학)으로서 쌍벽을 이루고 민중의 공감을 받았다는 점에 주목하면서, 왜 묵자 사상이 민중의 공감 속에서 200여 년을 지속할 수 있었을까? 그 이유는 그의 사상 속에 녹아 있는 평등성(민주성)과 민본성에 있다고 생각한다.

이제 민중의 공감 속에서 묵자 사상이 200여 년간 지속할 수 있었던 그 까닭을 종합하여 정리하고자 한다.

먼저 『묵자』라는 책의 각론에서 '묵자 사상의 평등성(민주성)과 민본성을 기술'하고 있다는 점이다. 첫째, 「天志」에서 '하늘은 천하 만민을 평등하게 사랑하고, 義를 바라고 不義를 싫어하며, 하늘이 인민들을 돕듯이 인민들도 서로 돕기를 바라고 있다.'라고 묵자는 말하고 있다. 또 하늘의 뜻에 따라 차별 없이 서로 평등하게 살아가면 하늘로부터 상을 받을 것이며, 그렇지 못할 경우는 벌을 받게 되리라는 것이다.

또 『書經』에 "하늘이 듣고 보는 것은 백성을 통하여 듣고 보는 것이다. 하늘이 밝히고 두렵게 하는 것 또한 백성을 통하여 밝히고 두렵게 하는 것이다. 이처럼 하늘과 백성은 통하는 것이니, 땅을 다스리는 사람은 백성을 공경해야 한다. 백성이 곧 나라의 운명을 좌우한다."527)라고 적혀 있는 것은 곧 『書經』에 민주 사상을 표현한 것이다. 이는 '民意는 곧 天意'이라는 것이다. 프랑스 근대철학자 루소의 '일반의지'528)에서 말하는 인민의 총의라 해석할 수도 있을 것이다.

---

527) 『書經』「皐陶謨」, "天聰明 自我民聰明 天明畏 自我民明威 達于上下 敬哉, 有土 皐陶曰 朕言惠 可底行"
528) 일반의지란? : 많은 사람이 서로 결합하여 자신들을 하나의 단체로 생각하는 한, 그들은 공동의 보존과 전체의 안녕에 관련된 단 하나의 의지

하늘이 듣고 보는 주체이지만 하늘과 백성을 동일시하는 점에서 백성이 주체라는 의미도 된다고 생각한다. 이렇듯 실제로 "天志는 민의가 반영된 것으로 '겸애'를 평등에 대한 민중의 의지로 인식"529)해야 한다.

그래서 민의는 민중의 집합된 의지라, 이를 바탕으로 '民을 근본 삼아야 한다.'는 것이 묵자의 주장이다. 또 天志는 백성을 억압하고 기만하는 도구로 쓰이던 天, 즉 운명을 결정하는 神도 理法도 아니다. "天志는 바르고 사악함, 옳고 그름을 가리는 기준"530)일 뿐이다. 즉 '法儀'이다. 묵자는 天志를 是非를 가리는 기준(척도)으로 삼아서 하늘이 인간을 돕듯이 인간도 하늘의 뜻을 본받아 서로 아끼고 사랑한다면 곧 안생생한 대동 사회가 이루어질 것이라고 주장했다. 그러면서 天意 즉 민중의 뜻조차도 삼표법에 따른 기준에 부합되어야 한다고 주장한다.

안생생한 대동 사회를 구성할 주체인 인민들 자신도 운명론에 빠지지 말고, 자기 운명을 자신의 노력과 노동을 통해 이루어 나가야 한다는 것이다. 이는 주체적으로 자기 운명을

만을 가진다. 일반 의지이다. 하지만 사회적 유대가 느슨해져 국가가 약화되기 시작할 때, 사적인 이해관계가 의식되고 소집단들이 전체 집단에 영향을 미치기 시작할 때, 공동의 이익은 변질되고 반대자가 생기고 투표에서는 더 이상 만장일치를 볼 수 없게 될 수도 있다. 따라서 보편적 의지는 더 이상 전체의 의지가 아니다. 그리하여 반대와 갈등이 생기고, 아무리 좋은 의견도 다툼이 없이는 통과되지 않는다. 즉 萬事가 개인적인 이해관계가 개입하면 분열이 되고 파괴되기 시작한다. 결국 멸망에 가까운 국가가 텅 빈 껍데기 형태로 존재할 뿐이다. 그리하여 시민들 간의 유대감은 끊기고 가장 비루하고 뻔뻔한 이해관계가 공익이라는 이름으로 치장될 때, 그 때 보편적 일반의지는 입을 다물어 버린다. 그렇다면 일반의지는 소멸될 것인가, 아니면 손상될 것인가? 그렇지 않다. 그것은 여전히 변함이 없으며 변질되지 않고 순수하다. 다만 그보다 더 강한 의지들에 종속되어 있다. (장자크 루소, 김중현 옮김, 『사회계약론』, 브랜드 팽귄클래식 코리아, 2015, 122~124쪽.)
529) 이해영, Ibid., 155쪽
530) Ibid., 170쪽.

스스로 개척해 가는 인간을 설정한 것이다.

이와 같은 주장에는 인민들 자신이 전제군주의 통치 대상이 아니라, 민중의 정치체제를 민중 스스로가 선택해야 한다는 의지가 암시되어 있다고 본다.『서경』에 표현되어 있듯이, 민심이 천심이며, 이는 '백성이 곧 나라의 운명을 좌우한다.'라는 말로서, 인민들의 總意가 나라의 운명과 개인들의 운명을 좌우한다는 것으로 '天志는 민중의 總意'라 할 수 있다.

둘째,「貴義」에서 하늘은 '萬事莫貴於義'라고 하듯이, 묵자 사상에서 '義'는 주로 기준이요 척도라는 개념이다. 義는 하늘의 뜻이면서 민중의 뜻이 된다. 그래서 현대적 의미에서 보면, 국민에게 위임받은 국민의 대표가 의회에서 여러 가지로 다양한 의견들을 취합해서 하나의 의견 즉 法을 제정하는 것과 같다. 그래서 이 法인 義를 잘 지키지 않는 자와는 가까이하지도 말며, 친하게 지내지도 부유하고 귀하게 해주어서는 안 된다는 것이다. 즉 법(義)을 어기는 자는 처벌해야 한다는 논리이다.

곧 묵자의 사상은 天志의 뜻인 '義'를 중시한다. 尙同도 천하의 다양하게 흩어진 義 즉 기준을 하나로 통일하는데 상하가 서로 소통을 통해서 하나로 통일하자는 것이다. 이와 같은 역할을 할 지도자가 바로「尙賢」에서 논한 대로 어질고 능력 있는 사람이다. 묵자는 이 義를 가장 귀하게 여기면서 이를 추구하려는 방편으로 '겸애 교리'라는 가치 기준을 제시하고 있다. 이는 사람들이 각자 자유의지를 가진 주체로서, 각각 생각하는 바가 다르더라도 어떻게 살아가는 것이 개개인에게 이로운가에 지혜를 모아, 이에 바탕을 두고 지혜롭고 어진 자를 통치자로 선출하여, 그가 인민들의 뜻을 모아서 삼환을 극복하는 지혜를 모으고, 함께 잘 사는 대동 사회를 추구하자는 것이 묵자 사상의 본질이라고 생각한다. 그래서 묵자의 사상의 바탕인 '義'에는 평등성(민주성)과 민본성이 함께 녹아 있다. 義는 민중 지혜의 모음이며 法儀이다.

셋째로, 「非命」에서의 非命 즉 숙명론 및 운명론을 거부한다는 논리는 『周禮』에 따른 봉건 질서인 宗法制를 부정하는 것으로, 이 주장은 춘추전국시대의 보편적인 철학의 한계를 뒤엎는 주장이라 할 수 있다. 非命論에서는 신분질서의 파괴를 말하고 있다. 그러면서 비명론은 '인간은 자신의 실존과 미래를 자유롭게 선택할 수 있는 존재인가'라는 주체성의 문제이다. "동서양을 막론하고 노예제 혹은 농노제 사회 이전에는 인간은 자기 운명의 주인은 자기 자신이라는 것을 의심하지 않았다."531) 자기 운명의 주인은 자기 자신이라는 것을 자각하고 있었기에, 그래서 各自爲心(각자위심)로 인해 다툼과 전쟁이 발생했다.

묵자는 당시의 지배 이데올로기였던 天命論을 부인했다. 그는 유가들이 내세우는 운명론을 맹렬히 비난하면서 천하의 주인은 인민이라고 천명하였다. 그래서 묵자는 非命論에서 운명론은 폭군이 지어낸 거짓 술책일 뿐이며 인간은 자기 운명의 주인이라고 주장한다. 그래서 자신이 저지른 악행도 자신이 책임져야 한다는 것으로 폭군들도 자신이 저지른 악행으로 인해 나라가 멸망하고 사직도 무너졌으며 폭왕 자신도 죽음을 면치 못했다는 것이다.

유가의 正名論에 따르면, 이미 정해진 신분질서에 따라 자기 직분대로 행해야 한다는 것으로 이는 기존 지배층이나 기득권층을 옹호하는 논리밖에 되지 않는다. 그래서 운명론은 현재의 기득권 세력인 지배층에만 이롭고, 노력 없이 부귀한 無故富貴者들에만 이롭게 된다. 하지만 비명론에서는 운명이 정해진 것이 아니기에 누구라도 천자가 되기도 하고 물러나

---
531) 기세춘, 『우리는 왜 묵자인가』, Ibid., 1995, 108쪽.

기도 하는 것이다. 즉 '官終貴, 民終賤'의 봉건적 종법 질서의 논리가 아닌, '官無終貴, 民無終賤'으로의 민주민본적 질서로의 논리 전환의 바탕에는 묵자의 비명론이 자리하고 있다. 이 비명론이 곧 평등론(민주론)이고 민본론인 것이다.

 결론적으로 묵자 시대의 가장 중요한 것은 백성들이 삼환에서 벗어나게 하는 것이었다. 이의 해결을 위해서는 백성을 근본으로 삼아 자발적으로(非命) 서로 협동함(尙同)으로써 해결할 수 있다고 보았다.

 넷째로,「兼愛」에서 가장 바탕이 되는 사상은 묵자의 '天下無人論'이다. 세상에는 남이란 없으며 누구나 동등한 존재라는 것이다. 그래서 서로 和同 하자는 것이다. '和同'은 '서로 다른 것들이 함께 한길을 가는 것'이라고 말한다. 즉 사람들은 각각 다른 기준(義)을 가지고 있다. 하지만 서로 아끼고 사랑하며 나누면서 더불어 잘 살 수 있다는 것이다. 서로 다르기에, 다양하기에 서로 잘하는 능력을 바탕으로 협동해 가는 것이 겸애를 가치 기준으로 하는 尙同이다. 즉 다양성을 유지하면서 보편성을 가지는 통일이다. 이것이 和同이며 協同인 尙同이다. 묵자는 공동체 생활에서 不義는 '虧人自利' 즉 남의 이익을 해쳐서 자기의 이익으로 삼는 것으로 생각했다. 즉 자유는 '타인의 자유를 해치지 않는 범위 내에서 자기의 자유를 가진다'라고 하듯이, 묵자도 자기의 노동과 노력으로 얻은 것만이 자기의 것이라고 하면서 아무런 노력 없이 세습 등의 방법에 따른, 즉 봉건적 종법 질서에 따른 소유는 부당한 것이라는 논리이다.

 또 묵자가 겸애를 주장했던 목적은 그것을 바탕으로 피폐해진 민생고를 극복하고, 더불어 혼란스러운 정국을 안정시켜, 함께 잘 사는 대동 사회를 이루고자 함에 그 목적을 두었다. 이와 같은 사회를 이루기 위해서는 사람들 모두가 서로서로 사랑하고 아끼지 않으면 이루어질 수 없다는 것이다. 즉 전제군주가 전체주의적 이념으로 강제적으로 시킨다고 해서 겸애할 수는 없고, 인민 개개인이 주체적으로 함께 잘 사는 대동 사회를 건설하겠다는 의지가 있을 때만 이룰 수 있다. 이 의지가 바로 민주 의식이다. 고로 묵자의 兼愛交利는 民主意識 바탕을 이루고 있다고 볼 수 있다.
　'兼愛交利'하는 의식은 상호 평등한 관계 속에서 발현되는 것이지, 지배층이 피지배층에게 베푸는 것은 施惠(시혜)로서 兼愛交利가 아니다. 그래서 이 兼愛交利 사상은 평등(민주)과 민본사상의 바탕이 된다.
　다섯째, 「非攻」에서 묵자는 싸움이나 전쟁은 궁극적으로 三患의 해결책이 되지 못하고 민중의 삶을 더욱 피폐하게 하는 수단이며, 지배층의 욕구만을 만족시키는 행위라는 것이다. 天志 곧 하늘의 뜻은 의롭게 서로 도우면서 평화롭게 살라는 것인데, 전쟁을 통해 많은 인명이 살상되고, 막대한 재물을 낭비하게 되면, 결국 피해를 보는 것은 대다수 민중이라는 것이다. 이것은 하늘의 뜻인 '兼愛交利 정신'에 어긋나는 것이다. 하지만 전쟁이 攻伐(공벌)이 아닌 誅伐(주벌)이라면, 이는 민중을 위한 의로운 전쟁이기에 불가피하다는 것이다. 즉 군주나 지배층만의 이익을 위한 전쟁은 해서는 안 되지만, 민중의 인명과 재물의 약탈을 막는 의로운 전쟁인 誅伐은 필요하다는 것이다. 민중에게 의롭고 이로운 전쟁은 가능하다는 것은 民을 根本的으로 이롭게 하기 때문이다. 이 非攻論 또한 민중의 이로움을 근본으로 삼는 민본의식의 발로이다.
　以上의 各論에 함축된 묵자의 말에서 묵자 사상의 평등성(민주성)과 민본성을 살펴보았다. 다시 좀 더 구체적으로 묵자의 글을 통해서 묵자 사상에 함축된 평등성과 민주주의를 종합적으로 살펴서 정리하고자 한다.

1) 묵자 사상의 인민 주권론

　묵자 사상의 핵심은 天志인 義를 통해 三患을 해결하고자 함에 있다. 즉 당시의 제후들과 대부들 사이에서 벌어지는 겸병 전쟁으로 인해 가장 피해를 많이 보는 것은 다수의 민중이었다. 이들이 굶주리고 헐벗고 쉴 곳조차 없어서 안정된 생활을 하지 못하는 까닭은 무엇이며, 이를 해결하는 방법은 무엇인가에 대한 고민은 다른 사상가들도 많이 하면서 나름대로 해결책을 제시했지만, 특히 묵자는 민중의 관점에서 실질적으로 그들에게 도움이 되는 방책을 많이 마련했다고 보인다.

　그래서 묵자는 서로 사랑하고 아끼는 것이 하늘의 뜻이라고 설파하면서, 이것만이 各自爲心하는 사람들의 마음을 돌려 서로에게 도움이 된다고 설득하였다. 그것이 바로 '天志는 兼愛交利'라고 했다. 묵자는 「尙同上」에서 "사람마다 義가 다르다"라고 했다. 이는 사람마다 생각하는 기준이 다르다는 의미로 본다. 이는 사람들이 저마다 자의식을 가진 주체자라는 것이다. 그래서 사람들은 저마다 사물을 보는 기준(義) 서로 다르므로 싸운다는 것이다. 이의 해결을 위해서는 어질고 현명한 지도자가 선출되어서 민중들의 서로 다른 기준을 하나로 통일 시켜 기준(法)으로 삼도록 해야 한다는 것이다. 즉 묵자는 '一人一義', '十人十義'의 異見이 百出하되 거기에 구속받지 않고 자기 책임하에 상호 이익을 위한 협동[532]하는 인간을 설정하고 있다. 인간은 자유의지를 지닌 주체적인 인간이기에 자기 행동에 대한 자기 책임을 지는 행위를 할 수 있다. 묵자가 「非命」과 「非樂」에서 정해진 운명은 없다. 자기 책임하에서 자신의 노동과 노력을 통해서만이 전체적으로

---
532) 이운구 · 윤무학, Ibid., 54쪽.

는 나라가 부유해지고 개인적으로도 부유해질 수 있다는 점을 매우 강조하는 것도 이 인간들이 자유의지를 가진 존재요, 주체성을 가진 인간임을 설파한 것이다. 그러면서 '虧人自利'를 배척하자는 것도, 자기 노동과 노력을 통해 얻은 것만이 '자기 소유'라는 것으로 세습을 통한 불로소득을 부정한 것은, 그 당시의 봉건제적 종법 질서를 부정하면서 자유로운 경쟁을 통한 기회균등을 통해 사회를 풍요롭게 하자는 주장이었다.

그래서 「尙同下」의 '百姓爲人'에 대한 해석도 '백성이 주인이다'는 해석이 묵자 사상의 전체 맥락을 통해서 보면 가장 타당한 것으로 생각된다. 위에서 언급한 대로 전제군주의 전체주의적 질서 속에서 억압받던 민중이, 묵자의 사상을 200여 년간 공감하면서 지속했던 이유도 바로 이런 '백성 자신이 주인이다'라는 당시로서는 매우 신선한 외침이 있었기에 가능하지 않았나 생각한다. 물론 '百姓爲人'을 '백성들은 모두 자기만을 위하였다'로 해석하는 것도 各自爲心하는 이기적인 인간들로 사람을 규정한다면, 충분히 수긍할 수 있는 주장이라고 생각되기도 한다. 하지만 묵자는 "所染論에서 인간을 이기적인 존재라 생각하지 않고,[533] 주변 환경 인자를 중요시했다. 즉 묵자는 사람은 백지와 같다는 의미로 경험론적 인식론을 說하고 있다.

> 지각과 의식은 다른 것이다.[534]

> 마음은 지각할 수 없다.[535]

---

533) 『墨子』 「所染」, "染於蒼則蒼 染於黃則黃 所入者變 其色亦變"
534) 『墨子』 「大取」, "智與意異"
535) 『墨子』 「經下」, "意未可知"

지각이 없이 마음만으로 보면, 마치 기둥을 회초리보다 가볍다고 생각하는 것과 같다. 마음은 넓은 바다처럼 귀속할 곳이 없기 때문이다.536)

이처럼 묵자에게 知는 재료이며, 智는 경험이며, 意는 선험적 또는 관념이다. 그러므로 "묵자에게 인간의 마음은 아직 물들이지 않은 無知한 백지와 같았다. 이와 같은 묵자의 인식은 '경험론적 인식론'이라 하겠다."537) 사람들이 저마다 생각하는 기준(義)이 다르기에 서로 싸울 수 있으나, 삶의 경험을 통해 싸우지 않고 문제를 해결하는 방법을 찾아낸다. 그래서 곧 묵자의 天志인 義는 집단지성의 발로라 생각한다.

사람들이 개개인의 경험을 통해 공동체와 개인이 공존할 방법을 창안해 낼 수 있는 것도 사람들 스스로가 공동체의 주인이라는 의식에서 나온다는 것이다.

'百姓爲人'에 대한 해석은 백성들은 자신을 주인이라 여기면서 삶의 터전인 공동체와 개인의 삶이 함께 공존 번영할 수 있는 존재라는 자의식에서 나온 것이다.

2. 天子를 選定하는 주체는 누구인가?

천자는 국가의 최고 지도자이다. 이를 選定하는 주체가 누구인가에 따라 국가의 정체가 달라진다. 즉 민주 민본주의 국가인지 아니면 전제군주의 전체주의 국가인지가 결정된다. 묵자는 「尙同上」에서 사람들이 서로 주장하는 기준(義)이 달라 서로 간의 다툼이 끊이지 않으니, 이를 해결하기 위해서는 어질고 능력 있는 政長(지도자)을 선정해서 이 혼란을 잠재워야 한다고 했다. 또 이 지도자의 역할은 능력에 따라 각각 다른 영역을 관리하는 관리자들과 인민 대중들이 서로 소

---
536) 『墨子』「經說下」, "先智意相也 若楹輕於秋 其於意也洋然"
537) 기세춘, Ibid., 207쪽.

통을 통해 기준인 義를 하나로 통합할 수 있도록 하는 것이다. 인민의 總意를 하나로 통합시키는 것이 최고 지도자나 예하 지도자들의 역할이다.

그렇다면 이 지도자들은 어떻게 선정될 것인가? 해답은 "是故天下之欲同'天下之義'"에 있다. 각각 주체적인 의식을 가진 백성들, 즉 스스로가 주인이라는 의식을 가진 인민들이 생각하기를 세상이 이렇게 혼란한 것은 서로 각각 다른 기준(法)을 가진 인민들의 뜻을 하나로 통일시킬 지도자가 없기 때문이라는 것을 자각하고, 천하의 뜻을 하나로 통일시켜 천하의 혼란을 극복하고 안정된 사회를 원한다는 것이다. 곧 인민들 스스로가 '選天下之賢可者 立以爲天子' 천하 사람 중에서 어질고 능력 있는 사람을 선택해서 천자로 삼았다는 것이다.

그리고 '賢者擧而上之 (…) 不肖者抑而廢之.', "故官無常貴而民無終賤, 有能則擧之 無能則下之' 이 글은 묵자의 평등론과 민주주의를 제대로 표현한 글귀이다. 즉 어진 자는 등용해서 높여주고, 그렇지 못한 자는 억눌러서 퇴출한다는 것이다. 그러면서 한번 관직에 등용되었다고 해서 세습적으로 그 신분이 계속 유지되는 것이 아니고, 백성들도 지금은 관직에 등용되지 못했지만, 언제까지나 등용되지 말라는 법은 없다는 것이다. 즉 언제라도 능력이 되면 등용되었다가 능력이 못 미치면 다시 퇴출될 수 있다는 것이다. 而民無終賤에서 '民'은 피지배층만을 가리키지 않고, '하늘 아래 모두'를 지칭한 것이다. 그래서 누구라도 어질고 능력이 증명되면 천자도 되고 하급관리도 될 수 있다는 것이다. 결국 천자라는 지도자는 '인민 중에서 선출되어야 한다.'라는 묵자 활동 당시에서는 상상하기 어려운 혁명성을 띠고 있는 주장이다.

秦 나라로의 통일한 시기에 여불위라는 사람에 의해 편찬된 『呂氏春秋』에서도 "무릇 군주가 세워지게 되는 이유는 민중

에게서 나온다. 즉 군주는 민중이 혼란을 극복하기 위한 지혜로부터 나온다는 것이다. 그런데 군주가 이미 세워졌다고 그 민중을 버린다면 이는 말단을 취하고 그 근본을 잃게 되는 꼴이다."538)고 하는 글이 있다. 이 또한 나라를 다스리는 최고 통치자는 민중에게서 나온다는 의미로 이해된다. 이는 민주론를 설파한 論이다. 천자는 인민에 의해 세워져야 한다는 것이 묵자의 주장이다.

현대 민주주의 이론에 대해 뛰어난 이론가인 로버트 달은 "민주주의는 적당한 조건들이 갖추어진다면 언제라도 민주주의는 독립적으로 출현하며, 또 출현할 수 있다고 생각한다. 그리고 그러한 조건들은 상이한 시간과 상이한 장소에서 존재했다고 믿는다."539)고 했다. 이 말의 의미는 민주주의는 고대 그리스의 아테네와 로마 공화정이 아니더라도 즉 어떠한 곳이더라도 적당한 조건들이 갖추어진다면 민주주의는 가능하다는 것이다. 그렇다면 춘추 말 전국 초의 묵자가 활동했던 시기와 지역에서도 적당한 조건이 충족된다면 민주주의가 가능하다는 주장이다.

이와 같은 주장은 로버트 달의 탁월하고 통찰력 있는 식견이라 생각된다. 그동안 동양에서는 민주주의가 시도조차 되지 않았으며 꽃피우지 못할 것이라는 잘못된 편견이 지배적이었던 것이 사실이다. 로버트 달의 견해로 이와 같은 편견이 없어지길 바란다. 이 논문을 통해서 주장하고 싶은 것도 바로 춘추전국시대에도 '민주' '평등'이라는 용어가 없었을 뿐이지, 그 개념조차 없었다는 것은 아니라는 것이 입증하는 것이다.

---

538) 『呂氏春秋』 「用衆」, "凡君之所以立 出乎衆也 立已定而舍其衆 是得其末而失其本"
539) 로버트 달 지음, Ibid., 31쪽.

3. 上告制와 言論

"皆以告其上 上之所是 必皆是之 所非 必皆非之 上有過則規諫之 下有善則傍薦之"

위 문장은 묵자 사상이 전제군주의 전체주의적 통치를 주장하는 것이라고 말하는 학자들이 주요한 근거로 인용되는 글귀이다. 또 묵자 사상이 민주주의적 소통을 위한 제도적 장치라고 이해하는 근거가 되는 글귀이다. 이 문장을 이해하는 데는 묵자의 주장에서, 인민들이 주권을 가진 주체인지 아니면, 군주의 통치 대상에 불과한지를 먼저 살펴보아야 하고, 또 군주가 하늘에 의해 선택되는지 아니면, 주체성을 가진 민중들의 선택으로 세워지는지를 살피며, 마지막으로 묵자의 핵심 사상인 겸애 교리의 의미와 그 실행 주체가 누구인지를 살펴야 한다.

이와 같은 문제에 대해서는 앞에서 미리 說하였다. 이를 토대로 논하자면, 군주 즉 최고 지도자는 자유의지를 가진 백성의 총의에 따라 선택되어 세워지고, 서로 사랑하고 아끼며 재물을 나누는 주체는 인민들 자신이기 때문에, 인민들 스스로가 자기 책임 아래에서 자기의 노동과 노동을 통해서 자기 삶을 가꾸어 나가야 한다는 것이 묵자의 주장이다.

그러기 때문에 上告制 즉 "以告其上 上之所是 必皆是之 所非 必皆非之"는 지도자들이 상하의 소통을 통해 민중의 의견을 듣고 實情을 파악하는 제도이다. 윗사람이 옳은 일을 하면 모두를 반드시 그것을 옳다고 하고, 윗사람(지도자)이 옳지 못한 일을 하면 아랫사람이라도 그것은 옳지 못한 일이라고 말해야 한다는 것으로서, 겸병 전쟁에 피폐해진 당시의 상황에서 이를 극복할 방법은 어질고 능력 있는 지도자를 선출해서 그와 함께 衆智를 모아 즉 상하 간의 소통을 통해 삼환의 고통을 극복하자는 것이 묵자의 주장이라고 생각한다.

그래서 上告制는 '民心이 天心'이기에 넓고 넓은 많은 나라와 그 구성원들의 다양한 의견을 수렴하여 하나로 통일시키면서 민중의 實情을 제대로 파악하여 유능한 사람은 천거하여 등용시키고, 무능한 사람은 퇴출하는 기능을 겸하여 국정에 여론을 반영시키는 역할을 한다고 본다. 그래서 이는 국정이 원활하게 운영되게 하는 획기적인 방안이라고 생각한다.

묵자는 또 "上有過則規諫之 下有善則傍薦之"이라는 글에서 지도자들이 잘못하면 규간해야 하며, 아랫사람이라도 일을 잘하면 널리 추천해야 한다고 주장한다. 이는 周 나라의 봉건제적 종법 질서의 붕괴를 통한 신분 이동의 계기가 되는 주장이다. 즉 尙同은 상·하의 같음을 숭상하는 제도이므로, 윗사람이 잘못하면 간하여 올바르게 고치고 아랫사람에게도 좋은 점이 있으면 널리 추천해서 국정에 반영한다는 것이다. 이처럼 상·하의 균등한 의사소통은 신분 이동의 바탕이 된다.

묵자는「親士」에서 "君必有弗弗之臣 上必有詻詻之下 分議者延延하고 而(支苟)[交敬]者詻詻 焉可以長生保國"라는 문장을 통해 언론의 중요성을 강조하고 있다. 즉 신하(민중)가 생각하는 것과 군주의 뜻과 다르면, 이를 정정당당하게 諫(간) 해야 나라가 보존될 수 있다는 것이다. 그러면서 자유로운 의견 개진을 통해서 의견을 나누고 진지하게 논쟁해야만 나라가 튼튼히 보존할 수 있다는 것이다.

인민 개개인이 자유의지를 가진 주체로서 타인과의 의견소통을 통해 인민의 總意를 모아 지도자를 선출하여 세우고, 그 지도자가 국정을 잘 운영하면 계속하게 하고, 그렇지 못할 경우는 퇴출해야 한다는 것이 묵자의 주장이다. 이런 제도가 정착되기 위해서는 언론의 소통이 불가피하게 된다. 비유하자면 "장강이나 황하의 물은 한 근원에서 나온 물이 아니며, 수천 냥의 갖옷은 한 마리 여우의 흰 털가죽으로 만들어지는 것이 아니다."540) 이는 묵자가 서로 다른 의견을 취합해서 하나로 통일시키는 것에 대해서 말하고 있다. 묵자의 이론이 현실적으로 성립하기 위해서는 그 바탕에 언론의 소통이 기본이 되어야 한다.

  그래서 묵자는 上告制를 통한 언론의 중요성을 설파한 것으로 생각한다. 그리고 상동의 上告制는 현대적 의미로 보면, 전국의 행정조직을 통한 민원 해결제도이기도 하다.

4. 尙同은 和同이요 협동론

  나라가 융성하려면 어진 인재를 가까이 두어야 하며, 간언하는 신하가 자유롭게 간쟁하는 분위기가 되어야 사직이 보존될 수 있다. 또 양자강이나 황하처럼 자기와 뜻이 다르더라도 道理가 같다면 등용하는 포용력이 지도자에게는 있어야 한다.

  이처럼 尙同은 "장강과 황허의 물은 한 근원에서 나온 물이 아니며, 천 냥의 값진 가죽옷은 한 마리의 여우 가죽이 아니다." 이 원문에서 언급되는 것처럼 尙同은 제각각 자기 능력에 따른 직업을 가진 사람들이 자기 영역에서의 역할에 따라 서로 협동하여 하나의 통일된 실체를 형성해가는 것이다. 또 "人異義"는 사람마다 義가 달랐다. 사람마다 '다른 주장을 했다'로 해석해야 한다. 그 주장은 자기의 이익 또는 계급적 이익을 주장하는 것이다. 사람마다 그 주장하는 바가 달랐다. 이 말은 사람들이 자유의지에 따른 주체성을 갖고 행동했다는 것을 의미한다. 또 사람마다 '義를 달리했다'라는 것은 義를 의로움으로 해석한다면, 사람마다 '의롭다고 여기는 기준을 달리했다'라고 해석할 수도 있다. 서로 의롭다고 여기는

---

540) 『墨子』「親士」, "江河之水 非一源之水也 千鎰之裘 非一狐之白也"

기준이 달라서 서로 다툼이 생겨 혼란스러우니, 이 기준을 통합할 政長이 필요로 했다. 이러한 서로 다른 기준(義)을 통합할 역할을 하는 것이 현명한 지도자이다.

묵자는 늘 현량지사를 그렇지 못한 자들과 차이를 두어서 그들이 인민을 위해서 충분히 능력 발휘를 할 수 있도록 해야 한다고 말한다. 상동은 의롭고 능력 있는 사람이 신분에 상관없이 등용되어서 그들이 각각의 역할에 충실하면서 위아래 소통을 통해 국정을 원활하게 운영해가는 제도적 장치이다. 이 제도의 바탕에는 天志에서 비롯된 義의 실천 강령인 겸애 교리와 非命 사상이 깔려있다. 인민들 스스로 자유의지에 따른 주체로서 의견을 소통하여 지도자를 뽑고, 그들이 각자의 역할에 따라 善政을 베풀도록 하는 장치가 바로 상동 체제 이다.

이 제도는 전제군주에 의해서 그의 뜻이 하향식으로 민중에게 강제되도록 하는 것이 아니고, 민중 개개인의 자유의지에 따른 總意를 국정에 반영되도록 하는 민주주의에서 표출된 제도이다. 또 묵자는 "귀 밝은 장님과 눈 밝은 귀머거리가 협동하면 장인도 볼 수 있고 귀머거리도 들을 수 있으며, 팔 없는 사람과 다리 없는 사람이 서로 협동하면 모든 동작을 온전하게 할 수 있을 것이다. 그리고 자기가 가진 道를 널리 펴서 서로에게 가르쳐주면 모두 깨우칠 수 있을 것이다"541) 라고 하면서, 서로서로 평등하게 각자가 잘할 수 있는 일에 종사함으로써 그 분야에 전문가가 되어 협업을 통해 서로에게 부족한 부분을 채워주면서 공동체를 위해 일하는 것이 협업을 통한 상동(和同)하는 사회라는 것이다. 이처럼 尙同은 자신의 재능에 적합한 일을 함으로써 협업이 가능한 사회를

---

541) 『墨子』「兼愛下」, " 聰耳明目 相爲視聽乎 是以 股肱畢强 相爲動(幸)[擧] 乎 而有道 肆相敎誨"

염두에 둔 것이다. 곧 尙同은 겸애 교리라 말해도 지나치지 않을 것이다. 결국 상동은 각 주체가 안생생한 삶을 위해 능력껏 서로 협동으로서 和同하는 것으로 자유로운 소통을 통해 여론을 형성하고, 특히 지도자들은 率先垂範하여 이 소통을 통해 백성들의 實情을 제대로 파악하여 백성들의 삶에 이바지하도록 고안된 제도이다.

현대적인 의미에서 보면, 국민들 개개인의 의사를 대변하기 위해서 지역 단위로 대표자를 선출하고, 이들이 한자리에 모여(議會) 국민들의 뜻을 통일시켜 하나의 기준(義)을 만들어서 공표하게 되면, 인민들의 여기에 구속하게 된다. 그래서 이 기준에 부합하지 못하면 罰을 받게 된다. 묵자의 尙賢과 尙同制度는 이와 흡사한 묵자의 구상이다.

5. 尙賢과 尙同과의 관계

묵자의 10론 중에서 尙賢은 尙同을 이루어가는 기본 바탕이다. 어질고 능력 있는 인재가 없이는 상동이라는 체제를 이루어서 궁극적으로 겸애 교리를 실행할 수 없기 때문이다. 상현론의 주요한 내용은 겸병 전쟁의 혼란 속에서 三患에 시달리는 민중을 구할 사람은 첫째 어질고 둘째 능력 있는 인재여야 한다. 즉 따뜻한 마음을 가지고 겸애 교리를 실천할 자세가 갖추어야 사람만이 尙同 體制를 통해 민중들을 구원할 수 있다는 것이다. 그래서 묵자는 이런 인재를 구하기 위해서는 먼저 富裕하게 해주고, 貴 하게 해주며 행정명령권을 주어서 민중을 굶주림에서 헐벗음에서 쉴 곳을 제공하도록 만들어야 한다는 것이다. 이렇게 인재를 대우하는 것은 그 인재를 위한 것이 아니라 백성들의 삶이 편해지도록 하기 위한 것이라고 강조하였다. 이런 인재라야 백성들을 차별하지 않고 평등하게 다루어서 천하는 질서가 잡히고 평화로워질 것이다.

묵자가 인재를 등용하는 데 있어서 첫째, 厚乎德行(후호덕행)으로서 德과 行實이 두텁고 둘째, 辯乎言談(변호언담)으로서 언변이 논리적이며 셋째, 博乎道術(박호도술)로서 도리와 술수에 해박해야 한다는 까다로운 조건을 설정하는 것은 당시의 혼란을 극복하는 데에 필요한 자질이라 여겼기 때문이다. 그러면서도 유능하여 일을 잘하면 승진시키고, 무능하여서 일 처리가 원만하지 못하면 퇴출함으로써 오직 민중의 삶을 위해 힘쓰는 인재를 필요로 했다.

이처럼 겸애 교리를 '가치 기준'으로 삼아, 오직 민중의 삶을 풍요롭게 하는 인재를 등용해서 그들이 각 분야에서 민중의 實情을 제대로 파악하여 서로서로 소통시킴으로써 나라가 부유해지고, 인민의 수가 많아지며, 형정이 제대로 지켜져서 백성들이 모두 안생생한 삶을 사는 대동 사회를 이루기 위해서는 尙賢論이 바탕이 되어야 尙同體制를 이루어 갈 수 있다. 尙賢 없는 尙同체제는 의미가 없을 것이다.

묵자는 민중의 삼환을 해결하기 위한 '겸애 교리'하는 이념과 그에 부합한 尙賢 尙同의 정치제도를 창안하여 이론화하였다. 또 그는 자기 신념과 주장을 실천하기 위해서 엄청난 노력을 기울인 사상가요 실천가였다. 비록 시대적 한계 속에서 그의 理想인 인민이 주인으로 살아가는 사회, 또 그들에 의해 형성된 국가를 세우지 못했지만, 민주 민본정신을 바탕으로 한 평등한 세상을 만들기 위해 큰 노력을 했다. 즉 겸애교리론은 평등론이 바탕이 된 이론이며, 非命論과 尙賢論을 통해 세습을 부정하고 어질고 능력 있는 자라면 누구나 신분과 관계없이 지도자가 될 수 있다는 적극적인 신분 타파 주장, 尙賢한 지도자를 중심으로 각자의 능력에 따른 역할 분담을 통해서, 민중의 의사를 소통시키고 또 이 소통을 통해 하나의 통일된 의사를 결집하여 민중이 원하는 사회를 만들고자 하는 묵자의 尙同論은 그 당시 민중의 엄청난 공감과 지지를 받았기에 유가와 더불어 200여 년간을 지속할 수 있었을 것이다.

또 周 왕실이 무너지고 제후국 간의 겸병 전쟁이 치열하게 전개되던 시기에는 이 묵자의 민주주의적 사상이 적합하지 않을지라도, 묵자가 상동에서 왕을 選擇(선택)한다는 내용을 說한 것은 현재와 미래를 위한 비전을 제시했다고 해석해야 한다.

'官常貴 民常賤'에서 '官無常貴 民無常賤 有能則擧之 無能則廢之' 한 번 관직에 등용되면 대대손손 귀하게 되고, 백성들은 한 번 천한 신분이 되면 대대로 관직에도 등용되지 못하고 천하게 살아가는 종법적 신분 질서에서, 관직에 등용되었다 해서 세습되어 항상 귀한 것이 아니고, 능력이 못 미치면 언제라도 퇴출당할 수 있으며, 백성들도 지금 관직에 등용되지 못했지만, 능력이 되면 언제든지 관직에 오를 수 있다는 이 문장은 兼愛論이 누구나 평등함을 전제로 한 사상이고, 또한 어질고 능력 있는 사람을 政長으로 삼아야 한다는 尙賢論을 표현한 문장이며, 尙同論의 각 직분이 고정된 신분 질서를 말한 것이 아니고, 어질고 능력 있는 지도자가 아랫사람들과 자유로운 소통을 통해 흩어진 民心을 하나로 모아 안생생한 대동 사회를 이루어가자는 논리이며 이론이라는 것을 함축적으로 표현한 것이라 하겠다. 다시 말하지만, 상동에서의 신분질서는 업무에 대한 역할 분담이지 고대 중국에서 일반적인 세습 계급 신분에 의한 하이어라키(위계질서)가 아니라 변동 가능한 신분질서이다. 또 중요한 개념은 '백성들은 각자가 자유의지를 가진, 즉 자기 결정권을 가진 주체'라는 것이다. 묵자 사상을 전체주의적 해석으로 일관하는 대다수

사람은 왕권 시대에 이런 사유를 할 수 있겠느냐는 선입견을 품고 묵자 사상을 이해하기 때문에 묵자의 민주 민본의식에 대해 그릇된 해석을 하는 것이다. 결국 자유의지를 지닌 인민들이 자기결정권을 통해 자기들의 운명을 결정해 나가자는 묵자 사상이 혁명적인 사상이라는 데는 이런 점이다.

오늘날 21세기에 와서 2,500여 년 전의 묵자 사상을 다시 돌아보고 그 깊이를 연구하는 까닭은 묵자 사상이 소멸하게 된 직접적인 원인이라 생각하는 秦漢 통일 이후 특히 漢 나라로의 통일 이후 한 무제의 시기에 동중서의 건의로 유학이 국교가 되면서 묵자 사상이 본격적으로 쇠퇴하기 시작되어, 儒家들에 의해 묵자 사상의 왜곡이 심해졌다는 데 있다. 즉 "유교가 중국이나 한국 지성사에서 사상적 주도권을 장악하면서 유교적 가치관으로 모든 인물·사상·문헌을 평가하게 했다."542) 하지만 오늘날 현대에 이르러서도 묵자 사상을 사회나 국가체제에 적용해도 절대 지나치지 않을 것이란 생각에, 앞으로도 묵자 사상을 더욱 연구 발전시켜야 하겠다는 생각이 강하게 든다. 묵자를 연구하게 된 이유도 거기에 있다.

마지막으로 묵자 사상을 전체적으로 조망해 보면, 우선 2,500년 전에 동서양 누구도 꿈꾸지 못한, 민중의 민중에 의한 민중을 위한 정치를 꿈꾸었다는 것은 매우 놀랄만한 사상이라고 생각한다. 묵자는 주체 의식을 가진 인민들 자신의 힘으로 겸병 전쟁의 질곡을 극복해가자는 외친다. 물론 시대적 한계에 봉착했지만, 매우 급진적이고 민중의 아픔을 이해한 사상이라고 본다.

묵자는 非命論이나 非樂論을 통해서나 항상 운명론을 배척하였다. 이는 결국 인민의 주체성을 표현한 것이다. 이 주체성을 바탕으로 삼환의 어려움을 이겨나가자는 것이며, 묵자

---

542) 김필수 외 3인 역, 『관자』, Ibid., 7쪽.

자신도 이론만을 주장한 사상가가 아니라, 자기 이론과 주장을 실천에 옮기는 실천하는 활동가요 사상가였다.

묵자의 사상을 현대적 의미나 시각으로 평가한다면 묵자 사상의 참된 가치를 제대로 파악하기 어렵다. 춘추전국 시대적 상황에서 그 틀로써 묵자 사상을 조명한다면 묵자의 의도가 명백히 드러날 것이다. 유가들의 인민들에 대한 생각은 시혜를 베풀어야 하는 통치의 대상으로서 인민이지만, 묵자는 인민을 시혜의 대상, 통치의 대상이 아닌, 인민들 스스로가 자신을 위한 정치의 주체라는 것이다.

묵가의 주장이 절대군주의 통치를 강화하는 이론이라면, 진정한 의미에서 겸애 교리가 실현될 수 없을 것이다. 즉 겸애 교리는 차별 없는 정치적 참여와 자기가 일군 일한 대가에 대한 공정하고 공평한 분배인데, 절대군주를 위한 이론이라면 이것이 가능하겠는가? 또 겸애 교리의 基底에 민주 사상이 반영되어 있지 않다면 이의 실현이 가능하지 못할 것이다.

2,500여 년 전에 200여 년을 민중의 공감 속에서 당시 민중의 사랑을 받았던 훌륭한 묵자 철학이 1,800여 년 동안 儒家的 사상의 왜곡으로 잘못 덧칠되어 현재에 이르고 있다. 필자는 묵자 사상이 묵자가 의도하였던 본래의 의미로 복원되어 현재를 살아가는 현 시대인들에게 다시 공감받기를 간절히 바란다. 그러면서 '운명은 없다.' '스스로 노동과 노력하면 살고, 그렇지 못하면 살기 어렵다'라는 '賴其力者生, 不賴其力者不生'으로 마무리하고자 한다. 묵자 사상은 인민이 주체적인 의지를 갖고 자기 삶을 일구어가는 '민주주의 사상이다'라는 결론을 내리지 않을 수 없다. 토크빌이나 로버트 달이 묵자 사상을 접했더라면 어떤 생각을 했을까?

Ⅲ. 묵자 인민주체성의 배경론

1. 非樂篇

'비악'은 '음악을 부정한다.' 또는 '음악을 비난한다.'라는 뜻이다. 묵자는 민중이 삼환의 질곡에서 벗어나기 위해서는 모든 사람이 부지런히 일해서 생산력을 높여 생산을 많이 해야 한다고 생각한다. 그런데 왕공대인들이 지나치게 음악을 탐닉함으로써 노동해야 하는 젊은이들의 노동력이 소모된다는 것이다. 그래서 그들의 '음악 즐김'을 반대한 것이지, 근본적으로 음악 자체를 부정한 것으로 보이지 않는다.

【子墨子言曰 仁人之事者 必務求興天下之利, 除天下之害. 將以爲法乎天下, 利人乎卽爲 不利人乎卽止. 且夫仁人之爲天下度也 非爲其目之所美, 耳之所樂, 口之所甘, 身體之所安. 以此虧奪民衣食之財 仁者弗爲也. 是故子墨子之所以非樂者, 非以大種鳴鼓琴瑟竽笙之聲 以爲不樂也.
非以刻鏤文章之色 以爲不美也. 非以芻豢煎炙之味 以爲不甘也. 非以高臺厚榭邃宇之居 以爲不安也. 雖身知其安也 口知其甘也 目知其美也 耳知其樂也, 然上考之不中聖王之事 下度不中萬民之利. 是故子墨子曰 爲樂非也.
今王公大人 雖無造爲樂器 以爲事乎國家. 非直掊潦水, 折壤坦而爲之也. 將必厚籍斂乎萬民, 以爲大種鳴鼓 琴瑟竽笙之聲. 古者聖王亦嘗厚籍斂乎萬民, 以爲舟車. 旣已成矣, 曰 吾將惡許用之? 曰 舟用之水, 車用之陸, 君子息其足焉, 小人休其肩背焉. 故萬民出財齎而與之, 不敢以爲慼恨者, 何也? 以其反中民之利也. 然則樂器反中民之利, 亦若此, 卽我弗敢非也. 然則若用樂器, 譬之若聖王之爲舟車也 卽我弗敢非也.】

묵자께서 말씀하셨다. 仁者가 해야 할 일은 반드시 천하의 이로움을 일으키고 천하의 해로움을 제거하는 데 힘써야 하며, 그것을 천하의 법도로 삼아, 사람에게 이로우면 즉시 행하고 사람에게 해로우면 즉시 그친다. 또 仁者가 천하를 위하여 헤아리는 것은 눈에 아름답고 귀에 즐겁고 입에 달고 몸에 편한 것을 추구하지 않는다. 이렇게 함으로써 백성들의 입고 먹는 재물을 손상하거나 빼앗는 일을 仁者는 하지 않는다. 그러므로 묵자께서 음악을 비난하는 까닭은 큰 종과 북, 가야금과 비파, 크고 작은 생황들의 소리가 즐겁지 않아서가 아니고, 조각한 무늬와 색깔이 아름답지 않아서도 아니며, 굽고 찐 고기의 맛이 달지 않아서도 아니며, 높은 누각과 정자, 큰 집에 거처함이 편안하지 않아서도 아니다. 비록 몸은 편안함을 알고 입은 단 것을 알고 눈은 아름다운 것을 알며 귀는 즐거움을 알고 있다 하더라도, 위를 상고해 보면 聖王의 일에 맞지 않고, 아래를 살펴보면 만민의 이로움에 맞지 않기 때문이다. 그러므로 묵자께서 음악 하는 것을 비난한 것이다.

지금 왕공대인은 오직 악기를 만들어 연주하는 것이 국가를 위하는 일이라고 생각한다. 하지만 고인 빗물을 직접 퍼서 만드는 것도 아니고 흙을 파 모아서 만든 것도 아니다. 반드시 만민으로부터 많은 세금을 거두어야만 큰 종과 북과 가야금과 비파와 큰 생황과 작은 생황의 소리를 연주할 수 있다. 옛날 성왕들 역시도 만민으로부터 많은 세금을 거두었으나, 그것으로 배와 수레를 만들었지만, 다 만들고 나서는 말하기를 "내 장차 그것을 어디에 쓰겠는가?" 스스로 묻고, "배는 물에서 쓰고, 수레는 뭍에서 쓴다" 그리하면 군자는 발을 쉬게 할 수 있고, 소인은 어깨와 등을 쉬게 할 수 있다고 했다. 그러므로 만민이 재물을 내어주어도 감히 원망하거나 한탄하지 않았다. 어째서인가? 그렇게 하는 것이 도리어 인민의 이익에 부합하기 때문이었다. 악기가 이처럼 도리어 인민의 이익에 부합한다면 나는 감히 음악을 비난하지 않겠다. 그렇다면 응당 악기를 사용해야 할 것이니, 비유하자면 성왕들이 배와 수레를 만드는 것과 같다. 그러면 나는 감히 음악 하는 것을 비난하지 않겠다.

'邃'(수)는 깊다. 정통하다. 멀다.
'捊'(부)는 푸다. 취하다.
'潦'(요) 큰비.
'籍斂'(적렴) 세금을 거두다.
'惡許'(오허) 어디에, 어디서.
'齎'(재)는 재물을 가져다주다.
'慼'(척) 근심하다.
'揚干戚'(양간척) 방패와 도끼를 들고 춤추다.
'姑嘗'(고상) 잠시 시험 삼아.

▶ "仁人之爲天下度也 非爲其目之所美, 耳之所樂, 口之所甘, 身體之所安." 어진 사람이 천하 백성들을 위하여 무엇을 할 것인지를 헤아릴 적에는, '자기 눈으로 보아 아름다운 것, 자기 귀로 듣기에 즐거운 것, 자기 입에 단 것, 자기 신체에 편안한 것을 기준으로 할 일을 헤아려서는 안 된다'는 것이다. 즉 자기 기준으로 세상일을 설정하지 말고 백성들의 눈높이에 맞추라는 것이다.

▶ 백성은 삼환의 고통 속에 있는데, 왕공대인들의 기준에 맞춰 음악을 즐기는 것은 성왕의 道에도 합당하지 않고, 백성들의 이익에도 부합하지 않기에, 음악을 비난한 것이다.

▶ 이 단락에서 강조하는 것은 왕공대인들의 음악을 즐기기 위해 악기를 만드는 것이, 성왕들이 배와 수레를 만들어 백성들의 편

의를 도모하는 것과 같다면, 어찌 음악을 부정하겠는가 하는 점이다. 묵자는 백성들의 실용적인 이익을 위하는 것이라면 음악도 부정하지 않겠다는 것이다.

【民有三患 飢者不得食 寒者不得衣 勞者不得息, 三者 民巨患也. 然卽當爲之撞巨種 擊鳴鼓 彈琴瑟 吹竽笙 而揚干戚, 民衣食之財 將安可得乎? 卽我爲未必然也 意舍此.
今有大國卽攻小國, 有大家卽伐小家, 强劫弱, 衆暴寡, 詐欺愚, 貴敖賤, 寇亂盜賊並興, 不可禁止也. 然卽當爲之撞巨種 擊鳴鼓 彈琴瑟 吹竽笙 而揚干戚, 天下之亂也, 將安可得而治與? 卽我爲未必然也.
是故子墨子曰 姑嘗厚籍斂乎萬民, 以爲大種鳴鼓, 琴瑟竽笙之聲, 以求興天下之利, 除天下之害. 而無補也. 是故子墨子曰 爲樂非也.】

백성들에게는 세 가지 근심이 있다. 굶주린 자가 먹지 못하고, 헐벗은 자가 입지 못하며, 일로 인해 피로한 자가 쉬지 못하는 것이다. 이 세 가지가 백성의 큰 근심거리이다. 그런데 큰 종을 치고, 북을 두드려 울리며, 거문고와 비파를 켜고, 피리와 생황을 불며, 방패와 도끼를 들고 춤을 춘다면, 정차 백성들이 입고 먹을 재화를 어떻게 얻을 수 있겠는가? 나는 반드시 그럴 수 없다고 생각한다. 우선 이 문제는 접어두자.
지금 큰 나라가 작은 나라를 공격하고, 큰 가문은 작은 가문을 징벌하고, 강자는 약자를 겁박하며, 다수는 소수에게 포악하며, 영악한 자는 어리석은 자를 속이고, 귀한 자는 천한 자를 업신여기고, 외적과 도적들이 한꺼번에 일어나고 있지만 막을 수가 없다. 그런즉 큰 종을 치고, 북을 두드려 울리며, 거문고와 비파를 켜고, 피리와 생황을 불며, 방패와 도끼를 들고 춤을 춘다고 해서 이러한 천하의 어지러움을 어찌 다스릴 수 있겠는가? 나는 반드시 그럴 수 없다고 생각한다. 그래서 묵자께서 "백성들로부터 많은 세금을 거두어 큰 종과 북, 거문고와 비파, 피리와 생황의 소리를 연주함으로써 천하의 이익을 일으키고 천하의 해로움을 제거하고자 한다면 아무런 도움이 되지 않는다."라고 말씀하셨다. 이런 까닭에 묵자께서 "음악을 즐기는 것을 비난했다."

'揚干戚'(양간척) 방패와 도끼를 들고 춤추다.
'姑嘗'(고상) 잠시 시험 삼아.

▶음악이 백성들의 생활이나 나라의 정치에 아무런 도움이 되지 않음(而無補也)을 강조하고 있다.

【今王公大人　唯母處高台厚榭之上而視之，種猶是延鼎也．弗撞擊，將何樂得焉哉？其說將必撞擊之．惟勿撞擊必不使老與遲者．老與遲者　耳目不聞明，股肱不畢強，聲不和調，明不轉朴．
將必使當年　因其耳目之聰明，股肱之畢強，聲之和調，眉之轉朴．使丈夫爲之　廢丈夫耕稼樹藝之時，使婦人爲之　廢婦人紡績織任之事．今王公大人　唯母爲樂　虧奪民衣食之財，以拊樂如此多也．是故子墨子曰　爲樂非也．】

지금 왕공대인들이 비록 높은 누각과 넓은 정원 위에서 그 큰 종을 본다면, 그 종은 마치 엎어놓은 솥단지 같을 것이다. 종을 치지 않는다면 무슨 즐거움을 얻을 수 있겠는가? 그것은 반드시 종을 쳐야 한다는 것을 말하고 있다. 종을 칠 때는 반드시 노인과 어린이들을 시키지는 않을 것이다. 노인과 어린이는 귀와 눈이 잘 들리거나 밝지 않고, 팔다리가 재빠르고 강하지 않으며, 소리를 조화시키지 못하고, 눈썰미가 잽싸지 못하기 때문이다.

(노인과 어린이에게 큰 종을 치게 하지 않는 이유이다). 그래서 반드시 장년을 시킬 것이다. 그들은 이목이 총명하고, 팔다리가 잽싸고 강하며, 목소리가 조화롭고, 눈썰미가 있기 때문이다. 장부들에게 이런 일을 시키면, 장부들은 밭 갈고 심고 씨 뿌리며 가꾸는 일을 하는 시기를 놓치게 하고, 부인들에게 이런 일을 시키면, 부인들은 실을 뽑고 베를 짜며, 길쌈하는 일을 하지 못하게 하는 것이 된다. 오늘날 왕공대인들이 오직 음악을 즐기기 위해서, 백성들이 먹고 입고 할 재물을 축내고 빼앗는 것이 많은 것이다. 그래서 묵자는 음악 하는 것을 비난한다고 말한다.

'延'은 '覆'과 같은 뜻이다. 뒤엎는다.
'遲'(지) 는 어린이. 아이들.
'當年'은 '壯年'을 뜻한다.
'拊'(부)는 연주하다. 두드린다.

▶왕공대인들을 위해 음악을 연주하는 것은, 많은 청장년 부녀자들이 제때 할 일을 하지 못하게 함으로써 생산력을 소모시켜 생산에 도움이 되지 않으니 이를 해서는 안 된다는 것이다.

【今大種鳴鼓琴瑟竽笙之聲, 既已具矣. 大人鏽然奏而獨聽之 將何樂得焉哉? 其說將必與賤人 不與君子. 與君子聽之 廢君子聽之, 與賤人聽之 廢賤人之從事. 今王公大人 惟毋爲樂 虧奪民衣食之財, 以拊樂如此多也. 是故子墨子曰 爲樂非也. 昔者齊康公 興樂萬 萬人不可衣短褐, 不可食糠糟. 曰 飮食不美, 面目顔色 不足視也. 衣服不美 身體從容 不足觀也. 是以食必粱肉, 衣必文繡, 此掌不從事乎衣食之財, 而掌食乎人者也. 是故子墨子曰 今王公大人 惟毋爲樂 虧奪民衣食之財, 以拊樂如此多也. 是故子墨子曰 爲樂非也.】

지금 종과 북 거문고 비파와 생황 등이 준비되어 있다고 하자. 대인들이 숙연히 연주하면서 홀로 음악을 듣는다면, 무슨 즐거움이 있겠는가? 이 말은 반드시 천한 사람이 아니면, 군자들과 함께 듣는다는 것이다. 군자들과 함께 듣는다면 군자들이 정사하는 것을 못하게 하고, 천인들과 함께 듣는다면 천인들이 해야 할 일을 하지 못하게 하는 것이 된다. 지금 왕공대인들이 오직 음악을 즐기기 위해서, 백성들이 먹고 입고 할 재물을 축내고 빼앗는 데, 이처럼 악기를 연주하는 일이 많다. 그래서 묵자께서 말씀하시기를 "음악 하는 것은 옳지 않다." 옛날 제나라 강공은 춤과 음악을 일으켰는데, 춤추는 사람은 험한 옷을 입어서는 안 되고, 험한 음식을 먹어서도 안 된다. 그래서 말하기를, 음식이 좋지 않으면 얼굴과 안색이 볼품이 없고, 의복이 아름답지 않으면 신체와 거동이 볼품이 없다는 것이다. 그러므로 음식은 기장과 고기를 먹어야 하고, 옷은 수놓아진 좋은 옷을 입어야 한다고 말한다. 이들은 언제나 입고 먹는 재물의 생산에는 종사하지 않으면서, 남에게 기대어 먹고 사는 자들이다. 그러므로 묵자는 말하였다. 왕공대인들이 오직 그들의 즐김을 위하여 백성들이 입고 먹을 재물을 축내고 빼앗으면서 이처럼 많은 곡을 연주하고 있다. 그러므로 묵자께서 말씀하시기를 "음악 하는 것은 비난받아야 한다."

'鏽'(수) 녹슨다.
'萬' 춤을 총칭한다. 『시경』에 보이는 萬舞와 같은 뜻이다.
'短褐' 짧고 거친 옷.
'糠糟'(강조) 겨와 술게미와 같은 거친 음식.
'從容'(종용)은 擧動의 뜻이다.
'粱肉'(량육) 기장밥과 좋은 고기.
'掌'(장)은 常과 통하여, 늘 언제나.

【今人固與禽獸麋鹿蜚鳥貞蟲 異者也. 今之禽獸麋鹿蜚鳥貞蟲, 因其羽毛爲衣裘, 因其蹄蚤以爲絝屨, 因其水草以爲飮食, 故唯使雄不耕稼樹藝, 雌亦紡績職任, 衣食之財, 固已具矣.
今人與此異者也. 賴其力者生, 不賴其力者不生. 君子不强聽治, 卽刑政亂. 賤人不强從事 卽財用不足. 今天下之士君子 以吾言不然, 然卽姑嘗數天下分事 而觀樂之害. 王公大人 蚤朝晏退 聽獄治政, 此其分事也. 士君子竭股肱之力, 亶其思慮之智, 內治官府, 外收斂關市山林澤梁之利, 以實倉廩府庫, 此其分事也. 農夫蚤出暮入, 耕稼樹藝, 多聚菽粟, 此其分事也. 婦人夙興夜寐 紡績職任, 多治麻絲葛緖, 綑布縿, 此其分事也.
今惟毋在王公大人 說樂而聽之, 卽必不能蚤朝晏退 聽獄治政, 是故國家亂而社稷危矣. 今惟毋在乎士君子 說樂而聽之, 卽必不能竭股肱之力, 亶其思慮之智, 內治官府, 外收斂關市山林澤梁之利, 以實倉廩府庫, 是故倉廩府庫不實. 今惟毋在乎農夫, 說樂而聽之, 卽必不能蚤出暮入, 耕稼樹藝, 多聚菽粟, 是故菽粟不足. 今惟毋在乎婦人, 說樂而聽之, 卽必不能夙興夜寐, 多治麻絲葛緖, 綑布縿, 是故布縿不興. 曰 孰爲而廢大人之聽治, 賤人之從事? 曰 樂也. 是故子墨子曰 爲樂非也.】

지금 사람은 본래 새와 짐승, 고라니와 사슴, 나는 새나 벌레들과는 다르다. 지금의 새와 짐승, 고라니와 사슴, 나는 새나 벌레들은 그들의 깃과 털을 옷으로 삼고, 발꿈치와 발톱으로 신발을 삼고, 물과 풀을 음식으로 삼고 있다. 그래서 수컷은 밭 갈고 씨 뿌리며 농사짓지 않아도 되고, 암컷 역시도 길쌈하지 않아도 된다. 입고 먹는 것이 이미 갖추어져 있는 것이다.
그러나 사람은 이와 다르다. 노동에 의지하면 살 수 있고, 노동에 의지하지 않으면 살 수가 없다. 군자가 힘써 송사와 정사를 다스리지 않으면, 형정이 문란해지고, 천인들이 자기 할 일에 힘쓰지 않으면 먹고 쓸 재물이 부족해진다. 지금 천하의 사군자들은 나의 말을 긍정하지 않는데, 그렇다면 천하의 맡은 바 일을 나누어서 잠시 헤아려 보고, 또 음악의 해를 헤아려 보자. 왕공대인들은 아침 일찍 조정에 나가서 저녁 늦게 퇴근하면서 송사를 보고 정사를 다스린다. 이것은 그들의 직분이다. 사군자들이 팔다리의 힘을 다하고, 그가 생각할 수 있는 지혜를 짜내서, 안으로는 관부를 다스리고, 밖으로는 관문이나 시장 그리고 산림이나 택지에서 나는 이익을 거두어들여 나라의 곳간과 창고를 채우는데, 이것이 그들의 맡은 직분이다. 농부들은 아침 일찍 나가 밤늦게 들어올 때까지 밭 갈고 씨 뿌리며 농사지어 콩과 조를 수확하는데, 이것이 그들의 직분이다. 부인들은 아침 일찍 일어나 밤늦게 자기 전까지 실을 뽑고 길쌈을 하며 삼과 누에 실과 칡과 모시를 가지고 천이나 비단을 짜야 하는데, 이것이 그들이 해야 할 직분이다.

지금 왕공대인들이 오로지 음악만을 즐겨 듣는다면, 반드시 아침 일찍 조정에 나가고 늦게 퇴근하며 송사를 판결하고 정사를 다스리는 일을 할 수가 없다. 그렇게 되면 국가는 혼란해지고 사직은 위태롭게 된다. 지금 선비와 군자들이 오로지 음악을 즐겨 듣는다면, 있는 힘을 다해, 그의 생각을 짜내어, 안으로 관문과 시장 그리고 산림과 택량의 이익을 거두어들여 창고와 곳간을 채우는 일을 할 수 없을 것이다. 그렇게 되면 창고와 곳간은 부실할 것이다. 지금 또 농부가 오로지 음악을 즐겨 듣는다면, 아침 일찍 나가 저녁 늦게 들어오며 밭 갈고 씨 뿌려 농사를 지어도 많은 숙속(콩과 조)을 거두지 못할 것이다. 지금 또 부인이 오로지 음악을 즐겨 듣는다면, 아침 일찍 일어나 밤늦게까지 실을 뽑고 길쌈하며 삼과 누에고치와 칡과 모시를 다듬어 베와 비단을 짜지 못할 것이다. 그 결과 베 짜는 일이 일어나지 못할 것이다.

과연 무엇이 대인들의 정사를 폐하게 하고, 천인들이 종사하는 일을 막는 것인가? 그것은 바로 음악이다. 그래서 묵자는 말했다. 음악 하는 것은 비난받아야 한다고.

'絝屨'(고구) 바지와 신발.
'分事'(분사) 각기 나누어진 직책, 직분.

▶ 이 단락에서의 가장 중요한 핵심 문장은 "今人與此異者也. 賴其力者生, 不賴其力者不生."이다. 사람은 '자기 노력과 노동에 의지해야 한다'는 자주적이며 주체적인 행동을 말하고 있다. 이 글귀는 '인민 주권론'과도 연관되고 있다고 본다.

▶'分事'이라는 말은 일을 각각 전문 분야별로 나누어서 한다는 것이다. 이는 상동에서 천자로부터 일반 백성에 이르기까지 각각 맡은 바 임무가 있다는 것이다. 세상일은 이렇듯 나눔과 협동을 통해서 하나로 가는 것을 뜻한다.

【何以知其然也? 曰 先王之書, 湯之官刑有之. 曰恒舞于宮? 是謂巫風. 其刑 君子出絲二衛, 小人否, 似二伯黃徑. 乃言曰 嗚乎! 舞佯佯, 黃言孔章, 上帝弗常, 九有以亡, 上帝不順, 降之百殃, 其家必壞喪. 察九有所以亡者, 徒從飾樂也. 於武觀曰 啓乃淫溢康樂, 野于飲食, 將將銘莧磬以力, 湛濁于酒, 渝食于野, 萬舞翼翼, 章聞于大, 天用弗式 故上者天鬼弗戒
下者萬民弗利. 是故子墨子曰 今天下之士君子, 請將欲求興天下之利 除天下之害, 當在樂之爲物 將不可不禁而止也.】

어떻게 해서 그런 줄을 아는가? 옛 훌륭한 임금의 책인 탕 임금의 『관형』에 이런 기록이 있다. 이르기를 집안에서 항상 춤추는 것을 巫風이라고 말한다. 거기에 대한 형벌로 군자는 비단 실 두 묶음을 바치게 하고, 소인은 이와는 다르게, 거친 실 이백을 바치게 했다. 또 이르기를 오호라! 춤을 너울너울 추고, 그 춤추는 소리가 너무 커서, 상제께서 돕지 않으니, 천하를 잃게 되었다. 상제께서도 옳지 않게 여기고, 온갖 재앙을 내리어 그의 집안은 반드시 무너져 망할 것이라고 하였다. 많은 나라가 망하는 까닭을 살펴보면, 쓸데없이 음악을 꾸미는데 애썼기 때문이다. 또 『詩經』「武觀」편에 이르기를, 계의 아들 태강이 지나치게 음탕하고 향락을 즐기고, 먹고 마시는 것이 야만스럽고, 풍악이 울리고, 피리와 경쇠가 어우러지며, 술에 취해 넋을 잃고, 들판에서 음식을 즐기면서, 너울너울 춤을 추니, 하늘까지 들리어 하늘에서 신탁을 내리지 않고, 그를 버렸다고 했다. 그래서 위로는 하늘과 귀신의 법도에 어긋나고, 아래로는 만민의 이익이 아니다. 그래서 묵자는 말했다. 지금 천하의 사군자들이 천하의 이익을 일으키고 천하의 해를 제거하려 한다면, 마땅히 음악과 같은 행위를 하는 것을 금하지 멈추게 해야 한다.

'衛'(위)는 단위로서 束(묶음)을 뜻한다.
'否'(부)는 倍로서 곱절, 배를 뜻한다. 또 소인은 '다르다'라는 의미로 해석한다.
'舞佯佯'(무양양) 춤을 너울너울 추는 모양.
'黃言'은 생황소리로 解하기도 하고, 黃이 其의 誤記로 보아서 그 소리로 해석한다.
'常'은 尙과 통하여, 弗常은 돕지 않는다고 해석한다.
'湛'(탐) 빠지다. 즐기다.
'渝'('투: 변하다. 넘치다. 즐겁다, 구차하다 등)

▶이 단락에서는 하늘까지도 지나치게 음악에 탐닉하는 것을 좋게 여기지 않으니, 삼가고 경계해야 함을 말하고 있다.

▶묵자가 非樂하는 것은 악기나 음악 소리가 즐겁지 않다고 여기기 때문이 아니다. 왕공대인들이 음악을 즐김으로써 백성들이 입게 될 해로움을 경계하기 때문이다.

▶왕공대인들이 음악을 즐기게 되면 반드시 많은 세금을 백성들에게 거두어들여야 한다. 그래서 묵자가 반대한 것이다. 많은 재물을 들여 악기를 만드는 것도 백성들의 이익에 부합된다면 비난하지 않을 것이라고 묵자는 말한다. 삼환을 해결하지 못하고, 많은 재물을 들여서 악기 등을 만드는 데 소비한다면, 백성들의 삶은 어찌 될 것인가?

▶천하의 선비와 군자들이 진실로 겸애교리 정신으로, 興利除害하여, 인민들이 삼환의 고통에서 벗어나게 하고자 한다면 마땅히 음악 같은 물건을 금하여 연주하지 않도록 해야만 하는 것이라고...
※ 묵자의 非樂이 인정에 반하는 것이라는 인식을 하기 쉬우나, 이는 그 당시의 서민의 입장을 생각해 보면 능히 주장한다고 할 만하다.

▶이 非樂편에서 가장 중시해야 할 점은 "지배층이 음악을 즐기는 것"이 "생산노동력을 빼앗는다"라는 데 있다.

▶묵자는 非樂편에서도 '分事'를 말하고 있다. 즉 자기가 잘하는 분야의 전문가가 되어서 서로 협동한다면 일을 효율적으로 할 수 있음을 말하고 있다. 이는 상동 즉 화동과 그 맥락이 같다고 할 것이다.

2. 非命篇

非命은 이른바 '운명론' 내지 '숙명론'을 부정하고 반대한다는 뜻이다. 즉 특정한 왕이나 왕조에 내리는 天命이나 개개인에게 부여된 운명 등은 없다는 것이다. 운명론이나 숙명론을 따르면 지배층이나 인민들이 모두 자신의 행위에 대해 스스로 책임지지 않고 운명 탓만을 하여 자신이 마땅히 해야 할 직분에 소홀하게 된다는 것이다. 그러면서 고대의 성왕들이 난세를 다스리고 치세를 편 것은 운명에 의한 것이 아니고, 노력으로 그렇게 되었음을 설명하고 있다. 묵자는 사람이 동식물 등과 달리 부지런히 일하고 노력해야만 세상을 살아갈 수 있음을 非樂편에서 설파하였다. 인민이 삼환을 극복하는 길은 '사람들의 노동과 노력'에 의해서만 이룰 수 있음을 주장하였다.

《非命上》
【子墨子曰 古者王公大人, 爲政國家者 皆欲國家之富, 人民之衆, 刑政之治. 然而不得富而得貧, 不得衆而得寡, 不得治而得亂 則是本失其所欲, 得其所惡, 是故何也? 子墨子言曰 執有命者, 以襙於民間者衆. 執有命者之言曰 命富則富, 命則貧則貧, 命衆則衆, 命寡則寡, 命治則治, 命亂則亂, 命壽則壽, 命夭則夭. 力雖剛勁 何益哉? 以上說王公大人, 下以阻百姓之從事. 故執有命者, 不仁. 故當執有命者之言, 不可不明辨.
然則明辨此之說, 將奈何哉? 子墨子言曰 必立儀, 言而毋儀, 譬猶運鈞之上而立朝夕者也. 是非利害之辨, 不可得而明知也. 故言必有三表. 何謂三表? 子墨子曰 有本之者, 有原之者, 有用之者, 於何本之? 上本之於古者聖王之事, 於何原之? 下原察百姓耳目之實, 於何用之? 發以爲刑政, 觀其中國家百姓人民之利, 此所謂言有三表也.】

묵자가 말했다. 옛날 왕공대인들, 즉 국가를 다스리던 사람들은 모두 국가가 부유해지고, 인민의 수가 많아지고, 형정이 다스려지기를 바랐다. 그러나 부유해지지 않고 가난해졌으며, 인민의 수가 많아지지 않고 적어졌고, 나라가 안정되지 않고 혼란해졌다. 이것은 근본적으로 그들이 바라는 바는 잃고, 그들이 싫어하는 바는 얻게 된 것이다. 이렇게 된 것은 무엇 때문인가? 묵자가 말했다. 운명론을 고집하는 자들이 인민들 사이에 많이 섞여 있기 때문이다.

운명론을 고집하는 자들은 말한다. 부유할 운명이면 부유하고, 가난할 운명이면 가난하며, 인민의 수가 많아질 운명이면 많아지고, 인민의 수가 적어질 운명이면 적어진다. 또 나라가 안정적으로 다스려지려면 다스려지고, 나라가 혼란할 운명이면 혼란하며, 수명이 길 운명이면 오래 살고, 수명이 짧을 운명이면 일찍 죽는다. 아무리 힘이 세고 굳센들 아무 소용이 없는 것이다. 그런 말로써 위로는 왕공대인을 설득하고, 아래로는 백성들이 일에 종사하는 것을 방해한다. 그러므로 운명론을 고집하는 자들은 어질지 못하므로, 마땅히 운명론을 고집하는 자들의 말은 분명히 분별하지 아니하면 안 될 것이다.

그렇다면 이와 같은 설을 분명히 판단하자면 어떻게 해야 하는가? 묵자가 말하기를, 반드시 기준(표준)을 세워야 하며, 말을 하면서도 기준이 없다면, 마치 돌림대 위에 서서 해가 뜨고 지는 방향을 가리키는 것과 같다. 즉 옳은지 그른지 이롭고 해로운지를 분명하게 분별할 수가 없다. 그래서 반드시 세 가지 기준이 있어야 한다. 세 가지 표준(기준)이란 무엇인가? 근본이 있어야 하고, 근원이 있어야 하며, 쓰이는 데가 있어야 한다. 어디에 근본을 둘 것인가? 위로 옛날 성왕들이 하신 일에 근본을 두어야 한다. 어디에 근원을 둘 것인가? 백성들이 귀와 눈으로 듣고 본 사실에 근원을 두어야 한다. 어디에서 쓰임을 찾아야 하는가? 그것을 써서 법과 정치를 다스리고 나라와 백성과 인민의 이익에 부합하는지를 살펴야 한다는 것이다. 이것을 말함에 있어서, 이른바 세 가지 기준이 있다는 것이다. (말을 하는데 이 세 가지 기준을 세워서 하라는 것이다. 이래야 변별력도 있게 된다는 것이다.)

‛襍'(잡) 섞인다. 기세춘은 이를 染으로 해석한다. 즉 물든다.
‛阻'(조)는 막힌다. 험하다. 떨어진다. (자동사). 이보다는 抵(저)
 가 어울릴 듯하다.

【然而今天下之士君子, 或以命爲有. 蓋嘗尙觀於聖王之事. 古者桀之所亂, 湯受以治之, 紂之所亂, 武王受而治之. 此世未易, 民未渝, 在於桀紂則天下亂, 在於湯武則天下治, 豈可謂有命哉?
然而今天下之士君子, 或以命爲有. 蓋嘗尙觀於先王之‛書'. 先王之書, 所以出國家, 布施百姓者, 憲也. 先王之‛憲' 亦嘗有曰 福不可請, 而禍不可諱, 敬無益, 暴無傷者乎? 所以聽獄制罪者, 刑也. 先王之刑, 亦嘗有曰 : 福不可請, 而禍不可諱, 敬無益, 暴無傷者乎? 所以整設師旅, 進退師徒 誓也. 先王之‛誓', 亦嘗有曰 : 福不可請, 而禍不可諱, 敬無益, 暴無傷者乎? 是故子墨子言曰 吾當未鹽數天下之良書, 不可盡計數. 大方論數, 而五者是也. 今雖毋求執有命者之言 不必得, 不亦可錯乎?
今用執有命者之言, 是覆天下之義. 是覆天下之義者, 是立命者也, 百姓之誶也. 說百姓之誶者, 是滅天下之人也. 然則所爲欲義在上者, 何也? 曰 義人在上, 天下必治 上帝山川鬼神, 必有幹主, 萬民被其大利. 何以知之? 子墨子曰 古者湯封於亳, 絶長繼短 方地百里, 與其百姓, 兼相愛, 交相利 移則分.
率其百姓, 以上尊天事鬼, 是以天鬼富之, 諸侯與之, 百姓親之, 賢士歸之 未歿其世而王天下 政諸侯. 昔者文王封於歧周, 絶長繼短, 方地百里, 與其百姓, 兼相愛, 交相利則(**移則分**). 是故近者安其政, 遠者歸其德. 聞文王者, 皆起而趨之, 罷不肖股肱不利者, 處以願之, 曰 奈何乎使文王之地及我, 吾則吾利, 豈不亦猶文王之民也哉? 是以天鬼富之, 諸侯與之, 百姓親之, 賢士歸之 未歿其世而王天下 政諸侯. 鄉者言曰 義人在上, 天下必治, 上帝山川鬼神, 必有幹主, 萬民被其大利. 吾用此知之.】

그러나 지금 천하의 사군자 중에는 간혹 운명이 있다고 주장하는 이가 있다. 그렇다면 어찌 성왕이 하신 일을 살펴보지 않을 수 있겠는가? 옛날 걸왕이 어지럽혔던 것을 탕왕이 이어받아 안정하게 다스렸고, 주왕이 어지럽혔던 것을 무왕이 이어받아 다스렸다. 이것은 세상이 바뀌지도 않고, 백성들도 변하지 않았는데, 걸주가 다스리자 천하가 어지러웠고, 탕무왕이 다스리자 천하가 안정되었다. 어찌 운명이 있다고 말할 수 있겠는가?

그러나 지금 천하의 사군자 중에는 간혹 운명이 있다고 주장하는 이가 있다. 그렇다면 어찌 "선왕들의 책"을 살펴보지 않을 수 있겠는가? 선왕들의 책에는 소위 국가에서 발행해 인민들에게 반포해서 시행한 헌장이 있다. 선왕의 헌장에, 복은 불러올 수가 없고, 화는 피할 수가 없으며, 공경함도 유익함이 없고, 포악함도 해롭지 않다고 말한 적이 있는가? 송사를 판결하고 죄를 다스리는 것이 형법이다. 선왕의 형법에 복은 불러올 수가 없고, 화는 피할 수가 없으며, 공경함도 유익함이 없고, 포악함도 해롭지 않다고 말한 적이 있는가? 이른바 군대를 정비하고, 부대를 진퇴 시키는 것이 훈시이다. 선왕의 훈시에서 일찍이 복은 불러올 수가 없고, 화는 피할 수가 없으며, 공경함도 유익함이 없고, 포악함도 해롭지 않다고 말한 적이 있는가?

그러므로 묵자가 말했다. 내가 천하의 수많은 양서를 다 헤아릴 수는 없었으나, 대체로 헤아리면 세 가지일 것이다. 지금 운명론을 고집하는 자들의 이론을 찾아보았지만, 찾을 수 없었다. (그렇게 본다면) 이는 역시 폐해진 것이 아닌가? 지금 운명론을 고집하는 사람들의 말을 채용한다면, 이는 천하의 의를 뒤엎는 것이다. 천하의 의를 뒤엎는 자들은 바로 운명론을 세우는 자들이며, 백성들을 걱정하게 하는 자들이다. 백성을 걱정케 하는 것을 기뻐하는 자란 바로 천하를 멸망시키는 자들이다. 그렇다면 의로운 사람을 윗자리에 있게 하려는 것은 무엇 때문인가? 의로운 사람이 윗자리에 있으면, 천하는 반드시 다스려지고, 하늘과 산천귀신들도 祭主를 얻고, 만민은 큰 이익을 입는다. 어떻게 해서 그와 같음을 아는가? 묵자가 말하였다.

옛날 탕왕은 '박'이라는 땅에 봉해졌는데, 긴 쪽을 잘라 짧은 곳을 이으면 땅은 사방 백 리 정도나, 백성들과 더불어 두루 평등하게 사랑하고 서로를 이롭게 하며, 남는 것을 서로 나누었다. 또 백성들을 거느리고 위로는 하늘을 높이며 귀신을 섬겼다. 그래서 하늘과 귀신이 그를 부유하게 했고, 제후들이 그와 함께했으며, 백성들과 친하게 되고, 어진 사람들이 그에게 돌아왔다. 그래서 그가 세상을 떠나기 전에, 천하의 왕이 되어 제후들을 다스리게 되었다. 옛날에 문왕이 기주 땅에 봉해졌을 때, 그 영토는 사방 백 리 정도였으나, 백성들을 두루 평등하게 사랑하고 서로를 이롭게 하며, **"여유가 있으면 나누었다"**. 이로써 가까운 백성들은 그의 정치를 편안히 여기고, 먼 곳에 있는 백성들은 그의 덕에 귀복하였다. 그래서 문왕의 소문을 들은 자들은 모두 일어나 그에게 달려갔고, 지치고 못나고 팔다리가 성치 못한 사람들은 자기가 머문 곳에서 원하기를, 어떻게 하면 문왕의 나라가 나에게 미치게 할까? 그러면 나도 그 이로움을 입을 터인데, 어찌 문왕의 백성이 되지 않겠는가? 라고 했다. 그래서 하늘과 귀신이 그를 부유하게 했고, 제후들이 그와 함께했으며, 백성들과 친하게 되고, 어진 사람들이 그에게 돌아왔다. 그래서 그가 세상을 떠나기 전에, 천하의 왕이 되어 제후들을 다스리게 되었다. 내가 전에 말했던 것처럼, 의로운 사람이 윗자리에 있으면, 천하는 반드시 다스려지고, 하늘과 산천 귀신들도 祭主를 얻고, 만민은 큰 이익을 입는다고 한 것은 이로써 알게 된 것이다.

'蓋嘗'(개상)은 何不嘗의 오류.
'鹽數'(염수)는 盡의 誤記. 다 헤아리다.
'大方'은 대체로, 大法.
'五'는 三의 誤記.
'錯'(착)은 廢 '버리다'로 해석한다.
'誶'(수)는 꾸짖다. 근심을 의미하는 悴(췌)로 해석한다. 파리할 췌.
'移'는 '餘分'으로 해석.
'吾則吾利'는 則吾被其利로 해석한다.

【是故古之聖王 發憲出令, 設以爲賞罰, 以勸賢沮暴. 是以入則孝慈於親戚, 出則弟長於鄉里, 坐處有度, 出入有節, 男女有辨. 是故使治官府則不盜竊, 守城則不崩叛, 君有難則死, 出亡則送, 此上之所賞, 而百姓之所譽也. 執有命者之言曰 上之所賞, 命固且賞, 非賢故賞也. 是以入則不孝慈於親戚, 出則不弟長於鄉里, 坐處不度, 出入無節, 男女無辨. 是故使治官府則盜竊, 守城則崩叛, 君有難則不死, 出亡則不送, 此上之所罰, 而百姓之所非毁也. 執有命者之言曰 上之所罰, 命固且罰, 不暴故罰也. 以此爲君則不義, 爲臣則不忠, 爲父則不慈, 爲子則不孝, 爲兄則不長, 爲弟則不弟, 而强執此者, 此特凶言之所自生, 而暴人之道也.
然則何以知命之爲暴人之道? 昔上世之窮民 貪于飲食, 惰于從事, 是以衣食之財不足 而飢寒凍餒之憂至. 不知曰 我罷不肖, 衆事不疾, 必曰 我命固且貧. 昔上世暴王, 不忍其耳目之淫, 心涂志之辟, 不順其親戚, 遂以亡失國家, 傾覆社稷. 不知曰 我罷不肖, 爲政不善, 必曰 吾命固失之. 於仲虺之告曰 我聞, 于夏人矯天命, 布命于下, 帝伐之惡, 龔喪厥師. 此以湯之所以非桀之執有命也.
於泰誓曰 紂夷處, 不肯事上帝鬼神, 禍厥先神禔不祀. 乃曰 吾民有命 無廖排漏. 天亦縱棄之 而弗葆. 此以武王之所以非桀之執有命也.
今用執有命者之言曰 則上不聽治, 下不從事. 上不聽治則刑政亂, 下不從事則財用不足. 上無以供粢盛酒醴 祭祀上帝鬼神, 下無以降綏天下賢可之士, 外無以應待諸侯之賓客, 內無以食飢衣寒, 持養老弱. 故命上不利於天, 中不利於鬼, 下不利於人. 而强執此者, 此特凶言之所自生, 而暴人之道也. 是故子墨子言曰 今天下之士君子, 忠實欲天下之富, 而惡其貧, 欲天下之治, 而惡其亂, 執有命者之言, 不可不非, 此天下之大害也.】

그런 까닭에 옛날 성왕들은 법령을 반포하고 명령을 내려, 상과 벌이라는 제도를 만들어서, 이로써 어짊을 권하고, 포악한 짓을 막았다. 그래서 사람들은 집에서는 부모에게 효도하고, 부모는 자식들에게 자애롭고, 나가서는 향리의 어른들에게 공경했으며, 행동거지에 법도가 있었고, 나들이할 적에도 절도가 있었으며, 남녀 사이에도 분별이 있었다. 그런 까닭에 이런 사람들에게 관청을 다스리게 하면, 도적질하지 않고, 성을 지키게 하면 배반하지 아니하며, 임금이 어려움에 부닥치면 목숨을 바치고, 임금이 망명을 떠나면 행동을 같이한다. 이러므로 위에서 상을 주고, 백성들이 칭찬하는 것이다. 운명론을 주장하는 사람들은, 위에서 상을 주는 것은 운명적으로 본래 상 받게 되어 있어서 상을 받는 것이지, 어질어서 상 받는 것은 아니라고 말한다. 이렇게 되면, 사람들은 집에서는 부모에게 효도하지 아니하고, 부모는 자식들에게 자애롭지 아니하고, 나가서는 향리의 어른들에게 공경하지 않으며, 행동거지에 법도가 없고, 나들이할 적에도 절도가 없으며, 남녀 사이에도 분별이 없다. 그런 까닭에 이런 사람들에게 관청을 다스리게 하면, 도적질하고, 성을 지키게 하면 배반하며, 임금이 어려움에 부닥치더라도 목숨을 바치지 아니하고, 임금이 망명을 떠나면 행동을 같이하지 아니한다. 이러므로 위에서는 벌을 주고, 백성들 또한 그들을 비난하고 욕하는 것이다.

운명론을 고집하는 사람들은 말한다. 위로부터 벌을 받는 것도 운명이 본래 벌 받게 되어 있어서 받는 것이지, 포악해서 벌을 받는 것은 아니다. 이와 같은 생각을 하는 사람들이 임금이 되면 의롭지 않을 것이고, 신하가 되면 충성스럽지 않을 것이며, 부모가 되면 자애롭지 아니하고, 자식이 되어도 효도하지 않고, 형이 되어도 어른스럽지 않고, 동생이 되어도 공경치 않는다. 그런데도 이 운명론을 강하게 주장하는 것은 특히 흉악한 이론이 생겨나는 원인이 되며, (이렇게 운명론을 주장하는 것은) 난폭한 사람 사람의 도이다.

그러면 어떻게 해서 운명론을 주장하는 것이 난폭한 사람들의 道가 됨을 아는가? 옛날 가난한 사람들이 있어, 먹고 마시기는 탐하면서 하는 일에는 게으르니, 입고 먹을 재물이 부족하여, 굶주림과 추위에 떨며 굶어 죽고, 얼어 죽을 걱정에 이르렀다. 그러나 내가 허약하고 못났으며, 일을 열심히 하지 않았다고 말하지 않으면서, 반드시 내 운명이 본래 그래서 가난하다고 말한다. 옛날 포악한 왕들은 자신의 눈과 귀의 음란함과 마음과 뜻이 편벽됨을 참지 못하고 부모에게 순종하지 않고, 결국에는 국가를 잃고 사직을 무너뜨렸다. 그러면서도 내가 못나고 부족하여 정치를 잘 하지 못했다고 말하지 않고, 나의 운명이 본래 그래서 나라와 사직을 잃었다고 말한다. 「중훼지고」에서 말하기를, 내가 듣건대 하나라 사람들이 하늘의 명을 속이고, 인민들에게 명령을 내리자, 상제가 그들의 악을 벌하고자 그들의 군사들을 잃게 했다고 한다. 이것은 탕임금이 걸왕의 운명론 집착에 대해 비난하는 이유를 말하고 있다.

『書經』「태서」에 이르기를, 주왕이 인민들을 상하게 하고 학대하며, 상제와 귀신을 긍정적으로 섬기지 아니하고, 그 선조들의 신을 버려두고 제사 지내지 않았다. 그러면서 말하기를, 나는 백성을 소유하라는 명을 받았다고 하면서, 힘써 노력하는 자들을 모욕하였다. 하늘도 역시 그를 버리고 보호해주지 않았다고 한다. 이것도 무왕이 주의 운명론 집착을 비난하는 이유를 말하고 있다. 지금 운명론자들의 말을 따른다면, 위에서는 정사를 다스리지 않고 아래서는 일을 하지 않을 것이다. 위에서 정사를 다스리지 않으면 형벌이 혼란해질 것이고, 아래에서 일하지 않으면 재물이 부족할 것이다. 위로는 젯밥과 술 단술을 바칠 수 없어 상제와 귀신에게 제사 드릴 수 없고, 아래로는 천하의 어질고 올바른 선비를 길러 편안하게 해줄 수 없으며, 밖으로는 제후들의 사신들을 접대할 수 없고, 안으로는 굶주리는 사람들을 먹이고 추위에 떠는 사람들에게 옷을 줄 수 없고, 늙은이와 어린이들을 부양할 수 없을 것이다. 그러므로 운명론이란 위로는 하늘에 이롭지 아니하고, 가운데로도 귀신에 이롭지 않으며, 아래로 인민들에게도 이롭지 않다. 그런데도 굳이 운명을 강조하는 것은 특히 흉악한 말이 생기는 권원이 되고, 포악한 자의 도리이다. 그래서 묵자가 말했다. 지금 천하의 사군자들이 진실로 천하가 부유해지기를 바라고 가난해지기를 싫어한다면, 또 천하가 다스려지기를 바라고 혼란해지는 것을 싫어한다면, 운명론을 고집하는 주장은 비난하지 않을 수 없다. 이처럼 운명론은 천하의 가장 큰 재앙이다.

'崩叛'(붕반)은 崩은 背와 통하여 '배반'의 뜻.
'矯'(교) 바로 잡다. '속이다.'
'龔'(공)은 用과 통한다.
'喪厥師'(상궐사) 그들의 군사를 잃게 하다.
''夷는 傷也.
'處'는 虐의 誤記.
'禍'는 棄의 誤記. 버리다.
'無廖'(무료)는 모욕하다.
'排漏'(배루)는 其務의 잘못이다.
'降綏'(강수) 길러서 편안하게 하다.

【말에는 기준(삼표)이 있어야 한다】"是非利害之辨 不可得而明知也 故言必有三表 有本之者 有原之者 有用之者 上本之于古者聖王之事 下原'**察百姓耳目之實**' 發以爲刑政 觀其中國家百姓人民之利"
1. 옳고 그르고 이롭고 해로운 것의 분별을 밝게 가려낼 수 없다. 따라서 말에는 반드시 세 가지 표준이 있어야 한다. 즉 근원과 원인과 실용이 그것이다. 옛날 성왕들의 사적에 근원을 두어야 하고, **백성들의 귀와 눈으로 보고 들은 사실에 기인하여** 추구하고, 나라와 인민들에게 이로운가를 살펴보아야 한다.
2. 이 글귀에서 중요한 것은 명귀편에서도 언급했듯이, 인민들의 눈과 귀를 통해 듣는 실정이다. 즉 삼표2조는 묵자 사상에서 매우 중요한 의미를 지닌다. **여론을 중시한다는 것**이다.》

【운명론자의 말은 義를 제거한다】"今用執有命者之言 是覆天下之義 覆天下之義者 是立命者也 百姓之誶也 說百姓之誶者 是滅天下之人也"
지금 운명이 있다고 주장하는 사람들의 이론에 따르면, 그것은

- 256 -

천하의 의로움을 뒤엎는 것이 된다. 천하의 의로움을 뒤엎는 자들이란, 바로 운명을 내세우는 자들이며, 백성들을 걱정하게 만드는 자들이다. 백성들이 걱정하는 것을 기뻐하는 자란 바로 천하 사람들을 멸망시키는 자들이다.
'說'은 悅(열)의 의미로 '기뻐하다'.

【義人이 지도자가 되면?】 "然則所爲欲義在上者 何也 義人在上 天下必治 上帝山川鬼神必有幹主 萬民被其大利"
1. 그러면 의로운 사람을 윗자리에 앉히려는 노력은 무엇 때문인가? 의로운 사람이 임금으로 선출되면, 천하는 반드시 다스려지고 하느님과 산천 귀신들도 제주를 얻고 인민은 큰 이익을 얻을 것이다.
2. 의로운 사람이 윗자리에 있게 되기를 바라는 까닭은 무엇이겠는가? 그것은 의로운 사람이 윗자리에 있으면 천하가 반드시 잘 다스려지고 하느님과 산천의 귀신들에게도 반드시 제사를 주관할 사람이 있게 되어 만백성들이 큰 이익을 받게 될 것이기 때문이다.
《"然則所爲欲義在上者 何也 義人在上 天下必治 上帝山川鬼神必有幹主 萬民被其大利" 이 글귀를 통해 묵자는 천자는 의로운 사람이며, 인민들은 의로운 사람을 천자 자리에 앉히려 했다는 것을 알게 된다. 그러므로 **천자는 하늘이 내리는 것이 아니라 인민들을 통해서 선출되어야 한다고 주장함을 알 수 있다.**》

【운명론은 재앙이다】 "今用執有命者之言 則上不聽治 下不從事"
"故命 上不利於天 中不利於鬼 下不利於人 而暴人之道也 此天下之大害也"
1. 지금 운명론자의 말을 따른다면 위에서는 정사를 다스리지 않고 아래서는 일을 하지 않을 것이다. 고로 운명론은 위로는

하늘에 이롭지 않고 가운데로는 귀신에 이롭지 않으며, 인민들에게도 이롭지 않다. 이는 포악한 자의 道인 것이다. 이처럼 천하에 커다란 재앙이다.

《지배층과 궁벽한 자들이 스스로 노력에 의한 노동을 통해서 자신을 개척하려 하지 않고 운명을 고집하는 것은 자신들의 지위를 보전하려는 지배층의 농간이며, 궁벽한 자들의 자기변명이다.》

《非命中》

【子墨子言曰 凡出言談由文學之爲道也, 則不可而不先立義法. 若言而無義, 譬猶立朝夕於員鈞之上也. 則雖有巧工 必不能得正焉. 然今天下之情僞, 未可得而識也. 故使言有三法. 三法何也? 有本之者, 有原之者, 有用之者. 於其本之也, 考之天鬼之志, 聖王之事. 於其原之也, 徵以先王之書. 用之奈何? 發而爲刑政, (觀其中國家百姓人民之利.) 此言之三法也. 今天下之士君子, 或以命爲有, 或以命爲亡. 以衆人耳目之情知有與無. 有聞之, 有見之, 謂之有. 莫之聞, 莫之見, 謂之亡.

然則胡不嘗考之百姓之情? 自古以及今生民以來者, 亦嘗見命之物, 聞命之聲者乎? 則未嘗有也. 若以百姓爲愚不肖, 耳目之情不足因而爲法, 然則胡不嘗考之諸侯之傳言流言乎? 自古以及今生民以來者, 亦嘗有聞命之物, 見命之聲者乎? 則未嘗有也.

然則胡不嘗考之聖王之事? 古之聖王, 擧孝子而勸之事親, 尊賢良而勸之爲善, 發憲布令以敎誨, 明賞罰以勸沮, 若此則亂者可使治, 而危者可使安矣. 若以爲不然? 昔者桀之所亂, 湯治之. 紂之所亂, 武王治之. 此世不渝而民不易, 上變政而民易敎. 其在湯武則治, 其在桀紂則亂. 安危治亂, 在上之發政也. 則豈可謂有命哉?】

묵자가 말했다. 무릇 말하고 글을 쓸 때, 도로 삼아야 하는 것은 먼저 본받을 기준을 세우지 않으면 안 된다. 만약 말을 하면서 기준이 없이 한다면, 마치 아침에 해 뜨는 방향과 저녁에 해 지는 방향을 돌아가는 둥근 돌림판 위에 표시해 놓은 것과 같으니, 아무리 재주 있는 장인이라도 반드시 올바른 방향을 알 수 없을 것이다. 그래서 지금 천하의 진실과 거짓을 알 수 없게 되었다. 그래서 말에는 세 가지 법칙을 갖추어야 한다는 것이다. 세 가지 법칙이란 무엇인가? (말에는) 근본이 있어야 하고, 근원이 있어야 하며, 쓰임이 있어야 한다는 것이다. 그러면 무엇을 표본으로 삼을 것인가? 하늘과 귀신의 뜻과 성왕이 베푼 정사를 살펴보는 것이다. 무엇을 근원으로 할 것인가? 선왕의 책을 그 증표로 삼아야 한다. 쓰임이란 어찌해야 하는가? 형벌과 정사를 발하고 행하여, 국가와 백성과 인민의 이익에 적합한지를 살펴보는 것이다. 이것이 말을 할 때 기준으로 하는 세 가지 법도(기준)이다.

지금 천하의 사군자들이 혹 운명이 있다고 말하기도 하고 혹 운명이 없다고 말하기도 한다. 내가 운명이 있고 없고를 아는 까닭은 사람들의 보고 들은 사실을 근거로 운명이 있고 없음을 안다. 사람들이 들은 일이 있고, 본 일이 있으면, 운명이 있다고 할 것이고, 운명을 들은 일도 없고 본 일도 없으면, 그것이 없다고 말할 것이다.

그렇다면 어찌 백성들이 보고 들은 실상을 고찰해보지 않는가? 예부터 지금에 이르기까지 백성이 생겨난 이래로 운명이란 것을 보았거나, 운명의 목소리를 들어본 사람이 있었던가? 일찍이 없었다. 만약 백성들이 어리석고 못나서, 그들이 보고 들은 실정이 법으로 삼기에는 부족하다면, 어찌 제후들이 전하는 말이나 유행하는 말을 고찰해보지 않는가? 예부터 지금에 이르기까지 백성이 생겨난 이래로 운명이란 것을 들었거나, 운명의 실체를 보았다는 일이 있었던가? 일찍이 없었다.

그렇다면 어째서 옛 성왕들이 하신 일을 고찰해보지 아니한가?

옛날 성왕들은 효자를 천거하여 부모를 섬기도록 권했고, 현량한 자를 존중하여 좋은 일을 하도록 권면하고, 법령을 반포함으로써 백성들을 가르치고 깨우쳤고, 상과 벌을 분명히 함으로써, 백성들에게 선을 권하고 악행을 저지하도록 하였다. 이같이 했기 때문에, 어지러움은 다스릴 수 있었고, 위태로운 것은 안정시킬 수 있었다. 그렇지 않다고 여기는가? 옛날 걸왕이 어지럽힌 것을 탕왕이 다스렸고, 주왕이 어지럽힌 것을 무왕이 다스렸다. 이것은 세상이 바뀌지도 않고 백성들도 변하지 않았는데, 위의 정치가 바뀌고 이에 따라 백성들의 가르침도 변한 것이다. (주왕에서 무왕으로 정치가 바뀌니, 백성들의 가르침도 변하게 된 것이다) 탕왕과 무왕이 재위 시에는 다스려졌고, 걸주가 재위 시에는 어지러웠다. 이를 통해 보면, 안정되고 위태롭고 다스려지고 혼란스러움은 결국 위에서 정치하는 것에 달려있다. 그러니 어찌 운명이 있다고 말하겠는가?

▶法儀편에서 강조하는 말이다. 말하고 글을 쓸 때, '삼표법(法儀)'에 근거해서 서야 한다는 것이다.
▶立朝夕於員鈞之上은 刻舟求劍과 유사한 말이다.
▶於其本之也는 何以本之耶로 읽는다. 무엇을 표본으로 삼을 것인가?

【夫曰, 有命云者, 亦不然矣. 今夫有命者言曰 我非作之後世也. 自昔三代有若言, 以傳流矣. 今故先生對之?(胡先生非之?) 曰 夫有命者, 不志昔也三代之聖善人與, 意亡昔三代之暴不肖之人也. 何初以之知列之? 初之列士桀大夫, 愼言知行, 此上有以規諫其君長, 下有以敎順其百姓. 故上得其君長之賞, 下得其百姓之譽. 列士桀大夫, 聲聞不廢, 流傳至今, 而天下皆曰其力也. 必不能曰我見命焉. 是故昔者三代之暴王, 不繆其耳目之淫, 不愼其心志之辟,外之歐騁田獵畢弋, 內沈於酒樂, 而不顧國家百姓之政. 繁爲無用, 暴逆百姓, 使下不親其上. 是故國爲虛厲, 身在刑僇之中, 不肯曰 我罷不肖, 我爲刑政不善, 必曰 我命故且亡. 雖昔也三代之窮民, 亦由此也. 內之不能善事其親戚, 外之不能善事其君長. 惡恭儉, 而好簡易, 貪飲食, 而惰從事. 衣食之財不足, 使身至有飢寒凍餒之憂. 必不能曰 我罷不肖, 我從事不疾, 必曰 我命故且窮. 雖昔也三代之僞民 亦猶此也. 繁飾有命, 以敎衆愚樸人, 久矣. 聖王之患此也. 古書之竹帛, 琢之金石. 於先王之書, 仲虺之告曰 我聞, 有夏人矯天命, 布命于下, 帝式是惡 用喪厥師. 此言夏王桀之執有命也, 湯與仲虺共非之. 先王之書, 太誓之言然曰 紂夷之居, 而不肯事上帝, 棄厥其先神不祀也. 曰我民有命, 毋僇其務, 天不亦棄縱而不葆, 此言紂之執有命也, 武王以太誓非之. 有於三代不國有之曰 女毋崇天之有命也. 命三不國, 亦言命之無也. 於召公之非執命, 亦然. 且敬哉! 無天命. 惟予二人 而無造言. 不自天降之哉, 得之. 在於商夏之詩書曰 命者, 暴王作之. 且今天下士君子, 將欲辯是非利害之故, 當天有命者, 不可不疾也. 執有命者, 此天下之厚害也. 是故子墨子非也.】

그러나 운명이 있다고 말하는 자들은 그렇지 않다고 한다. 운명론은 후세에 만들어진 것이 아니다. 옛 삼대 성왕 때부터 전하져 온 것이다. 그런데 지금 선생은 어찌 운명론을 반대하는가? 말해주겠다. 대저 운명론자들은 (운명론이) 삼대의 성스럽고 훌륭한 분으로부터 비롯된 것인지, 아니면 옛날 삼대 포악하고 못난 사람들로부터 유래된 것인지를 모르고 있다. 어떻게 그러함을 아는가? 옛날 열사와 뛰어난 대부들은 말을 신중히 하고 행동을 살피면서, 위로는 그들의 왕에게 올바르게 간언하고, 아래로는 자기 백성들을 가르치고 따르게 했다. 이로써 위로는 그 군주에게서 상을 받고, 아래로부터는 백성들의 칭송을 받았다.

열사와 뛰어난 대부들의 훌륭한 명성은 그치지 않고, 지금까지 전해 내려오고 있지만, 천하 사람들은 모두 그들이 그렇게 된 것은 그들의 노력이라고 말할 뿐, 결코 운명대로 된 것이라고 말하지 못할 것이다.

옛날 삼대 폭 왕들은 그들의 이목의 음란함을 참지 못하고, 그들의 마음과 뜻의 편벽 됨을 삼 가지 못하여, 밖으로 말을 달려 그물과 주살로 짐승과 새를 사냥하는 것을 즐기고, 안으로는 술과 음악에 빠져, 국가와 백성을 다스리는 정치를 돌보지 않았다. 빈번하게 쓸데없는 일을 하여, 포악함으로 백성들과 어긋나서, 백성들이 왕과 친하게 하지 않았다.

그래서 나라는 텅 비게 되고 후사는 끊겼으며, 자신은 처형을 당하게 된 와중에도, 내가 어리석고 못나서 정사를 잘 하지 못하였다고 말하지 않고, 반드시 나의 운명이 그렇게 되어 있으므로 망한다고 말했다. 옛날 삼대의 가난한 백성들도 역시 이와 같았다. 안으로는 그 부모를 잘 섬기지도 않고, 밖으로도 그 군주와 윗사람을 잘 섬기지 않으면서, 또 공손하고 검소한 것을 싫어하고, 간단하고 쉬운 것을 좋아하며, 먹고 마시는 것을 탐하면서도 하는 일은 게을리했다. 그래서 입고 먹을 재물이 부족하게 되어, 굶어 죽고 얼어 죽는 것을 걱정하게 되었다.

그러면서도 반드시 내가 어리석고 부족해서, 내가 하는 일을 열심히 하지 않아서 그렇다고 말하지 않고, 반드시 내 운명이 그러므로 곤궁한 것이라고 말한다. 옛날 삼대의 거짓을 일삼는 백성들도 역시 그러한 생각을 하였다. 운명이 있다는 말을 번거로이 꾸며서 어리석고 질박한 사람들을 가르친 지가 오래되었다. 성왕들은 이것을 걱정하여, 이것을 대나무나 비단에 적기도 하고, 돌과 금석에 새겨놓기도 했다. 옛 선왕의 책인 『중훼지고』에 이르기를, 내가 듣기로 하나라 왕이 천명을 속여 아랫사람들에게 운명론을 펴자, 상제가 이를 싫어해서 그 군사들을 잃게 했다고 한다. 이것은 하나라 왕 걸이 운명론에 집착했다는 것을 말하고 있다. 또 탕왕도 중훼와 더불어 그를 비난했다. 선왕의 책인『중훼지고』에 이르기를 주왕은 포악하고 오만하여, 상제를 마땅히 섬기지 않고, 그 조상신을 버려서 제사 지내지 않았다. 그러면서 말하기를, 우리 백성들에게는 운명이 있다(나에게는 운명이 있다, 나는 인민을 소유하도록 천명을 받았다)고 하면서 자기 할 일을 열심히 하는 자는 모욕하기만 하자. 하늘도 역시 그를 버리고 돌보지 않았다. 이것은 주왕이 운명론에 집착했음을 말하고 있다. 무왕은『태서』를 통하여 그를 비난했다.

또 삼대의『백국춘추』라는 책에서도 말했다. 너희는 하늘에 운명이 있다는 것을 숭상치 말라! 이처럼 삼대 백국도 운명은 없다고 말하고 있다. 소공이 운명에 집착하는 것을 비난하는 것도 역시 그렇다. **삼가라! 천명은 없다. 나는 오직 사람을 높이고 말을 지어내지 않는다. 운명은 하늘에서 내리는 것이 아니고 스스로 얻는 것이다.** 하나라와 상나라의『시서』에도 운명이란 폭군이 지어낸 것이라고 했다. 오늘날 천하의 사군자들이 시비이해의 까닭을 분별하려면, 마땅히 천하에 운명이 있다고 주장하는 자들을 배척하지 않으면 안 된다. 운명론에 집착하는 자들은 천하의 큰 해독이기 때문이다. 그래서 묵자가 그것을 비난하는 것이다.

'不志'는 모른다.
'繆'(무) 얽다. 묶다.
'歐'(구) 토하다. 치다. **즐기다**.
'畢弋'(필익) 그물과 주살.
'虛厲'(허려) 사람이 없고, 후사가 없다.
'矯'(교) 속이다 핑계로 하다.
'二'는 上의 古文.

▶ 有於三代不國은 又於三代百國春秋로 읽는다.

《非命下》
【子墨子言曰 凡出言談, 則必不可而不先立儀而言. 若不先立儀而言, 譬之猶運鈞之上. 而立朝夕焉也. 我以爲雖有朝夕之辯, 必將終未可得而從定也.
是故言有三法, 何爲三法? 曰 有考之者, 有原之者, 有用之者. 惡乎考之? 考先聖大王之事. 惡乎原之? 察衆之耳目之請. 惡乎用之? 發而爲政乎國, 察萬民而觀之. 此謂三法也. 故昔者三代聖王, 禹湯文武, 方爲政乎天下之時, 曰 必務擧孝子, 而勸之事親. 尊賢良之人, 而敎之爲善. 是故出政施敎, 賞善罰暴. 且以爲若此, 則天下之亂也, 將屬可得而治也. 社稷之危也, 將屬可得而定也. 若以爲不然? 昔桀之所亂, 湯治之. 紂之所亂, 武治之. 當此之時 世不渝而民不易, 上變政而民改俗. 存乎桀紂, 而天下亂, 存乎湯武, 而天下治. 天下之治也, 湯武之力也. 天下之亂也, 桀紂之罪也. 若以此觀之, 夫安危治亂, 存乎上之爲政也, 則夫豈可謂有命哉? 故昔者禹湯文武, 方爲政乎天下之時, 曰 必使飢者得食, 寒者得衣, 勞者得息, 亂者得治, 遂得光譽令問於天下, 夫豈可以爲命哉? 故以爲其力也. 今賢良之人, 尊賢而好功道術, 故上得其王公大人之賞, 下得其萬民之譽, 遂得光譽令問於天下, 夫豈可以爲命哉? 又以爲力也. 然今夫有命者, 不識昔也三代之聖善人與, 意望昔也三代之暴不肖人與? 若以說觀之, 則必非昔也三代之聖善人也, 必暴不肖人也.
然今以命爲有者, 昔三代暴王, 桀紂幽厲, 貴爲天子, 富有天下. 於此乎, 不而矯其耳目之欲, 而從其心意之辟, 外之驅田獵畢弋, 內湛于酒樂, 而不顧其國家百姓之政, 繁爲無用, 暴逆百姓, 遂失其宗廟. 其言不曰 吾罷不肖, 吾聽治不強. 必曰 吾命固將失之. 雖昔也三代罷不肖之民, 亦猶此也. 不能善事親戚君長, 甚惡恭儉,而好簡易, 貪飮食, 而惰從事. 衣食之財不足, 是以身有陷乎飢寒凍餒之憂, 其言不曰 吾罷不肖, 吾從事不强. 必曰 吾命固將窮. 昔三代僞民, 亦猶此也.】

묵자가 말했다. 무릇 말을 할 때는 반드시 먼저 기준을 세우고 말하지 않으면 안 된다. 만약에 기준을 세우고 말하지 않는다면 (말하는데 기준이 없다면), 비유하자면 움직이는 돌림대 위에서 서서 동서를 분별하는 것과 같다. 내가 비록 동서를 구별한다고 하더라도, 반드시 끝내 확실한 방향을 결정하지는 못할 것이다. 그러므로 말하는 데는 세 가지 법칙이 있어야 한다. 무엇을 세 가지 법칙이라 하는가? 고증해야 하고, 근원이 있어야 하며, 실용적이어야 한다. 무엇으로 고증하는가? 옛 성인이신 위대한 왕의 사적으로 고증한다.
무엇을 근원으로 삼는가? 민중들의 보고 들은 실정을 살펴야 한다. 실용적이란 무엇인가? 나라에 정치하는데 발현하여 인민에게 이로운지를 살펴 그 실용성을 판단한다. (인민에게 적용해서 인민들에게 이롭다면 그것이 실용적인 것이다) 이것이 바로 세 가지 법칙이다.
그래서 옛 삼대 성왕이신 우탕문무왕이 바야흐로 천하를 다스릴 적에는 반드시 효자를 등용하도록 애써서 부모 섬김을 권면하고, 현량한 사람을 높임으로써 좋은 일을 하도록 가르쳤다.
이렇게 정령을 발하고 교화를 펴서, 좋은 일한 사람은 상을 주고 포악한 일을 저지른 사람은 벌을 준다. 만약에 이처럼 한다면 천하의 혼란은 틀림없이 다스려질 것이다. 또 사직의 위태로움도 틀림없이 안정될 것이다.
그대는 그렇지 않다고 생각하는가? 옛날 걸왕이 어지럽혀 놓은 천하를 탕왕이 다스렸고, 주왕이 어지럽혀 놓은 천하를 무왕이 다스렸다. 당시에도 세상도 변하지 않고 백성들도 바뀌지 않았는데, 위에서 정치가 변하자 백성들도 풍속을 개선한 것이다. 걸왕과 주왕에게 천하가 맡겨져 있을 때는 어지러웠고, 탕왕과 무왕에게 천하가 맡겨지자 천하는 다스려졌다.
천하가 다스려진 것은 탕왕과 무왕의 노력이었고, 천하가 어지러워진 것은 걸왕과 주왕의 죄였다. 이런 것을 통해 볼 때, 무릇 '안위치란'은 통치자의 정치에 달린 것이지, 어찌 운명이 있다고 말할 수 있겠는가? 그래서 옛날 우탕문무왕이 바야흐로 천하를 다스릴 때, 굶주린 자는 반드시 먹여주고, 추위에 떠는 자는 옷을 입혀주며, 수고한 자에게는 쉬게 하고, 어지러운 것은 다스렸으므로 마침내 천하의 빛나는 명예와 훌륭한 명성을 얻었으니, 어찌 운명이라고 말하겠는가? 이것은 그들의 노력 덕분이다. (겸애 교리는 노력 즉 작위이다)
지금 어질고 현명한 사람이 어진 자를 존경하고, 인민에게 이로운 도리와 정책을 시행하기를 좋아하므로, 그래서 위로는 왕공대인의 상을 받고, 아래로는 만민의 칭송을 얻는다. 마침내 천하의 빛나는 명예와 훌륭한 명성을 얻었으니, 어찌 운명이라고 말하겠는가? 그것은 또한 그들의 노력 덕분이다.
그러면 운명이 있다는 사람들이 옛날 삼대 성왕과 훌륭한 사람들이겠는가? 아니면 옛날 삼대 폭군이나 못난 사람들이겠는가? 이와 같은 설명을 살펴볼 때, 반드시 옛날 삼대 성왕과 훌륭한 사람들이 아니고, 틀림없이 옛날 삼대 폭군이나 못난 사람들이다.
그렇다면 지금 운명이 있다는 자들은 옛날 삼대 폭군인 걸주유려인데, 그들은 귀하기로는 천자가 되고 부유하기로는 천하를 소유했다. 그런데도 그의 이목의 욕구를 바로 잡지 못하여, 그의 마음과 뜻의 편벽됨을 따르고, 밖으로는 말을 타고 그물과 주살로 사냥하기를 좋아하고, 안으로는 술과 음악에 빠져서, 나라와 백성을 다스리는 일은 돌보지 않고, 쓸데없는 일을 빈번히 하면서 백성들에게 포악한 짓을 하여, 결국 종묘사직을 잃었다.

그래도 그들은 그렇게 된 것은 자신이 부족하고 못나서 정사에 힘쓰지 않았다고 말하지 않고, 반드시 내 운명이 본래 그렇게 나라를 잃게 되어 있다고 말한다.

옛날 삼대의 어리석고 못난 백성들 역시도 이와 같았다. 부모와 군장을 잘 섬기지도 않고, 공손하고 검소한 것을 매우 싫어했다. 또 간단하고 쉬운 것만을 좋아하고 먹고 마시는 것을 탐하면서도 맡은 바 일하는 것을 게을리했다. 그러므로 입고 먹을 것이 부족해서 굶어 죽고 얼어 죽을 걱정에 빠져 있는데도, 그들은 내가 무능하고 못나서 내 일을 열심히 하지 않았다고 말하지 않고, 반드시 내 운명 본래 그렇게 곤궁하게 되어 있다고 말한다. 옛날 삼대의 거짓을 일삼는 인민들도 역시 이와 같은 생각이었다. 옛날 포악한 왕들이 운명론을 지었고, 궁박한 인민들이 이를 따랐다. 이것은 모두 인민을 현혹하고 소박한 인민을 우롱한 것이다.

'從定' 확실한 방향을 결정하는 것.
'屬'(속)은 適의 뜻으로, 틀림없이, 꼭.
'光譽令問'에서 令問은 令聞과 같은 말로, 영예와 칭송.
'好功道術' 여기서 [功은 곧 '利民'(經說上)] 도리와 방법.
'矯'(교) '바로 잡다'. 교정하다. 속이다.

【昔暴王作之, 窮人術之. 此皆疑衆遲樸. 先聖王之患之也, 固在前矣. 是以書之竹帛, 鏤之金石, 琢之盤盂, 傳遺後世子孫. 曰 何書焉存? 禹之總德有之 曰 允不著惟天? 民不而葆, 旣防凶心, 天加之咎. 不愼厥德, 天命焉葆? 仲虺之告曰 我聞, 有夏人矯天命, 于下. 帝式是增, 用爽厥師. 彼用無爲有, 故謂矯. 若有而謂有, 夫豈爲矯哉? 昔者桀執有命而行, 湯爲仲虺之告以非之. 太書之言也，於'太子發'曰 惡乎君子! 天有顯德 其行甚章. 爲鑒不遠，在彼殷王. 謂人有命. 謂敬不可行，謂祭無益，謂暴無傷. 上帝不常，九有以亡. 上帝不順，祝降其喪. 惟我有周，受之大帝. 昔紂執有命而行， 武王爲太書去發以非之. 曰子胡不尙考之乎商周虞夏之記? 從十簡之篇，以尙皆無之，將何若者也?

是故子墨子曰 今天下之君子爲文學出言談也. 非將勤勞其惟舌 而利其脣呡. 中實將欲其國家邑里萬民刑政者也. 今也王公大人之所以蚤朝晏退，聽獄治政，終朝均分，而不敢怠倦者，何也? 曰 彼以爲強必治，不強必亂，強必寧，不強必危. 故不敢怠倦.

今也卿大夫之所以竭股肱之力，殫其思慮之知，內治官府，外斂關市山林澤梁之利，以實官府，而不敢怠倦者，何也? 曰 彼以爲強必貴，不強必賤，強必榮，不強必辱，故不敢怠倦. 今也農夫之所以蚤出暮入，強乎耕稼樹藝，多聚菽粟，而不敢怠倦者，何也? 彼以爲強必富，不強必貧，強必飽，不強必飢，故不敢怠倦. 今也婦人之所以夙興夜寐，強乎紡績織紝，多治麻絲葛緖，捆布縿，而不敢怠倦者，何也? 曰 彼以爲強必富，不強必貧，強必煖，不強必寒，故不敢怠倦. 今雖毋在乎王公大人，簀若信有命，而致行之，則必怠乎聽獄治政. 卿大夫怠乎治官府，則我以爲天下必亂矣. 農夫怠乎耕稼樹藝，婦人怠乎紡績織紝，則我以爲天下衣食之財，將必不足矣. 若以爲政乎天下，上以事天鬼，天鬼不使，下以持養百姓，百姓不利，必離散，不可得用也. 是以入守則不固，出誅則不勝. 故雖昔者三代暴王，桀紂幽厲之所以共抎其國家，傾覆其社稷者，此也.

是故子墨子言曰 今天下之士君子，中實將欲求興天下之利，除天下之害，當若有命者之言，不可不強非也. 曰 命者，暴王所作，窮人所術，非仁者之言也. 今之爲仁義者，將不可不察而強非者，此也.】

옛날 포악한 왕들이 운명론을 지었고, 궁박한 인민들이 이를 따랐다. 이것은 모두 인민을 현혹하고 소박한 인민을 우롱한 것이다.

옛날 성왕들은 본시 전부터 이 운명론을 걱정했다. 그래서 대나무와 비단에 적고, 금석에 세기며, 쟁반에 조각하여 후세 자손들에게 전해주었다. 어떤 책에 그런 것이 있는가? 우임금의 「총덕」에서 다음과 같이 말했다. 진실로 오직 하늘에 드러나 있지 아니한가? 백성들이 보호하지 않을 것이다. 이미 흉한 마음을 지니고 있다면 하늘이 벌을 내릴 것이다. 또 그의 덕을 삼 가지 않으면, 천명이 어찌 보호할 것인가? 「중훼지고」에도 말하였다. 내가 듣건대, 하나라 왕(걸)이 하늘의 명을 속이고 백성들에게 운명이 있다고 널리 알리니, 상제는 이것을 미워하여, 그의 군사들을 잃게 했다. 그는 없는 것을 있다고 하였으므로 속였다는 것이다. 만약에 있는 것을 있다고 하다면 어찌 속였다고 말하겠는가? 옛날 걸왕이 운명이 있다는 것에 집착하여 행동하니, 탕왕이 「중훼지고」에서 이를 비난한 것이다.

「태서」의 말은 태자발(무왕)에서 말하기를, 아! 군자들이어. 하늘은 밝은 덕이 있어서 그 행함이 매우 빛난다. 그 거울은 멀리 있지 않고, 저 은왕에게 있다. (거울삼으려거든 멀리서 찾지 말고 저 은왕을 거울삼아라) 그는 사람에게는 운명이 있다면서, 공경히 행동할 필요가 없다고 말하고, 제사는 무익하다고 하면서, 포악해도 해를 받지 않는다고 말했다. 이에 상제가 돕지 않아서 구주는 멸망하였다. 상제를 따르지 않는 紂에게 단호하게 멸망을 내리었다. 그래서 우리 주나라가 은나라를 물려받았다. 옛날 주왕이 운명에 집착하고 행동하여서, 무왕이 「태서」로써 비난한 것이다. 그대는 어찌 상 주 우 하나라의 기록을 세밀히 고찰하지 않는가? 십간지편 즉 여러 편의 글을 살펴보아도, 모두 운명이 없다고 하는데, 장차 어찌하겠는가?

그래서 묵자가 말했다. 지금 천하의 군자들이 글을 쓰고 말을 하는 것은 그 목구멍과 혀를 수고롭게 해서 그의 입술을 이롭게 하려 하는 것이 아니고, 진실로 나라와 고을과 만민을 위해 법과 정치를 하고자 한다. 오늘날 왕공대인들이 아침 일찍 조정에 나가서 저녁 늦게 퇴근하면서, 송사를 처리하고 정사를 다스리며, 온종일 조정에서 직분을 다하고 게으름을 피우지 않는 것은 어째서인가? 말하기를 그들이 열심히 하면 반드시 다스려지고, 열심히 하지 않으면 반드시 어지러워지며, 열심히 하면 반드시 편안해지고, 열심히 하지 않으면 반드시 위태로워지기 때문이다. 그래서 감히 게으름피울 수 없다.

지금 경대부들이 온 힘을 다하고, 그 사고의 힘을 다하여, 안으로는 관부를 다스리고, 밖으로는 관문과 시장과 산림과 택량의 이익을 거두어들여, 관부를 튼튼히 하는데 감히 게으름피우지 않는 것은 어째서인가? 말하기를, (운명을 믿지 않고) **힘써 노력하면 반드시 귀해지고, 힘써 노력하지 않으면 반드시 천해지며, 힘써 노력하면 반드시 영화롭게 되고 힘써 노력하지 않으면 반드시 욕되게 되기 때문이다. 그래서 감히 게으름을 피우지 않는 것이다.**

오늘날 농부들이 일찍 나가서 늦도록 농사짓는 데 애쓰면서 많은 곡식을 거둬들이는데 감히 게으름을 피우지 않는 것은 어째서인가? (운명을 믿지 않고) 부지런히 일하면 반드시 부유해지고, 부지런히 일하지 않으면 가난해지며, 힘써 노력하면 반드시 배부르게 되고, 힘써 일하지 않으면 반드시 굶주리게 되기 때문에, 그래서 감히 일하는 것에 게으름을 피울 수 없다.

지금 부인들이 일찍 일어나서 늦게 잠자리에 들면서 실 뽑고 길쌈을 부지런히 하여, 많은 삼베실과 칡 실을 마련하여 천을 짜내면서도 감히 게으름을 피우지 않는 것은 어째서인가? 말하기를, 그들이 (운명을 믿지 않고) 부지런히 일하면 반드시 부유해지고, 힘써 노력하지 않으면 가난해지며, 힘써 노력하면 반드시 따뜻하게 지낼 수 있고, 힘써 노력하지 않으면 춥게 지내기 때문이다. 그래서 감히 게으름을 피울 수 없다.

오늘날 왕공대인의 자리에 있는 자들이 만약에 운명이 있다고 믿고서 행동하게 된다면 송사를 판결하고 정사를 다스리는데 태만할 것이며, 경대부들이 관부를 다스리는 데도 태만할 것인즉, 나는 천하가 반드시 혼란해질 것으로 생각한다. 농부가 농사짓는 것에 태만하고 부인이 실 뽑고 길쌈하는 것을 게을리한다면 먹고 입는 재물이 부족해질 것이라 나는 생각한다.

만약 이처럼 (운명론을 믿고) 천하를 다스린다면, 위로는 하늘과 귀신을 섬기려 해도, 하늘과 귀신이 따르지 않을 것이고, 아래로는 백성들을 부양하려 해도 백성들에게 이롭지 않아 반드시 뿔뿔이 흩어져서 그들을 이용할 수 없게 될 것이다. 이러니 들어가서 수비해도 견고하지 못하고, 나가서 싸워도 승리하지 못한다. 그래서 옛날 삼대 포악한 군주인 걸주유려가 자기 나라를 잃고 사직을 망친 것도 모두 이것(운명을 믿은 것) 때문이다.

그래서 묵자가 말했다. 오늘날 천하의 사군자들이 진실로 천하의 이익을 일으키고 해를 제거하려 한다면, 마땅히 운명이 있다는 자들의 말을 강력히 비난하지 않으면 안 된다.

말하기를, 운명론은 포악한 군주들이 지어낸 것이며, 궁박한 자들이 이를 따르는 것이지, 어진 사람의 말이 아니다. 그래서 어질고 의로움을 행하려는 사람이 잘 살피고 힘써 비난할 것은 바로 이것(운명론)이다.

'疑衆遲樸'(의중지박) '인민을 현혹시키고 소박한 인민을 우롱한 것이다'로 해석.
'焉存'(언존)은 焉은 於의 뜻으로, 그런 것이 있는가?
'防'은 方의 뜻으로 지니다. 가까이한다.

'爽'(상)은 喪과 통한다.
'常'은 尙과 통하여 돕지 않는다는 뜻.
'惟舌'(유설)은 喉舌의 오기. 목구멍과 혀.
'脣昒'(순문) 입술.
'均分'(균분)은 직분을 나누다.
'殫'(탄) 다하다. 바닥나다.
'簀若'(궤약)은 藉(자)의 오기.
'使'는 從의 뜻으로 따르다.
'共抎'(공운)에서 共은 失의 誤記이다. 모두 잃는다는 것.

▶이 단락은 운명론을 강하게 부정하면서, 운명을 믿지 않고 자신의 노력을 통하여 힘써 노력하면 귀해지고 부유해지며 굶주리지도 헐벗어 추위에 떨지 않게 되기 때문에 게으름을 피울 수 없다는 것이다.

▶ 모든 것을 운명이라고 한다면 아무도 열심히 일하거나 노력하지 않을 것이다. 그렇게 되면 정치는 혼란해지고 먹고 입을 재물은 부족하게 되어 굶어 죽고 얼어 죽을 것이다. 묵자는 스스로 열심히 노력함으로써 삼환의 질곡에서 벗어나서 평화롭고 살만한 세상이 올 것이라고 말하고 있다. 묵자의 비명론은 그의 겸애사상이나 비공과도 밀접한 관계가 있다.

▶묵자는 「非樂」과 「非命」에서 정해진 운명은 없다. 그러므로 스스로 부지런히 노력하고 노동을 해서 자기 운명을 개척해야 함을 역설하고 있다. 이는 당시의 혈연적 종법제에 따른 신분질서를 강하게 부정하고 있다. 이를 통해 인간의 평등론을 설파한다. 천하의 주인는 노력하는 자의 것이라는 인민 주권론하고도 그 맥을 같이 한다고 생각한다.

3. 兼愛篇

【묵자 兼愛上】
 1. 兼愛는 서로 아끼고 사랑한다는 평등론이 바탕을 이루고 있다. 서로 평등하지 않고 어찌 두루 사랑할 수 있겠는가?
묵자는 천하가 어지러워지는 근본 원인을 **不相愛** 즉 서로 사랑하지 않는 데서 찾았다. 그래서 서로 두루두루 사랑한다면 세상은 서로를 해치지 않게 되니 안정될 것이라고 했다. 곧 兼愛가 사회 불안정의 해결책인 것이다.
2. 孟子가 楊朱와 墨翟을 병칭하며 논변하여 배척하였으나 楊子는 墨子에 필적할 정도는 아니었다. 楊子의 글은 전해지지 않고 列子의 글에 대략 보이니, 자기가 좋아하는 것만을 좋아하는 정도에 그친 사람이었다.
3. 墨子는 天人의 이치에 통달하고 사물의 實情을 익숙히 알았으며, 또 춘추전국 100여 년간의 時勢의 변화를 깊이 통찰하여 낡은 것을 깁고 치우친 것을 바로 세워 옛것을 회복하고자 하였다. 그리하여 그 뜻을 정중히 하며 그 말을 반복하여 당세의 人主가 한번 들어주기를 기대하였으니, 비록 正道에서 조금 벗어난 점이 있는 듯하나 실로 千古에 남을 뜻있는 사람이다. 尸佼543)는 공자가 '公'을 귀하게 여겼고 墨子가 '兼'을 귀하게 여겼으니 그 사실은 똑같다고 하였으며, 韓非子는 "儒家를 墨家와 아울러 세상의 顯學"이라 하였으며, 漢나라 때에 이르러서도 여전히 〈孔子와 墨子〉를 '孔墨'이라 나란히 일컬었으니, 尼山(공자)을 제외하고 이 어르신보다 숭상된 분은 없으리라.

---

543) 尸佼(시교)는 전국시대 晉나라 사람이다.

墨子가 죽고 墨家가 셋으로 나뉘었으니, 相里氏의 묵가가 있으며 相夫氏의 묵가가 있으며 鄧陵氏의 묵가가 있다.

지금 살펴보건대 〈尙賢〉·〈尙同〉·〈兼愛〉·〈非攻〉·〈節用〉·〈節葬〉·〈天志〉·〈明鬼〉·〈非樂〉·〈非命〉이 모두 상·중·하 3편으로 나뉘었는데, 字句가 약간 다르더라도 大旨는 다름이 없다.

추측컨대 이는 곧 상리씨·상부씨·등릉씨의 세 묵가가 서로 전한 본이 같지 않았는데, 후대의 사람들이 모아서 〈하나의〉 책을 만들었기 때문에 하나의 편인데 세 편으로 되었을 것이다.

묵자의 제자들이 산일(散逸)된 것을 망라하고 異同을 참고하여 모두 條理가 있게 되었지만 여덟으로 분파되어 이제 마침내 상고할 수 없게 되어버린 儒家의 경우에 비교해보더라도 더욱 심한 듯하다.

이에 唐나라 이래로 한창려(韓昌黎:韓愈) 외에는 한 사람도 묵자를 제대로 아는 자가 없었는데, 전송(傳誦)하는 자들이 적어지자 주역(注釋)을 내는 자들도 거의 없게 되었다.

4. 墨子는 아울러 사랑[兼愛]하였는지라 같음을 숭상[尙同]하였으며, 같음을 숭상하였는지라 공격을 비난[非攻]하였으며, 공격을 비난하였는지라 敵을 防禦하는 법을 강구하였다.

【兼愛上】

墨子는 천하가 어지러워지는 근본 원인을 서로 사랑하지 않는데[不相愛]에서 찾고, 그 해결책으로 차별하지 않고 모두 아울러 서로 사랑하는 것[兼相愛]을 제시한다. 남을 자기 몸처럼 사랑하고, 남의 부모를 내 부모처럼 사랑하고, 남의 집안이나 국가를 자기의 집안이나 국가처럼 사랑하면 도적질도 침략도 없어져 천하가 평안해진다는 것이다. 〈兼愛上〉에서는 이러한 兼愛說의 大綱을 제시한다.

【聖人以治天下爲事者也 必知亂之所自起 焉能治之. 不知亂之所自起 則不能治. 譬之 如醫之攻人之疾者然 必知疾之所自起, 焉能攻之. 不知疾之所自起 則弗能攻 治亂者何獨不然. 必知亂之所自起 焉能治之 不知亂之所自起 則弗能治. 聖人以治天下爲事者也 不可不察亂之所自起 當察亂何自起 起不相愛. 臣子之不孝君父 所謂亂也. 子自愛不愛父 故虧父而自利 弟自愛不愛兄 故虧兄而自利 臣自愛不愛君 故虧君而自利 此所謂亂也. 雖父之不慈子 兄之不慈弟 君之不慈臣 此亦天下之所謂亂也. 父自愛也不愛子 故虧子而自利, 兄自愛也不愛弟 故虧弟而自利, 君自愛也不愛臣 故虧臣而自利 是何也. 皆起不相愛. 雖至天下之爲盜賊者 亦然. 盜愛其室 不愛(其)異室 故竊異室以利其室 賊愛其身不愛人 故賊人以利其身 此何也. 皆起不相愛. 雖至大夫之相亂家 諸侯之相攻國者 亦然. 大夫各愛其家 不愛異家 故亂異家以利其家, 諸侯各愛其國 不愛異國, 故攻異國以利其國. 天下之亂物 具此而已矣. 察此何自起 皆起不相愛.】

성인이란 천하를 다스리는 것을 일로 삼는 자이다. 그러니 반듯이 혼란이 일어나는 까닭을 알아야만 능히 천하를 다스릴 수 있다. 혼란이 일어나는 까닭을 알지 못하면 천하를 다스릴 수 없다. 비유하자면 의사가 사람의 질병을 치료하는 것과 같다. 질병이 생긴 까닭을 알아야 능히 그 질병을 치료할 수 있다. 질병이 생긴 까닭을 모르면 치료할 수 없다. 혼란을 다스리는 것도 어찌 이와 같지 않겠는가? 혼란이 발생한 까닭을 알면 능히 다스릴 수 있지만, 혼란이 일어난 까닭을 알지 못하면 그 혼란을 다스릴 수 없을 것이다. 성인은 천하를 다스리는 것을 일로 삼는 자이니 혼란이 일어난 까닭을 잘 살피지 않을 수 없다. 당연히 혼란이 어디서 일어나는지를 살펴보면, 서로 사랑하지 않는 데서 일어난다. 신하와 자식이 임금과 부모에게 효도하지 않는 것이 이른바 혼란이다. 자식이 자신은 사랑하고 부모는 사랑하지 않기에, 그래서 결국 부모를 해치면서(손상하면서) 자기를 이롭게 하고, 아우는 자신은 사랑하면서도 형을 사랑하지 않음으로써 형을 해치면서 자기를 이롭게 한다. 신하는 자신은 사랑하고 임금을 사랑하지 않음으로써 임금을 해치면서 자신을 이롭게 하니, 이것이 이른바 혼란이다.

그리고 부모가 자식에 자애롭지 않고, 형이 아우에게 자애롭지 않고, 임금이 신하에게 자애롭지 않다고 해도 이것 역시 이른바 천하의 혼란인 것이다. 부모는 자신은 사랑하면서도 자식은 사랑하지 않는다면 자식을 해치면서 자신을 이롭게 하는 것이다. 형이 자신은 사랑하면서도 아우를 사랑하지 않는 것은 아우를 해치면서 자신을 이롭게 하는 것이다. 임금이 자신은 사랑하면서도 신하를 사랑하지 않는 것은 신하를 해치면서 자신을 이롭게 하는 것이니, 이것은 무엇 때문인가? 모두가 서로 사랑하지 않는 데서 일어나는 것이다. 심지어 천하의 남을 해치고 도적질하는 자에 이르기까지도 역시 그러하다. 도둑은 제 집안은 사랑하면서도 남의 집안은 사랑하지 않는다. 그래서 남의 집안의 것을 훔쳐서 제 집안을 이롭게 한다. 도둑은 그 자신은 사랑하면서도 남을 사랑하지 않는다. 그래서 남을 해침으로써 그 자신을 이롭게 하는 것이다. 이것은 어째서인가? 모두가 서로 사랑하지 않는 데서 생기는 것이다. 심지어 대부들이 남의 집안을 어지럽히고 제후들이 상대국을 어지럽히는 것도 역시 그러하다. 대부들은 각각 자기 집안은 사랑하나 남의 집안은 사랑하지 않는다. 그래서 남의 집안을 혼란케 해서 제 집안을 이롭게 한다. 제후들은 각각 자기 나라만을 사랑하고 남의 나라를 사랑하지 않아서, 남의 나라를 공격함으로써 자기 나라를 이롭게 한다. 천하가 어지럽게 되는 것은 여기에 전부 원인이 있는 것이다. 이것이 어디에서 일어나는가를 살펴보면 모두가 서로 사랑하지 않기 때문이다.

'其室'은 자기 집안.

【若使天下兼相愛 愛人若愛其身, 猶有不孝者乎. 視父兄與君 若其身 惡施不孝 猶有不慈者乎, 視弟子與臣 若其身 惡施不慈 故不孝不慈亡有. 猶有盜賊乎. 視人之室 若其室 誰竊, 視人身 若其身 誰賊, 故 盜賊亡有. 猶有大夫之相亂家 諸侯之相攻國者乎, 視人家 若其家 誰亂. 視人國 若其國 誰攻, 故 大夫之相亂家 諸侯之相攻國者 亡有. 若使天下兼相愛 國與國不相攻 家與家不相亂 盜賊無有 君臣父子皆能孝慈 若此則天下治. 故聖人以治天下爲事者 惡得不禁惡而勸愛. 故 天下兼相愛則治 交相惡則亂. 故子墨子曰 不可以不勸愛人者, 此也.】

만약 천하 사람들에게 서로 평등하게 사랑하게 하여, 남을 사랑하기를 자기 몸 사랑하듯이 해도 여전히 효성스럽지 않은 자가 있을 것인가? 부모와 형제 그리고 임금 보기를 자기 자신과 같이 본다면, 어찌 효성스럽지 않고 자애롭지 않을 수 있겠는가? 아우와 자식 그리고 신하 보기를 자기 자신 보듯이 한다면 어찌 자애롭지 않게 행동할 수 있겠는가? 그렇게 되면 효성스럽지 않고 자애롭지 않은 사람은 있지 않을 것이다. 그런데도 도둑이 있겠는가? 남의 집 보기를 자기 집 보듯이 하는데 누가 훔치겠는가? 남의 몸 보기를 자기 몸과 같이 하는데 누가 해치겠는가? 그렇게 되면 도둑질하거나 남을 해치는 자가 없다. 그런데도 서로 남의 집안을 어지럽히는 대부와 남의 나라를 공격하는 제후들이 있겠는가? 남의 집안 보기를 자기 집안 보듯이 한다면 누가 어지럽힐 것인가? 남의 나라 보기를 자기 나라 보듯이 한다면 누가 공격할 것인가? 그렇게 되면 남의 집안을 어지럽히는 대부와 남의 나라를 공격하는 제후들은 없어질 것이다. 만약 세상 사람들에게 서로 두루두루 사랑하게 한다면 나라와 나라는 서로 공격하지 않을 것이고 집안과 집안은 서로를 어지럽히지 않으며 도둑질하고 해치는 일은 있지 않을 것이며, 임금과 신하 부모와 자식이 모두 능히 효성스럽고 자애로워서, 이렇게 되면 천하가 다스려질 것이다. 그러므로 천하를 다스리는 일에 종사하는 성인은 어찌 악을 금하고 사랑을 권면하지 않을 수 있겠는가? 따라서 천하가 두루 평등하게 서로 사랑하면 다스려지고, 모두가 서로 미워하면 어지러워지는 것이다. 그러므로 묵자가 남을 사랑하라고 권면하지 않을 수 없는 것은 이것 때문이다.

※ 묵자의 겸애는 사람에게 도덕적인 메시지이며, 정치 사회적인 메시지이다. 또 겸애는 작위이다.
　이 단락에서 墨子는 천하가 어지러워지는 근본 원인을 서로 사랑하지 않는 데[不相愛]에서 찾고, 그 해결책으로 차별하지 않고 모두 아울러 서로 사랑하는 것[兼相愛]을 제시한다. 남을 자기 몸처럼 사랑하고, 남의 부모를 내 부모처럼 사랑하고, 남의 家나 國을 자기 것처럼 사랑하면 도적질도 침략도 없어져 천하가 평안해진다는 것이다.
　즉 천하가 두루 평등하게 서로 사랑한다면 다스려지고, 서로 차별하고 미워하면 어지러운 것이다.

【세상이 혼란한 원인】 "聖人은 以治天下爲事者也니 不可不察亂之所自起, 如醫之攻人之疾者然 必知疾之所自起 焉能攻之"
1. 성인은 천하를 다스리는 의사와 같아서 의사가 병이 어디에서 연유되었는지 알아야 병을 치료하듯이, 혼란이 어디에서 연유된 지를 살피지 않을 수 없다.
2. 兼은 부분(個體)과 상반되는 전체라는 의미와 구별 또는 차별(別)과 상반되는 무차별이라는 의미가 있다. 따라서 〔兼愛는 사회조직의 구성원에 대한 무차별적인 사랑이다.〕

3. 마치 의원이 다른 사람의 병을 고치는 것과 같이, 성인은 천하를 다스리는 일을 하는 사람이니, 반드시 혼란이 일어나는 원인을 알아야 한다.

【혼란의 해결책】"當察亂何自起 起不相愛 고로 兼相愛"
1. 혼란이 일어나는 원인을 살펴보면 서로 사랑하지 않는 데서 생긴다. 그래서 서로 사랑한다면 이 문제는 해결된다.
2. 兼愛上에서는 겸애교리 중에서 '겸애만을 언급'하고 있다.

【兼愛中】
〈兼愛 中〉에서는 上篇에서 제시한 兼愛說에 대해 좀 더 자세하게 논증하는데, '아울러 서로 사랑하는 것[兼相愛]'에 '번갈아 서로 이롭게 하는 것[交相利]'을 추가하여 난세의 해법으로 제시한다.
이 장에서의 논증은 겸애설에 대한 반대 입장, 즉 겸애설은 이론은 좋지만 실현되기 어려운 것이라는 주장에 반론을 펼치는 방법으로 이루어진다. 임금이 좋아하는 것을 위해 士들이 굶주림과 죽음을 불사했던 楚나라와 越나라의 사례를 제시하면서 그보다 쉬운 겸애는 임금이 이를 국정 원칙으로 삼기만 하면 실현될 수 있다고 주장하는 한편, 禹임금이나 文王·武王 등 옛 성왕들의 사례를 들어 겸애를 근본으로 삼아 정사를 펼친 증거로 제시한다. '현량자나 성인들의 솔선수범'을 강조하고 있다. 모범을 보이라는 것이다.

【子墨子言曰 仁人之所以爲事者 必興天下之利 除去天下之害 以此爲事者也. 然則天下之利 何也 天下之害 何也. 子墨子言曰 今若國之與國之相攻 家之與家之相篡 人之與人之相賊 君臣不惠忠 父子不慈孝 兄弟不和調 此則天下之害也. 然則察此害 亦何用生哉. 以相愛生邪?

子墨子言 以不相愛生. 今諸侯獨知愛其國 不愛人之國, 是以 不憚擧其國以攻人之國 今家主獨知愛其家 而不愛人之家. 是以 不憚擧其家以篡人之家 今人獨知愛其身 不愛人之身, 是以 不憚擧其身以賊人之身. 是故 諸侯不相愛 則必野戰 家主不相愛 則必相篡 人與人不相愛 則必相賊, 君臣不相愛 則不惠忠 父子不相愛 則不慈孝 兄弟不相愛 則不和調, 天下之人皆不相愛 强必執弱 富必侮貧 貴必敖賤 詐必欺愚, 凡天下禍篡怨恨 其所以起者 以不相愛生也. 是以 仁者非之. 旣以非之 何以易之? 子墨子言曰 以兼相愛交相利之法易之.】

묵자께서 말씀하셨다. 어진 이가 일을 하는 까닭은 반드시 천하의 이익을 불러일으키고, 천하의 해를 제거하기 위해서이다. 이것(興利除害)을 일로 삼는다. 그렇다면 천하의 이익은 무엇이고 천하의 해는 무엇인가? 묵자가 말했다. 나라와 나라가 서로 공격하고 가문과 가문이 서로 빼앗고 사람과 사람이 서로 해치며 임금과 신하가 은혜를 베풀지도 충성스럽지도 아니하며, 부모와 자식이 자애롭지도 효성스럽지도 아니하고, 형제간에도 조화롭지 아니한 것, 이것이 바로 천하의 해이다. 그러면 이러한 해로움 역시 어째서 생겨나는지를 살펴보면 서로 사랑하기 때문에 생긴 것인가? 묵자가 말했다. 서로 사랑하지 않기 때문에 생긴 것이다. 오늘날 제후들이 유독 자기나라만 사랑할 줄 알고 남의 나라를 사랑하지 않는다. 이로써 거리낌 없이 자기 나라의 온 힘을 다해서 남의 나라를 공격하고, 가문의 경대부들은 오직 자기 집안만을 사랑할 줄 알고 남의 집안을 사랑하지 않는다. 그래서 거리낌 없이 자기 집안의 온 힘을 다해 남의 집안을 찬탈한다. 오늘날 사람들은 오직 자기 몸만을 사랑할 줄 알고 남의 몸은 사랑하지 않으니 이로써 거리낌 없이 온 힘을 다해 남을 해친다. 그러므로 제후들이 서로 사랑하지 않으니, 반드시 전쟁을 하고, 가문의 경대부들이 서로 사랑하지 않으므로 반드시 서로를 찬탈하고, 사람들이 서로 사랑하지 않으니 반드시 서로를 해친다. 임금과 신하가 서로 사랑하지 않으니, 은혜롭지 않고 충성스럽지 않다. 부모와 자식이 서로 사랑하지 않으니 자애롭지도 효성스럽지도 않다. 형제간에 서로 사랑하지 않으니 화목하지 못한 것이다. 천하 사람들이 모두 서로 사랑하지 않는다면, '강한 자는 반드시 약한 자를 잡아 누르고, 다수는 반드시 소수를 겁박하며, 부자는 반드시 가난한 자를 업신여기고, 귀한 자는 반드시 천한 자에게 오만하며, 교활한 자는 반드시 어리석은 자를 속인다.'(하늘의 뜻에 반하는 행위) 무릇 천하의 재앙과 찬탈 원망과 한탄이 생기는 까닭은 서로 사랑하지 않는 데서 생긴다. 그러므로 어진 자는 그것(不相愛)을 비난한다. 이미 비난하였으니 무엇으로써 그것을 바꿀 것인가? 묵자는 말했다. 모든 사람이 두루 평등하게 서로 사랑하고 서로를 이롭게 하는 방법으로써 그것을 바꿔야 한다.

【然則兼相愛交相利之法 將柰何哉. 子墨子言 視人之國 若視其國 視人之家 若視其家 視人之身 若視其身. 是故 諸侯相愛 則不野戰, 家主相愛 則不相篡 人與人相愛 則不相賊. 君臣相愛 則惠忠 父子相愛 則慈孝 兄弟相愛 則和調. 天下之人 皆相愛 强不執弱 衆不劫寡 富不侮貧 貴不敖賤 詐不欺愚. 凡天下禍篡怨恨 可使毋起者 以相愛生也. 是以 仁者譽之(兼愛).】

그러면 두루 서로 사랑하고 서로가 이롭게 하는 방법은 어떻게 해야 하는가? 묵자가 말했다. 남의 나라 보기를 자기나라 보듯 하고, 남의 집안 보기를 자기 집안 보듯이 하고, 남 보기를 제 몸같이 보라고 한다. 이러면 제후들이 서로 사랑하여 싸우지 않을 것이며, 가문의 경대부들이 서로 사랑하면 서로를 찬탈하지 않을 것이며, 사람과 사람이 서로 사랑하면 서로를 해치지 않을 것이다. 임금과 신하가 서로 사랑하면 은혜를 베풀고 충성스러울 것이고, 부모와 자식이 서로 사랑하면 자애롭고 효성스러울 것이며, 형제간에 서로 사랑하면 서로 화목할 것이다. 천하 사람들이 서로 사랑하면 강한 자가 약한 자를 억누르지 않을 것이며, 다수가 소수를 겁박하지 않고 부자가 가난한 자를 업신여기지 않고, 귀한 자가 천한 자에게 오만하지 않고, 교활한 자가 어리석은 자를 속이지 않는다. 무릇 천하의 재앙과 찬탈과 원망과 한탄이 일어나지 않도록 하는 것은 서로 사랑해야만 가능한 것이다. 이로써 어진 자는 그것(兼愛)을 칭송한다.

【지도자의 직분】"仁人之所以爲事者는 必興天下之利하고 除去天下之害"
1. 어진 이가 직분으로 삼는 것은 천하의 이익을 일으키고 천하의 폐해를 제거하는 것을 직분으로 삼는다.

【혼란 제거 방법 : 겸애교리】"凡天下禍篡怨恨은 其所以起者가 以不相愛生也라, 是以로 仁者非之라하다 旣以非之면 何以易之 以兼相愛交相利之法으로 易之" "凡天下禍篡怨恨을 可使毋起者는 以相愛生也라 是以로 仁者譽之라 한다.
1. 무릇 천하에 재앙과 찬탈과 원망과 한탄이 일어나는 원인은 서로 사랑하지 않는 데서 생기는 것이다. 그래서 모든 어진 이는 그것(서로 사랑하지 않는 것)을 그르다고 하는 것이다. 이미 그르다고 했으면 어떻게 바꿀 것인가? 묵자는 모든 사람이 두루 평등하게 사랑하며 서로 이롭게 하는 법도로 바꾸라고 말한다. 어진 사람은 겸애를 기리는 것이다.

【겸애의 효과】 "天下之人이 皆相愛하면 強不執弱하고 衆不劫寡하고 富不侮貧하고 貴不敖賤하고 詐不欺愚"
1. 천하 인민들이 모두 서로 사랑하므로 강한 자는 약한 자를 억누르지 않고 다수는 소수를 겁탈하지 않고 부자는 가난뱅이를 능멸하지 않고 귀한 사람은 천한 사람을 업신여기지 않고 지혜로운 자는 어리석은 자를 속이지 않을 것이다.

【然而今天下之士君子曰 然. 乃若兼則善矣. 雖然, 天下之難物于故也. 子墨子言曰 天下之士君子 特不識其利辯其故也. 今若夫攻城野戰 殺身爲名 此天下百姓之所皆難也. 苟君說之 則士衆能爲之. 況於兼相愛交相利 則與此異. 夫愛人者 人必從而愛之 利人者 人必從而利之. 惡人者 人必從而惡之 害人者 人必從而害之. 此何難之有? 特上弗以爲政 士不以爲行故也. 昔者 晉文公 好士之惡衣 故 文公之臣 皆牂羊之裘 韋以帶劍 練帛之冠 入以見於君 出以踐於朝 是其故何也. 君說之 故 臣爲之也.
昔者 楚靈王 好士細要 故 靈王之臣 皆以一飯爲節 脇息然後帶, 扶墻然後起 比期年 朝有黧黑之色. 是其故何也, 君說之 故 臣能之也. 昔 越王句踐 好士之勇 敎馴其臣 和合之(私令人) 焚舟失火 試其士曰 越國之寶 盡在此 越王 親自鼓其士而進之, 士聞鼓音 破碎亂行 蹈火而死者 左右百人有餘 越王 擊金而退之. 是故 子墨子言曰 乃若夫少食惡衣 殺身而爲名 此天下百姓之所皆難也. 若苟君說之 則衆能爲之, 況兼相愛交相利 與此異矣? 夫愛人者 人亦從而愛之, 利人者 人亦從而利之, 惡人者 人亦從而惡之 害人者 人亦從而害之, 此何難之有焉. 特上不以爲政, 而士不以爲行故也.】

지금 천하의 사군자(벼슬아치들)이 말하기를 그렇다. 두루두루 서로 사랑하는 것은 좋은 일이다. 비록 그렇다 하더라도 천하에서 가장 어려운 일이며 힘든 일이다. 묵자가 말하였다. 천하의 사군자들은 특히 (겸애의) 이익을 알지 못하고 어려운 까닭만을 변명한다. 지금 성을 공격하여 야전에서 전쟁하여, 목숨을 버리고 명성을 얻으려 하는데, 이는 천하의 백성들이 모두 어려워하는 일이다. 하지만 임금이 진실로 그것을 좋아한다면 병사들은 능히 그것을 할 것이다. 하물며 서로 평등하게 사랑하고 서로를 이롭게 하는 일이 이것과 다를 것이 있겠는가? 무릇 남을 사랑하면 남도 반드시 따라서 나를 사랑하고, 남을 이롭게 하면 남도 따라서 반드시 나를 이롭게 한다. 남을 미워하면 남도 따라서 반드시 미워하고, 남을 해치면 남도 따라서 나를 해친다. 여기에 무슨 어려움이 있겠는가? 특히 임금이 그렇게(겸애교리) 정치하지 않으니, 선비들도 그렇게 행하지 않을 뿐이다. 옛날에 진 문공이 선비들의 검소한 옷차림을 좋아하자, 문공의 신하들은 모두 암양의 가죽 옷을 입었고, 가죽 혁대에 칼을 차고, 거친 비단 관을 썼으며, 조정에 들어가 임금을 배알하고 조회에 참석하였다. 이렇게 된 까닭은 무엇인가? 임금이 그것을 좋아했기 때문에 신하들이 그렇게 한 것이다. 옛날 초나라 영왕은 선비들의 가는 허리를 좋아했기 때문에 영왕의 신하들은 모두 하루 한 끼로 절식했고 숨을 들이쉰 후에야 허리띠를 매었고, 담장에 의지해서야 일어설 수 있었다. 이렇게 일 년이 지나자, 조정에는 검고 깡마른 얼굴만이 있었다. 이렇게 된 까닭은 무엇 때문인가? 임금이 그것을 좋아했기 때문에 신하들이 그렇게 한 것이다. 옛날 越나라 왕 句踐은 士들의 용맹을 좋아하였다. 그 신하를 가르치고 길들이기 위해서 몰래 사람을 시켜, 배에다 불을 지르고는 그의 신하들을 시험하기 위하여 말하였다. "越나라 보물이 모두 다 여기에 있다."라고 하면서 월나라 왕이 몸소 북을 두들겨 그 士들에게 〈불을 끄러〉 달려들게 하였다. 병사들이 북소리를 듣고 앞다투어 어지럽게 나아가 불에 뛰어들어 죽은 자가 좌우 측근 중에서 백여 명이 넘자, 월왕이 징을 쳐서 그들을 퇴각시켰다.
이런 까닭에 묵자께서 말씀하셨다. "밥을 적게 먹고 검소한 옷을 입으며, 목숨 바쳐 명성을 얻으려는 것은 천하 백성들이 모두 어려워하는 것이지만, 만일 임금이 이를 좋아한다면 인민들은 능히 해낼 수 있거늘, 하물며 아울러 서로 사랑하고 번갈아 서로 이롭게 하는 일(겸애교리)은 이것과 다르겠는가. 다른 사람을 사랑하는 자는 다른 사람 역시 그를 따라 사랑하고 다른 사람을 이롭게 하는 자는 다른 사람 역시 그를 따라 이롭게 하며, 다른 사람을 미워하는 자는 다른 사람 역시 그를 따라 미워하고 다른 사람을 해치는 자는 다른 사람 역시 그를 따라 해친다.
여기에 무슨 어려움이 있겠는가. 다만 임금이 그렇게 정치하지 않고 선비가 그렇게 행동하지 않기 때문이다."

【然而今天下之士君子曰 然. 乃若兼則善矣, 雖然 不可行之物也 譬若挈太山越河濟也. 子墨子言 是非其譬也, 夫挈太山而越河濟 可謂畢劫有力矣, 自古及今 未有能行之者也, 況乎兼相愛交相利 則與此異. 古者 聖王行之, 何以知其然? 古者 禹治天下 西爲西河漁竇 以泄渠孫皇之水, 北爲防原泒 注后之邸 呼池之竇 洒爲底柱 鑿爲龍門 以利燕代胡貉與西河之民. 東方漏之陸 防孟諸之澤 灑爲九澮 以楗東土之水 以利冀州之民. 南爲江漢淮汝 東流之 注五湖之處, 以利荊楚干越與南夷之民. 此 言禹之事, **吾今行兼矣**, 昔者文王之治西土, 若日若月 乍光于四方 于西土, 不爲大國侮小國 不爲衆庶侮鰥寡 不爲暴勢奪穡人黍稷狗彘, 天屑臨文王慈. 是以 老而無子者 有所得終其壽 連獨無兄弟者 有所雜於生人之閒, 少失其父母者 有所放依而長. 此文王之事 則**吾今行兼矣**. 昔者武王將事泰山隧, 傳 曰 泰山 有道曾孫周王有事, 大事旣獲 仁人尙作 以祗商夏蠻夷醜貉, 雖有周親 不若仁人, 萬方有罪 維予一人. 此 言武王之事, 吾今行兼矣. 是故 子墨子言曰 今天下之君子 忠實欲天下之富 而惡其貧, 欲天下之治而惡其亂, 當兼相愛交相利. 此聖王之法, 天下之治道也, 不可不務爲也.】

　그러나 지금의 군자들은 말한다. 그렇다. 두루 아우르는 것은 좋은 일이다. 그러나 비록 그렇더라도 〈이는〉할 수 없는 일이니, 비유컨대 太山을 끼고 黃河나 泲水(제수)를 건너는 것과 같다."라 한다. 묵자께서 말씀하셨다. "이는 제대로 된 비유가 아니다. 太山을 끼고서 黃河나 泲水를 건너는 것은 민첩하고 강건하며 힘이 세다고 할 만하나, 예로부터 지금에 이르기까지 그것을 행한 자는 아직 없었다. 그러나 아울러 서로 사랑하고 번갈아 서로 이롭게 하는 일은 이것과 달라 옛날 성왕은 그것을 행하셨다. 어떻게 그런 줄 아는가. 옛날에 禹임금이 천하를 다스릴 적에 서쪽으로는 西河와 渭竇(瀆)을 다스려 거손황의 물을 빠지게 하고, 북쪽으로는 原水와 泒水에 제방을 만들어 후지저로 흘러들게 하였고, 호지에 도랑을 파서 저주산을 적시고, 용문으로 물길을 뚫어 燕·代·胡·貉과 西河 유역의 인민들을 이롭게 하였다. 동쪽으로는 大陸의 물을 흘리고 孟諸의 습지에 제방을 쌓고, 물길을 나누어 九河를 만들고 동쪽 땅의 물을 막아 冀州의 인민을 이롭게 하였다. 남쪽으로는 長江·漢水·淮水·汝水를 다스려 동쪽으로 흐르게 하여 五湖 일대로 물을 대서 楚·吳·越과 南夷의 인민을 이롭게 하였다. 이것은 禹임금의 일을 말한 것이니, 우리도 이제 이러한 겸애를 실행하여야 한다.
옛날에 文王께서 서쪽 땅을 다스릴 적에 〈그 덕이〉해와 달같이 금새 사방으로 빛나 서쪽 땅을 비추었으니, 大國이라 하여 小國을 얕보지 않고, 多數라 하여 홀아비나 과부를 업신여기지 않으며, 광포한 권세가 있다 하여 농민의 곡식과 개·돼지 등을 빼앗지 않았으니, 하늘이 문왕의 자애로움을 달갑게 내려다보셨다.

이런 까닭에 늙어서 자식이 없는 자도 그 수명을 다할 수 있었고, 가련하고 외로우며 형제가 없는 자도 다른 사람들과 함께 생업을 이어갈 수 있었다. 어려서 그 부모를 잃은 자도 의지하며 자랄 수 있었다. 이것은 文王의 일을 말한 것이니, 우리도 이제 겸애를 실행하여야 한다.

옛날 무왕이 태산에 제사를 지내러 갔는데, 전해지는 글에 이르기를 '泰山의 신이시여. 道가 있는 증손인 周 王이 제사 올립니다. 큰일은 이미 이루었으니, 어진 사람이 일어나 商夏, 蠻夷, 醜貉의 인민을 구하게 해주소서. 비록 가까운 친척이 있다 하나 어진 사람만 못합니다. 여러 나라에 죄가 있다면 〈그것은 모두〉 저 한 사람의 것입니다.'라 하였다. 이것은 武王의 일을 말한 것이니, 우리도 이제 겸애를 실행하여야 한다. 그러므로 묵자께서 말씀하셨다. "지금 천하의 군자들이 진심으로 천하가 부유하기 바라고, 천하가 가난한 것을 싫어하며, 천하가 다스려지기 바라고 천하가 어지러워짐을 싫어한다면, 마땅히 아울러 서로 사랑하고 번갈아 서로 이롭게 하여야 하니, 이것이 聖王의 법이고 천하의 다스리는 道다. 그러니 힘써 하지 않을 수 없다."

▶ 즉 겸애 교리가 성왕의 법이며 천하를 다스리는 道라는 것이다. 그래서 우리 모두 다 겸애 교리 하도록 애쓰자는 묵자의 말씀이다.

▶ '大事既獲'에 대해서 대체로 '큰일은 이미 이루어졌다'고 해석한다. 그러나 기세춘 선생은 '獲'자를 '더럽힐'로 해석하는 것이 『禮記』의 뜻이라고 하면서, '임금의 일인 큰 제사를 올리는 임금의 정치가 더럽혀졌으니'로 해석하여 주(紂)를 비난하고 무왕은 사양하는 마음을 나타낸 것으로 본다.

▶ '祇(지)'는 공경의 뜻이나 손이양은 振(진)과 통용된다면서 '求한다'로 해석한다.

▶ '屑(설)'은 수고로움이나 『墨子閒詁』에서는 돌아본다. 밝혀준다고 해석한다.

▶ '連獨' 과부와 외톨이의 뜻으로, '외로이'로 해석한다.
※ 이 兼愛中에서는 겸애와 교리를 설명하고 있다.

【겸애의 효과】 "天下之人이 皆相愛하면 強不執弱하고 衆不劫寡하고 富不侮貧하고 貴不敖賤하고 詐不欺愚"
1. 천하 인민들이 모두 서로 사랑하므로 강한 자는 약한 자를 억누르지 않고 다수는 소수를 겁탈하지 않고 부자는 가난뱅이를 능멸하지 않고 귀한 사람은 천한 사람을 업신여기지 않고 지혜로운 자는 어리석은 자를 속이지 않을 것이다. 즉 대동 사회가 된다는 것이다.

【군자의 솔선수범】 "今天下之君子가 忠實欲天下之富 而惡其貧하고 欲天下之治而惡其亂하면 當兼相愛交相利 不可不務爲也"
1. 오늘날 천하의 군자들이 진실로 천하가 부유하기를 바라고 가난을 싫어한다면 또한 천하의 태평을 바라고 혼란을 싫어한다면 마땅히 두루 평등하게 서로 사랑하고 이롭게 해야 한다. 반드시 힘쓰지 않으면 안 된다.

【兼愛下】
 이편에서는 '아우름[兼]'과 '가름[別]'의 대비를 통해 논증을 진행한다는 것이 특색이다. 우선 개인적인 차원에서 남과 나를 가르는 태도를 가진 사람보다 아우르는 태도를 가진 사람을 모두가 좋아한다는 것을 논증하고, 그것은 國政 차원에서도 마찬가지라고 주장한다. 자신만을 위하는 임금과 백성을 아울러 사랑하는 임금 중 누가 더 좋으냐는 것이다. 이렇게 '아우름'이 '가름'보다 낫다고 주장한 후, 아우름의 정치의 실현 가능성에 대해 중편과 같은 방식으로 논증한다.

【子墨子言曰 仁人之事者 必務求興天下之利 除天下之害. 然當今之時 天下之害 孰爲大? 曰 若大國之攻小國也, 大家之亂小家也, 强之劫弱, 衆之暴寡, 詐之謀愚, 貴之敖賤 此天下之害也. 又與爲人君者之不惠也, 臣者之不忠也, 父者之不慈也, 子者之不孝也, 此又天下之害也.
又與今人之賤人 執其兵刃毒藥水火 以交相虧賊, 此又天下之害也. 姑嘗本原若衆害之所自生 此胡自生, 此自愛人利人生與? 卽必曰非然也, 必曰從惡人賊人生. 分名乎天下惡人而賊人者, 兼與別與, 卽必曰別也. 然卽之交別者 果生天下之大害者與. 是故 子墨子曰 別非也.】

묵자가 말했다. "어진 사람이 하는 일은 반드시 힘써 천하의 이로움을 일으키고 천하의 해로움을 없애려는 것이다." 그렇다면 지금 천하의 해로움 중에 무엇이 가장 큰가. 말하자면 다음과 같다. 큰 나라가 작은 나라를 공격하는 것, 큰 家가 작은 家를 어지럽히는 것, 강한 자가 약한 자를 위협하는 것, 다수가 소수에게 사납게 구는 것, 교활한 자가 어리석은 자를 속이는 것, 귀한 자가 천한 자에게 오만하게 구는 것, 이 같은 것들이 천하의 해로움이다. 또 남의 임금 된 자가 은혜를 베풀지 않는 것, 신하 된 자가 충성하지 않는 것, 아버지 된 자가 자애롭지 않은 것, 자식 된 자가 효성스럽지 않은 것, 이 같은 것들 역시 천하의 해로움이다. 또 오늘날 사람이 사람을 천하게 여겨, 병기, 독약, 물과 불을 가지고 상대방을 해쳐 손상하는 것, 이 같은 것 역시 천하의 해로움이다. 이러한 여러 가지 해로움이 생겨나는 원인을 한번 따져보면, 이는 어디에서 생기는 것인가. 이것이 남을 사랑하고 남을 이롭게 하는 데에서 생기겠는가. 그러면 반드시 그렇지 않다고 할 것이고, 반드시 남을 미워하고 남을 해치는 데에서 생긴다고 할 것이다. 천하에서 남을 미워하고 남을 해치는 것에 이름을 붙이자면, 두루 사랑하는 것이겠는가? 아니면 차별하는 것이겠는가? 차별하는 것이라 할 것이다. 그렇다면 서로 차별하는 것이야말로 결과적으로 천하의 큰 해로움을 생기게 하는 것이다. 그래서 묵자는 서로 차별하는 것을 비난한다.

'分名'은 이름을 붙인다. 명칭을 나눈다란 의미.

【非人者 必有以易之, 若非人而無以易之 譬之猶以水救水以火救火也. 其說將必無可焉. 是故 子墨子曰 **兼以易別**. 然卽兼之可以易別之故 何也? 曰 藉爲人之國 若爲其國, 夫誰獨擧其國以攻人之國者哉, 爲彼者猶爲己也. 爲人之都 若爲其都 夫誰獨擧其都以伐人之都者哉, 爲彼猶爲己也. 爲人之家 若爲其家, 夫誰獨擧其家以亂人之家者哉, 爲彼猶爲己也. 然卽國都不相攻伐, 人家不相亂賊, 此天下之害與? 天下之利與? 卽必曰 天下之利也. 姑嘗本原若衆利之所自生, 此胡自生? 此自惡人賊人生與? 卽必曰 非然也. 必曰 從愛人利人生. 分名乎天下愛人而利人者 別與? 兼與? 卽必曰 兼也. 然卽之交兼者 果生天下之大利者與. 是故 子墨子曰 兼是也.】

남을 비난하는 자는 반드시 그 비난을 대체할 만한 것이 있어야 한다. (代案提示) 비유하자면 마치 물로 물을 막고 불로 불을 끄려고 하는 것과 같으니, 그 주장이 장차 반드시 옳다고 인정받을 수 없을 것이다. 이런 까닭에 묵자께서 말씀하시기를, 평등함(겸)으로써 차별함(별)을 대체하자고 주장한다. 그렇다면 두루 사랑하는 것으로써 차별하는 것을 대체하자고 한 까닭은 무엇인가? 말하자면 다음과 같다. 가령 남의 나라를 자기 나라처럼 위한다면 그 누가 홀로 자기 나라의 〈국력을〉 다해 남의 나라를 공격하겠는가. 즉 남의 나라 위하기를 자기 나라 위하듯이 하면서. 남의 도성을 자기 도성처럼 위한다면 그 누가 홀로 자기 도성의 〈힘을〉 다해 남의 도성을 공벌하겠는가. 남의 도성 위하기를 자기 도성 위하듯 하면서. 남의 집안을 자기 집안처럼 위한다면 그 누가 홀로 자기 집안의 〈역량을〉 다 기울여 남의 집안을 어지럽히겠는가. 남의 집안 위하기를 자기 집안 위하듯이 하면서. 그렇다면 나라와 도성을 서로 공벌 않고, 남의 집안을 서로 어지럽히거나 해치지 않는다면 이것이 천하의 해로움이겠는가, 천하의 이로움이겠는가. 그러면 반드시 천하의 이로움이라 할 것이다. 이러한 여러 가지 이로움이 생겨나는 원인을 한번 따져보면 이는 어디에서 생기는 것인가. 이것이 남을 미워하고 해치는 데에서 생기겠는가. 그러면 반드시 그렇지 않다고 할 것이고, 반드시 남을 사랑하고 남을 이롭게 하는 데에서 생긴다고 할 것이다. 천하에서 남을 사랑하고 남을 이롭게 하는 것에 이름을 붙이자면 '평등함(겸)'이겠는가, '차별함(별)'이겠는가. 그러면 반드시 '평등함(겸)'이라 할 것이다. 그렇다면 서로 평등하게 아우르는 것이 결과적으로 천하에 큰 이로움을 주는 것이다. 이런 까닭에 묵자께서 겸이 옳다는 것이다.

【且鄕吾本言曰 仁人之事者 必務求興天下之利 除天下之害. 今吾本原兼之所生 天下之大利者也. 吾本原別之所生 天下之大害者也. 是故 子墨子曰 別非而兼是者 出乎若方也. 今吾將正求興天下之利而取之. 以兼爲正. 是以 聰耳明目 相爲視聽乎, 是以 股

肱畢强 相爲動(宰)[擧]乎. 而有道 肆相敎誨, 是以 老而無妻子者 有所侍養以終其壽 幼弱孤童之無父母者 有所放依以長其身, 今唯 母以兼爲正 卽若其利也. 不識天下之士所以皆聞兼而非[之]者 其 故何也.】

또 전에 내가 본래 말하기를 "어진 사람이 할 일은 반드시 힘써 천하의 이로움을 일으키고 천하의 해로움을 없애려는 것이다." 라 하였다. 지금 내가 근본적으로 兼이 낳는 것은 천하의 큰 이익이요, 차별이 낳는 것은 천하의 큰 해로움이다. 이런 까닭에 묵자께서 말씀하시기를 別을 비난하고, 兼이 옳다고 하는 것은 이와 같은 도리에서 나온 것이다. 지금 내가 장차 천하의 이로움을 일으켜 그것을 얻고자 한다면, 두루 평등하게 대하는 것(兼)을 바름으로 삼아야 한다. 이로써 귀 밝은 장님과 눈 밝은 귀머거리가 협동을 하면 장님도 볼 수 있고 귀머거리도 들을 수 있으며, 팔 없는 사람과 다리 없는 사람이 서로 협동하면, 모든 동작을 온전하게 할 수 있다. 그리고 가진 道를 널리 펴서 서로서로에게 가르쳐주면 모두 깨우칠 수 있을 것이다. 그렇게 하여 늙어 妻子 없는 자도 부양받을 데가 있어 그 수명을 다 마치고, 어려서 고아가 되어 부모 없는 자도 의지할 데가 있어 그 몸이 성장할 수 있으니, 지금 오직 두루 평등하게 대하는 것(兼)을 바름으로 삼아야 서로에게 이익이 되기 때문이다. 그런데 천하의 선비들이 이와 같은 이치를 모르고, 모두 겸의 道를 듣고도 이를 비난하는 것은 그 까닭이 무엇인지 알지 못하겠다.

'方'은 道理 또는 이치로 해석한다.

▶以兼爲正에서 '正'은 '政'과 같다. 겸으로써 세상을 바로잡는다는 의미로 본다.

▶ 이 단락에서는 '겸애교리'야말로 장님과 귀머거리, 팔 없는 사람과 다리 없는 사람 등을 예로 들면서, 사람이 온전한 사람은 없기에, 즉 모두 다 일정한 부분에는 불완전한 존재이기 때문에 각 분야에서 자기 능력과 재능에 따라 힘을 기르고 깨쳐, 전문가가 되어서 서로 돕자는 것이다. 묵자는 全人보다는 專門家를 추구한다고 여겨진다. 그래서 서로 아우르고 사랑하면서 돕고 살자는 것이다. 즉 겸애교리의 본 취지는 각 분야의 재능 있는 전문가로서 서로 협동하자는 것이다. 즉 바로 상동이다.

▶ 상동은 異同의 논리이다. 즉 차이 나는 것을 일치시키고, 또 다시 차이 나는 것을 하나로 묶는 과정론이다.
※ 서로의 차이를 인정하되, 차별하지 않는다면 어찌 다툼이 생겨 혼란스러울 것인가? 사람 간에 차별이라는 벽을 쌓기에 세상이 어지러운 것이다.

【然而天下之士非兼者之言 猶未止也 曰 卽善矣, 雖然 豈可用哉? 子墨子曰 用而不可, 雖我 亦將非之, 且焉有善而不可用者? 姑嘗兩而進之 設以爲二士 使其一士者執別, 使其一士者執兼 是故 別士之言 曰 吾豈能爲吾友之身 若爲吾身, 爲吾友之親 若爲吾親. 是故 退睹其友 飢卽不食 寒卽不衣 疾病不侍養 死喪不葬埋, 別士之言若此 行若此. 兼士之言不然 行亦不然, 曰 吾聞 爲高士於天下者 必爲其友之身 若爲其身, 爲其友之親 若爲其親 然後 可以爲高士於天下. 是故 退睹其友 飢則食之 寒則衣之 疾病侍養之 死喪葬埋之. 兼士之言若此 行若此. 若之二士者 言相非而行相反與. 當使若二士者 言必信 行必果 使言行之合 猶合符節也, 無言而不行也, 然卽敢問 今有平原廣野於此 被甲嬰冑 將往戰 死生之權 未可識也. 又有君大夫之遠使於巴越齊荊 往來及否 未可識也. 然卽敢問 不識將惡從也. 家室奉承親戚 提挈妻子而寄託之, 不識於兼之有是乎? 於別之有是乎? 我以爲當其於此也, 天下無愚夫愚婦 雖非兼之人, 必寄託之於兼之有是也. 此言而非兼 擇卽取兼 卽此言行費也. 不識天下之士所以皆聞兼而非之者 其故何也.】

그런데도 천하의 선비 중에서 '평등한 아우름'(兼)을 비난하는 말이 여전히 그치지 않는다. 말하기를 "좋기는 좋다. 비록 그렇더라도 어찌 쓸 수 있겠는가(겸애할 수 있겠는가)."라고 한다. 묵자께서 말씀하시기를, (겸이 채택되어) 쓰이더라도 제대로 시행할 수 없으면 비록 나라도 역시 비난할 것이다. 그러나 좋은 것이라면서 쓸모가 없겠는가? 한번 둘로 나누어 〈논의를 진행시켜〉 나아가보자. 두 선비가 있다고 가정하여, 그중 한 선비는 '別'의 주장을 견지하고, 한 선비는 '兼'의 주장을 견지한다고 치자. 그래서 '別'을 주장하는 선비는 "내가 어찌 내 친구 몸을 마치 내 몸처럼 위하고, 내 친구 부모를 마치 내 부모처럼 위할 수 있겠는가."라 할 것이다. 그래서 〈논변하는 자리에서〉 물러나 〈실제로〉 자신의 친구를 볼 때 〈그가〉 굶주리더라도 먹여주지 않고 추워하더라도 옷을 입혀주지 않으며, 병을 앓더라도 돌봐주지 않고 죽더라도 묻어주지 않으니, '別'을 주장하는 선비의 말이 이와 같고 행동이 이와 같다. '兼'을 주장하는 선비의 말은 그렇지 않고 행동도 그렇지 않다. 〈그는〉 "내가 듣기에 천하에 이름 높은 선비는 반드시 자기 친구의 몸을 마치 자기 몸처럼 위하고, 자기 친구 부모를 마치 자기 부모처럼 위한다 하니, 그렇게 한 뒤에야 천하에 이름 높은 선비가 될 수 있을 것이다."라고 한다. 그래서 〈논변하는 자리에서〉 물러나 〈실제로〉 자신의 친구를 볼 때 〈그가〉 굶주리면 먹이고 추워하면 옷을 입히며 병을 앓으면 돌봐주고 죽으면 묻어주니, '兼'을 주장하는 선비의 말이 이와 같고 행동이 이와 같다. 이 두 선비와 같은 경우는 말도 서로 다르고, 행동도 서로 반대되는구나. 이 두 선비가 말하면 반드시 미더우며, 행동에는 반드시 결과를 수반하여, 言行이 마치 符節을 합치듯 일치하여 말하면 행하지 않음이 없다고 한번 가정해보자. 그러면 감히 묻겠다. 지금 여기에 平原과 廣野가 있어 갑옷을 입고 투구를 쓰고서, 장차 나가 싸우려 할 때 그 죽을지 살지를 아직 알지 못한다고 하자. 또 임금의 대부로서 멀리 巴·越·齊·荊(楚)나라에 사신으로 떠나려 할 때, 갔다 올 수 있을지를 아직 알지 못한다고 하자. 그러면 감히 묻겠다. 잘 모르겠지만, 누구(兼 혹은 別 둘 중에서)를 따를 것인가. 집에서 부모를 받들어 모시고 처자를 데리고 가 맡기려 할 때, 兼을 주장하는 자에게 맡기겠는가? 別을 주장하는 자에게 맡기겠는가? 내가 이런 경우를 당한다면, 천하에 어리석은 사내 어리석은 여인네 할 것 없이 비록 '兼'을 그르다고 하는 사람일지라도 반드시 '兼'을 주장하는 친구에게 맡기는 것이 옳다. 이것은 말로는 '兼'을 그르다 하더라도, 택할 땐 '兼'을 취하는 것이니, 바로 이것은 言行이 어긋나는 일이다. 그런데도 알 수 없는 것은 천하의 선비들이 모두 '兼'을 듣고서도 그르다고 하는 것은 그 이유가 무엇인가?

'奉承' 봉승: 웃어른의 뜻을 받들어 이음.

▶이 단락에서는 兼을 비난하는 자들도 필요시에는 兼을 택한다는 것이다. 이것은 그야말로 二律背反이다. 묵자는 이러한 행동을 이해하지 못하겠다는 것이다.
전쟁에 나가 생사를 판단할 수 없는 경우, 겸자와 별자 누구에게 자신의 가족을 부탁하겠는가?

▶묵자는 실용주의자이다. 그래서 쓸모가 없다면 채택하지 않는다는 것이다.

【然而天下之士非兼者之言 猶未止也. 曰 意可以擇士 而不可以擇君乎. 姑嘗兩而進之 設以爲二君 使其一君者 執兼, 使其一君者 執別. 是故 別君之言 曰 吾惡能爲吾萬民之身 若爲吾身, 此 泰非天下之情也. 人之生乎地上之無幾何也, 譬之 猶駟馳而過隙也. 是故 退睹其萬民 飢卽不食 寒卽不衣 疾病不侍養 死喪不葬埋, 別君之言若此 行若此. 兼君之言不然 行亦不然 曰 吾聞 爲明君於天下者 必先萬民之身 後爲其身 然後 可以爲明君於天下. 是故 退睹其萬民 飢卽食之 寒卽衣之 疾病侍養之 死喪葬埋之, 兼君之言若此 行若此, 然卽交若之二君者 言相非而行相反與 (常)[嘗]使若二君者 言必信 行必果 使言行之合 猶合符節也. 無言而不行也. 然卽敢問 今歲有癘疫 萬民多有勤苦凍餒 轉死溝壑中者 旣已衆矣. 不識將擇之二君者 將何從也. 我以爲當其於此也, 天下無愚夫愚婦 雖非兼者 必從兼君 是也. 言而非兼 擇卽取兼. 此言行拂也, 不識天下所以皆聞兼而非之者 其故何也.】

그러나 '兼'을 비난하는 천하 선비의 말이 여전히 그치지 않는다. 말하기를 "무릇 선비는 선택할 수 있겠지만, 임금은 선택할 수 없지 않은가."라고 한다. 한번 둘로 나누어 〈논의를 진행시켜〉 나아가보자. 두 임금이 있다고 가정하여, 그중 한 임금은 '兼'의 주장을 견지하고 한 임금은 '別'의 주장을 견지한다 치자. 그러면 '別'을 주장하는 임금이 "내가 어찌 나의 萬民의 몸을 내 몸처럼 위할 수 있겠는가. 이것은 천하의 人情과 크게 다르다. 사람이 땅 위에서 사는 시간은 얼마 안 되니, 비유하자면 마치 빠르게 달리는 수레가 벽 틈새를 지나는 것과 같다. 그래서 〈논변하는 자리에서〉 물러나 〈실제로〉 자신의 萬民을 볼 때 그들이 굶주리더라도 먹여주지 않고, 추워하더라도 옷을 입혀주지 않으며, 병을 앓더라도 돌봐주지 않고 죽더라도 묻어주지 않는다.

'別'을 주장하는 임금의 말이 이와 같고, 행동이 이와 같다. 〈그러나〉 '兼'을 주장하는 임금의 말은 그렇지 않고, 행동 역시 그렇지 않다. 〈그는〉 "내가 듣기에 천하의 明君은 반드시 만민의 몸을 먼저 위하고, 자기 몸을 나중에 위한다고 하니 그렇게 한 뒤에야 천하의 명군君이 될 수 있을 것이다."라고 한다. 그래서 〈논변하는 자리에서〉 물러나 〈실제로〉 자신의 만민을 볼 때, 〈그들이〉 굶주리면 곧 먹이고 추워하면 곧 옷을 입히며 병을 앓으면 돌봐주고 죽으면 묻어준다. '兼'을 주장하는 임금의 말이 이와 같고, 그 행동이 이와 같다. 그렇다면 '交兼'을 주장하고 '交別'을 주장하는 이 두 임금의 경우는 말도 서로 다르고, 행동도 서로 반대되는구나. 이 두 임금이 말은 반드시 믿음직스럽고 행동은 반드시 과감하여 언행이 마치 符節을 합치듯 일치하여, 말하면 행하지 않음이 없다고 한번 가정해보자. 그러면 감히 묻겠다. 올해 역병이 돌아 萬民 대다수가 고생하며 추위에 얼고 배를 곯아 시체가 〈매장되지 않고 그냥〉 밭도랑 구덩이에 버려지는 일이 이미 벌써 많다고 하자. 장차 두 임금 가운데 택한다면 장차 누구를 따를 것인가? 내가 이 같은 경우를 당한다면, 내가 생각건대 이런 상황에서는 천하에 어리석은 사내 어리석은 여인네 할 것 없이 비록 '兼'을 비난하는 사람일지라도 반드시 '兼'을 주장하는 임금을 따름이 옳다. 말로는 '兼'을 비난하더라도 택할 땐 '兼'을 취하니, 바로 이것은 言行이 어긋나는 일이다. 잘 모르겠지만, 천하에서 모두 '兼'에 대한 주장을 듣고서도 그것을 비난하는 까닭은 무엇인가?

【然而天下之士非兼者之言也 猶未止也. 曰 **兼卽仁矣 義矣**. 雖然 豈可爲哉. 吾譬兼之不可爲也, 猶挈泰山以超江河也. 故 **兼者 直願之也**. 夫豈可爲之物哉? 子墨子曰 夫挈泰山以超江河 自古(之)及今 生民而來 未嘗有也. 今若夫兼相愛交相利 此自先聖(六)[四]

王者親行之. 何[以]知先聖(六)[四]王之親行之也？ 子墨子曰 吾非與之竝世同時 親聞其聲 見其色也, 以其所書於竹帛 鏤於金石 琢於槃盂, 傳遺後世子孫者 知之. 泰誓 曰 文王若日若月 乍照光于四方 于西土. 卽此言文王之兼愛天下之博大也, 譬之日月兼照天下之無有私也, 卽此文王兼也. 雖子墨子之所謂兼者 於文王取法焉. 且不唯泰誓爲然 雖禹誓 卽亦猶是也. 禹曰 濟濟有衆 咸聽朕言 非惟小子敢行稱亂 蠢兹有苗 用天之罰. 若予旣率爾羣(對)[封]諸羣以征有苗. 禹之征有苗也 非以求(以)重富貴 干福祿 樂耳目也, 以求興天下之利 除天下之害, 卽此禹兼也. 雖子墨子之所謂兼者 於禹(求)[取法]焉. 且不唯禹誓爲然 雖湯說 卽亦猶是也. 湯曰 惟予小子履 敢用玄牡 告於上天后 曰 今天大旱 卽當朕身履未知得罪于上下. 有善不敢蔽 有罪不敢赦 簡在帝心. 萬方有罪 卽當朕身 朕身有罪 無及萬方. 卽此言湯貴爲天子 富有天下，然且不憚以身爲犧牲 以祠說于上帝鬼神. 卽此湯兼也, 雖子墨子之所謂兼者 於湯取法焉. 且不惟誓命與湯說爲然，周詩 卽亦猶是也. 周詩 曰 王道蕩蕩 不偏不黨, 王道平平 不黨不偏 其直若矢 其易若厎, 君子之所履 小人之所視. 若吾言非語道之謂也, 古者文武爲正 均分賞賢罰暴, 勿有親戚弟兄之所阿. 卽此文武兼也. 雖子墨子之所謂兼者 於文武取法焉. 不識天下之人所以皆聞兼而非之者 其故何也.】

그러나 천하의 선비들에게서 '兼하는 것'을 비난하는 말이 여전히 그치지 않고 있다. 〈그들이〉 말하기를 "'兼'은 仁이고 義다. 비록 그렇더라도 어찌 〈실행〉할 수 있겠는가. 내가 〈'兼'을〉할 수 없다는 것을 비유하자면 마치 泰山을 끼고 長江이나 黃河를 건너는 것과 같다. 그러므로 兼 한다는 것은 다만 그것을 바랄 뿐이지, 그것이 어찌할 수 있는 일이겠는가."라 한다. 묵자께서 말씀하셨다. "泰山을 끼고 長江과 黃河를 건넌다는 것은 예로부터 지금까지 인류가 생긴 이래로 있었던 적이 없다. 지금 저 아울러 서로 사랑하고 번갈아 서로 이롭게 한다(겸상애 교상리)는 것 같은 일은 옛날 네 분의 聖王들이 몸소 행하던 것이다.” 어떻게 옛날 네 분의 성왕이 몸소 행했다는 것을 아는가. 묵자께서 말씀하셨다. “내가 그분들과 세대를 같이하여 같은 때에 살면서 직접 그 음성을 듣고 그 얼굴을 뵌 것은 아니다. 그러나 나는 죽백(竹帛)에 쓰고, 금석(金石)에 새기고, 쟁반과 사발에 쪼아 넣어 후세 자손에게 전하여 남긴 것을 가지고 안다.” 〈泰誓〉에 이르기를 “文王께서 해와 달과 같이 비추어 〈그 덕이〉 사방에 빛나고 서쪽 땅에 〈드러났다.〉”라고 하였다. 곧 이는 文王께서 천하를 아울러 사랑함이 넓고 크다는 말이니, 비유하자면 마치 해와 달이 천하를 아울러 비춤에 사사로움이 없다는 것이다. 바로 이것이 문왕의 兼이다. 묵자께서 말씀하신 ‘兼’은 文王에게서 본받은 것이다. 또한 다만 〈泰誓〉만 그런 것이 아니고, 〈禹誓〉도 또한 이와 같다. 禹가 말하기를 “많은 군사들이여, 모두 나의 말을 들어라. 내가 감히 난을 일으키려는 것이 아니다. 준동하는 묘족(苗族)이 있어, 天罰을 쓰려 하는 것이다. 이에 내가 너희 여러 나라 제후들을 이끌고 묘족을 정벌하려는 것이다.”라고 하였다. 禹가 묘족을 정벌한 것은 그것을 통해 부귀를 더하고, 복록을 구하며, 눈과 귀를 즐겁게 하기 위해서 그런 것이 아니다. 천하의 이로움을 일으키고 천하의 해로움을 물리치고자 해서 그런 것이니, 바로 이것이 禹의 ‘兼’이다. 묵자께서 말씀하신 ‘兼’은 禹에게서 본받은 것이다. 또한 다만 〈禹誓〉만 그런 것이 아니고, 〈湯說〉도 곧 이와 같다. 湯王이 말하기를 “이에 나 小子 리(履)는 감히 검은 소를 바쳐 천지신명께 고합니다. 지금 하늘께서 큰 가뭄을 내리시니 바로 저 리(履)의 책임입니다. 아직도 위아래로 〈천지신명께〉 얼마나 많은 죄를 지었는지 알지 못합니다. 선한 일이 있으면 제가 감히 숨기지 않고 죄가 있으면 제가 감히 마음대로 용서하지 않으니 그 간택은 上帝의 마음에 맡깁니다. 모든 나라에 죄가 있다면 그것은 바로 저의 책임이며 저에게 죄가 있다면 〈그 죄를〉 모든 나라에 미치게 하지 마소서."라고 하였다. 바로 이것이 湯王이 존귀하기로는 천자가 되었고 부유하기로는 천하를 소유했더라도 자신을 희생으로 삼아 上帝와 鬼神에게 설제(說祭) 지내기를 꺼리지 않았음을 말하는 것이다. 바로 이것이 湯王의 '兼'이다. 묵자께서 말씀하신 '兼'은 탕왕에게서 본받은 것이다. 또 다만 〈禹誓〉와 〈湯說〉만 그런 것이 아니고, 周詩도 곧 이와 같다. 〈周詩〉에 이르기를 "王道는 확 트여 넓으니 치우치지 않고 사사롭지 않도다. 왕도는 평평하니 사사롭지 않고 치우치지 않도다. 그 곧기는 화살과 같고 그 평탄함은 숫돌과 같네. 군자가 실천하는 것이요, 소인이 보고 배우는 것이라네."라고 하였으니, 이것은 내 말이거나 내 道를 말하는 것이 아니고, 옛 문왕과 무왕의 정치를 하면서, 고루 나누고 어진 이에게 상 주고 포악한 자를 벌하면서 부모형제라 하여 사사롭게 봐주는 일이 없었다. 바로 이것이 文王과 武王의 '兼'이니, 묵자께서 말씀하신 '兼'은 문왕과 무왕에게서 본받은 것이다. 잘 모르겠지만, 천하 사람들이 모두 '兼'에 대한 주장을 듣고서도 비난하는 것은 그 이유가 무엇인가?

'簡'은 選也, 분별함을 뜻한다.
'阿'는 私(사사롭다)로 해석한다.

▶묵자의 兼은 문왕, 우왕 탕왕 무왕 등의 법도를 본받은 것을 말하고 있다.

【然而天下之非兼者之言 猶未止. 曰 意不忠親之利而害爲孝乎? 子墨子曰 姑嘗本原之孝子之爲親度者, 吾不識孝子之爲親度者 亦欲人愛利其親與? 意欲人之惡賊其親與? 以說觀之 卽欲人之愛利其親也 然卽吾惡先從事 卽得此. 若我先從事乎愛利人之親 然後人報我[以]愛利吾親乎. 意我先從事乎惡[賊]人之親, 然後 人報我以愛利吾親乎, 卽必吾先從事乎愛利人之親, 然後 人報我以愛利吾親也, 然卽(之)交孝子[之]者 果不得已乎. 毋先從事愛利人之親者與, 意以天下之孝子爲遇 而不足以爲正乎. 姑嘗本原之 先王之(所)書, 大雅之所道 曰 無言而不讎 無德而不報 投我以桃 報之以李. 卽此言愛人者必見愛也 而惡人者必見惡也. 不識天下之士所以皆聞兼而非之者 其故何也. 意以爲難而不可爲邪? 嘗有難此而可爲者, 昔荊靈王好小要 當靈王之身 荊國之士 飯不踰乎一固, 固據而後興 扶垣而後行. 故約食爲其難爲也. 然後爲而靈王說之. 未渝於世而民可移也. 卽求以鄕其上也. 昔者 越王句踐 好勇, 敎其士臣三年, 以其知爲未足以知之也. 焚舟失火 鼓而進之 其士偃前列 伏水火而死(有)[者] 不可勝數也. 當此之時 不鼓而不退也. 越國之士 可謂顫矣. 故焚身爲其難爲也. 然後爲之 越王說之. 未渝於世而民可移也, 卽求以鄕上也. 昔者 晉文公 好苴服 當文公之時 晉國之士 大布之衣 牂羊之裘 練帛之冠, 且苴之屨 入見文公 出以踐之朝, 故苴服爲其難爲也, 然後衆爲而文公說之, 未渝於世而民可移也, 卽求以鄕其上也. 是故 約食焚(舟)[身]苴服. 此天下之至難爲也, 然(後)[衆]爲而上說之. 未渝於世而民可移也, 何故也. 卽求以鄕其上也, 今若夫兼相愛交相利 此其有利且易爲也 不可勝計也. 我以爲則無有上說之者而已矣.

苟有上說之者 勸之以賞譽 威之以刑罰 我以爲人之於就兼相愛交相利. 譬之 猶火之就上 水之就下也 不可防止於天下. 故 兼者 聖王之道也, 王公大人之所以安也, 萬民衣食之所以足也. 故 君子莫若審兼而務行之. 爲人君必惠 爲人臣必忠 爲人父必慈 爲人子必孝 爲人兄必友 爲人弟必悌. 故 君子(莫)若欲爲惠君忠臣慈父孝子友兄悌弟, 當若兼之不可不行也. 此聖王之道而萬民之大利也.

'兼 하는 것'을 비난하는 천하 사람들의 말이 여전히 그치지 않고 있다. 말하기를, 무릇 부모에게 이롭지 않고 해롭다면 효도라고 할 수 있는가?"라고 한다. 묵자께서 말씀하셨다. "효자가 부모를 위하여 헤아리는 것에 대해 한번 살펴보자. 나는 잘 모르겠지만, 효자가 부모를 위하여 헤아리는 경우, 그 역시 남이 자기 부모를 사랑하고 이롭게 해주기를 바라겠는가, 아니면 남이 자기 부모를 미워하고 해치기를 바라겠는가? 말로 보면, 곧 남이 자기 부모를 사랑하고 이롭게 해주기를 바랄 것이다. 그렇다면 곧 내가 무엇을 먼저 해야 이것을 얻을 수 있겠는가. 내가 먼저 남의 부모를 사랑하고 이롭게 해주는 일을 하면, 그런 뒤에 남이 나에 대한 보답으로 내 부모를 사랑하고 이롭게 해주겠는가, 아니면 내가 먼저 남의 부모를 미워하고 해치는 일을 하면, 그런 뒤에 남이 나에 대한 보답으로 내 부모를 사랑하고 이롭게 해주겠는가. 반드시 내가 먼저 남의 부모를 사랑하고 이롭게 해주는 일을 한 뒤에 남이 나에 대한 보답으로 내 부모를 사랑하고 이롭게 해줄 것이다. 그렇다면 이렇게 서로 효자 노릇 해주는 것은 결과적으로 부득이 한 것이다. 먼저 남의 부모를 사랑하고 이롭게 해주는 일을 하겠는가. 아니면 천하의 〈이런〉 효자들을 어리석다 하여, 모범으로 삼기에 부족하겠는가. 한번 살펴보자. 先王의 글인 ≪詩經≫〈大雅〉의 말에 이르기를 '말하되 대답하지 않음이 없고, 덕을 베풀되 보답하지 않음이 없네. 나에게 복숭아를 던져주면, 나는 오얏으로 보답하네.' 하였다. 이는 바로 남을 사랑하는 사람은 반드시 사랑받고, 남을 미워하는 사람은 반드시 미움받는다는 말이다. 잘 모르겠지만, 천하의 선비들이 모두 '兼'에 대한 주장을 듣고서도 비난하는 것은 그 이유가 무엇인가. 행하기가 어려워서 할 수 없다고 생각하는가. 일찍이 이보다 어려움이 있어도 해낼 수 있는 때도 있었다. 옛날 荊(楚) 靈王이 가는 허리를 좋아하니, 靈王이 나라를 다스릴 때 荊나라 선비들은 하루에 한 끼만을 먹었는데, 지팡이를 짚어야만 일어서고, 벽에 기댄 뒤에야 걷게 되었다. 그러므로 식사를 줄이는 것은 매우 하기 어려운 일이라지만, 그런데도 사람들은 〈그렇게〉 하고, 영왕은 이를 즐겼다. 세상이 바뀌지 않았는데도 인민들이 변할 수 있는 것은 바로 그 윗사람이 〈좋아하는 쪽으로〉 향하려 했기 때문이다.

　옛날에 越王 句踐이 용맹을 좋아하였다. 그 선비와 신하들을 3년 동안 가르쳤지만, 자신의 지력으로는 아직 〈자기 신하와 선비들이 어느 정도 용맹한지〉 알지 못한다고 생각하여, 배에 불을 지르고 북을 쳐서 〈불을 끄러〉 달려가게 하였더니, 선비 중에 앞줄에서 넘어지고, 물불 속에 엎어져 죽는 자를 이루 다 셀 수 없었다. 그제야 북을 그치고 후퇴시켰다. 월나라 군사들도 두려웠을 것이다. 몸을 불태우기란 매우 하기 어려운 일이라지만, 그런데도 인민들은 〈그렇게〉 하였고 越王은 그것을 즐겼다. 세상이 바뀌지 않았는데도 인민들이 변할 수 있는 것은 바로 그 윗사람이 〈좋아하는 쪽으로〉 향하려 했기 때문이다.

文公이 다스릴 때에 晉나라 선비들은 거친 베옷을 입고, 암컷 양의 갖옷을 걸치며 거친 명주로 지은 冠을 쓰고, 허름한 신발을 신고, 들어가 文公을 알현하고 나와서 조정에 섰다. 검소한 옷차림이란 매우 하기 어려운 일이라지만, 그런데도 인민들은 〈그렇게〉 하였고 文公은 그것을 즐겼다. 세상이 바뀌지 않았는데도 인민들이 변할 수 있는 것은 바로 그 윗사람이 〈좋아하는 쪽으로〉 향하려 했기 때문이다. 그런 까닭에 식사를 줄이고 몸을 불태우고 검소한 옷차림을 하는 것은 천하에 지극히 하기 어려운 것이지만, 인민들은 〈그렇게〉 하고 임금은 좋아했다. 바로 그 윗사람이 〈좋아하는 쪽으로〉 향하려 했기 때문이다. 지금 겸상애 교상리와 같은 것, 이것은 이로움이 있고 행하기가 매우 쉽다는 것은 말할 필요가 없다. 내가 생각하건대 이를 좋아하는 윗사람이 없을 따름이다.

 만약 이를 좋아하는 윗사람이 있어 상과 칭찬으로 이를 권하고 형벌로 위협하면, 내가 생각건대 사람들이 나아가 아울러 서로 사랑하고 번갈아 서로 이롭게 하는 것이, 비유하자면 불이 위로 향하고, 물이 아래로 향하는 것과 같이, 천하에서 막고 그만두게 할 수 없을 것이다.

그러므로 '겸하는 것'은 聖王의 길이고 왕공대인이 편안한 이유이며 만민의 의식이 충족될 수 있는 근거이니, 군자는 兼을 살펴서 힘써 행하는 것이 가장 좋다. 남의 임금이 되어서는 반드시 은혜를 베풀고 남의 신하가 되어서는 반드시 충성하며, 남의 아버지가 되어서는 반드시 자애롭고 남의 자식이 되어서는 반드시 효도하며, 남의 형이 되어서는 반드시 우애롭게 대하고 남의 아우가 되어서는 반드시 공경해야 한다. 그러므로 군자가 만약 은혜를 베푸는 임금, 충성스러운 신하, 자애로운 아버지, 효성스러운 자식, 우애롭게 대하는 형, 공경하는 아우가 되고자 한다면, 마땅히 '겸하는 것'을 행하지 않을 수 없다. 이것이 聖王의 길이고 만민에게 크게 이로운 것이다."

'忠'은 中의 의미이다.
'讎'(수)는 메아리.
'身'은 時의 誤이다.
'一固'(일고) 한 끼.
'顚'(전) 두려워한다.
'苴'(저) 거친.

▶未渝於世而民可移也. 세상을 바꾸지 않았는데도 인민의 습속은 바꿀 수 있다.

▶이 단락에서 묵자는 왕공대인들이 '솔선수범'한다면, 겸애 교리는 하기도 쉽고 많은 이익을 가져다준다는 것이다.

▶【功利主義】 "仁人之事者는 必務求興天下之利하고 除天下之害"
1. 어진 사람이 할 일은 천하의 이익을 일으키고 천하의 해를 없애는 것이다.
서구의 공리주의는 대다수의 행복(쾌락)을 위해서는 소수의 고통은 감안해야 한다는 주장이다. 하지만 **묵자는 무고한 한 사람을 희생시켜서 천하가 이롭게 되더라도 그를 희생시켜서는 안된다고 주장**하고 있다. 단지 솔선수범을 통한 자기희생은 천하를 위한 것이라고 칭송하고 있다.

▶【兼과 別은 무엇이 옳은가?】 "分名乎天下惡人而賊人者면 兼與아 別與아 卽必曰 別也라하리니 然卽之交別者가 果生天下之大害者與인저 是故로 (別非也 子墨子曰)[子墨子曰 別非也]라하니라"
 1. 명칭을 나누어 분명히 해보자. 천하에 남을 미워하고 남을 해치는 자들은 평등주의 인가, 차별주의인가? 반드시 그들은 차별해야 한다고 말할 것이다. 그러므로 사람을 차별하는 자들이야말로 결과적으로 천하에 해독을 끼치는 자들일 것이다. 그래서 묵자는 서로 차별하는 것을 비난했다.

▶이 장에서 묵자는 말한다. 兼은 옳은 것이고 別은 그른 것이다고. 그러면 여기서 겸애와 상동과의 관계가 명확해진다. 묵자

는 '兼이 옳다'면서 상동의 상하관계도 서로 아우르는 관계로 보아야 한다. 상동을 상하 간의 고정적인 신분 관계로 해석해서는 안 된다. 상동 조직의 하이어라키(위계질서)는 직분 즉 역할을 원활히 수행하기 위해 불가분하게 나누어 둔 것에 불과하다. 그래서 낮은 지위에 있는 관리도 능력과 성과에 따라 직위가 상승하기도 하고, 높은 지위에 있는 관리도 무능하거나 성과가 인민들의 편리를 충족시키지 못하면 퇴출함을 묵자는 상동편에서 말하고 있다. 이것이 兼의 진정한 의도이다.

▶【정책 대안 제시】"非人者는 必有以易之하니 若非人而無以易之면 譬之猶(以水救火)[以水救水以火救火]也니 其說將必無可焉이라 是故로 子墨子曰 兼以易別이라하다 然卽兼之可以易別之故는 何也오 曰 藉爲人之國을 若爲其國하면 夫誰獨擧其國以攻人之國者哉아 爲彼者由爲己也"

《남의 의견을 비판하려면 반드시 그 대안을 제시해야 한다. 평등으로써 차별을 대체해야 한다. 남을 위하는 것이 자기를 위하는 것이 된다.》

1. 남을 그르다고 하는 사람은 반드시 그것을 대신할 수 있는 옳은 것이 있어야 한다. 만약 남을 비난하면서 그 대안이 없다면 비유컨대 물로써 물을 그치게 하고 불로써 불을 끄는 것과 같다. 그러니 그들의 주장도 옳다고 할 수 없을 것이다. 그래서 묵자는 차별을 평등으로 바꿀 것을 주장한다. 그러면 차별을 평등으로 바꾸는 이유는 무엇인가? 만약 남의 나라를 위하기를 자기 나라처럼 한다면 대체 누가 제 나라를 온통 들어 남의 나라를 공격하겠는가? 남의 나라를 위함이 자기 나라를 위함처럼 하기 때문이다.

서로 겸애로써 아우른다면 누가 누구를 공격하겠는가? 왜냐하면 남을 위하는 것이 자기를 위한 것이라는 것을 알기 때문이다. 그래서 兼이 옳고 別은 해로운 것이니 서로서로 兼하자는 묵자의 말씀이다.

▶【겸애: 평등주의의 효과: 협업을 통한 상동】"以兼爲正이라 是以로 聰耳明目이 相爲視聽乎하고 是以로 股肱畢强이 相爲動(宰)[擧]乎하고 而有道가 肆相敎誨라 是以로 老而無妻子者는 有所(侍)[持]養以終其壽하고 幼弱孤童之無父母者는 有所放依以長其身하니 今唯母以兼爲正하니 卽若其利也라"
1. 평등하게 아우르는 길만이 바른길이다. 이로써 귀 밝은 장님과 눈 밝은 귀머거리가 협동하면 장인도 볼 수 있고 귀머거리도 들을 수 있으며 팔 없는 사람과 다리 없는 사람이 서로 협동하면 모든 동작을 온전하게 할 수 있을 것이다. 그리고 자기가 가진 道를 널리 펴서 서로에게 가르쳐주면 모두 깨우칠 수 있을 것이다. 이러한 평등사상이 있음으로써 처자가 없는 늙은이도 부양받을 수 있어 수명을 다할 수 있고 부모가 없는 어린 고아도 의지하여 살 곳이 있어 장성할 수 있다. 오로지 두루 아우름으로 정사를 펴는 것은 바로 이처럼 서로에게 두루 이롭기 때문이다.

▶이 장에서 묵자는 각자가 잘 할 수 있는 일에 종사함으로써 그 분야에 전문가가 되어 협업을 통해 서로에게 부족한 부분을 채워줄 수 있는 서로 사랑하여 돕는 대동 사회를 말하고 있다. 인간은 홀로 완벽할 수 없기에 각각 잘 하는 분야를 통해 서로 돕는 세계를 말하고 있다. 이것이 겸애로써 상동하는 사회이다.

▶【인간의 욕심: 인간의 이중성 】"言而非兼이라도 擇卽取兼이니 卽此言行費也라"

1. 말로는 평등을 비난했지만, 행동은 평등을 선택할 것이다. 즉 이것은 말과 행동이 어긋나는 것이다.
인간의 이중성을 말하고 있다. 나는 타인을 도와주지 않더라도 자기가 급할 땐 남의 도움을 받고자 하는 인간의 이중적인 측면을 비난하고 있다. 묵자는 이토록 언행이 어긋나서는 안 된다고 주장하면서 서로서로 평등하게 맘과 행동을 주고받는 정신이 필요하다는 것이다. 곧 겸애교리 정신이다.

▶【겸애교리의 실천은 나부터 선행】"若我先從事乎愛利人之親하면 然後에 人報我[以]愛利吾親乎아 意我先從事乎惡[賊]人之親하면 然後에 人報我以愛利吾親乎아 卽必吾先從事乎愛利人之親이니 然後에 人報我以愛利吾親也라 然卽(之)交孝子[之]者를 果不得已乎인저""無言而不讎하고 無德而不報 投我以桃면 報之以李""卽此言愛人者必見愛也하고 而惡人者必見惡也라"
1. 내가 먼저 남의 어버이를 사랑하고 이롭게 하고 다음에 남이 내 부모를 사랑하고 이롭게 하기를 바랄 것인가? 아니면 내가 먼저 남의 부모를 해치고 미워한 다음에 남이 내 부모를 사랑하고 이롭게 하기를 바랄 것인가? 만약 효자라면 반드시 내가 먼저 남의 부모를 사랑하고 다음에 남도 내 부모를 사랑하기를 바랄 것이다. 그러므로 효자는 서로 남의 부모에게 효자 노릇을 하는 것이 부득이한 것이다. 말은 메아리가 없을 수 없고 德은 보답이 없을 수 없다네. 내가 봉숭아를 던져주면 그는 자두로 갚는다네. 곧 이 말은 남을 사랑하는 자는 사랑을 받고 남을 미워하는 자는 미움을 받는다는 것을 이르는 말이다.

▶묵자는 내가 먼저 남의 부모에게 효도하면 저절로 나의 부모도 다른 사람에게도 효도 받는 이치를 설명하고 있다. 즉 말은 어찌 남의 부모에게 먼저 효도할 수 있겠느냐 하면서도 막상 어

쩔 수 없는 처지에 처하게 되면, 진즉 남의 부모에게 효도할 걸 하면서 후회하게 된다는 것이다. 그래서 묵자는 먼저 나의 부모에게 하듯이 남의 부모에게 사랑으로 대하라고 말하고 있다.

▶【겸애의 효과】"故로 兼者는 聖王之道也요 王公大人之所以安也요 萬民衣食之所以足也라 故로 君子莫若審兼而務行之라 爲人君必惠하고 爲人臣必忠하고 爲人父必慈하고 爲人子必孝하고 爲人兄必友하고 爲人弟必悌라 當若兼之不可不行也 而萬民之大利也"
1. 兼은 성왕의 도리이며 왕공대인이 편안하게 할 수 있는 수단이며 만민의 의식주가 풍족할 수 있는 수단이다. 그러므로 임금이 평등하게 아우르는 것을 힘써 행하면 임금은 반드시 은혜롭고 신하는 반드시 충직하며 어버이는 반드시 자애롭고 자식은 반드시 효도하며 형은 반드시 우애하고 아우는 반드시 공손할 것이다. 이 겸애는 만민에게 이로운 길이다.

▶겸애는 실행하기가 어렵다는 사람이 많지만, 사실 **군주들 지도자들이 솔선수범하여 이끌어 간다면 어려운 것도 아니라는 것**이다. 임금 등 지도자들이 앞장서서 겸애를 실행하고 상과 벌로서 이끌어간다면, 겸애하는 마음은 천하에 펴질 것이다. 이것이 성왕의 도리이며 백성들에게는 큰 이익이 된다는 것이다. 묵자는 신분이나 계급의 차별 없이 제각기 저마다의 소질을 계발하여 자기 분야에서 능력을 발휘하여 서로 사랑으로 협업한다면, 이 세상은 혼란이 없는 안정된 안생생 사회를 이루어 곧 대동사회가 되리라는 것이다.
※ 러시아 문호 톨스토이도 겸애편을 읽고 중국이 묵자의 가르침을 따르지 않고 공맹의 가르침을 따랐던 것을 애석히 여겼다고 한다.544)

---

544) 김학주, 묵자, 명문당, 2014, 295쪽.

IV. 묵자의 정치론

1. 尙賢篇
 상현은 어진 이를 높이라는 것이다.
'尙賢'은 인재 선발 방법에 대해 논하는 장이다. 貴賤, 貧富 등 세습적 요소를 고려하지 말고, 친척, 측근 등 왕과 친한 자들에게 치우치지 말며, 오직 개인의 품성과 능력을 기준으로 인재를 선발해야 한다는 것이다.
 이는 봉건제 하의 신분 계급 질서에 대한 反旗라 할 수 있다. 상현론의 바탕은 天志와 非命論이다고 본다. 즉 어질고 능력 있는 賢人을 숭상하라는 것은 하늘이 지향하는 '겸애교리'를 철학으로 삼고, 정해진 운명론을 부정하면서 스스로 자기 운명을 개척해 나가는 자세를 견지하는 사람을 숭상하라는 것이다.

《상현상》
【子墨子言曰　今者王公大人爲政於國家者, 皆欲國家之富, 人民之衆, 刑政之治, 然而不得富而得貧, 不得衆而得寡, 不得治而得亂, 則是本失其所欲　得其所惡, 是其故何也. 子墨子言曰　是在王公大人爲政於國家者　不能以尙賢事能爲政也. 是故　國有賢良之士衆, 則國家之治厚, 賢良之士寡, 則國家之治薄. 故大人之務　將在於衆賢而已. 曰　然則衆賢之術, 將柰何哉. 子墨子言曰　譬若欲衆其國之善射御之士者, 必將富之, 貴之, 敬之, 譽之. 然后　國之善射御之士, 將可得而衆也. 況又有賢良之士厚乎德行, 辯乎言談, 博乎道術者乎. 此固國家之珍, 而社稷之佐也. 亦必且富之, 貴之, 敬之, 譽之, 然后　國之良士, 亦將可得而衆也.】

묵자 선생께서 말씀하셨다. 오늘날 왕공대인들은 나라를 다스림에 있어, 모두 나라가 부유해지고 인민의 수가 많게 되며 형정이 바로 다스려지기를 바란다. 하지만 부유해지지도 않고 가난하며, 인민의 수가 늘지도 않고 줄어들며, 형정은 다스려지지 않고 혼란스럽다. 이것은 바라는 바는 잃고 싫어하는 바를 얻으니, 왜 어찌된 까닭인가? 묵자께서 말씀하셨다. 그것은 나라를 다스리는 왕공대인들이 현명한 사람을 숭상하고 능력 있는 사람을 등용하여 정치하지 않기 때문이다. 그러므로 나라에 어질고 훌륭한 선비가 많으면 그 나라는 잘 다스려지고(후덕해지고), 반대로 어질고 훌륭한 선비가 적으면 그 나라는 잘 다스려지지 않을 것(각박해진다)이다. 그러므로 대인들이 힘쓸 일(임무)은 반드시 현명한 인재를 많아지게 하는 일이다. 그러면 현명한 선비를 늘리는 방법은 무엇인가? 묵자 선생께서 말씀하셨다. 비유하자면 나라에 훌륭한 궁수와 기수(말 잘 모는 사람)를 많아지게 하려면 반드시 그들을 부하게 해주고 귀하게 해주며 그들을 공경하고 명예롭게 해주어야 한다. 그런 연후에 비로소 나라는 훌륭한 궁수와 기수들이 장차 많아질 것이다.

하물며 현명하고 훌륭한 선비는 덕망과 행실이 돈독하고, 언사와 담론에 분별이 있으며 도리와 정책이 박식한 사람들이므로 더욱 그렇지 않겠는가? 이들이 진정으로 나라의 보배요, 사직을 돕는 자이다. 반드시 그들을 부하고 귀하게 해주고 공경하고 명예롭게 해주어야 한다. 그런 연후에야 나라의 훌륭한 선비들이 많아질 수 있다.

'王公大人'은 왕과 삼공 제후를 말한다. 여기서 大人은 諸侯를 가리킨다.
'事能'에서 事는 使와 통하여 능력 있는 사람에게.
''射御之士'는 활 쏘고 말 타는 선비. 그 당시의 전투는 마차 전이기에 활 잘 쏘고 말을 잘 모는 사람이 필요했다.
‘佐’는 돕는 사람. 보좌하는 사람.

▶현량지사가 많아져야 나라가 부유해지고 인민의 수가 늘어나며 행정이 안정된다.

▶현량지사들이 많아지게 하려면 그들을 부하고 귀하여 명예롭게 해주어야 한다.

▶또 '현량지사란 덕망과 행실이 돈독하고 언담에 분별력이 있으며 도술에 박식한 사람들이다'라는 것이다.

▶이와 같은 현량지사를 많이 선발해서 정치하는 것이 '최고지도자의 역할이다'는 것이다.

【是故 古者聖王之爲政也, 言曰 不義不富, 不義不貴, 不義不親, 不義不近. 是以 國之富貴人,聞之, 皆退而謀曰 始我所恃者, 富貴也. 今上擧義不辟貧賤, 然則我不可不爲義. 親者聞之, 亦退而謀曰 始我所恃者, 親也. 今上擧義不辟疏, 然則我不可不爲義. 近者聞之, 亦退而謀曰 始我所恃者,近也. 今上擧義不(避)[辟]遠. 然則我不可不爲義. 遠者聞之, 亦退而謀曰 我始以遠爲無恃, 今上擧義不辟遠. 然則我不可不爲義. 逮至遠鄙郊外之臣, 門庭庶子, 國中之衆, 四鄙之萌人 聞之 皆競爲義. 是其故何也. 曰 上之所以使下者 一物也. 下之所以事上者 一術也. 譬之富者 有高牆深宮 牆立旣謹上爲鑿一門, 有盜人入 闔其自入而求之, 盜其無自出, 是其故何也, 則上得要也.】

그런 까닭에 옛 성왕들이 나라를 다스릴 때, 의롭지 않은 자는 부유하게 해주지 않고, 의롭지 않은 자는 귀하게 해주지 않고, 의롭지 않은 자는 친하게 지내지 않고, 의롭지 않은 자와는 가까이하지 않는다고 선언하였다. 그리하여 나라의 부귀한 자들이 이 소문을 듣고 모두 물러나 의논하고 말하기를 처음에 우리가 의지했던 것은 부귀였는데, 이제 왕께서 의로운 자를 등용하고 빈천을 가리지 않으시니 우리는 의로운 행동을 하지 않을 수 없다. 왕의 친척들이 이 소문을 듣고 모두 물러나 의논하여 말하기를, 처음에 우리가 의지했던 것은 친척이라는 것이었는데 지금 왕께서 의로운 자를 등용하면서 소원한 사람을 피하지 않으시니, 우리도 의로운 행동을 하지 않을 수 없다. 왕의 측근들도 이 소문을 듣고 물러나 의논하여 말하기를, 처음에 우리가 의지했던 것은 측근이라는 것이었는데 지금 왕께서는 의로운 사람을 등용하는데 멀리 있는 사람도 피하지 않으시니, 우리는 의롭지 않을 수 없다. 멀리 있는 사람들도 이 소문을 듣고 역시 물러나 의논하여 말하기를 우리는 처음에 멀리 있음으로써 의지할 데가 없었는데, 지금 왕께서 의로운 사람을 등용하면서 멀리 있는 것을 가리지 않으니 우리는 의로운 행동하지 않을 수 없다. 도성에서 멀리 떨어진 시골의 신하들과 궁정의 관리들은 물론이고 도성 안의 백성들과 변방의 비천한 농부들에 이르기까지 이 소문을 듣고, 다투어 의로움을 행하였다. 이런 까닭이 무엇인가? 왕이 아랫사람을 부리는 수단은 한 가지 방법뿐이다. 아랫사람이 윗사람을 섬기는 방법도 **오로지 義를 행하는 한 가지뿐이기 때문이다.** 비유컨대 부자가 높은 담장과 깊은 궁궐을 지었는데 집과 담장을 세우고 나서 다만 **한 개의 문(義)만 만들어 놓은 것과 같다.** 도둑이 들어오면 도둑이 들어온 유일한 문(義)을 닫고 도둑을 찾으면 그 도둑은 나갈 곳이 없게 된다. 그 까닭은 무엇인가? 곧 요점을 알았기 때문이다.

‘辟’(임금 벽: 피)는 避(피)자와 통한다.
‘逮至’(체지)... 에 이르기 까지. 遠鄙郊外(원비교외)는 도읍으로 부터 멀리 떨어진 지방.
‘鄙’(비)는 더러울 비, 마을 비.
‘門庭庶子’(문정서자)는 궁정의 관리들. 庭은 宮中.
‘國中’(국중)은 도성 안 사람. 萌人은 낮은 백성, 농사짓는 사람들.
‘一物’은 한 가지 물건, 뒤의 ‘一術’과 함께 모두 의로움, 또는 정의를 행함을 가리킨다. 尙賢 한 가지 일이란 뜻이다.
‘宮牆旣立’(궁장기립)은 ‘집의 담을 세우고’란 뜻.
‘闔’(합)은 문을 닫는다.
‘謹上’는 謹止로 해석한다. 삼가 ‘단지’.

▶이 단락은 최고지도자들이 나라가 부유해지고 인민이 많아지며 행정이 다스려져 정국을 안정시키려면, 현량자들을 등용해서 그들을 부유하게 해주고 귀하게 해주며 그들을 명예롭게 해주어야 한다는 것이다. 이렇게 하는 것이 왕공대인들의 역할이라는 것이다. 또 지도자는 신분질서에 얽매이지 말고 오직 의로운 사람을 등용하는 것이 정치의 수단이며, 또한 아랫사람들도 義로써 행동하면 누구나 등용되기 때문에 서로 경쟁적으로 義를 행하려 애쓸 것이라는 뜻이다. 정치를 잘하는 방법은 오직 義를 숭상하고 따르는 것 (이 門 외에는 다른 문이 없다) 외에는 없다고 설파한다.

▶ 이 단락에서 묵자는 인재를 등용하는데 신분질서에 얽매이는 제도를 타파하고, 평등하게 능력(義: 門)만 되면 누구나(逮至遠鄙郊外之臣, 門庭庶子, 國中之衆, 四鄙之萌人) 관리로 등용되는 제도가 바로 정국을 안정시키는 유일한 방법임을 주장하고 있다.

【故古者聖王之爲政　　列德而尙賢. 雖在農與工肆之人, 有能則擧之, 高予之爵, 重予之祿, 任之以事, 斷予之令 曰 爵位不高 則民弗敬 蓄祿不厚 則民不信 政令不斷 則民不畏. 擧三者 授之賢者 非爲賢賜也 欲其事之成. 故當是時, 以德就列, 以官服事, 以勞殿賞, 量功而分祿. 故官無常貴 而民無終賤. 有能則擧之, 無能則下之. 擧公義 辟私怨. 此若言之謂也. 故　古者　堯擧舜於服澤之陽 授之政 天下平. 禹擧益於陰方之中 授之政 九州成. 湯擧伊尹於庖廚之中 授之政 其謀得. 文王擧閎夭泰顚於罝罔之中 授之政 西土服. 故當是時 雖在於厚祿尊位之臣 莫不敬懼而施, 雖在農與工肆之人 莫不競勸而尙德. 故士者　所以爲輔相承嗣也, 故　得士　則謀不困, 體不勞, 名立而功成, 美章而惡不生 則由得士也. 是故　子墨子言曰　得意 賢士不可不擧, 不得意 賢士不可不擧. 尙欲祖述堯舜禹湯之道, 將不可以不尙賢. 夫尙賢者　政之本也.】

그러므로 옛날 聖王이 정치할 때에는 德이 있는 사람에게 작위를 주고 어진 사람을 높였다. 비록 농업이나 상공업에 종사하는 사람일지라도, 유능하면 등용하여 벼슬을 높여주고, 녹봉을 많이 주고, 정사를 맡길 때는 결단할 수 있는 권한을 주었다.
벼슬이 높지 않으면 백성들이 공경하지 않고, 녹봉이 많지 않으면 백성들이 믿지 아니하고 정령이 단호하지 않으면 백성들이 두려워하지 않는다. 이 세 가지를 어진 사람에게 주는 것은 어진 사람을 위해서가 아니고 정사를 성공시키고자 함이었다.
그래서 이들 성왕의 시대에는 덕에 따라 벼슬을 주고 관직에 따라 정사에 복무하며, 노력에 따라 상을 주고, 공적을 헤아려 늑봉을 나누었다. 그러므로 관직에 있다 해서 항상 귀한 것은 다니고, 백성이라 해서 언제까지나 천하지는 않았다. 유능하면 등용되고 무능하면 직급을 낮추었고, 공명하고 정의로운 사람을 등용하고 사사로운 원한을 가진 사람을 배제하니, 이를 이르는 것이다. 그러므로 옛날에 堯임금이 服澤의 북쪽에서 舜임금을 등용하여, 그에게 정사를 맡기니 천하가 태평해졌고, 禹임금이 陰方의 안에서 益을 기용하여, 그에게 정사를 맡기니 九州가 안정되었고, 湯임금이 주방에서 伊尹을 발탁하여, 그에게 정사를 맡기니 〈桀을 타도할〉 계획을 실현할 수 있었고, 文王이 사냥하다가 閎夭와 泰顚을 기용하여, 정사를 맡기니 서쪽 나라들이 복종하였다.

그러므로 그때에는 비록 후한 녹봉을 받고 높은 자리에 있던 신하일지라도 공경하고 두려워하며 경계하지 않는 자가 없었고, 비록 농업과 상공업에 종사하는 사람들일지라도 서로 권면하여 덕을 숭상하지 않는 자가 없었다. 그러므로 선비란 재상을 보좌하고 높은 지위에 오르기도 한다. 선비를 얻는다면 일을 도모하기 어렵지 않고 몸이 힘들지 않더라도 명성이 세워지고 공업이 이루어지며 아름다움이 드러나고 나쁜 일은 생기지 않는 것은 바로 선비를 얻었기 때문이다. 이런 까닭에 墨子께서 말씀하셨다. "뜻을 이루면 어진 선비를 등용하지 않을 수 없고, 뜻을 이루지 못하였더라도 어진 선비를 기용하지 않을 수 없다. 위로 堯·舜·禹·湯의 도를 계승하고자 한다면, 장차 어진 사람을 높이지 않을 수 없다. 대저 어진 사람을 높이는 것이 정치의 근본이다.

'列德'은 德에 따라 벼슬을 준다. 列은 주다.
'肆'(사)는 점포, 방자하다. 여기서는 상업을 가리킨다.
'斷予之令'(단여지령)은 予之斷令의 錯簡(착간: 잘못). 명령을 결단하는 권한을 주다.
'斷'은 '決(결정하다)'이다."라 하니, 政令이 반드시 실행되는 것을 뜻한다.
'殿'(전)은 수여하다. 與와 같다.
'辟'(피)는 避와 통한다.

'量'은 헤아린다.
'服澤之陽'(복택지양)에서 陽은 산의 남쪽, 강의 북쪽.
'庖廚'(포주)는 주방.
'罝'(저)는 짐승잡는 그물, '罔'은 고기잡는 그물.
'施'(시)는 '惕'(척)과 통하여 '施'는 마땅히 '惕(두려워하다)'으로 읽어야 한다.
'意'는 아마도 '悳(덕)'이 되어야 마땅할 것 같다.
'承嗣'(승사)는 계승자를 뜻하기도 하고, 丞司(승사)로 천자나 제후의 계승자.
'祖述'(조술)은 근본을 이어감, 받들어 따르다.

▶ 이 상현 상편의 내용은 나라를 잘 다스리려면 현명하고 능력 있는 신하가 많아야 하는데, 이들을 많게 하려면 이들을 존중하고 대우를 잘해주어야 한다는 것이다. 또 현명한 자는 무엇보다도 의로운 것이 특징이다. 그래서 옛 성왕들은 '의로움을 내세워' 온 백성들이 의롭게 행동하도록 하였다.

　묵가 주장의 핵심은 어질고 능력 있는 사람이 正長이 되어 나라를 다스려야 한다는 것으로 보아, 유가의 선양설도 본래 묵가에서 나온 것이라는 說도 있다. 묵가에서는 천자(왕)도 어질고 능력 있는 사람이 되어야 한다고 주장하기 때문이다.

▶상현에서 주장하는 핵심은 정치는 義를 중시하며, 이 義가 관리등용문이라는 것이다.
※ 상현을 중요시하는 것은 天志의 뜻인 겸애교리를 가치기준으로 삼은 사람을 등용해야 한다는 것이다. 그러니 천지와 비명이 바탕에 깔려있다.

〔상현상 정리〕

【왕공대인의 역할】 "皆欲國家之富하고 人民之衆하고 刑政之治" "故로 大人之務는 將在於衆賢而已" 인민이 많아지고 법과 정치로 다스려지기를 바란다. 그러므로 위정자가 힘쓸 일은 인재를 많아지게 하는 일이다.

【현량지사의 조건】 "有賢良之士 厚乎德行하고 辯乎言談하고 博乎道術者乎" "亦必且富之하고 貴之하고 敬之하고 譽之한 然后에 國之良士를 亦將可得而衆也"
1. 현명하고 훌륭한 선비들은 덕망과 행실이 돈독하고, 언사와 담론이 분별 있으며 도리와 정책이 박식한 사람들이므로 더욱 그렇지 않겠는가? 그래서 반드시 그들을 부하고 고귀하게 해주고 공경하고 영예롭게 해주어야 한다. 그렇게 권장한 연후에야 나라는 훌륭한 선비를 확보할 수 있고 또 많아지게 할 수 있다.
※ 현명하고 능력 있는 선비란 덕행이 돈독하고, 말에 조리가 있어 변론에 능하고, 아는 것이 해박한 자들이다. 이들을 부하고 귀하게 하며 공경하여야 그와 같은 사람들이 많아진다. 〔묵자의 이 주장은 순자가 묵자는 차별의 이익을 모르는 사람이라고 한 데 대한 좋은 반격 거리가 된다. 묵자는 현량지사를 그렇지 못한 자들과 차이를 두어서 그들이 인민을 위해서 충분히 능력 발휘를 할 수 있도록 해야 한다고 주장했다. 묵자의 주장한 신분 혈연 등의 차별 없이 공정한 절차를 중요시 한 것이다.〕
※ 순자는 차별 즉 세습을 통한 이익을 주어야 한다는 것이고, 묵자는 차이를 두더라도 세습해서는 안 된다는 것이다.

【묵자의 義 제일주의】 "不義不富하고 不義不貴하고 不義不親하고 不義不近"
1. 의롭지 않은 자는 부유하게 해선 안 되며, 의롭지 않은 자는

고귀하게 해서는 안 되고, 의롭지 않은 자는 사랑하지 않을 것이며, 의롭지 않은 자는 가까이하지 않을 것이다.

【평등한 등용】 "逮至遠鄙郊外之臣과 門庭庶子 國中之衆 四鄙之萌人 聞之 皆競爲義라"
1. 도성에서 멀리 떨어진 시골구석의 신하들과 궁정의 관리들은 물론이고 도성 안의 백성들과 변방의 비천한 백성들까지도 소문을 듣고 다투어 의로움을 행하게 된다.
※ 의롭고 능력 있는 사람은 신분에 상관없이 등용한다는 소문을 듣고 고위 관리나 왕의 인 친척뿐만 아니라 천한 백성들까지도 義롭게 행동했다는 것이다.

【尙賢등용은 정치의 근본이다.】 故로 古者聖王之爲政에 列德而尙賢 雖在農與工肆之人 有能則擧之〔평등론〕하여 高予之爵하고 重予之祿하고 任之以事하고 斷予之令 曰 爵位不高면 則民弗敬이요 蓄祿不厚면 則民不信이요 政令不斷이면 則民不畏라 하니라. 三者를 授之賢者는 非爲賢賜也요 欲其事之成이니라. 故로 當是時 以德就列하고 以官服事하고 以勞殿賞하고 量功而分祿이라 故로 官無常貴하고 而民無終賤이요 有能則擧之하고 無能則下之하여 「擧公義하고 辟私怨」했다.
1. 그러므로 옛 성왕들이 정사를 다스릴 때는 德 있는 자를 벼슬자리에 앉히고 어진 이를 숭상하였다. 비록 농민이나 상공업에 종사하는 천한 사람이라도 능력이 있으면 그들을 등용하고 벼슬을 높여주고 녹을 무겁게 주어 그에게 정사를 맡기되 명령을 결단토록 권한을 위임했다. 즉 작위가 높지 않으면 백성들이 공경하지 않고, 녹이 후하지 않으면 백성들이 믿지 않고 정령이 한결같이 단호하지 않으면 백성들이 두려워하지 않기 때문이다. 이 세 가지를 어진 사람 지도자에게 주는 것은 어진 사람에 대

한 은사가 아니고 정사를 성공시키고자 한 때문이다. 그러므로 이들 성왕의 시대에는 德에 따라 벼슬을 주고 관직에 따라 정사를 복무하며 노력에 따라 상을 정하고 공적을 헤아려 녹을 분별했다. 따라서 관리라 해서 언제까지나 귀한 것이 아니고 백성이라 해서 언제까지나 천하지는 않았다. 유능하면 등용되며 무능하면 곧 쫓겨났다. '**공정한 義로움은 일으키고, 사사로운 원한을 없애라**'라는 말은 이것을 이르는 것이었다.

※ 공정하고 義로운 사람을 등용하고, 사사롭고 원한이 많은 사람은 등용치 않는다.

〔상현등용과 신분세습반대〔雖在農與工肆之人 有能則擧之〕, 평등론〔官無常貴하고 而民無終賤〕, 인재등용해서 부귀케 하는 이유〔欲其事之成〕, 능력과 공과에 따른 승진과 좌천〔以德就列하고 以官服事하고 以勞殿賞하고 量功而分祿, 有能則擧之하고 無能則下之〕〕

※ 순임금은 공을 많이 세운 우 임금에게 자리를 물려주었다는 유가의 유명한 宣讓說은 본시도 묵가에게서 나온 것이라 한다. 묵가에게선 임금 자리도 능력이 없으면 물러나야 한다고 주장하기 때문이다.

※ 이를 통해 보면, 맹자의 역성혁명론도 묵가의 상현론에서 비롯되었으나, 후퇴한 이론으로 보인다.

《상현중》
【子墨子言曰 今王公大人之君人民 主社稷治國家 欲脩保而勿失, 故不察尙賢爲政之本也. 何以知尙賢之爲政本也 曰 自貴且智者 爲政乎愚且賤者 則治. 自愚賤者 爲政乎貴且智者 則亂. 是以 知尙賢之爲政本也. 故 古者 聖王甚尊尙賢而任使能. 不黨父兄, 不偏貴富, 不嬖顔色. 賢者 擧而上之, 富而貴之, 以爲官長. 不肖者 抑而廢之, 貧而賤之, 以爲徒役. 是以 民皆勸其賞, 畏其罰, 相率而爲賢(者) [是]以 賢者衆而不肖者寡. 此謂進賢. 然後聖人 聽其言, 迹其行, 察其所能, 而愼予官. 此謂事能. 故 可使治國者 使治國, 可使長官者 使長官, 可使治邑者 使治邑. 凡所使治國家官府邑里 此皆國之賢者也. 賢者之治國也, 蚤朝晏退, 聽獄治政. 是以 國家治而刑法正. 賢者之長官也, 夜寢夙興, 收斂關市山林澤梁之利, 以實官府. 是以 官府實而財不散. 賢者之治邑也 蚤出莫入, 耕稼樹藝, 聚菽粟. 是以 菽粟多而民足乎食. 故 國家治則刑法正, 官府實則萬民富. 上有以絜爲酒醴粢盛, 以祭祀天鬼, 外有以爲皮幣, 與四隣諸侯交接, 內有以食飢息勞, 將養其萬民, (外有以)懷天下之賢人. 是故 上者 天鬼富之, 外者 諸侯與之, 內者 萬民親之, 賢人歸之. 以此 謀事則得, 擧事則成, 入守則固, 出誅則彊. 故 唯昔三代聖王堯舜禹湯文武之所以王天下正諸侯者, 此亦其法已.】

묵자 선생께서 말씀하셨다. 오늘날 왕공대인들이 인민들을 거느리고 사직의 주인이 되어 나라를 다스릴 때, 그것들(인민과 사직과 나라)을 오래 보유하고 잃지 않기를 바랐다. 그런데 어찌 어진 사람을 숭상함이 나라를 다스리는 근본임을 살피지 않는가? 어진 사람을 숭상하는 것이 정치의 근본임을 어떻게 알 수 있는가? 귀하고 지혜로운 사람이 어리석고 미천한 사람들을 다스리면, 곧 제대로 다스려지고, 어리석고 미천한 사람이 귀하고 지혜로운 사람들을 다스리면, 곧 어지러워진다. 그래서 어진 사람을 숭상하는 것이 정치의 근본이 됨을 알 수 있다.

그러므로 옛날에 聖王들은 어진 사람을 매우 숭상하고 유능한 사람에게 일을 맡겨 버렸다. 그리하여 父兄을 편들지 않고 부귀한 사람에게 치우치지 않으며, 간사하고 아첨하는 사람을 편애하지도 않았다. 어진 사람은 등용하여 승진시키고 그를 부귀하게 만들어 관청의 장관으로 삼았고, 모자란 사람은 억눌러 쫓아

내고 그를 빈천하게 만들어 막일꾼(보졸의 임무)으로 삼았다.

  이런 까닭에 人民들은 모두 그렇게 상 받기를 힘쓰고, 벌 받는 것을 두려워하여, 서로 이끌어 어진 사람이 되려고 했으므로, 이로써 어진 자는 많아지고 어질지 못한 자는 적어졌다. 이것을 일러 어진 사람을 숭상하는 것이라 한다.

그런 후에 聖人은 그의 말을 듣고 그의 행적을 조사하며 그가 무엇을 잘하는지를 살펴서 신중하게 관직을 주었다. 이를 일러 '유능한 자에게 일을 맡기는 것'이라 한다. 그러므로 나라를 다스리게 할 만한 사람은 나라를 다스리게 하고, 관청의 장관직을 시킬 만한 사람은 장관을 시키며, 邑을 다스리게 할 만한 사람은 읍을 다스리게 하였으니, 국가, 관청, 읍리를 다스리게 한 사람들이 모두 나라의 어진 사람들이었다.

  어진 사람이 나라를 다스릴 때는, 아침 일찍 조정에 나와 저녁 늦게 퇴근하며, 訟事를 들어주고 정무를 처리하니, 이런 까닭에 국가가 다스려지고 형벌과 법령이 바르게 된다. 어진 사람이 관청의 장관이 되었을 때는 밤늦게 자고 새벽 일찍 일어나 關市와 山林, 저수지에서 생기는 이익을 세금으로 거두어서 관청의 창고를 채우니, 이런 까닭에 관청의 창고가 차고 재물이 낭비되지 않는다.

  어진 사람이 읍을 다스릴 때는 아침 일찍 나와 저녁 늦게 돌아가 밭 갈고 씨 뿌리고 심고 가꾸게 하여 곡물을 거두니, 이런 까닭에 곡물이 많아져서 인민들의 식량이 풍족해졌다. 그러므로 국가가 다스려지면 형벌과 법령이 바르게 되고, 관청 창고가 가득 차면 모든 인민이 부유해진다. 위로는 깨끗하게 술과 祭物을 마련하여 하늘과 조상에 제사 지낼 수 있고, 밖으로는 폐백을 마련하여 사방의 이웃 제후들과 교류할 수 있고, 안으로는 주린 자를 먹이고 지친 자를 쉬게 할 수 있어서 萬民을 기르고, 천하의 어진 사람을 품었다.

이런 까닭에 위로는 하늘과 귀신이 그를 부유케 하고, 밖으로는 제후들이 그와 함께하며, 안으로는 만민이 그를 친애하고, 어진 사람들이 그를 따른다.

　이로써 일을 계획하면 제대로 되고, 일을 행하면 잘 이루어지며, 안에서 지키면 견고하고 밖으로 나가서 정벌하면 강대해진다. 그러므로 옛날 삼대의 聖王인 堯·舜·禹·湯·文·武가 천하를 통일하여 제후들의 首長이 된 까닭은 또한 이러한 상현의 법도 때문이다.

'君人民'은 '인민을 통치하는 자'를 뜻한다.
'故'는 '胡'로 고쳐야 한다.
'自'는 由, 用과 통함.
'黨'은 편드는 것, 능력이 없는 데도 혈연에 따라 벼슬을 주는 것.
'嬖'(폐)는 사랑하는 것, 편애하는 것.
'顔色'(안색)은 간사하게 아첨하는 것.
'抑而廢之'(억이폐지)는 막고 그만두게 하는 것.
'徒役'(도역)은 보졸의 일을 시켰다고 해석하는 것이 타당할 듯하다. 묵자는 노예제도의 철폐를 주장하고, 하늘 아래 누구나 평등하다는 사상을 제기했다는 점에서 그렇다.
'進賢'은 어진 이를 숭상하다. 進은 尙으로 고쳐 읽는다.
'事能'은 事는 使와 통하여, 능력 있는 사람을 부리는 것.
'夙'(숙)은 아침 일찍이.
'莫入'은 莫(막과 모로 읽는다)은 暮로서 늦게 집으로 들어가는 것.
'菽粟'(숙속)은 콩과 조로 곡식을 통칭.
'絜'(결)은 潔(결)과 통한다. 깨끗이 정결히 하다.
'醴'(례)는 단술, '粢盛'(자성)은 기장으로 지은 젯밥. 粢(자)는 기장, 盛은 젯밥.

'外有'는 衍文(연문:군더더기 글).
'皮幣'(피폐)는 가죽과 비단, 제후들 사이의 선물.

【旣曰若法, 未知所以行之術 則事猶若未成. 是以 必爲置三本. 何謂三本 曰 爵位不高 則民不敬也, 蓄祿不厚 則民不信也, 政令不斷 則民不畏也.
故 古聖王 高予之爵, 重予之祿, 任之以事, 斷予之令 夫豈爲其臣賜哉. 欲其事之成也. 詩曰 告女憂卹, 誨女予爵, 孰能執熱, 鮮不用濯 則此語. 古者 國君諸侯之不可以不執善承嗣輔佐也, 譬之 猶執熱之有濯也. 將休其手焉, 古者 聖王唯毋得賢人而使之, 般爵以貴之, 裂地以封之, 終身不厭. 賢人唯毋得明君而事之, 竭四肢之力, 以任君之事 終身不倦. 若有美善 則歸之上. 是以 美善在上, 而所怨謗在下. 寧樂在君, 憂慼在臣. 故 古者聖王之爲政若此.】

이러한 성왕의 법도를 이미 말했으나, 그것을 실행할 방법을 알지 못하면 일은 오히려 성공할 수 없으므로, 반드시 세 가지 근본을 세워야 한다. 세 가지 근본은 무엇인가? 작위가 높지 않으면 백성들이 공경하지 아니하고, 받는 녹봉이 많지 아니하면 백성들이 믿지 아니하고, 정령이 단호하지 아니하면 백성은 두려워하지 않는다. 그러므로 옛 성왕들은 높은 작위를 주고 많은 녹봉을 주고 일을 맡기되 단호하게 명령을 할 수 있게 하였다. 어찌 신하를 위해서 그것들을 주었겠는가? 일이 성공적으로 이루어지기를 원했기 때문이다. 『詩經』「大雅」에 "천하의 근심을 같이 걱정하는 그대에게 벼슬을 주노라. 누가 뜨거운 것을 잡은 뒤에 물에 손을 담그지 않겠는가?"라고 한 것은 이것을 두고 한 말이다. 옛날 군주와 제후들은 훌륭한 후계자를 정하여 보좌하게 하지 아니할 수 없다. 비유하자면 뜨거운 것을 잡았으면 물에 손을 담가야 하는 것과 같다. 장차 그 손을 낮게 해야 하기 때문이다. 옛날에 聖王은 다만 어진 사람을 얻어서 그를 부리고, 작위를 나눠주어 그를 귀하게 하며, 토지를 갈라 봉해주면서 종신토록 싫증 나지 않게 했다. 어진 사람도 다만 현명한 임금을 얻어 섬기고 사지의 힘을 다하여 임금의 일을 맡아 종신토록 게을리하지 않았다.

만약 아름답고 좋은 일이 있으면 이를 위로 돌렸기 때문에, 아름답고 좋은 일은 윗사람 몫이고 원망하고 헐뜯기는 일은 아랫사람 몫이었으며, 편안함과 즐거움은 군주의 몫이고, 근심과 걱정은 신하의 몫이었다. 이런 까닭에 옛날 聖王이 정치함은 이와 같았다.

〔▶告女憂卹, 誨女予爵, 孰能執熱, 鮮不用濯 세상과 함께 걱정과 근심을 하는 그대에게 벼슬을 주노라, 누구 능히 뜨거운 것을 잡은 뒤에 찬물에 손을 넣지 않겠는가? 본인은 이처럼 해석한다. 세상의 어려운 일을 한 그대에게 '거기에 따른 댓가를 주어야 마땅하다''는 것으로, 현량자에게 인민들을 위해 열심히 일한 댓가로, 그를 귀하고 부하며 형정결정권을 주는 것은 당연하다는 것으로 이는 많은 인민을 위해서 그렇게 한다는 것이다.〕

'旣曰若法'(기왈약법)은 若은 此의 뜻이다. 이미 이와 같은 방법이 있다고 하더라도.
'斷'은 엄한 것, 분명한 것.
'告女憂卹'(고여우휼)은 인민의 근심을 같이 걱정한다. 인민의 아픔을 같이한다. 女는 『서경』에서 爾(너 이)로 되어있다.
'予爵'은 작위를 주다.
'鮮不用濯'(선불용탁)은 식히지 않겠는가? 鮮은 조사.
'執善'(집선)은 親善(친선)과 같은 말. 친하게 지낸다. '執'은 친밀하다는 뜻이다.

'承嗣'(승사)는 후계자, 맏아들. 輔佐(보좌) 보좌하는 신하.
'休'(휴)는 沐(목)으로 적시다는 의미이거나 쉬게 한다는 뜻.
"'休'는 '息'이다."
'毋'(무)는 뜻 없는 조사.
'般爵'(반작)은 벼슬을 나누어 주다. 般은 頒(나눌 반)과 통한다.
'般'은 '頒賜(반사)'의 '頒'(반)은 나누다. 독음이 같다.
'慼'(척)은 근심, 걱정.

【今王公大人 亦欲效人以尙賢使能爲政, 高予之爵 而祿不從也, 夫高爵而無祿 民不信也. 曰 此非中實愛我也, 假藉而用我也. 夫假藉之民 將豈能親其上哉. 故 先王言曰 貪於政者, 不能分人以事 厚於貨者 不能分人以祿. 事則不與, 祿則不分, 請問天下之賢人, 將何自至乎王公大人之側哉. 若苟賢者不至乎王公大人之側 則此不肖者 在左右也, 不肖者 在左右 則其所譽不當賢, 而所罰不當暴. 王公大人 尊此 爲政乎國家 則賞亦必不當賢, 而罰亦必不當暴. 若苟賞不當賢, 而罰不當暴 則是爲賢者不勸 而爲暴者不沮矣. 是以入則不慈孝父母, 出則不長弟鄕里. 居處無節, 出入無度. 男女無別, 使治官府則盜竊, 守城則倍畔, 君有難則不死, 出亡則不從, 使斷獄則不中, 分財則不均, 與謀事不得, 擧事不成, 入守不固, 出誅不彊. 故 雖昔者三代暴王, 桀紂幽厲之所以失措其國家傾覆其社稷者, 已此故也. 何則 皆以明小物而不明大物也.】

오늘날 왕공대인들 역시 이 성왕들을 본받아 어진 사람을 숭상하고 능력 있는 사람을 부리어 정치하고자 하지만, 높은 벼슬만 주고 녹봉이 이에 따르지 못한다. 무릇 벼슬만 높고 녹봉이 없으면 백성들이 믿지 아니한다. 그러면서 말하기를, 이처럼 하는 것은 진실로 나를 사랑하는 것이 아니라 임시로 빌려서 나를 이용하는 것이라고 말한다. 무릇 임시로 빌려서 쓰는 백성이 장차 어찌 임금을 사랑할 수 있겠는가? 그래서 선왕들이 말씀하시기를 권력을 탐하는 자는 남들과 일을 나누지 못하고, 재물을 중히 여기는 사람은 남들과 녹봉을 나눌 수 없다. 그래서 일은 함께할 수 없고 녹봉은 나눌 수 없다면, 묻건대 천하의 어진 사람들이 어떻게 왕공대인들의 곁으로 스스로 모여들겠는가? 만약 진실로 어진 사람들이 왕공대인들의 곁으로 모여들지 않는다면, 왕공대인들의 곁에는 어질지 못한 이들이 좌우에 있게 된다. 어질지 못한 사람들이 좌우에 있게 되면 명예는 어진 이에게 가지 않고, 벌은 포악한 자에게 가지 않는다. 王公大人이 이들을 존중하여 국가에 정사를 펼친다면, 상도 반드시 어진 사람에게 주어지지 않고, 벌도 반드시 포악한 사람에게 주어지지 않을 것이다.

  만약 진실로 어진 사람을 상 주지 않고 포악한 사람을 벌주지 않는다면, 바로 어진 사람이 되는 것을 권장하지 못하고 포악한 사람이 되는 것을 막지 못할 것이니, 이런 까닭에 집에 들어가서는 부모에게 효도하지 않고, 집 밖에 나와서는 마을 어른들을 공경하지 않으며, 거처할 때 절도가 없고 드나드는 데 법도가 없으며, 남녀 사이에 구별도 없다. 官府를 다스리게 하면 도둑질하고 성읍을 지키게 하면 배반하며, 임금이 난을 겪더라도 죽지 않고 〈임금이〉 망명하더라도 따르지 않으며, 재판하게 하면 공정하게 처리하지 못하고 재물을 나누게 하면 공평하게 처리하지 못한다. 계책을 함께 세우면 제대로 되지 않고, 함께 일을 행하면 성사되지 않으며, 성에 들어가 지키면 견고하지 못하고, 국경 밖에 나가서 정벌하면 강대하지 못하다. 그러므로 옛날 三代의 폭군인 桀·紂·幽·厲가 자신의 국가를 잃고 社稷을 멸망케 하였던 까닭이 여기에 있었다. 왜냐하면, 모두가 작은 일에는 밝고 큰일에는 밝지 못하였기 때문이다.】

'中實'(중실)은 衷心(충심)으로, 마음에서 우러나와서, 진실로.
'假'(가)는 잠시 임시로. 옛날에는 '借'(차) 자가 없었으므로 단지 '藉'(자: 빌리다) 자만 썼다.
'長弟鄉里'(장제향리)는 윗분을 존경하고 아랫사람을 아껴주는 것.
'倍畔'(배반)은 背叛(배반)과 같다.
'失措'(실조)其國家는 조치를 잘못하다. 자기 나라를 잃는다는 뜻. '措'자는 뜻이 통하지 않으니, 응당 '損'의 誤字일 것이다. 또 여기서 '損'은 '抎(잃을 운))'으로 읽는다.
'已此故也'(이차고야) 여기에 까닭이 있다. 已는 以와 통한다.

【今王公大人 有一衣裳 不能制也, 必藉良工. 有一牛羊 不能殺也 必藉良宰. 故 當若之二物者, 王公大人(未)知以尙賢使能爲政. 逮至其國家之亂社稷之危, 則不知使能以治之. 親戚 則使之, 無故富貴, 面目佼好 則使之, 夫無故富貴, 面目佼好 則使之 豈必智且有慧哉, 若使之治國家 則此使不智慧者 治國家也, 國家之亂, 旣可得而知已. 且夫王公大人 有所愛其色而使, 其心 不察其知而與其愛, 是故 不能治百人者, 使處乎千人之官, 不能治千人者 使處乎萬人之官, 此其故何也. 曰 處若官者 爵高而祿厚, 故 愛其色而使之焉. 夫不能治千人者 使處乎萬人之官 則此官什倍也. 夫治之法 將日至者也. 日以治之, 日不什脩, 知以治之, 知不什益 而予官什倍 則此治一而棄其九矣. 雖日夜相接以治若官, 官猶若不治 此其故何也. 則王公大人 不明乎以尙賢使能爲政也. 故 以尙賢使能爲政而治者, 夫若言之謂也. 以下賢爲政而亂者, 若吾言之謂也. 今王公大人 中實將欲治其國家, 欲脩保而勿失, 胡不察尙賢爲政之本也.】

 지금 왕공대인들이 옷 한 벌을 만들지 못하기 때문에 반드시 훌륭한 재단사의 힘을 빌리고, 한 마리의 소와 양을 잡을 수 없으므로 훌륭한 요리사의 힘을 빌린다. 그러므로 이 두 가지 일에 대해서는 왕공대인들도 어진 이를 숭상하고 능력 있는 이를 부려 정치를 행해야 함을 안다. 그러나 나라가 어지럽고 사직이 위태로운 지경에 이르러서는 〈어진 사람을 높이고〉 유능한 사람을 부려서 정치할 줄 모르고, 친척이므로 그들을 등용하여 쓰고, 공이 없는데도 부귀하거나 용모가 아름다우면 그를 부리니 대저 공이 없는데도 부귀하거나 용모가 아름다우면 그를 부리니 어찌 그들이 반드시 지혜롭고 총명하겠는가? 만약 그들에게 나라를 다스리게 한다면 이는 지혜롭고 총명하지 못한 자에게 나라를 다스리게 하는 것이니, 나라가 어지러워질 것을 이미 알수 있다. 게다가 王公大人이 그의 아름다운 용모를 아끼는 바가 있어 그를 부리는 것은 자신의 마음속에 그가 지혜로운지 살피지 않고, 자신이 아끼는 사람에게 〈관직을〉 준 것이다. 이런 까닭에 고작 백 사람도 다스리지 못하는 사람을 천 사람 다스리는 관직에 있게 하고, 천 사람도 다스리지 못하는 사람을 만 사람 다스리는 관직에 있게 하니, 그 까닭은 무엇인가? 이르기를 관직에 앉으면 벼슬이 높아지고 녹봉이 많아지기 때문이다. 그러나 외모를 아껴서 그들을 부린다면(관직에 등용하면) 천 명도 다스릴 수 없는 자를 만 명을 다스리는 자리에 앉히는 것이니, 이것은 관직을 열 곱으로 주는 것이다. 무릇 다스리는 법은 시일이 지나야 이를 수 있다. (오랜 세월이 흘러야 기를 수 있다) 온종일 다스린다 해도 하루가 열흘로 늘어날 수 없고, 지혜로 다스린다 해도 지혜가 열 배로 늘어날 수도 없는 일인데도 열 배의 관직을 주었으니, 이것은 하나만 다스리고 아홉은 버린 것이다. 비록 밤낮을 가리지 않고 관직을 수행한다 해도, 관은 여전히 다스려지지 않는다. 이렇게 된 까닭은 무엇인가? 바로 王公大人이 어진 사람을 높이고 유능한 사람을 부려서 정치하는 데에 밝지 못하기 때문이다. 그러므로 어진 사람을 높이고 유능한 사람을 부려서 정치해야 제대로 다스려진다는 것은 옛말이 의미하는 바이며, 어진 사람을 낮추고 〈유능한 자를 부리지 않으면서〉 정치하여 어지러워지는 것은 내가 말한 바와 같다. 지금 王公大人이 진심으로 자신의 나라가 잘 다스려지고 〈자리를〉 오래 보존하여 잃지 않기를 원한다면 어찌 어진 사람을 높이는 것이 정치의 근본이 됨을 살피지 않겠는가?】

'宰'(재)는 '膳宰(선재: 요리사)'를 말한다.
'藉'(자)는 (손을) 빌리다, 의지하다.
'未'는 아마도 '本'의 誤字일 것이다.
'無故富貴'(무고부귀)는 '故'를 '事'로 읽으면 일도 하지 않고 부귀한 자로 해석하기도 하고, '故'를 '功'으로 해석하여 아무런 공적도 없이 부귀한 자가 되어 세습귀족을 뜻하기도 한다.
'佼好'(교호)는 보기 좋은 것, 예쁜 것, 여기서는 아첨하여 잘 보이는 것.
'與'는 편들다, 주다.
'將日至者也'(장일지자야)는 매일 기르고 도달한다. 오랜 세월 길러야 이룰 수 있다.
'慧'(혜)는 '儇(총명하다)'이다.
'日不什脩'(일불십수) 하루를 열흘로 키울 수 없다.
'若'은 '此'와 같은 뜻이다.

【且以尙賢爲政之本者 亦豈獨子墨子之言哉. 此 聖王之道, 先王之書, 距年之言也. 傳曰 求聖君哲人, 以裨輔而身. 湯誓 曰 聿求元聖 與之戮力同心, 以治天下. 則此言聖之不失以尙賢使能爲政也. 故 古者 聖王 唯能審以尙賢使能爲政, 無異物雜焉. 天下皆得其利. 古者 舜 耕歷山, 陶河瀕, 漁雷澤, 堯 得之服澤之陽, 擧以爲天子 與接天下之政, 治天下之民. 伊摯 有莘氏女之私臣, 親爲庖人, 湯 得之 擧以爲己相, 與接天下之政, 治天下之民. 傅說 被褐帶索 庸築乎傅巖, 武丁 得之 擧以爲三公, 與接天下之政 治天下之民. 此 何故 始賤卒而貴, 始貧卒而富, 則王公大人明乎以尙賢使能爲政. 是以 民無飢而不得食, 寒而不得衣, 勞而不得息, 亂而不得治者. 故 古聖王 以審以尙賢使能爲政, 而取法於天. 雖天亦不辯貧富貴賤遠邇親疏, 賢者 擧而尙之, 不肖者 抑而廢之, 然則富貴爲賢 以得其賞者 誰也. 曰 若昔者三代聖王堯舜禹湯文武者, 是也. 所以得其賞 何也. 曰 其爲政乎天下也, 兼而愛之, 從而利之, 又率天下之萬民 以尙尊天事鬼, 愛利萬民. 是故 天鬼賞之 立爲天子, 以爲民父母, 萬民從而譽之 曰 聖王 至今不已 則此富貴爲賢以得其賞者也. 然則富貴爲暴, 以得其罰者 誰也. 曰 若昔者三代暴王桀紂幽厲者 是也. 何以知其然也. 曰 其爲政乎天下也 兼而憎之 從而賊之, 又率天下之民, 以詬天侮鬼, 賊傲萬民, 是故 天鬼罰之 使身死而爲刑戮, 子孫離散, 室家喪滅, 絶無後嗣, 萬民從而非之曰 暴王 至今不已 則此富貴爲暴而以得其罰者也. 然則親而不善 以得其罰者 誰也 曰 若昔者伯鯀 帝之元子. 廢帝之德庸 旣乃刑之于羽之郊 以得其罰者也.】

게다가 어진 사람을 숭상하는 것으로 정치의 근본으로 삼는다는 것이 또한 어찌 오직 墨子만의 말씀이겠는가? 이것은 聖王의 도이니, 先王의 글인 〈距年〉의 말이다. 전하는 말에 "聖人과 지혜로운 사람을 구하여 너 자신을 돕도록 하라."고 하였다.

　〈湯書〉에 이르기를, "드디어 큰 聖人을 구하여 그와 함께 힘을 합하고 마음을 같이하여, 천하를 다스렸다."라고 하였다. 바로 이는 聖王이 어진 사람을 높이고 유능한 사람을 부려서 정치한다는 원칙을 잃지 않았음을 말하는 것이다. 그러므로 옛날의 聖王은 오로지 어진 사람을 높이고 유능한 사람을 부려서 정치하는 것을 잘 알고 〈정치에〉 다른 원칙을 섞지 않아 천하 사람들이 모두 그 이익을 얻을 수 있었다. 옛날에 舜은 歷山 기슭에서 밭을 갈고, 河瀕에서 그릇을 구우며, 雷澤에서 고기를 잡고 있었는데, 堯임금이 服澤의 북쪽에서 그를 얻어서, 발탁하여 천자로 삼아 함께 천하의 정권을 쥐고 천하의 인민을 다스렸다. 伊摯(伊尹)는 有莘氏 딸의 私臣으로 몸소 요리사가 되었는데, 湯임금이 그를 얻어서 발탁하여 자신의 재상으로 삼아 함께 천하의 정권을 쥐고 천하의 인민을 다스렸다. 傅說은 거친 베옷을 입고 새끼줄을 허리에 두르고 傅巖의 성을 쌓는 공사장에서 품을 팔았는데, 武丁이 그를 얻어서 발탁하여 三公으로 삼아, 함께 천하의 정권을 쥐고 천하의 인민을 다스렸다. 이것은 무슨 까닭인가? 처음에는 천하다가 끝내는 귀해지고 처음에는 가난하다가 끝내는 부유해졌으니, 이는 바로 王公大人이 어진 사람을 높이고 유능한 사람을 부려서 정치해야 한다는 것을 분명히 알고 있었기 때문이다. 이런 까닭에 인민이 굶주려도 먹을 수 없고 추워도 입을 수 없으며, 지치더라도 쉴 수 없고 어지러워도 다스릴 수 없는 일은 없었다. 그러므로 옛 聖王은 어진 사람을 높이고 유능한 사람을 부려 정치해야 한다는 것을 잘 알아서 하늘에서 법을 취하였다. 비록 하늘이라 할지라도 역시 貧富·貴賤·遠近·親疎를 가리지 않고 어진 사람은 발탁하여 높이고 모자란 자는 눌러서 물리친다.

그렇다면 부귀하면서 어질어서 하늘의 賞을 받을 수 있었던 사람은 누구인가? 옛날 삼대의 聖王 堯·舜·禹·湯·文·武 같은 이가 바로 이들이다.

〈그들이〉 그 賞을 받을 수 있었던 까닭은 무엇인가? 천하에 정사를 펼치면서 아울러 아끼고 이어서 이롭게 하며, 또 천하의 만민을 이끌어 하늘을 받들고 귀신 섬기기를 숭상함으로써 만민을 아끼고 이롭게 하였기 때문이다.

이런 까닭으로 하늘과 귀신이 그에게 賞을 주어 천자로 세워 인민의 부모로 삼으니, 만민이 따라서 그를 찬양하며 '聖王'이라 부르고 지금까지 그치질 않았다. 바로 이들이 부귀하면서 어질어서 그 賞을 받을 수 있었던 사람이다.

그렇다면 부귀하면서 포악하여 그 벌을 받았던 사람은 누구인가? 옛날 삼대의 폭군 桀·紂·幽·厲 같은 이가 바로 그들이다.
어떻게 그들이 그런지 아는가? 천하에 정사를 펼치면서 다 아울러 미워하고 이어서 그들을 해치며, 또 천하의 인민들을 이끌어 하늘을 헐뜯고 귀신을 모욕하며 만민을 해치고 죽였기 때문이다. 이런 까닭으로 하늘과 귀신이 그를 벌하여 육신은 죽고 목이 베어지며 자손은 뿔뿔이 흩어지고 가정이 멸망하여 후사가 끊기게 하였고, 만민이 따라서 그를 비난하여 폭군이라 불러 지금까지도 그치질 않는다. 바로 이들이 부귀하면서 포악하여 벌을 받았던 사람이다. 그렇다면 왕의 육친이면서 선하지 못하여 벌을 받은 자는 누구인가? 옛날 伯鯀(백곤: 우임금의 애비)같은 자는 皇帝(전욱)의 元子이면서, 帝가 세운 공덕을 없애버렸기 때문에. 이에 그에게 벌을 주어 羽山(우산)의 밖으로 내쫓아 죽이니, 곧 해와 달의 빛도 미치지 않았고, 帝도 아끼지 않았다. 바로 이〈鯀〉이 왕의 육친이면서 선하지 못하여 벌을 받았던 사람이다.

'取法於天'(취법어천) 하늘로부터 그 법을 취했다. 하늘이 추구하는 義로써 겸애교리의 강령을 두어 신분과 관계없이 능력(尙賢使能)에 따라 인재를 등용했음은 모두 하늘의 天志라는 것이다.
'若'은 此也
'距年'(거년)은 遠年과 같은 뜻으로, 오랜 옛날.
'傳'(전)은 옛날의 典籍(책).
'裨補'(비보)는 부족한 것을 보충. 보좌 보필하는 것.

'聿'(붓 률)은 마침내, 드디어.
'元聖'은 위대한 성인.
'聖之不失'(성지불실)은 성인은 잊지 않는다. 실은 忘也.
'瀕'(빈)은 물가.
'擧以爲天子'(거이위천자)는 발탁하다, '천거하다'로 읽어야 한다.
'接'은 承也 잇는다. '持'(지)는 보존하다, 지키다, 관장하다.
'庖人'(포인)은 백정, 요리사.
'索'(색)은 찾다. 여기서는 새끼줄.
'庸'(용)은 '傭'(용)과 통하여 품팔이 일꾼.
'賊傲'(적오)는 해치고 죽이는 것.
'庸'(용)은 用과 통하여 조사로 쓰임.
'熱照'(열조)는 따스한 기운과 햇빛.

【然則天之所使 能者 誰也. 曰 若昔者禹稷皐陶, 是也. 何以知其然也. 先王之書呂刑 道之曰 皇帝淸問下民 有辭有苗 曰 群后之肆在下, 明明不常, 鰥寡不蓋. 德威維威, 德明維明, 乃名三后, 恤功於民. 伯夷 降典, 哲民維刑, 禹 平水土, 主名山川, 稷 隆播種, 農殖嘉穀, 三后成功, 維假於民. 則此言三聖人者 謹其言, 愼其行, 精其思慮, 索天下之隱事遺利, 以上事天 則天鄕其德, 下施之萬民, 萬民被其利, 終身無已. 故 先王之言 曰 此道也 大用之天下 則不窕. 小用之 則不困, 脩用之 則萬民被其利, 終身無已. 周頌 道之曰 聖人之德 若天之高, 若地之普. 其有昭於天下也, 若地之固, 若山之承. 不坼不崩. 若日之光, 若月之明. 與天地同常. 則此言聖人之德 章明博大. 埴固以脩久也. 故 聖人之德 蓋總乎天地者也. 今王公大人 欲王天下正諸侯, 夫無德義 將何以哉. 其說 將必挾震威彊. 今王公大人 將焉取挾震威彊哉, 傾者民之死也, 民生爲甚欲, 死爲甚憎. 所欲不得, 而所憎屢至, 自古及今 未有嘗能有以此王天下正諸侯者也. 今大人欲王天下正諸侯,

將欲使意得乎天下, 名成乎後世, 故不察尙賢爲政之本也, 此 聖人之厚行也.】

그러면 하늘이 부린 유능한 자는 누구인가? 그들은 옛날 禹, 稷, 皐陶 같은 이다. 옛 선왕의 글인『書經』「呂刑」편에 이르기를, 황제가 백성들에게 물어보니 묘족에게 불만이 있어 말하기를, 제후들이 아랫사람에게 방자하고(제멋대로 하고) 德이 밝은 이를 밝히는데 일정한 법도가 없고, 홀아비와 과부를 돌봐주지 않는다. 이에 순임금께서 德으로 위엄을 드러내니, 백성들이 두려워하고 德으로 밝히니 백성들이 밝아진다. 이에 세 분에게 명하여 백성들을 구휼하게 했다. 백이는 법을 내려 백성을 형벌로써 밝히고, 禹는 홍수와 땅을 다스려 산과 강을 주관하게 했고, 후직은 씨 뿌리고 심는 법을 백성들에게 가르쳐서 좋은 곡식을 생산케 했다. 이 세 사람이 이룬 공덕으로 백성들은 풍족하게 되었다고 했다. 곧 이것은 세 성인이 말을 삼가고 행실을 신중하며, 생각을 정성스럽게 하여 천하의 숨은 인재를 찾아 이롭게 해주며, 위로는 하늘을 섬기니, 하늘도 그 덕을 가상히 여겨 아래로 인민들에게 베풀어주시니, 모든 백성은 그 이로움을 입어 평생토록 끝이 없었다. 그러므로 성왕이 말씀하시기를 이 도리는 천하의 큰일에 써도 부족함이 없고(즉 넉넉하고), 작은 일어 써도 곤란하지 않고, 그 도리를 닦아 쓰면 만민이 이로움을 입어 종신토록 끝이 없을 것이다.

또『詩經』「주송」에서 이르기를, "성인의 德은 하늘이 높고 땅이 넓은 것처럼 천하를 밝게 비춘다. 또 땅이 경고하고 산이 우뚝 선 것과 같아, 갈라지지 않고 무너지지 않는다. 해가 빛나고 달이 밝은 것 같아 하늘과 땅과 함께 영원하도다!"라고 하였다.

이것은 성인의 德은 빛나고 밝으며 넓고 커서 길이 영원하다는 것을 말한 것이다. 그러므로 성인의 덕은 천지를 모두 뒤덮고 있다. 오늘날 왕공대인들이 천하를 다스리고 제후들을 바로 잡으려면, 무릇 德과 義가 없다면 장차 무엇으로 하겠는가? 아니면 위세와 강압으로 반드시 떨게 하겠다고 말하겠는가? 오늘날 왕공대인들이 위세과 강압으로 떨게 하려는 것은 백성들을 죽음으로 모는 것이다. 그러나 백성들은 살기를 매우 바라고 죽는 것을 몹시 싫어한다. 백성들이 바라는 것을 얻지 못하고, 싫어하는 것만 거듭 이르게 하면서, 예부터 지금에 이르기까지 일찍이 능히 천하를 다스리고 제후들을 바르게 한 경우는 없었다. 오늘날 왕공대인들이 천하를 다스리고 제후들을 바로 잡으려 하며 천하의 뜻을 얻어 후세까지도 명성을 이루고자 한다면, 어찌 尙賢이야말로 정치의 근본임을 살피지 않겠는가? 이것은 성인들도 충실히 행하신 일이다.

'有辭'(유사)는 불평하는 말이 많다.
'群后'(군후)는 제후.
'肆'(사)는 방자하다. 肆는 『서경』에 逮로 되어있어, 여기서 군주에서 일반 백성에 이르기까지로 해한다.
'明明'은 德이 밝은 이를 밝히는데.
'不常'(불상)은 일정한 법도가 없다.
'鰥'(환)은 홀아비.
'威'(위)는 위엄, 위압하다.
'三后'는 백이, 우, 직. 세 사람.
'降'(강)은 펴는 것.
'哲'은 밝히다. 여기서는 제어하다. 다스린다.
'名'은 命令 명령하다.
'主名'은 主命으로 읽는다. 주관하도록 명했다.
'假'(가)는 커지다, 풍성해지다. '維假於民'(유가어민)은 백성들을 풍성하게 해주었다. '假'는 『書經』에는 '股'(넓적다리 고)로 되어 있다. 股는 많다, 크다.
'鄕'은 享(향)으로 흠향하다, 가상히 여기다.
'承'(승)은 丞(승)과 통하여 높이 솟아 있는 것.
'挾震'(협진)은 위협하여 떨게 하다.
'不窕'(불조)는 가볍지 않다. 넉넉하다. 窕(정숙할 조).
'埴固以脩久也'(식고이수구야)는 진흙처럼 굳어 오래 간다. 埴(식)은 진흙. 脩(수)는 長也로 오래간다.

1. 현능한 자를 천거 발탁하여 天子가 되게 했다. 즉 賢者 擧而上之, 富而 貴之, 以爲官長.
2. 인재 고르는 法은 즉, 不黨父兄, 不偏貴富, 不嬖顔色.으로 치우치지 않았다.
3. 인재 등용 후 실적과 능력에 따라 대우하였다. 賢者 擧而上之, 富而貴之, 以 爲官長. 不肖者 抑而廢之, 貧而賤之, 以爲徒役
4. 또 현인이더라도 그 역량에 따라, 각각 다르게 직책을 주었다. 可使治國者 使治國, 可使長官者 使長官, 可使治邑者 使治邑. 凡所使治國家官府 邑里 此皆國之賢者也.
5. 현인이 다스리면 나타나는 효과, 賢者之治國也, 蚤朝晏退, 聽獄治政....是以菽粟多而民足乎食..
6. 현인 등용의 효과... 上者 天鬼富之, 外者 諸侯與之, 內者 萬民親之, 賢人歸之. 以此 謀事則得, 擧事則成, 入守則固, 出誅則彊.
7. 등용한 관리를 대우하는 까닭은 그들이 하는 일이 제대로 이루어지기를 바라기 때문이다. 欲其事之成也.
8. 賞과 罰이 공정하지 못하면, 나라는 어지러워진다. 그래서 현량지사가 나라를 다스려야 한다. 若苟賞不當賢, 而罰不當暴 則是爲賢者不勸, 而爲暴者 不沮矣.

9. 『평등론』 하늘은 빈부 귀천 친소 등을 구별하지 않고, 어진 자는 등용했다. "雖天 亦不辯貧富貴賤遠邇親疏, 賢者 擧而尙之."

〔상현중의 정리〕
【기회균등한 인재등용】"古者에 聖王甚尊尙賢而任使能이라 不黨父兄하고 不偏貴富하고 不嬖顔色하여 賢者는 擧而上之하고 富而貴之하여 以爲官長이요 不肖者는 抑而廢之하고 貧而賤之하여 以爲徒役이라", "故로 可使治國者는 使治國하고 可使長官者는 使長官하고 可使治邑者는 使治邑하니 凡所使治國家官府邑里는 此皆國之賢者也니라"

1. 옛날 성왕들은 어진 사람을 매우 숭상하고 능력 있는 사람을 임명하여 부렸으니, 부모와 형제라도 사사로움이 없었고 부귀한 사람이라고 치우치지 않았고 아첨하는 자를 편애하지 않고, 오직 어진 자라면 누구든지 등용하여 높여주며 부유하고 고귀하게 해주어 관장으로 삼았다. 한편 어질지 못한 자는 누구든지 등용을 막고 그만두게 하여 가난하고 천하게 하여 보졸의 임무를 맡겼다. 그러므로 가히 나라를 다스릴 수 있는 자로 하여금 나라를 다스리게 하고, 장관으로 부릴 만한 사람에게 장관으로 삼고 고을을 다스릴 만한 사람에게 고을을 다스리게 했으니 무릇 나라와 관부와 고을과 마을을 다스리는 사람들은 모두 나라의 어진 사람이었다.

※ 묵자는 〔不黨父兄하고 不偏貴富하고 不嬖顔色(불폐안색)〕에서 혈연이나 집안의 부귀나 용모와 관계없이 능력에 따른 등용을 주장했다. 그래서 각 직책에 맡길만한 사람, 즉 능력에 적합한 사람을 선택해서 그 직책을 수행케 했다는 것이다.

【賢者 政治의 효과】 "賢者之治國也 官府實而財不散 官府實則 萬民富 是故로 上者에 天鬼富之하고 外者에 諸侯與之하고 內者에 萬民親之하고 賢人歸之라 以此로 謀事則得하며 擧事則成하고 入守則固하며 出誅則彊"

1. 어진 사람이 나라를 다스리면, 관청의 창고는 충실하고 재물은 허비되지 않는다. 관부가 충실해지면 부유하게 되는 것이다. 위에서는 하늘과 귀신이 그를 부유하게 하고 밖에서는 제후들이 그를 편 들어 주며 안에서는 만민이 그를 사랑하고 어진 사람들이 귀의해 온다. 이로써 일을 도모하면 곧 뜻을 이루고 일을 일으키면 곧 성공하여 들어와 지키면 견고하고 나가 주벌하면 강하다.

※ 현명한 사람일수록 충실히 맡은 일을 잘 수행하기 때문에 관청이 부유해지고 따라서 백성들도 부유해진다는 것이다. 그러면서 주변국과도 관계가 좋아져서 나라가 견고해진다는 것이다.

【현인의 군주에 대한 자세】 "賢人唯毋得明君而事之하고 竭四肢之力하여 以任君之事하여 終身不倦이라 若有美善이면 則歸之上이라 是以로 美善在上하고 而所怨謗在下하고 寧樂在君하고 憂慼在臣"

1. 어진 사람은 오직 명군을 찾아 그를 섬겼으며 힘을 다하여 그를 섬기는 일에 종신토록 게으르지 않았다. 만약 아름답고 훌륭한 일이 있으면 임금께 돌리니 이로써 아름답고 훌륭한 일은 모두 임금에게 있고 원망하고 비방 받는 일은 신하에게 있으며 안녕과 즐거움은 군주에게 있고 근심과 걱정은 신하에게 있었다.

【권력욕과 재물욕】 "貪於政者 不能分人以事하고 厚於貨者는 不能分人以祿이라하니라 事則不與하고 祿則不分 天下之賢人이라도 將何自至乎王公大人之側哉" "若苟賢者不至乎王公大人之側이면

則此不肖者 在左右也니 不肖者 在左右면 則其所譽不當賢이요 而所罰不當暴 則賞亦必不當賢이요 而罰亦必不當暴라 若苟賞不當賢이요 而罰不當暴면 則是爲賢者不勸하고 而爲暴者不沮矣"

1. 권력을 탐하는 지도자는 남들과 일을 더불어 나누어 하지 못하고 재물을 아끼는 지도자는 남에게 녹을 나누어주지 못한다고 할 것이다. 일을 더불어 하지 못하고 녹을 나누지 않는다면, 천하의 현인일지라도 장차 어찌 왕공대인의 곁에 모여들겠는가? 만약 어진 자가 왕공대인의 곁에 이르지 못하고, 어질지 못한 자들이 좌우에 있게 되면 상은 어진 자에게 돌아가지 않고 벌은 포악한 자에게 내리지 않을 것이니 만약 상을 현자에게, 벌을 포악한 자에게 내리지 못하면, 어진 이를 권면하지 못하고 포악한 자들을 막지 못할 것이다.

※ 현명한 사람이 모여들게 하는 방법은 그들을 부귀하게 하고 명령권을 주어야 하는데, 그렇지 못하고 흔히 정치하는 사람들이 높은 벼슬은 주면서 이에 어울리는 많은 봉급을 주기를 꺼린다면 어찌 어질고 능력 있는 선비들이 모여들겠는가? 이는 작은 일에는 밝으면서도 정작 큰일에 밝지 못한 까닭이다.

【현인정치의 사례】"古者에 ①舜은 耕歷山하고 陶河瀕하고 漁雷澤한대 堯가 得之服澤之陽하여 擧以爲天子하여 與接天下之政하고 治天下之民 ②伊摯는 有莘氏女之私臣 親爲庖人 湯이 得之하여 擧以爲己相하여 與接天下之政하고 治天下之民 ③傅說은 被褐帶索하고 庸築乎傅巖한대 武丁이 得之하여 擧以爲三公하여 與接天下之政하고 治天下之民이라 此는 何故오 始賤卒而貴하고 始貧卒而富하니 則王公大人이 明乎以尙賢使能爲政이라 是以로 民無飢而不得食하고 寒而不得衣하고 勞而不得息하고 亂而不得治者라 … 雖天이라도 亦不辯貧富貴賤遠邇親疏하여 賢者는 擧

而尙之하고 不肖者는 抑而廢之라"

1. 옛날 순임금은 역산에서 밭을 갈고 황허 기슭에서 그릇을 굽고 뇌택에서 고기잡이를 했는데, 요임금은 그를 복택호 북쪽에서 찾아내어 등용함으로써 결국 천자로 선출되어 천하의 정사를 맡아 만민을 다스리게 되었다. 이윤은 유신씨 가문의 딸을 모시는 가복이었으나 몸소 백정노릇을 했으나, 탕임금이 그를 발견하여 자기의 재상으로 등용했고 천하 정사를 맡아 만민을 다스리게 했다. 부열은 갈옷을 입고 새끼줄을 두르고 부암의 성을 쌓는 인부였는데 은나라 고종인 무왕이 그를 찾아내어 등용하여 삼공으로 삼았으므로 천하 정사를 맡아 만민을 다스리게 되었다. 이는 무슨 까닭인가? 처음에는 천했는데 마침내 고귀하게 되었고, 처음에는 가난했는데 마침내 부유해질 수 있었는가? 곧 이것은 왕공대인들이 현명하여 어진 이를 숭상하고 능한 이를 부려 정사를 다스렸기 때문이다. 이로써 백성이 굶주려도 양식을 얻지 못하고 헐벗어도 옷을 얻지 못하며 피로해도 쉴 수 없고 어지러워도 다스릴 수 없던 불행한 일은 사라졌다. 비록 하늘은 가난한 자와 부유한 자, 귀한 자와 천한 자, 먼 자와 가까운 자, 측근자와 소원한 자를 차별하지 않지만 어진 이는 들어 높이고 어질지 못한 자는 억누르고 내친다.

《상현하》

【子墨子言曰 天下之王公大人 皆欲其國家之富也, 人民之衆也, 刑法之治也. 然而不識以尙賢爲政其國家百姓. 王公大人 本失尙賢爲政之本也. 若苟王公大人, 本失尙賢爲政之本也, 則不能毋擧物示之乎? 今若有一諸侯於此, 爲政其國家也 曰 凡我國能射御之士 我將賞貴之, 不能射御之士 我將罪賤之 問於若國之士, 孰喜孰懼. 我以爲必能射御之士, 喜. 不能射御之士, 懼. 我賞因而誘之矣 曰 凡我國之忠信之士, 我將賞貴之, 不忠信之士, 我將罪賤之, 問於若國之士, 孰喜孰懼? 我以爲必忠信之士 喜. 不忠不信之士 懼. 今惟毋以尙賢爲政其國家百姓, 使國爲善者勸, 爲暴者沮, 大以爲政於天下, 使天下之爲善者勸, 爲暴者沮. 然昔吾所以貴堯舜禹湯文武之道者, 何故以哉. 以其唯毋臨衆發政而治民, 使天下之爲善者, 可而勸也, 爲暴者 可而沮也. 然則此尙賢者也, 與堯舜禹湯文武之道 同矣.】

墨子 선생께서 말씀하셨다. "천하의 王公大人은 모두 자신의 국가가 부유해지고 인민이 늘어나며 형벌과 법령이 잘 다스려지기를 바란다. 그러나 어진 사람을 높임으로써 그 국가와 백성을 다스리는 것을 알지 못한다. 王公大人이 어진 사람을 높이는 것이 정치의 근본임을 모르고 있다. 만약 진실로 王公大人이 어진 사람을 높이는 것이 정치의 근본임을 알지 못한다면, 사례를 들어서 설명하지 않을 수 있겠는가.
지금 만약 여기 한 제후가 있어 그 국가를 다스리면서 말하기를 '무릇 내 나라에서 활을 잘 쏘고 말을 잘 모는 선비에게 나는 장차 賞을 주어 그를 귀하게 만들고, 활을 잘 못 쏘고 말을 잘 못 모는 선비에게 나는 장차 벌을 내려 그를 천하게 만들 것이다.'라 하고, 이 나라 선비들에게 묻는다면 누가 기뻐하고 누가 두려워하겠는가?
내가 생각하기에는 반드시 활을 잘 쏘고 말을 잘 모는 선비는 기뻐하며 활을 잘 못 쏘고 말을 잘못 다스리는 선비는 두려워할 것이다. 내가 시험 삼아 이런 식으로 비유를 더 해보기로 하겠다. (내가 상을 이유로 그들을 유인한다)
〈제후가〉'무릇 내 나라에서 충직하고 성실한 선비에게 나는 장차 賞을 주어 그를 귀하게 만들고 충직하고 성실하지 않고 거짓말하는 선비에게는 장차 벌 내려 그를 천하게 만들 것이다.'라 하면서, 이 나라 선비들에게 묻는다면 누가 기뻐하고 누가 두려워하겠는가? 내가 생각하기에는 반드시 충심을 다하고 거짓 없는 선비는 기뻐하며 충심을 다하지 않고 거짓말하는 선비는 두려워할 것이다. 이제 오로지 어진 사람을 숭상함으로써 그 국가와 백성을 다스린다면, 나라에서 선을 행하는 자를 권면하고 포악을 부리는 자를 막게 될 것이다. 크게 천하를 다스림에서도 천하로 하여금 착한 것을 권면하고 포악한 것을 저지하게 된다. 그렇다면 우리가 옛날 요순우탕문무왕의 도리를 귀하게 여기는 까닭은 무엇인가? 오로지 그들이 인민들에 대하여 정령을 반포하여 인민을 다스리면서 천하에서 선을 행하는 자들을 권면할 수 있고, 포악을 부리는 자들을 막을 수 있기 때문이다. 그렇다면 바로 어진 사람을 숭상하는 것, 이것이 堯·舜·禹·湯·文·武의 도리와 같은 것이다.

▶尙賢하는 것은 성왕들의 道와 통하는 것이다.

'本失'(본실)은 未知로 읽는다.
'毋'는 뜻 없는 조동사.
'擧'는 제시하다. 擧物은 사례를 제시하다.
'我賞因而誘之矣'(아상인이유지의)는 내가 상을 원인으로 해서 그들을 유혹하겠다고 읽을 수도 있고, 賞을 嘗(상)으로 읽어 시험삼아로 읽어, 시험삼아 그들을 상을 원인으로 유혹하겠다라고 읽기도 한다.
'射御'(사어)는 활쏘기와 말타기.
'惟毋'는 다만, 오직.

【而今天下之士君子 居處言語, 皆尙賢. 逮至其臨衆發政而治民. 莫知尙賢而使能. 我以此知天下之士君子明於小而不明於大也. 何以知其然乎. 今王公大人 有一牛羊之財, 不能殺, 必索良宰, 有一衣裳之財, 不能制 必索良工, 當王公大人之於此也, 雖有骨肉之親 無故富貴, 面目美好者 實知其不能也, 不使之也. 是何故. 恐其敗財也. 當王公大人之於此也, 則不失尙賢而使能. 王公大人有一罷馬 不能治, 必索良醫. 有一危弓不能張, 必索良工. 當王公大人之於此也 雖有骨肉之親 無故富貴 面目美好者 實知其不能也, 必不使. 是何故. 恐其敗財也. 當王公大人之於此也 則不失尙賢而使能. 逮至其國家, 則不然, 王公大人 骨肉之親 無故富貴, 面目美好者 則擧之 則王公大人之親其國家也, 不若親其一危弓罷馬衣裳牛羊之財與. 我以此知天下之士君子 皆明於小而不明於大也. 此 譬猶瘖者而使爲行人, 聾者而使爲樂師. 是故 古之聖王之治天下也, 其所富, 其所貴 未必王公大人 骨肉之親 無故富貴 面目美好者也.

是故 昔者 舜 耕於歷山, 陶於河瀕, 漁於雷澤, 灰於常陽, 堯得之服澤之陽, 立爲天子, 使接天下之政 治天下之民. 昔 伊尹爲莘氏女師僕, 使爲庖人, 湯 得而擧之 立爲三公 使接天下之政 治天下之民. 昔者 傅說 居北海之洲, 圜土之上, 衣褐帶索, 庸築於傅巖之城, 武丁 得而擧之 立爲三公 使之接天下之政 而治天下之民. 是故 昔者에 堯之擧舜也, 湯之擧伊尹也 武丁之擧傅說也. 豈以爲骨肉之親無故富貴面目美好者哉, 惟法其言, 用其謀, 行其道, 上可而利天, 中可而利鬼, 下可而利人. 是故 推而上之.】

그러나 지금 천하의 士君子는 평상시 말을 할 때는, 모두 어진 사람을 높이더라도 그들이 인민들에 대하여 정령을 반포하여 인민을 다스릴 때는, 어진 사람을 높이고 유능한 사람을 부릴 줄 모른다. 나는 이것을 가지고 천하의 士君子가 작은 일에는 밝으나 큰일에는 밝지 못함을 아는 것이다. 어떻게 그런 줄 아는가. 지금 王公大人이 한 마리 소와 양 요리 재료를 가지고 있어도, 잡을 수 없다면 반드시 요리 잘하는 이를 찾을 것이고, 한 벌을 지을 수 있는 옷감을 가지고 있어도 마름질할 수 없다면 반드시 바느질 잘하는 이를 찾을 것이다. 王公大人이 이 경우를 당해서는 비록 피붙이 친척, 자기 노력 없이 상속으로 부귀한 사람, 용모가 아름다운 자라 할지라도 실제로 그가 그럴 능력이 없음을 알면 그를 시키지 않을 것이다. 이는 무슨 까닭인가? 그 재료를 망칠까 두렵기 때문이다.

王公大人이 이런 경우를 당해서는 어김없이 어진 사람을 높이고 유능한 자를 부림을 잊지 않는다. 王公大人이 한 마리 병든 말을 가지고 있는데 고칠 수 없다면, 반드시 좋은 의원을 찾을 것이고, 하나의 危弓(고장난 활)을 가지고 있어도 시위를 당기지 못한다면, 반드시 솜씨 좋은 장인을 찾을 것이다. 王公大人이 이런 경우를 당해서는 비록 피붙이 친척, 자기 노력 없이 부귀한 사람, 용모가 아름다운 자라 할지라도 실제로 그가 그럴 능력이 없음을 알면, 반드시 그를 시키지 않는다. 이는 무슨 까닭인가? 그 **재료를 망칠까 두렵기 때문이다**. 王公大人이 이런 경우를 당해서는 어김없이 어진 사람을 높이고 유능한 자를 시킨다. 〈그러나〉 그 국가에 이르러서는 그렇지 않다. 王公大人이 피붙이 친척, 자기 노력 없이 부귀한 사람, 용모가 아름다운 자라면 그를 임용하니, 그렇다면 王公大人이 그 국가를 보는 것이 그 하나의 고장난 활, 병든 말, 옷감, 소나 양 같은 재료를 보는 것만 못하다는 것이다.

나는 이것을 가지고 천하의 士君子가 모두 작은 일에는 밝으나 큰일에는 밝지 못한 것을 안다. 이는 비유하자면 마치 벙어리를 외국에 사신으로 보내고, 귀머거리를 樂師로 삼는 것과 같은 일이다.

이런 까닭에 옛날의 聖王이 천하를 다스릴 때, 그가 부유하게 해주거나 그가 귀하게 해준 사람은 반드시 王公大人의 피붙이 친척, 자기 노력 없이 부귀한 사람, 용모가 아름다운 자만이 아니었다. 그래서 옛날에 舜은 歷山에서 밭을 갈고 河瀕에서 그릇을 구우며 濩澤에서 고기를 잡고, 항산에서 숯을 굽고 있었는데, 堯가 服澤의 북쪽에서 그를 얻어 천자로 세워 천하의 정권을 쥐고 천하의 인민을 다스리게 하였다. 옛날에 伊尹이 莘氏의 딸을 수행하는 신하가 되자, 〈伊尹에게〉 주방장을 맡겼는데 湯이 그를 알아보고 등용하여 三公으로 세워 천하의 정권을 쥐고 천하의 인민을 다스리게 하였다. 옛날에 傅說은 北海의 섬에 있는 감옥의 흙일꾼이 되어 거친 베옷을 입고 새끼줄을 허리에 두르고 傅巖의 성을 쌓는 공사장에서 품을 팔았는데, 武丁이 그를 얻어 등용하여 三公으로 세워 천하의 정권을 쥐고 천하의 인민을 다스리게 하였다.

이런 까닭에 옛날에 堯가 舜을 등용하고 湯이 伊尹을 등용하고 武丁이 傅說을 등용한 것이 어찌 그들이 피붙이 친척, 자기 노력 없이 부귀한 사람, 용모가 아름다운 자였기 때문이었겠는가? 오직 그들의 말을 본받고 그들의 계책을 채택하고 그들의 道를 실행하여, 위로는 하늘을 이롭게 할 수 있고, 가운데로는 귀신을 이롭게 할 수 있으며 아래로는 인민을 이롭게 할 수 있으므로, 그들을 추앙하여 높였다.

'居處言語'(거처언어)는 평상시 말하는 것.
'無故富貴'(무고부귀)는 일하지 않고 세습으로 부귀한 자.
'危'는 결함이 있는 고장 난.
'宰'(재)는 요리사. 백정.
'財'는 材와 통하여 재료.
'疲馬'(피마)는 지친 말, 병든 말.
'瘖者'(음자)는 벙어리.
'聾者'(농자)는 귀머거리.
'瘖者而使爲行人'(음자이사위행인)은 벙어리를 외교관으로 삼는다.

〈'常陽'은〉 아마도 恒山의 남쪽일 것이다.
'親'은 아마도 모두 마땅히 '視'가 되어야 할 것 같다.
'灰'(회)는 재나 숯으로 해석한다. 『묵자한고』에서는 灰를 장사하다, 물건을 판다로 해석한다.
'師僕'(사복)에서 師는 私의 뜻이고, 僕은 臣과 같은 뜻. '臣'과 '僕'은 같은 것이다. 私僕은 '私臣'이라는 말과 같다. ≪墨子≫〈尚賢 中〉에 "伊摯는 有莘氏 딸의 私臣이다."라 하였다.
'圜土'(환토)는 옛날 감옥. 周나라 때 '圜土'로써 교화되지 않는 惡人들을 다스리는 옥
'而'는 '以'와 같은 뜻이다.

【古者 聖王 旣審尚賢 欲以爲政, 故 書之竹帛, 琢之槃盂, 傳以遺後世子孫. 於先王之書呂刑之書 然, 王曰 於, 來, 有國有土, 告女訟刑. 在今而安百姓, 女何擇, 言人? 何敬, 不刑, 何度, 不及. 能擇人而敬爲刑, 堯舜禹湯文武之道 可及也. 是何也. 則以尚賢, 及之. 於先王之書豎年之言 然 曰晞夫聖武知人, 以屛輔而身. 此言先王之治天下也, 必選擇賢者, 以爲其群屬輔佐.】

 옛날에 聖王은 이미 어진 사람을 숭상함을 살펴서 정치하고자 했다. 그래서 이를 竹帛에 적고 槃盂에 새겨놓아 후손들에게 전해주려 했다. 선왕의 책인 「呂刑」의 글이 그러하다.〈그 책에서〉 왕이 말하기를, 자! 오라, 나라의 땅을 가진 자들이여! 너희에게 송사하는 법을 알려주겠다. 오늘날 그대들이 백성을 안정시키고자 한다면, 그대는 누구를 선택하겠는가? 어진 사람이 아닌가? 무엇을 공경하겠는가? 형벌이 아니겠는가? 무엇을 헤아리겠는가?〈聖王의 道에〉미치는 일이 아니겠는가! 사람을 잘 선택하고 형벌을 삼가 행하면 堯·舜·禹·湯·文·武의 道에 미칠 수 있다는 것이다. 이는 왜 그런 것인가? 바로 어진 사람을 숭상함

으로써 〈성왕의 道에〉 미친다는 것이다. 선왕의 글, 〈豎年(距年)〉의 말에 그러하니, 이르기 '성스럽고 용감하며 지혜로운 자로 그대 자신을 감싸고 보좌하게 하라!' 했다. 이것은 선왕이 천하를 다스릴 적에 반드시 어진 사람을 선택하여 자신을 보좌하는 신하들로 삼았던 사례를 말한 것이다.

▶성왕과 선왕들은 상현으로서 어질고 용감하며 지혜로운 이를 찾아서 자신을 보좌하게 했다.

'審'(심)은 살피다. 신중히 하다.
'有國有土'(유국유토)는 국가를 보유한 제후나 경대부들을 지칭.
'言人'에서 言은 不의 잘못, 사람을 가려 쓰는 게 아닌가?
'訟刑'(송형)은 訟은 詳(상)의 잘못인 듯.
'而'가 '爾'(이)로 되어있는데, 옳다.
'豎年'(수년)은 距(거)와 통하여 오래전, 오랜 옛날. '豎'라는 '距'자의 假音字이다.
'睎'(마를 희)는 睎나 希(바라다)이다. "'睎'는 '望'의 뜻이다."라 하였다. '聖武'는 聖人과 武人을 말한다. '知'는 '智'와 통한다.
'屛輔'(병보)는 감싸고 보좌함.
'群屬'(군속)은 여러 관속.

【曰 今也 天下之士君子 皆欲富貴而惡貧賤, 曰: 然女何爲而得富貴而辟貧賤, 莫若爲賢. 爲賢之道 將奈何? 曰〔有力者疾以助人, 有財者 勉以分人 有道者 勸以敎人.〕若此 則飢者得食, 寒者得衣, 亂者得治, 若飢則得食 寒則得衣, 亂則得治, 此安生生. 今王公大人 其所富, 其所貴, 皆王公大人骨肉之親, 無故富貴, 面目美好者也. 今王公大人骨肉之親 無故富貴 面目美好者. 焉故必知哉?. 若不知, 使治其國家, 則其國家之亂, 可得而知也. 今天下之

士君子 皆欲富貴而惡貧賤. 然, 女何爲而得富貴而辟貧賤哉?, 曰 莫若爲王公大人骨肉之親 無故富貴 面目美好者. 王公大人骨肉之親 無故富貴 面目美好者 此非可學能者也. 使不知辯, 德行之厚 若禹湯文武, 不加得也. 王公大人骨肉之親 躄瘖聾[瞽], 暴爲桀紂, 不加失也. 是故 以賞不當賢, 罰不當暴. 其所賞者, 已無故矣, 其所罰者, 亦無罪.

是以 使百姓 皆攸(放)心解體, 沮以爲善, 垂其股肱之力, 而不相勞來也. 腐臭餘財, 而不相分資也, 隱慝良道, 而不相教誨也. 若此 則飢者不得食, 寒者不得衣, 亂者不得治. 是故 昔者 堯有舜, 舜有禹, 禹有皐陶, 湯有小臣, 武王有閎夭泰顚南宮括散宜生, 而天下和, 庶民阜. 是以 近者安之, 遠者歸之. 日月之所照 舟車之所及, 雨露之所漸, 粒食之所養, 得此, 莫不勸譽 且今天下之王公大人士君子 中實將欲爲仁義, 求爲上士, 上欲中聖王之道, 下欲中國家百姓之利, 故 尙賢之爲說 而不可不察此者也. 尙賢者 天鬼百姓之利 而政事之本也

오늘날 천하의 사군자들이 모두 부귀를 바라고 빈천을 싫어한다고 말한다. 그러면 그대는 어떤 방법으로 부귀를 얻고 빈천을 피하겠는가? 이르기를, 현명해지는 것보다 좋은 방법이 없다. 그러면 현명해지는 방법은 무엇인가? 그것은 힘 있으면 재빠르게 남을 돕고, 재물이 있으면 힘써 남에게 나누어주고, 도리를 깨치면 권면하여 남을 가르치는 것이다. 만약 이처럼 하면 배고픈 자는 먹을 것을 얻고, 헐벗은 자는 옷을 얻을 것이요, 수고한 자는 쉴 것이요, 어지러운 것은 다스려질 것이다. 이것이 바로 생을 이어갈 수 있다는 것이다. (모두가 편안한 삶을 살아갈 것이다)

오늘날 王公大人은 그가 부유하게 해주고, 귀하게 해주는 사람은 모두 王公大人의 피붙이 친척, 공이 없는데도 부귀한 사람,

용모가 아름다운 자들이니, 어찌 그들이 반드시 지혜로울 것인가? 만약에 지혜롭지 않은 사람들에게 국가를 다스리도록 한다면, 그 국가가 어지러울 것은 불문가지일 것이다.

오늘날 천하의 士君子는 모두 부귀를 원하고 빈천을 싫어한다. 그렇다면 그대가 어떻게 하여 부귀를 얻고 빈천을 피할 수 있겠는가? 王公大人의 피붙이 친척, 공이 없는데도 부귀한 사람, 용모가 아름다운 자들이 되는 것만 한 것이 없다.

〈그런데〉 王公大人의 피붙이 친척, 공이 없는데도 부귀한 사람, 용모가 아름다운 자들은 배워서 될 수 있는 것이 아니다. (배움이 있고 능력 있는 사람이 아니다) 지혜와 분별력과 덕과 행실이 돈독(묵자에서 현인의 조건)하지 않은 그들을 등용하여 부린다면, 우탕문무왕같은 훌륭한 사람도 뜻을 얻을 수 없고, 반면 왕공대인들의 혈연 친척이면 앉은뱅이나 벙어리나 장님이거나 걸주처럼 포악해도 등용되지 않을 수 없다. 그래서 상이 어진 사람에게 주어지지 않고, 벌이 포악한 자에게 주어지지 않으니, 그 상 받는 자는 이미 공이 없고, 그 벌 받는 자도 죄가 없다. 이런 까닭에 백성들에게 모두 마음을 게을리하고 몸이 해이하게 하여, 선을 행하는 것을 막고 그 팔다리 힘을 쓰지 않고, 서로 돕고 위로하지 않으며, 썩어 냄새가 날 정도로 재물이 남아도, 서로 나누어주지 않으며 좋은 道를 숨기고 감추어, 서로 가르치지 않는다. 이와 같다면 굶주린 자가 먹을 수 없고 추운 자가 옷을 입을 수 없으며 난폭한 자가 다스려지지 않는다. 이런 까닭에 옛날 堯임금에게 舜임금이 있었고, 舜임금에게 禹임금이 있었으며, 禹임금에게 皐陶(고요)가 있었고, 湯임금에게 小臣이 있었으며, 武王에게 閎夭·泰顚·南宮括·散宜生이 있었으니, 천하가 태평해지고 서민은 불어났다. 이 때문에 가까운 곳의 사람은 편안히 여기고 먼 곳의 사람은 歸附 하였다. 해와 달이 비추는 바, 배와 수레가 다다르는바, 비와 이슬이 적시는바, 곡식이 길러지는 바에, 〈모든 사람이〉 이러한 〈어진 사람을〉 얻어 권면하고 기리지 않는 자가 없었다. 오늘날 만약 천하의 王公大人과 士君子가 마음으로부터 진실로 仁義를 행하고자 하고 上士가 되고자 하며, 위로는 聖王의 도에 맞고 아래로는 국가와 인민의 이익에 맞고자 한다면, 어진 사람을 숭상해야 한다는 말씀을 반드시 살피지 않으면 안 된다. 어진 이를 숭상하는 것은 하늘과 귀신과 백성의 이익이요, 정사의 근본인 것이다.】

'辟'(피)는 '避'(피)와 같은 '피하다'의 뜻이다.
'知辯'(지변)은 지혜와 분별.
'安生生'은 자연의 성품처럼 편안하게 살아가는 삶. 즉 대동세계 또는 공동체적 삶을 말한다.
'焉'(언)은 '何'(하)와 같은 뜻이다. 焉故는 어찌. 그래서 焉故必知哉(언고필지재)는 어찌 지혜롭겠는가? 지혜롭지 않다.
'學能'(학능)은 學而能이 되다. 而자 타락. 배워서 할 수 있다.
'得'은 뜻을 얻다. 등용되다. 不可得也 등용될 수 없다.
'不可失也'는 더 잃지 않는다. 등용되지 않을 수 없다.
'其所賞者 已無故矣'(이무고의)는 '그 상 받는 자는 이미 공(功)이 없는 자이다.'
'攸'(유)는 '悠'와 通한다. 悠忽(유홀)은 '한가하게 세월을 보내다'라는 말이다.
'垂其股肱之力'(수기고굉지력)은 팔다리의 힘을 쓰지 않는다.
股肱(고굉)은 넓적다리와 팔뚝.
'垂'(수)는 뜻이 통하지 않으니 응당 '舍'자가 되어야 한다.
'勞來'(노래)는 남을 돕고 위로하는 것.
'庶民阜'(서민부)는 인민이 많아지다. 阜(부)는 언덕, 많아지다 풍성해지다.
'垂'(수)는 드리운다. 墮(타)와 통한다. 떨어뜨린다. 게으르다.

1. 묵자의 주장은 演繹法式 이다. 먼저 주장을 하고 뒤에 왜 그런가를 설명하고 있다.
2. 왕공대인들도 재능 없는 사람은 혈육이나 세습귀족, 아첨 잘하는 간사한 사람일지라도 부리지 않는다. 왜냐하면 그들에게 일을 시키면 원재료를 손상할까 두려워서다. 그런데도 나라의 일을 맡기니 나라가 잘 다스려질 수가 없다.
3. 옛날 선왕들은 반드시 어진 사람을 선택 등용해서 자기의 군속으로써 보좌하게 했다. 그러면 어진 현인이 되는 방법은, 힘이 있으면 재빨리 남을 돕고, 재물이 있으면 힘써 없는 사람에게 나누어주고, 道를 깨쳤으면 남들을 가르친다. 이렇게 하면 굶주린 자는 먹을 것을 얻고, 헐벗은 자는 옷을 얻으며, 혼란은 다스려진다. 그래서 굶주리면 먹을 것을 얻고, 추위에 떨면 옷을 얻고, 혼란하면 잘 다스려지니, 이것이 바로 "안생생사회"이다. 즉 "대동사회"이다.
4. 尙賢은 성왕의 道理로서 겸애교리의 실천이며 하늘의 뜻이다.
5. 결론적으로 情實人事를 배척하면서 능력 본위로 현명한 사람을 등용시킬 것을 상현편에서 주장하고 있다. 이편에서는 "불평등과 계급의 차별을 배척"하는 현대적인 "평등사상과 무차별주의"가 느껴진다.

〔상현하 정리〕
【聖君 즉 兼君과 別君의 차이】 "兼君은 雖有骨肉之親과 無故富貴 面目美好者라도 實知其不能也면 不使之也" "別君은 骨肉之親과 無故富貴와 面目美好者면 則擧之" 이는 此는 譬猶瘖者而使爲行人 聾者而使爲樂師."
1. 성군은 비록 골육을 나눈 부모 자식이나 자기 노력 없이 상

속으로 부귀하게 된 자나 용모가 예쁜 자라도 그들이 능력이 없는 줄을 알면 그들에게 일을 맡기지 않는다. 하지만 別君은 그렇지 못한다. 그들이 능력이 없음에도 등용하는데 이는 비유컨대 마치 벙어리를 외국에 사신으로 보내고 귀머거리를 악사로 삼는 것과 같다.
※ 임금들이 중요한 나랏일을 혈연이나 연고 없이 부귀한자나 용모가 아름다운 아첨꾼에게 맡기니 나라가 어지럽다는 것이다.
※ 어진 지도자가 되는 길은 주변에서 자기를 진정으로 도울 사람을 찾아, 올바르게 보좌케 하는 방법밖에 없다. 이것은 상현을 부귀하게 하고 거기에 적합한 대우를 하는 길이다.

【賢者가 되는 道】爲賢之道 "有力者는 疾以助人하고 有財者는 勉以分人하고 有道者는 勸以敎人하니 若此면 則飢者得食하고 寒者得衣하고 亂者得治하니 若飢則得食하고 寒則得衣하고 亂則得治면 此安生生이라"
1. 현자가 되는 길은 힘이 있으면 부지런히 인민을 돕고, 재물이 있으면 힘써 인민에게 나누어 주고, 도리가 있으면 권면하여 가르치는 것이다. 이렇게 되면 배고픈 자는 먹을 것을 얻을 것이요, 헐벗은 자는 옷을 얻을 것이며, 피로한 자는 쉴 것이며, 어지러운 것은 다스려질 것이다. 이것을 '안락한 생명 살림' 또는 '자유로운 살림살이'라 한다.
※ 결국, 현명하다는 것은 자기 능력을 다하여, 남을 돕고 남을 이끌어줌을 말한다. 묵자는 정실인사를 배척하면서 능력 본위로 현명한 사람을 뽑아 쓸 것을 주장한다. 불평등과 계급의 차별을 배척하는 점에서 현대적인 평등사상과 무차별주의가 느껴진다.

2. 尙同篇

'尙同'은 윗사람과 아랫사람이 뜻을 함께하여, 서로 和同함을 말하는데, 이는 서로 다른 義가 조화를 이루어 함께 한다는 의미이다. '上同'과 '不下比'는 墨家의 사상에서 매우 중요한 개념 중의 하나이다. '上同'은 위와 아래가 義를 같게 하여, 意氣投合하며 同調하는 것을 말하며, 이와 대조적으로 '不下比'는 위아래가 서로 和同하되, 패거리를 짓지 말라는 뜻이다. 나누어진 뜻을 하나로 통합시켜나가자는 의견 수렴이다. 묵자는 사람들이 하늘에 上同하지 않으면 자연의 재해가 있다는 논리를 확장해, 아랫사람이 윗사람에 상동한가 하비한가에 따라 賞과 罰이 갈린다는 논리를 펴고 있다.

'尙'은 또한 '上'과 통한다. ≪漢書≫ 〈藝文志〉에는 '上同'으로 되어 있는데, 그 注에 "如淳이 이르기를 '모두 같으면 다스릴 수 있다는 말이다.'라 하였다."라 하였다.

《상동상》
【子墨子言曰 古者 民始生 未有刑政之時, 蓋其語 人異義, 是以 一人則一義, 二人則二義, 十人則十義, 其人玆衆, 其所謂義者, 亦玆衆, 是以 人是其義, 以非人之義. 故 交相非也. 是以 內者 父子兄弟作怨惡, 離散不能相和合, 天下之百姓 皆以水火毒藥相虧害, 至有餘力 不能以相勞, 腐朽餘財 不以相分, 隱匿良道 不以相敎, 天下之亂 若禽獸然. 夫明虖天下之所以亂者, 生於無政長. 是故 選天下之賢 可者, 立以爲天子. 天子立, 以其力爲未足, 又選擇天下之賢 可者 置立之以爲三公. 天子三公旣以立, 以天下爲博大, 遠國異土之民 是非利害之辯, 不可一二而明知. 故 畫分萬國, 立諸侯國君. 諸侯國君旣已立 以其力爲未足 又選擇其國之賢 可者, 置立之以爲正長.】

묵자 선생께서 말씀하셨다. 옛날에 백성이 처음 생겨나 형벌과 정치가 아직 없었을 때, 대개 그들의 말은 **사람마다 그 뜻이 달랐다.** 사람이 한 명이면 하나의 뜻이 있고, 두 명이면 그 뜻이 둘이요, 열 명이면 그 뜻이 열 개 있는지라. 사람이 많아지면 소위 그 뜻도 역시 늘어났다. 그리하여 **사람들은 자기의 뜻을 옳다고 하고 다른 사람의 뜻은 그르다고 하여 서로를 비난했다.** 이런 까닭에 안으로는 부자와 형제 사이에도 서로 원망하고 미워하니, 흩어져 화합할 수 없고, 천하의 백성들은 모두 물과 불과 독약으로 서로를 해쳤다. 그래서 여력이 있어도 서로 돕지 않고, 남는 재물이 썩어나더라도 서로 나누지 않으며, 훌륭한 도리를 숨기고 서로 교화하지 않으니, 천하의 혼란함이 마치 금수의 세계와 같았다. **천하가 혼란한 까닭을 밝혀보면, 그것은 정치적 지도자가 없는 데서 생겨났다.** 이런 까닭에 천하의 어진 자 중에서 선택해서 그를 세워 천자로 삼았다. 천자를 세워도 그 힘만으로는 아직 부족하여 또 천하의 현명한 이를 뽑아 세워서 삼공으로 삼았다. 천자와 삼공을 이미 세운 뒤에도 천하는 넓고 커서, 먼 나라와 다른 지역 백성들의 시비와 이해의 분별을 하나하나 명확히 밝힐 수가 없었다. 그래서 여러 나라로 구획하여 나누고 제후와 군주를 세웠다. 또 제후와 군주를 이미 세웠다 해도 그들만의 힘으로는 부족했으므로 또 어진 이를 선출하여 正長으로 세웠다.

▶ "選天下之賢 可者 立以爲天子" 이 문장은 "천하의 어진 자 중에서 가장 뛰어난 자를 선택해서 세워 천자로 삼았다"로 해석하는 데, 천자의 선택을 하늘이 하느냐 아니면, 인민이 하느냐의 둘 가래 해석을 놓고 의견이 분분하다. 묵자는 유가의 세상을 보는 관점이 싫어서 독창적인 의견을 내놓았는데, 하늘이 天子

를 세웠다고 해석하면 이는 유가의 천명설과 무엇이 다른가?

'蓋其語人異義'(개기어인이의)는 그들은 저마다 다른 주장을 하였다는 뜻이다. 그 주장은 자기의 이익 또는 계급적 이익을 주장하는 것이다. 묵자는 '義'는 '利'라고 정의한다.
'玆衆'(자중)은 滋(자)와 통하여 더욱 많아짐.
'虧'(휴)는 해치다 손상시키다.
'腐朽'(부후)는 썩다.
'相勞'(상로)는 서로 돕다. 勞는 勤也.
'虖'(호 울부짖다)는 乎의 假借字이다.
'正長'은 통치자로 본다.
'賢可者'는 어질고 착한 자 또는 어진 자 중에서 적당한 자.
'畫'(그림 화, 경계 획) 여기서는 劃으로 읽는다.

【正長旣已具 天子 發政於天下之百姓 言曰 聞善而不善, 皆以告其上. 上之所是, 必皆是之. 所非, 必皆非之. 上有過則規諫之. 下有善則傍薦之, 上同而不下比者, 此上之所賞而下之所譽也. 意若聞善而不善, 不以告其上, 上之所是, 弗能是, 上之所非, 弗能非, 上有過, 弗規諫, 下有善, 弗傍薦, 下比不能上同者, 此上之所罰而百姓所毁也. 上以此爲賞罰, 甚明察以審信. 是故 里長者 里之仁人也. 里長 發政里之百姓 言曰 聞善而不善必以告其鄕長. 鄕長之所是 必皆是之, 鄕長之所非 必皆非之, 去若不善言 學鄕長之善言. 去若不善行, 學鄕長之善行 則鄕何說以亂哉. 察鄕之所[以]治者 何也. 鄕長 唯能壹同鄕之義, 是以 鄕治也. 鄕長者 鄕之仁人也, 鄕長 發政鄕之百姓 言曰 聞善而不善者, 必以告國君. 國君之所是 必皆是之 國君之所非 必皆非之, 去若不善言, 學國君之善言, 去若不善行, 學國君之善行 則國何說以亂哉. 察國之所以治者 何也. 國君 唯能壹同國之義 是以 國治也. 國君者國之仁人也, 國君 發政國之百姓 言曰 聞善而不善必以告天子, 天子之所是 皆是之, 天子之所非, 皆非之, 去若不善言, 學天子之善言, 去若不善行, 學天子之善行 則天下何說以亂哉. 察天下之所以治者 何也, 天子唯能壹同天下之義. 是以 天下治也. 天下之百姓 皆上同於天子而不上同於天, 則[天]菑猶未去也. 今若天飄風苦雨 潨潨而至者. 此天之所以罰百姓之不上同於天者也. 是故 子墨子言曰 古者 聖王爲五刑, 請以治其民. 譬若絲縷之有紀, 罔罟之有綱, 所[以]連收天下之百姓不尙同其上者也.】

　정치 지도자들이 이미 갖추어지면, 천자는 정령을 발하여 말하기를 좋은 일이든 좋지 못한 일이든 모두 보고 들었을 때는 모두 윗사람에게 알려라. **윗사람이 옳다고 여기면 반드시 모두 옳다고 여기고, 그르다고 하면 모두 반드시 그르다고 한다. 윗사람에게 허물이 있으면 이를 올바로 간하고, 아랫사람이 좋은 일을 하면 그를 찾아 추천한다.** 윗사람과 뜻을 함께하고, 아랫사람끼리 패거리 짓지 아니하면, 이에 위에서는 상을 내리고 아래에서는 그들을 칭찬한다. 만약에 좋은 것이나 좋지 못한 일을 보고 듣고도 이를 윗사람에게 알리지 아니하며, 윗사람이 옳다고 여기는 것을 옳다고 여기지 않고, 윗사람이 그르다고 여기는 것을 그르다고 여기지 아니하며, 또 윗사람에게 허물이 있어도 올바로 간하지 아니하고 아랫사람이 좋은 일을 해도 널리 추천하지 아니하며, 아랫사람들이 파당을 지어 윗사람과 뜻을 함께하지 아니하면, 위에서는 벌을 내리고 백성들이 그들을 비난한다. **윗사람이 이처럼 상벌을 내리는 일은 매우 밝게 살피어 빈틈이 없게 해서 『신뢰』를 쌓아야 한다.** 그러므로 리장은 마을에서 가장 어진 사람이어야 한다.
리장은 마을 사람들에게 정령을 내려 말하기를, 좋은 일과 좋지 않은 일을 보고 들으면 반드시 향장에게 알려라. 향장이 옳다고 여기면 모두 반드시 옳다고 여기고, 향장이 그르다고 여기면 반드시 모두 그르다고 여겨라. 그래서 그대들의 좋지 않은 말을 버리고 향장의 좋은 말을 배우라고 한다. 그대들의 좋지 못한 행동을 버리고 향장의 좋은 행동을 배운다면, 鄕 마을이 무슨 까닭으로 어지럽겠는가? 마을이 다스려지는 까닭을 살펴보면 향장이 오직「마을 사람들의 뜻을 하나로 모을 수 있기 때문이다」. 이로써 마을이 다스려진다. 또 향장은 鄕에서 가장 어진 사람이다. 향장이 향민들에게 정령를 발하기를 좋은 일과 좋지 못한 일을 보고 들으면, 군주에게 알려라. 그래서 군주가 옳다고 여기는 것은 반드시 모두 옳다고 여기고, 군주가 그르다고 여기는 것은 모두가 반드시 그르다고 여겨라. 그대들의 좋지 못한 말을 버리고 군주의 좋은 말을 배우고, 그대들의 나쁜 행실을 버리고 군주의 좋은 행실을 배운다면, 나라에 무슨 혼란이 있겠는가? 이처럼 나라가 다스려지는 까닭을 살펴보면 군주가 오로지 나라의 뜻을 하나로 모을 수 있기 때문이다. 이로써 나라가 다스려진 것이다.

군주가 나라의 가장 어진 자로 선출되면 백성들에게 정령을 발하여 좋은 일이나 좋지 못한 일을 보고 들으면, 반드시 천자에게 알려라. 천자가 이를 옳다고 여기면 모두 옳다고 여기고, 천자가 그르다고 여기면 모두 그르다고 여겨라. 그대들의 좋지 못한 말을 버리고 천자의 좋은 말을 배우며, 그대들의 좋지 못한 행실을 버리고 천자의 좋은 행실을 배우면 천하가 무슨 이유로 어지럽겠는가? 천하가 다스려지는 까닭을 살펴보면 천자가 오직 천하의 뜻을 하나로 모을 수 있게 하기 때문이다. 이로써 천하가 다스려진다. 천하의 백성들이 모두 위로 천자와 뜻을 함께했다 하더라도 하늘과 뜻을 함께하지 않는다면 재앙은 여전히 없어지지 않는다. 지금 하늘에 폭풍이 불고 장마가 그치지 않는 것은 하늘이 벌을 내리는 것이다. 이는 백성들이 하늘과 뜻을 함께하지 않았기 때문이다. (즉 하늘의 뜻은 義를 행하는 것인데, 백성들이 하늘의 뜻인 義를 행하지 아니하므로 벌을 내린 것이다) 그래서 묵자 선생께서 말씀하셨다. 옛 성왕들이 다섯 가지 형벌을 만든 것은 그 백성을 다스리기 위해서였다. 비유컨대 실타래에 실마리가 있고, 그물에는 벼리가 있는 것과 같다. 천하의 백성들이 그 지도자와 뜻을 함께하지 않는 것을 이끌어 수렴하려는 것이다.】 (다섯 가지 형벌(상동하게 하는 수단이 형벌이다)을 만든 이유)

'傍薦'(방천)은 찾아내어 추천한다. 손이양은 '傍'은 '訪'(찾다 방)과 통한다고 했다.
'上同而不下比者'(상동이불하비자)는 '위로는 화동하고, 아래로도 패거리 짓지 않는다'라고 읽었다. 즉 윗사람들과 서로 뜻을 같이하고 아래 사람들과는 패거리 짓지 아니한다는 뜻이다. 즉 일단 위아래가 하나로 뜻이 모였으면 함께 한다는 의미로 읽었다.
'審信'(심신)은 빈틈없이 믿음이 가도록 살핀다는 뜻이다.
'里長者里之仁人也'(이장자이지인인야)에서 '選'자가 빠진 것 같다. 그래서 '里長者 選里之仁人也'으로 읽는다.
'若'은 너, 그대.
'壹同'(일동)은 하나로 和同함.
'菑'(묵정밭 치 혹은 재)로 '災'(재)와 통하여, 재난 재해.
'苦雨'(고우)는 장마. 심한 비.
'溱溱'(진진: 많을 진)은 자주 일어남.
'罔罟'(망고)는 그물.
'連收' 이끌어 수렴시키다.

▶ "上之所是, 必皆是之. 所非, 必皆非之. 上有過則規諫之. 下有善則傍薦之," 이 문장에 대한 해석은 대체로 2가지로 나누어진

다. 첫째, '윗사람이 옳다고 하면 반드시 모두 옳다고 여기고, 그르다고 하면 모두 반드시 그르다고 한다. 윗사람에게 허물이 있으면 이를 올바로 간하고, 아랫사람이 좋은 일을 하면 그를 찾아 추천한다.'라는 해석이 일반적이다. 둘째로, '윗사람이 옳은 일을 하면 반드시 모두 옳다고 하고, 그른 일을 하면 반드시 모두 그르다고 한다. 그러면서 윗사람에게 허물이 있으면 이를 올바로 간하고, 아랫사람이 좋은 일을 하면 그를 찾아 추천한다.'라는 해석이다. 필자는 두 번째 해석이 타당하다고 본다. 윗사람이 하는 일이 반드시 모두 옳을 수는 없다. 윗사람이 하는 일이 반드시 모두 옳다면 허물이 없을 텐데 올바로 간할 일이 없게 된다. 그러면 앞뒤의 문장이 서로 모순된다. 그래서 윗사람에게 허물이 있으면 올바로 간한다는 점에 방점을 두면, 두 번째 해석이 타당하게 된다.

▶《正長旣已具 天子 發政於天下之百姓 言曰 聞善而不善, 皆以告其上. 上之所是, 必皆是之. 所非, 必皆非之. 上有過則規諫之. 下有善則傍薦之, 上同而不下比者, 此上之所賞而下之所譽也. 意若聞善而不善, 不以告其上, 上之所是, 弗能是, 上之所非, 弗能非, 上有過, 弗規諫, 下有善, 弗傍薦, 下比不能上同者, 此上之所罰而百姓所毁也. 上以此爲賞罰, 甚明察以審信.》
정치 지도자가 이미 갖추어졌으면, 천자는 천하의 백성들에게 정령을 발하여 말하기를, 좋은 일이나 좋지 못한 일이라도 들으면, 모두 그 윗사람에게 고하라. 윗사람이 옳다고 여기는 것은 반드시 모두 옳다고 하고, 윗사람이 그르다고 한 것은 반드시 모두 그르다고 한다. 윗사람에게 허물이 있으면 그것을 간하여 바로 잡고, 아랫사람이 좋은 일을 하면 널리 추천해라. 이렇게 해서 상하가 서로 화동하되 패거리 짓지 말라. 이렇게 하면 위에서 상을 내려도 아래에서는 (상을 내린 것을) 칭찬할 것이다.

〔서로 화동하는 상태이기 때문에〕

　그런데 만약에 좋은 것이나 좋지 못한 것을 들어도 윗사람에게 고하지 않고 윗사람이 옳다고 여겨도 옳다고 여기지 않으며, 윗사람이 그르다고 해도 그르다고 동조하지 않으며, 윗사람에게 허물이 있어도 간하여 바로 잡지 않고 아랫사람이 일을 잘해도 널리 추천하지도 않으며 아랫사람들끼리 파당을 지어 위와 화동하지 않으면, 이렇게 되면, 윗사람이 벌을 내려도 백성들은 (벌 내린 것을) 비난한다. 〔서로 화동하지 못하고 끼리끼리 패거리 짓고 있기 때문에〕 윗사람은 이러므로 상벌을 내리는 것을 매우 분명하게 살핌으로써 신뢰를 쌓아야 한다.

▶이 단락은 윗사람과 아랫사람 간의 和同의 중요성을 말하고 있다. 즉 신뢰로써 서로 화동하지 못하면 위에서 令을 내려도 백성들은 신뢰하지 않고 비난한다는 것이다. 정치는 지도자와 인민들 간의 신뢰가 중요함을 강조하고 있다. 즉 和同함은 신뢰가 그 근본이다.

▶聖王爲五刑, 請以治其民. 성왕이 오형을 제정하여 그 인민들을 다스리려는 것은 상하가 서로 화동하지 못함을 (화동으로) 이끌어서 수렴하려는 것이다.

1. 尙同편에서 말하고자 하는 것은 천자를 비롯하여 삼공 제후 그리고 대부 등 정치적 계층을 두는 것은 세상을 잘 다스리는 데 필요한 합리적인 조직이다. 이 위계질서를 차별적인 봉건제의 신분 계급으로 읽어서는 안 된다.
2. 묵자는 正長이 필요한 이유를, "內者 父子兄弟作怨惡, 離散不能相和合, 天下之百姓 皆以水火毒藥相虧害, 至有餘力 不能以相勞, 腐朽餘財 不以相分, 隱匿良道 不以相敎, 天下之亂 若禽

獸然. 夫明虖天下之所以亂者, 生於無政長."
3. 천자를 선정하는 주체가 명확하지 않지만, 하늘이 選定한다고 보는 것이 문맥상 맞다. 즉 天志는 民意가 반영된 것이기에 民心에 따라 하늘이 천자를 선정한다. 또 민심이 곧 천심이므로 천자의 진퇴도 민심에 따른다. 즉 "관직에 등용된다고 하더라도 언제까지 그 직을 유지하지 못하고 능력이 없으면 내친다"라는 상현의 글귀와도 통한다. (이는 **천자가 전제군주로서 전체주의적인 측면이 있다고 주장하는 사람들의 주장이다**)
4. "天子發政 言曰" 이 문장의 영향은 어디까지인가? 이 문장이 뒷 문장의 어디까지 구속하는 가하는 점은 매우 중요하다. 즉 **묵자의 사상을 민주적 평등사상으로 보느냐, 전제주의적인 사상으로 보느냐의 갈림길이 된다.** 상동편에서 말하고자 하는 것은 첫째, 言論을 여는 것, 즉 좋은 일이든 그렇지 못한 일이든 모두 윗사람에게 알리고(상사의 민생 실정파악), 그리고 윗사람의 잘못을 간하여 올바르게 하는 것과 아랫사람의 잘한 일은 널리 찾아서 천거하라는 것이다. 둘째, 臣民의 뜻을 하나로 통일시키는 것이다. 그래서 잘하면 상주고 칭찬하는 것이며, 셋째, 공동체의 평등을 위해 윗사람과 아랫사람의 뜻을 하나로 모아 통일시킬 것과 이렇게 이루어진 하나된 의견과는 다른 파당을 짓는 것을 반대한다는 것이다. 그래서 尙同은 **인민의 흩어진 민심을 하나로 통합시키는 일을, 상현사능한 사람들이 政長이 되어 구현하고 上告制를 통해서 민심을 파악하고자 하는 민주적인 정치체제라고 생각한다.**)
5. 묵자가 보기에, 천하의 혼란은 백성으로 비롯된 것이 아니고 통치자의 능력 부족에서 생기는 것으로 보아서 "겸애교리를 가치기준"으로 삼는 상현사능한 자가 다스리는 것이 천지의 뜻에 부합된다고 주장한다.

〔상동상의 정리〕
【義에 대한 해석】 "人異義"
1. 사람마다 의리가 달랐다. 기세춘은 사람마다 '다른 주장을 했다'로 해석한다.
※《사람마다 '義를 달리했다'라는 '義'를 '의로움'으로 해석한다면, 사람마다 '의롭다고 여기는 기준을 달리했다'라고 해석할 수도 있다. 서로 의롭다고 여기는 기준이 달라서 서로 다툼이 생겨 혼란스러우니, 이 기준(義)을 통합할 政長이 필요로 했다.》
묵자는 法度 기준을 天志인 義로 삼았다. 그래서 義가 기준이다. 상동도 이런 관점에서 해석해야 한다. 義를 실현하는 것이 묵자의 주장이다.

【천자 선택의 주체】 "選天下之賢하여 可者 立以爲天子"
1. 천하의 어질고 착한 이를 골라 뽑아, 그를 세워 천자로 삼았다. 選은 選以의 생략. 국내 학자들은 모두 **'選'을 '인민의 선택'**으로 보지 않고 하늘의 선택으로, 즉 天命으로 보아 왜곡시키고 있다.
※ 천하의 인민들이 어진 사람 중에서 가장 좋은 사람을 선택허서 글 세워 천자로 삼았다.

【上告制와 言論】 "聞善而不善 皆以告其上호대 上之所是를 必皆是之하고 所非를 必皆非之하며 上有過則規諫之하고 下有善則傍薦之 上同而不下比者"
1. 착한 일이나 착하지 못한 일을 보고 들었을 때는 모두 윗사람에게 고하도록 하라. 윗사람이 **옳은 길로 가면 모두 옳다고 말하고 윗사람이 그른 길로 가면 모두 그르다고 말한다.** 이로써 윗사람에게 허물이 있으면 이를 간하여 바로 잡고 아랫사람이

착한 일을 하면 그를 널리 천거하여 윗사람은 화동하고 아랫사람은 사벽되지 않을 것이다.
※ 이와 같은 해석은 상하의 소통을 강조하면서 상하가 화동하되, 윗사람이 옳은 길로 가면 옳다고 하지만 그렇지 못할 경우는 동조하지 않는다는 인민의 자유의지를 강조하는 해석이다.

【이해 당사자 배제】 "里長者는 里之仁人也 里長은 發政里之百姓하여 言曰 聞善而不善하면 必以告其**鄕長**" "鄕長이 唯能壹同鄕之義 是以로 鄕治也"
1. 어진 사람이 마을 이장으로 선출되면, 마을 사람들에게 정령을 내려 말할 것이다. 착한 일을 듣거나 착하지 못한 일을 듣거나 반드시 윗사람인 향장에게 고하라. 향장이 고을의 의리를 하나로 화동시킬 수 있기 때문이다. 이로써 고을이 다스려진 것이다.

《상동중》
【子墨子曰 方今之時 復古之民始生, 未有正長之時, 蓋其語曰 天下之人 異義. 是以 一人一義, 十人十義, 百人百義. 其人數玆衆 其所謂義者 亦玆衆. 是以 人是其義 而非人之義. 故 相交非也, 內之父子兄弟作怨讐 皆有離散之心, 不能相和合, 至乎舍餘力, 不以相勞, 隱匿良道 不以相敎 腐朽餘財 不以相分, 天下之亂也, 至如禽獸然. 無君臣上下長幼之節, 父子兄弟之禮. 是以 天下亂焉. 明乎 民之無正長以一同天下之義 而天下亂也. 是故 選擇天下賢良 聖知辯慧之人 立以爲天子 使從事乎一同天下之義. 天子旣以立矣 以爲唯其耳目之(請)[情], 不能獨一同天下之義. 是故 選擇天下贊閱賢良, 聖知辯慧之人, 置以爲三公, 與從事乎一同天下之義. 天子三公旣已立矣, 以爲天下博大, 山林遠土之民, 不可得而一也. 是故 (靡)[歷]分天下, 設以爲萬諸侯國君, 使從事乎一同其國之義. 國君旣已立矣 又以爲唯其耳目之(請)[情] 不能一同其國之義. 是故 擇其國之賢者 置以爲左右將軍大夫. 以(遠)[逮]至乎鄕里之長, 與從事乎一同其國之義. 天(子)[下]諸侯之君, 民之正長 旣已定矣 天子爲發政施敎 曰 凡聞見善者, 亦必以告其上. 聞見不善者, 亦必以告其上. 上之所是 必亦是之. 上之所非 必亦非之. 己有善 傍薦之, 上有過, 規諫之. 尙同(義)[乎]其上. 而毋有下比之心, 上得則賞之, 萬民聞則譽之. 意若聞見善, 不以告其上 聞見不善 亦不以告其上. 上之所是 不能是 上之所非 不能非, 己有善 不能傍薦之, 上有過, 不能規諫之. 下比而非其上者 上得則誅罰之, 萬民聞則非毁之. 故 古者聖王之爲刑政賞譽也, 甚明察以審信. 是以 擧天下之人 皆欲得上之賞譽, 而畏上之毁罰, 是故 里長 順天子政 而一同其里之義 里長旣同其里之義. 率其里之萬民 以尙同乎鄕長 曰 凡里之萬民 皆尙同乎鄕長而不敢下比. 鄕長之所是 必亦是之, 鄕長之所非, 必亦非之. 去而不善言, 學鄕長之善言, 去而不善行, 學鄕長之善行. 鄕長 固鄕之賢者也, 擧鄕人以法鄕長, 夫鄕何說而不治哉. 察鄕長之所以治鄕者, 何故之以也. 曰 唯以其能一同其鄕之義. 是以 鄕治, 鄕長治其鄕, 而鄕旣已治矣, 有率其鄕萬民, 以尙同乎國君 曰 凡鄕之萬民 皆上同乎國君而不敢下比, 國君之所是 必亦是之, 國君之所非, 必亦非之. 去而不善言, 學國君之善言, 去而不善行, 學國君之善行. 國君 固國之賢者也, 擧國人以法國君. 夫國何說而不治哉. 察國君之所以治國而國治者 何故之以也. 曰 唯以其能一同其國之義. 是以 國治. 國君治其國 而國旣已治矣, 有率其國之萬民 以尙同乎天子 曰 凡國之萬民 上同乎天子而不敢下比. 天子之所是 必亦是之 天子之所非 必亦非之, 去而不善言, 學天子之善言, 去而不善行, 學天子之善行. 天子者 固天下之仁人也, 擧天下之萬民以法天子, 夫天下何說而不治哉. 察天子之所以治天下者, 何故之以也. 曰 唯以其能一同天下之義. 是以 天下治.】

墨子께서 말씀하셨다. "오늘날에 옛날 백성이 처음으로 생겨나 아직 正長이 없던 때를 돌이켜보건대, 대개 그 당시 말에 '천하의 사람들이 저마다 義가 달랐다.'라 하였다. 이런 까닭에 한 사람이면 한 가지 義(기준)가 있었으며, 열 사람이면 열 가지 義가 있었으며, 백 사람이면 백 가지 義가 있었으니, 그 사람의 수가 많아질수록 그 이른바 義라는 것 역시 더 많아졌다. 이런 까닭에 사람은 자기의 義를 옳다 여기고 남의 義를 그르다고 하였다. 그러므로 서로를 그르다고 여겼다.
안으로는 父子와 兄弟가 원수가 되어 모두 뿔뿔이 헤어져 살 마음을 가져서 서로 화합하지 못하다가 심지어는 남는 힘을 버려두더라도 서로 일을 거들어주려 하지 않았으며, 좋은 方道를 숨기더라도 서로 가르쳐주지 않았으며, 財物이 남아돌아 썩을지라도 서로 나누어주지 않는 지경에 까지 이르렀으니, 천하가 어지러운 것이 마치 禽獸들이 살아가는 것과 같았다. 그리하여 君臣·上下·長幼 간의 節度와 父子·兄弟 간의 禮가 없었으니, 이런 까닭에 天下가 어지러웠다. 백성에게 正長이 없어 이 때문에 天下의 義를 하나로 같게 하지 못하여 천하가 어지러워진 것임이 분명하도다!"
이런 까닭에 천하의 賢良한 자를 가려 뽑아 그중 聖知와 辯慧를 갖춘 사람을 세워서 天子로 삼고, 그에게 天下의 義를 하나로 같게 하는 데 從事하도록 하였다.
天子가 세워졌더라도 오직 그의 귀로 듣고 눈으로 보는 실정만으로는, 홀로 天下의 義를 하나로 같게 할 수 없다고 여겼다. 이런 까닭에 天下에서 뽑아 올릴 만한 賢良을 가려 뽑아 그중 聖知와 辯慧를 갖춘 사람을 두어 三公으로 삼고 그와 더불어 天下의 義를 하나로 같게 하는 데 從事하였다. 天子와 三公이 이미 세워졌더라도, 天下는 넓고 커서 山林이나 먼 땅에서 살아가는 백성들까지 하나로 같게 할 수는 없다고 여겼다. 이런 까닭에 천하를 잘게 쪼개 세워 수많은 諸侯와 國軍으로 삼고서 그들에게 자기 나라의 義를 하나로 같게 하는 데 從事하도록 하였다. 國君이 이미 세워졌더라도, 또 오직 그의 귀로 듣고 눈으로 보는 실정만으로는 그 나라의 義를 하나로 같게 할 수 없다고 여겼다. 이런 까닭에 그 나라의 어진 자를 가려내어, 이들을 두어서 左右의 將軍과 大夫로 삼고, 鄕里의 長에까지 미치어, 더불어 그 國의 義를 하나로 같게 하는 데에 從事하도록 하였다. 天下의 諸侯의 君과 백성의 正長이 일단 정해지자, 天子가 政令을 발표하고 敎令을 베풀어 말하기를 "무릇 善을 듣거나 보면 반드시 자기의 윗사람에게 고하고, 不善을 듣거나 보면 또한 반드시 자기 윗사람에게 고하되, 윗사람이 옳으면 반드시 옳다고 말하고, 윗사람이 그르면 반드시 또한 그르다 하며, 자기에게 善이 있으면 이를 찾아 올리며, 윗사람에게 허물이 있으면 그에게 規諫하며, 윗사람에게 尙同하고, 下比하려는 마음을 갖지 말아야 하니, 〈이를〉 윗사람이 알면 그에게 賞을 내리고 萬民이 들으면 그를 기릴 것이다. 그런데 만일 善을 듣거나 보고서도 그것을 자기 윗사람에게 고하지도 않고 不善을 듣거나 보고서도 그것을 자기 윗사람에게 고할 수 없으면, 윗사람의 옳은 것을 옳다고 말하지 않고, 윗사람의 그른 것을 그르다고 말할 수 없으며, 자기에게 善이 있어도 이를 찾아 올리지 않으며, 윗사람에게 허물이 있는데 規諫하여 바로잡아 주지 못하며, 下比하여 자기 윗사람을 비방하는 자는 윗사람이 알면 그를 誅罰하고 萬民이 들으면 그를 비난하며 헐뜯는다."라 하였다.

그러므로 옛날에 聖王께서는 刑罰과 政令, 포상과 칭찬을 시행함에 지극히 밝게 살펴서 틀림이 없었다. 이런 까닭에 온 천하의 사람들이 모두 윗사람의 포상과 칭찬을 받고자 하였으며, 윗사람의 비방과 주벌을 두려워하였다.

이런 까닭에 里長은 天子의 政令을 따라 자기 里의 義를 하나로 같게 하였다. 里長이 이미 그 里의 義를 하나로 같게 하고, 그 里의 萬民을 거느려 鄕長에 尙同하여 말하기를 "무릇 里의 萬民은 모두 鄕長에게 尙同하고 감히 下비하지 않으며, 鄕長이 옳다 여기는 바를 반드시 또한 옳다 하고 鄕長이 그르다 여기는 바를 반드시 또한 그르다 하며, 너의 善하지 않은 말을 버리고 鄕長의 善한 말을 배우며, 너의 善하지 않은 행실을 버리고 鄕長의 善한 행실을 배우라."고 하였다.

鄕長이란 본디 鄕의 賢者이니, 모든 鄕人이 鄕長을 본받는다면 대저 鄕이 무슨 말로써 다스려지지 않겠는가. 鄕長이 鄕을 다스려서 〈鄕이 다스려진〉 것을 살펴보건대 그 까닭이 무엇이겠는가. 오직 그가 능히 그 鄕의 義를 하나로 같게 할 수 있었기 때문이다. 이런 까닭에 鄕이 다스려졌다. 또 자기 鄕의 萬民을 거느려, 鄕長이 그 鄕을 다스려서 鄕이 이미 다스려지자, 國君에게 尙同하여 말하기를 "무릇 鄕의 萬民은 모두 國君에게 上同하고 감히 下비하지 않으며, 國君이 옳다 여기는 바를 반드시 또한 옳다 하고, 國君이 그르다 여기는 바를 반드시 또한 그르다 하며, 너의 善하지 않은 말을 버리고 國君의 善한 말을 배우며, 너의 善하지 않은 행실을 버리고 國君의 善한 행실을 배우라."라고 하였다.

國君이란 본디 나라의 賢能한 사람이니, 모든 國人이 國君을 본받는다면 대저 나라가 무슨 말로써 다스려지지 않겠는가. 國君이 나라를 다스려서 나라가 다스려진 것을 살펴보건대 그 까닭이 무엇이겠는가. 오직 그가 능히 그 나라의 義를 하나르 같게 할 수 있었기 때문이다. 이런 까닭에 나라가 다스려졌다. 國君이 그 나라를 다스려서 나라가 이미 다스려지자, 또 자기 나라의 萬民을 거느려 天子에게 尙同하여 말하기를 "무릇 나라의 萬民은 모두 天子에게 上同하고 감히 下비하지 않으며, 天子가 옳다 여기는 바를 반드시 또한 옳다 하고 天子가 그르다 여기는 바를 반드시 또한 그르다 하며, 너의 善하지 않은 말을 버리고 天子의 善한 말을 배우며, 너의 善하지 않은 행실을 버리고 天子의 善한 행실을 배우라."고 하였다. 天子란 본디 天下의 어진 사람이니, 모든 天下의 萬民이 天子를 본받는다면 대저 天下가 무슨 말로써 다스려지지 않겠는가. 天子가 天下를 다스려서 〈천하가 다스려진〉 것을 살펴보건대 그 까닭이 무엇이겠는가. 오직 그가 능히 天下의 義를 하나로 같게 할 수 있었기 때문이다. 이런 까닭에 天下가 다스려졌다.

'義'는 『묵자』에서의 '義는 곧 '利'이며, 여기서 義는 자기의 이익 또는 민중의 이익을 말한다.
'選擇'(선택)은 가려 뽑는다. 선출한다는 것을 의미한다.
'復古'(복고)는 옛 시절로 되돌아가는 것.
'玆衆'(자중)은 玆(자)는 滋(자)와 통한다. 많이 불어나는 것.
'腐殕'(부후)는 썩는 것.
'請'(청)은 情이다. 실정. 귀와 눈이 실지로 보고 들을 수 있는 한계.
'贊閱'(찬열)은 贊(찬)은 進, 閱(열)은 簡(간)과 뜻이 통하여, 남보다 뛰어난 사람과 몸가짐이 반듯한 사람.
'傍薦'(방천)은 널리 알려 천거하다.
'擧' 모두 다의 뜻도 있다.

◆ '上之所是 必亦是之'(상지소시 필역시지)의 해석을 "임금이 옳다고 여기면 반드시 그것을 옳다고 여겨야 한다"고 했다. 이런 해석은 묵자가 마치 전제주의의 주장을 하는 듯이 왜곡되었다. 이글은《임금이 옳다고 하는 것은 옳다고 할 수 있고, 그른 것은 그르다고 말할 수 있어야 한다》는 뜻으로 '言論'을 보장해야 한다는 뜻이다.)

▶ 그래서 천자나 지도자가 옳은 길로 가지 않는 과실이 있으면, 이를 간하여 바로 잡아야 한다는 것이다.

▶ 중요한 것은 소통을 통한 和同으로 이는 신뢰를 바탕으로 한다. 그래야 위에서 상벌을 행하더라도 서로 칭찬할 수 있다.
묵자는 이 단락에서 신뢰를 통해 상하 간의 화동할 것을 주장한다. 상하 간에 계급을 통한 파당보다는 상호 신뢰 속에서 화동해야 정치가 바르게 된다는 것이다. 이것이 겸애 교리이다.
겸애 교리는 상하좌우 누구나 평등함 속에서 서로 아끼고 사랑하며 나누자는 것이다. 이것이 화동이며 상동이라 할 것이다.

【夫旣尙同乎天子 而未上同乎天者 則天菑將猶未止也. 故 當若天降寒熱不節, 雪霜雨露不時 五穀不孰, 六畜不遂, 疾菑戾疫, 飄風苦雨 荐臻而至者, 此天之降罰也, 將以罰下人之不尙同乎天者也. 故 古者聖王 明天鬼之所欲而避天鬼之所憎, 以求興天下之利, 除天下之害. 是以 率天下之萬民, 齊戒沐浴, 潔爲酒醴粢盛, 以祭祀天鬼. 其事鬼神也, 酒醴粢盛 不敢不蠲潔. 犧牲 不敢不腯肥, 珪璧幣帛 不敢不中度量, 春秋祭祀 不敢失時幾, 聽獄 不敢不中, 分財 不敢不均, 居處 不敢怠慢 曰 其爲正長若此. 是故 上者 天鬼有厚乎其爲政長也. 下者 萬民有便利乎其爲政長也. 天鬼之所深厚而能彊從事焉 則 天鬼之福可得也, 萬民之所便利而能彊從事焉 則萬民之親可得也. 其爲政若此. 是以 謀事得, 擧事成, 入守固, 出誅勝者 何故之以也. 曰 唯以尙同爲政者也. 故 古者聖王之爲政 若此.】

대저 이미 天子에게 尙同하였더라도 아직 위로 하늘에게 上同하지 않았다면 하늘의 災殃은 여전히 그치지 않을 것이다. 그러므로 하늘이 추위와 더위를 내리는 것이 계절에 맞지 않고, 눈과 서리와 비와 이슬이 제때에 내리지 않아 五穀이 여물지 않으며, 가축은 자라지 않으며, 전염병이 돌고, 폭풍과 장맛비가 계속해서 이르는 것, 이는 하늘이 벌을 내린 것이니, 천하 사람들이 하늘에게 尙同하지 않기에 벌을 내리는 것이다. 그러므로 옛날 聖王은 하늘과 鬼神(祖上神)이 바라는 것에 밝고 하늘과 鬼神이 미워하는 것을 피하여, 天下의 利를 일으키고 天下의 害를 없앴다. (겸애 교리로써 義를 행했다는 것) 이런 까닭에 天下의 萬民을 거느려 齊戒하고 沐浴하고, 술과 단술과 제사 음식을 정결하게 차려, 하늘과 鬼神에 제사 지냈다. 鬼神을 섬김에 술과 단술과 제사 음식을 감히 정결하게 차리지 않을 수 없었으며, 犧牲을 바치는 짐승을 감히 살진 것으로 하지 않을 수 없었으며, 珪璧(구슬)과 幣帛(비단)을 감히 度量(규격)에 맞추지 않을 수 없었으며, 春秋의 祭祀를 감히 때를 놓칠 수 없었으며, 獄事의 처리를 감히 제대로 하지 않을 수 없었으며, 재물의 분배에는 감히 고르게 하지 않을 수 없었으며, 居處할 때에는 감히 怠慢할 수 없었으니, 그 正長 노릇을 하는 것이 이와 같았다. 위로 하늘과 귀신은 그를 통치자로 삼으면 심히 후덕할 것이라 여기고, 아래 백성들은 그가 통치자가 되면 편의와 이익이 될 것이라 한다. 하늘과 귀신이 매우 후덕하게 여기는 것을 힘써 행하면(겸애 교리), 하늘과 귀신의 복을 받을 것이며, 만민의 편의와 이익을 위해 힘써 종사하면, 만민의 사랑을 받을 것이다. 聖王이 하는 정치는 이와 같았다.

  이런 까닭에 일을 도모하면 잘되고, 일을 거행하면 이루어지며, 들어가 지키는 것은 견고하고 나아가 치면 승리하는 것은 그 까닭이 무엇이겠는가. 오직 尙同으로써 정치를 하기 때문이다. 그러므로 옛날에 聖王이 정치를 하던 것이 이와 같았다.

▶《上者 天鬼有厚乎其爲政長也. 下者 萬民有便利乎其爲政長也. 天鬼之所深厚而能彊從事焉 則 天鬼之福可得也, 萬民之所便利而能彊從事焉 則萬民之親可得也.》

위로는 하늘과 귀신에게 돈독히 함으로써 그를 정장으로 삼았고, 아래로는 만민들에게 편리함을 제공하여 그를 정장으로 삼았다. 하늘과 귀신이 매우 돈독히 여기는 것을 힘써 증사하면 하늘과 귀신에게서 복을 받을 것이요, 만민이 편리하게 여기는 것에 힘써 종사하면 만민의 사랑을 받을 것이다.

'菑'(치와 재). 여기서는 災(재)와 같이 재앙, 재난.
'六畜'(육축)은 여러 가지 가축, 짐승.
'故當'은 苦則으로 그래서.
'遂'(수)는 자라는 것.
'戾疫'(려역)은 심한 역병, 전염병.
'荐臻'(천진)은 거듭을 의미한다.
'蠲潔'(견결)은 깨끗이 하다.
'脂肥'(둔비)는 살진 것.
'時幾'(시기)의 幾는 期와 통한다.

◆ 여기서는 하늘과 귀신을 섬기는 것에 관해서 설명하면서, 聖王이 하늘과 귀신을 섬기면서 그들이 바라는 바(義 :겸애 교리)에 힘씀을 정치의 근본으로 삼으니, 하늘과 귀신이 그들을 있게 한 것이라는 점을 강조하고 있다.

【今天下之人曰 方今之時, 天下之正長 猶未廢乎天下也 而天下之所以亂者 何故之以也. 子墨子曰 方今之時之以正長 則本與古者異矣. 譬之 若有苗之以五刑然, 昔者 聖王制爲五刑, 以治天下, 逮至有苗之制五刑, 以亂天下, 則此豈刑不善哉. 用刑則不善也.

是以 先王之書呂刑之道, 曰 苗民 否用練, 折則刑. 唯作五殺之刑曰 法. 則此言善用刑者以治民, 不善用刑者以爲五殺, 則此豈刑不善哉, 用刑則不善. 故 遂以爲五殺, 是以 先王之書術令之道 曰 唯口出好興戎, 則此言善用口者出好, 不善用口者以爲讒賊寇戎, 則此豈口不善哉. 用口則不善也. 故 遂以爲讒賊寇戎.】

지금 天下의 사람들이 말하기를 "오늘날의 시대에 天下의 正長이 여전히 天下에서 없어지지 않고 있는데도, 天下가 어지러운 것은 그 까닭이 무엇인가."라 한다. 墨子께서 말씀하셨다. "오늘날의 시대에 '正長'이라고 하는 것은 본래 옛날과는 다르다. 비유하자면 苗나라가 五刑으로써 다스리는 것과 같다. 옛날에 聖王이 다섯 가지 刑罰을 제정하여 天下를 다스렸고, 묘족 또한 다섯 가지 형벌을 제정하기에 이르렀으나 천하는 어지러웠다. 이 어찌 刑이 善하지 않아서였겠는가. 刑을 쓰는 것이 善하지 않았기 때문이다. 이런 까닭에 先王의 글인 〈呂刑〉의 말에, "묘나라 사람들은 법과 정치를 모르고 형벌로만 제어하고자, 오직 다섯 가지 잔악한 형벌을 만들어 놓고 이것을 法이라 한다"고 했다. 그런즉 이는 刑을 잘 쓰는 자는 그것으로 백성을 다스리고 刑을 잘 쓰지 못하는 자는 그것으로 五殺을 만든다는 말이니, 이 어찌 刑이 善하지 않아서이겠는가? 刑을 쓰는 것이 善하지 않아서이다. 그러므로 마침내 五殺을 만들기에 이르렀다. 이런 까닭에 先王의 글인 〈術令(說命)〉의 말에 '오직 입이 좋은 결과를 내기도 하지만 전쟁을 일으키기도 한다.'고 하였으니, 그렇다면 이는 입을 잘 쓰면 좋은 결과를 내고 입을 잘 쓰지 못하면 비방하고 중상하여 전쟁을 부른다는 말이니, 이 어찌 입(刑罰)이 善하지 않아서이겠는가? 입을 놀리는 것이 善하지 않았기 때문이다. 그러므로 마침내 비방하고 중상하여 전쟁을 부른 것이다.

'有苗'(유묘)는 묘나라를 다스리는 사람들, 호북성과 호남성 일대에서 살던 민족, 三苗라 칭한다. 혹은 九黎國(구려국)이라 한다.
'練'(연)은 靈(영)으로 다시 令(령), 折(절)은 制(제)로 읽어서, 법과 정치로서가 아닌 형벌로써 다스리는 것을 뜻한다.
'五殺'은 '五虐之刑'으로 포악한 형벌.
'戎'(융)은 전쟁.
'讒賊'(참적)은 남을 모함하고 해치는 것. 비방 중상하는 것.

◆ 이편에서는 법과 제도도 중요하지만, 그것을 어떻게 운용하느냐가 더 중요하다는 점을 말하고 있다. 그래서 賢人의 등용이 정치의 근본이다는 것이다.

【故 古者之置正長也, 將以治民也. 譬之 若絲縷之有紀, 而罔罟之有綱也, 將以(運役)[連收]天下淫暴, 而一同其義也. 是以 先王之書相年之道, 曰 夫建國設都, 乃作后王君公, 否用泰也, (輕)[卿]大夫師長, 否用佚也. 維辯使治天下均, 則此語古者上帝鬼神之建設國都, 立正長也 非高其爵厚其祿 富貴[遊]佚而錯之也. 將以爲萬民興利除害, 富貧衆寡, 安危治亂也. 故 古者聖王之爲若此. 今王公大人之爲刑政則反此, 政以爲便譬, 宗(於)[族]父兄故舊, 以爲左右, 置以爲正長. 民知上置正長之非正以治民也. 是以 皆比周隱匿, 而莫肯尚同其上. 是故 上下不同義, 若苟上下不同義, 賞譽不足以勸善, 而刑罰不足以沮暴. 何以知其然也. 曰 上唯毋立而爲政乎國家, 爲民正長 曰 人可賞, 吾將賞之, 若苟上下不同義, 上之所賞 則衆之所非, 曰 人衆與處, 於衆得非 則是雖使得上之賞 未足以勸乎. 上唯毋立而爲政乎國家, 爲民正長 曰 人可罰, 吾將罰之, 若苟上下不同義 上之所罰 則衆之所譽 曰 人衆與處

於衆得譽　則是雖使得上之罰, 未足以沮乎. 若立而爲政乎國家, 爲民正長 賞譽不足以勸善 而刑罰不[足以]沮暴, 則是不與鄕吾本言民始生未有正長之時 同乎. 若有正長與無正長之時同 則此非所以治民一衆之道.】

그러므로 옛날에 正長을 둔 것은 백성을 다스리기 위해서였다. 비유하자면 마치 실타래에 실마리가 있으며, 그물에 벼리가 있는 것과 같으니, 천하의 음란하고 포악한 자를 줄줄이 거두어들여, 그 義에 하나로 같게 하기 위한 것이다. 이런 까닭에 先王의 글인 〈相年〉의 말에, 대저 나라를 세우고 도읍을 건설하여 임금과 군주와 삼공을 둔 것은 교만을 부리라는 것이 아니며, 경대부와 장수와 고을 수령을 둔 것은 편안하게 놀라는 것이 아니다. 오직 나누어 천하를 공평하게 다스리게 하려는 것이다. 곧 이 말은 옛날에 하늘과 귀신이 나라를 세우고 도읍을 건설케 하고 정치 지도자를 세운 것은 그들에게 높은 지위와 후한 녹봉으로 부귀를 누리며 놀고 지내라는 조치가 아니었고, 장차 온 백성을 위하여 이로움을 일으키고 해로움을 없애며, 가난하고 외로운 사람은 부유하고 귀하게 하며, 위태로운 것은 평안하게 하여 혼란을 다스리고자 함이었다.

그러므로 옛날 聖王이 〈政事를〉 행한 것들이 이와 같다. 그러나 오늘날 왕공대인들이 법과 정사를 다스리는 것은 이와는 어긋난다. 아첨을 잘하는 자에게 정치를 맡기고, 宗族과 父兄과 故舊를 左右의 측근으로 해서, 正長으로 삼는다. 백성은 윗사람이 正長을 둔 것이 백성을 다스리려고 하는 것이 아님을 안다. 이런 까닭에 모두 패거리를 지으며 〈좋은 方道를〉 숨기면서, 자기 윗사람에게 尙同하려고 하지 않는다. 이런 까닭에 위아래가 義를 같이하지 못하니, 만일 진실로 위아래가 義를 같이하지 않는다면 賞과 칭찬은 善한 자를 권면할 수 없고 刑과 罰은 포악한 자를 막을 수 없다. 무엇을 가지고 그렇다는 것을 아는가. 윗사람이 비록 세워져 국가를 다스릴 경우, 백성의 正長이 되어 말하기를, '賞 받을 만한 사람에게 내 장차 賞을 주겠다.'라고 하더라도, 만일 진실로 위아래가 義를 같이하지 않는다면 윗사람에게 賞을 받는 자는 뭇사람들에게는 비난의 대상일 것이니, 사람이 무리 지어 더불어 삶에 뭇사람에게서 비난을 받으면 이는 비록 윗사람에게서 賞을 받는다 하더라도 〈뭇사람들을〉 권면하기에는 부족하지 않겠는가. 윗사람이 비록 세워져 국가를 다스리고 백성의 正長이 되어 말하기를 '罰 받을 만한 사람에게 내 장차 罰을 주겠다.'라고 하더라도, 만일 진실로 위아래가 義를 같이하지 않는다면 윗사람에게 벌을 받는 자는 뭇사람들에게는 칭찬의 대상일 것이니, 사람이 무리 지어 더불어 삶에 뭇사람들에게서 칭찬을 받으면 이는 비록 윗사람에게서 벌을 받는다 하더라도 〈뭇사람들을〉 막기에는 부족하지 않겠는가. 만일 세워져 국가를 다스리고 백성의 正長이 됨에 賞과 칭찬이 善한 자를 권면하기에 부족하고, 刑과 罰이 포악한 자를 막기에 부족하다면, 이는 지난번 내가 본래 말했던 '백성이 처음으로 생겨나 아직 正長이 없던 때'와 같지 않겠는가. 만일 正長이 있는 때가 正長이 없는 때와 같다면 이는 백성을 다스리고 무리를 하나로 같게 할 수 있는 道가 아니다.

'運役'(운역) 두 글자는 뜻이 통하지 않는다. '連收'가 되어야 하니, 誤字이다. '連收' 두 글자는 바로 앞의 '絲縷'와 '罔罟'를 이어서 말한 것이다. 모두 거두어 들이다.
'相年'은 마땅히 '拒年'이 되어야 한다.
否는 非와 통하여 … 이 아니다.
'輕'은 마땅히 '卿'이 되어야 한다.
'泰'는 교만한 것.

‘辯'(변)은 辨(변)으로 나눈다.
‘佚'(일)은 편안한 것. 안일한 것.
‘寡'(과)는 외로운 사람.
‘便譬'(편비)는 아부 아첨하는 것.
‘宗於'는 '宗族'의 잘못인 듯.
‘上置正長'(상치정장) 위에 앉은 정장, ‘上'을 임금이라 해석하기도 한다.
‘比周'(비주) 파당을 짓다. 패거리를 이루다. 주변 사람들과 가까이하여 패거리 짓는다.
‘隱匿'(은닉)은 선악을 윗사람에게 고하지 않고 숨기는 것. 언로가 막히는 것을 말한다.
‘唯母'(유무)에서 ‘母'는 뜻이 없는 조사.
‘刑'은 衍(연: 군더더기)字이다.
‘鄕'(향)은 向과 통하여, 여기서는 앞서, ‘전에'를 의미한다.

▶ "夫建國設都, 乃作后王君公, 否用泰也, (輕)[卿]大夫師長, 否用佚也. 維辯使治天下均"
무릇 나라를 세우고 도읍을 지음은 왕공대인들이 편안하게 놀고 먹으라는 것이 아니고, 오직 직분을 나누어 천하를 균등하게 다스리라는 것이다.

▶ 묵자가 이 단락에서 이와 같은 글을 적어, 상동이란 정치제도를 주장하는 것은 왕공대인의 안락함을 위한 것이 아니다. 계급 간에 차이는 종법제도에 따른 차이가 아니고 맡은 바 ‘직분의 차이'라는 것을 말하고 있다.

▶ 上唯母立而爲政乎國家, 爲民正長 曰 人可賞, 吾將賞之,....人可罰, 吾將罰之....

임금이 세워져 나라를 다스리는 경우, 백성을 위하는 정장이라면 다음과 같이 말할 것이다. 인민들이 상을 줄 만하다고 하면 나는 장차 상을 줄 것이고, 인민들이 벌을 주어야 한다고 하면 나는 장차 벌줄 것이다고 한다.

▶이 글은 전체주의적 경향을 가진 군주라면 할 수 없는 말이다. 이글은 백성들의 동의(여론)를 전제로 하고 있다고 보인다.

【故 古者聖王唯而審以尙同, 以爲正長. 是故 上下情請爲通, 上有隱事遺利, 下得而利之, 下有蓄怨積害 上得而除之. 是以 數千萬里之外, 有爲善者 其室人未徧知, 鄕里未徧聞 天子得而賞之, 數千萬里之外 有爲不善者, 其室人未徧知, 鄕里未徧聞, 天子得而罰之. 是以 擧天下之人皆恐懼振動惕慄, 不敢爲淫暴 曰 天子之視聽也神, 先王之言 曰 非神也. 夫唯能使人之耳目 助己視聽, 使人之吻 助己言談, 使人之心 助己思慮, 使人之股肱 助己動作. 助之視聽者衆 則其所聞見者遠矣 助之言談者衆, 則其德音之所撫循者博矣, 助之思慮者衆 則其(談)謀度速得矣, 助之動作者衆 卽其擧事速成矣. 故 古者聖人之所以濟事成功, 垂名於後世者 無他故異物焉. 曰 唯能以尙同爲政者也. 是以 先王之書周頌之道之曰 '載來見彼王, 聿求厥章', 則此語古者國君諸侯之以春秋來朝聘天子之廷, 受天子之嚴敎 退而治國, 政之所加, 莫敢不賓. 當此之時, 本無有敢紛天子之敎者. 詩 曰 我馬維駱, 六轡沃若. 載馳載驅, 周爰咨度, 又曰 我馬維騏, 六轡若絲, 載馳載驅 周爰咨謀. 卽此語(也), 古者國君諸侯之聞見善與不善也 皆馳驅以告天子. 是以 賞當賢, 罰當暴, 不殺不辜, 不失有罪 則此尙同之功也. 是故 子墨子曰 今天下之王公大人士君子 請將欲富其國家, 衆其人民 治其刑政, 定其社稷, 當若尙同之[說] 不可不察 此之本也.】

그러므로 옛날 聖王은 오직 尙同하는 가만을 살펴서,〈그런 사람을〉 正長으로 삼았다. (옛 성왕은 상동할 수 있는가만을 살펴서 정장으로 삼았다) 그래서 上下의 뜻이 통하여, 윗사람이 은밀하게 일을 하여 이익을 끼쳐주면, 아랫사람도 그것을 얻어 윗사람을 이롭게 했으며, 아랫사람들에게 원한과 폐해가 쌓이면 위에서는 그것을 알고 제거해 준다. 이로써 수만 리 밖에서 선한 일을 행하는 자가 있으면 집안사람들조차도 모르고 마을에서도 두루 알지 못하나, 천자는 그것을 알고 그에게 상을 내리며, 또 수만 리 밖에서 악을 행하는 자가 있으면, 집안사람들도 모르고 마을에서도 두루 알지 못하지만, 천자는 그것을 알고 벌을 내린다. 그래서 온 천하 사람들이 모두 두려워 떨며 음란하고 포악한 행동을 감히 할 수 없고, 말하기를 '천자의 눈과 귀는 신령스럽다'라고 한다. 先王의 말이 '신령스러운 것이 아니다. 대저 오직 사람들의 귀와 눈으로 나의 視聽을 돕게 하며, 사람들의 입술로 나의 말과 대화를 돕게 하며, 사람들의 마음으로 나의 思慮를 돕게 하며, 사람들의 팔다리로 나의 動作을 돕게 할 뿐이다.'라고 하였다. 視聽을 돕는 자가 많으면, 듣고 볼 수 있는 범위가 멀며, 말과 대화를 돕는 자가 많으면 그 德音이 慰撫(위무)할 수 있는 범위가 넓으며, 思慮를 돕는 자가 많으면 좋은 계책을 빨리 얻을 수 있으며, 動作을 돕는 자가 많으면 거행하는 일이 빨리 이루어진다. 그러므로 옛날 聖人이 일을 잘 해내고, 功을 이루어 후세에 이름을 드리웠던 것은 다른 이유나 다른 사정이 있는 것이 아니다. (실정을 속히 파악할 수 있었기 때문이다) 오직 능히 尙同으로서 정치를 하였기 때문이다. 이런 까닭에 先王의 글인 〈周頌〉의 말에, '처음 와서 저 왕을 뵙고, 그 법을 구한다 하네.'라고 하였으니, 이는 옛날에 군주와 諸侯들은 봄가을에 天子의 궁정을 찾아가 朝聘을 하고, 天子의 엄숙한 敎令을 받고서 물러가 나라를 다스렸으니 政令을 시행함에 감히 복종하지 않는 사람이 없었다는 말이다. 이러할 때는 본래 감히 天子의 敎令을 어지럽히는 자가 없었다.

《詩經》〈小雅 皇皇者華〉에 이르기를 '내 말이 駱馬(검은 갈기 흰말)이니, 여섯 고삐가 윤택하도다. 말을 달리고 채찍질하여, 이에 두루 찾아가 묻도다.'라고 하였다. 또 말하기를 '내 말이 騏馬(검푸른 말)이니, 여섯 고삐가 실과 같이〈부드럽도다〉 말을 달리고 채찍질하여, 이에 두루 찾아가 묻도다.'라고 하였으니, 이는 옛날 國君과 諸侯가 善과 不善을 보고 들으면 모두 말을 달려 天子에게 고하였다는 말이다.
이런 까닭에 賞은 賢能한 자에게 돌아가고 罰은 暴惡한 자에게 돌아가며, 무고한 자를 죽이지 않고 죄지은 자를 놓치지도 않았으니, 이것이 尙同의 功效이다."
이런 까닭에 墨子께서 말씀하셨다. "지금 天下의 王公大人과 士君子가 진실로 자기의 國家를 부유하게 하고, 그 人民이 많아지게 하며, 그 刑政을 잘 다스리고 그 社稷을 안정시키고자 한다면 마땅히 尙同의 설을 살피지 않아서는 안 되니, 이것이〈政事를 하는〉 근본이다."

'請'(청)은 잘못 끼어든 글자로 보인다.
'而'는 '能'과 같이 읽는다. 舊本에는 '審'자가 빠져 있다.
'情'(정)은 실정 또는 뜻으로 읽는다.
'惕慄'(척률)은 두려워 떨다.
'濟'(제)는 일을 이룸.
'吻'(입술 문).
'股肱'(고굉)은 팔다리.
'撫循'(무순)은 위무로서 위로.
'謀度' 위에 마땅히 '談'자가 있어서는 안 되니, 아마도 윗글 '言談'과 관련하여 잘못 들어간 듯하다.
'載'(재)는 처음, 비로소.
'章'은 법도, 예의제도.

'聿'(율)은 마침내, 드디어 의 뜻이 있으나 여기서는 아무 뜻이 없다.
'賓'(빈)은 복종하는 것.
'紛'(분)은 어지럽히다.
'駱'(낙타 락)은 검은 말갈기를 지닌 흰말.
'六轡'(육비)는 여섯 개의 고삐.
'沃若'(옥약)은 윤기 나는 모양.
'爰'(원)은 조사. 이에, 당길 원.
'咨度'(자탁)은 정사에 관해 묻고 헤아리는 것.
'騏'(기)는 검푸른 털빛을 지닌 말.
'不辜'(불고)는 죄 없는 사람.

▶古者聖王唯而審以尙同, 以爲正長. 是故 上下情請爲通, 上有隱事遺利, 下得而利之, 下有蓄怨積害 上得而除之.
1) 古者聖王唯而審以尙同에서 而를 能의 오자로 봐서,【옛 성왕들은 오직 그들이 상동하는 능력이 있는가를〈인민들이〉잘 살펴서 정장이 된 사람들이다.】(성왕들이 정장으로 선택된 이유가 상하 간에 화동시키는 능력이 있다고 판단되어서 政長이 되었기에) 이로써 상하 간에 뜻과 바램이 통하게 되고, 윗사람이 은밀한 사업으로 인민에게 이익을 끼쳐주면, 인민들도 그것을 알고 이롭게 여긴다. 또 아랫사람들에게 원한이 쌓이고 해가 적체되면, 윗사람이 이를 알고 그것을 제거해 준다.

1. 上之所是 必亦是之(상지소시 필역시지)의 해석을 "임금이 옳다고 여기면 반드시 그것을 옳다고 여겨야 한다"고 했다. 이런 해석은 묵자가 마치 전제주의의 주장을 하는 듯이 왜곡되었다. 이글은《임금이 옳다고 하는 것은 옳다고 할 수 있고, 그른 것은 그르다고 말할 수 있어야 한다》는 뜻으로 '言論'을 보장해야 한다는 뜻이다.

2. 천하가 혼란한 까닭은 사람마다 義가 달라서 혼란이 일어난다. 그래서 현능한 정장을 선출하여 이를 바르게 해야 한다.
3. 正長(정치 지도자)은 다양한 주의 주장을 백성들의 실정을 파악해서, 소통을 통해 하나로 통일시킬 수 있는 역량을 가진 자이다.
4. 묵자가 말하는 賢者들은 각각의 단위에서 가장 뛰어난 賢者이다. 그 요건으로 덕행이 두텁고, 뛰어난 변별력과 풍부한 지식을 가진 자들이다.
5. 묵자는 正長을 보좌하는 관료제를 실시하여 아래로부터 백성들의 실정을 파악케 하는 「上告制」를 주장하였다.
6. 묵자의 사상이 「민주민본적」이라는 이유는 「君必弗弗之臣 上必諤諤之下, 上有過規諫之」 등을 통해서 개방된 언론을 통해서 또 「上告制」의 실시로 말단 백성에서 천자에 이르기까지 실정의 파악을 통해 서로 소통케 함으로써 민심이 천심이 되게 하는 정치체계(尙同)를 주장했다는 데 있다.
7. 하늘에 尙同하지 않으면 하늘이 벌로써 재앙을 내린다는 그 당시의 민간신앙인 상제를 차용한 듯하다.
8. '唯口出好興戎, 則此言善用口者出好, 不善用口者以爲讒賊寇戎.' 제도나 법도 중요하지만, 제도를 운용하는 것은 사람이기에, 사람들 특히 정치 지도자는 입 밖으로 내는 말을 가려서 해야 한다는 점을 강조한다.
9. 正長을 세우는 목적은 그들의 부귀와 권력을 위해서가 아니고, 오직 백성의 이익을 위해서이다.
10. 상하 소통의 중요성 : 윗사람과 아랫사람이 서로 소통하지 못한 상태에서 윗사람이 상을 주면 민중이 이를 비난하고, 윗사람이 벌을 주면 민중이 이를 명예로 여긴다는 것이다.
11. 묵자의 중심 사상은 「겸애교리」라 한다. 尙同 사상이 전체주의를 표명한 것이라면, 겸애교리인 평등론이 성립되지 않는다. 상동론은 천자와 일반 백성의 평등을 전제로 전개된 것이

다. 그래서 가장 현명하고 능력 있는 자 중에서 천자를 선출한다는 것이다. 또 전체주의를 견제할 수 있는 언론관을 묵자에서 주장하고 있다.
12. 묵자는 겸애교리 뿐만 아니라 형벌이 엄격한 시행을 주장하였다.
13. 賞罰의 시행과 더불어 正長에 의해 뜻이 하나로 모아지면, 또 다시 패거리지어 그 모아진 뜻에 따르지 않는 것을 경계하였다.
14. 그래서 上下의 뜻이 통하여, 윗사람이 은밀하게 일을 하여 이익을 끼쳐주면, 아랫사람도 그것을 얻어 윗사람을 이롭게 했으며, 아랫사람들에게 원한과 폐해가 쌓이면 위에서는 그것을 알고 제거해 준다. 이는 현대의 국회의원들이나 관료들이 인민들의 실정을 살펴서 그들이 어렵게 여기는 것이 또 바라는 것이 무엇인지를 살펴서 해결해 준다는 것이다.

〔상동중 정리〕
【聖王(지도자)이 선출된 이유: 상하 소통】故로 古者聖王唯而審以尙同하여 以爲正長하시니 是故로 上下情請爲通하니라 上有隱事遺利 下得而利之하며 下有蓄怨積害면 上得而除之하니라.
1. 그러므로 옛 성왕은 나라의 의리를 통일 화동시킬 수 있기에 정치의 수장으로 선출됐다. 이로써 상·하의 마음이 뚫리어 소통했으므로 윗사람이 은밀한 사업으로 인민에게 이익을 끼쳐주면 인민들도 그것을 알고 윗사람을 이롭게 했으며, 아랫사람들에게 원한이 자라고 폐해가 쌓이면 위에서는 그것을 알고 제거해 준다.
※《옛 성왕은 오직 잘 살펴서 상동(화동)하니, 그를 정장(지도자)으로 삼았다. 이런 까닭에 상하 간에 서로 소통이 되었다. 윗사람은 은밀하게 아랫사람이 이익되도록 했으며, 아랫사람도 이를 알고서 윗사람에게 이롭게 했다. 또 아랫사람들에게 원해가 쌓이면 윗사람이 알고서 이를 제거해 주었다. 즉 위아래가 和同

함으로써 소통하여 서로의 마음을 읽으니 서로에게 도움이 되었다는 것이다. 그래서 尙同은 '上下情請爲通'즉 상하가 소통하여 각각의 사정을 잘 알아서 서로에게 도움을 준다는 것이다.》 이는 민주적인 평등한 관계 속에서 대동 사회를 이루는 것이다.

【상동의 상고제는 전국의 행정조직을 통한 민원해결 제도이다.】
"以爲正長하시니 是故로 上下情請爲通하니라 上有隱事遺利 下得而利之하며 下有蓄怨積害면 上得而除之, 是以로 數千萬里之外에 有爲善者어든 其室人未徧知하고 鄕里未徧聞이라도 天子得而賞之하며 數千萬里之外에 有爲不善者어든 其室人未徧知하고 鄕里未徧聞이라도 天子得而罰之하니라 是以로 擧天下之人皆恐懼振動惕慄하여 不敢爲淫暴하여 曰 天子之視聽也神이라하니라 先王之言에 曰 非神也라 夫唯能使人之耳目으로 助己視聽하며 使人之吻으로 助己言談하며 使人之心으로 助己思慮하며 使人之股肱으로 助己動作이라 助之視聽者衆이면 則其所聞見者遠矣며 助之言談者衆이면 則其德音之所撫循者博矣며 助之思慮者衆이면 則其(談)謀度速得矣 助之動作者衆이면 卽其擧事速成矣 故로 古者聖人之所以濟事成功하여 垂名於後世者는 無他故異物焉 曰 唯能以尙同爲政者也일새니라"

위의 글은 政長이 상하 소통을 잘해서 은밀히 어려운 백성을 돕고, 백성들 또한 윗사람을 이롭게 해주니 이것이 和同하는 것이다. 또한, 전국의 행정 망을 통해서 인민들의 動靜을 잘 살피고 그들의 實情을 알아서 해결해 준다는 것이다. "聞善而不善 皆以告其上"의 뜻은 인민들의 동정을 살펴서 그들을 벌주고 상준다는 의미도 있지만, 진정한 의도는 인민들의 實情을 헤아려 그들을 쌓인 원한과 어려움을 해결해 주는 기능을 하는 제도로 보아야 한다.

【제도의 운용의 묘미】"昔者에 聖王制爲五刑하여 以治天下하고

逮至有苗之制五刑하얀 以亂天下하니 則此豈刑不善哉리오 用刑
則不善也일새니라"
1. 옛날 성왕들은 다섯 가지 형벌을 제정하여 이것으로 천하를 다스렸다. 그런데 묘족도 오형을 제정하기는 했으나 천하는 어지러웠다. 그렇다고 어찌 오형이 좋지 않다고 말할 수 있겠는가? 다만 오형을 운용하는 것이 좋지 않았을 뿐이다.
※ 형벌의 문제가 아니라 제도의 운용에 문제가 있다는 것이다.

【政長을 세우는 목적】"夫建國設都하고 乃作后王君公은 否用泰也요 [卿]大夫師長은 否用佚也니 維辯使治天均." "將以爲萬民興利除害하여 (富貴貧寡)[富貧衆寡]하며 安危治亂也"
1. 대저 나라를 세울 도읍을 개설하여 임금과 군주와 삼공들을 둔 것은 교만을 부리라는 것이 아니며 경대부와 장수와 고을 수령들을 둔 것은 놀고먹으며 편히 지내라는 것이 아니고 천하 인민이 고루고루 잘 살도록 직분을 분별해 다스리고자 함이다... 장차 온 백성을 위하여 이로움을 일으키고 해로움을 없애며 가난하고 외로운 사람은 부유하고 고귀하세 해주며 위태로운 것은 평안하게 하고 혼란과 어지러움을 다스리고자 임금을 선출케 했다는 뜻이다.
※ 결국 백성들의 흥리제해를 위해서 임금을 두었다는 것이다. 그런데 어떻게 절대군주의 전체주의적 통치를 위해서 상동이라는 제도를 두었다고 주장하는가? 군주를 두는 것은 인민들을 위해서, 필요해서 선출했다는 것이다.
〔▶ 인민들이 어떤 자를 政長으로 뽑을 때는 그가 상하 간에 和同을 잘 시키는 사람인지를 잘 살펴서 政長으로 삼는다는 것이다. 즉 아랫사람들이 바라는 것과 그들의 뜻을 잘 파악하여 소통시켜서 정사를 원만하게 처리하는 사람이 政長이 될 수 있고 또한 그의 역할이라는 것이다. 묵자의 이와 같은 말은 민주적인 현량자가 아니면 실천하기 어렵다고 생각한다. 어찌 전체

주의적인 전제군주가 위아래의 소통을 존중하겠는가? 인민들 간의 소통은 제도의 문제는 아니겠지만 민주적인 제도하에서 더 잘 실행될 수 있을 것이다. 또한, 묵자의 상동이 전제군주가 인민의 뜻을 하나로 통일시키기 위한 묵자가 제시한 사상이라고 말하는 학자들도 있고, 또 그와 같이 주장하는 바탕에는 그 당시의 시대 상황을 말하기도 한다. 하지만 로버트 달은 말한다. 어느 시기라도 민주정치가 시행되지 못할 시기는 없다고…〕

《상동하》
〈尙同〉 하편 역시 윗사람의 뜻에 동조하여 화합하는 것에 대해 논하고 있다. 윗사람이 政治를 할 때, 아랫사람의 實情을 잘 안다면 다스려지고 아랫사람의 실정을 잘 알지 못하면 어지러워지는데, 여기서 '실정을 잘 안다'라는 것은 바로 백성들이 善한 가 그렇지 못한가에 밝다는 것이라고 하였다.
윗사람이 되어 자기 아랫사람을 다스리지 못하고, 아랫사람이 되어 자기 윗사람을 섬기지 못하는 이유는 서로 義가 같지 않아 위 아랫사람이 서로를 해치기 때문이며, 오직 尙同하여 義를 하나로 하여 정치를 할 수 있어야만 아랫사람의 실정을 잘 알 수 있다는 논리를 펴고 있다. 즉 위아래의 소통함을 말한다.
이러한 尙同의 설을 天子에게 적용하면 천하를 다스릴 수 있으며, 諸侯에게 적용하면 그 나라를 다스릴 수 있으며, 家君에게 적용하면 그 집안을 다스릴 수 있으니, 위로는 聖王의 道에 부합하기를 바라고 아래로는 국가와 백성들의 이로움에 합치하기를 바란다면 마땅히 정치의 근본이자 정치의 핵심인 尙同의 說을 살펴야 한다는 주장이다.

【子墨子言曰 知者之事, 必計國家百姓[之]所以治者 而爲之, 必計國家百姓之所以亂者 而辟之, 然計國家百姓之所以治[亂]者, 何也. 上

之爲政 得下之情 則治. 不得下之情 則亂. 何以知其然也. 上之爲政 得下之情 則是明於民之善非也. 若苟明於民之善非也, 則得善人而賞之, 得暴人而罰之也. 善人賞而暴人罰 則國必治. 上之爲政也 不得下之情 則是不明於民之善非也. 若苟不明於民之善非. 則是不得善人而賞之 不得暴人而罰之 善人不賞而暴人不罰. 爲政若此 國衆必亂. 故 賞[罰] 不得下之情, 而不可不察者也. 然計得下之情 將柰何可. 故 子墨子曰 唯能以尙同一義爲政然後可.】

墨子께서 말씀하셨다. "지혜로운 사람은 일하면서, 다스려지는 까닭을 헤아려 그 일을 하고, 국가와 백성이 어지러워지는 까닭을 헤아려 그 일을 피한다."
그렇다면 국가와 백성이 다스려지거나 어지러워지는 까닭을 헤아린다 함은 무엇인가. 윗사람이 政治를 할 때, 아랫사람의 實情을 잘 파악하면 다스려지고, 實情을 잘 파악하지 못하면 혼란스러워진다. 어떻게 그러한 줄을 아는가. 윗사람이 정치 할 때, 아랫사람의 實情을 잘 파악한다는 것은 바로 백성들이 善한 가 그렇지 못한가에 밝다는 것이다. 만일 백성들이 善한 가 그렇지 못한가에 밝다면, 善良한 사람을 파악하여, 그에게 賞을 내리고 暴惡한 사람을 파악해서 그에게 罰을 내릴 것이니, 선량한 사람이 상을 받고 포악한 사람이 벌을 받으면, 나라는 반드시 잘 다스려질 것이다. 윗사람이 정치 할 때, 아랫사람의 實情을 잘 파악하지 못한다면, 이는 백성들이 선한가 그렇지 못한가에 밝지 못하다는 것이다. 만일 백성들이 선한가 그렇지 못한가에 밝지 못하다면, 이는 선량한 사람을 파악해서 상을 내리지 못하고 포악한 사람을 파악해서 그에게 벌을 내리지 못한다는 것이니, 선량한 사람이 상을 받지 못하고 포악한 사람이 벌을 받지 못하여, 정치가 이와 같다면, 나라는 반드시 어지러워질 것이다. 그러므로 상과 벌을 내릴 때 반드시 아랫사람의 실정을 잘 파악하지 아니할 수 없으니, 살피지 않으면 안 된다. (즉 실정을 잘 파악해서 상벌을 제대로 주어야 한다는 것이다) 그렇다면 아랫사람의 실정을 헤아려 파악하자면 어떻게 해야 하는가? 묵자께서 말씀하셨다. 오직 화동을 숭상하여 뜻을 하나로 통일하는 것으로써 정치한 후에야만 가능하다.

'辟'(임금 벽, 피)는 '避'(피)와 통한다.
'情'은 실정, 사정.

【何以知尙同一義之可而爲政於天下也. 然胡不審稽古之(治)[始]爲政之說乎. 古者 天之始生民 未有正長也, **百姓爲人**. 若苟百姓爲人 是 一人一義, 十人十義, 百人百義, 千人千義, 逮至人之衆, 不可勝計也 則其所謂義者 亦不可勝計. 此皆是其義而非人之義. 是以 厚者有鬪 而薄者有爭. 是故 天(下)之欲同一天下之義也. 是故 選擇賢者, 立爲天子. 天子 以其知力爲未足獨治天下. 是以 選擇其次 立爲三公. 三公 又以其知力爲未足獨左右天子也. 是以 分國建諸侯, 諸侯 又以其知力爲未足獨治其四境之內也. 是以 選擇其次 立爲卿之宰. 卿之宰 又以其知力爲未足獨左右其君也. 是以 選擇其次 立而爲鄕長家君. 是故 古者 天子之立三公諸侯卿之宰鄕長家君 非特富貴遊佚而擇之也. 將使助治亂刑政也. 故 古者建國設都 乃立后王君公, 奉以卿士師長. 此 非欲用(說)[逸]也, 唯辯而使助治天明也. 今此何爲人上而不能治其下, 爲人下而不能事其上 則是上下相賊也. 何故以然 則義不同也. 若苟義不同者有黨, 上以若人爲善 將賞之, 若人 唯使得上之賞, 而辟百姓之毀. 是以 爲善者必未可使勸見有賞也. 上以若人爲暴 將罰之, 若人 唯使得上之罰 而懷百姓之譽. 是以 爲暴者必未可使沮見有罰也. 故 計上之賞譽 不足以勸善 計其毀罰 不足以沮暴. 此何故以然 則義不同也.】

상동하여 뜻을 하나로 모아야만 천하에 정치할 수 있다는 것을 어떻게 아는가? (위아래가 和同하여 뜻을 하나로 통일시킬 수 있어야 천하를 다스릴 수 있음을 어떻게 아는가?) 그렇다면 어찌 옛날 처음으로 정치를 할 때의 말씀을 상고하지 않는가. 옛날에 하늘이 처음으로 백성을 내어 아직 正長이 없었을 때는 백성들이 主權者이었다. 만일 백성이 主權者가 되면, 이는 한 사람이면 하나의 義가 있을 것이며, 열 사람이면 열 가지의 義가 있을 것이며, 백 사람이면 백 가지의 義가 있을 것이며, 천 사람이면 천 가지의 義가 있을 것이며, 사람이 많아져 헤아릴 수조차 없게 되면 그 義라는 것도 헤아릴 수 없게 될 것이다. 이로써 자기의 말은 옳다고 하고 상대방의 말은 그르다고 하니, 이것이 심하면 전쟁이 일어나고, 심하지 않으면 다툼이 있다. 이런 까닭에 천하 사람들은 천하 사람들의 뜻을 하나로 같게 하고자 하였다. 그래서 賢能한 자를 가려 뽑아 그를 세워 천자로 삼는다. 天子는 자기의 지혜와 힘만으로는 천하를 홀로 다스리기에 부족하다고 여긴다. 이런 까닭에 그에 버금가는 자를 가려 뽑아 그를 세워 三公으로 삼는다. 삼공은 또 자기의 지혜와 힘만으로는 천자를 홀로 補佐하기에 부족하다고 여긴다. 이런 까닭에 나라를 나누어 諸侯를 세운다. 제후는 또 자기의 지혜와 힘만으로는 사방 국경의 안쪽을 홀로 다스리기에 부족하다고 여긴다. 이런 까닭에 그에 버금가는 자를 가려 뽑아 그를 세워서 卿과 宰로 삼는다. 卿과 宰는 또 자기의 지혜와 힘만으로는 홀로 그 임금을 보좌하기에 부족하다고 여긴다. 이런 까닭에 그에 버금가는 자를 가려 뽑아 그를 세워 鄕長과 家君으로 삼는다. 이런 까닭에 옛날에 天子가 三公과 諸侯, 卿과 宰, 鄕長과 家君을 세운 것은 그저 富貴를 누리며 편히 노닐라고 선택한 것이 아니라, 장차 刑政을 다스리는 일을 돕게 하고자 한 것이다. 그러므로 옛날에 나라를 세우고 도읍을 설치하여 后王과 君公을 세워 卿士와 師長으로 받들게 하였으니, 이는〈그렇게 함으로써 后王과

君公을〉편안하게 해주려고 해서가 아니라, 오직 〈직책을〉 나누어 하늘의 백성을 다스리는 것을 돕게 하고자 함이다. 지금은 어찌하여 윗사람이 되어 자기 아랫사람을 다스리지 못하며, 아랫사람이 되어 자기 윗사람을 섬기지 못하는가. 바로 위아래 사람이 서로를 해치기 때문이다. 어째서 그러한가. 바로 義가 같지 않기 때문이다. 만일 〈윗사람과〉 義가 같지 않은 자들이 무리를 짓고 있는데, 윗사람이 이러한 사람을 善하다고 여겨 장차 그에게 상을 내리려고 하면, 이러한 사람은 가령 윗사람에게서 賞은 받더라도 백성의 誹謗은 피하고자 할 것이다. 이런 까닭에 善을 행하는 자들에게 반드시 褒賞(포상)이 있음을 보여주어 〈善을〉 권면할 수 없을 것이다. 〈만일 진실로 윗사람과 義가 같지 않은 자들이 무리를 짓고 있는데〉 윗사람이 이러한 사람을 포악하다고 여겨 장차 그에게 벌을 내리려고 하면, 이러한 사람은 가령 윗사람에게서 罰은 받더라도 백성의 칭찬은 받고자 할 것이다. 이런 까닭에 포악한 짓을 하는 자들에게 반드시 벌이 있음을 보여주어 〈포악함을〉 저지할 수 없을 것이다.

그러므로 윗사람이 내리는 상이나 칭찬을 헤아려보건대 善을 권면하기에는 부족하며, 그 비방이나 벌을 헤아려보건대 포악함을 저지하기에는 부족하니, 이는 어째서 그러한가. 바로 〈윗사람과〉 義가 같지 않기 때문이다.

'審稽'(심계)는 '考察'(고찰)로 해석한다.
'卿之宰'(경지재)는 경대부와 재상. 之는 與.
'左右'는 보좌하다.
'治亂'에서 '亂'은 빠져야 할 듯하다.
'奉'(봉)은 받든다.
'說'(열)은 '悅'(열). 즉 기쁘게 하다. 佚이나 逸자의 誤로 본다.
'辯'은 '辨'으로 나누다, 직책을 나누어 맡는다.
'天明'은 하늘의 백성으로 읽는다.

▶尙同의 해석을 '윗사람과 뜻을 같이한다'라고 해석하면 이는 천자의 의견에 절대복종하라는 의미로 파악될 수밖에 없다. 하지만 尙同은 묵자가 하늘의 뜻을 兼愛교리로 표현함에서 알 수 있듯이 개개인 간의 동등함을 전제로 만들어진 역할에 따른 분담(維辯使治天下均)이 상동이기에 상동의 의미는 상하 역할 간의 화동으로써 뜻을 하나로 통일시키라는 의미라 본다.

▶上唯毋立而爲政乎國家, 爲民正長 曰 人可賞, 吾將賞之.....人可罰, 吾將罰之
　임금을 세워 나라를 다스리어 백성의 정장이 되게 한 것은 다음과 같다. '인민이 상 줄 만하다고 하면 상을 줄 것'이고, '인민들이 벌 줄 만하다고 하면 벌줄 것이다'라고 한다.
　위 문장에서 묵자는 정치 지도자로 뽑힌 사람은 여론에 따른 정치를 해야 함을 강조하고 있다.

▶將使助治亂刑政也. 천자를 도와서 어지러운 형정을 다스리고자 함이다.

▶'百姓爲人' 이는 '百姓爲主人'의 문장에서 한문의 관례대로 '主'가 생략되어 통용됨을 알 수 있다. 그래서 '백성이 주인이었다'라는 인민주권설로 해석할 수도 있다.
▶위와 같은 용례(『묵자』에서)
1) 【五穀盡收 則五味盡御於主】 여기서 '主'는 '君主'를 가리킨다. 즉 主 앞에 君이 빠졌으나 君主로 해석한다.
2) 今王公大人 亦欲效人以尙賢使能爲政】에서 效'人'은 문맥상 '聖人'을 가리킨다.
　〔중국의 문법에는 그 문맥상의 앞말을 생략하는 경우가 많다.〕

※ '百姓爲人'에서 '人'을 해석함에, "백성들은 자기만을 위하였다"라고 해석하는가 하면, "독립적인 개인"으로도 해석하며, "제각각이었다"라고도 해석한다. 하지만 본인은 묵자의 人民主權論으로 해석하는 취지에서 主權者로 해석하였다.

【然則欲同一天下之義 將柰何可. 故 子墨子言曰 然胡不(賞)[嘗]使家[人總其身之義 以尚同於家]君 試用家君 發憲布令其家. 曰 若見愛利家者 必以告 若見惡賊家者 亦必以告. 若見愛利家以告 亦猶愛利家者也, 上得且賞之. 衆聞則譽之. 若見惡賊家不以告, 亦猶惡賊家者也, 上得且罰之, 衆聞則非之. 是以 徧若家之人, 皆欲得其長上之賞譽, 辟其毀罰. 是以 善言之, 不善言之. 家君 得善人而賞之, 得暴人而罰之, 善人之賞而暴人之罰, 則家必治矣. 然計若家之所以治者 何也. 唯以尚同一義爲政故也. 家旣已治, 國之道盡此已邪, 則未也. 國之爲家數也甚多. 此皆是其家, 而非人之家. 是以. 厚者有亂, 而薄者有爭. 故 又使家君 總其家之義, 以尚同於國君, 國君 亦爲發憲布令於國之衆 曰 若見愛利國者 必以告, 若見惡賊國者 亦必以告. 若見愛利國以告者 亦猶愛利國者也. 上得且賞之, 衆聞則譽之. 若見惡賊國不以告者, 亦猶惡賊國者也, 上得且罰之, 衆聞則非之. 是以 徧若國之人 皆欲得其長上之賞譽, 避其毀罰. 是以 民見善者, 言之. 見不善者 言之. 國君 得善人而賞之, 得暴人而罰之, 善人賞而暴人罰, 則國必治矣. 然計若國之所以治者 何也. 唯能以尚同一義爲政故也. 國旣已治矣 天下之道盡此已邪 則未也. 天下之爲國數也甚多 此皆是其國, 而非人之國. 是以 厚者有戰, 而薄者有爭. 故 又使國君 選其國之義, 以尚同於天子. 天子 亦爲發憲布令於天下之衆 曰 若見愛利天下者 必以告, 若見惡賊天下者, 亦以告. 若見愛利天下以告者 亦猶愛利天下者也, 上得則賞之, 衆聞則譽之. 若見惡賊天下不以告者 亦猶惡賊天下者也. 上得且罰之. 衆聞則非之. 是以 徧天下

之人 皆欲得其長上之賞譽 避其毀罰. 是以 見善不善者 告之. 天子 得善人而賞之, 得暴人而罰之. 善人賞而暴人罰 天下必治矣. 然計天下之所以治者 何也. 唯而以尙同一義爲政故也. 天下旣已治, 天子 又總天下之義 以尙同於天.〔故當尙同之爲說也, 尙用之天子, 可以治天下矣. 中用之諸侯하면 可而治其國矣. (小)[下]用之家君, 可而治其家矣.〕是故 大用之 治天下不窕, 小用之 治一國一家而不橫者, 若道之謂也. 故 曰 治天下之國 若治一家, 使天下之民 若使一夫, 意獨子墨子有此 而先王(無此其有邪)[無有此邪]. 則亦然也. 聖王皆以尙同爲政. 故 天下治. 何以知其然也. 於先王之書也 大誓之言 然. 曰 小人 見姦巧, 乃聞. 不言也, 發罪鈞. 此 言見淫辟不以告者 其罪 亦猶淫辟者也. 故 古之聖王治天下也 其所差論以自左右羽翼者 皆良(外爲)之人. 助之視聽者衆. 故 與人謀事 先人得之. 與人擧事, 先人成之, 光譽令聞 先人發之.「唯信身而從事」故 利若此. 古者 有語焉 曰 一目之視也, 不若二目之(視)[睹]也. 一耳之聽也 不若二耳之(聽)[聰]也, 一手之操也 不若二手之彊也. 夫唯能信身而從事. 故 利若此. 是故 古之聖王之治天下也, 千里之外 有賢人焉, 其鄕里之人 皆未之均聞見也, 聖王得而賞之, 千里之內 有暴人焉 其鄕里[之人], 未之均聞見也, 聖王 得而罰之. 故 唯毋以聖王爲聰耳明目與, 豈能一視而通見千里之外哉, 一聽而通聞千里之外哉. 聖王不往而視也, 不就而聽也. 然而使天下之爲寇亂盜賊者 周流天下 無所重足者, 何也. 其以尙同爲政善也. 是故 子墨子曰 凡使民尙同者 愛民不疾, 民無可使 曰 必疾愛而使之 致信而持之. 富貴以道其前 明罰以率其後. 爲政若此 唯欲毋與我同, 將不可得也. 是以 子墨子曰 今天下王公大人士君子 中情將欲爲仁義, 求爲上士, 上欲中聖王之道, 下欲中國家百姓之利. 故 當尙同之說而不可不察. 尙同 爲政之本而治要也.〕

그렇다면 천하의 뜻을 하나로 같게 하려면 장차 어찌해야 하는가? 묵자 선생께서 말씀하셨다. 어찌하여 집안의 우두머리에게 시험 삼아, 그 집안에 다음과 같은 법령을 반포해 보지 않는가? 〈집안의 우두머리가〉 말하기를 '만일 집안사람을 사랑하고 이롭게 하는 자를 보거든 반드시 이를 고하며, 만일 집안사람을 미워하고 해치는 자를 보거든 또한 반드시 이를 고하라. 만일 집안사람을 사랑하고 이롭게 하는 자를 보고서 이를 고한다면 이 역시 집안사람을 사랑하고 이롭게 하는 자이니, 윗사람이 〈이러한 실정을〉 알고서 그에게 賞을 내릴 것이며 집안사람들이 이 사실을 들으면 그 〈고한 자를〉 칭찬할 것이다. 만일 집안사람을 미워하고 해치는 자를 보고서도, 이를 고하지 않는다면 이 역시 집안사람을 미워하고 해치는 자이니, 윗사람이 〈이러한 실정을〉 알고서 그에게 벌을 내릴 것이며 집안사람들이 이 사실을 들으면 그 〈고하지 않은 자를〉 비방할 것이다.'라고 할 것이다. 이런 까닭에 이 집안사람이 두루 다 윗사람의 賞과 稱讚은 받고자 하고, 윗사람의 誹謗과 罰은 피하고자 할 것이다. 이런 까닭에 善한 일도 말해주고 선하지 못한 일도 말해줄 것이다. 家君은 선한 사람을 잘 찾아내어 그에게 賞을 내리고 포악한 사람을 잘 찾아내어 그에게 벌을 내려야 하니, 선한 사람이 賞을 받고 포악한 사람이 罰을 받는다면 집안은 반드시 다스려질 것이다.

그렇다면 이 집안이 다스려지는 이유를 헤아려보건대 무엇이겠는가. 오직 尙同하여 義를 동일하게 하여 정치를 하기 때문이다. 그러면 집안이 이미 다스려진 것으로 나라의 道理를 다한 것인가? 그것만으로는 아직 아니다. 나라에는 많은 가문이 있다. 이들이 모두 자기 집안을 옳다 하고 남의 집안을 그르다 한다. 이런 까닭에 심하면 亂이 있고 가벼운 경우에는 분쟁이 있다. 그러므로 또 家君에게 자기 집안의 義를 모아, 國君에 尙同하고 國君 또한 이를 위하여 나라 안의 뭇사람에게 法令을 펴게 하여 〈國君이〉 말하기를 '만일 나라를 사랑하고 이롭게 하는 자를 보거든 반드시 이를 고하며, 만일 나라를 미워하여 해치는 자를 보거든 또한 반드시 이를 고하라. 만일 나라를 사랑하고 이롭게 하는 자를 보고서 이를 고한다면 이 역시 나라를 사랑하고 이롭게 하는 자이니, 윗사람이 〈이러한 실정을〉 알고서 그에게 賞을 내리려 할 것이며 뭇사람들이 이 사실을 들으면 그〈고한 자를〉 칭찬할 것이다. 만일 나라를 미워하여 해치는 자를 보고서 이를 고하지 않는다면 이 역시 나라를 미워하여 해치는 자이니, 윗사람이 〈이러한 실정을〉 알고서 그에게 罰을 내리려 할 것이며 뭇사람들이 이 사실을 들으면 그 〈고하지 않은 자를〉 비방할 것이다.'라고 할 것이다.

이런 까닭에 이 나라 사람이 두루 다 윗사람의 賞과 稱讚은 받고자 하고 윗사람의 誹謗과 罰은 피하고자 할 것이다. 이런 까닭에 백성이 善한 자를 보면 말하고, 선하지 못한 자를 보아도 말할 것이다. 國君은 善한 사람을 잘 파악하여 그에게 賞을 내리고 暴惡한 사람을 잘 파악하여 그에게 罰을 내려야 하니, 선한 사람이 賞을 받고 포악한 사람이 罰을 받는다면 나라는 반드시 다스려질 것이다.

그렇다면 이 나라가 다스려지는 이유를 헤아려보건대 무엇이겠는가. 오직 능히 尙同하여 義를 하나로 하여 정치를 하기 때문이다. 그러면 나라가 이미 다스려진 것으로 천하 사람들에 대한 도리를 다한 것인가? 아직 이것만으로는 부족하다. 천하에는 나라가 많은데, 이들이 모두 자기 나라를 옳다 하고, 남의 나라를 그르다 한다. 이런 까닭에 심하면 戰亂이 있고, 심하지 않으면 分爭이 있다. 그러므로 또 國君에게 자기 나라의 義를 모아 天子에 尙同하고, 天子 또한 이를 위하여 천하의 뭇사람에게 法令을 펴게 하여 〈天子가〉 말하기를 '만일 천하를 사랑하고 이롭게 하는 자를 보거든 이를 고하며, 만일 천하를 미워하여 해치는 자를 보거든 또한 이를 고하라. 만일 천하를 사랑하고 이롭게 하는 자를 보고서 이를 고한다면 이 역시 천하를 사랑하고 이롭게 하는 자와 같으니, 윗사람이 〈이러한 실정을〉 알고서 그에게 賞을 내리려 할 것이며 뭇사람들이 이 사실을 들으면 그 〈고한 자를〉 칭찬할 것이다.

만일 천하를 미워하여 해치는 자를 보고서 이를 고하지 않는다면 이 역시 천하를 미워하여 해치는 자와 같으니, 윗사람이 〈이러한 실정을〉 알고서 그에게 罰을 내리려 할 것이며, 뭇사람들이 이 사실을 들으면 그 〈고하지 않은 자를〉 비방할 것이다.'라고 할 것이다. 이런 까닭에 온 천하 사람이 모두 윗사람의 賞과 稱讚은 받으려 하고 윗사람의 誹謗과 罰은 피하려 할 것이다. 이런 까닭에 善한 자와 不善한 자를 보면, 이를 고할 것이다. 天子는 선한 사람을 잘 찾아내어 그에게 상을 내리고 暴惡한 사람을 잘 찾아내어 그에게 벌을 내리니, 선한 사람이 상을 받고 포악한 사람이 벌을 받는다면 천하는 반드시 다스려질 것이다. 그렇다면 천하가 다스려지는 이유를 헤아려보건대 무엇이겠는가. 오직 〈윗사람에게〉 尙同하여 義를 하나로 하여 정치를 하기 때문이다.

천하가 이미 다스려졌다면, 천자는 또 천하의 義를 통합하여 하늘에 尙同한다. 그러므로 응당 尙同의 설을 위로 天子에게 적용하면, 천하를 다스릴 수 있으며, 가운데로 제후에게 적용하면 자기 나라를 다스릴 수 있으며, 아래로 家君에게 적용하면 자기 집안을 다스릴 수 있을 것이다. 이런 까닭에 '이(尙同의 說)를 크게 쓰면 천하를 다스림에 부족함이 없으며, 이를 작게 쓰면 한 나라와 한 집안을 다스림에 막힘이 없다.'라는 것은 이 道를 말하는 것이다. 그러므로 말하기를 "천하의 나라를 다스리는 것이 마치 한 집안을 다스리는 것과 같으며, 천하의 인민을 부리는 것이 마치 한 사람을 부리는 것과 같다."라 하였으니, 어찌 유독 墨子께만 이러한 道가 있고, 先王은 이러한 道가 없으셨겠는가. 先王 또한 그러하시다. 聖王께서는 모두 尙同으로써 정치를 하였다. 그러므로 천하가 다스려졌다. 무엇으로 그러함을 아는가. 선왕의 글에 〈太書(泰書)〉의 말씀이 그러하니, 말하기를 "사람들아. 간악하고 교활한 일을 보거든 바로 告하라. 말하지 않은 것이 발각되면 그 죄가 같을 것이다."라 하였다. 이는 淫辟한 자를 보고서 이를 고하지 않는 자는 그 죄 또한 淫辟한 자와 같다는 말이다. 그러므로 옛날 聖王이 천하 사람을 다스리던 때에는 좌우에서 보좌하는 자들을 발탁하는바, (언론을 선택하는 일을 보좌하는 자들은 모두 어진 사람이며) 그들은 모두 훌륭한 사람이었고, 〈聖王이〉 보고 듣는 것을 돕는 사람들이 많았다. 그러므로 다른 사람과 일을 謀議하더라도 남보다 먼저 계책을 얻으며 다른 사람과 동시에 일을 擧行하더라도 남보다 먼저 성취하여 빛나는 영예와 좋은 명성이 남보다 먼저 드러났으니, 오로지 수족이 될 사람들을 믿고 일하였기 때문에 그 이로움이 이와 같았다. 옛날 말씀에 "한쪽 눈으로 보는 것은 두 눈으로 보는 것만 못하고, 한 귀로 듣는 것은 두 귀로 듣는 것만 못하며 한 손으로 잡는 것은 두 손으로 잡는 것만 굳세지 못하다고 했다. 무릇 오로지 手足이 될 사람들(좌우 주변 어진 사람들의 말을 믿고: 여론을 따라서)을 믿고 일하였기 때문에 이로움이 이와 같았다. 이런 까닭에 옛날 聖王이 천하를 다스릴 때는 천 리 밖에 賢人이 있으면 그 鄕里의 사람들이 두루 다 보고 듣지 못하였더라도 聖王은 그를 찾아내어 賞을 내렸고, 천 리 안에 暴惡한 사람이 있으면 그 鄕里의 사람들이 두루 다 보고 듣지 못하였더라도 聖王은 그를 찾아내어 罰을 내렸다. 그러므로 아무리 聖王이 귀 밝고 눈 밝다 하더라도 어찌 한 사람이 보는 것으로 천리 밖을 꿰뚫어 볼 수 있으며, 한 사람이 듣는 것으로 천 리 밖을 통할 수 있겠는가? 성왕이 몸소 가서 보는 것도 아니며 몸소 나아가 듣는 것도 아니다. 그런데 쳐들어오는 침략자, 난을 일으키는 반역자, 도둑질하는 자, 남을 해치는 자들이 천하를 두루 돌아다녀도 다시 발붙일 곳이 없는 것은 무엇 때문인가? 그가 尙同(상고제를 통한 실정파악)으로써 정치를 잘 했기 때문이다. 그래서 묵자 선생께서 말씀하셨다. 무릇 백성들에게 화동하여 숭상케 하려면 반드시 백성을 지극히 사랑하지 않고는 백성을 부릴 수 없다. 반드시 사랑함으로써 그들을 부리고, 신뢰를 주어 그들의 지지를 받고, 부귀로써 앞서 이끌고 형벌을 밝혀 뒤를 따르게 했다. (사랑과 신뢰 부귀로써 이끌고 형벌로써 밀었다) 정치하는 것이 이와 같으면 비록 나에게 同調하지 말기를 바라더라도 장차 그렇게 할 수가 없을 것이다.'라 하였다." 이런 까닭에 墨子께서 말씀하셨다. "지금 천하의 王公大人·士君子는 진실로 장차 仁義를 행하고자 하고, 훌륭한 선비가 되기를 바라며, 위로는 聖王의 道에 부합하기를 바라고 아래로는 국가와 백성들의 이로움에 합치하기를 바란다. 그러므로 마땅히 尙同의 說을 살피지 않아서는 안 된다. 尙同은 정치의 근본이며 정치의 핵심이다."

'不賞'에서 '賞'은 '嘗'으로 씀이 옳다. '일찍이 ... 하지 않다.'
'家者'(가자)는 家君의 사람들. 즉 家民으로 피지배자들이다.
'遍若家之人'(편약가지인)은 '모든 가문의 사람들'.
'長上'은 통치자 일반.
'選'은 '齊'와 뜻이 통하여 정제히 하다, 한결같이 하다고 해석하기도 하나, 나라의 뜻을 선별하다는 의미도 있다.
'故當尙同之爲說也, 尙用之天子' 그래서 마땅히 서로 화동하자는 것을 說로 삼으면, 尙은 上으로 해석한다.
'不窕'(부조)는 가득 차지 않다.
'不橫'(불횡)은 방해하지 아니하다. 막히지 아니하다.

'發罪鈞'(발죄균)은 그 죄가 같다는 것으로, 發은 厥(궐)의 잘못이고, 鈞은 均의 잘못.
'淫辟'(음벽)은 간사한 것.
'差論'(차론)은 善과 不善을 告하는 議論으로 보아, 여기서는 差를 擇으로 해석하여, 善과 不善을 論해서 선택하는 데 있어 좌우의 보좌하는 사람들이 모두 선량했다고 해석한다.
'與人謀事 先人得之'. 인민들과 함께 일을 도모해도 그들보다 먼저 그것을 이룬다.
「唯信身而從事」'오직 신뢰할만한 몸가짐으로 일을 하고'라고 해석하고자 한다. 기세춘 선생은 '오로지 인민들의 언론을 펴게 하고 그 인민의 뜻에 따라 정사를 처리함으로써'라고 해석한다. 김학주는 '오직 진실한 몸가짐으로 일에 종사하였기 때문에'라고 해석한다.
'光譽'(광예)는 光은 廣으로 통하여 널리 퍼진 영예, 여기서는 영광이라 해석한다.
'令聞'(령문)은 令은 善과 통하여 훌륭한 명성.
'重足'은 발을 거듭 들여놓는 것.
'不疾'(부질)은 '必疾'으로 또는 '不可不疾'의 잘못인 듯하다. 백성들을 사랑하고 아끼는 데 힘쓰지 않을 수 없다는 뜻이다. 疾은 힘쓰는 것이다.
'唯欲'(유욕)은 '비록 … 하지 않으려 해도'.

◆ 尙同下편에서 강조하는 것은
윗사람인 正長은 아랫사람들의 실정을 잘 파악하여 그 뜻을 하나로 통일시키는 역할을 하면서, 또 그 실정을 잘 파악하여 상과 벌을 공정히 내려야 한다.
이를 위해 上告制를 시행하였다.
각기 흩어진 義를 하나로 통합시키기 위해서 현인 중에서 선발하여 천자로 삼았다. 그리고 관직에 등용된다고 하더라도 끝까지 그 관직에 머물게 한 것이 아니라 실적이 없고 무능하면 그 직에서 퇴출시켰으며, 천한 백성일지라도 언제까지나 천하지 않고 능력이 입증되면 관직에 등용될 가능성이 있다고 주장한다. 인민들의 뜻을 하나로 모으는 일은 작게는 집안을 다스리는 일부터 크게는 천하를 다스리는 일까지 모든 다스림의 원칙은 尙同에 있다는 것이다.

공자 『禮記』「禮運」편에서 五帝시대 특히 요순시대를 大道가 행하여지던 大同사회(禪讓)라 규정하고 小康사회와 구별하였다. 공자는 大道가 행해졌을 때, 天下는 公器였고, 세습 없이 현인과 능력자를 뽑아 썼다고 했다. 그리고 신약을 맺고 친목을 도모했으며, 사람들이 오직 자기 어버이만을 친애하지 않고 오직 자기 자식만을 사랑하는 것이 아니었다. 이를 통해 보면, 묵자의 尙賢論과 兼愛論은 요순시대를 본받았고, 검약 절장은 우 임금을 본받았다. (황태연, 『공자와 세계』, p. 79. 참조)

성인들은 인민들을 힘써 사랑으로 이끌어, 앞으로는 부귀하게 하고 뒤에서는 엄벌로써 다스린다. 이처럼 하니 나와 뜻을 같이 하고자 아니하여도 아니할 수 없다는 것이다.

〔상동하의 정리〕
【정치지도자의 실정파악력】
"上之爲政에 得下之情은 則治요 不得下之情이면 則亂하니라 則是明於民之善非也"
1. 윗사람이 정치함에 있어 아랫사람의 實情을 파악하면 다스려지고 인민의 실정을 모르면 어지러워진다. 실정을 파악하는 것은 곧 인민들의 착하고 착하지 않은 것을 밝히는 것이다.

【인민이 주권자】"古者에 天之始生民하여 未有正長也엔 百姓爲

人[545]이라 若苟百姓爲人이면 ... 此皆是其義而非人之義라"
1. 옛날 하늘이 처음으로 인민을 낳아 통치자가 아직 없을 때는 인민들이 주권자였다. 이에 모두 자기의 義는 옳다고 하고, 남의 義는 그르다고 하였다. 즉 자기가 생각하는 義로움의 기준이 옳고 남의 기준은 틀렸다는 것이다.

※ 백성들은 자유의지를 가진 주권자로서, 각자 기준이 되는 의로움이 달랐다. 그래서 이를 통합 조정해줄 지도자가 필요한 것이다. 그래서 어질고 훌륭한 사람 중에서 선출하여 천자로 삼은 것이다. 그러므로 인민에 의해 선출된 천자 등 지도자가 전체주의적으로 자기의 의사만을 아랫사람들에게 강요하지는 못한다. 왜냐하면 어질지 못하고 무능하면 퇴출되기 때문이다. 퇴출된다는 것은 선출되었기 때문에 퇴출되는 것이다. 바로 이점이 묵자의 상동을 민주주의적인 제도라 할 수 있다. 묵자가 전제군주를 상정해서 자기 이론을 주장한다면, 어질고 능력이 없다고 해서 퇴출시키지는 못할 것이다.

【上下相賊하는 이유】
"今此何爲人上而不能治其下하고 爲人下而不能事其上고 則是上下相賊也일새 何故以然고 則義不同也"
1. 지금 어찌 된 일인지 윗사람은 아랫사람을 다스리지 못하고 아랫사람은 윗사람을 섬기지 않으며 위아래가 서로 죽이고 해치는 까닭은 무엇인가? 그것은 의리가 같지 않기 때문이다. 즉 義에 대한 기준이 다르므로 서로 해치는 것이다.

【여론 정치】
"故로 古之聖王治天下也엔 其所'差論'以自左右羽翼者 皆良(外

---

545) 人을 自己로 해석하는 억지를 부려 묵자의 인민주권론을 부정하고 전체주의자로 왜곡시켰다.

爲)之人 助之視聽者衆이라 故로 與人謀事에 先人得之하며 與人擧事에 先人成之하여 光譽令聞이 先人發之 唯'信身'而從事라 故로 利若此니라. 古者에 有語焉에 曰 一目之視也는 不若二目之(視)[睹]也며 一耳之聽也는 不若二耳之(聽)[聰]也며 一手之操也는 不若二手之彊也라하니라 夫唯能'信身'而從事라 故로 利若此니라 ... 聖王은 不往而視也요 不就而聽也니라 然而使天下之爲寇亂盜賊者 周流天下라도 無所重足者는 何也오 其以尙同爲政善也"

1. 그러므로 옛날 성왕들이 천하를 다스림에 있어 언론(여론)을 선택하는 일을 보좌하는 자들은 모두 어진 사람이며 또한 밖에서 보좌하는 사람들도 그를 도와 民情을 보고 듣는 자가 많았다. 그러므로 인민들에게 일을 도모케 하지만 인민들보다 앞서 그것을 알고 인민들에게 일을 일으키게 하지만 인민들보다 먼저 그것을 이루는 것이므로 영광과 명성은 인민들 위에 드러났다. 오로지 인민들의 언론을 펴게 하고 그 인민의 뜻에 따라 정사를 처리함으로써 이같이 이롭게 되는 것이다. 옛날 속담에 '한 눈으로 보는 것은 두 눈으로 보는 것만 못하고, 한 귀로 듣는 것은 두 귀로 듣는 것만 못하며 한 손으로 잡는 것은 두 손으로 잡는 것만 굳세지 못하다'라고 했다. 대저 오로지 인민의 언론을 펴 정사를 다스리므로 이같이 이롭게 되는 것이다. 성왕은 몸소 가서 보는 것도 아니며, 몸소 나아가 듣는 것도 아니다. 그런데 쳐들어오는 침략자, 난을 일으키는 반역자, 도둑질하는 자, 남을 해치는 자들이 천하를 두루 다녀보아도 다시 발붙일 곳이 없는 것은 무엇 때문인가? 그것은 화동을 숭상하는 것으로 정치를 훌륭하게 하기 때문이다. 이것은 상고제의 효과이다.

差論 : 왕염손은 差와 論을 모두 擇의 뜻이라 했다. 하지만 본문의 흐름으로 보아 論은 善 不善을 고하는 議論 또는 論告라 해야 한다. 그래서 여론에 따라 선택하는 일로 해석한다.

※ "周流天下라도 無所重足者" 전국이 네트웍이 되어서 상고하기 때문에 도적들이 발붙일 곳이 없다는 것이다. 〈상고제의 효과〉

【묵자의 통치술】
"必疾愛而使之하고　致信而持之하며　富貴以道其前하고　明罰以率其後하여　爲政若此면　唯欲毋與我同, 將不可得也."
1. 반드시 힘써《사랑함으로써 그들을 부리고, 신뢰를 주어 민심을 얻고 부귀》로써 이끌고 형벌을 밝혀 뒤를 따르게 한다. 이처럼 정치한다면 비록 나에게 화동하지 않으려 해도 하지 않을 수 없다.
※ 사랑으로 일을 하게 동기부여하고, 서로 신뢰함으로써 민심을 얻어, 결국 민중들을 풍요롭게 해준다는 것이다.
《古者聖王唯而審以尙同, 以爲正長. 是故　上下情請爲通,
옛 성왕이 오직 상동하는 것만을 살펴서, 政長으로 삼았다. 정장을 두는 것은 오직 상하 간에 소통하기 위해서이다. 곧 정장은 윗사람과 아랫사람과의 소통을 통해, 서로 다른 義를 하나로 통일시키기 위해 선택된 사람이다.
譬之　若絲縷之有紀, 而罔罟之有綱也, 將以連收天下淫暴, 而一同其義也.
또 정장은 비유하자면 마치 실타래에 실마리가 있으며, 그물에 벼리가 있는 것과 같으니, 천하의 음란하고 포악한 자를 줄줄이 거두어들여, 그 義에 하나로 같게 하기 위한 것이다. 또 상동의 계급질서는 '維辯使治天下均' 오직 직분을 나누어 천하를 균등하게 다스리라는 것이다.
천자 삼공 제후 경대부 등 상동 체계는 세습되고 고정된 신분질서가 아니고, 오직 직분을 나누어 천하를 균등하게 다스리려는 방편이라는 것이다.
그래서 유능하면 승진시키고 무능하면 퇴출될 수 있는 지위를 의미한다.

그래서 上之所是 必亦是之. 上之所非 必亦非之. 는 윗사람이 옳게 행하면 반드시 옳다고 하고, 윗사람이 그릇되게 행하면 반드시 그르다고 말한다고 해석해야 한다. 그래야 '上有過, 規諫之.' '윗사람에게 과실이 있으면 올바르게 바로잡는다'라는 구절과 모순되지 않는다. 윗사람이 옳다고 하면 반드시 옳다고 하는 상황에서 어떻게 윗사람의 과실에 대해 규간할 수 있겠는가? 즉 이는 위·아래 사람 간의 소통을 의미한다.
'若苟上下不同義, 賞譽不足以勸善, 而刑罰不足以沮暴.'
그렇게 되면 '是不與鄕吾本言民始生未有正長之時 同乎.'
그래서 상동에서 묵자가 말하고자 하는 요지는 상하 간의 의견 소통을 통해 뜻을 하나로 모아야 상과 칭찬으로써 선을 권할 수 있고, 형벌로써 포악한 행위를 막을 수 있다는 것이다.
상하 간의 의견 소통이 되지 않아서 이와 같은 것이 행해지지 못한다면 정장이 없는 시절과 똑같은 혼란한 사회라는 것이다. 상하의 직분과 직위로 나누어졌더라도 이는 서로 위치나 역할을 바꿀 수 없는 종법사회가 아닌 상하 평등한 사회이므로, 이는 어짐과 능력에 따라 바뀔 수 있다는 것이 전제되어 있다. 그래서 묵자의 상동 정치체계가 민주적이라는 것이다.》

3. 묵자의 논법

1) 大取篇

이 篇은 묵자의 대표적인 학설인 〔兼愛說〕을 설명한 것으로 대게 墨家의 후기 학자들이 저술한 것으로 본다. 대체적인 내용을 보면, 利害를 저울질하는 문제, 同異를 변증하는 문제 등과 言辭가 생겨나고 전개되는 원리인 故 · 理 · 類를 제시하고 있다. 取는 비유를 취한다는 뜻이다. 그리고 '利로운 것 중에서 큰 것(大)을 취한다'는 것에서 제목을 따온 듯하다.

【天之愛人也, 薄於聖人之愛人也. 其利人也, 厚於聖人之利人也. 大人之愛小人也, 薄於小人之愛大人也. 其利小人也, 厚於小人之利大人也.】

하늘이 사람을 아끼고 사랑하는 것은 성인이 사람을 아끼고 사랑하는 것보다는 박하지만, 사람을 이롭게 하는 것은 성인이 사람을 이롭게 하는 것보다 후하다. 대인이 소인을 사랑하는 것은 소인이 대인을 사랑하는 것보다 박하지만, 소인을 이롭게 하는 것은 소인이 대인을 이롭게 하는 거보다 후하다.

▶薄(부)는 薄(박)하다는 뜻으로 해석하기도 하고, 博(박)으로 해석하여 넓고 크다는 뜻으로 해석하기도 한다.
필자는 『묵자한고』의 해석에 따라 薄(박)을 박하다, 엷다로 해석한다. 묵자는 '사랑하는 것'보다 '이롭게 함'을 중시했다고 생각하기 때문이다.

▶ 이 단락에서는 하늘과 성인, 대인과 소인 간의 사랑과 이롭게 해주는 '차이'를 설명하고 있다.

【以臧爲其親也 而愛之, (非)愛其親也. 以臧爲其親也 而利也, 非利其親也. 以樂爲利其子, 而爲其子欲之 愛其子也, 以樂爲利其子, 而爲其子求之. 非利其子也.】

하인이 자기 어버이를 잘 섬긴다고 여겨 그 하인을 사랑하는 것은 그 어버이를 사랑하는 것이지만, 하인이 자기 어버이를 잘 섬긴다고 여겨 그 하인을 이롭게 하는 것은 자기 어버이를 이롭게 하는 것이 아니다. 음악이 자기 자식을 이롭게 한다고 여겨 그 자식을 위해 음악을 얻고자 하는 것은 그 자식을 사랑하는 것이다.

하지만 음악이 자기 자식을 이롭게 한다고 여겨 그 자식을 위하여 음악을 구하는 것은 그 자식을 구하는 것이 아니다.】

▶ 이 단락에서 臧(장)은 곧 臧獲(장획)으로 노비나 하인을 가리킨다는 설과《설문해자》에 "葬은 臧(장)이다"라 하였으니, "장사 지낸다는 뜻이다"라는 설로 나뉜다.
전자는 손이양이 지지하고, 후자는 필원의 주장이다.
(非)愛其親也. 이 문장의 非를 衍字(연자)로 여겨 불필요한 잘못된 글자로 여긴다. 필자도 문맥상 이에 동조한다.

▶ 어버이에게 이로운 것과 어버이를 잘 모신다고 그 하인에게 이롭게 하는 것은 다르다는 것이다.

【於所體之中 而權輕重之謂權. 權, 非爲是也, 非非爲非也. 權, 正也.】
형체를 가진 것 중에서 가벼움과 무거움을 재는 것을 저울질이라 한다. 저울질하는 것은 옳다는 것을 입증하기 위함도 아니고, 그르다는 것을 입증하기 위한 것도 아니다. 저울질하는 것은 바로잡기 위해서이다.

【斷指以存掔, 利之中取大, 害之中取小也. 害之中取小也, 非取害也, 取利也. 其所取者, 人之所執也. 遇盜人, 而斷指以免身, 利也. 其遇盜人, 害也.】

손가락을 잘라서 팔을 보존함은 이익 중에서 큰 것을 취하고, 손해 중에서 작은 것을 취한 것이다. 손해 중에서 작은 것을 취한 것은 해를 취한 것이 아니라, 이익을 취한 것이다. 그것을 취하는 것은 사람마다 결정할 일이다. (손가락을 잘릴 것인지

팔을 잘릴 것인지를 선택하는 것은 각각의 사람마다 다르다는 것이다) 우연히 도둑을 만나 손가락을 잘림으로써 목숨을 건졌다면 이로운 것이지만, 도둑을 만난 것은 해로운 것이다.

▶ '人之所執也' 이의 해석으로, 사람마다 각기 가진 바에 따른다, 즉 사람마다 지니고 있는 인생관에 따라 달리 생각할 수도 있다는 것으로 해석하고 싶다.

【斷指與斷腕, 利於天下 相若, 無擇也. 死生 利若一, 無擇也. 殺一人以存天下, 非殺一人以利天下也. 殺己以存天下, 是殺己以利天下.】

손가락이 잘리는 일과 팔이 잘리는 일이 모두 천하를 이롭게 한다면, 선택할 여지가 없다. 죽고 사는 일이 이익이 같다면 선택의 여지가 없다. 한 사람을 죽여 천하가 보존된다고 해도, 한 사람을 죽여 천하를 이롭게 하는 것이 아니다. 자기를 죽여 천하가 보존된다면, 이것은 자기를 죽여 천하를 이롭게 하는 것이다.

【於事爲之中 而權輕重之謂求. 求爲之, 非(爲之)也. 害之中取小, 求爲義, 非爲義也.】

일하는 가운데 경중을 저울질하는 것은 '求'라고 하니, 그 일을 하기를 구하는 것은 그 일을 하는 것이 아니고, 해로움 중에서 작은 것을 취하는 것은 의로운 일을 하기를 구하는 것이지 의로운 일을 하는 것은 아니다.

▶ 이 단락은 사람들이 '추구하는 것'과 '실지로 행하는 것'의 차이를 말하고 있다.

▶ 【겸애: 殺身成仁】 殺一人以存天下 非殺一人以利天下也. 殺己以存天下 是殺己以利天下

1. 한 사람을 죽여 천하가 보존됐다고 해도 살인은 천하를 이롭게 하는 것이라고 말할 수 없다. 그러나 자기를 죽여 천하가 보존됐다면 자기를 죽인 것은 천하를 이롭게 한 것이라고 말할 수 있다.

▶ 이 글귀에서 겸애는 살신성인의 자세를 보이는 이타적인 사랑임을 말하고 있다.

▶ 위의 단락들은 손해와 이익, 손가락과 팔, 다른 사람과 나(己)를 대비시켜 천하의 이익을 도모하는 겸애를 주장하려는 의도로 보인다.

【爲暴人語天之爲是也, 而性. 爲暴人歌天之爲非也.】

난폭한 사람을 위해서 하늘이 행하는 바를 말해주는 것은 옳고 또한 본성이다. 하지만 난폭한 사람을 위해 하늘이 행하는 바를 노래하는 것은 그르다.

【諸陳執 旣有所爲, 而我爲之. 陳執之所爲 因吾所爲也. 若陳執 未有所爲, 而我爲之陳執, 陳執 因吾所爲也.】

'陳執'〔(진집)은 진부한 고집, 오랫동안 쌓인 습관

오랫동안 물들여진 습관이 이미 만들어져 있다면 나는 습관대로 행동한다. 습관이 하는 대로 따라서 나는 행동한다. 만약에 물들여진 습관이 아직 만들어져 있지 않다면 내가 습관을 만들어 낸다. 그리고 그 습관에 따라서 나는 행동한다.

【暴人爲我爲天之以人非爲是也. 而性不可正 而正之.】

포악한 사람은 내가 하늘의 행동을 함으로써 다른 사람의 잘못(非)을 바로잡는다고 한다. 본성은 바로잡을 수 없으나 바로잡아야 한다.

【利之中取大 非不得已. 害之中取小 不得已. 所未有而取焉 是利之中取大也. 於所旣有而棄焉 是害之中取小也.】

이익 중에서 큰 것을 취하는 것은 부득이한 것이 아니다. 해로운 것 중에서 작은 것을 취하는 것은 부득이한 것이다. 아직 가지고 있지 않은 것 중에서 취하라고 한다면 이익 중에서 큰 것을 취할 것이고, 이미 가지고 있는 것 중에서 버려야 한다면 해로운 것 중에서 작은 것을 취할 것이다.

【義可厚 厚之, 義可薄 薄之. 謂倫列德行. 君上, 老長, 親戚, 此皆所厚也. 爲長厚, 不爲幼薄. 親厚厚 親薄薄, 親至, 薄不至. 義厚親 不稱行 而類行.】

의로움이 크면 후하게 대하고, 의로움이 작으면 박하게 대하는 것은 덕행에 따라 차등을 두는 것이라 한다. 임금과 노장과 부모, 이들은 모두 후하게 대할 대상이다. 어른에게 후하게 대한다고 해서, 어린이에게 박하게 대하지 않는다. 친함이 두터우면 두텁게 대하고, 친함이 박하면 박하게 대한다. 후하게 하는 것은 지극해야 하고, 박하게 하는 것은 지극하면 안 된다. **의리상 가까운 사람에게 후하게 대하는 것은 덕행이라 부를 수 없고 덕행 비슷한 것이다.** (이와 같은 번역은 묵자의 평등사상과 어울리지 않는다.)

▶ '義厚親, 不稱行 而類行'이 문장에 대해 기세춘 선생은 '**의리상 가까운 사람에게 후하게 대하는 것은 평등하게 하는 것이 아니고, 좋아하는 사람에게 편파적으로 대하는 것이다**'라고 해석한다.
'義厚親, 不稱行 而類行'에 대해, 합당한 행동이 아니고, 좋아하는 사람에 따라 분류하여 시행하는 것이다. 이것은 옳지 못하다는 것이다. 稱은 副(버금, 들어맞다.)

▶ 곧 이 단락은 친하든 그렇지 못하던 평등하게 대우해야 한다는 것이다. 이런 해석이 타당한 것은 묵자 사상이 유가의 불평등 사상에 대한 비판에서 출발했기 때문이다.

【유가의 불평등 비판】"義可厚 厚之 義可薄 薄之 謂**倫列**德行"
"親厚 厚 親薄 薄. 親至 薄不至. 義厚親 **不稱行而類(顧)行**"
- 1. 의로움이 크면 후하게 해주고 의로움이 작으면 박하게 하는 것은 **덕행에 차등을 두어 차례 짓는 것**이라고 말한다. 친애함이 크면 후하게 대하고 친애함이 작으면 박하게 대한다고 한다. 그러나 친애하는 사람을 후대하는 것은 좋은 일이지만 친애함이 적다고 박하게 하는 것은 좋은 일이 아니다. 의리상 가까운 사람에게 후하게 한다는 것은 평등하게 하는 것이 아니고 좋아하는 사람에게 **편파적으로 대하는 것**이다. 倫列윤열... 차례를 짓다. 差等.
《親疏에 따라 德行을 베푸는 것은 유가에서는 덕행이라 하나, 묵가에서는 덕행이라 할 수 없는 편파적이라는 것이다.》

【爲天下厚禹 爲禹也. 爲天下厚愛禹 乃爲禹之人愛也. 厚禹之爲 加於天下, 而厚禹 不加於天下. 若惡盜之爲 加於天下, 而惡盜 不加於天下.】

천하를 위해서 우 임금을 후하게 대하는 것은 우임금을 위한 것이 아니다. 천하를 위해서 우임금을 두텁게 사랑하는 것은 곧 우임금의 인민에 대한 사랑을 기리는 것이다. 우임금의 행위를 후대하는 일은 천하에 도움이 되지만, 우임금 자체를 후대하는 일은 천하에 도움이 되지 않는다. 도둑의 행위를 미워하는 일은 천하에 도움이 되지만 도둑을 미워하는 일은 천하에 도움이 되지 않는다.

▶ '爲天下厚禹 爲禹也.' 이 문장은 전체 문맥상 '천하를 위해서 우임금을 후대하는 것은 우임금 자신을 위하는 것이 아니다'라고 해석하여, 非爲禹也로 해석해야 한다.

▶ '厚禹之爲 加於天下, 而厚禹 不加於天下' 이 문장은 유가들의 행위를 비난하는 내용이다. 묵자는 우임금의 행적을 칭송할 뿐이지, 우 임금을 차별적으로 후대할 수 없다는 것이다.
※ 도둑질하는 행위는 미워하되, 도둑은 미워하지 말라는 경구가 생각난다.

【愛人不外己 己在所愛之中. 己在所愛 愛加於己. 倫列之愛己 愛人也.】

'倫列'은 '동등하다'라는 뜻으로 해석한다.

남을 사랑하는 것은 자기를 도외시하는 것이 아니다. 자기도 사랑하는 것 중에 있다. 자기가 사랑하는 것 속에 있기에, 남에 대한 사랑은 자기에게도 도움이 된다. 자기를 사랑하고 남을 사랑하는 것은 동등한 것이다.

【겸애는 自他愛이다】
결국, 겸애는 자기애도 포함해서 타인을 사랑하는 것이지 일방적인 이타적 사랑이 아니다.

【聖人惡疾病 不惡危難. 正體不動, 欲人之利也, 非惡人之害也. 聖人不爲其室臧之, 故在於臧. 聖人不得爲子之事. 聖人之法 死亡親, 爲天下也. 厚親分也, 以死亡之, 體渴興利. 有厚而毋薄, 倫列之, 興利爲己.】

성인은 질병을 싫어할 뿐 위난을 마다하지 않는다. 몸을 바르게 하여 흔들림이 없다. 타인의 이로움을 바라고 타인의 해로움을 바라지 않는다. 성인은 자기 집에 재저장하지 않기 때문에 천하를 위하여 저장하는 데 마음을 둔다. 성인은 자식으로 해야 할 도리(事)를 하지 못한다. 성인의 법은 어버이가 죽으면 잊고 천하를 위한다. 어버이를 후대하는 것이 본분이지만 죽으면 잊고 제 몸을 다하여 이익을 일으킨다. 천하를 위하여 후하게 할 뿐 박하게 하지 않으니, 이익을 일으키는 것은 자기를 위하는 것과 동등하다.

【聖人은 蓄積하지 않는다】 "聖人不爲其室臧之 故(非)於藏"(故在於臧)
성인은 자신의 집에 저장하지 않기 때문에, 천하를 위하여 저장하는데 마음을 둔다.
※ 성인은 사사로운 축적을 하지 않는다. 公을 위해서 인민들의 이익을 위해서 행동한다. 이 글귀를 사유재산을 반대하여 비판한다는 논리는 지나친 비약이다. **묵자가 사유재산제를 비판한 글은 없다**. 개개인의 능력에 따라 부하고 귀해져서 재산을 모으면 가지지 못한 자에게 나누어주라고 했지 사유재산을 부정하지는 않았다.

【語經 語經也. 非白馬 馬焉, 執駒焉 說求之, 舞說非也. 漁大之舞大, 非也. 三物必具, 然後足以生.】

어경(語經)은 말이 지켜야 할 길이다. 백마가 아니라도 말이다. 망아지를 잡고서 말(馬)이라고 설명을 해도, 그 설명은 그른 것이 없다. 물고기가 큰 것을 더없이 크다고 말하면 그르다. 세 가지 물건이 반드시 갖추어진 연후에야 생긴다.

▶ 語經은 論理學을 말한다.
▶ '非白馬 馬焉'는 공손룡의 白馬非馬論 (흰 말은 말이 아니다)을 반박한 것이다. 흰 말도 말이라는 것이다.
▶ '舞說非也' 이 문장에서 '舞'는 無의 誤이다. (필원 說)
▶ '漁大之舞大'는 '殺犬之無犬'의 잘못이라는 주장(『墨子閒詁』)이 있다. 즉 '개를 죽이고도 개가 없었다'라고 하는 궤변.
▶ '三物'은 까닭(故), 이치(理), 종류(類)의 세 가지(『墨子閒詁』)

【이 단락에서는 墨家가 名家의 논리적 비약을 비판하고 있다. 즉 三物인 故·理·類가 갖추어져야 말이 말로서 논리가 선다는 것이다.】

【臧之愛己, 非爲愛己之人也. 厚不外己, 愛無厚薄. 擧己, 非賢也. 義, 利. 不義, 害. 志功爲辯.】

노비가 자기를 사랑함은 자기 자신만을 사랑하는 사람이 되는 것이 아니다. 남을 후하게 대우하는 것은 자기를 소외하는 것이 아니다. 자기만을 내세우는 것은 현명하지 않다. 의는 이로운 것이며, 불의는 해로운 것이다. 의지와 결과는 구별되어야 한다.

【재물의 분배】 "臧之愛己 非爲愛己之人也. 厚不外己 愛無厚薄. 舉己 非賢也. 義, 利, 不義, 害. 志功爲辯."

　사재를 저장하는 것은 자기 자신을 사랑하는 것이지만, 자기와 인민을 동시에 사랑하는 것이 아니다. 남에게 후한 것은 자기를 버리는 것이 아니다. 사랑은 후하고 박한 것이 없다. 자기 자신만을 내세우면 어진 이가 아니다. 義는 이로운 것이며, 不義는 害로운 것이다. 뜻은 인민을 이롭게 한 공적으로 분별해야 한다.

※ 이처럼 해석하는 이는 기세춘 선생이다. '臧(장)'을 노비나 종으로 해석하지 않고, 재물을 저장하는 것으로 해석한다. 그래서 묵자는 사유재산을 인정하지 않고 있다는 논리를 전개한다. 하지만 필자는 이런 해석에 동의하지 않는다.

▶ 이 단락에서 말하고자 하는 것은 겸애이다. 겸애는 자신을 포함해서 타인도 함께 아끼고 사랑하자는 것이며, 또한 하고자 하는 의지와 행해서 나온 결과는 구별되어야 한다고 말하고 있다. 즉 뜻만 있지 행위가 없으면 이는 의미가 없다는 것이다.

【有有於秦馬, 有有於馬, 也智來者之馬也. 愛衆衆世與寡世 相若. 愛常世與愛後世, 一若 今之世人也.】

'秦나라 말(馬)이 있다'라고도 하고 '말이 있다'라고도 한다. 내가 아는 것은 이 모두가 말(馬)이라는 것뿐이다. 세상의 많은 사람을 사랑하는 것과 세상의 적은 사람을 사랑하는 것은 서로 같다. 서로 겸애한다는 점에서 같다. 과거를 사랑하는 것과 미래를 사랑하는 것은 현재를 사랑하는 것과 하나처럼 같다.

'有有於馬'에서 앞의 有는 又(우)의 뜻이다.
'常世'는 과거 '上世'를 뜻한다.
'衆衆世'는 衆世로 보아야 한다.

▶ 이 단락에서 常世 · 後世 · 今世는 '三世'를 말한다. 진정한 사랑은 공간상으로는 우주 공간의 모든 중생을 사랑하고, 시간상으로는 과거 · 현재 · 미래의 중생을 사랑한다는 兼愛 사상을 표현한 것이다.
▶ 이 단락에서 말하고자 하는 것은 공손룡의 '白馬非馬'를 비판하면서, 自己愛와 他人愛는 겸애한다는 점에 같다는 점을 강조하고 있다.

【鬼, 非人也. 兄之鬼, 兄也.】

귀신은 사람이 아니지만, 형의 귀신은 형이라고 부른다.

【天下之利驩. 聖人有愛而無利, 倪日之言也. 乃客之言也. 天下無人, 子墨子之言也. 猶在.】

천하 사람들은 이로우면 모두 기뻐한다. 성인은 사랑만 있을 뿐 이로움이 없다고 하는데, 이것은 유가들의 말이거나, 객 즉 타인의 말이다. 천하에 남이란 없다! 이것은 묵자의 말인데 여전히 존재한다.

'倪曰'(현왈)을 손이양은 儒子로 읽는다.
'客之言也'(객지지언)는 '내가 아닌 객 즉 타인의 말'이란 뜻으로 보인다.
'天下無人'은 너와 나는 하나이다. '남이란 없다'라는 것으로 묵자의 핵심사상 중의 하나이다. 즉 타인과 나를 동일시하는 兼愛를 말한다.
▶ 이 단락은 겸애란 사람들을 너와 나로 구별하지 않고 두루 이롭게 해주는 것이라는 개념이라고 말하고 있다.

【不得已而欲之, 非欲之也. 非殺臧也, 專殺盜, 非殺盜也.】

어쩔 수 없이 바라는 것은 바라는 것이 아니다. 하인을 죽이지 않고 오로지 도둑을 죽이는 것은 도적을 죽이는 것이 아니다.

▶ 이 단락은 어떤 일을 할 적에, 부득이하여서 했을 경우와 마음을 전일 하게 하여서 했을 경우를 구별해야 한다는 것이다.

【凡學愛人, 小圜之圜, 與大圜之圜, 同. 方至尺之不至也, 與不至鍾之不至, 不異. 其不至同者, 遠近之謂也. 是璜也, 是玉也.】

사람을 사랑하는 일을 배우는 데 있어서, 작은 가락지도 큰 가락지도 둥근 것은 같다. 한 자에 이르지 못한 것이나 천 리를 다다르지 못한 것은 차이가 없다. 이르지 못한 점은 같으나 멀고 가까운 것을 말하는 것이다. 그것은 황과 옥돌의 차이와 같다.

'鍾'은 千里의 잘못이다.

▶ 이 단락에서는 大小, 遠近의 차이는 있으나, 동질성에서는 같다는 것이다. 묵자의 겸애란 사람 사이에도 어쩔 수 없는 차이는 있으나, 차이가 있다고 해서 차별해서는 안 된다는 점을 강조하고 있다.

【意楹 非意木也, 意是楹之木也. 意指之人也, 非意人也. 意獲也, 乃意禽也. (志功, 不可以相從也.) **利人也, 爲其人也.** 富人 非爲其人也. 有爲也以爲人. 富人也, 治人,有爲鬼焉.】

기둥이라는 의미는 나무라는 의미가 아니다. 기둥이 될 나무를 생각하는 것이다. 가리켜진 사람의 의미는 사람을 의미하는 것이 아니다. 사냥이라는 의미는 짐승을 잡는 것을 뜻한다. (뜻과 공적은 서로 따르지 않는다) 남을 이롭게 하는 것은 그 사람을 위한 것이다. **남을 부하게 하는 것은 그 사람을 위한 것이 아니다.** 그 사람을 부유하게 함으로써 다른 사람을 위한 것이 된다. 남을 부하게 해주면 사람을 다스리는 한편 귀신을 위한 것이 된다.

▶ 이 단락에서는 겸애의 효과를 말하고 있다. 마음먹는 것과 그것을 실천에 옮기는 것은 다르다. 묵자는 항상 실천을 강조하고 있다. '兼'은 '너와 나' '우리'를 뜻한다고 본다. 그래서 **'남을 위하는 것'은 '우리를 위하는 것'**이 된다는 것이다.

【爲賞譽 利一人, 非爲賞譽 利人也. 亦不至無貴於人. 智親之一利, 未爲孝也. 亦不至於智不爲己之利於親也. 智是之世之有盜也, 盡愛是也. 智是室之有盜也, 不盡是室也. 智其一之盜也, 不盡是二人. 雖其一人之盜, 苟不智其所在, 盡惡 其弱也.】

상을 주고 영예롭게 하는 것은 한 사람을 이롭게 하지, 상을 주고 영예롭게 하는 것이 모든 사람을 이롭게 하는 것은 아니다. 그런데도 사람보다 귀한 것은 없다. 어버이에게 한 가지 이로움을 주는 것은 아직 효도한다고 할 수 없지만, 자기가 어버이에게 이익이 되는 데도 그것을 하지 않는다는 것은 알지 못하고 있다. 이 세상에 도둑이 있다는 것을 알지만 사람들은 모두 이 세상을 사랑한다. 이 집안에 도둑이 있음을 알지만, 이 집안 모두를 미워하지 않는다. 한 사람이 도둑인 줄 알지만, 사람들은 그곳 사람들 모두를 미워하지 않는다. 비록 도둑 한 사람이 있어 진실로 그 소재를 모른다고 해서 모두를 미워하는 것은 용렬한 짓이다.

'不盡是室也'(부진이실야) 이 문장에서 盡 다음에 "惡'가 빠졌다.
'是二人'은 '惡是人'의 잘못 (『墨子閒詁』)으로 '그곳 사람 모두를 미워한다'라는 뜻이다.
▶ 이 단락에서는 兼愛하는 자세를 말하고 있다. 세상에 도둑이 있더라도 이 세상을 사랑하듯이 집안에 도둑이 있더라도 집안사람 모두를 미워해서는 안 된다는 것이다. 분명히 한 사람의 도둑이 있다는 것을 알지만, 그 도둑이 누구인지 명백하지 않는데도 집안사람 모두를 미워하는 것은 용렬한 짓이라는 것이다.

【諸聖人所先, 爲人欲名實. 名實不必名. 苟是石也白, 敗是石也, 盡與白同. 是石也唯大, 不與大同, 是有便謂焉也. 以形貌命者, 必智是之某也, 焉智某也. 不可以形貌命者, 唯不智是之某也, 智某可也. 諸以居運命者, 苟人於其中者, 皆是也, 去之, 因非也. 諸以居運命者, 若鄉里齊荊者, 皆是. 諸形貌命者, 若山丘室廟者, 皆是也.】

성인들이 모두 먼저 하는 일은 사람들에게 名과 實을 분명하게 하는 것이다. 名은 반드시 實이 아니며, 實은 반드시 名이 아니다. 만약 돌이 희다면 이 돌을 깨뜨리더라도 모두 희어서 같아야 한다. 이 돌이 비록 클지라도 크다는 점에서는 같지 않다. 이것은 편의상 말한 것이다. 형태의 모양으로 이름 붙인 것은 반드시 이것이 무엇인지를 알고 누구든지 무엇인지를 알아야 한다. 형태의 모양으로 이름 붙일 수 없는 것은 비록 이것이 무엇인지를 모른다 해도 무엇이 옳은지는 안다.
'어디로 이사 가서 살라'고 명명(命名)할 때, 진실로 그곳으로 들어가면 모두 옳은 것이다. 이사 갈 곳을 말하기를 향리, 제나라, 초나라라고 했다면 모두 옳은 것이다. 형태의 모양으로 이름 붙이는 자가 산, 언덕, 방, 종묘라고 했다면 모두 옳은 명명이다.

'欲'은 效 즉 '분명하게 하다'의 잘못이다. (『墨子閒詁』)
'敗'는 '깨부수다'라는 뜻이다.
'有便'(유편)은 便宜(편의) 편의상.
'命'은 命名.
'居運'(거운)은 이사 갈 곳.

▶ 墨家는 名實을 매우 중요하게 여겼다. 이 단락은 名實문제를 다루고 있다.

【智與意異. 重同, 具同, 連同, 同類之同, 同名之同. 丘同, 鮒同, 是之同, 然之同, 同根之同. 有非之異, 有不然之異. 有其異也, 爲其同也, 爲其同也異. 一曰乃是而然, 二曰乃是而不然, 三曰遷, 四曰强.】

안다는 것과 뜻은 다르다. ('같음'에는) 이름은 둘이지만 실체가 하나인 重同, 공간적으로 한 곳에 있는 具同, 형체가 같은 連同(體同), 종류가 같은 同類之同, 이름이 같은 同名之同. 구역이 같은 丘同, 붙는 것이 같은 鮒同, 이성적 추론이 같은 是之同, 감각적 인식이 같은 然之同, 뿌리가 같은 同根之同이 있다. ('다름'에는) 이성적 추론이 다른 有非之異와 감각적 인식이 다른 有不然之異가 있다. '다름'이 있는 것은 '같음'이 있기 때문이다. 같음이 있기에 다름이 상존한다. (서로 相補적 관계이다) 첫째는 명제가 옳으면서 사실도 그러한 것(是而然), 둘째는 명제는 옳지만, 사실은 그렇지 않은 것(是而不然), 셋째는 두루 통하나, 그것을 다른 경우에 적용했을 때는 두루 통하지 않는 것(遷), 넷째는 한 경우는 옳은 데 다른 경우에는 그른 것(强) 등이 있다.

'三曰遷'에서 遷은 「소취」의 '一周而一不周'. '四曰强'에서 强은 「소취」의 '一是而一非也'

▶ 이 단락에서는 智와 意, 同과 異, 是와 然 등의 서로 대립되는 개념의 상관관계에 대해서 언급하고 있다.

【子深其深, 淺其淺, 益其益, 尊其尊. 次察由比因, 至優 指復. 次察聲端 名因, 請復.】

선생께서는 깊은 것은 깊다고 하고, 얕은 것은 얕다고 하며, 보탤 것은 보태고, 존중할 것은 존중한다고 했다. 차례대로 유래를 살피고 원인을 비교하여 우수함에 이를 때까지 반복(실천)을 지시했다. 그다음에 명성을 얻은 단서와 논리체계(名因)를 살피고, 반복(실천)을 요청했다.

▶ 이 단락에서 묵자는 名보다는 實을 강조하고 있다고 본다. 더불어 사물의 실상을 논리적으로 이해해야 하며, 이해했다면 반드시 실천해야 한다는 것이다.

【正夫辭惡者, 人右以其請得焉. 諸所遭執 而欲惡生者, 人不必以其請得焉.】

필부들은 수사학(논리학)을 싫어하지만, 사람들은 그것으로써 실정을 파악할 수 있다. 자기가 부딪친 것에만 집착하여 미움과 욕심이 생기면 사람은 반드시 실정을 알 수가 없다.

'正'은 '匹'(필)의 잘못 (『墨子閒詁』)
'右'는 '有'와 통함.

▶ 보통사람들은 어떤 현상에 대해서 논리적인 접근을 싫어한다. 그렇게 되면 실정을 제대로 파악하기가 어렵다. 결국, 실정

을 제대로 파악하기 위해서는 논리학이 필요하다는 것이다.

【聖人之附濆也, 仁而無利愛. 利愛生於慮. 昔者之慮也, 非今日之慮也. 昔者之愛人也, 非今日之愛人也. 愛獲之愛人也, 生於慮獲之利, 非慮臧之利也. 而愛臧之愛人也, 乃愛獲之愛人也. 去其愛而天下利, 弗能去也. 昔之知牆, 非今日之知牆也. 貴爲天子, 其利人 不厚於匹夫. 二子事親, 或遇孰, 或遇凶, 其親也相若. 非彼其行益也, 非加也. 外執無能厚吾利者. 藉臧也死而天下害, 吾特養臧也萬倍, 吾愛臧也不加厚.】

성인이 육성하고 강조하는 것은 仁일 뿐 利와 愛는 없었다. 利와 愛는 배려하는 마음에서 나온다. 옛날의 배려는 오늘날의 배려가 아니었다. 옛사람의 '사람 사랑'은 오늘날의 '사람 사랑'이 아니었다. 하녀를 사랑하는 것은 '사람 사랑'이지만 하녀의 이익을 배려해서 생긴 것이지, 하인의 이익을 배려하는 것이 아니다. 그러나 하인을 사랑하는 사람 사랑은 하녀를 사랑하는 사람 사랑이다. (하인을 사랑하는 것은 하녀를 사랑하는 것과 같다) 그 사랑을 버려 천하가 이롭다 해도 그 사랑을 버릴 수는 없다. 옛날의 절약을 아는 것과 오늘날 절약을 아는 것은 다르다. 귀하기로는 천자가 되어 사람을 이롭게 하더라도 보통사람보다 후하지는 않다. 자식들이 부모를 섬기기는 풍년이 들거나 흉년이 들거나 부모 섬김은 똑같다. 그들의 행동이 보태지지도 더해지지도 않는다. 외부 형세가 내가 (부모를) 이롭게 하는 데 후하게 할 수는 없다. 만일 하인이 죽어서 천하에 해가 된다면 우리는 특별히 하인을 만 배나 더 잘 돌보아줄 것이나, 우리가 하인을 사랑하는 것은 더 후해지지 않을 것이다.

'附濆'(부육)은 성인이 육성하고 강조하는 것.

'牆'(장: 담장)은 '嗇'(색: 아낀다)과 뜻이 통한다.
'孰'(숙: 누구)은 '熟'과 통하여 풍년이 드는 것.
'外埶'(외예)는 외부적인 농사. 즉 밖의 형편. '埶'는 藝(심을 예)와 種(씨 종)과 통한다.
'獲'(획)과 '臧'(장)은 하녀와 남자 하인을 뜻한다.

▶ 이 단락에서 昔者는 유가들이 존중하는 성인의 시대를 상징하고, 今日은 墨家의 도덕적 지향을 뜻한다. 유가에서는 利와 愛에 대해 배려가 없는 반면, 묵가는 利와 愛를 존중한다는 점에서 차별된다는 것이다. 결국, 유가에 대한 비판이다.

▶ '嗇'에 대한 인식도 유가와 묵가는 다르다. 유가는 부자가 되기 위해서 아낀다는 것이고, 묵가는 노동의 가치인 재물을 본래의 목적대로 소비함으로써 불필요한 낭비를 줄여 인민들이 삼환에서 벗어나게 한다는 점이다.

▶ 사람에 대한 利와 愛는 어떤 상황에서도 똑같아야 한다는 점을 강조하고 있다.

【長人之異, 短人之同. 其貌同者也, 故同. 指之人也與首之人也異. 人之體, 非一貌者也, 故異. 將劍與挺劍, 異. 劍以形貌命者, 其形不一, 故異. 楊木之木與桃木之木也, 同. 諸非以擧量數命者, 敗之 盡是也. 故一人指, 非一人也, 是一人之指, 乃是一人也. 方之一面, 非方也, 方木之面, 方木也.】

키가 큰 사람과 키가 작은 사람이 같다는 것은 그 모습이 같으므로 같다는 것이다. 사람의 손가락과 머리는 다르다. 사람의 몸체는 한 가지 모습이 아니어서 다르다. 칼집에 있는 칼과 빼어든 칼은 다르다. 칼은 형태의 모양으로 이름 붙이는데, 그 형태가 하나가 아니므로 다르다. 버드나무와 복숭아나무는 같다. 수량을 들어 이름 붙인 것이 아닌 것은 모두 이름 붙이는 것을 버리면 모두 같다. 한 사람의 손가락은 한 사람이 아니며, 한 사람의 손가락이므로 결국 이것은 한 사람이다. 네모의 한 부분은 네모가 아니지만, 네모난 나무의 부분은 네모난 나무이다.

'長人之異' 이 문장에서 '異'는 與의 잘못이다. (유월 설) 즉 長人之異, 短人之同. 이 문장은 長人之與短人之同이 되어야 한다.

【(三物必具, 然後足以生.) 夫辭 以故生, 以理長, 以類行也者. 立辭而不明於其所生, 忘也. 今人非道無所行. 唯有强股肱, 而不明於道, 其困也, 可立而待也.
夫辭以類行者也, 立辭而不明於其類, 則必困矣. 故浸淫之辭, 其類在於鼓栗. 聖人也, 爲天下也, 其類在於追迷. 或壽或卒, 其利天下也指若, 其類在譽石. 一日而百萬生, 愛不可厚, 其類在惡害. 愛二世有厚薄, 而愛二世 相若, 其類在蛇文. 愛之相若, 擇而殺其一人, 其類在坑下之鼠. 小仁與大仁, 行厚相若, 其類在申凡. 興利除害也, 其類在漏雍. 厚親不稱行而類行, 其類在江上井. 不爲己之可學也, 其類在獵走. 愛人非爲譽也, 其類在逆旅. 愛人之親若愛其親, 其類在官苟. 兼愛相若, 一愛相若, 其類在死蛇】

(세 가지 물건(故, 理, 類)이 반드시 갖추어진 이후에야 생겨날 수 있다) 무릇 말은 원인으로써 생겨나고, 이치로써 자라며, 유추로써 행해진다. 말의 논리를 세울 때 그 말이 생겨난 바를 밝히지 못하면 망령된 것이다. 지금 사람은 길이 없으면 다닐 스 없다. 비록 강한 팔다리가 있다 하더라도 길에 밝지 않으면 곤경에 처할 것은 뻔한 일이다. 무릇 말은 유추해 나가는 것이므

로 말의 논리를 세우는데 유추에 밝지 못하면 반드시 곤란해진다. 그러므로 음란함에 물든 말은 그 유추가 두려움을 고무시킨다. 성인이 천하를 위한다는 것은 미혹을 쫓아 바로잡는 데 있다. 오래 살았건 요절했건 천하를 이롭게 하기는 마찬가지라는 말은 그것은 후인의 기림으로 유추한 것이다. (즉 후인의 유추에 달려있다) 하루에 백만 명이 태어났다 해도 사랑은 더 보태지지 않는다고 말한다면 그것은 사랑과 미움으로 유추한 것이다. 후세를 사랑함은 후하고 박함은 있어도 그 사랑은 같은 것이라고 말한다면 그것은 뱀의 무늬로 유추한 것이다. 사랑함은 같으나 그중에서 한 사람을 택해 죽여야 한다고 말한다면 구덩이 속의 쥐로 유추한 것이다. 어짊이 작거나 어짊이 크거나 그 후덕한 행위가 서로 같다고 말한다면 그것은 평소의 행실로 유추한 것이다. 이로운 것을 일으키고 해로운 것을 제거해야 한다고 말한다면 그것은 물이 새는 항아리로 유추한 것이다. 친척에게 후하게 하되 고르게 하지 않고 차별이 있어야 한다고 말한다면 그것은 강물은 우물보다 높은 것으로 유추한 것이다. 자신만을 위하지 않아야 한다고 배우는 일은 그것은 자기를 잊고 사냥터를 달리는 것으로 유추한 것이다. 사랑을 사랑하는 것은 명예를 위한 것이 아니라고 말한다면 그것은 나그네를 맞이하는 정성으로 유추한 것이다. 남의 부모를 자기 부모처럼 사랑하라고 말한다면 그것은 관리의 공경함을 유추한 것이다. 겸애와 하나의 사랑은 서로 같다고 말한다면 그것은 뱀을 죽이는 일로 유추한 것이다.

'辭'(사)는 命題 또는 範疇.
'故'는 「經說」에서 小故(필요조건)과 大故(필요충분조건)으로 설명하고 있다.
'理'는 추론이나 논증할 때 따라야 하는 이치이며, 내적 필연성을 의미한다. 반면 '道'는 외적 객관성을 의미한다.

'立辭而不明於其所生, 忘也.'이 문장은 名家에 대한 경고이며, '今人非道無所行. 唯有强股肱, 而不明於道, 其困也, 可立而待也.'이 문장은 儒家에 대한 비판이다.
'追迷'(추미)는 미혹된 것을 바로 잡는다.
'指若'(지약)은 '相若'의 잘못.
'申凡'(신범)은 직역하면 '모든 것을 편다'라는 의미가 되지만 뜻이 통하지 않아서 '일상생활'로 읽는다.
'厚親不稱行'(후친불칭행)에서 '稱'은 '相等'으로 읽는다.

▶ 이 단락은 말의 논리를 세우는 방법에 대해서 말하고 있다.

2) 小取篇

「小取」는 「大取」에 비하여 내용이 훨씬 구체적이고 논리가 정연하다. 즉 묵자 사상의 논리학적인 면모를 보여주는 대표적인 단락이다.

【夫辯者, 將以是非之分, 審治亂之紀. 明同異之處, 察名實之理. 處利害 決嫌疑. 焉摹略萬物之然, 論求群言之比. 以名擧實, 以辭抒意, 以說出故, 以類取, 以類予. 有諸己 不非諸人, 無諸己 不求諸人.】

무릇 변론이란 그것으로써 옳고 그름을 구분하여, 다스림과 어지러움의 근본 원리를 살피고, 같고 다른 것의 구분을 분명히 하여 名實의 이치를 살피며, 또 이롭고 해로운 것에 대처하고 혐의를 해결하는 것이다. 그래서 만물의 실상을 본뜨고 요약하여 여러 가지 말의 차이를 비교하고 논의한다. 그리하여 이름으로써 실상을 드러내며, 말로써 뜻을 표현하고, 설명으로 까닭을 밝혀내는 것이다. 유추로서 취하기도 하고 주기도 한다. 이렇게 하여 자기에게 깨달음이 있어도 (자기만 옳고) 남을 그르다고 비난하지 않고, 자기에게 깨달음이 없는 것을 남에게 탓하지 않는다.

'紀'(기)는 維(유)로 벼리, 여기서는 요점이나 원리를 뜻한다.
'摹略'(모략)은 본떠 요약하다.
'抒'(서)는 풀어내다.
'以類取, 以類予'(이유취, 이유여) 직역하면 유추를 취하기도 하고 내려주기도 한다. 즉 연역법과 귀납법을 말하는 것 같다.
'有諸己 不非諸人, 無諸己 不求諸人'(유저기 불비저인 무저기 불구저인) 이 문장은 묵자의 겸애 정신을 그대로 표현한 것 같다. 자기가 깨달아서 안다고 해서 남을 비난하지 않으며, 자기의 깨달음이 없다고 해서 남을 탓하지도 않는다는 것이다. 묵자의 겸애 정신은 사람들이 서로 '차이가 있음'을 인정하는 바탕에서의 사랑이다.

▶ 이 단락에서는 辯의 목적과 효용 및 과정과 결과를 설명하고 있다. 그래서 墨家는 논리적 이론 전개가 남과의 논쟁에서 매우 중요하다는 것을 말하고 있으며, 또 논리적 이론 전개가 반드시 남과의 논쟁에서 이기는 것이 목적이 아니라, 실상과 참됨을 찾는 데 있다는 것이다.

【或也者, 不盡也. 假者, 今不然也. 效者, 爲之法也, 所效者, 所以爲之法也. 故中效, 則是也. 不中也, 則非也. 此效也. 辟也者, 擧也物而以明之也. 侔也者, 比辭而俱行也. 援也者, 曰子然, 我奚獨不可以然也? 推也者, 以其所不取之同於其所取者, 予之也. 是猶謂也者 同也, 吾豈謂也者 異也.】
혹이라고 말하는 것은 모두가 그렇지는 않다는 것이다. 가령이라는 것은 지금은 그렇지 않다는 것이다. 본받는다는 것은 그것을 법도로 삼는다는 것이다. 즉 본받는 대상이 법도가 된다. 그래서 본받는 것에 맞으면 옳고, 맞지 않으면 그른 것이다. 비유한다는 것은 다른 물건을 들어 그것을 밝히는 것이다. 같다는 것은 말(辭)을 나란히 하여 함께 가는 것이다. 원용한다는 것은 '그대가 그렇다고 하는데 나 홀로 어찌 그렇지 않다고 하겠는가?'라고 말하는 것이다. 추론한다는 것은 '그가 보지 않고 있는 것을 그가 보고 있는 것과 같다'라 보면서 미루어 뜻을 내는 것이다. 이것은 '그대가 이미 일컬은 것과 같은데, 내가 일컬은 것을 어찌 다르다 하는가'라고 말하는 것이다.

'辟'(비, 피, 벽 등으로 읽는다) 는 '譬'(비)와 통하여 '비유'.
'侔'(모)는 같다.
'援'(원)은 원용하다. 인용하다.
'推'(추)는 추론.

▶ '辟', '侔', '援', '推'는 추론하는 네 가지 방법이다. '辟'는 비유이며, '侔'는 두 개의 명제를 놓고 다른 요소를 가감하여 결론이 같은지 보는 것이며, '援', '推'는 원용하고 추론하는 것이다.

【夫物有以同 而不率遂同. 辭之侔也, 有所至而正. 其然也, 有所以然也, 其然也同, 其所以然不必同. 其取之也, 有所以取之, 其取之也同, 其所以取之不必同. 是故辟侔援推之辭, 行而異, 轉而危, 遠而失, 流而離本, 則不可不審, 不可常用也. 故言多方 殊類異故, 則不可偏觀也.】

무릇 사물은 같은 점이 있다 해도 모두 그것을 같다고 말할 수 없다. 말로 같다고 한다면 일정한 범위에서는 그렇다. 그것이 그렇게 된 것은 그렇게 될 만한 까닭이 있다. 그것이 그렇게 된 것이 같다고 해서 그것이 그렇게 된 까닭이 반드시 같은 것은 아니다. 그러한 비유를 취할 적에는 그런 비유를 취하는 까닭이 있는데, 그러한 비유를 취하는 것이 같다고 해서 그러한 비유를 취하게 된 까닭도 반드시 같은 것이 아니다. 그러므로 비유(辭)·같음(侔)·원용(援)·유추(推)라는 명제는 말이 진행되면서 달라지고, 말을 돌리면 궤변이 되고, 멀어지면서 원래의 뜻을 잃고, 흘러가면서 근본을 떠난다. 그래서 살피지 않을 수 없고 아무 때나 사용해서도 안 된다. 그러므로 말에는 방법이 많고, 종류가 다르며, 까닭이 다르니 한편으로 치우쳐 보면 안 된다.

'率'(솔)은 거느리다. 모두다. '遂'는 따르다. 이루다.
'轉'(전)은 말을 돌리는 것.
'危'(위)는 詭(궤)와 통용.

【夫物 或乃是而然, 或是而不然. 或一周而一不周, 或一是而一不是也, 不可常用也. 故言多方, 殊類異故, 則不可偏觀也.
白馬, 馬也. 乘白馬, 乘馬也. 驪馬 馬也, 乘驪馬 乘馬也. 獲 人也, 愛獲 愛人也. 臧 人也, 愛臧 愛人也. 此乃是而然者也.
獲之親, 人也. 獲事其親, 非事人也. 其弟 美人也, 愛弟 非愛人也. 車, 木也. 乘車 非乘木也. 船, 木也, 入船, 非入木也.
盜人, 人也. 多盜, 非多人也, 無盜, 非無人也. 奚以明之? 惡多盜, 非惡多人也, 欲無盜, 非欲無人也. 世相與共是之若, 若是則雖盜人, 人也, 愛盜, 非愛人也, 不愛盜, 非不愛人也, 殺盜人, 非殺人也, 無難矣.
此與彼同類, 世有彼而不自非也, 墨者有此而非之, 無也故焉. 所謂內膠而外閉, 與心毋空乎! 內膠而不解也. 此乃是不然者也.】

무릇 사물 중에 어떤 것은 옳으면서도 그러한 것이 있고, 옳으면서도 그렇지 않은 것이 있다. 어떤 것은 두루 통하기도 하고, 어떤 것은 두루 통하지 않는다. 어떤 것은 한 경우는 옳지만, 다른 경우에는 옳지 않은 것이 있다. **그러므로 말은 어느 경우에나 항상 써서는 안 된다. 그러므로 말에는 방법이 많고, 종류가 다르고 까닭이 다르므로 한편에 치우쳐 보면 안 되는 것이다.**
흰말은 말이다. 흰말을 타는 것은 말을 타는 것이다. 검은 말도 말이다. 검은 말을 타는 것도 말을 타는 것이다. 여자 하인은 사람이다. 여자 하인을 사랑하는 것은 사랑을 사랑하는 것이다. 남자 하인도 사람이다. 남자 하인을 사랑하는 것은 사람을 사랑하는 것이다. 이것이 곧 옳으면서도 그러한 것이다.
하녀의 부모도 사람이다. 하녀가 자기 부모를 섬기는 것은 사람을 섬기는 것이 아니다. 그 동생은 미인이다. 동생을 사랑하는 것은 미인을 사랑하는 것이 아니다. 수레는 나무이다. 수레를 타는 것이 나무를 타는 것은 아니다. 배는 나무이다. 배 안으로 들어가는 것이 나무 안으로 들어가는 것이 아니다. 도둑은 사람이다. 도둑이 많은 것은 사람이 많은 것이 아니며 도둑이 없는 것은 사람이 없는 것이 아니다. 무엇으로써 증명하겠는가? 도둑이 많은 것을 미워하는 것이 사람이 많은 것을 미워하는 것이 아니다. 도둑이 없기를 바라는 것이 사람이 없기를 바라는 것이 아니다. 세상 사람들은 모두 이 말이 옳다고 한다. 만약 이런 말들이 옳다면 비록 도둑은 사람이지만 도둑을 사랑하는 것이 사람을 사랑하는 것이 아니며, 도둑을 미워하는 것이 사람을 미워하는 것이 아니다. 또 도둑을 죽이는 것이 사람을 죽이는 것이 아니다. 이렇게 말해도 아무런 어려움이 없다.
이러한 논리는 앞의 논리와 같은 종류이기 때문이다. 그런데 세상 사람들은 앞의 논리를 취하면 비난하지 않으면서 墨家들이 이러한 논리를 취하면 그것을 비난한다. 그것은 다른 까닭이 있는 것이 아니다. 이른바 안으로는 굳어 있고 밖으로 막혀있기 때문이다. 마음에 빈 구멍이 없으면, 안으로 굳어져 있어서 이해하지 못한다. 이런 것이 바로 옳으면서도 그러지 않음이다. (是而不然)

'是而然' 형식적인 논리상으로 '옳으면서 또 그러한 것'.
'周'는 두루두루.
'驪'(이)는 검은.
'也故'(야고)의 '也'는 '他'와 통하여 '다른 까닭'.
'膠'(교) 들러붙다, 굳어지다.
'毋空'(무공)은 '無孔'과 통하여 구멍이 없다.
'世有彼而不自非也'(세유피이불자비야) 이 문장은 세상 사람들이 앞의 판단(彼)을 취하면 그것을 비난하지 않는다. 有는 取와 통한다.
'內膠而外閉'(내호이외폐) 이 문장은 마음이 굳어져서 밖으로 막혀있다.

▶ 此와 彼가 무엇을 가리키는지 명확하지 않지만, 彼는 '惡多盜, 非惡多人也, 欲無盜, 非欲無人也'를 가리키고, 此는 '愛盜, 非愛人也, 不愛盜, 非不愛人也, 殺盜人, 非殺人也'를 가리킨다고 본다. 결국, 같은 종류의 말이지만 자신은 옳고 墨家를 그르다고 하는 儒家의 논리적 오류를 지적하고 있다. 墨家의 겸애를 비판하는 사람들은 '도둑은 사람이기 때문에 도둑을 죽이는 것은 살인이다. 이는 겸애와 모순된다'라고 공격한다. 이에 대해서 墨家는 '도둑이 사람이지만 도둑을 죽이는 것은 사람을 죽이는 것이 아니라'고 반박하는 논쟁의 한 국면이다.

▶ 이 단락에서는 논리가 궤변으로 흐르는 경향을 경계하면서 올바른 논리의 방향을 제시하고 있다. 논리적으로 추리해 보면,

형식상으로는 옳으면서도 실제로 그러한 것도 있지만 논리적으로 옳으면서 실제로는 그렇지 않은 것도 많다는 것이다. 즉 A = B, B = C이면, A = C가 될 것 같은 데 그렇지 않은 경우가 많다는 것이다.

【且夫讀書, 非好書也. 且鬪雞, 非雞也. 好鬪雞, 好雞也. 且入井, 非入井, 止且入井, 止入井也. 且出門, 非出門也, 止且出門, 止出門也. 若若是, 且夭, 非夭也. 壽夭也, 有命, 非命也, 非執有命, 非命也. 無難矣.
此與彼同, 世有彼而不自非也, 墨者有此而罪非之, 無也故焉, 所謂內膠而外閉, 與心毋空乎! 內膠而不解也. 此乃是不然者也.】

무릇 장차 책을 읽으려 한다는 것은 책을 좋아한다는 것이 아니다. 닭쌈을 시키려 하는 것은 닭이 아니다. 닭쌈을 좋아하는 것은 닭을 좋아하는 것이다. 장차 우물에 들어가려 하는 것은 우물에 들어간 것이 아니다. 장차 우물에 들어가려는 것을 저지하는 것은 우물에 들어가는 것을 저지함이다. 장차 문을 나서는 것은 문을 나서는 것이 아니다. 장차 문을 나서는 것을 저지하는 것은 문을 나서는 것을 저지하는 것이다. 만약 이런 말들이 옳다면, 장차 요절할 것이라고 하는 것은 요절함이 아니다. 장수와 요절이 운명이라고 하지만, 운명이 아니며, 운명이 있다고 주장하지 않는 것은 운명론자가 아니다. 이처럼 말해서 어려움이 없다. 즉 문제가 안 된다. 앞말과 뒷말은 같은 종류인데, 세상에서 앞의 말은 수용하여 그르다 하지 않고, 묵가들의 뒷말은 모두 그르다고 비난한다. 다른 까닭이 있어서가 아니다. 이른바 안으로는 굳어 있고 밖으로 막혀있기 때문이다. 마음에 빈 구멍이 없으면, 안으로 굳어져 있어서 이해하지 못한다. 이런 것이 바로 옳지 않지만 그러함이다. (不是而然)

'且'(차)는 '將'으로 장차.

▶ 이 단락에서는 운명론을 부정하는 논증이다.

【愛人, 待周愛人 而後爲愛人. 不愛人, 不待周不愛人, 不周愛, 因爲不愛人矣. 乘馬, 不待周乘馬, 然後爲乘馬也. 有乘於馬, 因爲乘馬矣. 逮至不乘馬, 待周不乘馬, 而後爲不乘馬. 此一周而一不周者也. 居於國, 則爲居國. 有一宅於國, 而不爲有國. 桃之實, 桃也. 棘之實, 非棘也. 問人之病, 問人. 惡人之病, 非惡人也. 人之鬼, 非人也. 兄之鬼, 兄也. 祭之鬼, 非祭人也. 祭兄之鬼, 乃祭兄也. 之馬之目眇, 則爲之馬眇. 之馬之目大, 而不謂之馬大. 之牛之毛黃, 則謂之牛黃, 之牛之毛衆, 則不謂之牛衆. 一馬, 馬也, 二馬也. 馬四足者, 一馬而四足也, 非兩馬而四足也. 白馬, 馬也, 馬或自者, 二馬而或白也, 非一馬而或白. 此內一是而一非者也.】

사람을 사랑한다는 것은 모든 사람을 두루 사랑한 연후에야 사람을 사랑하는 것이 된다. 사람을 사랑하지 않는다는 것은 모든 사람을 두루 사랑하지 않기를 기다릴 필요가 없다. 두루 모든 사람을 사랑하지 않기에 그것 때문에 사람을 사랑하지 않는 것이 된다. 하지만 말을 타는 것은 모든 말을 두루 탄 연후에야 말을 탔다고 말하지 않는다. 어느 말 한 마리라도 탄 일이 있으면 말을 탔다고 말한다. 그러나 말을 타지 않았다고 하려면 모든 말을 두루 타지 않은 연후에야 말을 타지 않았다고 말할 수 있다. 이것은 하나는 두루 통하고, 하나는 두루 통하지 않는 경우이다. (一周而一不周) 어떤 나라에서 살고 있다면, 곧 그 나라에서 산다고 할 수 있지만, 어떤 나라에서 집 한 채 소유한다고 해서 그 나라를 소유한 것은 아니다. 복숭아나무 열매는 복숭아이지만, 가시나무의 열매는 가시가 아니다. 어떤 사람의 병을 위문하는 것은 그 사람을 위문하는 것이지만, 사람의 병을 미워하는 것은 사람을 미워하는 것이 아니다. 사람의 귀신은 사람이 아니지만, 형의 귀신은 형이다. 사람의 귀신에게 제사 지내는 것은 사람을 제사 지내는 것이 아니다. 형의 귀신을 제사 지내는 것은 곧 형을 제사 지내는 것이다. 말의 눈이 애꾸라는 것은 곧 이 말이 애꾸라는 뜻이 된다. 이 말의 눈이 크다는 것은 이 말이 크다는 것을 뜻하지 않는다.
소의 털이 누렇다면 소가 누렇다고 말할 수 있지만, 이 소의 털이 많다고 소가 많다고 말하지 않는다. 한 마리의 말도 말이며, 두 마리의 말도 말이다. 말은 네 개의 발을 가지고 있지만, 말 한 마리가 발이 네 개라고 하지 말 두 마리가 발이 네 개라고 말하지 않는다. 흰말은 말이다. 말이 간혹 흰 말이 있다는 것은 두 마리 가운데 어떤 것이 희다는 것이지, 한 마리가 있을 때 어떤 것은 희다고 말하지 않는다. 이것이 바로 한 경우는 옳고 한 경우는 그른 경우이다. (一是而一非)

'棘'(극)은 대추나무. 가시나무.
'眇'(묘)는 애꾸눈.
'有乘於馬'(유승어마)는 말을 한 번이라도 탄 적이 있다는 뜻.
'之'는 '其'(기).

▶ 묵자는 사상의 표현(말)을 올바로 다져가기 위해서 논리학적인 思考를 중시했다.

V. 對話篇

 대화편은 「耕柱」, 「貴義」, 「公孟」, 「魯問」, 「公輸」 등 총 5편으로 구성되어 있다. 모두 87개의 일화가 대화체 형식으로 서술되어 있다. 대화체 형식을 통해 묵자의 사상을 전개하고 있다. 대화편을 통해 묵자의 인간상과 墨家의 성격을 파악할 수 있게 된다. 또 대화의 내용은 묵자 사상의 핵심을 기술한 〈십론〉과 일치한다.
또 대화편에서는 주로 儒家에 대한 비판이 주를 이루는데, 특히 「공맹」에서의 儒家에 대한 비판은 〈십론〉에서의 「非儒」보다 더 설득력이 있다.
儒家에 대한 비판은 논리적으로 厚葬久喪과 運命論, 그리고 禮樂과 연결되어 있지만, 당시 儒家의 선비나 군자들의 행태가 상인이나 수공업자보다 못하다고 일침을 가하고 있다. 이는 묵자의 경험주의적 실용주의 노선을 잘 나타낸다고 하겠다.

1. 耕柱

【子墨子怒耕柱子, 耕柱子曰 我毋愈於人乎? 子墨子曰 我將上大行, 駕驥與牛, 子將誰敺? 耕柱子曰 將敺驥也. 子墨子曰 何故敺驥也? 耕柱子曰 驥足以責. 子墨子曰 我亦以子爲足以責.】

 묵자가 경주자를 질책하자, 경주자가 말하기를 저는 남보다 나은 것이 없습니까? 라고 하였다. 묵자 왈 내가 태행산을 오르려고 하는데, 좋은 말이 끄는 수레와 황소가 끄는 수레 중에서, 그대 같으면 어느 것을 몰고 가면 좋겠는가? 경주자 왈, 좋은 말이 끄는 수레를 몰겠습니다. 묵자 왈, 어째서 좋은 말이 끄는 수레를 몰겠는가? 경주자 왈, 좋은 말이 책임을 다할 수 있기 때문입니다. 묵자 왈, 나 역시 그대(경주자)가 책임을 다할 수 있을 것이라 여긴다.

'俞'는 愈(유)와 통하여, 더 나은 것.
'駕'(가)는 멍에 맬, 임금이 탄 수레, 여기서는 마차를 타는 것.
'驥'(기)는 천리마, 좋은 말.
'敺'(구)는 驅(구)와 통하여 말을 몬다.
'責'(책)은 꾸짖다와 맡는다. 두 가지 뜻을 교묘히 이용하여 대담하고 있다. 즉 일을 맡을 만하기에 꾸짖는다는 묵자의 교육관이 내포되어 있다.

▶ 이 대화에서 묵자가 경주자를 질책하는 이유가 그가 훌륭한 인재가 될 재목감이라서이다.

【巫馬子謂子墨子曰 鬼神孰與聖人明智？ 子墨子曰 鬼神之明智於聖人，猶聰耳明目之與聾瞽。昔者夏后開使蜚廉折金於山川，而陶鑄之於昆吾。是使翁難雉乙，卜於白之龜，曰 鼎成三足而方，不炊而自烹，不擧而自臧，不遷而自行，以祭於昆吾之虛，上鄕。乙又言兆之由曰 饗矣，逢逢白雲，一南一北，一西一東，九鼎既成，適於三國。夏后氏失之，殷人受之，殷人失之，周人受之，夏后殷周之相受也，數百歲矣。使聖人聚其良臣與其桀相而謀，豈能智數百歲之後哉？而鬼神智之。是故曰 鬼神之明智於聖人也，猶聰耳明目之與聾瞽。】

무마자가 묵자에게 말했다. 귀신과 성인 중에서 누가 더 밝고 지혜롭습니까? 묵자 왈, 귀신이 성인보다 밝고 지혜롭다. 이것은 총명한 귀와 밝은 눈을 벙어리와 장님에게 비유하는 것과 같다. 옛날 夏 나라 왕 開가 비렴을 시켜 산천에서 金을 캐도록 하여 곤오에서 솥을 만들었다. 그리고 백익에게 닭을 잡게 하여

(翁難雉乙) 그 피를 백약(지명)의 신령한 거북에 바른 다음 점을 치게 했다. 점을 치면서 말하기를, 솥은 세 발로 되었으나 네모 반듯하다. 청컨대 인민들이 밥을 지을 수 없거든 신께서 이 솥으로 끓여주시고, 제가 채우지 않거든 신께서 이 솥으로 저장해 주시고 제가 자리를 어진 자에게 물려주지 않거든 신께서 이 솥을 옮겨주소서! (불 때지 않아도 저절로 삶아지며 들지 않아도 저절로 저장하여 주시고, 옮기지 않아도 스스로 옮아가도록 하소서 : 이런 대부분의 해석은 의미가 통하지 않는다) 이에 곤오의 제단에서 제사를 드리오니 흠향하시라고 빌었다. 乙(옹)이 또 조짐이 드러나는 것을 보고 말하였다. 흠향하였다. 흰 구름이 뭉게뭉게 피어올라 동서남북 사방으로 퍼지니, 구정(禹 임금이 九州의 금을 모아 만든 전설적인 황금 솥. 천자의 국권을 상징한다.)이 만들어진 이후 삼국으로 옮겨졌다. (※ 점을 친 결과 구정이라는 솥이 삼국으로 옮겨졌다는 것이다) 즉 우임금의 하후씨가 그것(솥)을 잃자 탕임금의 은나라가 그것을 받았고, 은나라가 그것을 잃자 문왕의 주나라가 그것을 받았다. 하후로부터 은 주나라까지 서로 이어받은 것이 수백 년이 되었다. 성인이 훌륭한 신하와 걸출한 재상을 모아 논의했으나 어찌 수백 년 후의 일을 알겠는가? 그러나 귀신(점을 쳐 보니 구정이 삼국으로 옮겨진다는 사실을)은 알았다. 그래서 귀신의 밝음이 성인보다 지혜롭다는 것이다. 마치 총명한 귀와 밝은 눈을 가진 사람을 벙어리와 맹인과 비교하는 것과 같다.

'巫馬子'는 魯나라 사람으로 공자의 제자인 巫馬期나 그 후손으로 추정된다.
'夏后開'는 夏나라 임금인 啓를 가리킨다. 啓는 禹 임금의 아들이다. 禹 임금은 伯益을 후계자로 정했는데 그가 거절하고 은둔하자, 제후들이 啓를 받들어 즉위했다. 이때부터 군주가 자식에게 왕위를 물려주는 제도가 확립되었다고 한다.
'蜚廉'(비렴)은 夏 나라의 신하로서 백익의 아들이라는 說도 있다.
'兆之由'의 兆는 거북이로 점을 칠 때 거북 등에 나타나는 무늬,
즉 점괘를 뜻한다.
'上鄕'(상향)은 '上饗'과 같다. 즉 흠향하소서.
'逢逢'(봉봉)은 구름이 뭉게뭉게 피어오르는 모습.
'桀相'(걸상)은 傑相(걸상)으로 걸출한 재상.

▶ 이 단락은 「明鬼」의 보충이라 할만하다. 귀신은 성인보다도 사람들의 일에 대하여 더 분명히 듣고 뚜렷이 알고 있다는 것이다. 따라서 귀신은 사람들의 행동 여하에 따라 복을 주기도 벌을 주기도 한다는 것이다.

【鬼神의 신통력】"使聖人聚其良臣與其桀相而謀 豈能智數百歲之後哉. 而鬼神智之. 是故曰 鬼神之明智於聖人也. 猶聰耳明目之與聾瞽也"
성인이 어진 신하를 모으고 훌륭한 재상들과 도모했으나 어찌 수백 년 후의 일을 알겠는가? 그러나 귀신은 그것을 알았다. 그러므로 귀신의 밝음은 성인보다 지혜로운 것이다. 마치 총명한 사람을 귀머거리와 봉사에 비교하는 것과 같다.

【治徒娛縣子碩, 問於子墨子曰 爲義孰爲大務? 子墨子曰 譬若築牆然, 能築者築, 能實壤者實壤, 能欣者欣, 然後牆成也. 爲義猶是也. 能談辯者談辯, 能說書者說書, 能從事者從事, 然後義事成也.】

치도오와 현자석이 묵자에게 물었다. 의를 행하려면 무엇에 가장 힘써야 합니까? 묵자 선생이 말하기를, 비유를 들면, 담장 쌓는 것과 같다. 흙을 잘 다지는 사람은 흙을 다지고, 흙을 잘

운반하는 사람은 흙을 나르고, 감독할 만한 사람은 감독을 한 후에 담은 완성된다. 의를 행하는 일은 이와 같아서, 변론을 잘 하는 사람은 변론하고, 책 해설을 잘하는 사람은 책을 해설하고, 일을 잘 처리하는 사람은 일을 잘 처리하는 것이다. 그런 연후에 의로운 일이 이루어진다.

'治徒娛'(치도오) 와 '縣子碩'(현자석)은 묵자의 제자들.
'實壤'(실양)은 흙을 날라다 채워 넣는 일.
'欣'(흔)은 '睎'(바라볼 희) 로서 감독하는 것이란 뜻으로 본다.

【분업을 통해 '협동하는 것이 義의 실천'이다】
▶ 묵자는 분업에 대해서 여러 곳에서 강조한다. 남에게 의로운 일을 하려면 자신에게 적합한 일을 함으로써 남에게 의롭고 이로운 일을 할 수 있다는 것이다.

▶ 義를 행하는 것은 尙同의 上下 간의 직분을 나누어서 義를 행하는 것과 같다.
《묵자가 현대적인 분업 정신을 지니고 있었다는 것은 놀라운 일이다. '겸애정신'은 서로 제각기 능한 일을 해서, 서로 부족한 부분은 메꿔주는 협동을 강조한다. 그래서 묵자는 누구나 자기 적성에 맞는 일을 해야 능률이 오르므로, 귀천과 관계없이 부지런히 일해서 삼환을 극복하는 것을 최우선으로 하고 있다.》

【巫馬子謂子墨子曰 子兼愛天下, 未云利也. 我不愛天下, 未云賊也. 功皆未至, 子何獨自是 而非我哉? 子墨子曰 今有燎者於此, 一人奉水將灌之, 一人摻火將益之. 功皆未至, 子何貴於二人? 巫馬子曰 我是彼奉水者之意, 而非夫摻火者之意. 子墨子曰 吾亦是吾意, 而非子之意也】

무마자가 묵자에게 말했다. 그대는 평등하게 천하 사람들을 두루 사랑한다고 하는데, 아직 이롭다고 할 만한 것이 없다. 나는 천하 사람들을 사랑하지 않는데 아직 해롭다 할만하지도 않다. 결과가 모두 나타나지 않았는데 선생은 어찌 홀로 옳다고 하시고, 나를 그르다고 하십니까? 묵자 왈, 지금 여기에 불이 났는데, 한 사람은 물통을 들고 끼얹으려 하는데 한 사람은 횃불을 들고 불을 더 붙게 하려 한다고 하자. 결과는 모두 드러나지 않았다. 그대는 두 사람 중에서 누구의 뜻이 귀하다고 생각하는가? 무마자 왈, 나는 물통을 들고 있는 사람의 뜻이 옳고 불을 쥐고 있는 사람의 뜻은 그르다고 생각한다. 묵자 왈, 그래서 나의 뜻은 옳은 것이고, 그대의 뜻은 그른 것이다.

'燎'(료)는 불을 놓는다.
'灌'(관)은 물을 붓는다.
'摻'(삼)은 잡은 것.

▶ 겸애설을 놓고 상반된 견해를 보이는 무마자와 묵자가 주고받은 대화이다. 무마자가 드러나지 않은 결과를 가지고 겸애주의를 부정하려 했으나, 묵자는 드러난 결과는 없지만 적절한 비유로써 무마자의 주장이 그름을 입증하고 있다.

▶ 이 단락을 통해서, 묵자는 결과도 중시하지만 《동기도 중시》하고 있음을 알 수 있다. 지도자의 솔선수범을 통한 義를 주장하고 있다.

【義는 솔선수범이다】
▶ 묵자의 사상은 功利主義만을 추구하는 것이 아니라, 動機主義的인 철학이라 할 수 있다. 義를 묵자의 핵심사상이라 할 수 있는데, 어찌 義를 행하는 것이 공리주의적인 결과적인 이익만

을 취해서 하겠는가?

【子墨子游荊耕柱子於楚, 二三子過之, 食之三升, 客之不厚. 二三子復於子墨子曰 耕柱子處楚無益矣. 二三子過之, 食之三升, 客之不厚. 子墨子曰 未可智也. 毋幾何 而遺十金於子墨子, 曰 後生不敢死, 有十金於此, 願夫子之用也. 子墨子曰 果未可智也.】

묵자가 경주자를 초나라에 벼슬살이 보냈다. 두세 명의 제자들이 그곳으로 갔으나 식사는 변변치 않았고 후하게 대접하지 않았다. 제자들이 묵자에게 돌아와 말하기를, 경주자를 초나라에 보낸 것은 쓸모없는 일이었습니다. 우리가 찾아갔는데 식사는 변변치 않았고 대접도 후하지 않았다고 말하자. 묵자 왈, 아직은 알 수 없다. 얼마 지나지 않아서 묵자에게 십금을 보내왔는데, 경주자가 말하기를, 후생은 감이 죽을죄를 짓지 않았습니다. 여기 십금을 보내니 원컨대 선생께서 쓰십시오. 묵자 왈, 과연 아직 알 수 없다.

'游'(유)는 다른 나라에 가서 벼슬하게 하는 것.
'毋幾何'(무기하)는 얼마 있지 않아.
'後生不敢死' 제자는 감히 죽을죄를 짓지 않았다. 즉 보낸 십금은 불의한 돈이 아니고, 절약을 통해서 모은 떳떳한 돈이라는 것이다.

▶ 이 단락에서는 불필요한 소비를 지양하는 묵자의 절용 정신을 보여주고 있다.

【耕柱子의 절약정신】

【巫馬子謂子墨子曰 子之爲義也, 人不見而助, 鬼不見而富, 而子爲之, 有狂疾!

【子墨子曰　今使子有二臣於此，其一人者見子從事，不見子則不從事．其一人者見子亦從事，不見子亦不從事．子誰貴於此二人？
巫馬子曰　我貴其見我亦從事，不見我亦從事者．子墨子曰　然則，是子亦貴有狂疾也．】

무마자가 묵자에게 말했다. 선생이 의를 행하는데 사람들이 보고 도와주지도 않고 귀신도 보고 부하게 해주지 않으니, 선생이 의를 행하는 것은 미친 짓거리 같습니다. 묵자 왈, 지금 여기에 그대에게 두 명의 신하가 있는데, 한 사람은 그대가 보면 일하고, 그대가 보지 않으면 일하지 않는다. 또 한 사람은 그대가 보아도 일하고 그대가 보지 않아도 일을 한다. 그대는 이 두 사람 중에서 누구를 귀하게 여기겠는가? 무마자 왈, 나는 그들이 나를 보아도 일하고 나를 보지 않아도 일하는 자를 귀하게 여긴다. 묵자 왈, 그렇다면 그대 역시 미친병에 걸린 사람을 귀하게 여기는구먼!

【義는 마땅히 행해야 할 행위이다】
義를 실천하는 것은 남을 의식해서 하는 행위가 아니라 하늘의 뜻이기에 행하는 것이다.
▶ 이 단락은 자기가 옳다고 여기는 義를 충실히 실천하는 사람이 귀하다는 것을 말하고 있다. (動機主義적 행위이다)

【子夏之徒問於子墨子曰　君子有鬪乎？　子墨子曰　君子無鬪．子夏之徒曰　狗豨猶有鬪，惡有士而無鬪矣？　子墨子曰　傷矣哉！言則稱於湯文，行則譬於狗豨，傷矣哉！】

자하의 제자들이 묵자에게 물었다. 군자도 싸우는 일이 있습니까? 묵자 왈, 군자는 싸우는 일이 없다. 자하의 제자들이 말하기를, 개나 돼지도 싸우거늘 어찌 선비는 싸우지 않을 수 있습니까? 묵자 왈, 마음이 아프다. 말로는 탕임금과 문왕을 칭하면서, 행동은 개와 돼지에 비유하는가? 마음 아픈 일이다.

'狗豨'(구희)는 개와 큰 돼지를 말한다.

【말이 앞서는 유가 비판】
▶ 이 단락에서는 말과 행동이 일치하지 않는 유가들을 비난하고 있다.

【巫馬子謂子墨子曰 舍今之人而譽先王, 是譽槁骨. 譬若匠人然, 智槁木也, 而不智生木. 子墨子曰 天下之所以生者, 以先王之道教也. 今譽先王, 是譽天下之所以生者. 可譽而不譽, 非仁也.】

무마자가 묵자에게 말하기를, 현재의 사람을 버리고 옛 임금을 칭송하는 것은 해골을 칭송하는 것이다. 비유하자면 마치 목수가 마른 나무는 알고, 생목은 모르는 것과 같다. 묵자 왈, 천하 사람들이 살아갈 수 있는 까닭은 옛 훌륭한 왕들의 도리와 가르침 때문이다. 지금 옛 임금을 칭송하는 것, 이것은 천하 사람들이 살아가도록 하는 까닭(도구)으로서 있다. 칭송할 수 있는 것을 칭송하지 않는 것은 이것은 어짊이 아니다.

【先王 예찬 이유】
선왕을 기리는 이유는 그들이 본받을 만한 점이 있기 때문이다.

【子墨子曰 和氏之璧, 隨侯之珠, 三棘六異, 此諸侯之所謂良寶也. 可以富國家, 衆人民, 治刑政, 安社稷乎? 曰不可. 所謂貴良寶者, 爲其可以利也. 而和氏之璧, 隨侯之珠, 三棘六異不可以利人, 是非天下之良寶. 今用義爲政於國家, 人民必衆, 刑政必治, 社稷必

安. 所謂貴良寶者, 可以利民也, 而義可以利人. 故曰 義天下之良寶也.】

(화씨 구슬과 같은 보물이) 국가를 부유하게 할 수 있고 인민을 많아지게 하고 형정이 다스려지며 사직이 편안하게 할 수 있는가? 불가하다. 소위 훌륭한 보물을 귀하게 여기는 것은 그것이 인민에게 이로운 것이어야 한다. 지금 義로써 나라를 다스리면 인민은 많아지고 형정은 반드시 다스려지고 사직은 반드시 안정될 것이다. 소위 귀중한 보물이라는 것은 인민에게 이로울 수 있어야 한다. '義'는 인민을 이롭게 하므로 천하의 귀중한 보물이라 말해야 할 것이다.

'璧'(벽)은 옥.
'和氏之璧'은 초 나라 화씨가 厲, 武, 文 왕 등 삼대 임금에게 두 다리를 잘리면서 마친 유명한 구슬.『韓非子』「和氏」과『淮南子』및『史記』에 나온다.
'隨侯之珠'는 隨 나라 임금이 살려준 뱀으로부터 받았다는 구슬.『淮南子』「覽冥」참조.
'三棘六異'는 세발과 여섯 귀가 달린 솥으로 夏殷 이래 전해 오는 天子의 寶器인 九鼎을 말하는 것으로 왕권을 상징하는 보물로 보인다.

【義는 인민에게 이로운 보물이다】
義를 통해서 정치해야 나라와 인민에게 이롭다는 것이다. "萬事莫貴於義"

【葉公子高, 問政於仲尼曰 善爲政者, 若之何? 仲尼對曰 善爲政者, 遠者近之, 而舊者新之. 子墨子聞之曰 葉公子高, 未得其問也, 仲尼亦未得其所以對也. 葉公子高豈不知善爲政者之遠者近之, 而舊者新之哉? 問所以爲之若之何也. 不以人之所不知告人, 以所知告之. 故葉公子高, 未得其問也, 仲尼亦未得其所以對也.】

섭공 자고가 중니에게 묻기를, 훌륭한 정치를 하려면 어떻게 해야 합니까? 공자가 대답하기를, 훌륭한 정치를 하는 자는 먼 곳에 있는 자를 가까이하고, 낡은 것을 새롭게 하는 것이다. 묵자가 그 말을 전해 듣고 말하기를, 섭공은 그 질문에 대한 대답을 들은 것이 아니고, 공자도 그 질문에 대해 소위 대답하지 못했다. 섭공자고가 어찌 훌륭하게 정치하는 것이 멀리 있는 자를 가까이하고, 옛것을 새롭게 하는 것이라는 것을 알지 못했겠는가? 섭공자고가 물은 것은 훌륭한 정치를 하려면 어떻게 해야 하는 가이다. 공자는 모르는 것을 알려주지 않고, 아는 것을 알려준 것이다. 그래서 섭공 자고는 그 질문에 대한 대답을 들은 것이 아니고, 공자도 그 질문에 대해 소위 대답하지 못했다.

【좋은 정치란 무엇인가?】
섭공 자고와 공자의 대화를 통해 유가의 관념성을 비판하고 있다. 즉 좋은 정치란 무엇인가 보다는 '좋은 정치를 하려면 어떻게 해야 하는지'를 구체적으로 알려주어야 하는데, 그렇지 못했다는 묵자의 지적이다.
※『論語』「子路」에 있다. "近者說 遠者來" "가까이 있는 자는 기뻐 따르게 하고, 하고 먼 곳에 있는 자는 흠모하여 찾아오게 한다."

▶ 이 단락에서는 공자와 섭공의 요령 없는 문답을 비평하면서, 유가의 관념성을 비판하고 있다.

【子墨子謂魯陽文君曰 大國之功小國, 譬猶童子之爲馬. 童子之爲馬, 足用而勞. 今大國之功小國也, 功者 農夫不得耕, 婦人不得織, 以守爲事. 功人者, 亦農夫不得耕, 婦人不得織, 以功爲事. 故大國之功小國也, 譬猶童子之爲馬也.】

묵자가 노양문군에게 말하기를, 대국이 소국을 공격하는 것은 비유하자면 어린아이가 말놀이하는 것과 같다. 어린아이가 말놀이하면 발을 사용하기에 피곤하다. 지금 대국이 소국을 공격하면 공격받는 나라의 농부는 경작할 수 없고, 부인은 길쌈을 할 수 없고, 오직 지키는 일만 한다. 또 공격하는 나라의 농부도 경작할 수 없고, 부인은 길쌈을 할 수 없으며, 공격하는 것을 일로 삼는다. 그러므로 대국이 소국을 공격하는 것은 비유하자면 마치 어린아이가 말놀이하는 것과 같다.

'魯陽文君'은 司馬인 子期의 아들이며, 楚 평왕의 손자를 가리킨다고 한다. 즉 楚 나라 노양공을 말한다.

【전쟁은 서로 손해이다】
「非攻」의 내용을 압축하여 말하고 있다. 전쟁을 반대하는 이유를 경제 즉 생산의 문제로 논거를 제시하고 있다. 고대나 현대나 인민들의 경제적인 삶이 가장 중요하기에 묵자는 특히 삼환을 해결하기 위해서는 생산을 중요시하지 않을 수 없었다.

【子墨子曰 言足以復行者, 常之. 不足以擧行者, 勿常. 不足以擧行而常之, 是蕩口也.】

묵자가 말했다. 말은 족이 실천할 수 있는 것은 늘 해도 되지만, 실행할 수 없는 것은 자주 해서는 안 된다. 실행할 수 없는 말은 입만 더러워진다.

'復行'(복행)은 다시 또 실행하다, 擧行과 같다.
'常'은 尙의 잘못이다.

【언행일치】
'復行' '擧行' '遷行'은 행동을 옮기는 실천의 의미이다. 반복적으로 언급되고 있는 것은 묵가들 사이에서 '실천에 옮기는 것을 중시했다'라는 뜻이다.

【子墨子使管黔敖, 遊高石子於衛, 衛君致祿甚厚, 設之於卿. 高石子三朝必盡言, 而言無行者, 去而之齊. 見子墨子曰 衛君以夫子故, 致祿甚厚, 設我於卿. 石三朝必盡言, 而言無行, 是以去之也. 衛君無乃以石爲狂乎? 子墨子曰 去之苟道, 受狂何傷! 古者周公旦非關叔, 辭三公東處於商蓋, 人皆謂之狂. 後世稱其德, 揚其名, 至今不息.
且翟聞之 **爲義非避毁就譽** 去之苟道 受狂何傷! 高石子曰 石去之, 焉敢不道也. 昔者夫子有言曰 天下無道, 仁士不處厚焉. 今衛君無道, 而貪其祿爵, 則是我爲苟啗人長也. 子墨子說, 而召子禽子曰 姑聽此乎! 夫倍義而鄕祿者, 我常聞之矣, 倍祿而鄕義者, 於高石子焉見之也.】

'非關叔' 管叔을 비난하다. 관숙은 周나라 文王의 3남이며, 주공 단의 형이며, 武王의 동생이다. 武王이 죽은 후에 成王이 왕위에 올랐는데, 成王의 어린 까닭에 주공 단이 섭정했다. 이에 반감을 갖고 반란을 일으켰으나 죽임을 당했다.
'商蓋'(상개)는 商奄으로 노나라의 땅 이름.
'啗'은 啖(먹일 담)과 통하여 먹다는 뜻으로, 人長 남의 곡식을 먹는다는 뜻이다. 여기자 長은 糧(양식 장)이다.
'倍'(배)는 背(배)와 통하여 배반한다는 뜻.
'鄕'(향)은 向과 통하여 향하다 의 뜻.

묵자가 관금오를 시켜 고석자를 위나라에서 벼슬살이 하게 했다. 위나라 군주가 녹봉을 매우 후하게 주고, 경대부를 주었다. 고석자가 세 번 조정에 나가 진언을 하였으나 그 말이 행해지지 않자 위나라를 떠나 제나라로 갔다. 묵자를 뵙고 말하기를, 위나라 군주는 선생님 때문에 매우 많은 녹봉을 주고 저를 경대부에 앉혔다. 제가 세 번 조정에 나가 진언을 했으나 그 말이 행해지지 않았다. 그래서 위나라를 떠났다. 위나라 군주가 저를 미쳤다고 하지 않을까요? 묵자 왈, 그곳을 떠난 것이 진실로 도리라면 미쳤다고 욕먹는 것이 무슨 대수인가. 옛날 주공 단이 관숙을 비난하고 삼공을 사양하고 상개의 동쪽에 머무르자, 사람들이 모두 그를 미쳤다고 했다. 그러나 후세에는 그 덕을 칭송하고 기 그 명성이 드날려 오늘까지 그치지 않는다. 또 내가 전해 듣기로, 의를 행한다는 것은 비난을 피하고 명예를 추구하는 것이 아니다. 그곳을 떠난 것이 진실한 도리라면 미쳤다고 한들 무슨 문제가 되겠는가! 고석자 왈, 제가 위나라를 떠난 것은 어찌 감히 올바른 길이 아니겠습니까? 옛날 선생임이 하신 말씀에 천하에 도가 없으면 어진 선비는 후한 자리에 머물지 않는다고 하셨다. 지금 위나라 군주가 도가 없으니 그의 녹과 작위를 탐낸다는 것, **이것은 내가 구차하게 남의 곡식을 먹는 것과 같습니다**. 묵자가 기뻐하며 금골히를 불러 말하기를, 잠시 이 사람 말을 들어보라! 무릇 義를 저 버리고 녹봉을 쫓는 자는 내 항상 들었지만, 녹봉(利)을 저버리고 義를 추구한 자는 여기 고석자에게서 보았다.

【義가 利보다 먼저이다】
▶ 이 단락에서는 고석자가 녹봉인 利를 추구하기보다는 義를 추구하는 점을 높이 사고 있다. 묵자가 義를 利보다 중히 여김을 알 수 있는 글이다.

【子墨子曰 世俗之君子, 貧而謂之富則怒, 無義而謂之有義則喜, 豈不悖哉?】

'悖'(패)는 도리에 어긋나는 것.

묵자가 말했다. 요즘 세속 군자들은 가난한데 그를 부자라고 말해주면 화를 낸다. 하지만 의롭지 않은데 의롭다고 하면 기뻐한다. 어찌 도리에 어긋나지 않는가?

【公孟子曰 先人有則三而已矣. 子墨子曰 孰先人而曰 有則三而已矣? 子未智人之先有.】

공맹자가 말하였다. 남보다 '앞선 이'(先人)가 있다면 세 사람뿐일 것이다. 묵자가 말하였다. 누구더러 앞보다 앞선 이(先人)라고 말하며, 있다면 세 사람뿐이라 하는가? 그대는 아직 남보다 앞선 이가 있다는 것을 알지 못하고 있다.

▶ 이 단락은 해석하기가 모호하다.

【後生有反子墨子而反者, 我豈有罪哉? 吾反後. 子墨子曰 是猶三軍北, 失後之人求賞也.】

묵자를 배반한 제자가 돌아와서, 나에게 어찌 죄가 있겠습니까?

나는 늦게 배반했을 뿐입니다. 묵자가 말하기를, 삼군이 패배했는데, 늦게 패퇴한 사람이 상을 요구하는 것과 같다.
'後生'은 제자.
'吾反後'는 나의 背反은 남보다 늦었다.
'失後之人'은 落後된 사람.
'北'은 敗北.

【公孟子曰 君子不作, 術而已. 子墨子曰 不然, 人之其不君子者, 古之善者不誅, 今也善者不作. 其次不君子者, 古之善者不遂, 己有善則作之, 欲善之自己出也. 今誅而不作, 是無所異於不好遂而作者矣. 吾以爲 古之善者則誅之, 今之善者則作之, 欲善之益多也.】

공맹자가 말하기를, 군자는 창작하지 아니하고 그저 계승할 뿐입니다. 묵자 왈, 그렇지 않다. 사람 중에서 가장 군자답지 못한 자는 옛날의 좋은 것은 계승하지 않고 지금의 좋은 것도 창작하지 않는 것이다. 그다음으로 군자답지 못한 자는 옛날의 훌륭한 것을 계승하지도 못하면서 자기에게 좋은 것만을 지어내는 것이다. 훌륭한 것이 자기로부터 나오기를 바라기 때문이다. 지금 계승만 하고 창작하지 아니한 것은 계승하고 새로 창작하는 것을 좋아하지 않다고 하는 것과 다름이 없다. 내 생각에 옛날의 훌륭한 것은 계승하고 지금의 훌륭한 것도 창작하여 훌륭한 것이 더욱더 많아지기를 바란다.

'術'은 述(술)과 통한다. 즉 옛것을 계승하여 전하는 것.
'君子不作, 術而已' 이 문장은 『論語』「述而」의 '述而不作'과 같은 말이다.
'誅'(주)는 述(술)의 誤記.

【述而不作 비판】
▶ 이 단락에서는 유가의 '述而不作을 비판'하면서 옛날의 훌륭한 것은 계승하고 지금의 훌륭한 것도 새로 만들어내야 한다는 것이다.

【巫馬子謂子墨子曰 我與子異, 我不能兼愛. 我愛鄒人於越人, 我魯人於鄒人, 我愛鄕人於魯人, 我愛家人於鄕人, 我愛親於我家人, 愛我身於吾親, 以爲近我也. 擊我則疾, 擊彼則不疾於我. 我何故疾者之不拂, 而不質者之拂? 故有我有殺彼以我, 無殺我以利. 子墨子曰 子之義將匿邪, 意將以告人乎? 巫馬子曰 我何故匿我義? 吾將以告人.
子墨子曰 然則, 一人說子, 一人欲殺子以利己. 十人說子, 十人欲殺子以利己. 天下說子, 天下欲殺子以利己. 一人不說子, 一人欲殺子, 以子爲施不祥言者也. 十人不說子, 十人欲殺子, 以子爲施不祥言者也. 天下不說子, 天下欲殺子, 以子爲施不祥言者也. 說子亦欲殺子, 不說子亦欲殺子. 是所謂經者口也, 殺常之身者也.
子墨子曰 子之言惡利也? 若無所利而不言, 是蕩口也.】

무마자가 묵자에게 말하기를, 나와 선생의 의견은 다르다. 나는 兼愛를 할 수 없다. 추나라 사람을 월나라 사람보다 더 사랑하고, 노나라 사람을 추나라 사람보다 더 사랑하며, 마을 사람을 노나라 사람보다 더 사랑한다. 나의 집안사람을 마을 사람보다 더 사랑하며, 나의 부모를 나의 집안사람보다 더 사랑하며, 나 자신을 나의 부모보다 더 사랑한다. 그 까닭은 나에게 가깝기 때문이다. 내가 얻어맞으면 아프지만, 그들이 맞으면 나는 아프지 않다. 내가 어찌 아픈 것을 돕지 않고 아프지 않은 것을 돕겠는가? 그래서 나는 그들을 죽여서 나를 이롭게 할망정 나를 죽여서 그들을 이롭게 하지 않겠다. 묵자 왈, 그대의 뜻을 숨기겠는가? 아니면 남들에게 알리겠는가? 무마자 왈, 내가 무엇 때문에 나의 뜻을 숨기겠는가? 나는 남들에게 알리겠다. 묵자 왈, 어떤 사람이 그대의 뜻에 동조한다면 그 사람은 그대를 죽여 자기를 이롭게 하기를 바란다. 열 사람이 그대의 뜻에 동조하면 열 사람이 그대를 죽여 자기들을 이롭게 하기를 바랄 것이다. 천하 사람들이 그대의 뜻에 동조한다면 천하 사람들이 그대를 죽여 자기들을 이롭게 하기를 바란다. 어떤 사람이 그대의 뜻에 동조하지 않는다면 그 사람이 그대를 죽이는 것은 그대가 상스럽지 못한 말을 퍼뜨리는 자로 여기기 때문이다. 열 사람이 그대의 뜻에 동조하지 않는다면, 열 사람이 그대를 죽이기를 바라는 것은 그대가 상스럽지 못한 말을 퍼뜨리는 자로 여기기 때문이다. 천하 사람들이 그대의 뜻에 동조하지 않는다면 천하 사람들이 그대 죽이고자 하는 것은 그대가 상스럽지 못한 말을 퍼뜨리는 자로 여기기 때문이다. 그대의 뜻에 동조하는 자도 그대를 죽이기를 바라고, 그대의 뜻에 동조하지 않는 자도 그대를 죽이기를 바란다. 이것은 소위 가벼운 입놀림(입으로 목메는 경우)이니, 죽음이 항상 그대 옆에 있다. 묵자 왈, 그대의 말은 무슨 이익이 있느냐? 이익된 바가 없는데도 말한다면 이는 입만 아프게 하는 짓일 것이다.

'疾'(질)은 痛(통)과 통하여 '아픈 것'.
'拂'(불)은 돕다, 또는 아끼다 라는 뜻으로 읽는다.
'意'는 抑(억)과 통하여 '그렇지 않으면'.
'說子'는 그대의 주장에 동조하여 따른다.
'經'은 '목을 매다'라는 의미로 읽는다. 또는 '經'을 '輕'으로도 읽는다.

【親親而不相愛】

겸애하지 못할 바에는 경솔하게 입놀림을 하지 않는 것이 좋다.

▶ 이 단락에서는 전국시대 겸병 전쟁의 논리를 반박하면서, 서로 사랑해야 한다는 겸애론을 설하고 있다.

【子墨子謂魯陽文君曰　今有一人於此,　羊牛犓豢,　饔人但割而和之, 食之不可勝食也. 見人之作餠, 則還然竊之, 曰 舍余食. 不知日月安不足乎, 其有竊疾乎? 魯陽文君曰 有竊疾也. 子墨子曰 楚四竟之田　曠蕪而不可勝辟, 呼墟數千, 不可勝入, 見宋鄭之閒邑, 則還然竊之, 此與彼異乎? 魯陽文君曰　是猶彼也, 實有竊疾也.】

묵자가 노양문군에게 말하기를, 지금 여기에 한 사람이 있는데, 양과 소를 길러 요리사가 요리를 만들어도 다 먹을 수 없을 만큼 많은데, 남의 떡을 보고 눈알을 번득이며 그것을 도적질하면서 나에게 먹을 것을 달라고 말한다. 그들은 고기 맛을 모르고 부족하다고 하는 것입니까?(不知日月(일월을 肥 : 많은 고기) 도벽 때문입니까? 노양문군이 말하기를, 도벽 때문입니다. 묵자왈, 초나라 영토는 넓은 황무지가 많아 이루 다 개척할 수 없고, 또 빈 고을이 수천 군데라 백성들이 들어가 살지 않습니다. 송나라와 정나라의 한적한 마을을 보고, 눈알을 번득이며 그것을 도적질하려는데, 이것이 그것과 차이가 있습니까? 노양문군왈, 이것은 그것과 같습니다. 진실로 도벽이 있습니다.

'犓豢'(추환)은 '꼴과 곡식을 먹여 기르다'. 또는 '사람들이 기르는 가축의 고기'.
'饔人'(옹인)은 요리사, 보통 維人으로 되어 있으나 잘못된 표기.
'但割而和之'(단할이화지)는 짐승 고기를 매만지어 맛있는 요리로 만드는 것.

'還然'(환연)은 두리번거리는 것.
'舍余'(사여)에서 舍는 予(여)로서 주다. 그래서 '나에게 주다'라는 뜻.
'竊疾'(절질)은 도둑질하는 도벽.
'四竟'(사경)은 영토.
'辟'(벽)은 闢(벽)과 통하여 개척하는 것.
'呼墟'(호허)는 빈 땅.
'曠蕪'(광무)는 잡초가 우거진 황무지.
'閒邑'(한읍)은 빈 고을.

【過慾은 도적질이다】

▶ 이 단락에서는 불필요하게 남의 것을 탐하는 것은 도벽 때문이지 필요하기 때문이 아니라는 것이다. 불필요한 침략으로 남의 나라를 공격하는 것은 쓸데없는 버릇이라는 것이다.
【子墨子曰 季孫紹與孟伯常治魯國之政, 不能相信, 而祝於叢社. 曰 苟使我和. 是猶弇其目, 而祝於叢社也, 苟使我皆視. 豈不繆哉.】

묵자 왈, 계손소와 맹백상이 노나라의 정치를 하는데, 서로 믿지 못하면서 신사(祠堂)에 빌기를 진실로 우리를 화합하게 해주십시오. 이것은 마치 눈을 가리고 사당에서 빌기를 우리 모두 볼 수 있게 해주십시오 하는 것과 같다. 이것은 어찌 잘못된 것이 아니겠는가?

'叢社'(총사)는 산림 속의 神社.
'弇'(엄)은 가리다.
'繆'(류)는 '얽는다', '졸라맨다'라는 뜻인데, 여기서는 謬(류)로서 잘못을 의미한다.

▶ 이 단락에서는 '서로 다른 뜻이 있으면서 화합하게 해주십시오'라고 비는 것은 언행의 불일치를 가져오는 거짓된 행위이다는 것이다.

【子墨子謂駱滑釐曰 吾聞子好勇. 駱滑釐曰 然, 我聞其鄕有勇士焉, 吾必從而殺之. 子墨子曰 天下莫不欲與其所好, 度其所惡. 今子聞其鄕有勇士焉, 必從而殺之, 是惡勇也.】

묵자가 낙골리에게 말하기를, 나는 그대가 용맹함을 좋아한다고 들었다. 낙골리 왈, 그렇습니다. 나는 어느 고을에 용사가 있다는 소문을 들으면 나는 반드시 그를 찾아내어 죽입니다. 묵자 왈, 천하 사람들은 자기가 좋아하는 것을 흥성케 하고 자기가 싫어하는 것을 없애려 한다. 지금 그대는 어떤 마을에 용감한 사람이 있다고 들으면 반드시 찾아내어 그를 죽인다고 하니, 이것은 용맹함을 좋아하는 것이 아니라, 용맹함을 싫어하는 것이다.

'駱滑釐'(낙골희)는 누구인지 분명하지 않으나 묵자의 제자로 추정된다. 묵자는 낙골희를 통해 공격 전쟁을 일삼는 당시의 군주들을 비난하고 있다.
'與其所好, 度其所惡' 이 문장에서 '與'는 왕인지의 설에 따라 興으로 읽는다. '度'는 왕인지에 따르면 '廢'로 읽는다.

▶ 이 단락에서 말하고자 하는 것은 시기와 질투이다. 같은 의기를 지닌 사람끼리 돕고 살아야 하는데 그렇지 못하고 배척하는 것은 진실로 못난 행위라는 것이다. 학문하는 경우에도 이와 같은 잘못된 풍토가 일부 조성되어 있음이 개탄스럽다. 새로운 이론을 내는 것을 못마땅하게 여기는 일부 부족한 학자들이 있는 것도 사실이다.

2. 貴義

'貴義'란 의로움을 귀히 여긴다는 뜻이다. 묵자는 「貴義」에서 '萬事莫貴於義'이라면서 의로움을 언제나 윤리의 기준으로 내세우고 있다.

【子墨子曰 萬事莫貴於義. 今謂人曰 予子冠履, 而斷子之手足, 子爲之乎? 必不爲, 何故, 則冠履不若手足之貴也. 又曰 予子天下, 而殺子身, 子爲之乎? 必不爲, 何故, 則天下不若身之貴也. 爭一言以相殺, 是義貴於其身也. 故曰 萬事莫貴於義也.】

묵자가 말했다. 천하에 의로움보다 귀한 것은 없다. 지금 어떤 사람에게 이르기를, 그대에게 높은 관직(冠履)을 줄 것이니 그대의 손과 발을 자르라고 한다면 그대는 그렇게 하겠는가? 반드시 그렇게 하지 않을 것이다. 어째서 인가 높은 관직은 손발만큼 귀하지 않기 때문이다. 또 말하기를, 그대에게 천하를 줄 테니 그대의 목숨을 버리겠는가? 하면 그대는 그렇게 하겠는가? 반드시 그렇게 하지 않을 것이다. 어째서인가. 천하라 하더라도 자신의 몸보다 귀하지 않기 때문이다. 한마디의 말로 다투다가 서로 죽이는데, 이것은 의로움이 자신의 목숨보다 귀하기 때문이다. 그래서 천하만사에 의로움보다 귀한 것은 없다는 것이다.

▶ 이 단락에서 묵자는 의로움을 윤리의 기준으로 삼고 있다. 유가에서는 의로움을 이익과 서로 어긋나는 것으로 생각하는 경향이 있는데, 묵가에서는 언제나 의로움과 이익을 결부시켜 생각하는 것이 특징이다. 利의 바탕을 義에 두고 있다.

【子墨子自魯卽齊, 過故人. 謂子墨子曰 今天下莫爲義, 子獨自苦而爲義, 子不若已. 子墨子曰 今有人於此, 有子十人, 一人耕而九

人處, 則耕者不可以不益急矣. 何故, 則食者衆而耕者寡也. 今天下莫爲義, 則子如勸我者也, 何故之我?】

묵자가 노나라에서 제나라로 가다가 옛 친구를 방문했다. 그가 묵자에게 말하기를, 지금 천하에 의를 행하는 사람이 없는데 그대는 홀로 고통 속에서 의를 행하는가. 그대는 그만두는 것이 낫다. 묵자 왈, 지금 여기에 어떤 사람이 있는데 자식이 열 명이다. 한 사람이 농사를 짓고 아홉 인이 놀고 있다면 농사짓는 사람은 더욱 급하지 않을 수 없다. 어째서인가? 먹는 사람은 많고 농사짓는 사람은 적기 때문이다. 지금 천하에 의를 행하는 사람이 없는데, 그대는 마땅히 내가 의를 행하기를 권해야지 어째서 그만두라고 하는가?

'卽'(즉)은 나아가는 것.
'過'(과)는 방문하는 것.
'如'(여)는 宜(의)로 마땅히.

▶ 이 단락을 통해 묵자가 魯 나라 사람임을 알 수가 있는 하나의 근거가 되고, 세상에 의로움을 행할 사람이 없을수록 더욱더 의를 행할 필요가 있다는 것이다.

【子墨子南遊於楚, 見楚惠王, 獻惠王以老辭, 使穆賀見子墨子. 子墨子說穆賀, 穆賀大說, 謂子墨子曰 子之言則誠善矣, 而君王天下之大王也, 毋乃曰賤人之所爲而不用乎? 子墨子曰 唯其可行, 譬若藥然, 草之本, 天子食之, 以順其疾, 豈曰一草之本, 而不食哉? 今農夫入其稅於大人, 大人爲酒醴粢盛, 以祭上帝鬼神, 豈曰賤人之所爲, 而不享哉? 故雖賤人也, 上比之農, 下比之藥, 曾不若一草之本乎? 且主君, 亦嘗聞湯之說乎? 昔者湯將往見伊尹, 今彭氏之子御, 彭氏之子半道而問曰 君將何之? 湯曰 將往見伊尹. 彭氏之子曰 伊尹, 天下之賤人也, 若君欲見之, 亦令召問焉, 彼受賜矣. 湯曰 非女所知也. 今有藥於此, 食之則耳加聰, 目加明, 則吾必說而强食之. 今夫伊尹之於我國也, 譬之良醫善藥, 而子不欲我見李潤, 是子不欲吾善也. 因下彭氏之子, 不使御, 彼苟然, 然後可也.】

묵자가 남쪽 초나라에 유세하면서, 초 혜왕을 뵙고 책을 바치려 했으나, 초 혜왕이 늙었다는 이유로 사양하고 목하라는 신하에게 묵자를 만나보게 했다. 묵자가 목하에게 유세하자 목하가 크게 기뻐하며 묵자에게 말하기를, 그대의 말은 진실로 훌륭하지만 군왕은 천하의 대왕인지라 천한 사람의 말이라 하여 채용하지 않지 않을까요. 묵자 왈, 예! 그렇습니다만(唯其:상대방 말을 긍정하면서도) 실행할 수 있습니다. 비유하자면 약과 같다. 풀뿌리라 하더라도 천자가 그것을 먹고 질병을 다스린다면 어찌 일개 풀뿌리라 해서 먹지 않을 수 있겠는가? 지금 농부가 대인에게 세금을 바치고 대인은 술과 단술과 제삿밥을 지어 상제와 귀신에게 제사를 지냅니다. 어찌 천인이 지은 것이라 해서 흠향하지 않겠습니까? 그래서 비록 천한 사람이라 하더라도 위로는 농부에 견주어 보고, 아래로는 약에 견주어 본다면 어찌 풀뿌리만 못하겠습니까? 또 주군(목하)은 일찍이 탕왕의 이야기를 들은 바 있겠지요! 옛날 탕왕이 이윤을 찾아가 만나려고 팽씨의 아들에게 수레를 몰게 했는데, 팽씨의 아들이 가는 도중에 묻기를, 군주께서는 어디를 가려 합니까? 탕왕 왈, 이윤을 찾아 만나려 한다고 대답했다. 팽씨의 아들이 말하기를, 이윤은 천하의 천한 사람입니다. 군주께서 만나기를 원하시면 명령을 내려 그를 불러 물으시면 됩니다. 그는 그 명령에 따를 것입니다. 탕왕 왈 그대가 알 리가 없다. 지금 여기에 약이 있는데 그것을 먹으면 귀가 더욱 총명해지고 눈이 더욱 밝아진다면 나는 반드시 기꺼이 힘써 그것을 먹겠다. 지금 이윤이 우리나라에 있어서 비유하자면 훌륭한 의사와 좋은 약과 같다. 그런데 그대는 내가 이윤을 만나는 것을 바라지 않고, 이것은 그대가 나의 선정을 바라지 않는 것이다. 이에 팽씨의 아들을 수레에서 내리게 하여 수레를 몰지 못하게 했다. 탕 임금은 진실로 그러했기 때문에 후에 성왕이 될 수 있었다.

'女'는 汝(여)로 '너 여' 자이다.
'楚惠王'은 기원전 489~433에 걸쳐 57년간 재위하는 동안 다른 나라의 침공을 물리치고 동북의 작은 나라를 병합한 초나라의 전성기를 구가했던 왕이다. 따라서 겸병 전쟁을 반대하는 묵자를 만나기가 꺼렸을 것이다. 그래서 대신인 목하로 하여금 대신 만나게 하였던 것 같다.
'順'은 병이 낫는 것.
'享'(향)은 제사를 받는 것.
'苟然'(구연) 진실로 그러함.

▶ 이 단락에서는 좋은 약이 된다면 길가에 핀 잡초라도 기꺼이 먹어야 한다. 즉 아무리 천한 사람이 하는 말이라도 국정을 운영하는 데 필요하다면 그 말을 채용해야 할 것이다. 성왕은 그렇게 했기에 성왕이 될 수 있었다. 하지만 초 혜왕은 그렇지 못했다. 신분의 구별에 따른 차별을 두었다. 이를 비판한 것이다.

【子墨子曰 凡言凡動, 利於天鬼百姓者爲之, 凡言凡動, 害於天鬼百姓者舍之. 凡言凡動, 合於三代聖王堯舜禹湯文武者 爲之, 凡言凡動, 合於三代暴王桀紂幽厲者 舍之.】

묵자 왈, 무릇 말과 행동은 하늘과 귀신과 인민에게 이로우면 행하고, 무릇 말과 행동이 하늘과 귀신과 인민에게 해로우면 버린다. 무릇 말과 행동은 삼대 성왕이신 요순 우탕 문무 등에 부합하면 행하고, 말과 행동이 3대 폭군인 걸주유려에 부합하면 버린다.

'舍'(사)는 捨(사)로 버리다.
'聖王과 暴王'의 계보는 『詩經』에 처음 등장하는데, 성왕은 본받고 폭군은 배제하는 사고는 儒家와 같다. 天鬼는 『詩經』과 『書經』에 모두 나오는데, 공자는 이에 대해 不可知論을 취하나, 묵자는 적극적으로 인정한다.

【子墨子曰 言足以遷行者常之, 不足以遷行者勿常. 不足以遷行而常之, 是蕩口也.】

묵자 왈, 말이 행동에 옮기기에 족하면 항상 하고, 실천에 옮기기에 족하지 않으면 늘 해서는 안 된다. 실천에 옮기기에 충분하지 않은 데도 늘 말하는 것은 이것은 망언이다.

【言行의 표준: 언행일치】
유가도 言行一致를 주장하지만 묵자는 특별히 말의 실천을 강조한다.

【子墨子曰 必去六辟. 嘿則思, 言則誨, 動則事, 使三者代御 必爲聖人. 必去喜, 去怒, 去樂, 去悲, 去愛, 而用仁義, 手足口鼻耳, 從事於義, 必爲聖人.】

묵자 왈, 반드시 여섯 가지 치우침을 버려야 한다. (제거해야 한다) 침묵할 때는 사색을 하고, 말하면(깨우친 것을) 가르쳐 인도

하고, 움직이면 일해야 한다. (움직이면 의로워야 한다: 動則義) 이 세 가지를 번갈아 행하면 반드시 聖人이 된다. 필히 즐거움을 없애고, 분노를 없애고, 기쁨을 없애고, 슬픔을 없애고 仁義를 써야 한다. 손과 발, 입과 코 그리고 귀가 의로운 일에 종사한다면 반드시 聖人이 된다.

'辟'(벽)은 傾也.
'六辟'(육벽)은 여섯 가지의 치우친 감정.
'嘿'(묵)은 黙(묵)으로 침묵.
'誨'(회)는 가르칠 회.
'代御'(대어)는 교대로 쓰다. 번갈아 가며 행한다.
'去愛'에 뒤에 去惡가 빠졌다. 육벽은 喜 怒 樂 悲 愛 惡의 六情이다.

▶ 이 단락에서 묵자는 지나치게 감정에 치우침을 경계해야 한다고 주장하면서 합리적인 행위를 추구하라고 한다. (禧怒哀樂之未發 謂之中 : 中庸)

【子墨子謂二三子曰　爲義而不能，必無排其道，譬若匠人斲而不能，無排其繩.】

묵자가 이삼 명의 제자들에게 말하기를, 義를 행함에 있어 능하지 못할지언정 반드시 그 道를 어기면 안 된다. 비유하자면 목수가 나무를 깎다가 잘되지 않는다고 그 먹줄을 배척하지 않는 것과 같다.
'排'는 背(배)와 통하여, 배반하는 것, 어기는 것.
'斲'(착)은 나무를 깎는 것.
'繩'(승)은 목수들이 줄을 그을 때 쓰는 먹줄.

【義는 절대적인 기준이다】
▶ 이 단락에서는 義를 윤리의 원칙으로 삼되, 꾸준히 행하는 것이 중요함을 말하고 있다.

【子墨子曰 世之君子, 使之爲一犬一彘之宰, 不能則辭之, 使爲一國之常, 不能而爲之, 豈不悖哉?】

묵자가 말하기를 세상의 군자들은 한 마리의 개나 돼지를 잡으라고 하면 할 수 없다고 사양한다. 그러나 일국의 재상이 되라고 하면 능력도 없으면서도 하려고 한다. 어찌 도리에 어긋나지 않는가?

'彘'(체)는 큰 돼지.
'宰'(재) 요리사.
'悖'(패)는 도리에 어긋남.

▶ 이 단락에서는 무능한 자들이 자기의 능력을 무시하고 높은 지위만을 차지하려는 욕심을 경계하고 있다.

【子墨子曰 今瞽曰 皚者白也, 黔者黑也, 雖明目者, 無以易之. 兼白黑, 使瞽取焉, 不能知也. 故我曰瞽不知白黑者, 非以其名, 以其取也. 今天下之君子之名仁也, 雖禹湯無以易之, 兼仁與不仁而使天下之君子取焉, 不能知也. 故我曰 天下之君子, 不知仁者, 非以其名, 亦以取也.】

묵자 왈, 지금 장님이 말하기를, 백색을 희다고 말하고 검은 것을 검다고 말한다. 이것은 비록 눈 밝은 사람이라도 그것을 바꿀 수 없다. 그러나 백과 흑을 함께 섞어놓고 장님에게 골라내라 한다면 장님은 알지 못할 것이다. 그래서 나는 말한다. 장님이 흑과 백을 알지 못한다고 한 것은 그 명칭이 아니라, 그 선택을 말한 것이다. 지금 천하의 군자들이 말하는 仁은 비록 우탕 임금이라도 바꿀 수가 없다. 仁과 不仁을 함께 섞어놓고서 천하의 군자들에게 취하라고 한다면 알지 못할 것이다. 그래서 내가 천하의 군자들이 仁을 알지 못한다고 말한 것은 그 仁이라는 명칭이 아니라, 그 선택을 두고 말한 것이다.

'瞽'(고)는 장님.
'皚'(애)는 희다. 백색.
'黔'(검)은 검은 것.
▶ 이 단락에서 묵자는 사람들이 어떤 일에 관하여 그 명칭은 알고 있으나 즉 이론상으로는 알고 있으나, 그것을 올바로 분별하여 실천할 줄 모름을 말하고 있다. 진실로 앎은 실천에 있다는 것이다. 즉 名은 이론이며, 取는 실천을 의미한다. 결론적으로 유가들이 말만 많이 하면서도 정작 실천에 옮기지 않는 자들이라는 것이다.

【子墨子曰 今士之用身, 不若商人之用一布之愼也. 商人用一布市, 不敢譎詢而讐焉, 必擇良者, 今士之用身, 則不然. 意之所欲則爲之, 厚者入刑罰, 薄者被毁醜, 則士之用身, 不若商人之用一布之愼也.】

묵자 왈, 요즘 선비들의 처신은 상인이 한 필의 베를 사고파는 데도 신중히 하는 것만 못하다. 상인이 한 필의 베를 사고파는 데도 감히 함부로 사고팔지 않고 반드시 좋은 물건을 선택한다. 그런데 선비들의 처신은 그렇지 않다. 하고 싶은 대로 행해서, 지나치면 형벌을 받고, 가벼운 경우에는 더러운 비난을 받는다. 그래서 선비들의 처신이 상인이 물건을 사고팔면서 신중히 처리함만 못하다는 것이다.

'用身'(용신)은 세상에서 처신하는 것.
'謑詢'(혜구)는 욕먹는 것. '함부로'라는 뜻.
'讐'(수)는 售(수)와 통하여 '판다'라는 뜻이다.

▶ 묵자는 이 단락에서 선비들이 가볍게 처신하지 말고 언행을 신중히 할 것을 주문하고 있다.

【子墨子曰 世之君子, 欲其義之成, 而助之修其身 則慍. 是猶欲其牆之成 而人助之築則慍也. 豈不悖哉?】

묵자 왈, 세상의 군자들은 자기들의 의로움이 이루어지길 바라면서도 자신의 몸을 수양하는 데 도와주려 하면 화를 낸다. 이것은 마치 자기 집 담장을 쌓기를 바라면서도 남이 담장 쌓는 것을 도와주면 화내는 것과 같다. 어찌 도리에 어긋나지 않는가?

【子墨子曰 古之聖王, 欲傳其道於後世. 是故書之竹帛, 鏤之金石, 傳遺後世子孫, 欲後世子孫法之也. 今聞先王之遺而不爲, 是廢先王之傳也.】

묵자 왈, 고대 성왕들은 그의 道(가르침)를 후세에 전하고자 하였다. 그래서 대나무와 비단에 쓰고, 금석에 새기어, 후세 자손들에게 남겨 후세 자손들이 그것을 본받기를 바랐다. 그런데 오늘날 선왕이 남긴 도를 듣고도 행하지 않으니, 이것은 선왕이 남기어 전한 것을 버리는 것이다.

▶ 이 단락에서는 선왕의 道를 본받아 실천해야 함을 강조하고 있다.

【子墨子南遊使衛, 關中載書甚多, 弦唐子見而怪之. 曰 吾夫子敎公尙過 曰 揣曲直而已. 今夫子載書甚多, 何有也? 子墨子曰 昔者 周公旦朝讀書百篇, 夕見漆十士. 故周公旦佐相天子, 其脩至於今. 翟上無君上之事, 下無耕農之難, 吾安敢廢此? 翟聞之 同歸之物, 信有誤者, 然而民聽不鈞, 是以書多也. 今若過之心者, 數逆於精微, 同歸之物, 旣已知其要矣. 是以不敎以書也, 而子何怪焉?】

묵자가 남쪽으로 유세 중 위나라에 가게 되었는데. 수레 안에 많는 책을 실었다. 현당자가 보고 기이하게 여겨 묻기를, 저는 선생이 공상과에게 가르치길 '굽고 곧은 것만 헤아릴 뿐이다.'라고 말했는데, 지금 선생이 매우 많은 책을 수레 안에 실은 것은 무엇 때문입니까? 묵자 왈, 옛날에 주공 단은 아침에는 백 편을 독서하고, 저녁에는 칠십 명의 선비를 만났다. 그러면서도 주공 단은 재상으로 천자(성왕)을 보좌했는데, 그 덕(닦음)이 지금에 이르고 있다. (묵자 자신) 내가 위로는 섬기는 임금이 없고, 아래로는 농사 짓는 어려움이 없다. 내가 어찌 이것을 감히 버리겠소? 내가 듣건대 '만물은 하나의 이치로 돌아가지만' 말(言)에는 그릇됨이 있을 수 있고, 그래서 인민이 듣는 것도 고르지 못하므로(일치하지 않으므로) 이로써 책도 많게 되는 것이다. 이제 공상과의 마음이 정미한 것까지 이치를 궁구했고, '만사가 하나의 이치로 돌아간다'라는 그 요체를 이미 알았다. 그래서 책으로 가르치지 않은 것이다. 그런데 그대는 무엇이 기이하다는 것인가?

'關中'(관중)은 수레의 선반.
'漆十'(칠십)은 칠십.
'同歸之物'(동귀지물)은 '만물은 한 가지 이치로 돌아간다'라는 뜻이다.
'信有誤者'(신유오자)에서 '信'은 '言'의 오자로 보인다.

'鈞'(균)은 均(균)과 통하여, '고른 것'.
'數逆於精微'(수역어정미)에서 '數'는 '理'로 '逆'은 '考究'로 보아 정미한 곳까지 理를 考究한다로 해석한다.

▶ 이 단락에서는 '만물은 하나의 이치로 돌아간다'라는 이치를 깨달으면 많은 책이 필요 없고, 제자인 공상과는 그러한 이치를 깨쳤기 때문에 책으로 가르치지 않았다고 말하면서도, 말은 정확한 전달 도구가 되지 못하기 때문에 그래서 여전히 많은 책을 읽어야 함을 강조하고 있다.

【子墨子謂公良桓子曰 衛 小國也, 處於齊晉之閒, 猶貧家之處於富家之閒也. 貧家而學富家之衣食多用, 則速亡必矣. 今簡子之家, 飾車數百乘, 馬食菽粟者數百匹, 婦人衣文繡者數百人, 若取飾車食馬之費, 與繡衣之財以畜士, 必千人有餘. 若有患亂, 則使百人處於前, 數百人處於後, 與婦人數百人處前後, 孰安? 吾以爲不若畜士之安也.】

묵자가 공량환자에게 말하기를, 위 나라는 소국이다. 제나라와 진나라 사이에 놓여 있다. 이는 마치 가난한 집안이 부잣집 사이에 놓인 것과 같다. 가난한 집안이 부잣집의 입고 먹는 것을 배워 소비가 많다면 빨리 망할 뿐이다. 지금 그대 집안을 대략 살펴보니, 장식된 수레가 수백 승이고, 곡식을 여물로 먹는 말이 수백 필이며, 수놓은 옷을 입은 부인들이 수백 인이다. 만약 장식된 수레와 말 먹이 비용과 수놓은 옷의 재물로 선비를 양성한다면, 반드시 천명 이상을 양성할 것이다. 만약에 환란을 당하여 수백 명의 선비로 앞뒤에서 호위하는 것과 부인 수백 명이 앞뒤에서 호위하는 것 어떤 것이 더 안전합니까? 내 생각에 선비를 양성하는 것만큼 안전하지 않을 것 같습니다.

‘簡'(간)은 살피는 것, 察과 통한다.
‘菽粟'(숙속)은 콩과 조, 곡식.
‘畜士'(휵사) 선비들을 양성하는 것.

【재물보다는 인재 양성이 시급하다.】

▶ 이 단락에서는 위나라의 공량환자에게 충고하고 있다. 작은 소국이면서 큰 나라를 본받아 사치한다면, 속히 망할 것이라면서 사치하는 비용으로 인재 양성을 권하고 있다. 이것이 나라의 안전에 도움이 된다는 것이다.

【子墨子仕人於衛, 所仕者至而反. 子墨子曰 何故反？ 對曰 與我言而不當. 曰 待女以千盆, 授我五百盆, 故去之也. 子墨子曰 授子過千盆, 則子去之乎？ 對曰 不去. 子墨子曰 然則 非爲其不審也, 爲其寡也.】

묵자가 제자를 衛나라에 벼슬살이를 하도록 했는데, 벼슬살이 갔던 자가 가자마자 돌아왔다. 묵자가 말했다. 어째서 돌아왔느냐? 대답하기를 나에게 한 말과 달랐습니다. (不當) 제자 왈, 나에게 천 익으로 대우한다고 했는데, 오백 분을 주어서 돌아왔습니다. 묵자 왈, 그대에게 천 익 이상을 주었다면 그대는 그곳을 떠났겠는가? 대답 왈, 떠나지 않았습니다. 묵자 왈, 그렇다면 그들이 마땅하지 않아서가 아니라 봉록을 적어서였기 때문이구만!

‘仕'(사) 벼슬살이 하는 것.
‘不當'(부당)은 말한 대로 하지 않는 것.
‘不審'(불심)은 ‘不當'의 잘못으로 보인다.

▶ 이 단락에서 묵자는 義을 행하기를 제자들에게 당부한다. 즉 봉록인 利보다도 마땅히 행해야 할 도리를 행하길 바란 것이다. 그런데 약속된 봉록을 다 주지 않았다고 돌아온 제자를 꾸짖고 있다.

【子墨子曰 世俗之君子, 視義士不若負粟者. 今有人於此, 負粟息於路側, 欲起而不能, 君子見之, 無長少貴賤, 必起之. 何故也? 曰 義也. 今爲義之君子, 奉承先王之道以語之, 縱不說而行, 又從而非毁之. 則是世俗之君子之視義士也, 不若視負粟者也.】

묵자 왈, 세속의 군자들은 의로운 선비 보기를 곡식을 짊어진 자만큼 여기지 않는다. 지금 여기에 어떤 사람이 곡식을 짊어진 채 길가에서 쉬고 있다가 일어서고 싶었으나 일어날 수 없었다. 군자는 그것을 보고 노소귀천을 불문하고 반드시 그를 일으킨다. 어째서인가? 그것이 의로운 일이기 때문이다. 지금 의를 행하는 군자가 선왕의 도를 이어 받들어 말을 하지만 기꺼이 행하지 않을 뿐만 아니라 오히려 비난하기까지 한다. 그런즉 세속의 군자들이 의로운 선비 보기를 곡식을 짊어진 사람만큼도 보지 않는다는 것이다.

'縱'(종) 비록 ... 할 뿐 아니라.
'非毁'(비훼)는 비난하고 헐뜯는다.

【子墨子曰 商人之四方, 市賈倍徙, 雖有關梁之難, 盜賊之危, 必爲之. 今士坐而言義, 無關梁之難, 盜賊之危, 此爲信徙, 不可勝計. 然而不爲, 則士之計利 不若商人之察也.】

묵자 왈, 상인은 사방을 다니면서 장사를 하여(市賈) 몇 배의 익을 남긴다(信徙). 비록 관문과 도량을 건너는 어려움이 있고, 도적을 만나는 위태로움도 있지만, 반드시 장사를 다닌다. 지금 선비들이 앉아서 義를 말할지라도, 관문과 도량을 건너는 어려움도 없고 도적을 만나는 위태로움도 없이 그 남기는 이익은 이루 헤아릴 수 없이 많다. 그런데도 행하지 않으니 선비의 이익 계산은 상인들의 통찰력만 못하다.

'倍徙'(배사)에서 '倍'는 두 배, '徙'는 蓰(다섯 곱 사)로, 몇 곱절의 이익을 남기는 것.
'信徙'(신사)는 倍徙'(배사)로 읽는다.

▶ 이 단락에서 묵자는 선비들이 가만히 앉아서 義를 말로만 할 뿐, 실천하지 않음을 비난하고 있다. 그들이 義를 실천한다면 세상에 많은 이익을 끼칠 것이라는 점을 피력하고 있다.

【子墨子北之齊, 遇日者. 日者曰 帝以今日殺黑龍於北方, 而先生之色黑, 不可以北.
子墨子不聽, 遂北, 至淄水, 不遂而反焉. 日者曰 我謂先生不可以北. 子墨子曰 南之人不得北, 北之人不得南, 其色有黑者有白者, 何故皆不遂也? 且帝以甲乙殺龍於東方, 以丙丁殺赤龍於南方, 以庚辛殺白龍於西方, 以壬癸殺黑龍於北方, 若用子之言, 則是禁天下之行者也. 是圍心而虛天下也, 子之言不可用也.】

묵자가 북쪽의 제나라에 가다가 일자라는 점쟁이를 만났다. 점장이 왈, 상제께서 오늘 북방의 흑룡을 죽였다. 선생의 안색이 검으니 북쪽으로 가면 안 됩니다. 묵자가 듣지 않고 북쪽으로 갔으나 치수에 이르러 건널 수가 없어서 돌아왔다. 점장이 왈, 내가 선생에게 북쪽으로 갈 수 없다고 말했다. 묵자 왈, (강물이 넘쳐) 남쪽 사람은 북쪽으로 갈 수 없었고 북쪽 사람은 남쪽으로 갈 수 없었다. 얼굴색이 검은 사람도 있고 흰 사람도 있는데 무슨 까닭으로 모두 건너지 못합니까? 또 상제가 갑을 날에는 동방의 청룡을 죽이고, 병정 날에는 남방의 적룡을 죽이고, 경신 날에는 서방의 백룡을 죽이며 임계 날에는 북방의 흑룡을 죽인다. 만약에 그대의 말을 채용한다면, 이것은 천하의 여행을 금하는 것이다. 이것은 마음을 둘러싸서 천하를 비우게 하는 꼴이라, 그대의 말은 따를 수가 없다.

'日者'는 점쟁이.
'淄水'(치수)는 제나라 수도인 臨淄 주변을 흐르는 강 이름.
'不遂'(불수)는 뜻을 이루지 못하는 것.
'圍心'(위심)은 마음을 가두다.

▶ 이 단락에서는 「非命」의 연장선에서 점쟁이의 말을 논리적으로 비판하고 있다. 묵자 사상의 합리성을 나타내고 있다.

【子墨子曰 吾言足用矣, 舍言革思者, 是猶舍穫而攈粟也. 以他言非吾言者, 是猶以卵投石也. 盡天下之卵 其石猶是也, 不可毁也.】

묵자 왈, 내 말은 충분히 실용적이다. 그런데도 나의 말을 버리고 생각을 바꾸는 것은 이것은 마치 수확한 것을 버리고 떨어진 낟알을 줍는 것과 같다. 다른 말로써 나의 말을 비난하는 것은 마치 달걀로 바위 치기와 같다. 세상의 달걀을 모두 던진다고 해도 바위는 여전히 반석과 같아서 훼손될 수 없다.

'舍'는 捨(사)로 버린다는 뜻.
'革'(혁)은 고친다, 바꾼다.
'攈粟'(군속)은 낟알을 줍는다.

▶ 이 단락에서 묵자는 실천으로 검증된 자신의 논리적인 주장에 대한 자부심을 표출하고 있다. 더불어 자기의 주장은 아무도 부정할 수 없는 진리임을 강조한다.

3. 公孟

이 장에서는 묵가와 유가의 견해 차이를 토론하고 있다.

【公孟子謂子墨子曰 君子共己以待, 問焉 則言, 不問焉 則止. 譬若鐘然, 扣則鳴, 不扣則不鳴. 子墨子曰 是言有三物焉, 子乃今知其一身也, 又未知其所謂也. 若大人行淫暴於國家, 進而諫 則謂之不遜, 因左右而獻諫, 則謂之言議. 此君子之所疑惑也. 若大人爲政, 將因於國家之亂, 譬若機之將發也然, 君子之必以而諫, 然而大人之利. 若此者, 雖不扣 必鳴者也. 若大人擧不義之異行, 雖得大巧之經, 可行於君旅之事, 欲攻伐無罪之國, 有之也, 君得之, 則必用之義. 以廣辟土地, 著稅僞材, 出必見辱, 所攻者不利, 而攻者亦不利, 是兩不利也. 若此者, 雖不扣 必鳴者也. 且子曰 君子共己以待, 問焉 則言, 不問焉 則止, 譬若鐘然, 扣則鳴, 不扣則不鳴. 今未有扣, 子而言, 是子之謂不扣而鳴邪? 是子之所謂非君子邪?】

공맹자가 묵자에게 말하기를, 군자란 두 손을 모으고 공손히 기다리다가 묻거든 말하고 묻지 않으면 가만히 있어야 합니다. 비유하자면 종과 같다. 두드리면 울리고 두드리지 않으면 울리지 않는 것과 같다. 묵자 왈, 이 말에는 세 가지 경우가 있는데, 그대는 지금 그 하나만을 알고 있을 뿐이다. 또한, 그것이 말하고자 하는 바를 모르고 있다. 만약 대인이 나라에서 음란하고 포악한 행동을 하는데, 나아가 간언한다면 그것을 불손하다고 말한다. 좌우 측근을 통해 간언하면 쓸데없는 논란이라고 말한다. (즉 직언하면 불손하다고 하고, 측근을 통해 간접적으로 간언하면 쓸데없는 논란만 일으킨다고 말한다) 이 같은 경우 군자는 의혹만 품고 말하지 않는다. (말할까 말까 망설이게 된다는 것이다) 만약 대인이 정사를 볼 때 나라에 어려움이 닥쳐서 비유하자면 쇠뇌가 발사되려는 위급한 상황에 놓여있을 때, 군자는 반드시 간언해야 하고 그렇게 하면 대인의 이익이 된다. 이 경우에는 비록 두드리지 않아도 반드시 울려야 한다. 만약 대인이 의롭지 못한 기이한 행위를, 매우 교묘한 방책으로 여겨, 군대를 일으켜 죄 없는 나라를 공격하고 싶은데, 교묘한 방책이 있어 군주가 그것을 얻으면 반드시 실행한다. 이로써 토지를 넓히고 세금과 재물을 거둬들이고자 하여 출정하면 반드시 치욕을 당할 것이다. 공격을 당하는 자도 이롭지 않고 공격을 하는 자 역시 이로울 것이 없다. 양쪽이 이롭지 못한 것이다. 이 같은 경우에는 비록 두드리지 않아도 반드시 울려야 한다. (간언해야 한다는 것이다) 그런데도 그대가 말하기를, 군자는 두 손 모으고 기다리다가 물으면 대답하고 묻지 않으면 가만히 있는 것이다. 비유하자면 종과 같아서 두드리면 울리고 두드리지 않으면 울리지 않는다고 말합니다. 지금 두드리지 않았는데 그대가 말하니, 이것은 그대가 말한 두드리지 않았는데 울린 것인가? 이것은 그대가 말한바 군자가 아니다.

'共己以待'(공이이대)는 팔짱을 끼고 기다린다는 뜻이다. 여기서 '共'은 拱(팔짱을 끼다)와 통한다.
'三物'(삼물)은 세 가지 경우.
'言議'(언의)는 쓸데없는 논란.
'機'(기)는 쇠뇌. 弩(노)로 활을 뜻한다.
'大巧之經'(대교지경)은 교묘한 계책.
'廣辟'(광벽)은 넓히다.
'著稅'(저세)는 '籍稅'(적세)로 세금을 거두는 것.
'僞材'(위재)는 재물을 거둬들이는 것.

'一身也': 왕희지가 '一耳'로 고쳐 읽은 후 일반적으로 '一身'으로 읽으나, 여기서 '耳'는 '~뿐이다'로 읽어도 무리가 없다.

▶ 이 단락에서 묵자는 유가의 소극적인 군자상을 비판하면서, 모름지기 군자란 지도자들이 잘못했을 때는 직언해서 잘못됨을 바로잡을 수 있도록 능동적인 처사를 해야 한다고 말하고 있다. 묵자 사상의 진취적인 면모를 읽을 수 있다.

【公孟子謂子墨子曰 實爲善人, 孰不知? 譬若良玉, 處而不出 有餘糈. 譬若美女, 處而不出, 人爭求之, 行而自衒 人莫之取也. 今子遍從人而說之, 何其努也? 子墨子曰 今夫世亂, 求美女者衆, 美女强不出, 人多求之. 今求善者寡, 不强說人 人莫之知也. 且有二生於此 善筮. 一行爲人筮, 一處而不出者. 行爲人筮者 與處而不出者, 其糈孰多? 公孟子曰 行爲人筮者其糈多. 子墨子曰 仁義鈞, 行說人者, 其功善亦多, 何故不行說人也!】

공맹자가 묵자에게 말하기를, 진실로 선한 행동을 하는 사람이면 누가 알아주지 않겠습니까? 비유하자면 좋은 점쟁이는 집에 머무르면서 나가서 돌아다니지 않아도 복채가 많다. 또 미인도 집에 머무르면서 나가서 돌아다니지 않아도 사람들이 경쟁적으로 그녀를 찾을 것입니다. 돌아다니면서 스스로 뽐내면 사람들이 모여들지 않는다. 지금 선생은 두루 사람들을 따라다니며 유세하고 있으니 무엇 때문에 그와 같은 수고를 합니까? 묵자 왈, 지금 세상이 어지러운데 미녀를 찾는 사람은 많아서 미녀가 밖에 나오지 않아도 많은 사람이 그녀를 찾는다. 오늘날 善을 추구하는 사람은 적은데, 사람들에게 힘써 유세하지 않으면 사람들이 善을 알지 못한다. 또 여기에 두 사람이 있어, 점을 잘 친다. 한 사람은 돌아다니면서 사람들을 위해 점을 치고, 한 사람은 한곳에 머물며 밖에 나가지 않는다. 돌아다니면서 사람들을 위해 점치는 자와 집에 머물면서 점치는 자 중에서 그 복채가 누가 많겠는가? 공맹자 왈, 돌아다니면서 사람들을 위해 점치는 자가 복채가 많다. 묵자 왈, 仁義도 마찬가지로 같다면 돌아다니면서 사람들에게 유세하는 자가 그 功과 善 역시 많으니, 어찌 돌아다니면서 사람들에게 유세하지 않겠습니까?

'良玉'(양옥)을 손이양은 '良巫'로 고쳐 읽는다. 하지만 그대로 읽어도 뜻이 통한다.
'糈'(서)는 점 쳐주고 받는 복채.
'衒'(현)은 드러내고 자랑하다.
'取'(취)는 '聚'(취)로 모여든다.
'人莫之知也'는 '人莫知之也'로 읽는다.
'鈞'(균)은 '均'(균)과 통하여 고르게 하다.

【유가의 囊中之錐 의식에 대한 비판】

▶ 이 단락에서도 묵자는 두드리면 울리고 두드리지 않으면 울리지 않는 유가들의 소극적인 자세를 비판했듯이, 善을 구하는 사람들이 적은 데, 어찌 돌아다니면서 善을 알리려 힘쓰지 않을 수 있느냐는 것이다. 세상이 어지러운데 가만히 세상이 안정되기를 기다리는 소극적인 유가들을 비난하고 있다.

【公孟子戴章甫, 搢笏, 儒服. 而以見子墨子曰 君子服然後行乎? 其行然後服乎? 子墨子曰 行不在服. 公孟子曰 何以知其然? 子墨子曰 昔者, 齊桓公高冠博帶, 金劍木盾, 以治其國, 其國治. 昔者, 晉文公大布之衣, 牂羊之裘, 韋以帶劍, 以治其國, 其國治. 昔者, 楚莊王鮮冠組纓, 縫衣博袍, 以治其國, 其國治. 昔者, 越王句踐剪髮文身, 以治其國, 其國治. 此四君者, 其服不同, 其行猶一也, 翟以是知行之不在服也. 公孟子曰 善. 吾聞之曰, 宿善者不祥, 請舍笏, 易章甫, 復見夫子可乎? 子墨子曰 請因以相見也. 若必將舍笏章甫而後相見, 然則行果在服也.】

공맹자가 장보라는 관을 쓰고, 홀을 꽂고 유가의 복장을 하고 묵자를 만나서 말했다. 군자는 (모름지기) 의복을 갖춘 후에 행동해야 합니까? 아니면 행동을 한 후에 의복을 갖추어야 합니까? 묵자 왈, 행실은 의복에 달려있지 않다. (의복의 문제가 아니다) 공맹자 왈, 무엇으로 그것을 알 수 있습니까? 묵자 왈, 옛날 제나라 환공은 높은 관을 쓰고 넓은 허리띠를 두르고 금으로 된 칼과 나무로 된 방패를 들고 나라를 다스렸는데 나라가 다스려졌다. 옛날 진문공은 거친 옷과 암양의 가죽으로 된 가죽옷을 입고, 가죽띠에 검을 차고 자기 나라를 다스렸으나 나라가 다스려졌다. 또 옛날 초장왕은 화려한 관을 쓰고 색실로 된 갓끈을 매고, 넓은 봉의와 넓은 용포를 걸치고 나라를 다스렸는데 그 나라는 다스려졌다. 옛날 월왕 구천은 머리를 깎고 문신을 하고서 나라를 다스렸으나 나라가 다스려졌다. 이 네 군주는 그들이 입은 옷이 같지 않았으나 그들의 행실은 한결같았소. 나는 이로써 행실은 복장의 문제가 아니라는 것을 알고 있습니다. 공맹자 왈, 훌륭하십니다. 내가 듣건대 착한 일을 묻어두는 것(宿善)은 상서롭지 않다고 합니다. 청컨대 홀을 버리고 장보를 갈아 쓰고 다시 선생을 뵙는 것이 옳을 듯합니다. 묵자 왈, 청컨대 그대로 뵙도록 합시다. 만약에 홀을 버리고 두건을 바꿔 쓴 후에 만난다는 것은 이것은 행실이 결과적으로 의복에 있다는 것이 됩니다.

'戴'(대)는 쓰다, 입다.
'章甫'(장보)는 은나라 때의 두건.

'搢笏'(진홀)은 士 이상의 신분을 밝히는 홀을 띠에 꽂는 것.
'大布'(대포)는 거친 옷.
'牂羊'(장양) 암컷 양.
'鮮冠'(선관)은 화려한 관.
'組纓'(조영)은 실색으로 짠 관 끈.
'縫衣'(봉의)는 풍성한 옷.
'宿善'(숙선)은 착한 것을 묻어두는 것.

【유가의 형식 비판 : 行不在服】
어떤 옷을 입고 있느냐가 문제가 아니라, 그 행실이 인민을 이롭게 하느냐가 문제라는 것이다.

▶ 이 단락에서는 유가의 형식주의를 비판하고, 사람의 행실은 의복의 문제가 아니라고 말하면서 실리주의적인 묵자 철학을 설하고 있다.

【公孟子曰 君子必古言服, 然後仁. 子墨子曰 昔者, 商王紂 卿士費仲, 爲天下之暴人, 箕子 微子 爲天下之聖人, 此同言而或仁不仁也. 周公旦爲天下之聖人, 關叔爲天下之暴人, 此同服而或仁不仁也. 然則 不在古服與古言矣. 且子法周而未法夏也, 子之古非古也.】

공맹자 왈, 군자는 반드시 옛말과 옛 복장을 한 연후에야 어질다고 할 수 있습니다. 묵자 왈, 옛날 商나라 왕 紂와 경대부인 비중은 천하의 포악한 사람이며, 기자 미자는 천하의 성인입니다. 이들은 같은 말을 하였으나 하나는 어질고 하나는 포악했습니다. 주공 단은 천하의 성인이며 관숙은 천하의 폭인인데, 이들은 같은 옷을 입었으나 하나는 어질고 하나는 어질지 않았습니다. 그런즉 옛 복장을 하고 옛말을 하는 것이 문제가 아닙니다. 또 그대는 周를 본받고 夏를 본받지 않는다 그러면 그대의 옛것은 옛것이 아니다.
▶ 이 단락에서는 "같은 말을 하는 사람 중에도 어진 사람이 있고 어질지 못한 사람이 있으며, 같은 옷을 입은 사람 중에도 어진 사람이 있고 어질지 못한 사람이 있다. 어찌 말과 옷으로써 仁과 不仁을 구별하겠는가?"라면서, 古言古服을 주장하는 유가의 주장을 비판하고 있다. 그러면서 유가들이 옛것을 본받아야 한다면서 周나라 제도를 본받고, 이 나라보다 앞선 夏나라 제도를 본받지 않는 것은 모순이라는 것이다. 즉 述而不作보다는 **法古昌新**해야 한다는 것이다. 형식적인 것보다는 실용적인 내용을 더 중시하는 墨家.

【公孟子謂子墨子曰 昔者聖王之列, 上聖立爲天子, 其次立爲卿大夫. 今孔子博於詩書, 察於禮樂, 詳於萬物, 若使孔子當聖王 則豈不以孔子爲天子哉? 子墨子曰 夫知者, 必尊天事鬼, 愛人節用, 合焉爲知矣. 今子曰 孔子博於詩書, 察於禮樂, 詳於萬物, 可以爲天子, 是數人之齒, 而以爲富.】
공맹자가 묵자에게 말하기를, 옛 성왕의 차례 짓는 법은 최고의 성인이 천자가 되고, 그다음 성인은 경대부가 되게 했습니다. 지금 공자는 『시경』과 『書經』에 박식하고, 예약에 밝으며, 만물에 대해 많이 안다. 그래서 만약에 공자가 성왕에 합당하다면 어찌 공자가 천자가 되지 말라는 법이 있습니까? 묵자 왈, 무릇 지혜로운 자는 반드시 하늘을 존중하고 귀신을 섬기며 인민을 사랑하고 비용을 아끼는 이 네 가지를 갖추어야 지혜롭다 할 수 있다. 지금 그대는, 공자가 『시경』과 『書經』에 박식하고, 예약에 밝으며, 만물에 대해 많이 안다고 말하면서, 천자가 될 수 있는 분이라고 말하는 데, 이것은 남의 이빨(재산)을 헤아리면서 부자라고 여기는 것과 같다.
'豈不以 … 哉'는 '어찌 … 이 아니겠습니까?'
'詳'(상)은 자세히 알다.

'若使'(약사)는 '만약 … 이라면'.
'齒'(치)는 나무에 칼로 이빨처럼 숫자를 기록함. 오늘날의 장부.

▶ 이 단락에서 묵자는 공맹자와의 대화를 통해 詩書와 禮樂을 중시하는 유가의 덕목을 비판하고 있다. 유가는 천자의 덕목을 '博於詩書, 察於禮樂, 詳於萬物'에서 찾고 있지만, 묵가는 '尊天事鬼, 愛人節用'을 중시함을 나타내고 있다.

【公孟子曰 貧富壽夭, 齰然在天, 不可損益. 又曰 君子必學. 子墨子曰 敎人學而 執有命, 是猶命人葆而去亓冠也.】

공맹자 왈, 빈부수요는 확실히 하늘에 달린 것이어서 덜 수도 보탤 수도 없다. (하늘이 빈틈없이 미리 정해 놓은 것이므로) 또 군자는 반드시 배워야 한다고 말한다. 이에 묵자 왈, 사람들에게 배워야 한다고 가르치면서 운명론을 고집하는 것은 사람들에게 관을 쓰는 상투를 틀라고 명령하면서 그 관을 버리라고 말하는 것과 같다.
'齰然'(색연)은 빈틈없이 짜인 것.
'葆'(보)는 싸메는 것. 머리를 묶어 꼭지를 만든 상투.
'亓'(기)는 '其'의 古語.

▶ 이 단락에서는 유가의 운명론을 비판한다. 유가의 숙명론에 따르면 사람이 애써 배우거나 노력할 필요가 없을 것이다. 하지만 묵가는 사람들의 노력 여하에 따라 얼마든지 운명을 개선할 수 있다는 점을 강조한다. 운명아, 비켜라! 내가 간다.

【公孟子謂子墨子曰 有義不義, 無祥不祥. 子墨子曰 古聖王 皆以鬼神爲神明, 而爲禍福, 執有祥不祥, 是以政治而國安也. 自桀紂

以下 皆以鬼神爲不神明, 不能爲禍福, 執無祥不祥, 是以政亂而國危也. 故先王之書, 子亦有之曰 丌傲也, 出於子不祥, 此言爲不善之有罰, 爲善之有賞.】

공맹자가 묵자에게 말하기를, 의로움과 의롭지 못함은 있어도, 상서로움과 상서롭지 못함은 없습니다. 묵자 왈, 옛 성왕은 모두 귀신이 신명하고 복과 재앙을 내린다고 믿었으며, 상서로움과 상서롭지 못함이 있다고 주장했습니다. 그로써 정사는 다스려지고 나라는 안정되었다. 걸주의 폭군 이래로 모두 귀신이 신명하지 않아서 화복을 내릴 수 없다고 생각해서, 상서로움과 상서롭지 못함이 없다고 주장했습니다. 이러니 정사는 어지럽고 나라는 위태로웠다. 옛 선왕의 책인 기자 편에 이르기를 '그들이 오만한 것은 그들이 상서롭지 못한 데서 나온 것이다. 이 말은 불선한 행동을 하면 벌이 있고, 선한 행동을 하면 상이 있다는 것이다.

'執'(집)은 주장하다. 고집하다.
'子亦'(자역)은 '丌子'(기자) 즉 箕子의 잘못.
'丌傲'(기오)는 오만하게 구는 것, 귀신을 업신여기는 것.

▶ 이 단락에서는 「明鬼」편의 내용과 같다. 귀신은 인간의 善과 不善을 관장하고 있다. 그래서 귀신이 복도 내리고 재앙도 내린다는 것이다.

【子墨子謂公孟子曰 喪禮, 君與父母 妻 後子死, 三年喪服, 伯父 叔父 兄弟期, 族人五月, 姑 姊 舅 甥皆有數月之喪. 或以不喪之閒, 誦詩三百, 弦詩三百, 歌詩三百, 舞詩三百. 若用子之言, 則君子何日以聽治? 庶人何日以從事? 公孟子曰 國亂 則治之, 國治 則爲禮樂. 國治 則從事, 國富 則爲禮樂. 子墨子曰 國之治

(治之故治也), 治之廢 則國之治亦廢. 國之富也, 從事故富也. 從事廢 則國之富亦廢. 故雖治國, 勸之無饜, 然後可也. 今子曰 國治 則爲禮樂, 亂 則治之. 是譬猶噎而穿井也, 死而求醫也. 古者三代暴王桀紂幽厲, 薾爲聲樂, 不顧其民, 是以身爲刑戮, 國爲戾虛者, 皆從此道也.】

묵자가 공맹자에게 말하길, 상례에 따르면 군주와 부모 처 맏아들이 죽으면, 3년간 상복을 입고, 백부 숙부 형제는 일 년간 상복을 입고, 그 외 친족은 5개월 상복을 입고, 고모· 여자 형제들·고종과 이종은 모두 수개월 동안 상복을 입는다. 간혹 상복을 입지 않는 기간에는 시 3백을 암송하고, ,시 3백을 현악기로 연주하며, 시 3백을 노래하며, 시 3백을 춤추기도 한다. 그대의 말에 따르면 군자는 어느 사이에 정사를 돌보고, 서인들은 어느 사이에 일하는가? 공맹자 왈, 나라가 어지러우면 다스리고, 나라가 다스려지면 예약을 한다. 나라가 다스려지면 일을 하고, 나라가 부유해지면 예약을 한다. 묵자 왈, 나라가 다스려지는 것은 잘 다스리기 때문에 다스려지는 것이고, 다스림이 없다면 나라의 다스림 역시 없게 된다. 나라가 부유한 것은 일하기 때문에 부유한 것이다. 일하지 않으면 나라의 부유함 역시 없게 된다. 그러기 때문에 나라의 다스림은 쉬지 않고 열심히 노력해야만 (勸之無厭) 가능한 것이다. 지금 그대는 나라가 다스려지면 예약을 하고, 어지러우면 다스린다고 말했다. 이것은 비유하자면 목이 마르면 우물 파는 격이고, 죽으면 의사를 찾는 것과 같다. 옛날 삼대 폭군인 걸주유려 음악을 성대히 하면서 자기 백성들을 돌보지 않아서, 이로써 자기 몸이 찢기는 형벌을 당했던 것이며 나라는 폐허가 된 것은 모두 이와 같은 폭군의 道를 따랐기 때문이다.

'後子'(후자)는 '長子'(맏아들)를 말한다.
'期'(기)는 한 돌. 1년 喪 즉 一周年을 말한다.
'姑姊舅甥'(고자구생)은 고모와 여자 형제 그리고 고종 이종.
'廢'(폐)는 폐기하다, 없다.
'勸之無饜'(근지무염)은 부단히 권면하다.
'噎'(열)는 목이 메다.
'藹'(이)는 꽃이 만발한 모양. 화려하고 성대히 하다.
'戾虛'(여허)는 무너져 폐허가 되는 것.

▶ 이 단락은 절장편과 비악편을 보충한 것이다. 공자 이후에도 유가는 지배층의 덕목을 예와 음악에서 찾으며 매우 중시했으나, 묵가는 부지런히 (從事, 勤勉)하는 것을 중시하여 음악을 부정하고 禮를 최소화해야 한다고 주장했다. 즉 운명은 없다. 오직 노력뿐!

【公孟子曰 無鬼神. 又曰 君子必學祭祀. 子墨子曰 執無鬼而學祭禮, 是猶無客而學客禮也, 是猶無魚而爲魚罟.】

공맹자 왈, 귀신은 없습니다. 또 말하기를, 군자는 반드시 제사 지내는 법을 배워야 한다고 말하자. 묵자 왈, 귀신이 없다면서 제례를 배워야 한다고 주장하는 것은 이것은 마치 손님이 없는데 고객 접대 법을 배우는 것과 같고, 물고기가 없는데 어망을 만드는 것과 같다.

'罟'(고)는 고기 잡는 그물.
▶ 이 단락에서는 유가가 귀신이 없다면서, 제사를 숭상하는 것은 서로 모순된다는 점을 지적하고 있다.

【公孟子謂子墨子曰 子以三年之喪禮爲非, 子之三月之喪亦非也. 子墨子曰 子以三年之喪非三月之喪, 是猶裸謂撅者不恭也.】

공맹자가 묵자에게 말하기를, 선생이 삼년상을 그르다고 말한다면, 선생이 주장하는 삼월상도 역시 그른 것입니다. 묵자 왈, 그대가 삼년상을 들어 삼월 상을 비난하는 것은 이것은 마치 벌거벗은 자가 옷을 걷어 올린 자를 공손치 못하다고 하는 것과 같다.

'裸'(나)는 나체, 벌거벗은 것.
'撅'(궤)는 옷자락을 걷어 올린 것.

▶ 이 단락에서 유가는 묵자가 삼년상을 비판한 것에 대해 묵가의 삼월 상도 마찬가지 아니냐는 주장이다. 묵자가 《厚葬久喪》을 비판하였으나 상복을 얼마 동안 입어야 하는지는 구체적으로 제시하지 않았다. 『韓非子』「顯學」편에는 묵자가 삼월 상을 주장했다고 하지만 현재로는 그 근거를 찾기 어렵다.

【公孟子謂子墨子曰 知有賢於人, 則可謂知乎? 子墨子曰 愚之知有以賢於人, 而愚豈可謂知矣哉?】

아는 것이 남보다 나으면 지혜롭다고 할 수 있습니까? 묵자 왈, 어리석은 자의 앎도 남보다 나은 것이 있지만, 어리석은 자를 어찌 지혜롭다고 할 수 있겠습니까?

'知'(지), 앞에 있는 것은 '아는 것', 뒤에 있는 것은 '지혜'로 읽어야 한다.

※ 아는 것과 지혜로움은 다르다고 본다. 아무리 지식이 많다고

하더라도 지혜롭지 않을 경우가 많다.
【公孟子曰 三年之喪, 學吾慕父母. 子墨子曰 夫嬰兒之知, 獨慕父母而已. 父母不可得也, 然號而不止, 此亓故何也? 卽愚之至也. 然則儒者之知, 豈有以賢於嬰兒子哉?】

공맹자 왈, 삼년상은 우리 자식들이 부모를 흠모하는 것을 배우는 것이다. 무릇 어린아이의 지혜는 오직 부모만을 흠모할 뿐이다. 부모가 어찌할 수 없는데도, 울면서 그치지 않습니다. 이것은 무엇 때문입니까? 어린아이가 지극히 어리석기 때문입니다. 그러므로 유가들의 지혜가 어찌 어린아이들보다 낫다고 하겠습니까?

'父母不可得也'는 '不可得父母也'의 倒置로 보인다. 그래서 '부모가 없는 경우'로 읽을 수 있다.

▶ '사람은 어려서 부모의 무릎에서 3년을 놀았으니, 3년 상을 해야 한다'라고 유가는 주장한다. 이 단락은 유가의 지혜가 어찌할 수 없는 상황에서도 울면서 떼쓰는 어린아이와 같이, 삼년상을 주장하는 것은 어리석다는 것이다.

【子墨子問於儒者曰 何故爲樂? 曰 樂以爲樂也. 子墨子曰 子未我應也. 今我問曰 何故爲室? 曰 冬避寒焉, 夏避暑焉, 室以爲男女之別, 則子告我爲室之故矣. 今我問曰 何故爲樂? 曰 樂以爲樂也. 是猶曰 何故爲室? 曰 室以爲室也.】
묵자가 유가에게 물었다. 무엇 때문에 음악을 합니까? (음악을 하는 **목적이 무엇인가**를 물은 것이다) 대답하길, 즐거우므로 음악을 한다고 했다. 묵자 왈, 그대는 나의 질문에 대답하지 않았다. 지금 내가 무엇 때문에 집을 짓느냐고 물었을 때, 그 대답은 겨울에 추위를 피하고, 여름에 더위를 피하며, 집이 있어 남녀지간을 분별하기 위함이라고 했다면, 그대는 나에게 집을 짓는 까닭을 알려준 것이 된다. 그런데 내가 묻기를, 무엇 때문에 음악을 하느냐고 했는데, 즐거우므로 음악을 한다고 하였다. 이것은 마치 무엇 때문에 집을 짓느냐는 물음에 집 때문에 집 짓는다고 대답한 것과 같습니다.

'爲樂'(위악)은 '從事於音樂'으로 음악을 한다.

▶ 儒家가 숭상하는 음악을 비판하고 있다. 즉 음악은 집(室)과 같은 효용이 없음을 강조하면서, 묵자의 논리적 비유가 드러난 단락으로 보인다.

【子墨子謂程子曰 儒之道足以喪天下者, 四政焉. 儒以天爲不明, 以鬼爲不神, 天鬼不說, 此足以喪天下. 又厚葬久喪, 重爲棺槨, 多爲衣衾, 送死若徙, 三年哭泣, 扶後厚起, 杖後行, 耳無聞, 目無見, 此足以喪天下. 又弦歌鼓舞, 習爲聲樂, 此足以喪天下. 又以命爲有, 貧富壽夭治亂安危有極矣, 不可損益也, 爲上者行之, 必不聽治矣, 爲下者行之, 必不從事矣, 此足以喪天下. 程子曰 甚矣! 先生之毀儒也. 子墨子曰 儒固無此若四政者, 而我言之, 則是毀也. 今儒固有此四政者, 而我言之, 則非毀也. 告聞也. 程子無辭而出. 子墨子曰 迷之! 反後坐, 進復曰 鄕者先生之言有可聞者焉, 若先生之言, 則是不譽禹, 不毀桀紂也. 子墨子曰 不然, 夫應孰辭, 稱議而爲之, 敏也. 厚攻則厚吾, 薄攻則薄吾. 應孰辭而稱議, 是猶荷轅而擊蛾.】

묵자가 정자에게 말하길, 유가의 道는 천하를 해치기에 족한 네 가지 가르침이 있다. 유가는 하늘을 밝지 않고, 귀신은 신령하지 않다고 여겨 하늘과 귀신을 기쁘게 하지 않으니, 이것이 천하를 망치게 하기에 족하다. 또 후장구상하여 겹겹이 관곽을 만들고 많은 옷과 이불을 만들어 죽은 자를 보내는 것을 마치 디사하듯 하며, 3년을 곡읍해서, 부축한 후에야 일어날 수 있고, 지팡이를 짚어야 걸을 수 있고, 귀로는 들을 수 없고, 눈으로는 볼 수 없으니, 이것은 천하를 망치기에 충분하다. 또 현악기를 타고 노래 부르고 춤추며, 음악에 익숙하니 이것도 천하를 망치게 하기에는 충분하다. 또 운명이 있다고 여겨, 빈부수요와 치란 안위는 정해져 있으니 덜 수도 더할 수도 없고, 윗사람이 그것을 믿고 행하면 반드시 다스림에 힘쓰지 않고, 아랫사람이 이를 믿고 행하면 일에 종사하지 않는다. 이것이 충분히 천하를 망치게 한다. 정자 왈, 심하십니다! 선생의 유가 비난이! 묵자 왈, 유가에 진실로 이와 같은 네 가지 가르침이 없다면 그렇다면 나의 말은 헐뜯는 것이 된다. 지금 유가에 이 네 가지 가르침이 있다면 나의 말은 헐뜯는 것이 아니라, 들은 것을 말한 것이다. 정자가 말없이 나갔다. 묵자 왈, 미혹되어 있소. 돌아오시오! 돌아와 앉은 후에 다시 다가가 말하기를, 방금 전 선생의 말씀은 문제(잘못)가 있습니다. 만약에 선생의 말씀에 따르게 되면, 이것은 우임금을 칭송하지 아니하고, 걸주를 비난하지 않은 것입니다. 묵자 왈, 그렇지 않습니다. 익히 다 아는 말로 대답할 적에는 이론에 어울리게 대응하는 것이 명민한 것이다. 두텁게 공격하면 나를 두텁게 방어하고, 엷게 공격하면 나를 엷게 방어한다. 익히 잘 아는 말로 대답하여 이론에 어울리게 말하지 아니하는 것은, 이것은 마치 수레채를 들고서 개미를 치는 것과 같습니다.

'四政'(사정)은 네 가지 정치나 정책.
'棺槨'(관곽)은 속널과 겉널.
'衣衾'(의금)은 옷과 이불이나, 여기서는 壽衣(수의: 시체에 입히는 옷).
'有極'(유극)은 정해진 법도가 있다.

'後坐'(후좌)에서 '後'는 '復'의 잘못이다. 되돌아와 앉는 것.
'復曰'(복왈)은 아뢰다. 말하다.
'鄕者'(향자)는 조금 전.
'可聞者'(가문자)에서 '聞'은 問의 잘못. (필원의 설) 곧 비난할 수 있는 것. '問'은 '非也'.
'孰辭'(숙사)는 '익히 아는 말', '孰'은 익숙한 '熟'으로 읽는다.
'稱議'(칭의)는 이론에 맞게 하다.
'攻'(공)은 논박하다.
'吾'(오)는 御와 통하여 방어한다는 뜻. 즉 禦(어)이다.
'轅'(원)으로 수레채.
'蛾'(아)로서 개미.

【유가의 四政에 대한 비판】
첫째, 후장구상. 둘째, 지나친 가무. 셋째, 하늘과 귀신을 섬기지 않는 것. 넷째, 운명론에 대한 믿음.
▶ 이 단락은 유가의 전통을 이어받은 풍우란도 이 네 가지 가르침(四政)을 "유가에 대한 묵가 비판의 핵심"이라고 지적할 정도로 유가를 비판하고 있다. 정자는 묵자의 제자인데도, 묵자의 유가에 대한 비판이 심하지 않으냐고 할 정도이다.

【子墨子與程子辯, 稱於孔子. 程子曰 非儒, 何故稱於孔子也? 子墨子曰 是亦當 而不可易者也. 今鳥聞熱旱之憂則高, 魚聞熱旱之憂則下, 當此雖禹湯爲之謀, 必不能易矣. 鳥魚可謂愚矣, 禹湯猶云因焉. 今翟曾無稱於孔子乎?】

묵자가 정자와 변론을 하다가 공자를 칭찬했다. 정자 왈, 유가를 비난하면서 어째서 공자를 칭찬합니까? 묵자 왈, 이것 역시 합당하여 바꿀 수 없기 때문이다. 지금 새도 땅이 덥고 건조할 우려가 있으면 높이 날고, 물고기도 땅이 덥고 건조할 우려가 있으면 아래로 내려갑니다. 이점에 대해서는 비록 우탕의 지모로도 결코 바꿀 수 없다. 새와 물고기가 어리석다고 하지만 우탕도 여전히 그대로 따른다. 지금 내가 어찌하여 공자를 칭찬하지 않겠는가?

【묵자의 합리적 자세】"是亦當而不可易者也"
'누구의 말이라도 합리적이라면, 따를 수밖에 없다'라는 열린 자세로 보인다.

【有遊於子墨子之門者, 身體强良, 思慮徇通, 欲使隨而學. 子墨子曰 姑學乎, 吾將仕子. 勸於善言而學. 其年 而責仕於子墨子. 子墨子曰 不仕子, 子亦聞夫魯語乎? 魯有昆弟五人者, 亓父死, 亓長子嗜酒而不葬, 亓四弟曰 子與我葬, 當爲子沽酒. 勸於善言而葬. 已葬, 而責酒於亓四弟. 四弟曰 吾未予子酒矣, 子葬子父, 我葬吾父, 豈獨吾父哉? 子不葬, 則人將笑子, 故勸子葬也. 今子爲義, 我亦爲義, 豈獨我義也哉? 子不學, 則人將笑子, 故勸子於學.】

묵자의 문하에 노니는 제자가 있었는데, 신체가 건강하고 생각이 잘 통하여 자기를 따라 배우게 하고 싶었다. 묵자 왈, 우선 배워라. 그러면 장차 그대를 벼슬 시켜주겠다. 좋은 말로 권유하여 배우게 되었고 일 년이 되자 묵자에게 벼슬하게 해 달라고 요구했다. 묵자 왈, 그대를 벼슬하게 할 수 없다. 그대도 노나라의 이야기를 들었겠지? 노나라에 다섯 형제가 있었는데, 그 부친이 죽자 그 장남이 술을 좋아해서 장사를 치르지 아니하였다. 그 나머지 네 형제가 말하기를, 형님이 우리와 함께 장례를 치르면 마땅히 그대에게 술을 사겠다. 좋은 말로 권유하여 장사를 지냈다. 장례를 치르고 나서 네 형제에게 술을 사라고 요구하였다. 네 형제가 말하기를, 우리는 그대에게 술을 사줄 수 없다. 그대는 그대 부친의 장례를 치렀고 우리는 우리 부친의 장례를 치렀다. 어찌 우리만의 부친이겠소? 형님이 장례를 치르지 아니하면 사람들이 형님을 보고 비웃을 것이기에 그래서 형님에게 장례 치를 것을 권했다. 지금 형님은 義를 행했고 우리 역시 義를 행했다. 어찌 우리만의 義이겠는가? 그대가 배우지 아니했다면 사람들이 그대를 보고 비웃었을 것이다. 그래서 그대에게 배우기를 권했다.

'徇通'(순통)은 '徇通'(순통)의 잘못. '徇'은 '재빠르다'는 뜻. 그래서 '빠르게 통한다'라는 의미이다.
'姑'(고)는 잠시.
'昆弟'(곤제)는 '兄弟'(형제).
'沽酒'(고주)는 술을 사주다.

【묵자의 교육 목적은 義를 배워서 실천하게 하는 데 있다】

▶ 묵자가 '배우는 일(學)과 의로움을 행함(爲義)을 동일시한다'라는 그의 교육관을 이 단락에서 볼 수 있다. 묵자는 義는 利이며 正이라고 했다. 배움의 목적이 다른 사람을 이롭게 해서 결국 자기 자신도 이롭게 되는 원리를 묵자는 알고 있었다. 배움이 없으면 자신을 바로잡는 것도 힘듦으로 배우라는 것이다.

【有遊於子墨子之門者, 子墨子曰 盍學乎? 對曰 吾族人無學者. 子墨子曰 不然, 夫好美者, 豈曰 我族人莫之好 故不好哉? 夫欲富貴者, 豈曰 我族人莫之欲 故不欲哉? 好美, 欲富貴者, 不視人 猶强爲之. 夫義, 天下之大器也, 何以視人必强爲之?】

묵자의 문하에서 노니는 자에게 묵자가 말하기를, 어찌 배우려 하지 않는가? 그가 대답하기를 우리 집안사람들은 배운 자가 없습니다. 묵자 왈, 그렇지 않다. 무릇 아름다움을 좋아하는 자가, 어찌 우리 집안사람들이 아름다움을 좋아하지 않아서 그래서 아름다움을 좋아하지 않는다고 하겠는가? 무릇 부귀를 바라는 자가 어찌 우리 집안사람들은 부귀하기를 바라는 사람이 없어서 부귀하기를 바라지 않는다고 말하겠는가? 아름다움을 좋아하고 부귀하기를 바라는 자는 남의 시선을 의식하지 않고 오히려 힘써 행한다. 무릇 의로움은 천하의 대기이다. 무엇 때문에 남의 시선을 의식하면서 힘써 그것을 할 것인가?

'盍'(합)은 '어찌 ~ 하지 않는가?'
'不視人'(불시인)은 '남을 의식하지 않는다'.

【배움에는 귀천이 불문이다】

▶ 의로운 일을 하는데 남의 시선을 의식할 필요가 없다는 것이다. 왜냐하면, 의로운 행위는 천하의 소중한 것이기 때문이다.

【有遊於子墨子之門者, 謂子墨子曰 先生以鬼神爲明知, 能爲禍人哉福, 爲善者富之, 爲暴者禍之. 今吾事先生久矣, 而福不至, 意者先生之言有不善乎? 鬼神不明乎? 我何故不得福也? 子墨子曰 雖子不得福, 吾言何遽不善 而鬼神何遽不明? 子亦聞乎匿徒之刑之有刑乎? 對曰 未之得聞也. 子墨子曰 今有人於此, 什子, 子能什譽之, 而一自譽乎? 對曰 不能. 有人於此, 百子, 子能終身譽亓善, 而子無一乎? 對曰 不能. 子墨子曰 匿一人者猶有罪, 今子所匿者若此亓多, 將有厚罪者也, 何福之求?】

묵자의 문하에서 노니는 제자가 묵자에게 물었다. 선생은 귀신이 밝고 지혜로워서 사람들에게 禍福을 내릴 수 있어 선행한자는 부하게 해주고 포악한 자에게는 재앙을 내린다고 했다. 지금 우리는 선생을 오랫동안 섬겨왔는데 복이 이르지 않고 있다. 생각건대, 선생의 말씀이 선하지 않거나 귀신이 밝지 않은 것이 아니겠습니까? 제가 무슨 이유로 복을 받지 못합니까? 묵자 왈, 비록 그대가 복을 받지 못했을지라도 내 말이 어찌 불선한 것이 있고, 귀신이 어찌 영명하지 않겠는가? 그대도 죄인을 숨겨주는 것도 죄가 된다는 것을 들었겠지? 대답하기를, 아직 듣지 못했습니다. 여기에 어떤 사람이 그대보다 열 배 착한 사람이 있다면 그대는 그를 열 번 칭찬하고 그대 자신은 한 번만 칭찬할 수 있겠는가? 대답하기를, 그럴 수 없습니다. 여기에 그대보다 백 배 착한 사람이 있다면 그대는 종신토록 그 착함을 칭찬하고 그대는 스스로 한 번도 칭찬하지 않을 수 있겠는가? 대답하기를, 그렇게 할 수 없습니다. 묵자 왈, 한 사람을 숨겨도 오히려 죄가 되는데 지금 그대는 숨기는 것이 이처럼 많으니 죄가 두텁다고 하겠다. 어찌 복을 구하겠는가?

'能爲禍人哉福'은 '能爲人禍福哉'로 바꿔야 한다.
'意者'(의자)는 '생각건대'.
'何遽'(하거)는 두 글자 모두 '何'의 뜻.
'匿徒之刑之有刑乎'는 '匿刑徒之有刑乎'의 잘못.
'什子'(십자)는 '什倍於你'(십배어니)로 너보다 열 배.

【子墨子有疾, 跌鼻進而問曰 先生以鬼神爲明, 能爲禍福, 爲善者賞之, 爲不善罰之. 今先生聖人也, 何故有疾? 意者先生之言有不善乎? 鬼神不明知乎? 子墨子曰 雖使我有疾 何遽不明? 人之所得於病者多方, 有得之寒暑, 有得之勞苦, 百問而閉一問焉, 則盜

何遽無從入?】

묵자가 병에 걸리자 질비가 찾아와서 물었다. 선생은 귀신이 영명하여 능히 화복을 내릴 수 있고 선행을 한 자에게는 상을 주고, 불선행한 자에게는 벌을 내린다고 하였다. 지금 선생은 聖人이신데, 어째서 병이 나셨습니까? 생각건대, 선생의 말에 불선한 것이 있습니까? 아니면 귀신이 영명하지 못합니까? 묵자왈, 비록 내가 병들었으나 어찌 귀신이 영명하지 않겠는가? 사랑이 병드는 것은 여러 가지 원인이 있다. 추위와 더위로도 병을 얻고, 힘들게 일해서 병이 들 수도 있다. 백 개의 문이 있는데 한 개의 문을 닫는다고 도둑이 어찌 들어오지 못하겠는가?

'爲明'(위명)은 明을 밝힌다. 是非善惡을 밝힌다.
'多方'(다방) 多方面의 원인이 있다.

【누구에게나 빈틈은 있다.】 "百門而閉一門焉 則盜何遽無從入?"

【二三者復於子墨子學射者. 子墨子曰 不可, 夫知者必量亓力所能至 而從事焉. 國士戰且扶人, 猶不可及也. 今子非國士也, 豈能成學又成射哉?】

몇 사람의 제자들이 묵자에게 활 쏘는 법을 배우겠다고 고했다. 물자 왈, 안 된다. 무릇 지혜로운 자는 반드시 자신의 능력이 이르는 바를 헤아려 일에 종사한다. 나라의 전사가 전쟁하면서 남을 도울 수는 없다. 오히려 둘 다 이룰 수 없기 때문이다. 지금 그대는 나라의 전사가 아니다. 어찌 능히 학문을 이루고 또 활쏘기도 잘 할 수 있겠는가?

'復'(부)는 告也.

'扶人'(부인)은 다른 사람을 돕는다.
【자기 역량에 적합한 일을 해야 한다】 "夫知者 必量亓力所能至 而從事焉"

▶ 이 단락에서 묵자는 자기 능력에 적합한 일을 헤아려서 직업을 정하되 '각 분야의 전문가'가 되어 서로 협력 협동할 것을 제안한다. 이것이 겸애이고 상동이다.

【二三者復於子墨子曰 告子曰 言義而行甚惡. 請棄之. 子墨子曰 不可, 稱我言 以毁我行, 愈於亡也. 有人於此, 翟甚不仁, 尊天事鬼, 愛人, 甚不仁, 猶愈於亡也. 今告子言談甚辯, 言仁義而不吾毁, 告子毁, 猶愈於亡也.】

몇 명의 제자들이 묵자에게 고하기를, 고자가 말하기를 선생은 말은 義로우나 행실은 심히 악하다고 말하였습니다. 청컨대 그를 버리십시오. 묵자 왈, 아니다. 나의 말을 칭찬하고 나의 행실을 비난하는 것은 없는 것보다 낫다. 여기에 어떤 사람이 묵자는 어질지 않다. 하늘을 존중하고 귀신을 섬기며 인민을 사랑하지만, 심히 어질지 못하다고 말한다면 이것도 오히려 말하지 않는 것보다는 낫다. 지금 고자의 언담은 매우 논쟁적인데, 내가 仁義를 말하는 데 나를 비난하지 아니하니, 고자의 비난은 오히려 없는 것보다 나은 것이다.

'告子毁'(고자훼)는 '告子毁 墨子之行'의 뜻.
'甚辯'(심변)은 '强辯'이다.

【二三者復於子墨子曰 告子勝爲仁. 子墨子曰 未必然也! 告子爲仁, 譬猶跂以爲長, 隱以爲廣, 不可久也.】

몇 명의 제자들이 묵자에게 고하기를, 고자가 어질다고 할만합니까? 묵자 왈, 아직은 반드시 그렇지 않다. 고자가 仁하다고 여기는 것은 비유하자면 발돋움하여 키를 늘리고, 가슴을 뒤로 제치고 넓다고 하는 것과 같다. 오래갈 수 없다.

'勝'(승)은 감당하다. ~할만하다.
'跂'(기)는 발뒤꿈치를 드는 것.
'隱'(은)은 偃(언)과 통하여 몸을 뒤로 젖혀 가슴을 넓게 펴는 것.

▶ 이 단락에서는 어짊이란 억지로 해서 행해지는 것이 아니라, 오랜 수양을 통해서 체득되어 드러나는 것이다. 고로 고자의 위선적이고 일시적인 어짊은 오래 갈 수 없다는 것을 말하고 있다.

【告子謂子墨子曰 我治國爲政. 子墨子曰 政者, 口言之, 身必行之. 今子口言之, 而身不行, 是子之身亂也. 子不能治子之身, 惡能治國政? 子姑亡, 子之身亂之矣!】

고자가 묵자에게 말했다. 저는 나라를 다스려 정치할 수 있습니다. 묵자 왈, 정치란 입으로 말한 것을 몸으로 반드시 행하는 것이다. 지금 그대는 입으로는 말하지만, 몸소 실천하지 않는다. 이것은 그대의 몸이 어지러운 것이다. 그대는 자신의 몸도 다스리지 못하면서 어찌 능히 국정을 다스릴 수 있겠는가? 그대는 반드시 그만두어라. 그대의 몸이 국정을 어지럽힌다.

【修心後實踐】

▶ 이 단락에서 묵자는 말과 행동의 일치를 강력히 주장한다. 그

런데 언행이 일치하지 않는 자가 정치를 하겠다고 하니 그만두라고 권한 것이다. 그러면서 자신의 몸을 먼저 닦으라고 충고한다.

4. 魯問

 이편은 魯나라 임금과의 대화를 통해 전쟁을 부정하는 묵자의 사상 즉「非攻」을 說하고 있다.

【魯君謂子墨子曰 吾恐齊之攻我也, 可救？ 子墨子曰 可, 昔者 三代聖王禹湯文武, 百里之諸侯也, 說忠行義, 取天下. 三代暴王桀紂幽厲, 讎怨行暴, 失天下. 吾願主君, 之上者尊天事鬼, 下者愛利百姓, 厚爲皮幣, 卑辭令, 亟遍禮四隣諸侯, 敺國而以事齊, 患可救也. 非此, 願無可爲者.】

노나라 군주(魯 穆公)가 묵자에게 말하기를, 나는 제나라가 우리나라를 공격할까 두렵다. 막을 수 있을까요? 묵자 왈, 막을 수 있습니다. 옛 삼대 성왕인 우탕문무는 사방이 백리 밖에 안 된 제후국이었다. 그러나 '충언을 좋아하고 의를 행하여' 천하를 얻었습니다. 삼대 폭군인 걸주유려는 충성된 간언을 미워하고 포악한 행동을 하여 천하를 잃었다. 내가 원하는 것은 주군께서 위로는 하늘을 존중하고 귀신을 섬기며, 아래로는 백성을 사랑하고 이롭게 하며, 후하게 예물을 갖추어, 하는 말과 명령을 신중히 하며, 속히 두루 예로써 주변 제후들을 대하며, 온 나라가 힘을 모아 제나라에 대처하면 환란으로부터 구제될 것입니다. 이것이 아니고는 진실로 어떻게 할 수가 없다.

'魯君'(노군)을 손이양은 魯 나라 穆公이라고 하나,『禮記』「壇弓」 상편에 穆公이 묵자의 제자인 縣子를 불러 물었다고 했으니, 이에 따르면 穆公은 子思의 末年이 며 縣子와 동시대 사람이다. 穆公이 즉위한 것은 공자가 죽은 후 69년 뒤의 일이다. 그러므로 魯君은 悼公이거나 元公일 것이다.

'說忠行義'(열충행의)는 說을 悅로 보아 충언을 좋아하고 義를 행한다.

'讎怨'(수원)에서 '怨'은 '忠'의 잘못으로, 忠言을 미워하다로 읽는다.

'皮幣'(피폐)는 모피와 비단으로 예물.

'卑'(비)는 낮게 하다, 신중히 하다.

'亟'(극)은 速也, 빠르게 하다.

'遍'(편)은 周也로 두루.

'敺國'(구국)은 나라를 몰아, 즉 '나라의 역량을 총동원하여'로 읽는 편이 맞는 것 같다. '敺國而以事齊'를 '敺國而 以齊爲事'로 읽어, '나라의 역량을 총동원하여 제나라의 침략을 막는다'로 해석한다.

'願'(원)은 固와 통하여 진실로.

▶ 이 단락에서는 전쟁을 대비하는 방법을 말하고 있다. 먼저 말과 명령을 신중히 하면서 충성된 간언을 받아들이고, 義로운 행동을 한다면 나라는 구제되리라는 것이다.

【齊將伐魯, 子墨子謂項子牛曰 伐魯, 齊之大過也. 昔者吳王東伐越, 棲諸會稽, 西伐楚, 葆昭王於隨. 北伐齊, 取國子以歸於吳. 諸侯報其讎, 百姓苦其勞, 而弗爲用, 是以國爲虛戾, 身爲刑戮也. 昔者智伯伐范氏與中行氏, 兼三晉之也, 是以國爲虛戾, 身爲刑戮也. 用是也. 故大國之攻小國也, 是交相賊也, 過必反於國.】

제나라가 노나라를 공격하려 하자, 묵자가 항자우(승작)에게 말하기를, 노나라를 공격하는 것은 제나라의 큰 과실이 될 것이

- 494 -

다. 옛날 오왕 부차가 동쪽으로 월나라를 공격하여 월왕 구천을 회계산에 가두어 두고, 서쪽으로 초나라를 공격하여 소왕을 수라는 땅에 잡아 두고, 북쪽으로 제나라를 공격하여 국자를 사로잡아 오나라로 돌아왔다. 이에 제후들은 원수를 갚으려 하였고, 백성들은 노역에 고통스러워 부릴 수가 없었다. (백성들은 전쟁에 지치고 재화를 생산할 수 없었으므로: 百姓苦其勞, 而弗爲用) 이렇게 되니 나라는 폐허가 되고 몸은 형을 받아 찢기게 되었습니다. 옛날 지백이 범씨와 중행씨를 공격하여 삼진의 땅을 겸병하자 제후들이 그 원수를 갚으려 하고, 백성들이 노역에 지쳐 재화를 생산할 수가 없었다. 그래서 나라는 폐허가 되고 몸은 형벌로 찢기어 죽게 되었는데, 이 때문이었습니다. 그래서 대국이 소국을 공격하는 것은 서로를 해치는 것이며, 그 과보가 반드시 자기 나라로 되돌아옵니다.

'棲諸會稽'(서제회계)는 월 왕 句踐이 회계로 쫓겨나 목숨을 부지하였다.
'棲'(서)는 잡아 놓다.
'吳王'은 夫差(부차)로 越 나라와의 전쟁에서 승리하였으나, 越王 句踐이 臥薪嘗膽(와신상담)한 후 吳 나라를 멸망시키자 자살하였다.
'葆'(보)는 保로, 잡아 가두다.
'隨'(수)는 지명.
'國子'(국자) 제 나라의 장군 이름.
'虛戾'(허려)는 폐허가 되는 것.
'刑戮'(형륙)은 형벌을 받고 죽는 것.
'用是'(용시)에서 用은 以와 통하여, '이 때문', '그런 까닭'.

▶ 이 단락에서는 非攻편을 보충하는 사례로 보인다. 전쟁은 서

로를 피폐하게 하여 결국 두 나라가 모두 손해이며, '남을 공격한 과보는 반드시 되갚은 받는다'라는 점을 강조하고 있다.

【子墨子見齊大王曰 今有刀於此, 試之人頭, 倅然斷之, 可謂利乎? 大王曰 利. 子墨子曰 多試之人頭, 倅然斷之, 可謂利乎? 大王曰 利. 子墨子曰 刀則利矣, 孰將受其不祥? 大王曰 刀受其利, 試者受其不祥. 子墨子曰 幷國覆軍, 賊殺百姓, 孰將受其不祥? 大王俯仰而思之曰 我受其不祥.】

묵자가 제나라 대왕(태공 田常: 전성자)을 알현하고 말했다. 지금 여기에 칼이 있는데 시험 삼아 사람의 머리를 순식간에 잘랐습니다. 예리하다고 말할 수 있습니까? 대왕 왈, 예리합니다. 묵자 왈, 여러 번 시험 삼아 사람의 머리를 순식간에 잘랐습니다. 예리하지요? 대왕 왈, 예리합니다. 묵자 왈, 칼은 예리한데 누가 그 상서롭지 못함을 받을까요? 대왕 왈, 칼은 그 예리함을 증명했습니다. 그 시도한 자가 그 재앙을 받겠지요. 묵자 왈, 나라를 병합하고 군대를 전복시키고 백성을 다치게 하고 죽게 했다면 누가 그 재앙을 받을까요? 대왕이 고개를 숙였다 쳐들면서 생각하다가 말하기를, 내가 그 재앙을 받습니다.

'倅然'(졸연) 갑자기, 순식간에.
'利'(리)는 예리하다.
'俯仰'(부앙)은 '고개를 숙였다 드는 것'.

▶ 이 단락에서는 전쟁을 일으킨 사람의 과보는 결국 일으킨 사람에게 돌아가니 전쟁은 해서는 안 된다는 것을 말하고 있다.

【魯陽文君將攻鄭, 子墨子聞而止之, 謂陽文君曰 今使魯四境之內, 大都攻其小都, 大家伐其小家, 殺其人民, 取其牛馬狗豕布帛米粟 貨財, 則何若? 魯陽文君曰 魯四境之內, 皆寡人之臣也. 大都攻其小都, 大家伐其小家, 奪之貨財, 則寡人必將厚罰之. 子墨子曰 夫天之兼有天下也, 亦猶君之有四境之內也. 今擧兵將以攻鄭, 天誅亓不至乎? 魯陽文君曰 先生何止我攻鄭也? 我攻鄭, 順於天之志. 鄭人三世殺其父, 天加誅焉, 使三年不全. 我將助天誅也. 子墨子曰 鄭人三世殺其父 而天加誅焉, 使三年不全, 天誅足焉. 今又今擧兵將以攻鄭, 曰 我攻鄭, 順於天之志. 譬有人於此, 其子强梁不材, 故其父笞之, 其隣家之父擧木而擊之, 曰 吾擊之也, 順於其父之志 則豈不悖哉?】

노양문군이 정나라를 공격하려 하자, 묵자가 그 소문을 듣고 말리면서 말하기를, 지금 노나라 국경 내에서 큰 도읍이 작은 도읍을 공격하고 대가가 작은 집안을 공격하여 그 인민을 죽이고, 소와 말 개와 돼지 베와 비단 쌀과 수수 등의 재물을 빼앗는다면, 어떻게 하겠는가? 노양문군 왈, 노나라 국경 안은 모두 과인의 신하이다. 그런데 큰 도읍이 작은 도읍을 공격하고 대가가 소가를 공격하여 그 재물을 탈취한다면 과인은 반드시 그들을 엄히 벌할 것이다. 묵자 왈, 무릇 하늘이 천하를 전부 소유하고 있습니다. 비유하자면 군주가 사방 영토를 소유한 것과 같습니다. 군사를 일으켜 정나라를 공격하면 하늘의 주벌이 이르지 않을까요? 노양문군 왈, 선생은 어째서 내가 정나라를 공격하는 것을 막으려 하십니까? 내가 정나라를 공격하는 것은 하늘의 뜻에 따르는 것입니다. 정나라 사람들이 3대에 걸쳐 그 부모를 죽였습니다. 하늘이 주벌을 내려 삼 년에 걸쳐 흉년이 들게 했다면 나는 하늘의 주벌을 도우려는 것이다. 묵자 왈, 정나라 사람들이 3대에 걸쳐 그 부모를 죽였습니다. 하늘이 주벌을 내려 삼 년에 걸쳐 흉년이 들게 했다면 하늘의 주벌은 충분한 것 아닙니까? 지금 군사를 일으켜서 정나라를 공격하면서, 말하기를 내가 정나라를 공격하는 것은 '하늘의 뜻에 따르는 것이다'라고 했습니다. 비유하자면 여기에 어떤 사람이, 그 자식이 포악하고 사람이 될 것 같지 않아서 그 아비가 볼기를 치는데, 그 이웃집 아비가 몽둥이를 들고 그를 치면서 말하기를, '내가 그를 치는 것은 그 아비의 뜻에 따른 것이다'라고 말한다면, 어찌 도리에 어긋나지 않겠습니까?

'魯陽文君'은 楚 나라 平王의 손자인 公孫寬을 말한다.
'鄭人三世殺其父'『史記』鄭世家에 의하면, 哀公 8년에 애공을 죽이고, 그의 아우 丑(축)을 임금으로 세웠고, 다시 공공의 아들 幽公 원년에 한무자가 정나라를 공격하여 유공을 죽인다. 이 사건을 두고 말하는 것 같다.
'不全'(부전) 농사가 제대로 되지 않아 흉년이 든 것.
'强梁'(강량)은 불량한 것.
'不材'(부재)는 사람이 되지 못하다.
'笞'(태)는 매질.

【남의 일에 지나친 간섭 비판】

▶ 이 단락은 묵자의 비공론을 사례를 들어 설명하고 있다. 그러면서 誅伐과 攻伐의 개념도 곁들이고 있다. 誅伐을 빌미로 攻伐하려는 초나라의 노양문군을 만류하고 있다.

【子墨子謂魯陽文君曰 攻其隣國, 殺其民人, 取其牛馬 粟米 貨財, 則書之於竹帛, 鏤之於金石, 以爲銘於鍾鼎, 傳遺後世子孫 曰 莫若我多.
今賤人也, 亦攻其隣家, 殺其民人, 取其狗豕食糧衣裘, 亦書之於竹帛, 以爲銘於席豆, 以遺後世子孫 曰 莫若我多. 亓可乎? 魯陽文君曰 然, 吾以子之言觀之, 則天下之所謂可者, 未必然也.】

묵자가 노양문군에게 말하기를, 이웃 나라를 공격해서 그 이웃 나라의 인민을 죽이고, 우마 곡식 재물을 탈취하면서, 그 내용을 대나무와 비단에 적고, 금석에 새기고 종과 솥에 명문으로 적어놓고 후세 자손들에게 전하기를, 나만큼 많은 업적을 이룬 사람은 없다고 한다고 합니다. 지금 천한 사람도 그 이웃집을 공격하여 그 이웃을 죽이고 그 개나 돼지 식량과 의구를 탈취하면서 역시 대나무와 비단에 적고, 제기에 명문으로 적어서 후세 자손들에게 전하면서, 나만큼 많은 것을 약탈한 사람은 없다고 한다. 과연 옳은 것입니까? 노양문군 왈, 그렇습니다. 내가 선생의 말씀을 들어보니, 세상 사람들이 소위 옳다고 말하는 것도 반드시 그렇지 않음을 알겠습니다.

'鏤'(루)는 새기다.
'銘'(명) 쇠나 돌에 새긴 글. 명문(銘文).
'鍾鼎'(종정)은 술잔과 솥.
'席豆'(석두)는 안석(案席과 제기용 그릇.
'粟米'(속미)는 쌀과 조, 곡식을 말하고 있다. 쌀농사는 농업혁명의 직접적인 동인이었으며, 쌀농사의 시작이 언제였는가는 아직 고증되고 있지 않다. 아무튼, 농업혁명이 周 왕조의 봉건제도를 무너뜨리고 春秋戰國 시대를 열었고, 결국 秦이라는 절대왕정이 출현했다.

【세상에서 옳다고 하더라도 반드시 옳은 것은 아니다.】

▶ 우리는 약탈의 역사를 선조들의 정의로 잘못 인식하는 경우가 많다. 특히 제국주의 문화에 젖은 나라의 인민인 경우 약탈

을 빛나는 선조의 업적으로 자랑스럽게 여기는 경우가 많다. 묵자는 이것은 의로운 행위가 아니라는 것을 확실히 말하고 있다.

【子墨子謂魯陽文君曰 世俗之君子, 皆知小物 而不知大物. 今有人於此 竊一犬一彘 則謂之不仁, 竊一國一都 則以爲義. 譬猶小視白 謂之白, 大視白 則謂之墨. 是故世俗之君子知小物 而不知大物者, 此若言之謂也.】

묵자가 노양문군에게 말하길, 세속의 군자들은 모두 작은 것은 알면서도 큰 것은 모른다. 여기에 어떤 사람이 개 한 마리나 돼지 한 마리를 훔쳤으면 그를 불인하다고 말한다. 그러나 한 나라나 한 도읍을 훔치면 이를 의로운 행위라 한다. 비유하자면 적은 백을 보면 그것을 백이라 하지만, 백을 많이 보면 그것을 흑이라 한다. 이런 까닭에 세속의 군자들은 작은 것은 알지만 큰 것은 알지 못한다고 말한 것이다. 이것은 그것을 두고 하는 말입니다.

'彘'(체)는 큰 돼지.

【魯陽文君語子墨子曰 楚之南有啖人之國者橋. 其國之長子生 則鮮而食之, 謂之宜弟. 美則以遺其君, 君喜則賞其父. 豈不惡俗哉? 子墨子曰 雖中國之俗, 亦猶是也. 殺其父而賞其子, 何以異 食其子而賞其父者哉? 苟不用仁義, 何以非夷人食其子也?】

노양문군이 묵자에게 물었다. 초나라의 남쪽에 식인국인 교나라가 있습니다. 그 나라는 장자가 태어나면 생으로 장자를 먹는 것이 동생에게 좋다고 말합니다. 맛있으면 자기 군주에게 보내, 군주가 기뻐하면 그 아비에게 상을 줍니다. 어찌 나쁜 풍속이 아니겠습니까? 묵자 왈, 중국의 풍속도 이와 같습니다. 전쟁에서 그 아비를 죽이고는 그 아들에게 상을 주는 것과 그 자식을 먹은 아비에게 상주 는 것이 무슨 차이가 있습니까?, 진실로 인과 의를 따르지 않으면서 자기 자식을 잡아먹는 오랑케를 어떻게 비난할 수 있습니까?

'啖'(담)은 잡아먹는다. 씹는다.
'宜弟'(의제)는 '동생에게 좋다'는 뜻으로 해석한다.
'鮮而食之'는 '解而食之'로 기술된 책도 있다.

▶ 이 단락에서 묵자는 中原의 야만성을 지적하면서, 진실로 仁義를 따르지 않는다면 중원인이나 오랑케나 다른 바가 없다는 것이다.

【魯君之嬖人死, 魯君爲之誄, 魯人因說而用之. 子墨子聞之曰 誄者, 道死人之志也, 今因說而用之, 是猶以來首從服也.】

노나라 군주가 총애하는 신하가 죽었는데, 노나라 사람이 그를 위해 추도문을 지었다. 노나라 군주가 이를 기뻐하며 그를 등용했습니다. 묵자가 그 소문을 듣고 말하기를, 추도문은 죽은 사람의 높은 뜻을 말하는 것이다. (군주가 조문을 지은 행위를 보고) 기뻐서 그를 등용했다면, 이는 몸을 옷에 맞추는 행위와 같다.

'嬖人'(폐인)은 총애하는 신하.
'說'(설)은 悅(열)의 의미.
두 번째의 魯君과 그 뒤의 魯人은 뒤바뀐 것이다. 문맥상 그렇다.
'誄'(뢰) 추도문.

▶ 이 단락에서 묵자는 인재 등용의 공정성을 말하고 있다.

【魯陽文君謂子墨子曰　有語我以忠臣者，今之俯則俯，今之仰則仰，處則靜，呼則應，可謂忠臣乎? 子墨子曰 今之俯則俯，今之仰則仰，是似景也. 君將何得於景與響哉? 若以翟之所謂忠臣者，上有過　則微之以諫，己有善　則訪之上，而無敢以告. 外匡其邪　而入其善，尚同　而無下比. 是以美善在上，而怨讎在下，安樂在上，而憂戚在臣. 此翟之所謂忠臣者也.】

노양문군이 묵자에게 말하기를, 나에게는 충신이라고 말할 만한 사람이 있습니다. 그에게 숙이라고 명하면 숙이고, 고개를 들라고 명하면 고개를 듭니다. 평상시에는 가만히 있고, 부르면 응합니다. 가히 충신이라 할 만하지요? 묵자 왈, 고개를 숙이라 명하면 고개를 숙이고, 고개를 들라고 명하면 고개를 든다면, 이것은 그림자와 같다. 평상시에는 조용히 있다가 부르면 응한다 하니, 이는 메아리와 같습니다. 군주는 어찌 그림자와 메아리를 얻으려 하십니까? 만약 저에게 소위 충신을 일컬으라 한다면, 윗사람에게 잘못이 있으면 조용히(微: 숨기다, 적다) 간하고, 자기에게 좋은 것이 있으면 윗사람과 의논하되, 감히 외부로 알리지 않는다. 사악함을 바로 잡고 그 선함을 들이되, 같아짐을 숭상하고 아랫사람끼리 패거리 짓지 않는 것을 충신이라 하겠습니다.

'景'(경)은 影(영)으로 그림자.
'響'(향)은 메아리.
'微'(미)는 숨기다. 은밀히, 뜸을 엿보아.
'訪'(방)은 의논하는 것, 또는 '찾아서 구한다'라는 뜻이다.

▶ 이 단락에서 묵자는 '진정한 충신은 윗사람의 허물을 조용히 간하여 바로잡을 수 있도록 하고, 자기에게 좋은 방책이 있으면 윗사

람과 의논하되 외부로 알려 자기 자랑을 하지 않는 자'라는 것이다.
【魯君謂子墨子曰 我有二子, 一子者好學, 一人者好分人財, 孰以爲太子而可? 子墨子曰 未可知也, 或所爲賞與爲是也. 釣者之恭, 非爲魚賜也, 餌鼠以蟲, 非愛之也. 吾願主君之合其志功而觀焉.】

노나라 군주가 묵자에게 묻기를, 나에게 자식이 둘 있는데, 하나는 배우기를 좋아하고 하나는 남에게 재물을 나누어 주는 것을 좋아한다. 누가 태자가 되면 좋겠습니까? 묵자 왈, 아직은 알 수 없습니다. 혹 상을 받기 위해서 그렇게 합니다. 낚시꾼이 공손한 것은 물고기를 위해서 (미끼나 떡밥) 주는 것이 아니다. 쥐에게 벌레를 주는 것은 쥐를 아껴서 주는 것이 아니다. 바라건대, 군주께서 그들의 뜻과 공을 합해서 살펴보시기를 바랍니다.

'釣'(작)은 낚시.
'賜'(사)는 내리다, 하사하다.
'餌'(이)는 먹이다.

▶ 사람의 평가는 신중해야 한다. 객관적인 공로도 중요하지만, 주관적인 의지도 중요하기 때문이다. 이 단락에서 알 수 있는 것은 묵자는 객관적으로 드러난 공적도 중요시하지만, 그것을 행하게 된 동기도 중요시한다는 것이다. 곧 묵자는 동기주의적인 측면과 결과론적인 공리주의적인 측면을 함께 중시한다는 것이다.

【魯人有因子墨子而學其子者, 其子戰而死, 是父讓子墨子. 子墨子曰 子欲學子之子, 今學成矣, 戰而死, 而子慍, 而猶欲糶, 糶讎則慍也. 豈不費哉?】

노나라 사람으로 묵자에게 그 아들을 배우게 한 자가 있었는데,

그 아들이 전쟁에서 죽었다. 이에 그 부모가 묵자를 질책했다. 묵자 왈, 그대는 그대의 아들이 배우기를 바랐고, 지금 배움을 이루어서 전쟁에 나가서 죽었는데 그대는 화를 낸다. 이것은 마치 곡식을 팔려고 하다가, 곡식이 팔리자 화를 내는 것과 같다. 어찌 도리에 어긋나지 않겠는가?

'讓'(양)은 책망하다. 叱責(질책)하다.
'糶'(조)는 쌀을 파는 것.
'糴'(적)은 쌀을 사는 것.
'讎'(수)는 售(수)의 잘못.
'費'(비)는 悖(패)의 잘못.

【魯之南鄙, 人有吳慮者, 冬陶夏耕, 自比於順. 子墨子聞而見之. 吳慮謂子墨子曰 義耳義耳, 焉用言之哉? 子墨子曰 子之所謂義者, 亦有力以勞人, 有財以分人乎? 吳慮曰 有. 子墨子曰 翟嘗計之矣. 翟慮耕而食天下之人矣, 盛, 然後當一農之耕, 分諸天下, 不能人得一升粟. 籍而以爲得一升粟, 其不能飽天下之飢者, 旣可睹矣.
翟慮織而衣天下之人矣, 盛, 然後當一婦之織, 分諸天下, 不能人得一尺布, 籍而以爲得尺布, 其不能煖天下之寒者, 旣可睹矣. 翟慮被堅執銳 救諸侯之患, 盛, 然後當一夫之戰, 一夫之戰其不御三軍, 旣可睹矣. 翟以爲不若誦先王之道, 而求其說, 通聖人之言而察其辭, 上說王公大人, 次匹夫徒步之士. 王公大人用五言, 國必治. 匹夫徒步之士用五言, 行必脩. 故翟以爲雖不耕而食飢, 不織而衣寒, 功賢於耕而食之, 織而衣之者也. 故翟以爲雖不耕織乎, 而功賢於耕織也.
吳慮謂子墨子曰 義耳義耳, 焉用言之哉? 子墨子曰 籍設而天下不知耕, 敎人耕 與不敎人耕而獨耕者, 其功孰多? 吳慮曰 敎人耕者其功多. 子墨子曰 籍設而攻不義之國, 鼓而使衆進戰, 與不鼓而使衆進戰而獨進戰者, 其功孰多? 吳慮曰 鼓而進衆者其功多. 子墨子曰 天下匹夫徒步之士 少知義, 而敎天下以義者 功亦多, 何故弗言也. 若得鼓而進於義, 則吾義豈不益進哉?】

노나라 남쪽에 시골에 오려라는 자가 있었다. 겨울에는 옹기를 굽고 여름에는 농사 지면서 스스로 순임금에게 견주었다. 묵자가 소문을 듣고 그를 만났다. 오려가 묵자에게 말하기를, 의로움 뿐이다! 무슨 말이 소용 있겠는가? 묵자 왈, 그대가 말하는 義라는 것은 역시 힘이 있으면 남을 돕고 재물이 있으면 남에게 나누어 주는 것인가? 오려 왈, 그렇소! 묵자 왈, 저는 일찍이 그것을 계산해 보았습니다. 제가 농사를 지어 천하 사람들을 먹인다 생각해 보니, 농사가 잘 되더라도 일개 농부의 농사짓는 것에 불과하니, 천하 사람들에게 나누어주더라도 한 사람에게 한 되도 되지 않을 것이다. 가령 한 되의 곡식을 얻는다 하더라도 천하의 굶주린 사람을 배부르게 하기는 불가능함은 이미 알 수 있는 일이다. 제가 길쌈을 해서 천하 사람들에게 옷을 입힌다 생각해 보면, 아무리 잘 짠다 하더라도 아녀자 한 사람이 베 짜는 것으로 천하 사람들에게 나누어준다 해도 사람들이 한 필도 얻지 못할 것이다. 가령 한 필을 얻는다 하더라도 천하 사람들이 추위를 따뜻하게 하기는 불가능함은 이미 알 수 있다. 제가 견고한 갑옷을 입고 예리한 무기를 들고 제후들의 환란을 구하려고 생각해 보았으나 아무리 제가 용맹한들, 일개 장부의 전쟁에 해당한다. 일개 장부가 전쟁에서 삼군을 막아낼 수 없음은 이미 알 수 있다. 그런데 제가 생각하기를 선왕의 도를 외우고, 그 학설을 탐구하고, 성인의 말씀을 통하고 그 말을 살펴, 위로는 왕공대인들을 설득하고 그다음에는 필부와 가난한 선비를 설득하는 것이 더 나을 것입니다. 만약에 왕공대인이 나의 말을 따른다면 나라는 반드시 다스려질 것이며, 필부와 가난한 선비들이 나의 말을 따른다면 행실은 반드시 닦이어질 것입니다. 그래서 제가 농사를 지어서 배고픈 자를 먹이지 아니할지라도 길쌈을 해서 추위에 떠는 사람을 입히지 않아도, 그 공이 농사를 지어서 그들에게 먹을 것을 주는 사람보다 낫고, 길쌈을 해서 그들에게 옷을 주는 것보다 더 낫다고 생각한다. 그러므로 제가 비록 농사나 길쌈을 하지 않아도, 그 공덕이 농사짓고 길쌈하는 것보다 낫다고 생각한다.

오려가 묵자에게 말하기를, 의로움뿐이다. 무슨 말이 필요하겠습니까? 묵자 왈 가령 천하 사람들이 농사짓는 법을 모른다고 한다면, 사람들에게 농사짓는 법을 가르치는 것과 사람들에게 농사짓는 법을 가르치지 않고 혼자 농사짓는 것 중에 어느 쪽이 공이 큽니까? 오려 왈 농사짓는 법을 가르치는 것이 공이 더 큽니다. 묵자 왈 만약 의롭지 못한 나라를 공격한다면 북을 쳐서 군사들이 앞으로 나가 싸우게 하는 것과 그렇게 하지 않고 홀로 나아가 싸우는 것 중에 어느 쪽이 공이 많습니까? 오려 왈 북을 쳐서 앞으로 나가게 하는 쪽이 공이 많습니다. 묵자 왈 세상의 필부와 가난한 선비 중에 의로움을 아는 사람이 적습니다. 세상 사람들에게 의로움을 가르치는 일은 그 공 역시 많은데, 어찌 말하지 말라고 하십니까? 북을 쳐서 의로움으로 나갈 수 있다면 우리의 의로움이 어찌 더욱 진전되지 않겠습니까?】

'鄙'(비)는 시골.
'焉用言之哉'(언용언지재)는 무슨 말이 필요할까?
'盛'(성)은 풍성하게 잘되는 것.
'籍'(적)은 '藉'(자)와 통하여 '설령'.
'可睹矣'(가도)는 볼 수 있다. 뻔한 일이다.
'籍設'(적설)은 '만약 … 이라 가정한다면'.

▶ 이 단락에서는 교육의 효과에 대해서 설하고 있는데, 현명한 사람은 홀로 의로움을 행하는 것보다는 세상 전체를 의로움으로 이끌어줄 의무가 있다는 것이다. 즉 물고기를 잡아 주는 것보다는 '물고기 잡는 방법을 알려주는 것'이 바로 '義'이다.
※ 묵자는 노동을 중시하고 겸애를 주장하지만, 민중을 가르치어 각성토록 "교육하는 것을 강조"하고 있다. 묵자나 예수나 수운이나 모두 다 "민중의 각성을 촉구"한 선각자들이다. 민중이 깨치지 않으면 사회 개혁은 생기지 않는다.

【子墨子遊公尙過於越. 公尙過說越王, 越王大說, 謂公尙過曰 先生苟能使子墨子於越而敎寡人, 請裂故吳之也, 方五百里, 以封子墨子. 公尙過許諾, 遂爲公尙過 束車五十乘, 以迎子墨子於魯, 曰 吾以夫子之道說越王, 越王大說, 謂過曰, 苟能使子墨子至於越, 而敎寡人, 請裂故吳之也, 方五百里, 以封子. 子墨子謂公尙過曰 子觀越王之志何若? 意越王將聽吾言, 用我道, 則翟將往. 量腹而食, 度身而衣, 自比於群臣, 奚能以封爲哉? 抑越不聽, 不用吾言, 而吾往焉, 則是我以義糶也. 鈞之糶, 亦於中國耳, 何必於越哉?】

묵자가 공상과를 월나라에 보냈다. 공상과가 월왕에게 유세하자 월왕이 매우 기뻐하며 말하기를, 선생이 진실로 묵자를 월나라에 오게 해서 과인을 가르치게 한다면 옛 오나라의 땅을 사방 오백 리를 떼어 묵자에게 봉해드리겠습니다. 공상과가 허락하자, 마침내 그를 위해서 수레 오십 승을 묶어 노나라에서 묵자를 모셔오도록 하였다고 말하면서, 제가 선생의 가르침으로써 월왕에게 유세하니 월왕이 크게 기뻐하며 저에게 말하기를, 진실로 묵자를 월나라에 오게 해서 과인을 가르치게 한다면 옛 오나라의 땅 사방 오백 리를 떼어 선생께 봉해주겠다고 하였습니다. 묵자가 공상과에게 말하기를, 그대는 월왕의 뜻이 무엇이라고 보는가? 만일 월왕이 나의 말을 듣고 나의 가르침을 따른다면 가는 갈 것이다. 나의 배에 알맞게 먹고, 몸에 알맞게 옷을 입고, 여러 신하와 스스로 어울리는데, 어찌 땅을 봉해 받을 필요가 있겠는가? 만약에 월왕이 나의 말을 듣지 않고 나의 도를 따르지 않는데 내가 간다면 이것은 義를 팔아먹는 것이다. 의로움을 파는 것이 같다면, 중원에서 팔아도 되는데 무엇 때문에 반드시 월나라에 팔 것인가?

'抑'(억)은 반대로, 그렇지 않고.
'束'(속) 수레를 매다.
'糶'(조)는 곡식을 팔다.
'中國'(중국)은 황하 유역을 중심으로 한 中原 지방.

▶ 묵자의 주장은 겸애교리로써 義를 행하여, 두루두루 평등하게 살고자 하는 현대의 민주 복지국가 실현을 염두에 둔 것인데, 자기의 도를 따른다면 사방 오백 리의 땅을 무엇 때문에 봉해 받겠는가 하는 점을 묵자는 지적하고 있다. 자기가 땅을 봉지로 받는다는 것은 자기의 사상과 어긋난다는 것이다.

【子墨子遊, 魏越曰 旣得見四方之君子 則將先語? 子墨子曰 凡入國, 必擇務而從事焉. 國家昏亂, 則語之尙賢, 尙同. 國家貧, 則語之節用, 節葬. 國家憙音湛湎, 則語之非樂, 非命. 國家淫僻無禮, 則語之尊天, 事鬼. 國家務奪侵凌, 卽語之兼愛, 非攻. 故曰 擇務而從事焉.】

묵자가 유세할 때, 위월이 말했다. 사방의 군자를 만나게 되면 무슨 말을 먼저 해야 합니까? 묵자 왈, 어떤 나라에 들어가면, 반드시 힘쓸 일을 택해서 종사해야 한다. 나라가 혼란하면 상현과 상동을 말해주고, 나라가 가난하면 절용과 절장을 말해주어야 하고, 나라가 음악을 좋아하여 거기에 빠져있다면, 비악과 비명을 말해주며, 나라가 음란하고 예가 없으면 존천과 명귀를 말해주며, 나라가 약탈과 침략에 힘쓰면 겸애와 비공을 말해주어야 한다. 그래서 힘쓸 일을 선택해서 종사해야 한다고 말한다.

'將先語'(장선어)에서 先은 奚의 잘못. 그러나 將奚先之語로 읽어서 '무엇을 먼저 말해야 하느냐?'로 읽는다.
'憙音湛湎'(희음담면)은 '음악과 술에 빠지다.'
'侵淩'(침능)은 침략하는 것.

▶ 묵자의 주장은 모든 것을 다 가르칠 것이 아니라, 부족한 부분을 살펴서, 가장 필요한 부분을 먼저 가르쳐야 한다는 것이다. 사람이나 사람으로 구성된 국가나 마찬가지로 전문 분야별로 양성해서 서로 보완케 해야 한다는 것이다.

【子墨子出曹公子而於宋, 三年而反 睹子墨子曰 始吾遊於子之門, 短褐之衣, 藜藿之羹, 朝得之 則夕弗得, (弗得)祭祀鬼神. 今而以夫子之敎, 家厚於始也. 有家厚, 謹祭祀鬼神. 然而人徒多死, 六畜不蕃, 身湛於病, 吾未知夫子之道之可用也. 子墨子曰 不然! 夫鬼神之所欲於人者多, 欲人之處高爵祿 則以分貧也. 夫鬼神豈唯擢黍拑肺之爲欲哉? 今子處高爵祿 而不以讓賢, 一不祥也. 多財而不以分貧, 二不祥也. 今子事鬼神唯祭而已矣, 而曰 病何自至哉? 是猶百門而閉一門焉, 曰 盜何從入? 若是而求福於有怪之鬼, 豈可哉? 魯祝以一豚, 而求百福於鬼神. 子墨子聞之曰 是不可, 今施人薄而望人厚, 則人唯恐其有賜於己也. 今以一豚祭, 而求百福於鬼神, 唯恐其以牛羊祀也. 古者聖王事鬼神, 祭而已矣. 今以

豚祭而求百福, 則其富不如其貧也.】
묵자가 조공자를 송나라에 벼슬살이시켰는데, 3년이 지나 돌아와서 묵자를 뵙고 말하기를, 처음에 제가 선생의 문하에 있을 때, 짧은 갈옷을 입고, 명아주와 콩잎 국으로 살았는데, 아침에 그것을 먹으면 저녁에 먹지 못하여서 제사를 지내지 못하였다. 지금 선생의 가르침으로 집안은 처음보다 부유해졌다. 집안이 부유해지자, 삼가 귀신에게 제사 지낼 수 있게 되었습니다. 그런데 사람들이 많이 죽고 가축은 번성하지 아니하고, 몸은 병이 들어서, 저는 선생의 가르침이 쓸모 있는 것인지 모르겠습니다. 묵자 왈, 그렇지 않다. 무릇 귀신이 사람들에게 바라는 것은 많다. 귀신은 사람이 높은 벼슬과 녹을 받게 되면 그것을 어진 사람에게 양보하고, 재산이 많게 되면 가난한 사람에게 나누어주기를 바란다. 귀신이 어찌 탁서겸패(기장을 뽑고 허파를 빼내다: 잿밥만을 탐내겠는가)만을 바라겠는가. 지금 그대는 높은 벼슬과 녹봉을 받고도 어진 자에게 양보하지 않았으니, 이것이 첫째 상서롭지 못한 것이고, 재산이 많으면서도 가난한 자에게 나누어주지 않았으니, 이것이 두 번째 상서롭지 못한 것이다. 지금 그대가 귀신을 섬기면서 오직 제사만 지냈을 뿐인데, 병이 어디에서 오는가 하고 말하고 있다. .(즉 제사도 지내고 있는데 어째서 병이 들었느냐는 것이다) 이것은 마치 백 개의 문 가운데 한 개의 문을 닫고서 도둑이 어디로 들어왔을까 하는 격이다. 이처럼 귀신을 의심하면서 복을 구하는 것이 어찌 가능하겠는가? 노나라 축관이 돼지 한 마리로 제사를 지내면서, 귀신에게 백 가지 복을 구했다. 묵자가 그 말을 듣고 말하기를, 이것은 가당치 않은 것이다. 지금 어떤 사람이 다른 사람들에게 박하게 벳푸면서 다른 사람들에게 많은 것을 바란다면, 다른 사람들은 그가 자기에게 베푸는 것을 두려워할 뿐이다. 지금 돼지 한 마리로 제사 지내면서 귀신에게 백 가지 복을 구한다면 (귀신들은) 그의 소와 양으로 제사 지낼까 두려워할 뿐이다. 옛날 성왕이 귀신을 섬기는 것은 제사를 지낼 뿐이었다. 오늘날 돼지로 제사 지내면서 백 가지 복을 빈다면 祭物의 풍부함은 빈약함보다 못합니다.

'出'(출)은 仕(사)의 뜻으로 벼슬살이하는 것.
'睹'(도)는 만나다. 보다.
'短褐之衣'(단갈지의)는 천민이 입는 짧고 거친 옷.
'藜藿之羹'(여곽지갱)은 명아주와 콩잎으로 끓인 국.
'湛'(침)은 젖는 것.
'擢黍拑肺'(탁서겸폐)는 기장을 뽑고 허파를 빼내다.
'祝'(축)은 제사를 주관하는 祝官.
'有怪之鬼'(유괴지귀)에서 '怪'는 '의심하다'는 뜻.

【귀신이 바라는 것은 겸애 교리이다】
무릇 귀신들이 사람들에게 바라는 것은 많다. 높은 벼슬과 녹을 받는 자는 그것을 어진 사람에게 양보하고 재물이 많은 자는 가난한 사람에게 나누어주기를 바란다.

▶ 묵자는 제사는 지내야 하지만, 귀신을 섬기는데 제사가 전부가 아님을 강조하고 있다. 이 단락에서 귀신 섬기는 방법으로 높은 벼슬과 녹봉을 받으면 자기보다 더 어진 사람에게 양보할 줄도 알며, 재산을 많이 모으면 가난한 사람도 도울 줄 아는 것이 진정으로 귀신을 섬기는 자세라는 것이다. 단순히 기복적으로 귀신에게 제사 지내는 것만이 전부가 아니라는 것이다. 또, 제사를 지내는 것도 정성껏 제사 지내는 것일 뿐이다. 하나를 베풀고 많은 것을 요구하는 것은 도리에 어긋나는 것이다.

【彭輕生子曰 往者可知, 未者不可知. 子墨子曰 籍設而親在百里

【之外, 則遇難焉, 期以一日, 及之則生, 不及則死. 今有固車良馬於此, 又有奴馬四隅之輪於此, 使子擇焉, 子將何乘? 對曰 乘良馬固車, 可以速至. 子墨子曰 焉在矣來?】

팽경생자가 말하기를, 과거는 알 수 있어도 미래는 알 수 없다고 말하자. 묵자가 말하기를, 가령 부모가 백 리 밖에서 계시면서 어려움에 봉착했다. 하루의 기한이 있어 그 기간에 도착하면 살 수 있고, 도착하지 못하면 죽는다고 해보자. 지금 여기에 좋은 말이 모는 견고한 마차가 있고, 또 여기에 둔한 말이 이끄는 무거운 사륜마차가 있어, 그대에게 선택하게 한다면 그대는 어떤 마차를 타겠는가? 대답하기를, 훌륭한 말이 모는 견고한 마차를 타야 일찍 도착할 수 있을 것입니다. 묵자 왈, 어찌 미래가 있음을 알지 못한다고 하는가?

'奴'(노)는 駑(둔할 노)와 통하여 '둔한 말'.
'焉在矣來'(언재의래)는 '焉不可知在來矣'로 고쳐야 한다.

▶ 이 단락은 운명론을 주장하는 자에 대한 반박성 글이다. 부지런히 일하는 사람은 부유하게 되고 게으름만 피우는 사람은 가난해진다는 논리로서 非命論을 말하고 있다.

【孟山譽王子閭曰 昔白公之禍, 執王子閭 斧鉞鉤要, 直兵當心, 謂之曰 爲王則生, 不爲王則死. 王子閭曰 何其侮我也? 殺我親而喜我以楚國? 我得天下而不義, 不爲也, 又況於楚國乎? 遂而不爲, 王子閭豈不仁哉? 子墨子曰 難則難矣, 然而未仁也. 若以王爲無道, 則何故不受而治也? 若以白公爲不義, 何故不受王, 誅白公 然而反王? 故曰 難則難矣, 然而未仁也.】

맹산이 초나라 평왕의 아들인 閭을 칭찬하면서 말했다. 옛날 백공의 난 때 왕자려를 잡아 도끼를 허리에 대고 창을 가슴에 겨누면서 말하기를, 왕이 되면 살고 왕이 되지 않으면 죽는다고 말했다. 왕자 閭가 말하기를, 어찌 나를 모독하는가? 나의 부모를 죽이고 초나라를 나에게 준다고 기뻐하겠는가? 내가 천하를 얻는다 하더라도 의롭지 못하다면, 하지 않겠다. 하물며 **초나라**를 준다고 하겠는가? 결국 하지 않았다. 왕자 閭가 어찌 어질지 않겠습니까? 묵자가 말하기를, 어렵다면 어려운 문제이지만 어질다고만 할 수는 없다. 만약에 왕이 무도하다고 여겼다면 무엇 때문에 (왕위를) 받아서 다스리지 않았는가? 만약 백공이 불의하다고 여겼다면 어째서 왕위를 받아서, 백공을 죽이고 그런 후에 왕위를 돌려주지 않았는가? 그래서 어려우면 어려운 문제이지만 어질다고까지는 할 수 없다.

'王子閭'(왕자려)는 초나라 평왕의 아들 啓(계).
'白公'(백공)은 초나라 평왕의 손자. 백공의 父인 태자 建이 鄭나라에서 죽자, 원수를 갚기 위해서 반란을 일으켜(B.C. 479), 삼촌인 自西와 子期를 죽이고, 그들의 동생 子閭를 왕으로 삼으려 했지만 거절당하자 자려(子閭)를 죽였다.
'斧鉞'(부월)은 무기로 쓰인 도끼.
'鉤要'(구요)는 도끼를 허리에 겨냥하여 대고 있는 것.
'直兵當心'(직병당심)은 창같이 찌르는 무기로 심장을 겨누다.

▶ 백공은 삼촌인 子閭(啓)을 왕으로 삼으로 했으나, 자기의 아버지를 죽게 한 조카의 권유로 왕이 되는 것은 의롭지 못하다고 여겼다. 그래서 거절했는데, 맹산이 이를 仁하지 않느냐고 하자, 묵자는 왕이 無道했다면 우선 왕위에 올라 이를 처형하고 나서, 왕

위를 돌려주는 것이 義롭고 仁한 행동이 아니겠냐 하는 지적이다.
【子墨子使勝綽事項子牛. 項子牛三侵魯地, 而勝綽三從. 子墨子聞之, 使高孫子請退之曰 我使綽也, 將以濟驕而正嬖也. 今綽也祿厚而譎夫子, 夫子三侵魯, 而綽三從, 是鼓鞭於馬靳也. 翟聞之, 言義而弗行, 是犯明也. 綽非弗之知也, 綽勝義也.】

묵자가 승작에게 항자우를 섬기도록 하였다. 항자우가 노나라를 세 번이나 침략했는데, 승작도 세 번이나 종군했다. 묵자가 그 소문을 듣고 고손자에게 승작을 물러나게 하도록 청하면서, 내가 승작을 파견한 것은 교만함을 막고, 그릇됨을 바로잡아주려는 것이었습니다. 지금 승작은 많은 녹을 받으면서도 선생(항자우)을 속였습니다. 선생이 세 번 침략했는데, 승작은 세 번 다 종군했습니다. 이는 말을 멈추게 할 가슴걸이(靳: 근)에 채찍질(鼓鞭: 채찍질, 고편)하는 것이다. 내가 듣기로는 의로움을 말하면서 행동하지 않는 것은 분명한 이치를 범하는 것입니다. 승작이 그것을 모르고서 그런 것이 아니고, 녹봉이 의로움을 이긴 것입니다.

'項子牛'(항자우)는 齊나라 임금 田和를 섬기던 장수.
'濟驕'(제교)는 교만함을 막다.
'正嬖'(정폐)는 正僻(정벽)과 통하여 한쪽으로 치우침을 바로잡는다는 뜻.
'譎'(휼)은 속이다. 배반하다.
'鼓鞭於馬靳'(고편어마근)에서 '鞭'은 채찍질하다. '馬靳'은 말 가슴걸이, '말 가슴걸이를 북을 치듯 채찍질한다'라는 뜻. 말의 가슴걸이를 잡아당기면 말이 멈추는데, 말의 가슴걸이에 채찍질하는 행위는 말을 멈추게 하는 척하면서 말을 달리게 한다는 의미로 해석된다. 묵자는 非攻의 가르침을 위반한 제자 승작의 이중적 행위를 비판하고 있다.

▶ 묵자는 이 단락에서 言行一致를 말하고 있다. 즉 義를 말하면서 행동으로 옮기지 않는 승작을 비난하고 있다. 묵자는 말로만 의로움을 내세우면서 의로움을 실천하지 않는 자는 사기꾼이라는 것이며, 이 단락을 통해 묵자는 **물질적인 利보다는 義를 중히 여김을** 여실히 알 수 있다.

【昔者楚人與越人舟戰於江, 楚人順流而進, 迎流而退, 見利而進, 見不利 則其退難. 越人迎流而進, 順流而退, 見利而進, 見不利 則其退速. 越人因此若埶, 亟敗楚人.
公輸子自魯遊楚 焉始爲舟戰之器, 作爲鉤强之備, 退者鉤之, 進者强之. 量其鉤强之長, 而制爲之兵, 楚之兵節, 越之兵不節, 楚人因此若埶, 亟敗越人. 公輸子善其巧, 以語子墨子曰 我舟戰有鉤鑲, 不知子之義亦有鉤鑲乎! 子墨子曰 我義之鉤鑲, 賢於子舟戰之鉤鑲. 我鉤鑲, 我鉤之以愛, 揣之以恭. 弗鉤以愛, 則不親, 弗揣以恭, 則速狎, 狎而不親 則速離. 故交相愛 交相恭, 猶若相利也. 今子鉤而止人, 人亦鉤而止子, 子鑲而距人, 人亦鑲而距子, 交相鉤, 交相鑲, 猶若相害也. 故我義之鉤鑲, 賢子舟戰之鉤鑲.】

옛날 초나라 사람과 월나라 사람이 강에서 배를 타고 싸웠다. 초나라 사람은 물의 흐름을 따라 진격하고 흐름을 거스르면서 퇴각한다. 이로우면 진격하고 불리하면 퇴각하기가 어려웠다. 월나라 사람은 물길을 거스르면서 진격하고 물의 흐름을 따라 퇴각한다. 이로우면 진격하고 불리하면 퇴각하는 데 신속하다. 월나라 사람은 (因此若勢: 若은 順) 이와 같은 형세를 따라서 자주 초나라 사람들을 패배시켰다. 공수자는 노나라에서 남쪽 초나라로 가서, 처음으로 배를 타고 싸우는 무기를 만들었다. 鉤(갈고리 구) 强(拒)을 만들어 준비하고 후퇴하는 배를 갈고리로 잡아끌고, 진격하는 배를 밀어냈다. 鉤强의 장점을 헤아려 병기로 만들었는데, 초나라의 병기는 적절했고 월나라의 병기는 적절치 못해서 초나라 사람들은 이와 같은 형세를 따라 자주 월나라 사람을 패배시켰다.

공수자는 자신의 기술을 뽐내면서 묵자에게 말하기를, 나의 배 싸움에는 鉤强(당기고 미는 기구)이 있는데, 선생의 義에도 鉤强이 있는지 모르겠습니다. 묵자 왈, 나의 義에도 鉤强이 있는데 선생이 배 싸움할 때 사용하는 鉤强보다 낫습니다. 나도 밀고 당기는데 나는 사랑으로써 당기고 공손함으로써 밀어냅니다(揣: 拒의 誤). 사랑으로 당기지 않으면 서로 친해지지 않고, 공손함으로써 밀어내지 않으면 곧바로 버릇없게 됩니다. 업신여기면서 친해지지 않으면 빨리 헤어집니다. 그러므로 서로 사랑하고 서로 공손하면 서로에게 이익이 되는 것과 같다. 지금 그대의 갈고리는 다른 사람을 멈추게 하고, 다른 사람 역시도 그대를 멈추게 한다. 그대가 막고 밀어내면 남도 역시 그대를 막고 밀어냅니다. 서로 당김과 서로 밀어냄은 서로를 해치는 것과 같다. 그러므로 내 의로움의 鉤强는 그대 배 싸움의 鉤强보다 낫습니다.

'迎流'(영류)는 흐름을 거스른다. 逆流(역류)와 같다.
'因此若埶'(인차약예)에서 若은 順야, 埶는 勢와 같은 字이다. 그래서 '이와 같은 형세에 따라서'라는 뜻이다.
 '亟'(극)은 자주, 여러 번.
'焉始爲'(언시위)에서 焉은 於是로 읽는다. 그래서 이에 비로소(처음으로) 만든다.
'鉤强'(구강)에서 '鉤'는 상대편의 배를 끌어당길 때 쓰는 갈고리이며, 强은 접근하는 상대편의 배를 밀어내는 병기이다. 여기서 '强'은 '距'(거)의 오기로 보인다. 즉 막고 밀어내는 병기이다.
'節'(절)은 適(적)의 뜻.

'揣'(췌)는 拒의 誤記. 막고 밀어내는 것.
'鑲'(양)은 끼워 넣다. 적선이 붙지 못하도록 하는 갈고리. 즉 막고 밀어내는 병기이다.
'狎'(압)은 輕也. 가볍게 여기다. 업신여긴다.
'我鉤鑲'(아구양)은 다른 서적에는 '我鉤强'(아구강)으로 표기된 곳이 많다. 이 글귀는 '我以義 爲鉤鑲'으로 읽는 것이 적합하다고 본다. 즉 '나는 義로써 구양을 한다.'
'揣之以恭' 공손함으로써 상대의 태도를 재고 평가한다는 것이다. 공수자에 있어서 '鉤'와 '鑲'(양)이 짝을 이루지만, 묵자에게 있어서는 鉤와 揣가 서로 짝을 이루고 있다. 공수자는 배 싸움에서 이기기 위해 鉤鑲을 구사하지만, 묵자는 서로에게 이익을 주고 공존하기 위해서 사랑과 공손함으로 鉤와 揣를 조절한다.

▶ 묵자가 이 단락에서 의도하는 것은 결국 '겸애' 하자는 것이다. 兼愛하는 것이 正義로서 鉤鑲(당기고 밀어냄)을 수단으로 삼자는 것이다.

【公輸子削竹木以爲鵲, 成而飛之, 三日不下, 公輸子自以爲至巧. 子墨子謂公輸子曰 子之爲鵲也, 不如匠之爲車轄. 須臾劉三寸之木, 而任五十石之重. 故所爲功, 利於人謂之巧, 不利於人謂之拙.】

공수자가 대나무를 깎아 까치를 만들어 하늘에 날렸는데 사흘 동안 내려오지 않았다. 공수자가 자신을 지극히 교묘하다고 생각했다. 묵자가 공수자에게 말하기를, 그대가 까치를 만든 것은 목수가 수레 빗장을 만든 것보다 못하다. 목수는 잠시 동안에 세 치의 나무를 깎아서 오십 석의 무게를 견딜 수 있는 빗장을 만듭니다. 그러므로 공적으로 말하자면, 사람들에게 이로운 것을 교묘하다고 말하고, 사람들에게 이롭지 않은 것을 졸렬하다고 말합니다.
'鵲'(작)은 까치.
'車轄'(거할)은 수레바퀴 통.
'須臾'(수유)는 잠시 잠깐 동안.
'劉'(유)는 '깎는 것'이라는 斲(착)과 통한다.

【실용중시】

▶ 묵자는 이 단락에서 인민의 생활에 이로운 것을 교묘하다고 말하고 그렇지 못한 것을 졸렬하다고 말하면서, 그의 실용주의적 사고를 피력하고 있다.

【公輸子謂子墨子曰 吾未得見之時, 我欲得宋, 自我得見之時, 予我宋而不義, 我不爲. 子墨子曰 翟之未得見之時, 子欲得宋, 自翟得見子之後, 予子宋而不義, 子弗爲. 是我予子宋也. 子務爲義, 翟又將予子天下.】

공수자가 묵자에게 말했다. 내가 선생을 만나지 않았을 때는 나는 송나라를 얻고 싶었으나 내가 선생을 만난 후에는 나에게 송나라를 준다 해도 그것이 의롭지 못한 일이라면 나는 받지 않겠습니다. 묵자 왈, 제가 그대를 만나지 않았을 때는 그대는 송나라를 얻고 싶어 했다. 내가 그대를 만난 후로 그대에게 송나라를 준다 해도 그것이 의롭지 못한 일이라면 그대는 받지 않겠다고 말했습니다. 그러기 때문에 내가 그대에게 송나라를 주겠습니다. 그대가 힘써 의를 행한다면 저 역시 그대에게 천하를 줄 것입니다.

'吾未得見之時'는 '吾未得見(子)之時'로 읽는다.
'是我予子宋也' 이 글귀에서 是는 子(공수자)의 의로움을 말한

다. 즉 '공수자가 의롭다면 나는 그대에게 송나라를 준다.'
▶ 묵자는 義를 행하는 자라면, 제후든 천자든 어떤 직위를 얻어도 좋다는 것이다.

5. 公輸

공수반과 전쟁을 반대하는 묵자의 대화를 중심으로 하여 '義로움'을 내세우는 묵자의 학설을 강조한다.

【公輸盤爲楚造雲梯之械, 成, 將以攻宋. 子墨子聞之, 起於齊, 行十日十夜而至於郢, 見公輸盤. 公輸盤曰 夫子何命焉爲? 子墨子曰 北方有侮臣, 願藉子殺之. 公輸盤不說. 子墨子曰 請獻十金. 公輸盤曰 吾義固不殺人. 子墨子起, 再拜曰 請說之. 吾從北方聞子爲梯, 將以攻宋. 宋何罪之有? 荊國有餘於地, 而不足於民, 殺所不足, 而爭所有餘, 不可謂智. 宋無罪而攻之, 不可謂仁. 知而不爭, 不可謂忠. 爭而不得, 不可謂強. 義不殺少而殺衆, 不可謂知類. 公輸盤服. 子墨子曰 然, 胡不已乎? 公輸盤曰 不可. 吾既已言之王矣. 子墨子曰 胡不見我於王? 公輸盤曰 諾.
子墨子見王, 曰 今有人於此, 舍其文軒, 鄰有敝轝, 而欲竊之. 舍其錦繡, 鄰有短褐, 而欲竊之. 舍其粱肉, 鄰有糠糟, 而欲竊之. 此爲何若人? 王曰 必爲竊疾矣.
子墨子曰 荊之地, 方五千里, 宋之地, 方五百里, 此猶文軒之與敝轝也. 荊有雲夢, 犀兕麋鹿滿之, 江漢之魚鼈黿鼉爲天下富. 宋所爲無雉兎鮒魚者也. 此猶粱肉之與糠糟也. 荊有長松, 文梓, 梗枏豫章, 宋無長木, 此猶錦繡之與短褐也. 臣以三事之攻宋也, 爲與此同類, 臣見大王之必傷義而不得. 王曰 善哉! 雖然, 公輸盤爲我爲雲梯, 必取宋.
於是見公輸盤, 子墨子解帶爲城, 以牒爲械. 公輸盤九設攻城之機變, 子墨子距之. 公輸盤之攻械盡, 子墨子之守圉有餘. 公輸盤詘, 而曰 吾知所以距子矣, 吾不言. 子墨子亦曰 吾知子之所以距我, 吾

- 519 -

不言. 楚王問其故, 子墨子曰 公輸子之意, 不過欲殺臣. 殺臣, 宋莫能守, 可攻也. 然臣之弟子禽滑釐等三百人, 已持臣守圉之器, 在宋城上而待楚寇矣. 雖殺臣, 不能絶也. 楚王曰 善哉! 吾請無攻宋矣. 子墨子歸, 過宋, 天雨, 庇其閭中, 守閭者不內也. 故曰 治於神者, 衆人不知其功, 爭於明者, 衆人知之.】

공수반이 초나라를 위해서 운제라는 기계를 만들었고 완성되자 송나라를 공격하려 했다. 묵자가 그 소문을 듣고 제나라에서 출발하여 십일 주야를 걸어서 초나라 수도 郢(영)에 도착하여 공수반을 만났다. 공수반 왈, 선생께서 무슨 일로 오셨습니까? 묵자 왈, 북방에 나를 모독하는 자가 있어 그대의 힘을 빌려 그를 죽이고 싶습니다. 공수반이 불쾌해했다. 묵자가 말하기를 십금을 바치겠습니다. 공수반 왈, 나는 의로운 사람이라 결코 사람을 죽이지 않습니다. 묵자가 일어나 절을 하면서 말하기를, 설명하겠습니다. 나는 북방에서 그대가 운제를 만들어 장차 송나라를 공격한다는 소문을 들었습니다. 송나라가 무슨 죄가 있습니까? 초나라는 땅은 여유가 있고 인민들은 부족하다. 부족한 것을 죽이고 여유 있는 것을 다툰다면 지혜롭다 할 수 없습니다. 또 아무 죄 없는 송나라를 공격한다면 어질다 할 수 없습니다. 알면서도 간쟁하지 않는 것은 충성스럽다 할 수 없습니다. 간쟁해서 얻지 못한다면 강하다고 할 수 없습니다. 적은 것은 죽이지 않으면서 많은 것을 죽이는 것이 그대의 의로움이라면 사리분별(類)을 안다고 할 수 없습니다. 공수반이 설복되었다. 묵자 왈, 그렇다면 어찌 그만두지 않습니까? 공수반 왈, 안됩니다. 나는 이미 왕에게 그것 (공격 계획)을 말했습니다. 묵자 왈, 어째서 내가 왕을 알현토록 하지 아니합니까? 공수반 왈, 하겠습니다. 묵자가 왕을 알현하고 말하기를, 여기에 한 사람이 있는데, 자기의 치장된 수레를 버려두고 이웃의 낡은 수레가 있어 그것을 훔치려 한다. 자기의 수놓아진 비단옷을 버려두고 이웃에 짧은 갈옷이 있어 그것을 훔치려 한다. 자기의 기장과 고기를 버려두고 이웃에 있는 조악한 술지게미와 겨를 훔치려 합니다. 이처럼 행동하는 사람은 어떤 사람입니까? 왕이 말하기를, 반드시 도벽이 있는 사람이다. 묵자 왈, 초나라의 영토는 사방 오천리이고, 송나라의 영토는 사방 오백 리입니다. 이것은 비유하자면 잘 꾸며진 수레와 낡은 수레와 같습니다. 초나라에는 운몽이라는 호수가 있어 물소와 외뿔소와 고라니와 사슴이 가득하고 강수와 한수에는 물고기 자라 그리고 악어가 천하의 부를 이루고 있습니다. 송나라에는 꿩과 토끼 붕어 같은 물고기도 없는 가난한 나라입니다. 이를 비유하면 양육과 강조와 같습니다. 초나라에는 장송과 문재, 편남과 예장 같은 좋은 재목들이 나는데, 송나라에는 장목도 없습니다. 이를 비유하자면 수놓은 비단과 짧은 갈옷과 같습니다. 신은 세 가지 경우를 들어 송나라를 공격하는 것은 이와 같은 것이라 여깁니다. 신이 보기에 대왕께서는 반드시 義를 손상하고 얻을 것은 없습니다. 대왕이 말하기를, 훌륭하도다! 그렇지만 공수반이 나를 위해 운제를 만들었으니 반드시 송을 얻겠다. 이에 묵자가 공수반을 만나, 허리띠를 풀어서 성을 만들고 나뭇조각으로 운제라는 기계로 삼았다. 공수반이 운제를 바꾸어가며 아홉 번 성을 공격했으나, 묵자가 이를 막아냈다. 공수반의 공격 기계는 소진되었으나, 묵자의 방어는 여유가 있었다. 공수반이 굴복하면서 말하기를, 나는 묵자를 막을 방법을 알고 있으나 말하지 않겠습니다. 묵자도 말하기를, 나도 그대가 나를 막을 방법을 알고 있으나 말하지 않겠습니다. 초왕이 그 까닭을 묻자 묵자가 말하기를, 공수반의 뜻은 나를 죽이고 싶어서 하는 것에 불과합니다. 나를 죽이면 송나라가 수비할 수 없으니 공격할 수 있습니다. 그러나 저의 제자 금골리 등 삼백 인이 이미 저의 방어기구를 가지고 송나라 성 위에서 초군을 기다리고 있습니다. 만약 저를 죽인다 하더라도 그들을 멸할 수 없습니다. 초왕이 말했다. 좋습니다. 나는 송나라를 공격하지 않겠습니다.

묵자가 귀로에 송나라를 지나는데, 하늘에서 비가 내려 그 성문 안으로 피하려 했으나, 성 문지기가 들여보내지 않았다. 그래서 말하기를, 신묘하게 다스리면 많은 사람이 그 공을 알지 못하고, 드러내놓고 다투면 많은 사람이 그 공로를 알아준다고 말했다.

'雲梯'(운제)는 樓車(누거)라고도 불리었다. 성을 공격하는 무기.
'郢'(영)은 초나라 수도.
'起於齊'(기어제) 『여씨춘추』 「愛類」에는 묵자가 魯나라 사람이라고 한다. 따라서 自魯往으로 고쳐야 한다고 주장하기도 한다. (필원) 그러나 『史記』 등에서는 宋나라 출신이라고 기록되어 있다.
'何命焉爲'(하명언위)는 '何爲命焉'의 誤記이다. 爲는 以也.
'侮臣'(모신)은 나를 업신여기는 자.
'藉'(자)는 힘을 빌리는 것.
'爭'(쟁)은 爭諫(쟁간)의 뜻. 임금의 뜻을 반대하여 올바른 일을 간하는 것.
'類'(유)는 類推 또는 類推의 이치를 말한다. 중국 논리학사에서 유추법을 가장 먼저 개발한 것이 묵자 학파 였다.
'不可謂知類'(불가위지류)는 경중을 가릴 줄 모른다는 뜻.
'舍'(사)는 捨(사)와 통하여 버리다.
'文軒'(문헌)은 무늬가 조각된 고급 수레.
'敝轝'(폐여)는 낡고 헤진 수레.
'粱肉'(양육)은 기장과 고기.
'糠糟'(강조)는 겨와 술지게미.
'雲夢'(운몽)은 호수 이름.
'犀兕麋鹿'(서시미록)은 물소, 외뿔소, 고라니, 사슴.

'魚鼈黿鼉'(어별원타)는 물고기, 자라, 큰 자라, 악어.
'雉兔鮒魚'(치토부어)는 꿩과 토끼와 붕어 종류.
'長松'(장송) 곧게 뻗은 좋은 나무.
'文梓'(문재)는 가래나무의 일종.
'楩枏'(편남) 좋은 재목.
'豫章'(예장)도 좋은 나무.
'三事'(삼사)는 '三吏'로 적힌 책도 있음. 三卿이나 三公으로서 임금을 섬기는 고위직.
'牒'(첩)은 널빤지.
'圉'(어)는 禦(어)와 통하여, '방어하다'. '막아내다'.
'詘'(굴)은 굴복했다. 屈(굴)과 통한다.
'庇'(비)는 가리다. 보호하다.
'閭'(려)는 마을 대문.

▶ 묵자는 이 단락에서 공수반을 공박한다. 한 사람도 죽이지 못한다면서 많은 사람을 죽이는 전쟁 기구를 만드는 것이 과연 義와 합치되느냐는 것이다. 또 이것이 의로움이라면 사리 분별을 할 줄 안다고 할 수 없다는 것이다.
 또 묵자는 말한다. 의로움을 행하는 것은 그 명예를 얻기 위함이 아니라는 것을. 의로운 행위를 하더라도 일반인들이 그 공적을 알아주는 경우는 드물다. 그래서 사람들이 의로운 행위를 꺼리기도 한다.

【참고 문헌】

『墨子』
『菅子』
『論語』
『論語集注』
『孟子』
『書經』
『呂氏春秋』
『淮南子』

기세춘,『우리는 왜 묵자인가』, 초당, 1995.
-----,『천하에 남이란 없다』, 나루, 1995.
-----,『묵자』, 바이북스, 2009.
-----.『實學思想』, 바이북스, 2012.
이상하 외2 역주,『墨子閒詁』, 전통문화연구회, 2017.
김승석 역주,『묵자읽기』, 북코리아, 2019.
김용옥,『도올주역강해』, 통나무, 2022.
김학주,『묵자』, 명문당, 2014.
김필수 외3 옮김,『관자』, 소나무, 2006.
이강수,『중국고대철학의 이해』, 서울: 지식산업사, 1999.
이성규,『중국고대제국성립사연구』, 일조각, 1984.
이운구·윤무학,『묵가철학연구』, 성균관대 대동문화연구원, 1995.
이해영,『전국시대 비판철학』, 도서출판 문사철, 2009.
서병훈,『민주주의』, 아카네, 2020.
정재현,『묵가사상의 철학적 탐구』, 서강대출판부, 2012.
황성규,『묵가와 동양사상』, 도서출판문사철, 2018.
곽말약, 조성을 역,『중국고대사상사』, 서울: 까치, 1991
안핑친, 김기협 역,『공자평전』, 돌베개, 2010

후외로, 양재혁 옮김,『중국현대철학사』, 일월총서, 1985.
郭沫若,『十批判書』,「孔墨的批判」, 人民文庫 : 人文科學·撰著, 2012.
馮友蘭, 中國哲學史新編 (上卷), 人民出版社, 1998.
渡邊卓,『고대중국사상의 연구』, 동경, 1973.
方授楚,『墨學源流』, 中華書局, 1986.
王桐齡,『儒墨之比較』(政治觀念之比較 一章 對於國家及主權者之觀念 一節), 上海 書店, 1992.
梁啟超,『子墨子學說』(飲冰室合集 專集 三十七), 中華書局, 1989.
-----,『十批判書』,「孔墨的批判」, 人民文庫 : 人文科學·撰著, 2012
-----,『先秦政治思想史』, 天津古籍出版社, 2004.
-----,『墨子學案』(第五章 墨子新社會之組織法 飲冰室合集 專集三十九), 中華 書局, 1989.
-----,『郭沫若全集』(歷史編第二卷 十批判書. 孔墨的批判), 人民出版社, 1982.
詹劍鋒:『墨子的哲學與科學』, 人民出版社, 1981.
로버트 달, 김왕식 외2 옮김,『민주주의』, 동명사, 1999.
-------. 한상정 옮김,『민주주의 이론을 위한 서설』, 2022.
아리스토텔레스 지음, 천병희 옮김,『정치학』, 숲출판, 2020.
권혁우,「전기 묵가의 철학 체계와 문제점에 관한 연구」,『철학 논구 제37집』, 2009.
김민재,「공자와 묵자 사상의 동이점(同異點) 고찰과 도덕 교육적 시사점 연구」,『동양철학연구:제105집』, 2021.
김인규,「묵자의 정치사상과 대동세계」,『동양고전연구, 제15집』, 2001.
김현주,「묵자에 대한 양계초의 이해」,『대동문화연구, 제73집』, 2011.

김형진, 「묵자에 대한 전체주의적 해석의 단초」, 『한국철학회, 철학 제104집』, 2010.
문한샘, 「묵가의 정치적 합리성」, 『철학연구 제121집』, 2018.
박종우, 「민주집중제의 전제성에 대한 비판적 고찰」, 『중국학연구 제78집』, 2016.
서양중·서영곤, 「묵자 정치사상의 본질과 한계」, 『慶尙大學校人文系編 26집 2호』, 1987.
손영식, 「묵자의 국가론」, 『대동철학』 제76집, 2016.
최형익, 「민주 공화정의 정치이론」, 『민주사회와 정책연구』: 통권 25호, 2014.
황성규, 「묵자의 상현과 상동 편에 내재된 정치 이론 고찰」, 『동양철학』 제31집, 2009.

묵 자는 살아있다!
『묵자와 민주주의』

초판 인쇄 : 2023년 8월 22일
초판 발행 : 2023년 8월 25일

지은이 : 박진우
펴낸이 : 이순실
펴낸곳 : 도서출판 청림
발행처 : 진우인쇄기획
이메일 : pdm14181@naver.com
연락처 : 010-7544-2338

사업자 등록 NO 454-94-01845
ISBN 979-11-984074-9-8

* 책값은 뒤표지에 있습니다.
* 저자와 협의에 의해 인지는 생략합니다.